日本会社法成立史

日本会社法成立史

淺木愼一著

信山社

はしがき

本書は、現行商法典制定前夜から第二次世界大戦前に至る、およそ半世紀のわが国会社立法・改正史をまとめたものである。

この研究を開始したきっかけは、北澤正啓名古屋大学名誉教授の古稀をお祝いするため、北澤先生のご指導を受けた者たちによる、幕末から平成に至る会社立法の歴史的展開を顧みるという、壮大な共同研究に参加させていただいたことである。この共同研究は、平成一一年（一九九九年）に商事法務研究会から『北澤正啓先生古稀祝賀論文集・日本会社立法の歴史的展開』を刊行して、その成果を公表し、結実した。この共同研究において、私は、まず昭和一三年商法改正および有限会社法制定の部分を担当させていただき、さらに明治三二年商法制定の部分も深い係わりを持たせていただいた。本書の大部分は、このときの研究に基づいて記述したものである。

周知のように、本書が対象とする時期の商法会社法制定改正史としては、平成四年（一九九二年）に三省堂から刊行された三枝一雄教授の『明治商法の成立と変遷』という完成度の高い優れた先行業績が存在している。したがって、この時期の研究の分担を与えられた当初は、その方法を巡って相当に懊悩したことを覚えている。三枝教授のご研究は、わが国の資本主義の発展をマクロ経済的に分析されつつ、その発展と会社法制を関連づけながら、制定過程・改正過程を克明に追われる、という独創的な手法で進められたものであると思われる。後行する者は、同様の手法を採るべきではない。そこで私は、研究対象となった半世紀の、商法学界・法曹界・実務界等で公表された主要な論稿を掘り起こし、会社および会社法制をめぐる現実と理論との狭間で、会社立法に寄与した先達たちの奮闘ぶりに焦点をあてることを試みた。端的には、学説・判例の発展と会社立法との関連を中心に研究を進めることを試みたのである。

加えて、先に述べた「日本会社立法の歴史的展開」の編者であり、共同研究の長であった名古屋大学の浜田道代教授から、研究手法についてひとつの課題が与えられていた。すなわち、「学術的な評価に耐えうる論文集であることは当然のこと、読み物としてダイナミックで面白さが伝わるものであること」というものである。こちらの課題もまた、私を相当に苦しめるものになったが、果して課題を消化することができたのか否か、些か自信がない。

第一章は、明治三二年会社法制定を対象としつつ、時系列的には旧商法典の成立過程まで遡って、商法典論争にも言及している。わが国の法典論争に関しては、すでに多くの研究がなされ、付加すべき特別な発見や論点は少ない。したがって、この章では、法典論争やその後の現行商法典制定に係わった人々の個性を描き出せないか、血の通った人物像を活写できないか、そういった面にも配慮して記述することを試みた。村田保・ボアソナード・伊藤博文等の小列伝的な風味を加えてある。もちろん、制定史自体の主題は踏み外すことなく、必要な文献や情報には触れたつもりである。

第二章は、明治四四年改正を対象としている。本書の記述のうち、先の共同研究とは一線を画して私が独自に研究した唯一の章である。ここでは、改正史はもちろんのこと、わが国の商法学界の揺籃期における会社法学説史を正面に据えて記述している。商法典とともに、商法学界もすでに一世紀を超える業績の蓄積をみており、揺籃期の学界を回顧し小括しておくこともまた必要な作業であると考えたからである。若き松本烝治の鮮烈なデビューの章でもある。

第三章、第四章は、昭和一三年改正と有限会社法制定を対象としている。先の共同研究で最初に私が担当した部分であり、最も力を注いだ部分である。一三年改正に係わる昭和初期の論稿をできる限り発掘してある。第二章と異なり、会社法関連のあらゆる論稿に言及したわけではないが、改正に直接間接に係わる論稿だけでも相当な数に上り、これらを網羅することに努めた。この章には、わが商法学界の歴史を飾る巨星たちが続々と登場する。この章を読んでいただければ若き日の巨星たちの斬新な提言に触れられるはずである。なお、第三章においては、わが国の植民地会社法制、とりわけ満州帝国の一般会社法に言及したことも本書の特徴のひとつであると考えている。

このような研究が、大戦後最大の激動期である現在または将来の会社立法にどのような形で活かされのかは必ずしも明らかではない。ただ、本書を通読していただければ、その時代時代に応じた改正の理念あるいは哲学といったものを感じていただけるはずである。明治四四年改正は、決してその場凌ぎの弥縫策ではなかったし、昭和一三年改正は、決して抗い難い時勢に阿るものではなかった。現在は確かにスピードを要求される時代である。しかし、目先の変動に近視眼的に対処することに終始することなく、温故知新という言葉に回帰することもまた必要なのではなかろうか。

このような拙い論稿ではあるが、信山社には快く出版をお引き受けいただいた。とりわけ同社の袖山貴氏に格別のご尽力をいただいた。衷心より感謝申し上げたい。

北澤正啓先生の古稀をお祝いする目的で始めた研究が、奇しくも先生が喜寿を迎えられた年にこのような形で完結するとともに、その翌春に刊行の運びとなったことは、先生のご指導を受けた者として二重の喜びでありました。先生が今後ともますますご壮健であられることを衷心よりお祈りいたします。

平成一五年一月

淺　木　愼　一

目　次

日本会社法成立史

第一章　明治三二年会社法制定

一　旧商法典の成立過程（Ⅰ）――法典論争の土壌

1　不平等条約改正という視点から

維新後の明治政府が商事法の編纂を試みるにあたっては、その編纂の主管・主体のみならず、商事全般にまたがる統一的な商法典を制定すべきなのか、会社法や手形法といった形の個別的な商事単行諸法を整備すべきなのか、といった編纂方針をめぐっても、繰り返し目まぐるしい試行錯誤が重ねられた。これは、維新後の明治政権にとって最大の政治的課題であった安政以来の欧米列強との不平等条約改正問題と密接に関連している。

明治一九年（一八八六年）、当時の元老院が、会社をめぐるわが国の状況がとうてい放任を許されず、法的規整の必要が緊急を要するとの十分な認識で一致し、相当に急いで「商社法」を可決、上奏したことはつとに知られている。[1]「商社法」は二〇〇ヶ条をこえる法典であったが、このような大法典が迅速簡単に元老院を通過したのはほとんど例がなかったと言われる。[2]それにもかかわらず、商社法が公布されることなく、最終的に統一的な商法典が編纂・公布されるに至ったのは、いわゆる井上条約改正交渉の影響であったと考えられよう。

井上馨は、明治一三年（一八八〇年）九月一〇日に外務卿に就任した。彼は、明治一五年（一八八二年）一月から、外国の全権達を一堂に集めて条約改正の基礎を研究すべく、条約改正予備会議を外務省に開くという方針を採った。このやり方は、彼と親しかったある外国公使の示唆によるものであったらしい。[3]明治一五年四月五日、井上はこの会議において、全国開放、治外法権撤去の方針について演説を行った。すなわち、治外法権を撤廃して外国人がすべてわが国の法権に服し、わが国の法律を遵守するならば、わが国は全国を開放して、商業目的たると居住目的たるとを問わず、外国人に土地所有権まで保障しようというものである。[4] そして、同年六月一日、右の条件として、泰西主義の法典の編纂と外国人判事の任用、外国人被告（人）事件での外国人多数法廷の採用を挙げたのである。[5] しかし、この時の井上案は列国の容れるところとならず、その後の交渉も進展のないまま、明治一九年（一八八六年）五月から、条約改正会議が開始されることとなった。

この年になって、独仏などのアジア進出に影響され、英本国の産業資本が日本の内地開放の要求を強めたこともあり、英国の態度が軟化した。そして、英独が共同して先の井上案を基礎とした裁判管轄条約案を第六回会議（明治一九年六月）に提案することとなった。[6] 日本側は、早速これを受け入れる方向で検討をすすめることとした。井上は、英独案を受けて直ちに泰西原則による法典の急速編纂に着手すべく、明治一九年八月六日、外務省に法律取調委員会を設置し、自ら委員長に就任した。[7] 外務省および政府の意向によって、先の商社法の公布が見送られ、棚上げされたのは右の事情によるわけである。なお、法律取調委員会の委員には、特命全権公使西園寺公望、司法次官三好退蔵およびボアソナード他が任ぜられ、翌明治二〇年（一八八七年）四月、公使陸奥宗光を副委員長とし、委員に元老院議官箕作麟祥およびレースラー他を加え、民法編纂局および商法編纂委員会の事業を一切これに統合することに閣議決定した。[8]

明治二〇年四月二二日の第二六回条約改正会議において、法典予約と外国人裁判官の任用を条件とし、領事裁判の撤廃と内地開放の実現という基本線を踏襲した裁判管轄条約案が採択された。[9] 法典予約に関する合意として、この条約の批准後二年以内にわが国は諸法典を編纂、英文翻訳後、内地解放実施の八ヶ月前に外国政府に通知することとなっていた。[10]

不平等条約の改正問題は、明治になって芽生えた国家、国民あるいは民族の自尊心といった要素がからむきわめて微妙な政治問題であり、朝野をあげて国論の一致を見ることは望みえない問題であった。したがって、井上外交を、外国の強要によって法律を編纂するという自主性のない卑屈な態度であると評価する勢力が現われたことも、[11] 当時としては仕方のないことであったろう。当時の農商務大臣谷干城は、わが国の歴史に暗く習慣風俗を異にする外国人と協議して法律規則の改制を行うのは国権侵害であると述べ(12)、また法律取調委員会の設置を井上に勧めた山田顕義司法大臣ですら(13)、泰西主義に拠って法典を編纂することは、わが国情に即応しないと述べている(14)。

これらに対して井上外務大臣は、わが国の習慣の如きは決して不成文法律として民法・商法等の「法典ニ代用シ得ルモノニアラズ。何トナレバ我国今日ノ制度ハ多ク維新以来造出セラレタルモノニシテ、其齢尚ホ種々未ダ以テ直ニ慣習法トナルニ足ル力ヲ有セズ。又其旧幕時代ヨリシテ伝来シタル者ハ大抵今日文明人民ノ所要ニ適セザレバナリ」と反論している(15)。伊藤博文総理大臣もまた、わが国は明治四、五年以来法律の制定に英仏を範としてきたのであるから、今にして外国人法律顧問に協議することを攻撃するのは死児の齢を数える愚に似たものであると述べている(16)。

このように、条約改正問題を契機とした法典編纂の出発点から、すでに政府の内部（この当時の第一次伊藤博文内閣は、明治一八年一二月二二日に成立したわが国最初の内閣である）においてすら意見が分裂し、抗争が存在していたわけであり、旧商法典は、その誕生前から、政争の具たる地位を宿命づけられていたのである。さらに言えば、旧商法典は、政府内部にとどまらず、在野の自由民権論者や保守的国粋主義者にとっても、抗争のための格好の標的とされる運命にあったのである。注意すべきは、法典をめぐるこのような政争が、学界の法典論争以前にすでに開始されていた点である。

この後、条約改正をめぐる政争が激化することによって、裁判管轄条約案の内容が世間に判明し、欧化主義に反対していた国粋論者はもとより、政府の圧迫の下に呻吟していた政党にも条約反対による反政府運動を起こさせる機会を与えることとなった(17)。井上馨はついに、明治二〇年七月、条約改正会議を無期延期することを列国に通知し、同年九月一七日、責任をとって辞職した(18)。これを受けて外相を兼任した伊藤博文首相は、政務多端ことに憲法制定という大任を有していたので、外務省内の法律取調事務は頓挫を来たし、この事務は、司法省に引き継がれることとなったわけである(19)。

た。

2 学派の争いという視点から

周知のように、旧商法典制定の前後、わが国の法学界には、いわゆる仏法学派と英法学派という二大勢力が存在していた。

明治四年（一八七一年）、政府は、法律家の育英を目的として司法省内に明法寮を設置し、翌五年から法学生を募集して法学教育を始めた。明法寮は、明治八年（一八七五年）に改称して司法省法学校となり、ボアソナードらが講師となって、主として仏法学、自然法学を教授した。この法学校は、明治一七年（一八八四年）に文部省所管に移され、東京法学校と改名、翌一八年には東京大学法学部に合併されて同大学フランス法学部、のちの帝国大学法科大学仏法科となった[20]。後に明治三二年商法の起草委員となる梅謙次郎、田部芳の両名は、法学校出身である。いずれにせよ、明治のこの時期、ことに法曹会、法学界における法学校勢力は、まさに支配的であり、彼らはまさにわが国の正統法学派たる自負にあふれていた[21]。

一方で、明治七年（一八七四年）に、東京開成学校が設立されている。開成学校は、沿革的に江戸幕府の蕃書調所に端を発するものである。この開成学校が東京医学校（これまた江戸幕府の種痘所にその系譜を遡ることができる）と合併して東京大学となったわけである。この当時、先の仏法学派に拮抗して、その勢力を誇っていたのが、東京大学法学部、後の帝国大学法科大学英法科出身者からなる英法学派であった[22]。開成学校以来、東京大学法学部では英法が講義されていたのである。

これら二大学派間には、学説の相違に基づく対立の外に、それに起因する永年の深刻な派閥的感情的対立があり、ことにわが国の正統法学派を自負する仏法学派に対する英法学派の嫉妬敵愾心は想像以上のものであったと言われている[23]。後に述べる旧商法典の成立過程において（旧民法典においても同様であるが）、法律取調委員会の中に置かれた法律取調報告委員の大部分が、司法省法学校卒業生に独占されていたという事実は、後日の法典施行是非に関する紛議の一因として、充分記憶されるべきであろう[24]。判明した限りでこれら報告委員を記せば、磯部四郎、井上正一、岸本辰雄、亀山貞義、熊野敏之、光明寺三郎、宮城浩蔵、河津祐之、栗塚省吾、今村和郎などがいる。

両学派の学理的対立の一端を示しておけば、英法学者穂積陳重は、自然法学（仏法系）全盛の当時の法学界の風潮に対して、「一国ノ法理ハ即チ万国ノ法理ナリト思惟シ我国体ニ適セザル法理ヲ移殖セバ其弊害ヤ将ニ測ル可カラザラントス」[25]と批判を加えている。この辺りを強調して眺めれば、いわゆる自然法学派対歴史法学派という学理上の争いの図式へと繋がる一断面が垣間見られよう。

この時期、両学派ともに仏英両法学の普及と勢力扶殖目的で私立法学校を経営していた。この辺りの事情については、すでに幾多の法典論争研究で述べられているので、簡単に触れるにとどめよう。仏法学派の私立学校としては、明治法律学校（後の明治大学）、和仏法律学校（後の法政大学）がある。後の法典論争において断行派の中核をなした法治協会は前者に本拠を置き、明法会は後者に本拠を置いた[26]。一方、英法学派の学校として、東京法学院（後の中央大学）、東京専門学校（後の早稲田大学）がある。法典論争において、前者の東京法学院が延期派の総本山的役割を果した[27]。

なお、以下はかなり後の話になる。旧商法典をめぐる論争において、結局は延期派が勝利した形となり、現行商法典の起草を目的とした中心的機構として法典調査会が明治二六年（一八九三年）に設置されることになるわけであるが、法典調査会委員の顔ぶれを見ると、仏英両学派から実力者が委員に就任している。判明した限りで記せば、仏法学派の委員は、井上正一、磯部四郎、木下廣次、高木豊三、梅謙次郎、冨谷鉎太郎、田部芳らである。英法学派の委員として、穂積八束、奥田義人、土方寧、山田喜之助、岡野敬次郎らがいる。つまり、現行商法典の制定への関与にあたっては、その過程においていずれかの学派に重点が片寄るということはなかったわけであり、旧商法典の制定過程と対照をなしている。

（1）　福島正夫「明治二六年の旧商法中会社法の施行」早稲田法学五一巻一・二号（昭和五〇年）一一一―一五頁参照。
（2）　同前一五頁。
（3）　栗野愼一郎「条約改正に就いて」法曹会雑誌一一巻一号（昭和八年）九頁参照。
（4）　同前一二頁。

(5) 山中永之佑編・日本近代法論（平成五年）三四頁。
(6) 同前。
(7) 福島・注（1）前掲一六頁。
(8) 同前。
(9) 山中・注（5）前掲三四―三五頁。
(10) 同前四二頁。
(11) 福島正夫・日本資本主義の発達と私法（昭和六三年）一〇三頁。
(12) 同前。
(13) 山中・注（5）前掲三四頁。
(14) 福島・注（11）前掲一〇三頁。
(15) 同前一〇六―一〇七頁（世外井上公伝第三巻九二七頁以下）。
(16) 同前参照。
(17) 越智俊夫「商法典論争前史」松山経専論集七号（昭和二三年）一五〇頁。
(18) 福島・注（1）前掲一七頁。
(19) 越智・注（17）前掲一五〇頁。
(20) 星野通・明治民法編纂史研究（昭和一八年）一二四頁。
(21) 同前。
(22) 星野通「民法典論争」ジュリスト五〇号（昭和二九年）三三―三四頁。
(23) 同前三四頁。
(24) 越智・注（17）前掲一五一頁。
(25) 穂積陳重「英仏独法律思想ノ基礎」法学協会雑誌七巻六八号（明治二二年）六六五頁。
(26) 星野・注（22）前掲三四頁参照。
(27) 同前。

二　旧商法典の成立過程（Ⅱ）――強引な審議手続き

先に述べたように、明治二〇年（一八八七年）一〇月二一日、井上馨の外相辞任にともない、法律取調事務局は司法省に移管された。この後、法律取調委員長として采配を振ることになったのが法相の山田顕義である。山田は、この任を引き受けるにあたり、第一回帝国議会の開会が予定される明治二三年一一月までに、民法、商法、民事訴訟法を司法省において制定編纂すること、およびそのための組織委員の任命等はまったく自由であることを条件としていた(28)。したがって、法律取調委員会の機構も、彼独自の見解によって編成されることになった。明治二〇年一一月四日、山田は法律取調委員会略則一〇か条を定めている。すなわち、法律草案の下調べ、委員会において報告説明をする法律取調報告委員というものを置き（略則三条）、法律取調委員は、その報告に基づいて審議決定にあたるものとされた(29)。報告委員には議決権が与えられていない（略則四条但書）。後に法治協会を中心に法典即時断行を主張することになる箕作麟祥らが取調委員に、同じく岸本辰雄、井上正一らが報告委員に任命されている。

委員長の山田顕義は、長州・萩の生まれ、松下村塾を経て戊辰戦争に従軍しており、元来は軍人（陸軍武官）である。佐賀の乱や西南戦争においても活躍したようである。一方で、明治四年（一八七一年）には岩倉具視の欧米視察の随行員にも選ばれている。彼は、ときに司法省法学校へ出席して、生徒と共にボアソナードの仏法講義に耳を傾けていたそうで、「彼の脳中には仏法以外に法律知識は持ち合わしていなかった(30)」と思われる。

山田は、先に述べたように、井上外交を批判して泰西主義の法典編纂を急ぐことに危惧を表明したのと同一人物であるとは思えない様な態度で、法律取調委員会の運営にあたった。すなわち、法律取調委員会においては「法理ノ得失実施ノ緩急文字ノ当否ハ之ヲ議論スルコトヲ許サズ」（略則一条）として、法理論抜きの審議をなさしめる等(31)、きわめて強引な運営を行ったようである。その実態について、法律取調委員の一人であった村田保（当時、元老院議官であった）は以下のように述懐している。

「毎日午前八時ヨリ初メ（ママ）、必ズ十五条ヅツノ取調ヲ了セザレバ帰宅ヲ聴《ゆる》サザル旨ヲ委員長ヨリ各委員ニ口達予約セリ。……民法ハ仏人「ボアソナード」氏起草、毎週五十条ヅツ、商法ハ独人「ロイスレル」氏起草（前年ヨリ太政官ニ於テ取調全部完成ノモノ）民事訴訟法ハ始メ独人「モッセー」氏起草、凡ソ五六十条稿成リタルトキ毎週五十条ヅツ起草ノ点ニ付キ苦情ヲ唱ヘ、剰ヘ未ダ民法ノ全部成ラザル以前ニ毎週必ズ五十条ヲ起草スルコトハ余ノ堪ヘザル所ナルノミナラズ、生来未ダ曾テ此ノ如キ法律ノ起草ヲ聴キタルコトナク……」(32)。

村田保は、右のような山田顕義の取調委員会の運営に相当に反発したようであり、両者は委員会の席上衝突し、ために「局ノ内部ニ大波瀾ヲ生ジ」(33)たようである。村田は、民商法草案に改良を加えるべき旨を主張して譲らず、ついに「出局ヲ止ムルニ至」(34)ったという。わが国情を顧慮することなく外国人起草の法律をそのまま採用することに危惧を感じたことを主たる理由としている(35)。また、必ずしも明らかではないが、村田が東京商工会の意を汲んで行動した節がある(36)。

後日、村田保は、第三回帝国議会において貴族院議員（勅選議員）として「民法商法施行延期法律案」を提出するなど(37)、旧商法の廃棄と現行商法の制定の過程において、しばしば重要な役割を演ずることになる。

村田保は、旧肥前唐津藩士として、天保一三年（一八四二年）に江戸に生まれている。彼は、明治二年（一八六九年）、明治政府に接収された昌平黌（周知のように江戸幕府直轄の学問所である）の教授試補に任ぜられたほどであるから、幕末の江戸における最高水準の知識人であったと推察される。村田の出身である唐津藩は、維新後はきわめて微妙な立場にあった。すなわち、慶応二年（一八六六年）の第二次長州征伐に際し、当時の唐津藩主小笠原長行《ながみち》は、徳川将軍家茂《いえもち》から全権を委任されるという立場にあったからである。周知のように、明治のこの時期の政権は、薩長を中心とする藩閥政権であった。にもかかわらず、右のような唐津藩出身者として明治政府の下でそれなりの地位を得たことは、村田の優秀さを示す傍証となろう。長州出身の山田顕義の強引な手法に対し、小藩出身の知識人たる村田が大いに適愾心を燃やしたといった事情もあったのではなかろうか。なお後年、大正三年（一九一四年）三月、山本権兵衛内閣の時代に、彼が海軍収賄問題をかかげて貴族院において弾劾演説を行い、ために貴族院議員を辞することになったという有名な事件が、村田の性格を物語っている。

法律取調委員会において、山田顕義が当初定めた会議日課表によれば、商法は明治二〇年（一八八七年）一一月一日から審議を始め翌々二二年（一八八九年）八月九日に終わる会議六四回と予定されていたのであるが、商法の議事は予想外に進捗し、予定に先立つことほとんど八か月にして完了した。(38) すなわち、取調委員会において、他の法律に先立って最初に議決されたのは、商法草案であった。

山田顕義は、まず商法草案の一部分（総則及第一編第一章乃至第六章）の成案を内閣に呈し、内閣はこれを元老院の議に付した。明治二一年（一八八八年）一〇月のことである。その後委員会は、商法草案のすべてを議了し、山田よりその成案を内閣に呈し、内閣は翌明治二二年一月二四日をもって、さらに草案全部を元老院の議に付した。(39) ちなみに、民法草案の内閣提出は、同年四月のことであるから、商法草案の審議ははるかに民法に先行していたわけである。言わば、特別法が一般法に先行して審議される形になっていたのである。

明治二一年（一八八八年）一〇月二〇日付の「郵便報知」という新聞に以下のような記事が掲載されている。

「我が国の商法は通編一千一百三十三ケ条より成り立ち居る由なるが、今回右の内第一編第一章より第六章に至る都合二百七十ケ条を元老院へ廻して、同院の会議に付せり。よって同院にては一昨日その第一読会を開き、種々討議の末、調査委員七名を撰み、全案を調査しむる事に決せり。聞く所によれば、同法中第六十六条以下二百三十三条までは、さきにひとたび商社法として同院の決議を経しものにて、今回はただ総則なるもの附随し居るものなれど、何分同法中の一部を論議する事ゆえ首尾貫徹せざる事もあり。また第十二条(40)には婦は夫と別居云々等の文字ありて、民法とも関係ある故、まずその本原たる民法を確定せざれば、容易に手を出し兼ねる場合も多きに付き、調査の上、同法の議事はいかに成り行くや未だ計られずと云う(41)」。

右の記事からは、元老院が商法草案を民法に先行して審議することに慎重な意向であったことが推測されよう。にもかかわらず、元老院の審議に際しても、山田顕義が院内の反対を排して各編毎の一括審議をなさしめる等、相変わらず強引な手法を推し進めたようである。[42] 結局、元老院は、明治二二年（一八八九年）六月七日、同院総会において商法草案を可決したのであった。[43]

かくして、翌明治二三年（一八九〇年）三月二七日、商法は法律第三二号として公布された。発表間際に字句を訂正することなどのため、同年四月二六日付官報で初めて公表された。次いで、同年八月七日に法律第五九号として裁可公布された商法施行条例とともに、翌明治二四年（一八九一年）一月一日から施行される予定とされたのであった。[44]

(28) 越智・注（17）前掲一五一頁。
(29) 同前。
(30) 同前。
(31) 同前。
(32) 村田保「法制実歴談」法学協会雑誌三二巻四号（大正三年）一四五―一四六頁。
(33) 同前一四六頁。
(34) 同前。
(35) 同前一四六―一四七頁。
(36) 同前一四八頁参照。
(37) 本書三四頁。
(38) 志田鉀太郎・日本商法典の編纂と其改正（昭和八年）四四頁。
(39) 同前四五頁。
(40) 旧商法第一二条 ① 婦ハ其夫ノ明示又ハ黙示ノ承諾ヲ得テ商ヲ為スコトヲ得此承諾ハ其婦カ夫ニ遺棄セラレ又ハ夫ヨリ必要ノ給養ヲ受ケサルトキハ之ヲ得ルコトヲ要セス
② 婦カ其夫ノ商業ヲ助クルノミニテハ之ヲ商人ト看做サス
(41) 内川芳美＝松島栄一監修・明治ニュース事典第四巻（昭和五九年）三二二頁。
(42) 越智・注（17）前掲一五一―一五二頁。
(43) 志田・注（38）前掲四六頁。ただし、同五四頁では、同年六月六日可決と記されている。

（44）越智・注（17）前掲一五二頁。

三　旧商法典施行延期論の展開

1　法学士会の意見表明

後のいわゆる法典論争が具体化することになるのは、旧商法典公布の約一年前のことである。東京大学・帝国大学の卒業生からなる法学士会は、商法典を含む主要法典が帝国議会の開会前に発布される予定であるとの情報に接し、明治二二年（一八八九年）五月の春期総会において、全会一致をもって法典編纂に関する意見書を発表し、かつ同会の意見を内閣諸大臣および枢密院議長に開陳することを決議した(45)。この決議に基づいて公表されたのが「法典編纂ニ関スル法学士会ノ意見」である。この意見が法典論争の口火となったことは、異論を見ないところであるが、この意見書自体には、苛烈をきわめる表現もなく、その内容も、きわめて穏当なものであった。

法学士会の意見は、基本的には英法系の立場により、歴史法学的、慣習法本位的見地から、以下のように述べて、法典編纂に関する一般的批判を展開している。すなわち、「元来法律ハ社会ノ進歩ニ伴フ可キ者」であるのに、これを法典化すれば社会の進歩に即応し難い結果となる。また、国民の必要が生じてもいないのに、これに先んじて法条を設けるならば、結局国民を苦しませることとなる。それゆえ「法典編纂ヲ可トセザル」としたのである(46)。

さらに意見書は、わが国における法典編纂が欧州諸国のそれと比べて格段に困難であることを冷静に指摘している。その文脈の中で、「商法訴訟法ハ独人某々氏ノ原按ニシテ民法ハ仏国人某氏ノ原按ナリト」聞くが、「恐ルル所ハ此数氏ノ間ニ於テ充分ノ協議ナキガ為メ彼此牴触ヲ来タスノミナラズ、其学派亦異ナルガ為メニ、法典全部ニ対スル主義ノ貫通セザルニ在リ」ととくに指摘しているのである(47)。

しかし、右の意見書は、法典編纂そのものに絶対的に反対しているのではなく、現状においては「必要不可欠所ノ者ニ限リ単行法律ヲ以テ之ヲ規定シ、法典全部ノ完成ハ暫ク民情風俗ノ定マルヲ俟ツニ若カザルナリ(48)」との提言を含むものであった。

2　英法学派の攻撃

法学士会の意見表明後、英法学派の諸学者は、激しい法典攻撃を展開することになる。英法学派による法典実施延期論は、「法理精華」誌上を中心に次々と発表された。もっとも、初期においては、法典は未だ公布されていなかったため、その諸説の概要のほとんどは、先の意見書が掲げた論点の域を出るものではなく、個別具体的な内容批判に及ぶものではなかった。

先の意見書の域をこえた論拠を掲げたものとしては、法典を実現すべき練達の士の人材不足を理由として、「人ノ点ヨリ論ズルモ本邦ニ於テハ未ダ成典編纂ノ時期到来セザルコト明ラカナルベシ(49)」との意見を展開するものがある。すなわち、外国法の貴ぶべきところを取り、かつわが国に適合する法律を編纂しうるだけの学識経験を具備する邦人の不足に加え、編纂された法典の具体的規定を実現すべき邦人司法官の人材不足をも指摘して、以下のように述べている。「元来法律ノ用ヲ全カラシメント欲セバ、章句ニ編纂シタル空理ヲ要セズ、唯法律学ヲ修得シ之ヲ実行スルノ能力ヲ養成シ、其技術ニ長ズル人ヲ要スルノミ。本邦ニ於テ現今ノ急務トスル所ハ成文ノ法律ニハアラズ、唯如何ナル事実ノ起生スルアルモ、普通ノ理論ヲ標準トシ、毫モ躊躇スル所ナク、立口《たちどこ》ニ事件ヲ断ズル練達ノ士ヲ得ルニアルノミ(50)」。そして、「如何ニ完美ナル法律ニ編制セラルルモ之ヲ実行スルニ練達セル人ノ輩出スルマデハ、徒ラニ人民ヲシテ其遵守ニ苦シマシムルニ過ギズ。然ラバ法典ノ編纂ハ啻《ただ》ニ其必要ヲ見ザルノミナラズ、甚ダ無益ノ業ナリトス(51)」と結論づけている。

同様に、「我国果シテ欧米ノ如ク法律実務家ニ富メルヤ……我国果シテ成典ヲ妙用スル実務家ニ乏シカラザルヤ(52)」と邦人の人材不足を指摘するものがある。

今日的観点からは、まさに希望的観測にすぎないと評価しえるものもある。すなわち、「此度ノ新法典ハ古今未曾有ノ大部ナル法律」であるから、「容易ニ之ヲ発布スルコトハ叶フマジ、ヨシ他ノ事情ノ為メニ之ヲ発布スルモ、其実行迄ニハ容易ナラヌ歳月モ掛ルベシ……若シ至急ニ之ヲ発布スルヲ要スルニ事情ナキニ至ラバ十年ヤ二十年ノ間ニハ中々ニ発布ノ手続ニ至ルマジ」[53]。このような希望的観測をせざるをえないほどに、英法学派の危機感は大きかったのであろう。

当時の英法学派が抱いた危機感の一端を挙げておこう。後に、現行商法典の起草委員に名を連ねることになる岡野敬次郎ですら、以下のように述べているのである。「世或ハ伝唱シテ曰ク、他日法典ノ発布ニ遭ハバ仏、独法学コソ最モ之ガ註釈ニ適当ナルベシ。英法学者ハ亦語ルニ足ラズト、是何等ノ謬説ゾヤ。……英法ハ不文ナリ、仏、独法ハ成文ナリ、英法ハ判決例ヲ以テシ、仏、独法ハ法典ヲ以テス、英法ハ専ラ事実ヲ挙ゲテ法理ヲ示シ、仏、独法ハ条文ノ註釈ヲ主トス。其教フル所ノ方針同ジカラズト雖モ、皆法理ノ在ル所ヲ察シ之ヲ我邦ニ適用スルニ在ルノミ。焉《いずくん》ゾ英法ハ註釈ニ拙ニシテ仏、独法唯リ之ニ巧ナルノ理アランヤ」[54]。

右のように、岡野は、法典発布後のわが国の英法学の将来性に関して、「世上論評ノ趨勢」に相当の危機感を抱いていたことがうかがえる。

このような状況であったから、英法学派の学者は、自派に対する不利な意見に対しては、過敏な反応を示している。たとえば、以下のような論評がその代表的なものである。「老法律家箕作（麟祥）司法次官ハ……専修学校生徒ノ卒業式場ニ於テ……法典発布ノ暁天ニハ、英法学者ハ成文ノ解釈ニ長ゼザルガ故ニ大ニ困難ヲ感ズル事ナラント演ベラレタリ、説カレタリ。然リト雖モ此ハ是レ誤謬見ノ最モ甚シキモノニシテ……之ヲ拝聴シタルトキハ実ニ覚エズ失笑シタリ。……英法学者ハ已ニ法律学ヲ修メタル以上ハ、成典ノ箇条ハ別ニ学問トシテ研習スルヲ要セズ、之ヲ一読シテ以テ其意義ヲ解シ得ルノ能力ハ鍛錬ニ由リテ附与セラレテ享有シ居ル者ナリ。然ルヲ独リ仏法学者ニ限リ成典解釈ノ便宜アリトハ何等ノ論拠何処ニ在リテ然ル乎」[55]。

英法学者の危機意識は、次第にその論調を感情的な、過激なものへと変えて行く。新法典の編纂という「是程無用ノ暇ツブシノ事業ハ他ニ容易ニ見当ラヌ事」[56]であるとか、「元来法律ノ草案ト云フモノハドコノ国ノ法律デモナシ、一文半銭ノ価値モアルベカラズ」[57]というような表現さえみられる。もはや、冷静な学理上の意見表明の域を越えたものとなって行くのである。その背景には、自派の私立学校の経営に対する危機感といった功利的な理由も存在していたと思われる。

3　元老院の抵抗

商法典の施行延期をめぐる具体的な動きは、まず、元老院から起こった[58]。先に述べたように、元老院は、立法機関として自ら商法草案を可決したわけであるが、それにもかかわらず、商法典の実施を延期しようと具体的に動き始めたのである。この点は注目に値しよう。

元老院の主たる業務は、「新法ノ設立旧法ノ改正ヲ議定シ及ビ諸建白ヲ受納スル所（元老院章程一条）」とされていたが、自主的な立法機関ではなく、実質的には内閣の諮問機関にとどまるものであった（後日、帝国議会の開設後に、政府内において議会の意向を無視して商法実施を断行すべしとの意見が存在したのも、立法府を下に見る当時の行政府の意識の現われであったと言えよう）。しかし、この時期、「民間政熱の発達と共に該院も亦其権力日々に増加す。加之……条約改正問題の起こりしより、該院の勢力又一層を崇め、以て此頃に至り内閣との円滑を失ひ、該院の強硬甚しく……[59]」というように、相当に強硬な姿勢を見せていたようである。ために「内閣総理大臣大に之を患ひ、時々大臣自ら該院に出頭し説明の労を執るもの少なからず。然ども該院敢て屈従するなく、益々弁難抗争至らざる所なきを以て、或二三の大臣は屢々議場に堪へ得ずして中席せしものあり[60]」。当時の元老院の状況が以上のように描写されている。

明治二三年（一八九〇年）六月、元老院議官村田保は、五三名の賛成を得て、商法延期案を元老院に提出し、これが大多数で元老院総会において議決された[61]。同月二八日、元老院は右の延期案、すなわち「商法施行延期ヲ請フノ意見書」を内閣へ上申したのである。

その意見書はおよそ以下のようなものである。すなわち、政府は商法を公布の上、明治二四年一月一日より施行しようとしているが、商法は「本邦未曾有ノ法典ニシテ其法条ノ多キ実ニ千有余条ニ及ビ……加フルニ其法文タル意義深奥語辞斬新手数モ亦煩重ニシテ容易ニ了解シ得ベカラザルニモ拘ハラズ……僅々数月ノ時日ヲ以テ普ク之ヲ熟知セシメントスルハ是言フベクシテ行フベカラザルモノトイフベシ。……僅々数月間ニ急施スルハ甚ダ其当ヲ得ザルモノニアラズヤ。宜ク……相当ノ施行猶予期限ヲ与フベシ」[62]。要するに、施行まで時間的余裕のないことが主たる理由とされているわけである。しかし、その根底には、暖簾分けなどのわが国固有の慣習保持への強い意志があったことを見失ってはならない[63]。

政府は、司法大臣山田顕義の上申に基づいて、同年七月二一日、「元老院議長上奏商法延期ノ義採用セラレザル件」を上奏し、元老院の上奏に対して反駁を加えている。もちろん、元老院の意見を採用し難いとする趣旨のものであるが、なかんずく会社法の整備の必要性を強調している点が注目されよう。すなわち、会社制度の整備が遅れれば、「発起人又ハ主幹者或ハ株金ヲ浪費シ、或ハ資本ヲ私借シ、或ハ投機ノ危険ヲ冒シ、或ハ未ダ開業ニ至ラズシテ殊更ニ解散シ、或ハ資本ヲ隠匿シテ殊更ニ破産スル等、種々ノ奸詐ヲ施シテ損失ヲ会社ノ内外ニ被ラシムル如キノ類少ナシトセズ」[64]と述べられている。

右の意見書は、各新聞誌上に掲げられた[65]。村田保は、新聞を利用して官吏が互いに論争を試みたのは不都合であったと、後日述懐している[66]。

さらにこの頃、元老院を刺激する事件が起こった。後日の民法典論争において最も問題となった民法人事編および財産取得編は、明治二三年五月に元老院の会議に付せられ、九月に至って議定上奏された。民法典は、明治二三年四月二一日法律第二八号として財産編、財産取得編（第一条ないし第二八五条）、債権担保編および証拠編が公布され、同年一〇月七日法律第九八号として、最終的に人事編および財産取得編（第二八六条ないし第四三五条）が公布された。ところがこの間、元老院において議定した民法そのものに対して、公布前に政府が修正を加えたようである[67]。元老院は、先に述べたように、厳密な意味における立法機関ではなかったが、しかし、立法に関することを司っていたことは確かで、そこで議定したものに対して政府がたとえ若干であったにせよ修正をしたということは、元老院議官の立場からすれば、明らかに越権行為であると思えたはずである[68]。このような立法過程に対する元老院の不満が、元老院議官の間に村田保らの延期論への同調者を増やす結果になったものと思われる[69]。

その後、元老院議官の多くが、帝国議会の議員となる。そして、帝国議会の中で、彼らが商法典施行延期のための勢力になるわけである。明治二三年一〇月現在、元老院議官から帝国議会議員となったのは、衆議院議員四名、貴族院互選議員二三名、貴族院勅選議員三〇名であった。このうち、先の「商法施行延期ヲ請フノ意見書」に署名した者は、衆議院議員一名、貴族院互選議員一五名、貴族院勅選議員一三名であった。帝国議会における元老院勢力について、明治二三年七月一三日付、東京日日新聞は以下のように伝えている。「何の元老院位とはよく人の言う事なれど今上下両院に対する同院の勢力いかんを観察すれば、猛烈敢えて当り難きあるを見る。……ここに於いてか元老院の勢力、実に非凡なるを知るべし」(70)。

4　東京商工会の反対

商法典の実施は、実業界にこそ最も深く重要な関連を有する問題であった。

明治二三年（一八九〇年）五月二四日、東京商工会は、臨時会において、東京銀行集会所と相謀って、商法質疑会を設ける旨を付議決定した。そして、商法質疑会設立要目に従い、商工会および銀行集会所から各一〇名の質疑委員をあげ、毎週三回以上会同することとした。山田顕義法律取調委員長に対し、説明員を派遣するよう申し出、これに対して司法省参事官本尾敬三郎および控訴院評定官長谷川喬が立法担当者として会合に加わることとなった。毎月第一、第三木曜日に、委員が会合して逐条研究した上質疑の箇条を決定し、これを説明員にあらかじめ連絡し、毎月第二、第四木曜日に、双方が会合して質疑会を開くという形式で進められた。第一回質疑会は、同年七月一〇日に開催され、以後継続されることとなった(71)。

もともと商法質疑会は、商法典には実業界から見て修正を要する点が少なくないのに鑑みて発足したものであった(72)。商法質疑会は、単なる法文の質疑研究に止まらず、適切でないと思われる箇条については、その利害得失を熟議して、その加除修正を当局に要請しようとする趣旨もあったため、意外に多くの回数を重ねた。そして、質疑の終わらないうちに施行期日が到来するおそれがあったため、その施行を民法施行の期日たる明治二六年一月一日まで延期するよう建議することとなった(73)。

明治二三年八月二七日付で、渋沢栄一会頭名をもって司法大臣山田顕義に対して「商法施行ノ延期ヲ要スル義ニ付意見」が提出されている。

右の建議書は、商秩序を商法典によって規整することの必要性を十分に認識しつつも、「商法ハ我国未曾有ノ大法典ニシテ、殊ニ新奇ノ事項ヲ規定シタルケ条頗ル多ク、随テ従来法律ノ思想ニ乏シキ商人ニ取リテハ、其一字一句ノ正義サヘ尚且ツ之ヲ解スルニ苦シムノ情況アリ、況ヤ此僅々数月ノ間ニ於テ通篇ノ大意ヲ了シ能ク之ニ応ズルノ準備ヲ遂ゲントスルハ、実ニ非常ノ困難タラザルヲ得ザルナリ(74)」と述べている。商法中には「我商人ガ従来夢想セザル新奇ノ事項ヲ規定スルモノ」が多いので、まずこれを理解しないと安心してこれに依拠できないとし(75)、結局のところ、商法が不都合であるために延期を望むわけではなく「只商人ハ勿論法律社会ヲシテ充分ノ準備ヲ為サシメンガ為メ、之ニ相当ノ歳月ヲ仮スベシト云フニ外ナラザルナリ(76)」としているのである。

なお、この建議と同時に、東京商工会は、その写を添えた檄を飛ばして全国五五の商業会議所および商工会に対し、同一歩調を採るよう促している(77)。

右を契機として、大阪商法会議所は、商法分担研究調査委員会を設けて、延期・断行・折衷延期を論議し、報告書を提出させることとした(78)。同年一〇月一五日、右の委員会はかなり詳しい商法調査報告書を提出した。この調査書は、東京とは対照的に商法典断行を基調とするものであった。注目すべき理由として、「我国ノ商人ハ外国トノ現行条約ノ為メニ迷惑スル事多クシテ其改正ノ一日ノ速ナラン事ヲ希望セザルベカラザルニ一旦発布シタル商法ヲ更ニ延期スル事アリテハ益々条約改正ヲ困難ナラシムベシトノ事」がある。また、会社法関連の理由として、「現行身代限ノ法律及会社ニ関スル法律ノ不完全ニシテ改正セザルベカラザル事ハ実業社会ノ輿論ナリ殊ニ会社法ノ如キハ当会議所ヨリ其筋ヘ建議セシ事サヘアリテ其建議セシ処ト商法ノ規定トハ殆ンド同一ナリトノ事」があげられている(79)。

同年一〇月二七日、大阪商法会議所は総会を開催し、結局断行論に決定をみた。当時、大阪産業の中軸は綿糸紡績業であり、それが明治二三年の恐慌によって甚大な打撃を被ったのを機会に、外国商品との競争に活路を見出す結果となり、関税自主権の確立、同業者の競争の排除が、大阪産業界の最大の関心事となったことがその背景にあり、このような時期に、「法典制定における観念的な面目論」など顧みるところでなかったという事情が大きかったわけである。(80)

しかし、全国的にみれば、大阪商法会議所のような意見は少数派であり、東京商工会の意見に同調するものが実業界の大勢であった。

(45) 穂積陳重・法窓夜話（大正五年）三四〇頁。
(46) 法学士会「法典編纂ニ関スル法学士会ノ意見（明治二二年）」星野通編・民法典論争資料集（昭和四四年）一四頁。
(47) 同前一五頁。
(48) 同前。
(49) 増島六一郎「法学士会ノ意見ヲ論ス」法理精華二巻一号（明治二二年）二〇頁。
(50) 同前二二―二三頁。
(51) 同前二三―二四頁。
(52) 高梨鎌次郎「法学士会ノ意見ヲ読ム」法理精華二巻一二号（明治二二年）四三―四四頁。
(53) 江木衷「民法草案財産編批評（法理精華四巻一九号・二一号・二二号（明治二三年））」星野通編・民法典論争資料集（昭和四四年）二五―二六頁。
(54) 岡野敬次郎「英法ノ為ニ妄ヲ弁ス（法理精華三巻一四号（明治二二年））」星野通編・民法典論争資料集（昭和四四年）二一―二二頁。
(55) 奥田義人「箕作司法次官ノ演説ヲ分析セヨ（法理精華三巻一五号（明治二二年））」星野通編・民法典論争資料集（昭和四四年）二四―二五頁。
(56) 江木・注（53）前掲二五頁。
(57) 同前二六頁。
(58) 福島・注（1）前掲一九頁。

(59) 指原安三編「明治政史下巻第二十三編（明治二三年）」明治文化研究会編・明治文化全集第一〇巻正史編（下巻）（昭和三一年）一九二頁。
(60) 同前一九二―一九三頁。
(61) 村田・注(32)前掲四七―四八頁。
(62) 指原・注(59)前掲一九四頁。
(63) 熊谷開作「商法典論争史序説」星野通退職記念法史学及び法学の諸問題（昭和四二年）一一六頁。
(64) 平塚篤校訂・伊藤博文秘書類纂法制関係資料上巻（昭和一〇年）三六二頁。
(65) 指原・注(59)前掲一九四頁。
(66) 村田・注(32)前掲一四八頁。
(67) 中村菊男・近代日本政治史の展開（昭和四五年）八〇頁。
(68) 同前。
(69) 同前八一頁参照。
(70) 内川＝松島・注(41)前掲一九六頁。
(71) 依田信太郎編・東京商工会議所八十五年史上巻（昭和四一年）四四七―四四八頁。
(72) 同前四四七頁。
(73) 同前四四八頁。
(74) 同前。
(75) 同前四四九頁。
(76) 同前四五〇頁。
(77) 同前。
(78) 里井達三良編・大阪商工会議所八十五年史（昭和四〇年）四七頁。
(79) 熊谷開作「商法典論争史と大阪商法会議所」宮本又次編・大阪の研究（昭和四二年）一二二頁参照。
(80) 里井・注(78)前掲四七頁参照。

四　商法及商法施行条例施行期限法律の成立

1　第一回帝国議会と周辺の状況

商法施行延期論の展開にもかかわらず、政府は、商法施行に向けて着実に前進していた。そのことは、たとえば以下の新聞記事からも推察することができる。「会社」という名称の濫用を禁ずる措置が講じられるとの、時事新聞明治二三年（一八九〇年）六月六日付の記事である。

「従来会社にあらずして商業をなす者にて、その屋号に会社の文字をみだりに用うるもの多くあるが、聞く所によれば、これらは商法実施の日より三ケ月内に商号を改むる事になり、もしこの規定に背く者は、地方裁判所の命令を以って二十円以下の過料に処する事に相成るはずなりという(81)」。

明治二三年一〇月一〇日、いよいよ帝国議会召集の詔勅が発せられ、第一回帝国議会（通常議会）は、同年一一月二五日に召集され、一一月二九日に開院された。時の内閣は、第一次山縣有朋内閣（明治二二年一二月二四日成立）であった。これより、商法を施行すべきか延期すべきかの議論は、帝国議会を舞台に展開されることとなった。

衆議院においては、大成会所属議員永井松右衛門が、三〇名の賛成者を得て、商法および商法施行条例を、民法と同様に明治二六年（一八九三年）一月一日から施行すべしとする「商法及商法施行条例施行期限法律案」を提出した(82)。

提案者の永井は、東京米商会所の肝煎でまた東京米穀倉庫会社社長であり、大成会の政務調査でもっぱら商法上の主査を担当した(83)。大成会というのは、総選挙後三週間ほどを経て中立議員らにより結成された院内団体（非政社）である。官吏、元官吏、実業家議員などがこれに参画し、いわゆる吏党（政府系）と目されたが、その思想的政治的立場は、統一性を欠いていたという(84)。また、国家主義者もその構成員の中心であった(85)。右の議案提出に際して、賛成者三〇名の構成は、大成会一九名、立憲自由党四名、立憲改進党五名、無所属二名であり、大成会主唱の下に、いわゆる民権派の党派を含む、超党派的な体裁を整えていた(86)。曲がりなりにも、吏党と目される会派を中心に、超党派の提案として右の法案が提出されたことに、商法延期の問題の複雑な背景が象徴されていると言えよう。

貴族院においても、村田保が七七名の賛成者を募って、商法施行を延期する法案を提出したようである。(87)しかし、衆議院の法案が優先して審議されたのであろう。

開院直後の明治二三年一二月一三日、東京商工会は、渋沢栄一をはじめ各商代表五〇名の連署をもって、貴族院議長伊藤博文、衆議院議長中島信行に宛て、商法施行延期の請願を提出した。(88)先に八月に司法大臣に宛てて提出された建議よりも強い調子で「我商法ヲ観察スルニ、我国ノ慣習風俗ニ重キヲ置カズシテ、一意ニ外国商法ヲ採テ以テ之ヲ我国ニ移サント勉ムルモノノ如シ」と断じ、「其条項中或ハ文章直訳体ニシテ其意義分明ナラザルモノアリ、或ハ故ラニ従来ノ用語ヲ棄テテ新奇ノ文字ヲ用ヒタルガ為メ無益ノ構想ヲ費スモノアリ、之ヲ要スルニ我国従来ノ慣習ニ支吾シ、其文義ノ解釈ニ苦シムノ条項一々枚挙スルニ遑《いとま》アラズ(89)」と述べている。そして議会において実際に適応しないと思われる条項を十分に審議を尽くすよう願っている。

衆議院本会議に延期法案が上呈されたのは一二月一五日であり、右の商工会の建議の二日後である。しかも、延期法案の提案理由の一部は、商工会の請願の趣旨と合致している。延期派が院の内外で連係して行動したと見ることができよう。

衆議院における論戦につき、当時の新聞は以下のように報道している。

「当会期間大問題の一とすべきは、すなわち商法延期法律案なりとす。この案は衆議院議員永井松右衛門氏の提出に係り、十二月一五日に於いて、その第一討論を開きたり。これを開会後第一の論戦なりとす。討論二日に亘り、双方畢生の力を振いて論弁し、その反対の側に於いては、豊田文三郎、末松三郎、菊地侃二《かんじ》、井上角五郎、宮城浩蔵、高梨哲四郎、井上正一、箕作麟祥（政府委員）諸氏の演説あり。賛成の側に於いては、元田肇、岡山兼吉、大谷木備一郎、田中源太郎、末松謙澄、関直彦、今井磯一郎等の諸氏、全力を尽して論弁し一も漏らす所なかりけるが、ようやく二日目の最後に於いて採決せしに、本案大多数を以って可決、ついに衆議院は商法を延期することに決したり。問題既に大なり。論弁もまた丁寧深切、およそ開会中これに超ゆるものはなく、たとい延期と決するも遺憾なき有様にして、最も議事の体裁を得たるものなりき〔明治二四年三月一七日、東京日日〕[90]。

反対論者のうち、末松、宮城、高梨、井上らは名だたる仏法学者であり、賛成論者の元田、岡山、大谷木、関らは当時そうそうたる英法系の代言人、記者であった。また、田中は、京都財界の大御所というべき実業家であった[91]。

論戦の詳細については、すでに他にすぐれた研究が公表されているので[92]、触れない。会社法にことに関連の深い論点にのみ言及しておこう。法案反対派は、とくに会社法制の不備に言及して、法規整の必要性を強調している。すなわち、反対派は、「今の会社の如きは、概ね株主は発起人を信用して株券の申込をする、然うして発起人は実際其の会社が成立れぬと云ふことを知る時分には、発起人は其の株を売り払って逃げると云ふことが往々にしてある、是らは実に厳重なる取締りをせぬければ到底、此の商家の信用と云ふものを維持することは出来ないと思ひます」と述べている[93]。

一二月一六日における延期法案の衆議院採決の結果は、賛成一八九、反対六七であった。先の新聞報道で、議場での討論は「最も議事の体裁を得たるもの」と高く評価されているにもかかわらず、その裏においては、法案が議事に上る一二月一五日の前夜に至っては、双方激昂のあまり、中には議員に対して脅迫まがいの書状を送った者さえあったと伝えられている[94]。

衆議院で可決された延期法案は、翌一二月一七日、貴族院に送付された。貴族院は同月二〇日に審議を開始し、二二日に採決が行われた。結果、一〇四対六二をもって、衆議院と同様に、法案を可決した[95]。

かくして、第一回帝国議会における論戦は、延期派が勝利することとなった。「商法及商法施行条例施行期限法律」は、明治二三年一二月二七日、法律第一〇八号として公布され、ここに旧商法典の施行は、明治二六年一月一日まで延期されるべきこととなった。

延期法案の両院通過によって、体面を傷つけられた形になった山田顕義司法大臣は、病気療養を理由に辞表を提出した。しかし、彼の辞任は、「世上言い伝うるの如くんば、大臣の辞表は全く商法の両院に於て実施延期となりたるが故なりと云う〔明治二三年一二月二六日、東京日日〕[96]」と報道されている。

2　ボアソナードの弁明

商法典の施行延期に関して、その起草の労を執った関係者が、切歯扼腕の思いであったことは、想像に難くない。しかし、調べた限りでは、当時のヘルマン・レースラーの声を聞くことができない。

法典論争の主戦場は、この後むしろ民法典とりわけ人事編分野に移行して行くのであるが、その過程で旧民法典の起草者であるボアソナードが、商法典をも視野に含めた形で、法典擁護論を展開している。ボアソナードの声が積極的に聞かれるようになるのは、民商両法典が出そろい、延期派の主張がより具体性を帯び始めてのことであるから、時系列的にはもう少し後、第一回帝国議会から第三回帝国議会に至る論争の過程でのことである。

ボアソナードが商法典をも視野に含めて発言をした背景には、彼の自然法論者としての立場がレースラーよりもはるかに強かった結果であるとの指摘がある。(97) 彼は、法の帰一性という自然法説の信念に基づいて行動したわけである。加えて、彼が商法典を擁護しえたのは、一九世紀中葉、すでに産業革命を完成したフランスから渡来した彼には、資本主義社会の進む方向と近代法との関係が明確につかめていたからであると言えよう。(98)

ボアソナードは、明治二五年（一八九二年）八月に、「日本新法典に就いての法曹諸家の意見書並に議会の攻撃に対する弁駁（野口洪基・訳）」と題された論稿を公表している。関連する彼の主張の一端を概観しておこう。

民商法が大資本家に便宜を与え、小資本家の利益を犠牲にするものであるとの批判に対し、彼は以下のように反論している。この中で、会社規整に対する言及がなされている。

「一体彼等は日本をして後退せしめ地方的小商工業の時代に引き戻さんとして居るのであらうか。そんな組織は封建時代とか国民的の、或は更に地方的の孤立時代には適するかも知れぬ。然しそれは到底現代の需要を満たし、今日の諸般の関係に対応することが出来ない。其の証拠には、両法典の発布前より既に日本には大銀行、商工業の大会社、株式組織の社団等が出来て居た、而して之等の会社は皆人的会社といふよりは寧ろ資本的会社である。新法典は一方之等の会社の発展を助長しつつ他の一方に於いて、会社に関する成文法の欠点の為め、既に今日往々見受けらるる弊害に対し細心の注意を払ってある。

小企業の利益を擁護せんが為めに大企業を攻撃するのは恰も手工業の利益を保護せんが為めに機械の使用を禁じ、腕車や馬による旅客運搬を保護せんが為めに鉄道運輸を排斥するのと同じく不合理極まることで、此点では吾人は論者に対し先づ経済学のイロハから勉強しなさいと勧告したい位である(99)」。

延期派の急先鋒であった村田保は、理由は定かではないが、なぜかボアソナードをひどく敵視していたという指摘がある(100)。ボアソナードもまた、名指しこそ避けているものの、村田保を意識して批判している。村田は、第一回帝国議会においても、後の第三回帝国議会においても、法律取調局の法典編纂作業が急速強引であった旨を述べて延期論を展開したが、ボアソナードは、この点について、以下のように皮肉をこめて言及している。

「嘗て元老院の議官として法律取調局の一委員たりし人」が、法典編纂作業があまりに急速になされた旨を述べ立てているが、「吾人は茲に、自己の官吏としての旧職務上の事実を援用して政府を攻撃するといふ事が果たして、節義上貴族院議員として許さるべき事なりやという事は暫く論ずまい(101)」。

そして彼は、村田の主張に以下のように反論している。

「吾人が甚遺憾に思ふのは此主張が……実際上十年余の歳月を費したる両法典を以て、僅々数ケ月にして編纂せられたといふ風に考へしむるかも知れぬという点である。成程元老院に於ける取調委員会の取調は相当急いで行はれた、然し此委員会の取調は最後のものであって、それ以前に既に数回の取調が行はれて来たのである。且又法律にせよ、他の科学にせよ、文学にせよ又建築物にせよ、一体一の事業なるものは決してそれが為めに要せし時間の長短によりて評価せらるべきものでない。一に其の本質的の価値によりて評価せらるべきものである(102)」。

ボアソナードの自負と信念とがうかがえよう。

(81) 内川＝松島・注(41)前掲三一二頁。
(82) 平塚・注(64)前掲二九一頁。

(83) 福島・注(11)前掲一一八頁。
(84) 内田健三＝金原左門他・日本議会史録第一巻(平成三年)七六頁。
(85) 三塚博監修・議会政治一〇〇年(昭和六三年)一〇五頁参照。
(86) 福島・注(11)前掲一一八頁。
(87) 村田・注(32)前掲一四八頁。
(88) 依田・注(71)前掲四五一頁。
(89) 同前四五一—四五二頁。
(90) 内川＝松島・注(41)前掲三二二頁。
(91) 福島・注(11)前掲一一九頁。
(92) 三枝一雄・明治商法の成立と変遷(平成四年)九二—九六頁など。
(93) 同前九四頁、福島・注(11)前掲一一九頁。
(94) 穂積・注(45)前掲三四一—三四二頁参照。
(95) 同前三四二頁。
(96) 日本国政事典刊行会編・日本国政事典第一巻(昭和二八年)五〇〇頁。
(97) 福島・注(11)前掲九四頁。
(98) 熊谷・注(63)前掲一二二頁。
(99) 野口洪基「法典実施延期論戦資料」大分高商商業論集四巻一号(昭和四年)七五—七六頁。
(100) 中村・注(67)前掲六一頁。
(101) 野口・注(99)前掲九二頁。
(102) 同前。

五　明治二四・二五年の動向

1　政府および議会の動向

先に述べたように、明治二三年(一八九〇年)一一月二七日、第一回帝国議会(通常議会)において可決された「商法及商法施行条例施行期限法律」は、法律第一〇八号として公布された。これによって「明治二十三年四月法律第三十二号商法及ビ同年八月法律第五十九号商法施行条例ハ明治二十六年一月一日ヨリ施行ス」るということになり、旧商法典の施行は、当初の施行予定（明治二四年一月一日）よりも二年間延期されることになった。

この後も、第一回帝国議会は、未だ継続されていた。議会のなかでは、なおも一部の議員による商法民法修正への努力がなされていた。

明治二四年（一八九一年）一月、衆議院議員の佐竹義和他二一名は商法及民法修正方案を議会に提出したが、院議に上ることはなかった。(103) 同年三月にも、衆議院議員高木正年が商法改正案を提出したが、やはり院議に上らなかった。(104)

貴族院においては、明治二四年三月、同院議員小畑美稲《うましね》他九六名が民法商法に関する建議案を政府に提出している。その内容は、民商法を修正すべく、すみやかに特別審査委員会を設置するよう要求するものである。修正作業は政府の事業として行われるべきであり、とりわけ商法の審査に関しては、院内の学識経験者のみならず、法官、帝大教員、商工会員等を加えるよう提言していた。(105)

第一回帝国議会は、明治二四年三月八日に閉会した。同年四月一四日、政府（第一次山縣有朋内閣）は閣議を開いて、先の小畑議員らの建議案を検討している。そこで出された結論は、およそ以下のようなものであった。すなわち、右の建議案は、要するに民商法の全般を攻撃し、漠然と再審を請求するにとどまるものである。かりに民商法の修正に着手するとしても、施行を一年半後に控えた状況では竜頭蛇尾の修正に終わるであろう。そもそも政府は、完成された法典として商法を発布したのであり、右の建議案は採用し難い。(106)

明治二四年五月六日、山縣内閣に替わって、第一次松方正義内閣が成立したが、松方内閣も同様の方針を踏襲した。

明治二四年一一月一六日、第二回帝国議会（通常議会）が召集された。同年一二月、衆議院議員渡辺又三郎他一三名は、商法一部施行の議案を提出した。この議案は、商法中第一編第六章（会社法）および第三編（破産）ならびに商法施行条例中商事会社および破産に関する規定を明治二五年三月一日から施行すべしという内容のものであった。(107) これに対して政府は、明治二六年一月一日全面施行が既定の方針であって、一部を実施してもいたずらに法典を紛擾《ふんじょう》し錯雑させる結果を招くであろうから、きわめて遺憾であるという旨を表明して反対している。(108) 政府において右の見解を主張したのは、主として当時の田中不二麻呂司法大臣であった。田中司法大臣は、元枢密院顧問官であり（明治二三年六月二七日から同二四年六月一日まで）、それ以前は駐仏公使であった。(109) 彼の駐仏公使という経歴は着目に値しよう。

明治二四年一二月二五日、衆議院が解散されたため、第二回帝国議会は停会となった。

この後、明治二五年（一八九二年）四月に松方内閣の内部において民商法修正委員設置の動きがあったようであるが、これも田中司法大臣の反対によって頓挫したようである。(110) 結局、政府は明治二三年の商法典をそのまま放置した形で、明治二五年五月二日召集の第三回帝国議会（特別議会）に臨んだのであった。

2　民間の動向

明治二四年（一八九一年）九月一六日、東京商工会内部で明治二三年商法の検討を重ねてきた商法改正委員奥三郎兵衛以下九名は、東京商工会残務整理委員総代の渋沢栄一に「商法修正意見」を提出した(111)（この時期、東京商工会は、東京商業会議所として生まれ変わるため、閉鎖を決定して残務整理中であったので、その代表が残務整理委員総代となっているわけである）。渋沢栄一は、東京商工会残務整理委員総代の名義をもって、同年九月二一日に田中不二麻呂司法大臣および陸奥宗光農商務大臣に宛て、同年一〇月二日に貴衆両院議長に宛て、右意見書をそれぞれ提出した。(112) 右意見書は、問題のある条項につき、原文と修正文とが対照して併記され、かつ修正の理由が掲げられたものであった。この中で言及された会社法関連の条項は、株式会社に関して、第一六四条、第一七六条、第一七八条、第一九一条、第一九二条、第二二二条であったようである。(113)

さらに東京商業会議所は、明治二四年一一月一四日開催の第九回臨時会議において、商法修正建議のため、調査委員会の設置を決定した。調査委員として、渋沢栄一、奥三郎兵衛ら一〇名が選出されている。(114) この委員会には、穂積陳重の斡旋によって、梅謙次郎、高根義人、志田鉀太郎らの各博士が顧問として迎えられた[115]。
右の動きに対し、大阪商法会議所は、この時期も一貫して商法典の早期全面施行を主張している[116]。

3　学界の動向

法典論争の象徴とも言うべき穂積八束の論稿「民法出デテ忠孝亡ブ」が法学新報上に公表されたのは、明治二四年（一八九一年）八月のことである。この時期、学界はまさに法典論争のただ中にあった。

本節は、法典論争の意義それ自体について立ち入った分析をすることを目的とするものではない。一般的に言えば、商法典を巡る論争は、民法典を巡る論争ほどには先鋭的なものではなかったように思われる。むしろ、この時期における経済社会の実態に即して展開された冷静な応酬が中心であったような印象を受ける。ここでは、そのような応酬を中心に、学界の動向を概観しておこう。

まず、いわゆる延期派の主張の要点は、以下のように整理できよう。

およそ民商法は、個人の権利義務に関する規定を中心とする。このような私法法規は、「一タビ実施スルトキハ直ニ既得ノ私権ヲ生ズルガ故ニ之ヲ試験的ニ実施シテ後ニ之ヲ修正セントスルハ極メテ困難[117]」である。加えて、民商法のとりわけ財産権の諸規定は、各人の契約自由の原則を確認することをその本旨としており、ひいては経済社会において弱肉強食的な自由な活動をなすことを奨励している。つまり、これらの規定は、経済的弱者を仮借なく責めたてるものである[118]。このように、新法典は個人の金銭的権利の保護にその重点を置くものであって、「其所謂会社ナルモノモ亦数多ノ個人ガ各個ノ金銭的利益ヲ謀ルノ機械的集合[119]」たることを前提としたものである。したがって、「商法中ニ規定セル諸種ノ会社ノ如キモ富豪家ヲシテ薄貧者ヲ圧シ、商業ノ専権ヲ蹂躙セシムルニ外ナラ[120]」ないものであり、商法実施を希望するのは富豪者層にすぎないのである。

これに対し、断行派の論旨は、ともかく法典を施行し、その後に不都合な部分を改正すればよいではないか、というものである。

たとえば、「速カニ現時ノ法典ヲ実施シ、果シテ世態風俗習慣ニ背戻セザルヤ否ヤヲ熟察シ、然ル後不完全ノ点明瞭ナルニ及ンデ始メテ之レガ修正ヲ為スノ大ニ利ナルコトヲ信ズ」[121]ると述べるものがある。あるいは、より積極的に「新商法ノ規定中現行ノ慣習ト相副ハザルモノ少シト」しないが、「慣習ヲ変更スルノ利害ヲ商量スルヲ要ス」るのであって、「現行ノ慣習ニシテ後世ニ害アラバ」むしろ法律によってこれを変更すべきであると主張するものもある。[122]

当時における経済社会の実態を背景に、商法の早期施行を主張するものもある。すなわち、「彼ノ商社ノ如キモ亦多クハ奸商狡賈《かんしょうこうか》ノ徒ラニ奇利ヲ壟断スルノ目的ニ成ルモノ比々皆然ラザルハナク、奸黠狡獪《かんかつこうかい》ノ徒ハ揚々トシテ白日経済ニ横行シ、商工業ハ皆此等ノ徒ノ奸典ヲ逞フシ私利私欲ヲ満タスノ具ト為リ、良賈却テ跡ヲ潜ム、其商工業ノ発達進歩ヲ妨害シ国家経済ヲ茶毒スルノ甚シキ言フ可カラザルモノアリ、其斯ノ如キモノハ職トシテ法律ノ保護ノ十分ナラザルニ由ラズンバアラズ、殊ニ会社ノ如キハ其弊害ノ最モ劇甚ナルモノナリ」[123]。このような「今日ノ経済社会ノ弊害ヲ矯正」するためには「須ラク速カニ商法及ビ民法ノ二法典ヲ実施スベシ、若シ夫レ徒ラニ荏苒《じんぜん》遅々セバ則チ我国経済社会ノ損失亦得テ知ル可カラザルナリ、今ヤ商工業経済社会ハ実ニ無法無視ノ暗黒社会ナリ、魑魅《ちみ》走リ魍魎《もうりょう》躍リ百鬼横行スルモノ豈異《あやし》ムニ足ランヤ」[124]と述べている。

経済社会の実態をふまえた議論を通して、加えて、先の帝国議会における延期決議をふまえて、断行派の意見は、次に示すように、商法早期修正論または会社法・破産法先行実施論へと展開したようである。

その論旨は、およそ以下のようなものである。商法に不完全な点が少なくないのは事実であるし、商法の修正が急務であることは世論も認めている。断行派といえども、商法が不完全であることを当然に認識しているわけであるが、商法を実施する急務ありと信じるから断行に利があると説いてきたのであって、何も修正に反対しているわけではない。[125]たとえば梅謙次郎は、以上のような主旨を述べ、商法を修正するのであれば、早期に修正するべきであると主張する。そして、修正するにしても、かりに「二年ノ後ニ至リテ（すなわち、明治二六年一月の施行予定時期が到来しても）修正未ダ成ラザルヲ名トシテ更ニ商法ノ延期ヲ主張スルモノアラバ余ハ決シテ之ヲ賛成セザルベシ[126]」と政府その他に言わば釘を刺しているのである。

また商法の施行延期を可決した帝国議会に対する次のような皮肉な感想がある。そもそも明治二三年末の時点で商業社会の現況に背反して実施できないことを理由に延期された法典が、たかだか同二四年、二五年の二年間を経ただけで実施できるということ自体理屈に合わない。そうとすれば、この期間に十分な修正を加えて現況に適応させようとするのが筋ではないか。法律は、実施前に国民に周知させる必要があるのだから、明治二六年から本気で実施するつもりなら、直ちに修正案を起草すべきである。にもかかわらず、熱心に商法の実施延期を議決した帝国議会の議員が、未だ修正について意見を発しないのはどういうわけなのか[127]。

会社法・破産法先行実施論も、学界においては、梅謙次郎あたりの首唱によるものと思われる。商法を延期すべきか否かは、実際の経済社会の利害の問題であるが、社会情勢を勘案すれば、「商法中目下一日モ早ク実施セザルベカラザル部分モ亦タ之レアリ、会社法破産法是レナリ、今ヤ商法ハ既ニ延期セラレタリ、故ニ其会社ト破産法トヲ分離シ特別法トシテ発布スルコト実ニ今日ノ急務ナリト信ズルナリ[128]」と述べている。

同じく次のような主張も見られる。「例ヘバ近年会社ヲ設立シテ商工等一私人ノ経営シ能ハザル大事業ヲ起サントスルノ流行アリト雖モ、役員ノ権限・株主間ノ権義・公衆ニ対スル責任等ヲ規定スル所ノ会社法ナキヲ以テ往々諸種ノ弊害ヲ醸ス事アリ……是等新事実ニ関スル法律ヲ制定スルノ必要アリトセバ一時ニ大部ノ法典ヲ編成スルノ方法ニ依ラズシテ必要アルヲ感ズルニ随テ漸次単行法ヲ発行スルヲ以テ最良ノ方法ナリト信ズ[129]。」

とりわけ梅謙次郎は、具体的に商法典に規定されたところに従い、この法典が現時の会社に関する弊害を除去するに資するものである旨を主張している。すなわち、設立に関して商法は「若干ノ条件ヲ設ケ此条件ヲ具備スルニ非ザレバ会社ハ未ダ設立セザルモノトシ、殊ニ株式会社ハ再度政府ノ免許ヲ得ルニ非ザレバ設立スルコト能ハズトセリ、故ニ従来ノ如ク奸商四五相集リテ一ノ会社ヲ企テ、未ダ社員アラザルニ会社ノ設立ノ届出ヲ為シ、新聞ニ広告シ、大法螺ヲ吹キ以テ株主ヲ募リ、若干ノ利潤ヲ獲テ已等ハ退キ、以テ善意ノ株主ヲ損害スルコト能ハザルベシ」[130]。また、会社の経営・管理に関しても「商法ハ細カニ役員ノ権限ヲ定メ又社員間ノ権利義務ヲ規定シ、殊ニ株式会社ニ就イテハ程々監督ノ方法ヲ設ケ、監査役ナルモノヲ置キ以テ取締役ヲ監督セシメ、或ハ臨時官吏ヲ派遣シテ検査ヲ為サシムル等、大ニ役員ノ不正不規律ヲ防止センコトヲ謀レリ」[131]。会社の解散の場合においても「清算人ナルモノアリテ一定ノ権限ヲ以テ一定ノ監査方法ニ従ヒ会社財産配当ノ事ヲ掌トリ、以テ各債権者及ビ各社員間ニ平等ノ分配ヲ為サンコトヲ務ムルナリ」[132]。したがって、このような会社法が「実施サラレナバ、復タ今日ノ如キ会社ノ不都合ナルヲ聞カザルナラン」[133]。以上のように述べている。

これらに対し、会社法の早期実施に反対する意見は次のようなものである。たとえば、奥田義人によれば、会社法だけを早期に実施せよという「論者ノ言、之ヲ明治十九年ニ発セバ或ハ多少ノ勢力ヲ得タルヤ知ルベカラズ、然レドモ之ヲ今日ニ唱道シテ徒ラニ世人ノ耳目ヲ奪ハントスルモ事情ニ切ナラザル世人恬トシテ之ヲ顧ミルモノナキヲ如何セン」[134]。

この主張の背景にある事情は以下のようなものである。明治一九年（一八八六年）、わが国政府の強引な紙幣整理政策は一段落し、同年一月には紙幣の正貨兌換が実施された。これにより紙幣整理に基因する経済圧迫は解消されることになった[135]。加えて、当時のわが国は実質上銀本位制であったが、銀相場の長期的低落が円為替の低落をもたらし、対外的にわが物価を割安にし、国内物価を引き上げながら輸出を増大させた。銀相場が最も低かったのも明治一九年である[136]。これらの諸要因が、企業の台頭を大きく刺激したようである。右の主張にいう明治一九年は、企業台頭熱が盛んな時期であったわけである。奥田の主張の続きを見よう。

「去ル（明治）十九年経済社会一種ノ変動ニ依リテ会社新設ノ流行ヲ生ジ玉石混淆為メニ大ニ経済ヲ撹擾セルノ跡アリ、然ルニ今ヤ其熱度漸ク冷ニシテ復タ会社ノ新設ヲ説クモノナシ、タトヒ之ヲ説クモノアルモ曩年《のうねん》ノ覆轍ヲ恐レテ之ニ応ズルモノナシ、而シテ既設ノ会社ニシテ今日ニ継続維持セルモノハ前日ノ恐慌（明治二三年一月のわが国初の近代的恐慌を指すものと思われる）ニ由テ多少ノ創ヲ被リタルニ拘ラズ漸次整備ヲ告グルノ状アリ、何ヲ苦ンデカ会社法ノ実施ハ経済社会ノ為メニ焦眉ノ急ナリト云フヤ、時勢ノ変遷ヲ知ラザルモ亦甚ダシト謂ハザルベカラズ」[137]。

以上が延期派の代表的主張である。もっとも、このような意見のある反面、延期派内においても「会社法ハ民法ノ規定（四十一ヶ条）疎ニシテ商法ノ規定（百八ヶ条）密ナルコト恰モ他ノ諸法ト其関係ヲ顛倒シ破産法ハ独リ商法ノミノ規定ナレバ二者共ニ民法トノ関係ヲ有セズ、故ニ唯其法典ノ部分ヨリ分離シ特別法ノ法体トナスタメニ修正ヲ加フベキ時間之ヲ延期スルヲ得バ足ルモノナリ」(138)と、会社法の分離実施に理解を示した見解が表明されている点は注目されよう。

(103) 平塚・注（64）前掲二九四頁。
(104) 同前二九六頁。
(105) 同前二九五―二九六頁参照。
(106) 同前二九七―二九八頁参照。
(107) 同前三八六頁。
(108) 同前三八七頁。
(109) 遠山茂樹＝安達淑子・近代日本政治史必携（昭和三六年）一〇八頁。
(110) 平塚・注（64）前掲三八七頁参照。
(111) 依田・注（71）前掲四五三頁。
(112) 同前。
(113) 同前四五四頁。
(114) 同前五八五頁。
(115) 同前。
(116) 里井・注（78）前掲四八頁。
(117) 社説「読法典実施断行意見書〔法学新報一四号（明治二五年）〕」星野通編著・民法典論争資料集（昭和四四年）一六六頁。
(118) 社説「法典実施延期意見〔法学新報一四号（明治二五年）〕」星野通編著・民法典論争資料集（昭和四四年）一七九頁参照。
(119) 同前一八〇頁。
(120) 同前。
(121) 和田守菊次郎「法典ノ修正実施先後論〔法治協会雑誌一号（明治二四年）〕」星野通編著・民法典論争資料集（昭和四四年）九三頁。

(122) 飯田宏作「我国法律上ノ慣習ニ就テ（法治協会雑誌一号（明治二四年））」星野通編著・民法典論争資料集（昭和四四年）九八頁参照。
(123) 無記名記事「法典実施断行意見（法治協会雑誌一一号（明治二五年））」星野通編著・民法典論争資料集一五七頁。
(124) 同前。
(125) 梅謙次郎「商法ノ修正ニ関スル意見」法学協会雑誌九巻二号（明治二四年）四六頁参照。
(126) 同前四九頁。
(127) 原亀太郎「帝国議会ハ商法ヲ如何セントスルヤ」法学協会雑誌九巻二号（明治二四年）五九―六一頁参照。
(128) 梅・注(125)前掲四三頁。
(129) 土方寧「法典実施ノ意見」法学協会雑誌九巻八号（明治二四年）二三頁。
(130) 梅謙次郎「論商法」法学協会雑誌九巻一〇号（明治二四年）一八―一九頁。
(131) 同前一九頁。
(132) 同前。
(133) 同前。
(134) 奥田義人「法典断行説ノ妄ヲ弁ズ（法学新報一四号（明治二五年））」星野通編著・民法典論争資料集（昭和四四年）一八七―一八八頁。
(135) 高橋亀吉・日本の企業・経営者発達史（昭和五三年）三三頁。
(136) 同前三三頁。
(137) 奥田・注(134)前掲一八八頁。
(138) 社説「法典一部延期論ノ妄ヲ弁ズ（法学新報一六号（明治二五年））」星野通編著・民法典論争資料集（昭和四四年）二一二―二一三頁。

六　第三回帝国議会とその後の動向

1　再延期法案の可決

第三回帝国議会は、明治二五年（一八九二年）五月二日に召集され、同月六日に開院された。この議会は、憲政史上初の衆議院解散にともなう第二回衆議院総選挙（明治二五年二月一五日）後に開かれた特別議会であったが、右の選挙は、政府による大干渉によって多数の死傷者を出した選挙として有名である。選挙干渉の背後の理由は以下のようなものであったらしい。すなわち、大日本帝国憲法の精神を活かすため、議会は政府に協力する存在でなければならない。そのためには、忠良な臣民が議員にならなければならないというもので、選挙干渉はそのための手段であるというのである[139]。政府の帝国議会（衆議院）に対する当時の意識というのは、このようなものであったのである。

五月一六日[140]、貴族院議員村田保は、一一五名の賛成を得て、民法商法施行延期法律案を提出した[141]。この時期、村田保は官僚出身の勅選議員として活躍していた。英独法に通じ、この分野の著書もあったようである。右の法案は、「明治二十三年三月法律第二十八号民法財産編債権編担保編証拠編同年三月法律第三十二号商法同年八月法律五十九号商法施行条例同年十月法律第九十七号法例及ビ第九十八号民法財産取得編人事編ハ其修正ヲ行フガ為メ明治二十九年十二月三十一日マデ其施行ヲ延期ス」という内容のものであった。

五月二〇日、政府は閣議を開いて右法案に対する態度を協議した結果、たとえ延期法案が議会を通過しようとも、従来の方針どおり民法商法を断然施行することに決し、議場において不同意を明言することにした[142]。

この年の五月には、政府に対して民法商法実施の建議書・意見書が数多く提出されていた。たとえば、旧法律取調委員長山田顕義ほか取調委員および報告委員三八名から、大審院長ほか同院判事二九名から建議書が提出されている[143]。

一方、衆議院では、五月二四日に議員鳩山和夫ほか六名が「民法商法施行条例及法例施行期限延期法案」を提出した[144]。鳩山和夫は、コロンビア大学・エール大学に学び、帝大法科教授（法学博士）の職にあったが、これを辞し、弁護士に転身後、衆議院議員に当選したという経歴を持つ。右の延期法案は、民法商法は明治三〇年までその施行を延期するが、会社法・破産法は明治二六年四月一日より施行するというものであった[145]。この法案は、先の貴族院法案と一括して審議されることとなったようである[146]。

貴族院においては、五月二六日から、先の村田保提出の延期法案の審議が開始された。当然、政府はこれに反対を表明している。二八日、同院においてこの法案に対する修正案が提出された。小澤武雄議員の提出によるもので、その内容は、「但修正ヲ終リタルモノハ本文期限内ト雖モ之ヲ施行スルコトヲ得」との但書を法案に付加すべきであるというものであった。(147) 小澤武雄は、陸軍中将の職にある勅選議員であった。その経歴から、修正案提出の背景をうかがい知ることはできない。ただ、彼は、貴族院における演説の舌禍のため、陸軍中将を（依頼の形式ではあるが）免ぜられたという逸話の持主であったらしい。日本赤十字社の前身、博愛社の設立者としても知られている。

五月二八日、貴族院は右の修正を容れ、延期法案を圧倒的多数で可決し（第三読会議長より起立採決、一二三対六一）、即日これを衆議院に送付した。(148)

六月三日、衆議院は貴族院から送付された法案を特別委員の審査に付託、同月一〇日にこの特別委員会の報告を受けた。同委員会における多数意見は、貴族院の法律案を適当と認めるものであった。(149) 政府の反対にもかかわらず、同日、衆議院も延期法案を可決（第二読会において第三読会を含めて採決、一五二対一〇七）、かくして、商法の全面施行は再び延期されることになった。

なお、この「民法商法施行延期法律」は、両院通過後数か月を経ても裁可されなかったが、明治二五年一一月二一日にようやく裁可され、同月二四日に法律第八号として公布されたのであった。(150)

2　再延期決議後の動向——政府・議会・民間

明治二五年（一八九二年）六月一日、再延期法案可決後の貴族院では、小畑美稲議員より民法商法修正審査委員を設けるべき旨の建議案が提出されている。(151) その内容は、明治二四年二月に同議員らの提出にかかる先に述べた建議案とほぼ同旨のものであった。小畑美稲は、弾正台巡察などを経て、名古屋・宮城控訴院長を歴任、明治一七年に元老院議官となり、明治二三年に勅選議員となった人物である。

明治二五年六月六日、東京商業会議所会頭渋沢栄一は、田中不二麻呂司法大臣および河野敏鎌農商務大臣ならびに貴衆両院議長に宛て、「商法ノ修正ヲ要スル義ニ付建議（請願）」を提出している。先に述べたように、同会議所は、調査委員会を設けて、商法修正のための逐条審議検討を重ねていたが、明治二五年六月三日の臨時会議を経て、「商法及商法施行条例修正案」を決定、これを受けて、その採納実施方を建議請願したわけである。(152) なお渋沢栄一は、明治二三年に勅選議員となったが、明治二四年一〇月二九日にこれを辞し、この時は野に下っていた。この建議請願は以下のようなものである。商法をこのまま実施すれば、「大ニ我商業ノ秩序ヲ撹乱シ商人ヲシテ非常ノ困厄ヲ感ゼシメ、其極却テ意外ノ結果ヲ生ズル事ナシトセズ、是ヲ以テ本会議所ハ其修正ヲ切望シ爾来黽勉《びんべん》怠ラズ之ヲ実際ニ質シ之ヲ法理ニ諮ヒ、別冊修正案ヲ調成シテ」提出するので、「本会議所ノ意見ヲ採納セラレ、速カニ之ヲ修正シ実施セラレン事ヲ希望ノ至ニ堪ヘズ」と述べられている。(153) 同時に提出された別冊「商法及商法施行条例修正案」は、一〇〇頁を超える大冊であって、第一条から第一〇五五条にわたり、重要条文の「修正文」と「原文」とを対照し、かつ修正または削除の理由を付記したものであった。(154)

ちなみに大阪商業会議所は、第三回帝国議会開院直後の明治二五年五月一二日、「商法ハ既定ノ如ク廿六年一月ヨリ実施ノ可ナルコトヲ其筋ヘ開申シ且貴衆両院議院ニ対シ同ジク其ノ意見ヲ開陳スルコト」と決議している。(155)

六月八日、貴族院は、先の小畑美稲議員が提出した民法商法修正審査委員を設ける旨の建議案を可決した。(156) 民法商法施行延期法律案が議会を通過した後、六月一八日には、一貫して民法商法の全面早期施行を主張し続けた田中不二麻呂司法大臣が病気を理由に辞職を奉請している。その際、彼は、民法商法施行延期法律案および民法商法修正審査委員を設ける旨の貴族院建議に対して、反対意見を松方正義総理大臣に提出した。(157) その内容は、これらにかかわりなく、政府は毅然として予定どおり民法商法を施行するべきであるというものであった。右の意見を置き土産に、六月二三日、田中不二麻呂はその職を辞した。

明治二五年七月二〇日、閣僚の辞任問題や先の選挙干渉の処分問題などが原因で、松方正義内閣は総辞職するに至った。同年八月八日、これを受けて第二次伊藤博文内閣が成立、商法修正問題は、伊藤内閣に引き継がれることとなった。

3　再延期決議と学界

学界もまた、第三回帝国議会の開会前から議会における民法商法の取扱いに注目していた。すなわち、第一回帝国議会が、民法商法に修正が必要であるとの観点からその実施延期を決議したにもかかわらず、第二回帝国議会においては、「民法商法ハ馬耳東風ノ如ク軽視シ之ヲ顧ミズ……人民ニ直接ノ関係ヲ有セザル法案ノミヲ之レ事トシ、直接ニ利害得失ヲ及ボスベキ二法ヲ顧慮セザル如キハ所謂冠履転倒ノ甚シキモノト謂フ可シ」(158)と、議会の怠慢を指摘する声があった。そして、当時の政治的混乱に対しても、「若し万一不幸にも党派の問題政熱の余波の為めに区々たる問題に議会開会の日時を摩消し国民の生理に大関係ある法典問題を軽々看過するが如きあらば後世子孫に対し何の面目あるべきや」(159)と厳しい批判を展開していた。

結局、議会は民法商法施行の再延期を決定したわけであるが、この点に関しては、一日も早く修正の実効を挙げ、完全無欠の法典を大成するよう希望するとともに、政府がその行政権を濫用することなく、議会の決定を十分に尊重すべきであるという旨の意見表明がみられる(160)。

第三回帝国議会の議事の過程の中で、商法とりわけ会社法・破産法の先行実施論が俎上に上ったことについては、あくまでも商法の先行実施に反対し、民法と同時施行をなすべきであるという意見と(161)、会社法・破産法の先行実施論に理解を示す意見とがある(162)。従来の延期派の中に、会社法・破産法の先行実施論に理解を示しつつも、会社法等を「其儘切リ抜キテ直チニ実行シ得ベキニアラズ、是レ亦多少ノ修正ヲ要スルハ論ヲ俟タズ……成ル可ク速カニ其修正ノ業ヲ卒ヘ、更ニ帝国議会ノ協賛ヲ求メテ実行スルハ頗ル妥当ニアラズヤ」(163)と述べ、貴族院の建議案に賛同を示したものがある。

なお、再延期が決定した後のボアソナードの日常が以下のように描写されているので参考のために掲げておこう。「此程法典延期案下院を通過したる以後、氏は人毎に語りて、余は十数年以来日本法典編纂の為めに畢生の力を至せしものなるに、今日議会が法典実施延期を可決したるは、日本人氏は余を見棄てたるものにして余亦日本に用なしとして快々として楽しまず、爾来大学の講師をも断りて出席せず云々(164)」。

おそらく、ヘルマン・レースラーも同様の心境にあったであろうことは、想像に難くない。

(139) 林茂＝辻清明編・日本内閣史録第一巻（昭和五六年）一九〇頁。
(140) 志田・注(38)前掲五八頁によれば、五月二六日と記されているが、五月一六日が正しいと思われる。
(141) 平塚・注(103)前掲三九〇頁。
(142) 同前。
(143) 同前三九〇―三九一頁参照。
(144) 志田・注(38)前掲五九頁。
(145) 平塚・注(103)前掲三九四頁。
(146) 志田・注(38)前掲六〇頁。
(147) 同前五九頁。
(148) 同前参照。
(149) 平塚・注(103)前掲三九四―三九五頁参照。
(150) 志田・注(38)前掲六一頁。
(151) 平塚・注(103)前掲三九三頁。
(152) 依田・注(71)前掲五八五頁。
(153) 同前五八六頁。
(154) 同前。
(155) 熊谷・注(79)前掲一二九頁。
(156) 平塚・注(103)前掲三九四頁。
(157) 同前三九八頁参照。
(158) Y・O「次ノ帝国議会ハ法典ノ修正ヲ如何スベキカ」法学新報一〇号（明治二五年）一九頁。
(159) 社説「法典修正問題」法学新報一三号（明治二五年）一九頁。
(160) 社説「法典延期法律案両院を通過す」法学新報一五号（明治二五年）一―二頁参照。
(161) 松野貞一郎「民法商法交渉問題」法学新報一五号（明治二五年）二四頁以下。

(162) 奥田・注(134)前掲一八七―一八八頁参照。
(163) 山田喜之助「民法及ヒ商法修正延期ノ要領」法学新報一七号(明治二五年)四二頁。
(164) 雑報「ボアソナード氏の悒々《ゆうゆう》」法学新報一五号(明治二五年)一〇七頁。

七　二三年会社法の改正と施行

1　民法商法施行取調委員会

明治二五年(一八九二年)一〇月七日、政府は、司法官、学者、貴族院議員からなる民法商法施行取調委員会を設置し、委員一三名を任命した。委員長は西園寺公望である。(165) 西園寺公望は、戊辰戦争以来の維新の立役者の一人であった。明治四年、フランスに留学し、明治一三年帰国後、明治法律学校の設立に関与している。明治一八年よりオーストリア・ベルギー・ドイツ駐在公使、明治二四年に帰国している。

この民法商法施行取調委員会の性格は必ずしも明らかではない。委員の職にあった村田保によれば、会議の初日に伊藤博文総理大臣も出席し、次のように述べたと述懐している。すなわち、この委員会は、民法商法をこのまま施行すべきものなのか、または修正をなすべきものなのか、それを取り調べるにとどまる性格のものである。(166) 一方、当時の一部雑誌報道等によれば、伊藤博文は、開会にあたり、同委員会が民法商法の延期・断行の是非を決するものではなく、一部施行しいいいいいいいいて他に差支えを生じないか否か、その利害得失を調べるものであると述べたとされている。(167) 実際には、志田鉀太郎が述べているように「其取調の目的が果して何れにあったかは全然之を秘せられていた」(168) ようである。しかし、後に述べるように、取調委員会設置後、比較的時間を置かずに召集された第四回帝国議会の冒頭に、商法の一部先行施行に関する法案が政府によって提出されたことから察して、商法の一部施行問題がこの委員会の議事に上った可能性はきわめて高いと思われる。(169)

この委員会は、民法商法をそのまま施行すべきであると考える委員六名、修正が必要であると考える委員六名から構成されていたが、委員長の西園寺は前者の考えに与していた。[170] しかし、委員会そのものは、西園寺の冷静な運営によって、村田保ら修正派主導で進められたようであり、委員会として民法商法ともに修正が必要であるとの決定をみた。[171] この決定が、後に法典調査会の設置へと繋がったものと思われる。

要するに、民法商法施行取調委員会は、第一に会社法の先行施行に寄与したという点で、第二に商法の全面的修正への端緒となったという点で、重要な意義を有するものであったと評価しえよう。

2 第四回帝国議会

第四回帝国議会（通常議会）は、明治二五年（一八九二年）一一月二五日に召集され、同月二九日に開院された。開院当日の一一月二九日、政府は、「商法及商法施行条例中改正並施行法律案」を貴族院に提出した。[172] この法案は、商法第一編第六章（商事会社及ビ共算商業組合）、第一二章（手形及ビ小切手）および第三編（破産）ならびに商法施行条例中商法典の会社、手形および破産に関連する部分に多少の修正を加える（法案一条）と同時に、この部分を明治二六年一月一日より施行する（法案二条）というものであった。この法律案によって先行施行されようとする部分は、商法典のうち四一九か条（うち修正をともなうもの五三か条）、商法施行条例のうち四三か条（うち修正をともなうもの八か条）であった。[173] この法案によれば、その提出から施行予定日までわずかに一か月程しかなく、いかに政府がこれらの部分の先行施行を急いでいたかがうかがえる。

山縣有朋司法大臣の、法案趣旨弁明演説中、会社法に関連する部分を挙げておこう。すなわち、「我国商業社会ノ秩序ノ紊乱」は「已ニ数年ノ久シキニ渉」るものであるが、「其間会社ノ恐慌又ハ会社ノ破産ノ多クハ投機者流ノタメニ法ノ網ノ疎ナルヨリ致シマシテ一個一身ノ利益ヲ壟断センコトヲ謀ルタメニ大ニ此社会ニ禍害ヲ与ヘ」ている。したがって、「是等ノ弊害ヲ匡正致シマスルニハ精密ナル法律ヲ以テ会社ノ営業ヲ監督スルヨリ外ニ途ハ」なく、「依テ此会社法ノ実施ハ目下最モ緊急ナルモノト存」ずる次第である。[174]

右の法案における、商法および商法施行条例の改正原案は、その大半が東京商業会議所の「修正案」を受け入れたものであり、また若干の政府自身の主張も織り込まれていた。[175] 東京商業会議所提出の修正案の作成には、民法商法施行取調委員会の構成員であった穂積陳重や梅謙次郎なども顧問的立場で関与したわけであるから、同会議所の意見が多く反映された事情も頷くことができるであろう。

一二月二日、貴族院はこの法案の審査を特別委員会（一五名）に付託したが、[176] 特別委員のうち五名（西園寺公望、小畑美稲、村田保、木下廣次、富井政章）は、先の民法商法施行取調委員会の構成員でもあったわけであるから、特別委員会も彼らの主導で進められたものと思われる。この委員会において、法案の施行期日原案が半年先送りされ、明治二六年七月一日より施行すべきものと修正された。この修正には、切迫した施行期日をさしあたって延期するという意味があったとともに、当時の商人社会の習慣で、一月または七月に会計を新たにするという事情が勘案されて、七月一日という日付が選ばれたようである。[177] 同時に、原案以外に四〇余か所にわたる修正がなされたが、ここでも東京商業会議所の意見が強く織りこまれた。[178] なお、レースラー草案の「差金会社」の系譜をひき、有限責任社員のみからなることを原則としていた合資会社が、事実上、無限責任を負う社員の存在を必要とするよう改められたのも（一三六、一四六条参照）、特別委員会における決定であった。[179] この決定にも東京商業会議所の意向が反映されている。[180]

一二月二〇日、貴族院は、特別委員会の修正案を可決、これを衆議院に送付した。[181]

一二月二四日、衆議院はこの法律案の審査を特別委員会（九名）に付託した。委員長は鳩山和夫である。[182] 衆議院の特別委員会においても、法案に一部修正が加えられたが、翌明治二六年（一八九三年）二月一八日、衆議院は、特別委員会の修正案を可決して、これを貴族院に送付した。[183]

明治二六年二月二三日、貴族院は衆議院の修正案に同意し、この法案を可決した。[184]

かくして「商法及商法施行条例中改正並施行法律」は、明治二六年三月六日、法律第九号として公布され、ここに会社・手形・破産の三法と会社に関する商業登記・商業帳簿の諸規定は、明治二六年七月一日からようやく施行されることになったのである。

(165) 村田・注(32)前掲一四九頁参照。
(166) 同前。
(167) 福島・注(11)前掲一四八頁。時事新報明治二五年一〇月一一日、東京経済雑誌明治二五年一〇月六五四号。
(168) 志田・注(38)前掲六二頁。
(169) 同前参照。福島・注(11)前掲一四一、一四八頁。
(170) 村田・注(32)前掲一四九頁。委員会の構成員は、本尾敬三郎、横田國臣、岸本辰雄、長谷川喬、熊野敏三、木下廣次、富井政章、松野貞一郎、穂積陳重、梅謙次郎、村田保、小畑美稲であった(なお、志田・注(38)前掲六二頁では、穂積陳重ではなく、穂積八束の名が委員として記されている)。
(171) 村田・注(32)前掲一五〇頁参照。
(172) 志田・注(38)前掲四九頁。
(173) 同前。
(174) 同前六三―六四頁。
(175) 福島・注(11)前掲一四一頁。
(176) 志田・注(38)前掲六四―六五頁。
(177) 熊谷・注(63)前掲一二七頁参照。
(178) 福島・注(11)前掲一四一頁。
(179) 本書五六二頁参照。
(180) 牧英正＝藤原明久編・日本法制史(平成五年)三七一頁参照。
(181) 志田・注(38)前掲六七頁。
(182) 同前六七―六八頁。
(183) 同前七〇頁。
(184) 同前七一頁。

八　明治期の会社と会社法の施行

1　維新直後の民間会社

近代統一国家の成立が立ち遅れたわが国においては、明治維新後、封建経済から資本主義経済へという経済体制の移行、とりわけ資本主義経済の担い手たる会社企業の整備が急務であった。わが国における会社企業の整備は、強力な中央集権体制の下で、「富国強兵」による「万邦対峙」を実現すべく、言わば上からの殖産興業政策として展開された[185]。すなわち、明治政府は、会社企業の自主的発展を待たず、上から積極的に欧米の会社制度、とりわけ株式会社制度の導入・普及に務めた[186]。

周知のように、法的規整を受けた最初の株式会社企業は、明治五年（一八七二年）一一月一五日（太陽暦では同年一二月一五日）の国立銀行条例（太政官第三四九号）に基づく銀行会社であったが、ここでは、銀行以外の一般企業会社の萌芽を概観しておこう。

政府は、明治元年（一八六八年）閏四月二五日（太陽暦では同年六月一五日）、勧業・収税の目的で京都に商法司を設け、東京と大阪に支所を置き、大いに民業を振興しようとし、民間に通商会社と為替会社を設けた[187]。明治二年（一八六九年）五月末から八月（太陰暦）にかけて、東京・大阪・西京・横浜・神戸・新潟・大津・敦賀に通商会社・為替会社の設立をみている[188]。しかし、会社に対する知識の乏しさから、為替会社は明治五年（一八七二年）に、通商会社は、明治六～七年（一八七三～七四年）に解散せざるをえなかった[189]。これらの会社は、共同の出資をなすとは言え、その関係が出資であるか、会社への貸付にすぎないのか不明瞭であり、営業上、取締役という制度はあったが、これが社中月番で持廻りという規則であったため、経営に統一性が欠けていたといわれる[190]。

経営学者の指摘によれば、民間においては、明治二年（一八六九年）に創業した丸屋商社がわが国最初の株式会社であったとされている[191]。しかし、その実態は、むしろ旧商法上の合資会社に近いような印象を受ける。丸屋商社は、今日の丸善の前身である。丸屋商社は、早矢仕有的《はやしゆうてき》によって、横浜に設立された。早矢仕は、岐阜出身、慶応義塾に学び、福沢諭吉の薫陶を受けた。

丸屋商社の現存する最も古い社則は、明治六年（一八七三年）六月のものである。その社則によれば、社中を元金社中《もときん》と働《はたらき》社中とに分ち、各社中は入社に際し一口百円として一口ないし数口を出資することになっている。必ずしも明らかではないが、元金社中は、言わば業務執行に関与しない優先株主的な社員であり、働社中は、業務執行に関与する社員にあたるのではなかろうか。働社中の出資は、元金社中の損失を請合うためになされることとなっており、元金社中の出資総額は、働社中の出資総額に比較した定限が定められている。元金社中は、その定限以上の額の出資が許されず、働社中は、その割合以下に出資を減ずることが許されていない。元金社中の出資は、五年を一期とし、毎年利益金の中からその総出資額の一割五分に相当する金額を元金定約利益と称して配当し、これを元金に繰入れ、結局五年後には倍額二百円として出資者に返還する仕組みであった。元金社中への利益配当は、働社中への利益配当に先立って先取りすべき特権が認められていた。これに対し、働社中には利益金が元金社中出資額の三割に満たないときは、元金社中に配当を行った残額が配当され、三割以上に達したときはじめて元金社中に配当したと同額の金額が配当され、これを働社中定約利益と称した。元金社中および働社中への定約利益配当後、なお利益金の存するときは、これを配分利益と称して元金社中にその三分の一、働社中にその三分の二を配分した。会社の営業成績が働社中の責任にかかっていたからである[192]。

丸屋商社には勘定場というものがあり、これが商社の財政を統括した。各店の売場は、一定額の商業元金を勘定場から預かって営業を行い、毎月元金の利息、家作代、金子利息、月々の利益金を勘定場に送り、損失のあった月は損失分を勘定場から補塡された。また、予備金として、営業上の損失を補塡すべく、全社保続積金、家作積金、海陸難事備金、貸金損耗備金、無名備金という制度を設けていた[193]。

丸屋商社の役員は、社長、取扱人、書記方、金銀方、各店支配人によって構成されている。社長は、一〇口以上の出資者でかつ一年以上社中にある者に限られ、全社内外の事務を総括する。取扱人は、一〇口以上の出資者でかつ一年以上社中にある者に限られ、社長を補佐し、内外事務を扱う。書記方は、五口以上の出資者である者に限られ、帳面を総括し、諸店の帳合の精粗を検し、全社の成績表を作成する。金銀方は、五口以上の出資者に限られ、金銀借貸、為替および諸会計を総括し、諸入費の支弁を掌る。各店支配人は、二口以上の出資者に限られ、商業専執の権を与えられるが、金銀借貸、商売柄変更、住地家作売買、転宅、支店員の増減等に関する権限を持たない。(194)なお、株主総会にあたる組織の有無に関しては、調べたかぎりでは、明らかにできなかった。

右の丸屋商社のように、早くから会社組織の名に値する企業も存在したが、明治六年（一八七三年）三月に横浜と八王子に設立された生糸改会社《あらため》のように、会社と称しつつも、その実態は、組合類似の組織にすぎなかったという企業も存在した。(195)これらの組織は、役職者が身元積立金と称する金員を出資して、共同経営を行っていたものらしい。

2　会社法施行前の会社規整と会社の発展

わが国の会社に対する法的規整として最初のものは、調べた限りでは、明治四年（一八七一年）一一月二七日（太陰暦）の県治条例（太政官第六二三号）の中にある。この条例の中に県治事務章程という規則があるが、この規則は、地方官が、「主務ノ各省へ稟議シテ処分スベキ」事項（上款と称する）と「専任施行」できる事項（下款と称する）を列挙したものである。このうち、上款の第二二条に「諸会社ヲ許ス事」が掲げられている。

右の県治条例は、明治八年（一八七五年）一一月三〇日、太政官第二〇三号達によって廃止せられたが、同号達は、同時に、府県事務章程という規則を定めた。府県事務章程も県治事務章程と同様に、地方官の事務を上款と下款に分けて列挙している。上款第六条に「銀行及諸会社ニ准允ヲ与ヘ又ハ之ヲ廃停スル事」と定められている。

府県事務章程は、明治一一年（一八七八年）七月二五日、太政官第三二号達によって廃止された。このとき、同号達は、次のように従来の取扱いを変更した。すなわち、「諸会社設立願……等条例規則ニ依リ地方官ヲ経由スル者ハ府県掌管ノ事務各省ニ稟議スルノ類ト同ジカラザルヲ以テ知事令ハ事実ヲ公証スル為ニ奥書若クハ加印シテ主務ノ省ニ進達スルモノトス」。

これによって、会社の設立は、地方長官に願い出るという形式に改められ、このため、この年以降、一般会社の設立が著増するに至った(196)。また同時に、明治一一年には、五月四日に株式取引所条例が公布され（太政官布告第八号――これによって明治七年一〇月一三日太政官布告第一〇七号株式取引条例は廃止された）、これにより、東京株式取引所、大阪株式取引所が開業するに至る(197)。

明治一〇年代から二〇年代前半にかけて、有限責任会社と称する会社が現われている。この会社は、中身は株式組織の同族もしくは同志的結社の性質が強く、多くは、正式に会社法が施行されるまでの過渡的形態であった。明治一六年（一八八三年）の東京電灯、一七年（一八八四年）の大阪商船、二二年（一八八九年）の尼崎紡績（後の東洋紡績）、日本生命保険など、みな有限責任会社として発足した(198)。有限責任会社というのは、実体は株式会社で、旧商法会社編が施行されるまで、臨時のつなぎに、株式組織の新しい形の企業として、地方長官が、「追って一般会社条例が発布されるまで」として認可したのである。したがって、形式・細則が決まっていないので、役員に「商議員」とか「支配人」とかいう役職者がいたり、持株数によって投票個数に差別があったりした(199)。

明治一九年（一八八六年）から二二年（一八八九年）にかけて、わが国は最初の本格的な企業台頭時期を迎える。この時期には、通貨収縮《デフレーション》その他の企業心理を抑圧していた諸障害が解消し、企業をめぐる環境が整備されていた(200)。その反動として、明治二三年（一八九〇年）には、わが国初の近代的恐慌に直面したが、これが克服された明治二六年（一八九三年）には、景気は好転しはじめた。もし二七年に日清戦争の勃発がなかったならば、企業はこの時期に再活躍を示す情勢であったという(201)。したがって、明治二六年七月一日という会社法施行時期は、当時の経済環境としては、最良の時期であったと言いうるであろう。

3　会社法の施行と会社数

内閣統計局の調べによれば、明治二五年（一八九二年）におけるわが国の会社総数（おそらく銀行を除く数値であると思われる）は、四、五〇七社、公称払込資本金は一三〇、八八四千円であったとされている。これが、会社法が施行された明治二六年（一八九三年）には、会社総数四、一三三社（公称払込資本金一三七、四五三千円）とその数を減じ、翌明治二七年（一八九四年）には、会社総数二、一〇四社（公称払込資本金一四八、三五三千円）と、会社数が激減している[202]。これは、会社法の施行によってその規整が実効性を持ち、法規整に耐えられない会社が消滅したからではなかろうか。

なお、明治二八年（一八九五年）からは、会社数は増加に転じ、同年には会社数二、四五八社（公称払込資本金一七四、〇四七千円）、明治二九年には会社数四、五九五社（公称払込資本金三九七、五六五千円）と、順調に発展を開始している。

(185) 藤井光男編著・経営史――日本（昭和五七年）四九頁。
(186) 片岡信之・日本経営史序説（平成二年）三七頁。
(187) 野田信夫・日本近代経営史――その史的分析（昭和六三年）七五頁。
(188) 日本銀行金融研究所・日本金融年表（平成五年）六頁。
(189) 片岡・注(186)前掲三七頁。
(190) 野田・注(187)前掲七五頁参照。
(191) 片岡・注(186)前掲三七頁参照。
(192) 司忠編・丸善社史（昭和二六年）一九―二〇頁参照。
(193) 同前二〇―二一頁参照。
(194) 同前二一―二二頁参照。
(195) 野田・注(187)前掲七五―七六頁参照。
(196) 藤井・注(185)前掲五二頁参照。
(197) 片岡・注(186)前掲三八頁。
(198) 野田・注(187)前掲七六頁。

(199) 同前。
(200) 高橋・注(135)前掲三一—三二頁参照。
(201) 同前三九頁参照。
(202) これらの統計は、日本統計研究所編・日本経済統計集(昭和三三年)一二五頁に基づくものである。

九　明治三二年会社法の起草と成立

1　法典調査会の設置

商法及商法施行条例中改正並施行法律が公布された直後の、明治二六年(一八九三年)三月二五日、政府は、勅令第一一号をもって、法典調査会規則を公布した。同規則は、同年七月六日、勅令第六五号をもって、一部改正されている。さらに、同規則は翌明治二七年三月二七日公布の勅令第三〇号により、再整備されている。

二七年規則によれば、「法典調査会ハ内閣総理大臣ノ監督ニ属シ法例、民法、商法及付属法律ノ修正案ヲ起草審議ス」る目的で設置されたものである(一条)。二六年規則では、民法、商法及び付属法律を「調査審議ス」(同条)となっていたが、改正後はその目的が明瞭になっている。同調査会は、「総裁、副総裁各一人及委員三十五人以内ヲ以テ」組織される(二条)。そして、委員の中から総裁の任命による「起草委員若干人ヲ置キ……法律ノ修正案ヲ起草セシム」ることとされている(八条)。総裁は、議事を整理し、その決議を内閣総理大臣に具申する役割が与えられているが(六条)、規則において実質的に会務を管理するのは副総裁の役割とされており(七条一項)、副総裁は、委員と同一の資格をもって議事に参加することとされている(七条二項)。

法典調査会の初代総裁には、伊藤博文総理大臣が自ら就任し、副総裁には西園寺公望が就任した[203]。委員は、明治二七年(一八九四年)三月以来、明治三〇年(一八九七年)一二月までに、のべ四四名が任免されている[204]。

法典調査会の発足当時の同会の内情につき、委員であった梅謙次郎が、伊藤博文追悼演説の中で言及しているので、やや長くなるが、以下に掲げておこう。

「当時は前年（明治二六年）の法典の延期若くは断行と云って、鎬を削って争いましたあとで、所謂断行派、延期派と云うものが、多少感情の上に於て融和を欠いて居るのみならず、意見の根本に於ても大に異なる所があったのであります。それ故初めて法典調査会が設けられまして、一年程の間は其会議の状況も頗る活気を呈して居りまして、随分議論も起ったのであります。此間に処して故伊藤公は、当時内閣総理大臣の劇職を帯びて居らるるにも拘わらず、毎会親しく出席せられまして、其喧擾しき議論、複雑したる争の中に立って、良く議事を整理せられまして、穏やかに併しながら速に議事の進行を計られましたことは、今日尚昨日の如く記憶して居る所でございまして、是亦私が伊藤公爵に敬服したる一の点であります。

一年間程は毎回議事に御出席に相成り、又法典調査会の事務に付ても、親しく指導監督の労を執られまして、それが為めに前年来蟠《わだか》まって居った所の、法典の延期、断行の議論の余波より生じましたる所の感情の行違などは一掃し去られて仕舞いまして、法典調査会が設けられましてから、略々《ほぼ》一年位経ちました時には、最早そう云う痕跡は留めなかったと云って宜かろうと思います。是偏に故伊藤公の議事の整理が宜しきを得、又事務の監督が其当を得て居った為めと言わなければなりませぬ。勿論故公爵の時代には副総裁と致しまして、西園寺侯が尽力をせられましたから、元より西園寺侯の功労も没すべからざる所でありますけれども、初めの一年間程は実に故公爵が、親しく法典調査会の監督も致され又議事の整理までも致されたのであります」(205)。

日清戦争の勃発（対清宣戦布告明治二七年八月一日）によって、やがて伊藤博文の調査会への出席はとどこおりがちになったようであるが、伊藤は、総理辞任後も、明治二九年（一八九六年）一一月五日まで、総裁の職を務めている。西園寺公望も同年同月同日まで副総裁の職にあった(206)。伊藤博文は、法に対する資質豊かな人物であったようである。先に述べた民法商法施行取調委員会に関連して、梅謙次郎は以下のように評している。「故公爵は吾々の目から見ますると、法律学者ではない。法律学の方から申せば所謂素人に属するものである。然るにも拘わらず、其委員会に出られまして、吾々委員が意見を述ぶるのを聴かれて、直に之を判断せられて、例えば私共が其当を得ないと思う議論を吐く人があると、一言の下に、それは間違って居ると斯う言われました。それで如何にも私は公の頭脳の明であって、判断力に富まれ且中々学理的の頭脳を有って居らるるに敬服致したのであります[207]」。伊藤の横顔を知る興味深い逸話である。

法典調査会において、商法修正案の起草委員となったのは、岡野敬次郎、田部芳、梅謙次郎であった。そして志田鉀太郎、加藤正治がこれを補助した[208]。法典調査会規則第一〇条に「法典調査会ニ起草委員補助五人以内ヲ置キ起草委員ノ職務ヲ補助セシム」とある。

梅謙次郎は法科大学教授法学博士として、田部芳は司法省参事官として、各々明治二七年三月三一日に調査会委員に任ぜられている[209]。岡野敬次郎は法科大学教授として、明治二八年一二月一二日に調査会委員に任ぜられている。岡野の就任が遅いのは、彼が欧州に留学していたからであると推察される。

明治二八年現在、梅謙次郎三五歳、田部芳三五歳、岡野敬次郎三〇歳であった。

なお、民法修正案の起草委員には、穂積陳重、梅謙次郎、富井政章が任命された。

2　商業会議所の活動

明治二七年（一八九四年）八月、金沢で開催された第四回商業会議所連合会において、東京商業会議所は、大阪・広島・神戸各会議所の賛成を得て、「株式会社の発起及び設立の認可に関する規定の廃止」を、各商業会議所から当局に建議・請願することを提案して可決された[210]。東京商業会議所は、翌明治二八年一月、この趣旨を農商務・司法両大臣に建議し、貴衆両院に請願しているし、同様の建議・請願が、明治三一年に至るまで相次いで各商業会議所から提出された[211]。この時期のわが国企業の伸張は、設立免許主義の壁をつき崩す勢いであったのである。

また、会社法がわが国の経済的発展に適合しなくなった点として、とりわけ財界の改正要望が強かったのが会社合併制度の導入であった[212]。会社法中に合併の規定を欠いていたため、当時合併を欲した会社は、いったん会社を解散して清算手続を行ってから、新たに設立手続をなしていたようである。この方法によるときは、清算中は一時事業の進行を停止せざるをえず、はなはだ不便であったようである。[213]

明治二九年（一八九六年）九月二五日、大阪商業会議所は、その総会において片岡直温の建議による「同性質の株式会社合併に関する法律制定希望の件」を採り上げ、一〇月一三日、審議委員の修正案「商事会社合併及組織変更制に関する意見書並請願書案」を可決した。[214] 合併と同時に、商事会社組織変更に関する条規を切望したわけである。[215] 東京商業会議所もまた、明治二九年九月に「会社合併ニ関スル法律制定」を建議している。[216]

さらに進んで明治三〇年（一八九七年）六月、大阪商業会議所は、「商事会社合併法」の制定を要請している。[217] 同年同月、東京商業会議所もまた「商事会社合併法」の制定を建議している。[218]

これら一連の合併法の要望は、日清戦争後の好況期に際する実業界一般の声だったようであるが、[219] これは、わが国の企業社会が集中合同の時代の入り口を迎えたことを意味するものであると評価しえよう。[220] なお、銀行に対しては、明治二九年（一八九六年）四月二〇日、銀行合併法（法律第八五号）が公布されている。

3　商法起草委員会の活動――明治二八年から明治三〇年

商法修正案に関する法典調査会の議事は、明治二八年（一八九五年）九月二七日に開始されたが、[221] 梅、岡野、田部ら起草委員は、それより少し前に活動を開始したようである。

会社法修正に関し、いちはやく言及されているのは、設立準則主義の採用である。すなわち、明治二八年九月二一日に配布された商乙第一号のなかに「株式会社ノ設立ニハ主務官庁ノ許可ヲ要セザルモノトスルコト」との表現がある。

同年九月二六日に配布された商乙第二号は、商法典の配列に関する最初の案だったようであるが、それによれば、会社法は、「第二編会社」として独立した編とされ、「第一章商事会社」として、以下、「第一節総則」「第二節合名会社」「第三節合資会社」「第四節株式会社」「第五節罰則」が配され、「第二章商事組合」という構成案となっている。後に商事組合の規定は、明治二九年（一八九六年）六月二二日配布の商乙第三号により、「第三編契約」中に掲げることとされた。明治二九年一〇月二四日配布の商乙第四号においては、「株式合資会社ニ関スル規定ヲ設クルコト」とされている。同年九月四日配布の商乙第五号では、「株式会社及ビ株式合資会社ニ於テ無記名株及ビ優先株ヲ認ムルコト」とされている。

明治二九年五月中には、起草委員は商法典原案を作成し、議事に上呈した(222)。すなわち、この時期には、一応、条文の体裁を整えた原案が出来あがったわけである。この原案をたたき台として、以後一年半あまり、明治三〇年（一八九七年）一二月一七日まで、法典調査会は商法典の審議検討を行っている(223)。

4　第一〇回帝国議会

第一〇回帝国議会（通常議会）は、明治二九年（一八九六年）一二月二三日に召集され、一二月二五日に開院された。この時期、内閣は、すでに第二次伊藤博文内閣から第二次松方正義内閣に交替していた（第二次松方内閣は、明治二九年九月一八日成立）。

開院当日の一二月二五日、政府は、「法典ノ施行延期ニ関スル法律案」を貴族院に提出した。その内容は、「明治二十三年法律第三十二号商法総則、第一編第一章乃至第五章、第七章乃至第十一章、第二編、同年法律第九十七号法例、同年法律第九十八号民法財産取得編、人事編及ビ其施行ニ必要ナル法律ハ明治三十一年六月三十日マデ之ヲ施行セズ但商法第一編第二章及ビ第四章ハ商事会社ニ付テハ従前ノ通之ヲ施行ス」というものであった。

つまり、法典調査会の審議が、明治二三年商法の施行期日たる明治二九年一二月三一日までに終了することがとうていできないことが予想されるに至ったため、再々度その施行を延期しようとしたのである(224)。

一二月二六日、右法案は貴族院、衆議院において可決され、同月二九日、法律第九四号として公布された。これにより、商法の全面施行は、明治三一年六月三〇日まで再々延期されることとなった。

5　第一一回帝国議会

第一一回帝国議会（通常議会）は、明治三〇年（一八九七年）一二月二一日召集され、同二四日開院された。松方正義政権の基盤は、この時期、大いにゆらいでいた。地租増徴問題などを中心とした対立で、松方内閣は進歩党の支持を得られなくなり、自由党との提携工作も失敗していた[225]。

それでも政府は、開院当日の一二月二四日、法典調査会で議事を終了したばかりの新商法修正案を、民法修正案とともに貴族院に提出した。政府委員は、起草委員であった梅謙次郎、田部芳、岡野敬次郎である。当時の各々の肩書きは、梅が法制局長官、田部が司法省参事官、岡野が東京帝国大学法科大学教授である[226]。この時に提出された商法修正案は、全六六六ケ条からなり、編章節款の配列は、後の明治三二年法に異ならないものであった[227]。

しかし、翌一二月二五日、衆議院に松方内閣不信任決議案が上程された。松方は、これが議決される前に衆議院を解散した[228]。貴族院は停会となり、商法修正案は成立に至らなかった。なお、松方内閣は一二月二八日に総辞職した。

6　第一二回帝国議会

第二次松方正義内閣の総辞職を受けて、明治三一年（一八九八年）一月一二日、第三次伊藤博文内閣が成立した。第五回衆議院総選挙（明治三一年三月一五日）を経て、第一二回帝国議会（特別議会）は、同年五月一四日に召集され、五月一九日に開院された。明治二三年商法の全面施行期日が、約一か月半後にせまっていた。

政府は、何としても商法修正案の議会通過を図るべく、開院当日の五月一九日、商法修正案を貴族院に提出した。政府委員の陣容は前回と同じく、梅謙次郎、田部芳、岡野敬次郎であった[229]。この時に提出された商法修正案は、全六八五ケ条からなり、前修正案に比して一九ケ条増加していたが、編章節款の配列は前修正案に異ならないものであった[230]。

貴族院は、五月二〇日より審議を開始し、五月二八日に原案全部を可決、これを衆議院に送付した[231]。

衆議院では、五月三一日から審議が開始せられたのであったが[232]、同じ時期に、政府は地租増徴案をはじめとする増税諸案を議会に提出していたのである。明治三一年度予算案は前議会解散のため成立せず、その不足分は、清国からの償金をもってあてることにするが、三二年度以降の予算を正常化するため増税を行おうとするものであった[233]。日清戦争後放漫に流れた財政の整理は、伊藤内閣の重要な課題だったわけである[234]。

政府は、増税案の通過を希望して、会期の延長や、三日間の停会をなし、進歩党との交渉をも試みたが[235]、この奔流の中に、商法修正案はのみ込まれてしまった形になった。

六月一〇日、議員の約七割を農業関係の代表で占める衆議院において地租増税案が否決されるや、同時に衆議院は解散された[236]。

かくして、商法修正案は、再び審議未了に終わった。しかし、新民法典草案の残部は今議会で可決され、明治三一年六月二一日、法律第九号として公布され、同年七月一六日より施行法とともに施行された[237]。

7　明治二三年商法、予想外の全面施行

明治三一年六月一〇日の衆議院の解散から、明治二三年商法の施行延期期日の末日、すなわち同年六月三〇日まで、わずかに二〇日間しかない。政府内では、緊急勅令によってさらに施行を延期するといった方法も検討されたようであるが、部内に賛成者が少なく、そのまま放置された[238]。そして、旧商法典の実質的に廃止同様に考えられていた部分が、「朝野驚愕の裡に[239]」、明治三一年七月一日より施行されてしまったのである。

二三年商法の施行につき、志田鉀太郎は以下のように述べている。

「旧法の全部が結局施行されたのは元より政府が不注意であったことも其原因の一つに算えられるも、考えて見れば誠に数奇なる運命だったのである。旧商法典中、会社、手形及び破産の如き既に施行せられて居った部分は、仮令新民法典と調和せざるとするも比較的に少く、若し幾分あったとても解釈上何れにか始末をつけることは出来たけれど、新たに施行せられた第一編中商事契約の一般規定（例えば契約の取結、履行、損害賠償、違約金代理、時効、交互計算、質権、留置権の

規定）及び各部規定（例えば売買、消費貸借、寄託の規定）並に海商法の規定（例えば船舶所有権、船舶債権者、時効の規定）の如きは、新民法典との調和に付き解釈上頗る困難を惹起したことは事実である。然しながら此等の部分は任意法規多き為め、実際上の問題としては格別の困難を惹起さざりしこと不幸中の幸と謂うべきである。但し非訟事件手続法の如きは新民法典の付属法律たると同時に新商法典付属法律たるべきもの故、旧商法典との不調和は勿論であって、手続法のこととて全く適用出来なかったものである」[240]。

また、梅謙次郎によれば、当時の日本人が法律思想に富んでなかったため、旧商法が施行されたと言っても実際はあまり行われなかったとしつつ、旧商法の施行は一面明治三二年の条約改正に必要であったために、条約改正が早くできたのは、言わば旧商法の功名であったと論じている[241]。

8　明治三二年会社法の成立（第一三回帝国議会）

第三次伊藤博文内閣の後を受け、わが国初の政党内閣として知られる第一次大隈重信内閣は、内紛のためわずか四か月で、明治三一年（一八九八年）一〇年三一日に総辞職した。この後を引き継いだのは、同年一一月八日に成立した第二次山縣有朋内閣であった。

第一三回帝国議会（通常・特別議会）は、第二次山縣内閣成立の前日、明治三一年一一月七日に召集された。内閣成立後、日が浅かったため議会準備が整わず、ようやく一二月三日に開院された。

明治三二年（一八九九年）一月九日、政府は三たび商法修正案を貴族院に提出した。政府委員は同じく梅・岡野・田部である。この修正案は、全六八九ケ条から成り、前回の修正案に比して四ケ条増加していたが、編章節款の配列は前修正案に異ならないものであった[242]。

一月一四日、貴族院は商法修正案の審議を開始した。司法大臣清浦奎吾は、提出理由の説明に際し、商法修正案は「重大ナル法案ノコトデアリマスルシ其後商業会議所其他ヨリ尚ホ意見モ大分出マシテゴザイマスルカラ、其等ノ意見ヲモ参酌致シマシテ尚ホ慎重ニ審議ヲ尽シテ再ビ此処ニ之ヲ本院ニ提出スル運ビニナリマシテゴザリマス」[243]と述べている。

一月二四日、貴族院は原案を可決、これを衆議院へ送付した。[244]

一月三一日、衆議院にて審議開始。梅謙次郎は、旧商法が施行されざるをえなかった現状をふまえて、「就キマシテハ此欠点アリト既ニ議場ニ於テ認メラレマシタ商法ハ一日モ早ク改メテ欠点ノ少キ法典ト為サナクテハナラヌノデアリマス、ドウゾ此度提出ニナリマシタ商法修正案ヲ速ニ確定セラレンコトヲ希望致シマス」[245]と述べている。

二月二五日、衆議院も原案の全部を可決した。[246]ここに、新商法典はついに両院を通過したのである。

かくして、明治三二年（一八九九年）三月九日、新商法典は法律第四八号として公布された。同年六月一六日、勅令第一三三号により施行され、施行の日をもって明治二三年商法は、第三編「破産」を除いて廃止された。

(203) 志田・注(38)前掲七四頁。
(204) 同前七三—七七頁参照。
(205) 梅謙次郎「伊藤公と立法事業」国家学会雑誌一四巻七号（明治四三年）三四—三五頁。
(206) 志田・注(38)前掲七四頁。
(207) 梅・注(205)前掲三三頁。
(208) 志田・注(38)前掲七三—七四頁。
(209) 同前七六—七七頁参照。
(210) 里井・注(78)前掲四八頁。
(211) 福島・注(11)前掲一四五頁。
(212) 里井・注(78)前掲四八頁。
(213) 福島・注(11)前掲一四六—一四七参照〔東京商業会議所月報第五〇号〕。
(214) 里井・注(78)前掲四八頁。
(215) 同前。
(216) 福島・注(11)前掲一四六頁。
(217) 里井・注(78)前掲四八頁。

(218) 福島・注（11）前掲一四七頁。
(219) 里井・注（78）前掲四八頁。
(220) 福島・注（11）前掲一四七頁参照。
(221) 志田・注（38）前掲八六―八七頁。
(222) 同前八七頁。
(223) 同前参照。
(224) 同前五二、七八頁参照。
(225) 林＝辻・注（139）前掲二六一―二六四頁参照。
(226) 志田・注（38）前掲九一頁参照。
(227) 同前。
(228) 林＝辻・注（139）前掲二六五頁。
(229) 志田・注（38）前掲八〇頁。
(230) 同前九二頁。
(231) 同前八〇―八一頁参照。
(232) 同前八二頁。
(233) 林＝辻・注（139）前掲二七八頁。
(234) 同前。
(235) 同前。
(236) 同前。
(237) 志田・注（38）前掲五三頁。
(238) 同前。
(239) 同前。
(240) 同前五四―五五頁。
(241) 同前八四―八五頁〔梅謙次郎（牧野英一補修）・法学通論（発行年不詳）二一二頁以下〕。
(242) 志田・注（38）前掲九二頁。

(243) 同前九三頁。
(244) 同前九四—九五頁参照。
(245) 同前九五頁。
(246) 同前九六頁。

十　明治三二年会社法の概要

1　商法修正案参考書・理由書

第一二回帝国議会に商法修正案が提出されたとき、商法修正案参考書が法典調査会から発行されている。これは、商法修正案の条文を簡単に解説して、旧商法典と異なるところを説明した修正理由書とも言うべきもので、商法起草委員補助が執筆し、法典調査会から非公式に発表されたものである。起草委員の校閲を経たものでない旨を付言して、公の理由書でないことを明らかにしている。(247) 数社の出版元から出版されており、表題は、一般には「商法修正案参考書」とされていたが、博文館発行のものに限り「商法修正案理由書」とされていた。(248) 以下では、明治三一年（一八九八年）六月に東京博文館から発行された「商法修正案理由書」を中心に参照しつつ、明治三二年会社法の概要を示しておこう（以下、理由書として参照する）。なお、会社法の部分を執筆したのは、志田鉀太郎である。

2　三二年会社法の要諦

旧商法で第一編第六章に位置づけられていた会社法は、独立の編として第二編に設けられた。その体裁は、第一章総則、第二章合名会社、第三章合資会社、第四章株式会社、第五章株式合資会社、第六章外国会社、第七章罰則である。

(1)　株式合資会社規定の新設

第五章に設けられた株式合資会社制度は、本法に初めて設けられた。株式合資会社の法理上の性質論は学者の解釈に一任するとしている（理由書三六頁）。

株式合資会社制度を設けた実質的な理由は、合資会社の有限責任社員が感じる持分処分の不便性に対処するものであるとしている（理由書三六頁参照）。さらに、次のように記されている。「或ハ株式合資会社ハ我国ニ未ダ嘗テ存セザリシ会社ナレバ其利害得失ヲ疑ヒ新タニ之ガ規定ヲ設クルコトヲ躊躇スル者アルベシト雖モ我国会社ノ発達ノ初期ニ当リテ現行商法中会社ニ関スル規定ヲ実施セラレタルニ依リ商事会社トシテ成立ヲ認ムルハ合名会社合資会社及ビ株式会社ノ三種類ニ限リ其他ノ種類ニ属スル会社ニ至リテハ全ク之ガ成立ヲ認メザリシ故ニ株式合資会社ナルモノノ発達ヲ見ザルハ当然ナリ。決シテ我国ノ現状ニ適応セザルガ為メニ非ザルナリ……之ヲ規定スルハ其発達ヲ奨励シ実際ニ便宜ヲ与フルモ決シテ禍源ト為ルノ恐レナシ」（理由書三六頁）。

(2)　外国会社規定の新設

国際交通の発達にともない、外国会社を規整する条項の必要性が高まったことにより、第六章に外国会社の規定が新設された（理由書三七頁参照）。

外国会社に対して、商法の「規定ヲ当然適用セラレルベキ内国会社ニ比シテ遙ニ優等ノ地位ヲ与ヘ其間大ニ権衡ヲ失スルヲ免ガレズ、是レ本案ガ外国人ニ関スル民法ノ規定ヲ斟酌シ匈牙利《ハンガリー》、西班牙《スペイン》、伊太利、羅馬尼《ルーマニア》、葡萄牙《ポルトガル》其他ノ外国立法例ニ倣ヒ且之ヲ拡張シテ一般会社ニ及ボシ」たものである（理由書三七頁）。

(3)　設立準則主義の確立

株式会社の設立免許主義は廃止された（理由書三八、一〇三頁）。

その理由は、以下のように説明されている。「株式会社ノミニ付キ設立免許ヲ容シ合名会社合資会社等ニ付テハ自由ニ設立スルコトヲ許スハ其間権衡ヲ得タルモノニアラズ」。「株式会社ニ付テハ各国皆一時ハ設立免許ノ制度ヲ設ケタリシモ次第ニ其有害無益ナルヲ認メ英吉利、仏蘭西、独逸、白耳義《ベルギー》、匈牙利、伊太利、瑞西《スイス》、西班牙、葡萄牙等皆此制度ヲ廃シ今尚ホ之ヲ存スルハ墺太利《オーストリア》、荷蘭《オランダ》、羅馬尼及ビ我国等ニ過ギズ……設立免許ノ制度ヲ廃止スルコトハ各国法制沿革上一般ノ傾向ナル以上ハ我国モ亦之ニ倣フコト相当ナリ」。「我国ノ実業家ニ於テハ設立免許ノ制度ヲ不必要ノモノト為シ其廃止ヲ希望スル請願ハ各地商業会議所ヨリ内閣司法省衆議院ニ呈出セラレタルヨリ視レバ実際ニ於テモ設立免許ノ制度ハ有害無用ノモノナルコト明カナリ」。「今日ニ於テハ株式会社ニ関スル智識経験ハ決シテ政府ノ官吏ノ専有ニアラズ従テ株式会社ノ設立ニハ政府ノ免許ヲ要セザルモノト為スコト正当ナリ」。設立免許主義であれば「株式会社ヲ設立スルニハ種々ノ手続ヲ履ミ多数ノ月日ヲ要ス従テ商業上ノ機会ヲ失シ当初甚ダ有望ノ会社ナリシモ愈々設立セラルルニ及ンデハ全ク無益ニ帰スルコトアリ此弊害ヲ救済スルガ為メニハ自由ニ設立ヲ許スコト必要ナリトス」(以上、理由書一〇三—一〇四頁)。

(4) 会社合併規定の新設

旧商法は、会社合併の規定を欠いていたが、三二年会社法は、すべての会社の合併を許容するという、当時の外国立法中の最新政策を導入した(249)。

会社はすべて他の会社と合併しうるものとした。すなわち、七四条四号および七七条ないし八二条は、合名会社が他の会社と合併することを許している。一〇五条は、合資会社が他の会社と合併することを許している。二二一条一号、二二二条および二二三条は株式会社が他の会社と合併することを許している。二三六条および二四六条は、株式合資会社が他の会社と合併することを許している。

ただし、志田鉀太郎は、会社の種類の異同を問わず合併を許すことは、立法論としては正当であるが、新法の解釈上は、新法が会社の種類の変更を許さないことを原則としていることに鑑み、同一種類の会社間でのみ合併が許されると説いている(250)。

(5) 株式会社の機関——株主総会中心主義

理由書には、「株式会社ノ株主総会ハ会社ノ機関中最高ノ位地ヲ占メ」る旨が明定されており(理由書一三九頁)、新法が株主総会中心主義を採る旨が謳われている。旧商法は、取締役と監査役とをあわせて規定していたが、「此二者ハ其性質職務大ニ異ナル所アルノミナラズ株主総会ヲ以テ一款ト為スニ対シテ其権衡ヲ失スルガ故ニ」款が分たれた(理由書一三九頁)。

〈株主総会〉

株主総会で決議できる事項には、とくに制限が設けられていない。法定決議事項は、以下のとおりである。定款ノ補足(二一二条、特別決議事項)、定款ノ変更(二〇八条、特別決議事項)、新株式ヲ発行スル場合ニ金銭以外ノ財産ヲ目的トスル出資ヲ為ス者ニ対シテ与フル株式ノ員数ノ変更(二一五条、特別決議事項)、資本減少ノ方法(二二〇条、特別決議事項)、利益又ハ利息ノ配当(一五八条、普通決議事項)、計算ノ承認(一九一条および一九二条、普通決議事項)、社債ノ募集(一九九条、特別決議事項)、取締役ガ株主総会ノ認許ヲ得ズシテ自己ノ為メ会社ノ営業ノ部類ニ属スル商行為ヲ為シタル場合ニ之ヲ以テ会社ノ為メニ為シタルモノト看做スコト(一七五条、普通決議事項)、取締役又ハ監査役ニ対シテ訴訟ヲ提起スルコト(一七八条一項および一八七条一項、普通決議事項)、取締役及ビ監査役ヲ選任シ又ハ之ヲ解任スルコト(一六四条、一六七条および一八九条、普通決議事項)、検査役ヲ選任スルコト(一五八条、一八二条および二一四条、普通決議事項)、訴訟代表者ヲ定ムルコト(一八五条一項および一八七条一項、普通決議事項)、取締役及ビ監査役ノ受クベキ報酬ノ額ヲ定ムルコト(一七九条および一八九条、普通決議事項)、取締役ガ自己又ハ第三者ノ為ニ会社ノ営業ノ部類ニ属スル商行為ヲ為スコトヲ認許スルコト(一七五条一項、普通決議事項)、取締役ガ同種ノ営業ヲ目的トスル他ノ会社ノ無限責任社員ト為ルコトヲ認許スルコト(一七五条一項、普通決議事項)、会社ノ解散(二二一条二号、特別決議事項)、会社ノ合併(二二一条一号、七四条四号および二二二条、特別決議事項)。

普通決議の要件には、定足数の定めがなく、単に出席株主の議決権の過半数で決することができたが(一六一条一項)、定足数を定めることは「軽易ナル事件ニ付テハ甚ダ不都合ナルヲ以テ……出席株主ノ数ニ関スル……制限ヲ削除」したとされている(理由書一四四頁)。

特別決議は、総株主の半数以上で資本の半額以上に当たる株主が出席し、その議決権の過半数をもって決議するという、頭数制を加味した定足数を要求している(二〇九条一項)。会社の目的たる事業を変更する場合を除いて、右の定足数の株主の出席が得られないとき、普通決議事項を二回くり返すことにより特別決議と同一の効力を有する仮決議の方法が認められていた（二〇九条二、四項）。

一株一議決権主義を原則としつつ、一一株以上を有する株主の議決権は定款をもって制限しうるとされた（一六二条）。一株一議決権主義を徹底すると「過度ニ大株主ノ権利ヲ拡張シ……多数ノ小株主ノ利益ハ大株主ノ為メ犠牲ニ供セラルル弊害アリ[251]」との見地から、「此極端ヨリ生ズル弊害ヲ匡正スルガ為メ[252]」このような立法になったと説かれている。

資本の一〇分の一以上に当たる株主は、総会の目的およびその招集の理由を記載した書面を取締役に提出して総会の招集を請求することができるものとされた（一六〇条一項）。

〈取　締　役〉

取締役は必ず株主中から選任することを要した（一六四条）。要するに、取締役は、業務執行社員である。すなわち「会社ノ業務ニ付キ全ク利害ノ関係ヲ有セザル者ヲシテ業務執行者タラシムルトキハ万一ヲ僥倖シテ投機事業ヲ試ミ会社ヲシテ甚ダシキ危険ヲ冒サシメ遂ニ破産ノ不幸ニ陥ラシムルノ弊害アリ、之ヲ救済スルガ為メニハ業務執行者ト為ル者ヲシテ多少会社ト利害ヲ共ニスル所アラシメ自ラ謹マシムルノ外ナシ[253]」としたわけである。なお、取締役は、その有すべき株式の数が定款に記載されており（一二〇条五号）、その員数の株券を監査役に供託しなければならない（一六八条）。

会社の業務執行は定款に別段の定めのないときは、取締役の過半数をもって決定する（一六九条）。これは「其他ノ会社及ビ民法ノ法人並ニ組合等ノ例ニ倣」ったものである（理由書一四八―一四九頁）。取締役は各自が会社を代表することとした（一七〇条一項）。旧商法一八五条二項は、取締役はその中から主として業務を取り扱うべき専務取締役を置くことができる旨を規定し、かつこれを置いても専務取締役は他の取締役と同一の責任を負うに止まり特別の責任を負わない旨を規定していた。これは「従来国立銀行其ノ他ノ会社ニ於テ頭取ナルモノヲ置キタル慣例ヲ重ンジ」て置いたにすぎない規定であったため、専務取締役に関する規定を削除したものである（理由書一四九頁）。法律上は、取締役内部における機関分化は認められなかったが、実際上は、明治三〇年代から、会社役員組織には「社長――専務取締役（一名）――取締

役」という垂直的階層が形成し始められていた。(254)

取締役は、株主総会の認許がなければ競業をなすことができない旨（一七五条）、会社との取引については監査役の承認を要する旨（一七六条）の規定が設定された。

取締役が法令または定款に反する行為をなしたときは、たとえ株主総会の決議によった場合であっても、第三者に対して損害賠償の責任を負わなければならないが（一七七条一項）、その行為に対し総会において異議を述べ、かつ監査役にその旨を通知したときは「尚ホ第三者ニ対シテ損害賠償ノ責ニ任ゼシムベキ理由ナシ」（理由書一五四頁）として、責任を負わないものとされた（一七七条二項）。

合名、合資、株式合資の各会社にあっては、その業務執行社員が会社に対して民法六四四条の善管注意義務を負うことが明確にされている（合名、五四条→民法六七一条→民法六四四条、合資、一〇五条→五四条、株式合資、二三六条→一〇五条）。これに対して、株式会社の取締役に関しては、会社に対する義務の明確な規定を欠いており（取締役と会社の関係の法的性質に関しても規定がない）、会社に対する責任に関しては、個別の規定が存するにすぎない。たとえば、増資の際における取締役の資本充実責任などがそれである（二一六条）。定時株主総会において計算書類が承認されたときは、会社は、取締役または監査役に不正の行為があったときを除いて、取締役および監査役に対する賠償責任を当然に解除する旨の規定も新設されている（一九三条）。

〈監　査　役〉

監査役は「会社ノ財産及ビ取締役ノ業務執行ヲ監査スルノ職務ヲ有スルモノナルヲ以テ」（理由書一五七頁）、取締役に対して事業の報告を求め、会社の業務および会社財産の状況を調査する権限が与えられた（一八一条）。取締役が株主総会に提出する書類につき、調査および報告することを要するものとされた（一八三条）。

監査役が取締役または支配人を兼ねることができない旨の規定が新設されたが（一八四条一項本文）、取締役に欠員が生じたときは、取締役および監査役の協議によって監査役の中から一時取締役の職務を行うべき者を定めることができた

（同条同項但書）。すなわち、「取締役中ニ欠員アルトキハ株主総会ガ其補欠員ヲ選任スルマデ之ガ為メ会社ノ業務執行ヲ停止スルコトヲ得ザルハ勿論定員ニ満タザル取締役ヲシテ依然其職務ヲ行フコトヲ得セシムルモ亦不当ナリ。故ニ此場合ニ於テハ一定ノ制限ノ下ニ監査役ヲシテ一時取締役ノ職務ヲ行ハシムルコト亦巳ムヲ得ザル所ナリトス」とされている（理由書一五九頁）。監査役もまた株主中から選任されることになっている（一八九条→一六四条）。

競業禁止および会社との取引の制限の規定は、監査役には存在しない。

(6)　株式会社の計算・開示

法定準備金に関し、会社はその資本の四分の一に達するまで、配当期毎にその利益の二〇分の一以上を積み立てるべきものとし、額面以上の価額で株式を発行したときは、額面超過額を右の限度内で積み立てるべきものとしていた（一九四条）。そして、会社は損失を補塡し、かつ右の法定準備金を控除した後でなければ利益配当ができないものとして蛸配当を禁じ（一九五条一項）、違法配当があれば、会社債権者に返還請求権が与えられていた（同条二項）。

しかし、利益算出の基礎となる財産評価についての規定は、わずかに二六条二項が存在するのみであり、計算書類の作成方法に関する規定も存在しない。

取締役は、定時総会の会日前に計算書類と監査役の報告書とを本店に備え置くべきものとし、株主および会社債権者は、営業時間内何時でも右の書類の閲覧を求めうるものとされたが（一九一条）、これらの書類は「何時ヨリ之ヲ備置クベキカヲ規定セズト雖モ本案ハ少クトモ定時総会ノ会日前ニ之ヲ本店ニ備ヘ置クベキモノト為ス」（理由書一六六頁）というわけであるから、会日の直前にそうすれば足りた。

取締役は、株主総会で承認された貸借対照表を公告すべきものとされたが（一九二条二項）、公告方法に関する規定を欠いていた。

裁判所は、資本の一〇分の一以上に当たる株主の請求により、会社の業務および会社財産の状況を調査させるため、検査役を選任することができるものとされた（一九八条一項）。これは、「少数株主ノ権利ヲ伸張スルノ利益アリ」（理由書一七一頁）という観点から規定されたのに加えて、次のような理由がある。すなわち、旧商法二二七条は、主務省が何時でも職権をもって地方長官またはその官吏に命じて会社の業務および財産状況を調査させることができる旨を規定していたが、これを廃止したことにともなう措置である。行政官庁に検査を許せば「屢々之ヲ濫用シ会社事業ニ無要ノ干渉ヲ為スノ弊害」があり、「公益上ヨリ会社ヲ監督スルガ為メニハ裁判所ノ命ニ依リテ行フ本条ノ手続ヲ以テ足レリ」としたわけである（理由書一七三頁）。設立免許主義が廃止された以上、これと同一の趣旨を持つ行政官庁の職権検査も廃止されたのである。

3　旧商法上の合資会社

商法施行法（明治三二年三月九日法律第四九号）は、旧商法上の合資会社について次のような規定を設けていた。すなわち、「商法施行前ニ設立シタル合資会社ニハ旧商法ノ規定ヲ適用ス」るものとし（三八条一項）、そのような合資会社は、「其取引ニ関スル一切ノ書類ニ商法施行前ニ設立シタル会社タルコトヲ示スコトヲ要ス」るものとされた（三九条一項）。ただし、そのような合資会社は、総会において「新会社ノ組織ニ必要ナル事項ヲ決議」すれば、「旧商法第百五十一条第二項ノ規定ニ従ヒ其組織ヲ変更シテ之ヲ商法ニ定メタル合資会社、株式会社又ハ株式合資会社ト為スコトヲ得」るものとされた（四〇条）。さらに、旧法上の合資会社は、合併をなすことができるものとされ、合併後の存続会社または新設会社は、新法に定めた種類のいずれかであることを要するものとされた（四二条一項）。

このように、旧法上の合資会社に対しては、組織変更や合併の規定を設けて、新法の規整を受けるための便宜が図られたが、そのような手続をとらない限り、旧法上の合資会社は、旧法上の合資会社として存続を許されることになった。これは以下の理由による。

旧商法一三六条は、「社員ノ一人又ハ数人ニ対シテ契約上別段ノ定ナキトキハ社員ノ責任ガ金銭又ハ有価物ヲ以テスル出資ノミニ限ルモノヲ合資会社ト為ス」と定めていた。旧法上の合資会社は、有限責任社員をもって組織するのが原則だったわけである。もっとも、同一四六条（明治二六年改正）は、「業務担当社員ハ其業務施行中ニ生ジタル会社ノ義務ニ付キ連帯無限ノ責任ヲ負フ」と規定されていた。これに対し、新法は、その一〇四条において、「合資会社ハ有限責任社員ト無限責任社員トヲ以テ之ヲ組織ス」と規定した。問題は、各々の「合資会社」の組織上の差異をどう評価するかにあった。

志田鉀太郎によれば、商法施行法の採用した政策が以下のように評されている。「施行法ノ起草者ハ新商法ニ定メタル合資会社ト旧商法ニ定メタル合資会社トハ全ク其組織ヲ異ニス故ニ前者ニ関スル新商法ノ規定ハ到底後者ニ適用スルコトヲ得ザルモノト為シ其間ノ連絡ヲ断念シタルガ如シ」(255)。あるいは、「施行法ノ起草者ハ旧商法ニ定メタル合資会社ヲ以テ有限責任会社ニ類似スルモノト為シ、無限責任社員ノミヲ以テ組織シタル合名会社又ハ無限責任社員ト有限責任社員トヲ以テ組織シタル合資会社ニ関スル規定ヲ之ニ適用スルハ其当ヲ得タルモノニ非ズト認メタルガ如シ」(256)。

志田鉀太郎は、旧法上の合資会社に新法の規整を及ぼすことは必ずしも不可能ではなく、「我輩ノ見ル所ヲ以テスレバ施行法ハ新商法ノ施行前ニ設立シタル合資会社ニ対シテ必要ノ程度ヲ超エテ旧商法ノ規定ヲ適用シタルト共ニ必要ナル新商法ノ規定ノ適用ヲ除斥シタリ」(257)と述べている。しかし、旧法上の合資会社は、そのまま昭和二五年改正に至るまで、存続を認められることとなった。

(247) 志田・注(38)前掲八九頁。
(248) 同前九八頁。
(249) 志田鉀太郎・日本商法論巻之二会社（明治三五年）一一五九頁参照。
(250) 同前一一六一—一一六二頁参照。
(251) 同前五七五頁。
(252) 同前。
(253) 同前六〇九頁。
(254) 本書三二〇—三二一頁参照。

(255) 志田・注(249)前掲九二―九三頁。
(256) 同前九三頁。
(257) 同前九二頁。

○資料１　丸屋商社社則

丸屋商社の現存するもっとも古い社則を資料として掲げる。次の社則は、「丸屋商社之記」の一部をなすものであって、「明治六癸酉年十月」のものである。

なお、この後、同社は「責任有限丸善商社」へと発展する。明治一三年一月一五日から実施された同社の定款はさらに整備されたものとなっており、株主総会に関する詳細な規定も存在している。

第一則

入社元金ハ百円ヲ一口ト定メ一口或ハ数口ヲ一人ニテ出スヿ随意ナリ○元金社中出ス所ノ元金総高ハ働社中出ス所ノ元金総高ニ比較シテ定限ヲ定ムルヿ左ノ如シ

働社中出金	五千	一万	二万	三万	四万	五万	六万
元金社中出金	五千	一万五千	四万	七万五千	十二万	十七万五千	二十四万

年々諸種積金ノ高ヲ増シ危害ヲ減ズルガ故ニ年ヲ追テ両社元金ノ比較ニ差等アルナリ

元金社中ノ出金ハ右ノ割合ヲ超ユベカラズト雖𪜈之ヲ減ズルハ妨ナシ又此ノ比ノ例ニ充タズト雖𪜈商業ノ景況ニ従テ元金ノ多キヲ好マザルトキハ新入社ヲ辞スルハ働社中ノ随意タルベシ

第二則　定約利益配分利益ノ事

会社ニテ一个年間ニ得ル所ノ利益ヲ以テ第一ニ総元金高一割五分ニ当ルノ利ヲ元金ニ配当シ之ヲ元金定約利益ト名ク第二ニ同ジ金高ヲ以テ働社中総人部ニ配当シ之ヲ働社中定約利益ト名ク其余ヲ配分利益ト名ケ之ヲ年々両社中ニ配分スルヿ第五則ノ如シ○右ノ元金定約利益ハ年々之ヲ元金高ニ加ヘテ全五个年ニシテ元金倍高トナシ出金主ニ返スベシ

右ノ如ク五个年ヲ一期ト定メ第一期五个年間（巳午未申酉）ニ預ルモノハ第二期五个年間（戌亥子丑寅）ニ返シ一期毎ニ旧ヲ改メテ新トナス其例左ノ如シ

巳午未申酉ノ三月朔日入社スル人エ
戌亥子丑寅ノ三月倍高トナシ返ス

元金社中五个年ニ至リテ請取ヿヲ好マザル人ハ旧証券ヲ返シ倍高ノ新証券ヲ得テ新ニ入社スルヿ随意タリ
右ノ如ク年々旧一个年分ヲ返シ新一个年分ヲ預ルトキハ会社ノ元金年々平均ヲ得テ一時ニ大ナル増減ヲ生ズルヿナシ
五个年間百円ヅ、出セル元金社中ハ五个年目ヨリ二百円ヅ、ヲ得ルナリ其百円ヲ取リ残リ百円ヲ次第ニ翌年ノ入社金トナストキハ永久年々百円ヅ、ヲ得べシ○年々百円ヅ、出セル元金社中五个年ニシテ定約利益ヲ合セタル高左ノ如シ
二百円（五ヶ年前百円）百七十三円七十五銭（四ヶ年前百円）百五十壱円五十銭（三ヶ年前百円）百三十二円二十五銭（昨年ノ百円）百十五円（当春ノ百円）〆七百七十二円五十銭
元金社中若シ入社初年ヨリ年々百円ヅ、ヲ得ント欲セバ初メニ六百七十二円五十銭ヲ出ストキハ其年ヨリ年々二百円ヲ得べシ其百円ヲ取リ残リ百円ヲ次第ニ翌年ノ入社金トナストキハ永久年々百円宛ヲ得ルヿ年々百円宛五个年間出セル人ニ同ジ

第三則　元金社中中途脱社ノ事

元金ハ五个年ニシテ倍高トナシ返スヿト定ムレバ中途ニシテ脱社スルハ随意ナレ𪜈得ル所ノ利益ヲ減ズルヿ左ノ如シ
元金高平均年一割ノ利ヲ添ヘ取リ去ルべシ已ニ年々ノ配分利益ヲ得タル人ハ之ヲ合シテ年一割ノ利ニ充ツルノミ又利ニ加エタル利ヲ得べカラズ○其証券ヲ他人ニ譲ルハ随意タルべシ若シ然ルトキハ譲リ受タル人ノ姓名居所ヲ認メ証券書キ替ヘ手数料一口ニ付キ五十銭ヲ添ヘテ本局ニ投ズべシ

第四則

働社中出ス所ノ元金ハ元金社中ノ出金ニ比較スルモノナレバ中途ニシテ随意ニ脱社スルヲ許サズ但シ元金比較ノ高ニ差支ナク働社中ノ衆議ニテモ許ス所ナラバ元金社中ノ例ニ異ナルヿナシ

第五則

会社ノ安全長久ヲ保ツハ全社協合ノ力ニ由ト雖𪜈商業ノ盛衰危害ノ増減ハ働社中ノ勤勉ト怠慢ニ関スルモノナレバ会社ノ災害過失等ニテ損耗アルトキハ其責メ働社中ニアリ故ニ利益少ナキモ定約利益ヲ頒ツニ足ルトキハ両社利益ヲ頒ツヿ甲乙ナシト雖𪜈利益尚少ナキトキハ働社中ノ配分利益ヲ減ズべシ尚利益少ナキトキハ細流社ニ積置ク所ノ備金ヲ以テ之ヲ償ヒ元金社中ノ定約利益ヲ減ズ可ラズ万一其損繞多ニシテ細流社積金ヲ出シ尽シテモ尚足ラザルトキハ働社中ノ出金ヲ以テ之ヲ償ヒ元金社中ノ元金ニハ損耗ヲ及ボスべカラズ但シ働社中ノ元金ヲ減ズルノ場ニ至リテハ元金社中モ其年ノ利益ヲ得べカラズ

右ノ如ク働社中ハ自己ノ出金ヲ以テ元金社中ノ出金ヲ請合フモノナレバ利益多クシテ両社中ノ定約利益ヲ頒カチテ尚余ル所ノ配分利益ハ之ヲ三分シテ其一分ヲ元金社中ニ配分シ二分ヲ働社中総人部ニ配分スベシ〇年々利益ノ増減ニ従テ両社中利益分配ノ差等アルヿ左ノ如シ

元金	利益	定約利益		配分利益
一万円	千五百円	元金社中	千五百円	ナシ
		働社中	ナシ	ナシ
一万円	二千円	元金社中	千五百円	ナシ
		働社中	五百円	ナシ
一万円	三千円	元金社中	千五百円	ナシ
		働社中	千五百円	ナシ
一万円	四千円	元金社中	千五百円	三百三十三円余
		働社中	千五百円	六百六十六円余

両社中定約利益ヲ年一割五分ト定ムルモノハ現今会社ノ借金貸金ノ利足ヲ平均シ之ヲ当時世間普通ノ利足ニ比較シテ定ムルモノナレバ後来世上一般ニ利足ノ降下スルヿアラバ其時勢ニ随テ減ズルヿアルベシ若シ然ルヿアルトキハ前以テ社中ニ報告スベシ其時脱社ヲ欲スル人ハ中途雖𪜈期ニ充チテ脱社スルノ例ニ同ジ

第六則　積金ノ事

全社保続金　各店ヨリ月々積金ヲ出シ之ヲ細流社ニ預ケ置キ商業上損毛ノ備金トス

横浜書店　同薬店　同調合局　同唐物店

東京書店　同薬店　同唐物店　同仕立局

大　坂　店　西京店　各月々六円　合六十円

家作積金　地所家作ヨリ取立タル店賃地代等ニテ諸雑費ヲ仕払ヒタル残リノ半バヲ勘定場ノ利益ニ加ヘ其半バヲ家作積金トナシテ火災其外朽廃シテ建替ヘヲ要スルトキノ備トス

海陸難事備金　東京ヘ送品ハ百分ノ一半西京大坂送リ品ハ百分ノ三ヲ取リテ其内ニテ運送ノ費用ヲ払ヒ其余ヲ積貯ヘ海陸ノ難事ニ備フ

貸金損耗備金　本局勘定場ニテ貸金ノ利足十分ノ一ヲ月々取除ケ之ヲ積貯ヘ貸金ノ危害ニ備フ又預リ質物ノ流レ荷物ヲ売払ヒ元利差引テ利益アレバ亦此積金ニ加フベシ

無名備金　不用道具売払代金並ニ人頭税働社中奉公人ヨリ出シタル過代金等ヲ積貯ヘ諸種備金ノ不足ヲ補フベシ

以上五種積金ハ他人ヘ請合料インシューランスヲ払ヒ捨タルト同理ナレバ他ノ費用ニ充ツベカラズ

第七則　社中所有物ノ事

積金其外雑用ニテ買タル道具類等ハ全社利益ノ残余ニシテ斉シク全社中ノ所有物ナレ𪜈両社中𪜈若シ脱社スル人ハ其所分ヲ有スル得ズ

第八則

社長十口以上入社ノ人ニシテ一ヶ年以上社中ニアル人ニ非レバ社長タルヲ得ズ但仮社長ハ此限リニ非ズ

全社内外ノ事務ヲ総括シ各店役割ノ当否ヲ察シ全社従前ノ成績後来ノ安危ニ注意シ諸事ヲ指令シ奉公人ヲ進退シ評議入札ノ問題ヲ出ス等専執権アル可シ但シ専任ノ役ヲ置タル各科ニ就テノヿハ臨時止ムヲ得ザルノトキニ非レバ独裁スベカラズ即チ商売上ノヿハ各店支配人金銀貸借ノヿハ金銀方全社中ニ関係スルヿハ取扱人ニ議シテ事ヲ決スベシ

取扱人十口以上入社ノ人ニシテ一ヶ年以上社中ニアル人ニ非レバ取扱人タルヲ得ズ

社中ノ便宜ヲ議リ諸評議ノヿヲ掌リ総テ社長受持ノ事務ヲ輔佐スベシ又社外或ハ政府ニ関スルヿヲ取扱フ役目ナリ

書記方　五口以上入社ノ人タルベシ

本局ノ帳面ヲ総括シ諸店帳合ノ精粗ヲ検シ全社成績表ヲ造ル等専ラ其任トス

金銀方　五口以上入社ノ人ニ非レバ金銀方タルヲ得ズ

金銀借貸為替及諸会計ヲ総括シ諸入費ノ弁給ヲ掌トル

各店支配人　二口以上入社ノ人ニ非レバ支配人タルヲ得ズ

其預リ店ヲ支配シ商業ヲ取扱フニハ専執ノ権アレ𪜈金銀借貸商売柄変化住地家作売買転宅人員ノ増減其店限リ雇入レノ人ハ此例ニ非ズ等ハ独裁ヲ得ズ

第九則

諸店売場ニテハ商業ノ元金ヲ預リ商売ヲ営ミ月々元金ノ利足家作代金ノ利足並ニ月々ノ利益ヲ勘定場ニ送リ若シ損毛アル月ハ其損分ヲ勘定場ヨリ請取ルベシ故ニ売場ニテハ始終身代ニ増減ナシトス

第十則

勘定場ニテハ月々各店ヨリ送ル処ノ元金利足ヲ請取リ月々其総高ノ内ヨリ入社金高ノ利足ニ当ル高ヲ現益口ニ記シ其余ヲ金利口ニ記スベシ又売場ニテ損毛アル月ハ其損分ヲ現益口ヨリ出シ勘定期ニ至リテ現益総高ヲ元金総高ト働社中総人部ニ比較シテ法ノ如ク分配スベシ

第十一則

元金社中ハ其出金ノ多少ニ拘ワラズ働社中ハ其持役ノ軽重ニ拘ワラズ前件諸則中不便利ト思フヿアラバ会局ニ云送リテ論駁スルノ権アルベシ又以上定ムル所ト雖ドモ実際不都合ノ廉アラバ臨時改正スルヿモアルベシ

第十二則

働社中並雇人ドモニ毎夕勤怠録ニ其日ノ勤怠ヲ認ムベシ家ニ在リテ勤ムルモノハ〔勤〕印ヲ押シ社用ニテ他行スルモノハ〔外〕印ヲ押シ軽疾ニテ社局ニアルモノハ〔病〕印ヲ押シ私用ニテ他出スルモノト私宅ニテ病ヲ養フモノトハ印ヲ省キ其印数ヲ算ヱテ年中勤メタル総日数トナス

社長並ニ取扱人ハ社局ニ来ラザルモ私宅ニアリテ社用ヲ為ストキハ勤タル日数ニ加フベシ

働社中社外出入用ハ其仕払ヲ記シテ勘定場ニ出シ社中費用ニ属スルモノハ之ヲ償ヒ其私費ニ属スベキモノハ之ヲ償フヲ得ズ東京往復ノ汽車ハ下等ヲ例トス只貴客ヲ送迎スルヿアルトキハ比例ニ非ズ

社中用ユル所ノ帳合ノ仕方ハ社中記帳法ニ記スルヲ以テ茲ニ略ス

＊「丸善百年史」資料編（昭和五六年）を底本とする。旧漢字を新漢字とした。

○資料2　明治二三年商法（旧商法）および明治二六年改正法対照表（抄）

旧商法第一編第六章（会社法）がどのような形で施行されたのかを探るために、明治二六年改正法との対照表を作成した。

明治二三年法	明治二六年改正法
第六章　商事会社及ヒ共算商業組合 商事会社総則	第六章　商事会社及ヒ共算商業組合 商事会社総則
第六十六条　商事会社ハ共同シテ商業ヲ営ム為メニノミ之ヲ設立スルコトヲ得	（同上）
第六十七条　法律ニ背キ又ハ禁セラレタル事業ヲ目的トスル会社ハ初ヨリ無効タリ 若シ会社ノ営業カ公安又ハ風俗ヲ害ス可キトキハ裁判所ハ検事若クハ警察官ノ申立ニ因リ又ハ職権ニ依リ其命令ヲ以テ之ヲ解散セシムルコトヲ得但其命令ニ対シ即時抗告ヲ為スコトヲ得	第六十七条　法律ニ背キ又ハ禁セラレタル事業ヲ目的トスル会社ハ初ヨリ無効タリ 若シ会社ノ営業カ公安又ハ風俗ヲ害ス可キトキハ裁判所ハ検事ノ申立ニ因リ又ハ職権ニ依リ其命令ヲ以テ之ヲ解散セシムルコトヲ得但其命令ニ対シ即時抗告ヲ為スコトヲ得
第六十八条　法律、命令ニ依リ官庁ノ許可ヲ受ク可キ営業ヲ為サントスル会社ハ其許可ヲ得ルニ非サレハ之ヲ設立スルコトヲ得ス 株式会社ニ関シテハ第三節ノ規定ヲ遵守スルコトヲ要ス	（同上）
第六十九条　会社ノ設立ハ適当ナル登記及ヒ公告ヲ受クルニ非サレハ第三者ニ対シテ会社タル効ナシ	（同上）
第七十条　会社ハ商号ヲ設ケ社印ヲ製シ定マリタル営業所ヲ設クルコトヲ要ス	第七十条　会社ハ社名ヲ設ケ社印ヲ製シ定マリタル営業所ヲ設クルコトヲ要ス
第七十一条　社印ニハ商号ヲ刻シ其印鑑ヲ商業登記簿ニ添ヘテ保存スル為メ之ヲ第十八条ニ掲ケタル裁判所ニ差出スコトヲ	第七十一条　社印ニハ社名ヲ刻シ其印鑑ヲ商業登記簿ニ添ヘテ保存スル為メ之ヲ第十八条ニ掲ケタル裁判所ニ差出スコトヲ

要ス社印ヲ変更シ又ハ改刻スルトキモ亦此手続ヲ為ス
第七十二条　商号及ヒ社印ハ官庁ニ宛テタル文書又ハ報告書、株券、手形及ヒ会社ニ於テ権利ヲ得義務ヲ負フ可キ一切ノ書類ニ之ヲ用ユ
第七十三条　会社ハ特立ノ財産ヲ所有シ又独立シテ権利ヲ得義務ヲ負フ殊ニ其名ヲ以テ債権ヲ得債権ヲ負ヒ動産、不動産ヲ取得シ又訴訟ニ付キ原告又ハ被告ト為ルコトヲ得

第一節　合名会社

第一款　会社ノ設立

第七十四条　二人以上七人以下共通ノ計算ヲ以テ商業ヲ営ム為メ金銭又ハ有価物又ハ労力ヲ出資ト為シテ共有資本ヲ組成シ責任其出資ニ止マラサルモノヲ合名会社ト為ス
第七十五条　商号ニハ総社員又ハ其一人若クハ数人ノ氏ヲ用イ之ニ会社ナル文字ヲ附ス可シ
会社若シ現存セル他人ノ営業ヲ引受クルトキハ其旧商号ヲ続用スルコトヲ得ス
第七十六条　社員ノ退社シタル後ト雖モ従前ノ商号ヲ続用スルコトヲ得但退社員ノ氏ヲ商号中ニ続用セントスルトキハ本人ノ承諾ヲ受クルコトヲ要ス
第七十七条　会社ハ書面契約ニ因リテノミ之ヲ設立スルコトヲ得其契約書ハ総社員之ニ連署シ各自一通ヲ所持ス
右ノ規定ハ会社契約ノ変更ニ於テモ亦之ヲ遵守ス
第七十八条　会社ハ設立後十四日内ニ本店及ヒ支店ノ地ニ於テ其登記ヲ受ク可シ
第七十九条　登記及ヒ公告ス可キ事項左ノ如シ
第一　合名会社ナルコト
第二　会社ノ目的

要ス社印ヲ変更シ又ハ改刻スルトキモ亦此手続ヲ為ス
第七十二条　社名及ヒ社印ハ官庁ニ宛テタル文書又ハ報告書、株券、手形及ヒ会社ニ於テ権利ヲ得義務ヲ負フ可キ一切ノ書類ニ之ヲ用ユ
第七十三条　会社ハ特立ノ財産ヲ所有シ又独立シテ権利ヲ得義務ヲ負フ又訴訟ニ付キ原告又ハ被告ト為ルコトヲ得

第一節　合名会社

第一款　会社ノ設立

第七十四条　二人以上共通ノ計算ヲ以テ商業ヲ営ム為メ金銭又ハ有価物又ハ労力ヲ出資ト為シテ共有資本ヲ組成シ責任其出資ニ止マラサルモノヲ合名会社ト為ス
第七十五条　社名ニハ総社員又ハ其一人若クハ数人ノ氏ヲ用イ之ニ会社ナル文字ヲ附ス可シ
会社若シ現存セル他人ノ営業ヲ引受クルトキハ其旧社名ヲ続用スルコトヲ得ス
第七十六条　社員ノ退社シタル後ト雖モ従前ノ社名ヲ続用スルコトヲ得但退社員ノ氏ヲ社名中ニ続用セントスルトキハ本人ノ承諾ヲ受クルコトヲ要ス
第七十七条　会社ハ書面契約ニ因リテノミ之ヲ設立スルコトヲ得其契約書ハ総社員之ニ連署ス
右ノ規定ハ会社契約ノ変更ニ於テモ亦之ヲ遵守ス
（同　上）
第七十九条　登記及ヒ公告ス可キ事項左ノ如シ
第一　合名会社ナルコト
第二　会社ノ目的

第三　会社ノ商号及ヒ営業所
第四　各社員ノ氏名、住所
第五　設立ノ年月日
第六　存立時期ヲ定メタルトキハ其時期
第七　業務担当社員ヲ特ニ定メタルトキハ其氏名
第八十条　前条ニ掲ケタル一箇又ハ数箇ノ事項ニ変更ヲ生シ又ハ合意ヲ以テ変更ヲ為シタルトキハ七日内ニ其登記ヲ受ク可シ
第八十一条　会社ハ登記前ニ開業スルコトヲ得ス之ニ違フトキハ裁判所ノ命令ヲ以テ其営業ヲ差止ム但其命令ニ対シテ即時抗告ヲ為スコトヲ得
第八十二条　会社其登記ノ日ヨリ六カ月内ニ開業セサルトキハ其登記及ヒ公告ハ無効タリ

第二款　会社契約ノ変更

第八十三条　会社契約ハ総社員ノ承諾アルニ非サレハ之ヲ変更スルコトヲ得ス其承諾ナキトキハ契約ノ従前ノ規定ニ従フ
第八十四条　会社契約ノ規定ニシテ会社ノ施行セサリシモノハ社員又ハ第三者ニ対シテ其効用ヲ致サシムルコトヲ得ス

第三款　社員間ノ権利義務

第八十五条　社員間ノ権利義務ハ本法及ヒ会社契約ニ因リテ定マルモノトス
第八十六条　会社ノ目的ニ反セサルモ之ニ異ナル義務及ヒ事項ニ付テハ業務担当ノ任アル総社員ノ承諾ヲ要ス
第八十七条　会社契約ノ規定ノ施行ニ関スル事項ハ業務担当ノ任アル社員ノ多数ヲ以テ之ヲ決ス
第八十八条　会社ノ業務ヲ行ヒ及ヒ其利益ヲ保衛スルニ付テハ各社員同等ノ権利ヲ有シ義務ヲ負フ但会社契約ニ別段ノ定ア

第三　会社ノ社名及ヒ営業所
第四　各社員ノ氏名、住所
第五　設立ノ年月日
第六　存立時期ヲ定メタルトキハ其時期
第七　業務担当社員ヲ特ニ定メタルトキハ其氏名
（同　上）
第八十一条　会社ハ登記前ニ事業ニ着手スルコトヲ得ス之ニ違フトキハ裁判所ノ命令ヲ以テ其事業ヲ差止ム但其命令ニ対シテ即時抗告ヲ為スコトヲ得
第八十二条　会社其登記ノ日ヨリ六カ月内ニ事業ニ着手セサルトキハ其登記及ヒ公告ハ無効タリ

第二款　会社契約ノ変更

（同　上）
（同　上）

第三款　社員間ノ権利義務

（同　上）
（同　上）
（同　上）
（同　上）

ルトキハ此限ニ在ラス

第八十九条　社員ノ議決権ハ其出資ノ額ニ応シテ等差ヲ立ツルコトヲ得ス

第九十条　業務担当ノ任ナキ社員ハ何時ニテモ業務ノ実況ヲ監視シ会社ノ帳簿及ヒ書類ヲ検査シ且此事ニ関シ意見ヲ述フルコトヲ得

第九十一条　業務担当ノ任アル各社員ハ代務ノ委任又ハ解任ヲ為ス権利アリ

第九十二条　各社員ハ会社ニ対シ正整ナル商人ノ自己ノ事務ニ於テ為スト同シキ勉励注意ヲ為ス責務アリ其責務ニ背キ会社ニ損害ヲ生セシメタルトキハ之ヲ賠償スルコトヲ要ス

第九十三条　社員ノ差入レタル金銭又ハ有価物ノ出資ハ契約ニ定メタル評価額ヲ附シテ会社ノ財産目録ニ記入シ会社ノ所有ニ帰ス

第九十四条　社員其負担シタル出資ヲ差入ルルコト能ハサルトキハ除名セラレタルモノト看做ス但総社員ノ承諾ヲ得テ他ノ出資ヲ差入ルルトキハ此限ニ在ラス

第九十五条　社員其負担シタル出資ヲ差入レサルトキハ会社ハ之ヲ除名スルト年百分ノ七ノ利息ヲ払ハシムルトヲ択ミ尚ホ孰レノ場合ニ於テモ損害賠償ヲ求ムルコトヲ得

第九十六条　社員ハ契約上ノ額外ニ出資ヲ増シ又ハ損失ニ因リテ減シタル出資ヲ補充スル義務ナシ

第九十七条　社員ハ総社員ノ承諾ヲ得ルニ非サレハ其出資又ハ会社財産中ノ持分ヲ減スルコトヲ得ス

第九十八条　社員ハ総社員ノ承諾ヲ得ルニ非サレハ第三者ヲ入社セシメ又ハ第三者ヲシテ己レノ地位ニ代ハラシムルコトヲ得ス

（同　上）

（同　上）

（同　上）

（同　上）

（同　上）

（同　上）

第九十五条　社員其負担シタル出資ヲ差入レサルトキハ会社ハ之ヲ除名スルト会社契約ニ定メタル利息ヲ払ハシムルトヲ択ミ尚ホ孰レノ場合ニ於テモ損害賠償ヲ求ムルコトヲ得

（同　上）

（同　上）

第九十八条　社員ハ総社員ノ承諾ヲ得ルニ非サレハ第三者ヲ入社セシメ又ハ第三者ヲシテ己レノ地位ニ代ハラシムルコトヲ得ス

社員ノ相続人又ハ承継人ハ契約ニ於テ反対ヲ明示セサルトキハ其社員ノ地位ニ代ハルコトヲ得但総社員ノ承諾ヲ得ルニ非サレハ業務ヲ担当スル権利ナシ
第九十九条　社員ヨリ他人ニ為シタル持分ノ譲渡ハ会社及ヒ第三者ニ対シテ其効ナシ
第百条　社員其持分ニ他人ヲ加入セシムルトキハ其関係ハ共算商業組合ノ規定ニ依リテ之ヲ定ム
第百一条　社員カ会社ニ消費貸ヲ為シ又ハ会社ノ為メニ立替金ヲ為シタルトキハ年百分ノ七ノ利息ヲ求ムルコトヲ得又社員カ業務施行ノ為メ直接ニ受ケタル損失ニ付テハ其補償ヲ求ムルコトヲ得
第百二条　会社契約ニ於テ明示ノ合意ナキトキハ社員ハ業務施行ノ勤労ニ付キ其報酬ヲ求ムルコトヲ得ス然レトモ労力ヲ出資ト為シタル社員其負担シタル出資外ニ為シタル労力ニ付テハ相当ノ報酬ヲ求ムルコトヲ得
第百三条　社員カ会社ノ為メニ受取リタル金銭ヲ相当ノ時日内ニ会社ニ引渡サス又ハ会社ノ金銭ヲ自己ノ用ニ供シタルトキハ会社ニ対シテ年百分ノ七ノ利息ヲ払ヒ且如何ナル損害ヲモ賠償スル義務アリ
第百四条　社員ハ総社員ノ承諾ヲ得ルニ非サレハ自己ノ計算ニテモ又第三者ノ計算ニテモ会社ノ商部類ニ属スル取引ヲ為シ又ハ之ニ与カルコトヲ得ス之ニ背キタルトキハ会社ハ其択ニ従ヒ其社員ヲ除名シ又ハ其取引ヲ会社ニ引受ケ尚ホ其孰レノ場合ニ於テモ損害賠償ヲ求ムルコトヲ得
第百五条　各社員ノ会社ノ損益ヲ共分スル割合ハ契約ニ於テ他ノ準率ヲ定メサルトキハ其出資ノ価額ニ準ス・出資ト為シタル労力ノ価額ヲ契約ニ於テ定メサルトキハ各般

（二項削除）
（同　上）
（同　上）
第百一条　社員カ会社ニ消費貸ヲ為シ又ハ会社ノ為メニ立替金ヲ為シタルトキハ会社契約ニ定メタル利息ヲ求ムルコトヲ得又社員カ業務施行ノ為メ直接ニ受ケタル損失ニ付テハ其補償ヲ求ムルコトヲ得
（同　上）
第百三条　社員カ会社ノ為メニ受取リタル金銭ヲ相当ノ時日内ニ会社ニ引渡サス又ハ会社ノ金銭ヲ自己ノ用ニ供シタルトキハ会社ニ対シテ会社契約ニ定メタル利息ヲ払ヒ且如何ナル損害ヲモ賠償スル義務アリ
（同　上）
（同　上）

ノ事情ヲ斟酌シテ之ヲ定ム	
第百六条　社員カ業務担当ノ所為ヲ為シ又ハ会社ニ対シテ詐欺ヲ行ヒ又ハ其他会社ニ対シテ主要ノ責務ヲ甚シク欠キタルトキハ会社ハ之ヲ除名シ且損害賠償ヲ求ムルコトヲ得	（同　上）
第百七条　社員カ会社契約ニ依リ又ハ本法ノ規定ニ依リテ会社ノ為メニ為シタル総テノ行為及ヒ取引ハ各社員互ニ之ヲ承認スル義務アリ	（同　上）
第四款　第三者ニ対スル社員ノ権利義務	第四款　第三者ニ対スル社員ノ権利義務
第百八条　会社ハ業務担当ノ任アル社員ノ明示シテ会社ノ為メニ為シ又ハ事実会社ノ為メニ為シタル総テノ行為ニ因リテ直接ニ権利ヲ得義務ヲ負フ	（同　上）
第百九条　会社ノ権利ハ業務担当ノ任アル社員裁判上ト裁判外トヲ問ハス之ヲ主張シ又ハ有効ニ之ヲ処分スルコトヲ得	（同　上）
第百十条　第三者ニ対スル会社ノ義務ハ第三者ヨリ業務担当ノ任アル各社員ニ対シテ其履行ヲ求ムルコトヲ得	（同　上）
第百十一条　業務担当ノ任アル社員ノ代理権ニ加ヘタル制限ハ第三者ニ対シテ其効ナシ	（同　上）
第百十二条　会社ノ義務ニ付テハ先ツ会社財産之ヲ負担シ次ニ各社員其全財産ヲ以テ不分ニテ之ヲ負担ス	第百十二条　会社ノ義務ニ付テハ先ツ会社財産之ヲ負担シ次ニ各社員其全財産ヲ以テ連帯ニテ之ヲ負担ス
第百十三条　社員ニ非スシテ商号ニ其氏ヲ表スルコトヲ承諾シ若クハ之ヲ表スルニ任セ又ハ会社ノ業務ノ施行ニ与カリ又ハ事実社員タルノ権利義務ヲ有スル者ハ社員ト同シク連帯無限ノ責任ヲ負フ	第百十三条　社員ニ非スシテ社名ニ其氏ヲ表スルコトヲ承諾シ又ハ会社ノ業務ノ施行ニ与カリ又ハ事実社員タルノ権利義務ヲ有スル者ハ社員ト同シク連帯無限ノ責任ヲ負フ
第百十四条　商業使用人又ハ代務人ハ其給料ノ全部又ハ一分ヲ一定又ハ不定ノ利益配当ニ因リテ受クルモノト雖モ前条ノ者ト同視セス	（同　上）

第百十五条　新ニ入社スル社員ハ契約上他ノ定ナキトキハ其入社前ニ生シタル会社ノ義務ニ付テモ責任ヲ負フ

第百十六条　会社財産ニ属スル物ハ社員ノ債権者其債権ノ為メ之ヲ請求スルコトヲ得ス但差入前ニ於テ其物ニ付キ第三者ノ為メ権利ノ設定セラレタルトキハ此限ニ在ラス

第百十七条　社員ノ債権者ハ社員自ラ要求シ得ヘキ利息又ハ配当金ノミヲ会社ニ対シテ要求スルコトヲ得

然レトモ社員ノ持分ハ社員ノ退社又ハ会社解散ノ場合ニ非サレハ之ヲ要求スルコトヲ得ス

第百十八条　会社ニ対スル債務ト社員ニ対スル債権ト又会社ニ対スル債権ト社員ニ対スル債務トノ相殺ハ会社財産ノ分割前ニ在テハ之ヲ為スコトヲ得ス

第百十九条　社員ノ持分ヲ減シタル為メ会社ノ債権者カ其会社財産ヨリ得ヘキ弁償ヲ減損セラレ又ハ支障セラレタルトキハ減少ノ時ヨリ二カ年内ニ在テハ其減少ニ対シテ異議ヲ述フルコトヲ得

第五款　社員ノ退社

第百二十条　社員ハ会社契約カ有期ナルトキハ総社員ノ承諾ヲ要シ無期又ハ終身ナルトキハ其承諾ヲ要セスシテ任意ニ退社スルコトヲ得

其退社ハ六カ月前ニ予告ヲ為シタル上事業年度ノ末ニ限ル但急速ニ退社ス可キ重要ノ事由アルトキハ此限ニ在ラス

第百二十一条　右ノ外社員ハ左ノ諸件ニ因リテ退社ス

第一　除名

第二　死亡但亡社員ノ地位ニ代ハル可キ相続人又ハ承継人ナキ時ニ限ル

第三　破産

（同上）

（同上）

（同上）

（同上）

（同上）

第五款　社員ノ退社

（同上）

第百二十一条　右ノ外社員ハ左ノ諸件ニ因リテ退社ス

第一　除名

第二　死亡但会社契約又ハ総社員ノ承諾ニヨリ相続人其他ノ承継人死亡者ノ地位ニ代ハル可キトキハ此限ニ在ラス

第四　能力ノ喪失但特約ナキトキニ限ル

第百二十二条　社員退社スル毎ニ会社ハ七日内ニ其理由ヲ附シタル登記ヲ受ク可シ

第百二十三条　会社ハ退社員ノ為メ特ニ作リタル貸借対照表ニ依リ退社ノ時ノ割合ヲ以テ其持分ヲ退社員又ハ其相続人若クハ承継人ニ払渡スコトヲ要ス

退社前ノ取引ニシテ未タ結了セサルモノハ其結了ノ後之ヲ計算スルコトヲ得

第百二十四条　退社員ノ持分ノ価直ハ特約アルニ非サレハ其出資ノ何種類タルヲ問ハス金銭ノミニテ之ヲ払渡ス

労力ノ出資又ハ其他退社ト共ニ終止スル出資ニ付テハ特約アルニ非サレハ之ニ対スル報償ヲ為ス義務ナシ

第百二十五条　退社員ハ退社前ニ係ル会社ノ義務ニ付テハ退社後二カ年間仍ホ全財産ヲ以テ其責任ヲ負フ

第九十八条ノ場合ニ於テ第三者ヲシテ己レノ地位ニ代ハラシメタル者ニ付テモ亦前項ヲ適用ス

第六款　会社ノ解散

第百二十六条　会社ハ左ノ諸件ニ因リテ解散ス

第一　会社存立時期ノ満了

第二　会社契約ニ定メタル解散事由ノ起発

第三　総社員ノ承諾

第四　会社ノ破産

第五　裁判所ノ命令

第百二十七条　第六十七条ニ掲ケタル場合ノ外会社其目的ヲ達スルコト能ハス又ハ会社ノ地位ヲ維持スルコト能ハサルノ理由ヲ以テ一人又ハ数人ノ社員ヨリ会社ノ解散ヲ申立ツルトキ

第三　破産又ハ家賃分散

第四　能力ノ喪失但特約ナキトキニ限ル

（同　上）

（同　上）

（同　上）

（同　上）

（同　上）

第六款　会社ノ解散

（同　上）

（同　上）

ハ裁判所ノ命令ヲ以テ之ヲ解散セシムルコトヲ得
会社ノ地位ヲ維持スルコト能ハサル場合ニ於テ会社ノ解散ニ換ヘテ或ル社員ヲ除名ス可キコトヲ他ノ総社員ヨリ相当ノ理由ヲ以テ申立ツルトキハ裁判所ノ命令ヲ以テ之ヲ除名スルコトヲ得
前二項ニ掲ケタル裁判所ノ命令ニ対シテハ即時抗告ヲ為スコトヲ得

第百二十八条　第百二十六条ノ第一号第二号ニ記載シタル場合ニ於テハ総社員又ハ社員ノ一分ニテ会社ヲ保続スルコトヲ得但社員ノ一分ニテ保続シタルトキハ其離脱シタル社員ハ退社シタルモノト看做ス（同上）

第百二十九条　会社解散スルトキハ破産ノ場合ヲ除ク外総社員ノ多数決ヲ以テ清算人一人又ハ数人ヲ任シ七日内ニ解散ノ原由、年月日及ヒ清算人ノ氏名、住所ノ登記ヲ受ク可シ（同上）

第百三十条　清算人ハ会社ノ現務ヲ結了シ会社ノ義務ヲ履行シ未収ノ債権ヲ行用シ現存ノ財産ヲ売却ス又清算人ハ清算ノ目的ヲ超エテ営業ヲ保続シ又ハ新ニ取引ヲ為スコトヲ得ス又清算人ハ裁判上会社ヲ代理シ且会社ノ為メ和解契約及ヒ仲裁契約ヲ為スコトヲ得（同上）

第百三十一条　清算人ノ権ハ社員之ヲ制限スルコトヲ得ス且重要ナル事由ニ基ク社員ノ申立ニ因リ裁判所ノ命令ヲ以テスルニ非サレハ之ヲ解任スルコトヲ得ス但其命令ニ対シ即時抗告ヲ為スコトヲ得（同上）

第百三十二条　清算人ハ委任事務ヲ履行シタル後社員ニ計算ヲ報告シ第百五条及ヒ第百二十四条ノ規定ニ準シ会社財産ヲ社員ニ分配ス又清算中ト雖モ自由ト為リタル財産ハ之ヲ社員ニ分配スルコトヲ得（同上）

第百三十三条　社員ニ分配ス可キ物ハ会社ノ総テノ義務ヲ済了スルニ要セサル会社財産ニ限ル

第百三十四条　解散シタル会社ノ商業帳簿及ヒ其他ノ書類ハ社員第三十四条ノ規定ニ従ヒ之ヲ処分ス

第百三十五条　会社ノ義務ニ対スル社員ノ無限責任ハ其義務ニ付キ五カ年未満ノ時効ノ定ナキトキニ限リ解散後五カ年ノ満了ニ因リテ時効ニ罹ル但債権者カ未タ分配セラレサル会社財産ニ対シテ請求ヲ為ストキハ此限ニ在ラス

第二節　合資会社

第百三十六条　社員ノ一人又ハ数人ニ対シテ契約上別段ノ定ナキトキハ社員ノ責任カ金銭又ハ有価物ヲ以テスル出資ノミニ限ルモノヲ合資会社ト為ス

合資会社ノ社員ノ数ハ之ヲ制限セス

第百三十七条　合資会社ハ本節ニ定メタル規定ノ外総テ合名会社ノ規定ニ従フ

第百三十八条　合資会社ノ登記及ヒ公告ニハ第七十九条ノ第二号乃至第六号ニ列記シタルモノノ外尚ホ左ノ事項ヲ掲クルコトヲ要ス

第一　合資会社ナルコト

第二　会社資本ノ総額

第三　各社員ノ出資額

第四　無限責任社員アルトキハ其氏名

第五　業務担当社員又ハ取締役アルトキハ其氏名及ヒ其責任ノ有限又ハ無限ナルコト

第百三十九条　商号ニハ社員ノ氏ヲ用ユルコトヲ得ス但無限責任社員ノ氏ハ此限ニ在ラス又商号ニハ何レノ場合ニ於テモ合資会社ナル文字ヲ附ス可シ

(同　上)

(同　上)

(同　上)

第二節　合資会社

第百三十六条　社員ノ一人又ハ数人ニ対シテ契約上別段ノ定ナキトキハ社員ノ責任カ金銭又ハ有価物ヲ以テスル出資ノミニ限ルモノヲ合資会社ト為ス

(二項削除)

(同　上)

第百三十八条　合資会社ノ登記及ヒ公告ニハ第七十九条ノ第二号乃至第六号ニ列記シタルモノノ外尚ホ左ノ事項ヲ掲クルコトヲ要ス

第一　合資会社ナルコト

第二　会社資本ノ総額

第三　各社員ノ出資額

第四　無限責任社員アルトキハ其氏名

第五　業務担当社員ノ氏名

第百三十九条　社名ニハ社員ノ氏ヲ用ユルコトヲ得ス但無限責任社員ノ氏ハ此限ニ在ラス又社名ニハ何レノ場合ニ於テモ合資会社ナル文字ヲ附ス可シ

若シ商号ニ社員ノ氏ヲ用イタルトキハ其社員ハ此カ為メ当然会社ノ義務ニ対シテ無限ノ責任ヲ負フ

第百四十条　無限責任ノ社員、取締役ヲ除ク外社員ハ自己ノ計算又ハ第三者ノ計算ニテ会社ノ商部類ニ属スル取引ヲ為シ又ハ之ニ与カルコトヲ得

第百四十一条　各社員ハ契約上他ノ定ナキトキハ同等ニ会社ヲ代理スル権利義務ヲ有ス

第百四十二条　社員七人ヲ超ユル会社ニ在テハ其契約ヲ以テ社員中ヨリ一人又ハ数人ノ取締役ヲ任シ又設立後七人ヲ超ユルトキハ会社ノ決議ヲ以テ之ヲ任ス但其決議ノ効力ハ総社員四分三以上ノ多数決ニ依リテ生ス

取締役ハ何時ニテモ会社ノ決議ニ依リテ解任セラルルコト有ル可シ其決議ノ効力ハ亦総社員四分三以上ノ多数決ニ依リテ生ス

第百四十三条　業務担当ノ任アル社員又ハ取締役ハ裁判上ト裁判外トヲ問ハス総テ会社ノ事務ニ付キ会社ヲ代理スル専権ヲ有ス然レトモ会社契約又ハ会社ノ決議ニ依リテ羈束セラル

数人ノ業務担当社員又ハ取締役アル場合ニ於テ各別ニ業務ヲ取扱フコトヲ得ルモノタリヤ又ハ其総社員若クハ数人共同ニ非サレハ之ヲ取扱フコトヲ得サルモノタリヤハ会社契約又ハ会社ノ決議ヲ以テ之ヲ定ム

第百四十四条　業務担当ノ任アル社員又ハ取締役ノ代理権ニ加ヘタル制限ハ善意ヲ以テ之ト取引ヲ為シタル第三者ニ対シテ其効ナシ

第百四十五条　有限責任社員ハ業務担当ノ任アル社員又ハ取締役ノ認可ヲ得テ其持分ヲ他人ニ譲渡スコトヲ得此場合ニ於テハ取得者ハ譲渡人ノ権利義務ヲ襲承ス

若シ社名ニ社員ノ氏ヲ用イタルトキハ其社員ハ此カ為メ当然会社ノ義務ニ対シテ無限ノ責任ヲ負フ

第百四十条　無限責任ノ社員、業務担当社員ヲ除ク外社員ハ自己ノ計算又ハ第三者ノ計算ニテ会社ノ商部類ニ属スル取引ヲ為シ又ハ之ニ与カルコトヲ得

第百四十一条　業務担当社員ノ選任及ヒ解任ハ総社員四分三以上ノ多数決ニ依ル

第百四十二条　業務担当社員ハ会社契約ニ依リ一定ノ無限責任社員ノミヲ以テ之ニ充ツルコトヲ得

第百四十三条　業務担当社員ハ裁判上ト裁判外トヲ問ハス総テ会社ノ事務ニ付キ会社ヲ代理スル専権ヲ有ス然レトモ会社契約又ハ会社ノ決議ニ依リテ羈束セラル

数人ノ業務担当社員アル場合ニ於テ各別ニ業務ヲ取扱フコトヲ得ルモノタリヤ又ハ其総社員若クハ数人共同ニ非サレハ之ヲ取扱フコトヲ得サルモノタリヤハ会社契約又ハ会社ノ決議ヲ以テ之ヲ定ム

第百四十四条　業務担当社員ノ代理権ニ加ヘタル制限ハ善意ヲ以テ之ト取引ヲ為シタル第三者ニ対シテ其効ナシ

第百四十五条　有限責任社員ハ業務担当社員ノ認可ヲ得テ其持分ヲ他人ニ譲渡スコトヲ得此場合ニ於テハ取得者ハ譲渡人ノ権利義務ヲ襲承ス

第百四十六条　会社契約ニ於テ又ハ第百四十二条ニ定メタル会社ノ決議ニ依リテ業務担当ノ任アル社員又ハ取締役ノ総員、数人若クハ一人カ其業務施行中ニ生シタル会社ノ義務ニ付キ無限ノ責任ヲ負フ可キ旨ヲ予メ定ムルコトヲ得

第百四十七条　前条ニ掲ケタル無限ノ責任ハ業務担当ノ任アル社員又ハ取締役ノ退任後一カ年ノ満了ニ因リテ消滅ス

第百四十八条　業務担当ノ任アル社員又ハ取締役ハ毎年少ナクトモ一回通常総会ヲ招集シ其他業務担当ノ任アル社員又ハ取締役ニ於テ必要ト認ムルトキ又ハ総社員四分一以上ノ申立アルトキハ臨時総会ヲ招集ス可シ

第百四十九条　総会ヲ招集スルニハ会日ヨリ少ナクトモ七日前ニ各社員ニ会議ノ目的ヲ通知シ及ヒ提出ス可キ書類ヲ送付スルコトヲ要ス

第百五十条　事実年度ノ終リタル後直チニ通常総会ヲ開キ其年度ノ貸借対照表及ヒ事業並ニ其成果ノ報告書ヲ社員ニ提出シテ検査及ヒ認定ヲ受ク其認定ハ出席社員ノ多数決ニ依ル

第百五十一条　臨時総会ニ於テ議ス可キ事項ハ総社員ノ過半数ヲ以テ之ヲ決ス

然レトモ合名会社ニ在テ総社員ノ承諾ヲ要ス可キ事項ハ総社員四分三以上ノ多数ヲ以テ之ヲ決ス此場合ニ於テハ不同意ノ社員ハ直チニ退社スル権利アリ

第百五十二条　前条ニ掲ケタル決議ニ要スル定数ノ社員出席セサルトキハ其総会ニ於テ仮ニ決議ヲ為スコトヲ得此場合ニ於テハ其決議ヲ総社員ニ通知シテ再ヒ総会ヲ招集ス其通知ニハ若シ第二ノ総会ニ於テ出席社員ノ多数ヲ以テ第一ノ総会ノ決議ヲ認可シタルトキハ之ヲ有効ト為ス可キ旨ヲ明告スルコトヲ要ス

第百四十六条　業務担当社員ハ其業務施行中ニ生シタル会社ノ義務ニ付キ連帯無限ノ責任ヲ負フ

第百四十七条　前条ニ掲ケタル連帯無限ノ責任ハ業務担当社員ノ退任後二カ年ノ満了ニ因リテ消滅ス

第百四十八条　業務担当社員ハ毎年少ナクトモ一回通常総会ヲ招集シ其他業務担当社員ニ於テ必要ト認ムルトキ又ハ総社員四分一以上ノ申立アルトキハ臨時総会ヲ招集ス可シ

（同　上）

（同　上）

（同　上）

（同　上）

第百五十三条　利息又ハ配当金ハ会社資本額カ損失ニ因リテ減シタル間ハ之ヲ社員ニ払渡スコトヲ得ス

第三節　株式会社

第一款　総則

第百五十四条　会社ノ資本ヲ株式ニ分チ其義務ニ対シテ会社財産ノミ責任ヲ負フモノヲ株式会社ト為ス

第百五十五条　株式会社ハ其目的カ商業ヲ営ムニ在ラサルモノモ亦之ヲ商事会社ト看做ス

第百五十六条　株式会社ハ七人以上ヲ以テシ且政府ノ免許ヲ得ルニ非サレハ之ヲ設立スルコトヲ得ス

第二款　会社ノ発起及ヒ設立

第百五十七条　株式会社ハ四人以上ニ非サレハ之ヲ発起スルコトヲ得ス

発起人ハ目論見書及ヒ仮定款ヲ作リ各自之ニ署名捺印ス

定款ハ本法ノ規定ニ牴触スルコトヲ得ス

第百五十八条　目論見書ニ記載ス可キ事項左ノ如シ

第一　株式会社ナルコト

第二　会社ノ目的

第三　会社ノ商号及ヒ営業所

第四　資本ノ総額、株式ノ総数及ヒ一株ノ金額

第五　資本使用ノ概算

第六　発起人ノ氏名、住所及ヒ発起人各自ノ引受クル株数

第七　存立時期ヲ定メタルトキハ其時期

第百五十九条　発起人ハ会社ヲ設立ス可キ地ノ地方長官ヲ経由シテ目論見書及ヒ仮定款ヲ主務省ニ差出シ発起ノ認可ヲ請フコトヲ要ス

第百六十条　発起人ハ前条ノ認可ヲ得タルトキハ目論見書ヲ公

（同　上）

第三節　株式会社

第一款　総則

（同　上）

第百五十五条　株式会社ハ其目的カ商業ヲ営ムニ在ラサルモ商事会社総則、本節及ヒ次節ノ規定ニ従フ

（同　上）

第二款　会社ノ発起及ヒ設立

（同　上）

第百五十八条　目論見書ニ記載ス可キ事項左ノ如シ

第一　株式会社ナルコト

第二　会社ノ目的

第三　会社ノ社名及ヒ営業所

第四　資本ノ総額、株式ノ総数及ヒ一株ノ金額

第五　資本使用ノ概算

第六　発起人ノ氏名、住所及ヒ発起人各自ノ引受クル株数

第七　存立時期ヲ定メタルトキハ其時期

（同　上）

（同　上）

告シテ株主ヲ募集スルコトヲ得其公告中ニハ法律ニ規定シタル発起ノ認可ヲ得タル旨及ヒ其認可ノ年月日ト各株式申込人ニ仮定款ヲ展閲セシムル旨トヲ附記ス

第百六十一条　株式ノ申込ヲ為スニハ申込人其引受クル株数ヲ株式申込簿ニ記入シテ之ニ署名捺印ス又其申込ハ署名捺印シタル陳述書ノ送付ヲ以テ之ヲ為スコトヲ得　（同上）

代人ヲ以テ申込ムトキハ委任者ノ氏名ニ代人其氏名ヲ附記シテ之ニ捺印ス

第百六十二条　株式ノ申込ニ因リテ申込人ハ会社設立スルニ至レハ定款ニ従ヒ各株式ニ付テノ払込ヲ為ス可キ義務ヲ負フ　（同上）

第百六十三条　総株式ノ申込アリタル後ハ発起人ハ創業総会ヲ開ク可シ其総会ニ於テハ少ナクトモ総申込人ノ半数ニシテ総株金ノ半額以上ニ当ル申込人ノ承認ヲ経テ定款ヲ確定ス　（同上）

第百六十四条　創業総会ニ於テハ創業ノ為メ発起人ノ為シタル契約及ヒ出費ノ認否ヲ議定シ又有価物ノ出資ヲ差入レテ株式ヲ受ク可キ者アルトキハ其価格ヲ議定ス　（同上）

前項ノ議定ハ少ナクトモ総申込人ノ半数ニシテ総株金ノ半額以上ニ当ル申込人出席シ其議決権ノ過半数ニ依リテ之ヲ為ス

第百六十五条　其他創業総会ニ於テハ取締役及ヒ監査役ヲ選定ス　（同上）

第百六十六条　創業総会ノ終リシ後発起人ハ地方長官ヲ経由シテ主務省ニ会社設立ノ免許ヲ請フ其申請書ニハ左ノ書類ヲ添フ可シ　（同上）

第一　目論見書及ヒ定款

第二　株式申込簿

第三　発起ノ認可証

第百六十七条　会社設立ノ免許ヲ得タルトキハ発起人其事務ヲ　（同上）

取締役ニ引渡ス可シ
取締役ハ速ニ株主ヲシテ各株式ニ付キ少ナクトモ四分一ノ金額ヲ会社ニ払込マシム
第百六十八条　会社ハ前条ニ掲ケタル金額払込ノ後十四日内ニ目論見書、定款、株式申込簿及ヒ設立免許書ヲ添ヘテ登記ヲ受ク可シ
登記及ヒ公告ス可キ事項ハ左ノ如シ
第一　株式会社ナルコト
第二　会社ノ目的
第三　会社ノ商号及ヒ営業所
第四　資本ノ総額、株式ノ総数及ヒ一株ノ金額
第五　各株式ニ付キ払込ミタル金額
第六　取締役ノ氏名、住所
第七　存立時期ヲ定メタルトキハ其時期
第八　設立免許ノ年月日
第九　開業ノ年月日
裁判所ハ会社ヨリ差出シタル書類ヲ登記簿ニ添ヘテ保存ス
第百六十九条　会社支店ヲ設ケタルトキハ其所在地ニ於テ亦登記ヲ受ク可シ
第百七十条　設立ノ免許ヲ得タル後遅クトモ一カ年内ニ登記ヲ受ケサルトキハ其免許ハ効力ヲ失フ第八十一条及ヒ第八十二条ノ規定ハ株式会社ニモ亦之ヲ適用ス
第百七十一条　登記前ニ在テハ創業総会ノ承認ヲ経タル義務及ヒ出費ニ付キ発起人、取締役及ヒ株主ニ於テ連帯無限ノ責任ヲ負フ
第百七十二条　創業総会ノ承認ヲ経サル義務及ヒ出費ニ付テハ発起人ニ於テ仍ホ連帯無限ノ責任ヲ負フ

第百六十八条　会社ハ前条ニ掲ケタル金額払込ノ後十四日内ニ目論見書、定款、株式申込簿及ヒ設立免許書ヲ添ヘテ登記ヲ受ク可シ
登記及ヒ公告ス可キ事項ハ左ノ如シ
第一　株式会社ナルコト
第二　会社ノ目的
第三　会社ノ社名及ヒ営業所
第四　資本ノ総額、株式ノ総数及ヒ一株ノ金額
第五　各株式ニ付キ払込ミタル金額
第六　取締役ノ氏名、住所
第七　存立時期ヲ定メタルトキハ其時期
第八　設立免許ノ年月日
第九　開業ノ年月日
裁判所ハ会社ヨリ差出シタル書類ヲ登記簿ニ添ヘテ保存ス
（同　上）
（同　上）
（同　上）
（同　上）

第三款　会社ノ商号及ヒ株主名簿

第百七十三条　商号ニハ株主ノ氏ヲ用ユルコトヲ得ス又商号ニハ株式会社ナル文字ヲ附スヘシ

第百七十四条　会社ハ株主名簿ヲ備ヘ之ニ左ノ事項ヲ記載ス

第一　各株主ノ氏名、住所

第二　各株主所有ノ株式ノ数及ヒ株券ノ番号

第三　各株主ニ付キ払込ミタル金額

第四　各株主ノ取得及ヒ譲渡ノ年月日

第四款　株式

第百七十五条　各株式ノ金額ハ会社資本ヲ一定平等ニ分チタルモノニシテ二十円ヲ下ルコトヲ得ス又其資本十万円以上ナルトキハ五十円ヲ下ルコトヲ得ス

第百七十六条　株式ハ一株毎ニ株券一通ヲ作リ之ニ其金額、発行ノ年月日、番号、商号、社印、取締役ノ氏名、印及ヒ株主ノ氏名ヲ載ス

第百七十七条　株式ハ分割又ハ併合スルコトヲ得ス

第百七十八条　株金全額払込以前ニ於テハ会社ハ仮株券ヲ発行シ全額完納ノ後ニ至リ始メテ本株券ヲ発行スルコトヲ得

第百七十九条　仮株券及ヒ本株券ハ登記前ニ之ヲ発行スルコトヲ得ス

第百八十条　株金額少ナクトモ四分一ノ払込前ニ為シタル株式ノ譲渡ハ無効タリ

第百八十一条　株式ノ譲渡ハ取得者ノ氏名ヲ株券及ヒ株主名簿ニ記載スルニ非サレハ会社ニ対シテ其効ナシ

第百八十二条　株金半額払込前ノ株式ノ譲渡人ハ会社ニ対シテ其株金未納額ノ担保義務ヲ負フ

第三款　会社ノ社名及ヒ株主名簿

第百七十三条　社名ニハ株主ノ氏ヲ用ユルコトヲ得ス又社名ニハ株式会社ナル文字ヲ附スヘシ

（同　上）

第四款　株式

（同　上）

第百七十六条　株式ハ一株毎ニ株券一通ヲ作リ之ニ其金額、発行ノ年月日、番号、社名、社印、取締役ノ氏名、印及ヒ株主ノ氏名ヲ載ス但定款ニ依リ数株ヲ合シテ一通ノ株券ヲ作ルコトヲ得

（同　上）

（同　上）

（同　上）

第百八十条　登記前ニ為シタル株式ノ譲渡ハ無効タリ

（同　上）

第百八十二条　株金半額払込前ノ株式ノ譲渡人ハ譲渡後二カ年間会社ニ対シテ其株金未納額ノ担保義務ヲ負フ

第百八十三条　会社ハ株主名簿及ヒ計算ノ閉鎖ノ為メ公告ヲ為シテ事業年度毎ニ一カ月ヲ踰エサル期間株券ノ譲渡ヲ停止スルコトヲ得

第百八十四条　払込ミタル株金額及ヒ会社財産中ノ持分ハ会社解散前ニ於テハ之ヲ取戻サント求ムルコトヲ得ス

第五款　取締役及ヒ監査役

第百八十五条　総会ハ株主中ニ於テ三人ヨリ少ナカラサル取締役ヲ三カ年内ノ時期ヲ以テ選定ス但其時期満了ノ後再選スルハ妨ナシ

取締役ハ同役中ヨリ主トシテ業務ヲ取扱フ可キ専務取締役ヲ置クコトヲ得然レトモ其責任ハ他ノ取締役ト同一ナリ

第百八十六条　取締役ノ代理権及ヒ其権ノ制限ニ付テハ第百四十三条及ヒ第百四十四条ノ規定ヲ適用ス

第百八十七条　取締役ニ選マルル為メ株主ノ所有ス可キ株数ハ会社定款ニ於テ之ヲ定ム取締役ノ在任中ハ其株券ニ融通ヲ禁スル印ヲ捺シ之ヲ会社ニ預リ置ク可シ

第百八十八条　取締役ハ其職分上ノ責務ヲ尽スコト及ヒ定款並ニ会社ノ決議ヲ遵守スルコトニ付キ会社ニ対シテ自己ニ其責任ヲ負フ

第百八十九条　取締役ハ会社ノ義務ニ付キ各株主ニ異ナラサル責任ヲ負フ然レトモ定款又ハ総会ノ決議ヲ以テ取締役ノ在任中ニ生シタル義務ニ付キ取締役カ連帯無限ノ責任ヲ負フ可キ旨ヲ予メ定ムルコトヲ得其責任ハ退任後一カ年ノ満了ニ因リテ消滅ス

第百九十条　取締役ノ更迭ハ其度毎ニ登記ヲ受ク可シ

第百九十一条　総会ハ株主中ニ於テ三人ヨリ少ナカラサル監査役ヲ二カ年内ノ時期ヲ以テ選定ス但其時期満了ノ後再選スル

（同　上）

（同　上）

第五款　取締役及ヒ監査役

（同　上）

（同　上）

第百八十七条　取締役ニ選マルル為メ株主ノ所有ス可キ株数ハ会社定款ニ於テ之ヲ定ム取締役ノ在任中ハ其株券ノ融通ヲ禁スル為メ封印シテ之ヲ会社ニ預リ置ク可シ

（同　上）

第百八十九条　取締役ハ会社ノ義務ニ付キ各株主ニ異ナラサル責任ヲ負フ然レトモ定款又ハ総会ノ決議ヲ以テ取締役ノ在任中ニ生シタル義務ニ付キ取締役カ連帯無限ノ責任ヲ負フ可キ旨ヲ予メ定ムルコトヲ得其責任ハ退任後二カ年ノ満了ニ因リテ消滅ス

（同　上）

第百九十一条　総会ハ株主中ニ於テ二人以上ノ監査役ヲ二カ年内ノ時期ヲ以テ選定ス但其時期満了ノ後再選スルハ妨ナシ

ハ妨ナシ

第百九十二条　監査役ノ職分ハ左ノ如シ

第一　取締役ノ業務施行カ法律、命令、定款及ヒ総会ノ決議ニ適合スルヤ否ヤヲ監視シ且総テ其業務施行上ノ過愆及ヒ不整ヲ検出スルコト

第二　計算書、財産目録、貸借対照表、事業報告書、利息又ハ配当金ノ分配案ヲ検査シ此事ニ関シ株主総会ニ報告ヲ為スコト

第三　会社ノ為メニ必要又ハ有益ト認ムルトキハ総会ヲ招集スルコト

第百九十三条　監査役ハ何時ニテモ会社ノ業務ノ実況ヲ尋問シ会社ノ帳簿及ヒ其他ノ書類ヲ展閲シ会社ノ金匣及ヒ其全財産ノ現況ヲ検査スル権利アリ

第百九十四条　監査役中ニ於テ意見ノ分レタルトキハ其意見ヲ総会ニ提出ス

第百九十五条　監査役ハ第百九十二条ニ掲ケタル責務ヲ欠キタルニ因リテ会社又ハ其債権者ニ加ヘタル損害ニ付キ責任ヲ負フ

第百九十六条　取締役又ハ監査役カ給料又ハ其他ノ報酬ヲ受クル可キトキハ定款又ハ総会ノ決議ヲ以テ之ヲ定ム

第百九十七条　取締役又ハ監査役ハ何時ニテモ総会ノ決議ヲ以テ之ヲ解任スルコトヲ得其解任セラレタル者ハ会社ニ対シテ解任後ノ給料若クハ其他ノ報酬又ハ償金ヲ請求スルコトヲ得ス

第六款　株主総会

第百九十八条　総会ハ取締役、監査役又ハ其他本法ニ依リテ招集ノ権ヲ有スル者之ヲ招集ス

第百九十二条　監査役ノ職分ハ左ノ如シ

第一　取締役ノ業務施行カ法律、命令、定款及ヒ総会ノ決議ニ適合スルヤ否ヤヲ監視スルコト

第二　計算書、財産目録、貸借対照表、事業報告書、利息又ハ配当金ノ分配案ヲ検査シ此事ニ関シ株主総会ニ報告ヲ為スコト

第三　会社ノ為メニ必要又ハ有益ト認ムルトキハ総会ヲ招集スルコト

（同　上）

（同　上）

第百九十五条　監査役ハ第百九十二条ニ掲ケタル責務ヲ欠キタルニ因リテ生シタル損害ニ付キ会社ニ対シ自己ニ其責任ヲ負フ

（同　上）

（同　上）

第六款　株主総会

（同　上）

第百九十九条　総会ノ招集ハ会日ヨリ少ナクトモ十四日前ニ其会議ノ目的及ヒ事項ヲ示シ且定款ニ定メタル方法ニ従ヒテ之ヲ為ス
此規定ハ創業総会ノ招集ニモ亦之ヲ適用ス
第二百条　通常総会ハ毎年少ナクトモ一回定款ニ定メタル時ニ於テ之ヲ開キ其総会ニ於テハ前事業年度ノ計算書、財産目録、貸借対照表、事業報告書、利息又ハ配当金ノ分配案ヲ株主ニ示シテ其決議ヲ為ス
取締役ノ提出スル書類ニ付テノ監査役ノ報告書ハ其書類ト共ニ之ヲ提出ス
第二百一条　臨時総会ハ臨時ノ事項ヲ議スル為メ何時ニテモ之ヲ招集スルコトヲ得又総株金ノ少ナクトモ五分一ニ当ル株主ヨリ会議ノ目的ヲ示シテ申立ツルトキハ亦臨時総会ヲ招集セサルコトヲ得ス
第二百二条　総会ハ本法ニ於テ別段ノ規定アルトキノ外定款ノ定ニ従ヒテノミ決議ヲ為スコトヲ得定款ニ其定ナキトキハ総株金ノ少ナクトモ四分一ニ当ル株主出席シ其議決権ノ過半数ニ依リテ決議ヲ為ス
第二百三条　定款ノ変更及ヒ任意ノ解散ニ付テノ決議ヲ為スニハ第百六十四条ニ定メタル決議ノ方法ニ依ル
第百五十二条ノ規定ハ株式会社ニモ亦之ヲ適用ス
第二百四条　株主ノ議決権ハ一株毎ニ一箇タルヲ通例トス然レトモ十一株以上ヲ有スル株主ノ議決権ハ定款ヲ以テ其制限ヲ立ツルコトヲ得

第七款　定款ノ変更

第二百五条　会社ハ定款ニ定アルトキ又ハ総会ノ決議ニ依リテ定款ヲ変更スルコトヲ得然レトモ法律ノ規定又ハ政府ヨリ免

第百九十九条　総会ノ招集ハ会日前ニ其会議ノ目的及ヒ事項ヲ示シ且定款ニ定メタル方法ニ従ヒテ之ヲ為ス
此規定ハ創業総会ノ招集ニモ亦之ヲ適用ス
（同上）
（同上）
（同上）
（同上）
（同上）

第七款　定款ノ変更

（同上）

許ニ附シタル条件ニ違背スルコトヲ得ス

第二百六条　会社資本ノ増加ハ株券ノ金額ヲ増シ又ハ新株券若クハ債券ヲ発行シテ之ヲ為シ又其減少ハ株券ノ金額又ハ株数ヲ減シテ之ヲ為スコトヲ得但資本ハ其全額ノ四分一未満ニ減スルコトヲ得ス此債券ハ記名ノモノニシテ其金額ニ付テハ第百七十五条ノ規定ヲ適用ス

第二百七条　会社資本ヲ減セントスルトキハ会社ハ其減少ノ旨ヲ総テノ債権者ニ通知シ且異議アル者ハ三十日内ニ申出ツ可キ旨ヲ催告スルコトヲ要ス

第二百八条　前条ニ掲ケタル期間ニ異議ノ申出アラサルトキハ異議ナキモノト看做ス

異議ノ申出アリタルトキハ会社ハ其債務ヲ弁償シ又ハ之ニ担保ヲ供シテ異議ヲ取除キタル後ニ非サレハ資本ヲ減スルコトヲ得ス

第二百九条　資本ノ減少シタル部分ノ払戻ヲ受ケタル株主ハ過誤ナキ不知ノ為メ其減少ニ付キ異議ヲ申出テサル債権者ニ対シテ登記ノ日ヨリ二カ年間其受ケタル払戻ノ額ニ至ルマテ自己ニ責任ヲ負フ

第二百十条　会社ノ定款中既ニ登記ヲ受ケタル事項ヲ変更シタルトキハ直チニ其変更ノ登記ヲ受ク可シ登記前ニ在テハ其変更ノ効ヲ生セス

営業所ヲ移転スルトキハ旧所在地ニ於テ移転ノ登記ヲ受ケ新所在地ニ於テハ新ニ設立スル会社ニ付キ要スル諸件ノ登記ヲ受ク可シ又同一ノ地域内ニ於テ移転スルトキハ移転ノミノ登記ヲ受ク可シ

第二百十一条　会社定款ノ変更ノ登記ヲ受ケタルトキハ地方長

第二百六条　会社資本ノ増加ハ株券ノ金額ヲ増シ又ハ新株券ヲ発行シテ之ヲ為シ又其減少ハ株券ノ金額又ハ株数ヲ減シテ之ヲ為スコトヲ得但資本ハ其全額ノ四分一未満ニ減スルコトヲ得ス

会社ハ債券ヲ発行スルコトヲ得此債券ハ記名ノモノニシテ其金額ニ付テハ第百七十五条ノ規定ヲ適用ス

（同　上）

（同　上）

（同　上）

（同　上）

（同　上）

官ヲ経由シテ主務省ニ其変更ヲ届出ツルコトヲ要ス

第八款　株金ノ払込

第二百十二条　株金払込ノ期節及ヒ方法ハ定款ニ於テ之ヲ定ム其払込ヲ催告スルニハ払込ノ日ヨリ少ナクトモ十四日前ニ各株主ニ通知スルコトヲ要ス其通知ニハ払込ヲ為ササル為メ株主ノ被フル可キ損失ヲ併示ス

第二百十三条　払込期節ヲ怠リタル株主ハ年百分ノ七ノ遅延利息及ヒ其遅延ノ為メニ生シタル費用ヲ支払フ義務アリ

第二百十四条　払込ヲ怠リタル株主カ更ニ少ナクトモ十四日ノ期間ニ於テ払込ム可キ催告ヲ会社ヨリ受ケ仍ホ払込ヲ為ササルトキハ会社ハ其株主ニ対シテ株券ノ所有権ヲ失ヒタリト宣言スルコトヲ得然ルトキハ其株券ハ会社ノ所有ト為ル

第二百十五条　所有権ヲ失ヒタリト宣言セラレタル株券ノ従前ノ所有権ハ会社ニ於テ其株券ヲ公売スルモ其代金既ニ催告ヲ受ケタル払込金額ニ満タサルトキハ其不足金及ヒ第二百十三条ニ記載シタル利息並ニ費用ノ支払ニ付キ仍ホ責任ヲ負フ但剰余アルトキハ会社ハ之ヲ従前ノ所有者ニ還付ス

会社ハ其定款ヲ以テ別ニ違約金ヲ払フ可キコトヲ定ムルコトヲ得

第九款　会社ノ義務

第二百十六条　会社ハ株金ノ全部又ハ一分ヲ株主ニ払戻スコトヲ得ス

若シ払戻シタルトキハ其金額ハ会社又ハ其債権者直接ニ之ヲ取戻サント求ムルコトヲ得

第二百十七条　会社ハ自己ノ株券ヲ取得シ又ハ之ヲ質ニ取ルコトヲ得ス所有権ヲ失ヒタリト宣言セラレタル株券又ハ債務ノ弁償ノ為メ若クハ其他ノ事由ニ因リテ会社ニ交付セラレ若ク

（同　上）

第八款　株金ノ払込

第二百十三条　払込期節ヲ怠リタル株主ハ定款ニ定メタル遅延利息及ヒ其遅延ノ為メニ生シタル費用ヲ支払フ義務アリ

第二百十四条　払込ヲ怠リタル株主カ更ニ少ナクトモ十四日ノ期間ニ於テ払込ム可キ催告ヲ会社ヨリ受ケ仍ホ払込ヲ為ササルトキハ会社ハ其株主ニ通知シテ其株券ヲ公売スルコトヲ得

第二百十五条　公売セラレタル株券ノ従前ノ所有者ハ公売代金カ既ニ催告ヲ受ケタル払込金額ニ満タサルトキハ其不足金及ヒ第二百十三条ニ記載シタル利息並ニ費用ノ支払ニ付キ仍ホ責任ヲ負フ但剰余アルトキハ会社ハ之ヲ従前ノ所有者ニ還付ス

会社ハ其定款ヲ以テ別ニ違約金ヲ払フ可キコトヲ定ムルコトヲ得

第九款　会社ノ義務

（同　上）

第二百十七条　会社ハ自己ノ株券ヲ取得シ又ハ之ヲ質ニ取ルコトヲ得ス但債務ノ弁償ノ為メ若クハ其他ノ事由ニ因リテ会社ニ交付セラレ若クハ移属シタル株券ハ三カ月内ニ於テ公ニ之

ハ移属シタル株券ハ一カ月内ニ於テ公ニ之ヲ売リ其代金ヲ会社ニ収ム

第二百十八条　会社ハ毎年少ナクトモ一回計算ヲ閉鎖シ計算書、財産目録、貸借対照表、事業報告書、利息又ハ配当金ノ分配案ヲ作リ監査役ノ検査ヲ受ケ総会ノ認定ヲ得タル後其財産目録及ヒ貸借対照表ヲ公告ス其公告ニハ取締役及ヒ監査役ノ氏名ヲ載スルコトヲ要ス

第二百十九条　利息又ハ配当金ハ損失ニ因リテ減シタル資本ヲ填補シ及ヒ規定ノ準備金ヲ控取シタル後ニ非サレハ之ヲ分配スルコトヲ得ス

準備金カ資本ノ四分一ニ達スルマテハ毎年ノ利益ノ少ナクトモ二十分一ヲ準備金トシテ積置クコトヲ要ス

第二百二十条　前二条ノ成規ニ依ラスシテ払出シタル利息又ハ配当金ハ会社又ハ其債権者直接ニ之ヲ取戻サント求ムルコトヲ得

第二百二十一条　利息又ハ配当金ノ分配ハ各株ニ付キ払込ミタル金額ニ応シ総株主ノ間ニ平等ニ之ヲ為ス

第二百二十二条　会社ハ其本店及ヒ各支店ニ株主名簿、目論見書、定款、設立免許書、総会ノ決議書、毎事業年度ノ計算書、財産目録、貸借対照表、事業報告書、利息又ハ配当金ノ分配案及ヒ抵当若クハ不動産質ノ債権者ノ名簿ヲ備置キ通常ノ取引時間中何人ニモ其求ニ応シ展閲ヲ許ス義務アリ

第二百二十三条　諸帳簿検正ノ為メ事業年度毎ニ一回一カ月ヲ超エサル期間前条ニ定メタル展閲ヲ停止スルコトヲ得

第十款　会社ノ検査

第二百二十四条　総株金ノ少ナクトモ五分一ニ当ル株主ノ申立

ヲ売リ其代金ヲ会社ニ収ム可シ

（同　上）

（同　上）

（同　上）

（同　上）

第二百二十二条　会社ハ其本店及ヒ各支店ニ株主名簿、目論見書、定款、設立免許書、総会ノ決議書、毎事業年度ノ計算書、財産目録、貸借対照表、事業報告書、利息又ハ配当金ノ分配案及ヒ抵当若クハ不動産質ノ債権者ノ名簿ヲ備置キ通常ノ取引時間中株主及ヒ会社ノ債権者ノ求ニ応シ展閲ヲ許ス義務アリ

（同　上）

第十款　会社ノ検査

（同　上）

ニ因リテ会社営業所ノ裁判所ハ一人又ハ数人ノ官吏ニ会社ノ業務ノ実況及ヒ財産ノ現況ノ検査ヲ命スルコトヲ得	
第二百二十五条　検査官吏ハ会社ノ金匣、財産現在高、帳簿及ヒ総テノ書類ヲ検査シ取締役及ヒ其他ノ役員ニ説明ヲ求ムル権利アリ	（同上）
第二百二十六条　検査官吏ハ検査ノ顛末及ヒ其面前ニ於テ為シタル供述ヲ調書ニ記載シ之ヲ授命ノ裁判所ニ差出スコトヲ要ス 調書ノ謄本ハ裁判所ヨリ之ヲ会社ニ付与シ又株主及ヒ其他ノ者ヨリ手数料ヲ納ムルトキハ其求ニ応シテ之ヲ付与ス	（同上）
第二百二十七条　主務省ハ何時ニテモ其職権ヲ以テ地方長官又ハ其他ノ官吏ニ命シテ第二百二十四条ニ掲ケタル検査ヲ為サシムルコトヲ得	（同上）
第十一款　取締役及ヒ監査役ニ対スル訴訟	第十一款　取締役及ヒ監査役ニ対スル訴訟
第二百二十八条　総会ハ監査役又ハ特ニ選定シタル代人ヲ以テ取締役又ハ監査役ニ対シテ訴訟ヲ為スコトヲ得	（同上）
第二百二十九条　会社資本ノ少ナクトモ二十分一ニ当ル株主ハ亦特ニ選定シタル代人ヲ以テ取締役又ハ監査役ニ対シテ訴訟ヲ為スコトヲ得但各株主ノ自己ノ名ヲ用イ又ハ参加人ト為リ裁判所ニ於テ其権利ヲ保衛スル権ヲ妨ケス	（同上）
第十二款　会社ノ解散	第十二款　会社ノ解散
第二百三十条　会社ハ左ノ諸件ニ因リテ解散ス 第一　定款ニ定メタル場合 第二　株主ノ任意ノ解散 第三　株主ノ七人未満ニ減シタルコト 第四　資本ノ四分一未満ニ減シタルコト 第五　会社ノ破産	（同上）

第六　裁判所ノ命令	
第二百三十一条　会社解散ノ場合ニ於テハ既ニ始メタル取引ヲ完結シ又ハ現ニ存在スル会社義務ヲ履行スル外其業務ヲ止ム取締役之ニ拘ハラスシテ営業ヲ続行スルトキハ此カ為メ其全財産ヲ以テ自己ニ責任ヲ負フ	（同　上）
第二百三十二条　会社解散ノ場合ニ於テハ取締役ハ総会ヲ招集シ解散ノ決議ヲ取ル但裁判所ノ命令ニ依リテ解散スル場合ハ此限ニ在ラス 其総会ニ於テハ破産ノ場合ヲ除ク外一人又ハ数人ノ清算人ヲ選定ス	（同　上）
第二百三十三条　前条ニ掲ケタル解散ノ決議又ハ清算人ノ選定ヲ為サヽルトキハ裁判所ハ債権者若クハ株主ノ申立ニ因リ又ハ職権ニ依リ其命令ヲ以テ決議ニ換ヘ又ハ清算人ヲ任スルコトヲ得	（同　上）
第二百三十四条　会社ハ破産ノ場合ヲ除ク外決議後七日内ニ解散ノ原由、年月日及ヒ清算人ノ氏名、住所ノ登記ヲ受ケ之ヲ裁判所ニ届出テ又何レノ場合ニ於テモ之ヲ各株主ニ通知シ且地方長官ヲ経由シテ主務省ニ届出ツルコトヲ要ス	（同　上）
第二百三十五条　裁判所ハ解散及ヒ清算ノ実況ヲ監視スル権アリ	（同　上）
第二百三十六条　登記ヲ受クルト共ニ取締役ノ代理権ハ清算人ニ移ル然レトモ取締役ハ清算人ノ求ニ応シ清算事務ヲ補助スル義務アリ	（同　上）
第二百三十七条　登記後ニ為シタル株式ノ譲渡及ヒ清算ノ目的ノ為メニセサル財産ノ処分ハ総テ無効タリ但特別ノ理由アリテ裁判所ノ許可ヲ得タルトキハ此限ニ在ラス	第二百三十七条　登記後ニ為シタル株式ノ譲渡及ヒ清算ノ目的ノ為メニセサル財産ノ処分ハ総テ無効タリ
第二百三十八条　取締役カ総会ノ招集又ハ登記ノ届出ヲ為サヽ	（同　上）

リシトキハ此カ為メ会社又ハ第三者ニ生セシメタル損害ニ付キ其全財産ヲ以テ自己ニ責任ヲ負フ	
第二百三十九条　解散及ヒ清算ノ費用ハ現在ノ会社財産中ヨリ最モ先ニ之ヲ支払フモノトス	（同上）
第十三款　会社ノ清算	第十三款　会社ノ清算
第二百四十条　清算人ノ職分ニ付テハ第百三十条及ヒ第百三十一条ヲ適用ス	（同上）
第二百四十一条　清算人ノ職分ノ践行ニ付テハ総会ヨリ又ハ株主若クハ債権者ノ申立ニ因リテ裁判所ヨリ清算人ニ訓示ヲ与フルコトヲ得清算人ハ其訓示及ヒ法律ノ規定ヲ遵守スル責任ヲ負フ	（同上）
第二百四十二条　会社ノ債権者ノ相当ノ理由ヲ以テ為シタル申立ニ因リ総会又ハ時宜ニ従ヒテ裁判所ハ債権者ノ利益護視ノ為メ一人又ハ数人ノ代人ヲシテ清算ヲ監査シ又ハ清算人ニ参加セシムルコトヲ得	（同上）
第二百四十三条　清算人ハ其選定ノ日ヨリ六十日内ニ会社帳簿ニ依リテ其財産ノ現況ヲ取調ヘ少ナクトモ三回ノ公告ヲ以テ債務者ニハ其債務ノ弁済期限ニ至リタル時直チニ之ヲ弁済ス可ク又債権者ニハ或ル期間ニ其債権ヲ申出ツ可キ旨ヲ催告スルコトヲ要ス但其期間ハ六十日ヲ下ルコトヲ得ス 其公告ニハ債権者期間ニ申出ヲ為ササルトキハ其債権ヲ清算ヨリ除斥セラルル旨ヲ附記ス然レトモ清算人ハ期間ニ申出テサル債権者ト雖モ其知レタル者ヲ清算ヨリ除斥スルコトヲ得ス	（同上）
第二百四十四条　清算人ハ其期間満了前ニ於テハ債権者ニ支払ヲ為シ始ムルコトヲ得ス	（同上）
第二百四十五条　期間後ニ申出テタル債権者ハ会社ノ債務ヲ済	（同上）

了シタル後未タ株主ニ分配セサル会社財産ノミニ対シテ其弁償ノ請求ヲ為スコトヲ得

第二百四十六条　清算人ハ清算ノ為メ株主ヲシテ其未タ全額ヲ払込マサル株券ニ付キ払込ヲ為サシムル権利アリ　（同上）

第二百四十七条　清算人ハ必要又ハ有益ト認ムルトキハ何時ニテモ総会ヲ招集スルコトヲ得又清算人ハ定款又ハ総会ノ決議ヲ以テ定メタルトキ又ハ総株金ノ少ナクトモ五分一ニ当ル株主ヨリ申立ツルトキハ総会ヲ招集スル義務アリ　（同上）

第二百四十八条　清算人ハ委任事務ヲ履行シタル後総会ニ計算書ヲ差出シテ其認定ヲ求ム　（同上）

第二百四十九条　清算人ハ前条ニ掲ケタル認定ヲ得タルトキハ会社ノ債務ヲ済了シタル残余ノ財産ヲ各株主ニ其所有株数ニ応シ金銭ヲ以テ平等ニ分配ス此分配ハ総債権者ニ弁償シタル時ヨリ三カ月ノ満了ノ後ニ非サレハ之ヲ為スコトヲ得ス
株主ハ総会ニ於テ金銭ニ非サル物ヲ以テ分配ス可キ決議ヲ為シタルトキト雖モ之ヲ受取ル義務ナシ　（同上）

第二百五十条　清算ノ終リタル後清算人ハ総計算書及ヒ一般ノ事務報告書ヲ総会ニ差出シテ卸任ヲ求ム若シ総会ニ於テ卸任ヲ許ササルトキハ裁判所ハ清算人ノ申立ニ因リ其命令ヲ以テ之ヲ許スト否トヲ定ム但其命令ニ対シテ即時抗告ヲ為スコトヲ得　（同上）

第二百五十一条　清算人ハ其行為ニ付キ総会ノミニ対シテ責任ヲ負フ然レトモ其行為ニ因リ或ル株主ノ一己ノ権利ヲ害シタルトキハ其株主ハ清算人ニ対シテ其権利ノ承認及ヒ損害ノ賠償ヲ求ムルコトヲ得　（同上）

第二百五十二条　清算人ハ卸任ヲ得タル後商業登記簿ニ清算結了ノ登記ヲ受ケ且之ヲ公告ス其公告ニハ清算ニ付キ生シタル　（同上）

会社ニ対スル請求アレハ之ヲ三カ月ノ期間ニ主張ス可キ旨ノ催告ヲ附ス其請求アリタルトキハ清算人ニ於テ之ヲ弁了ス

第二百五十三条　清算中ニ現在ノ会社財産ヲ以テ会社ノ総債権者ニ完済シ能ハサルコトノ分明ナルニ至リタルトキハ清算人ハ破産手続ノ開始ヲ為シテ其旨ヲ公告シ且会社ノ取引先ニ通知ス

此場合ニ於テ既ニ債権者又ハ株主ニ支払ヒタルモノ有ルトキハ之ヲ取戻スコトヲ得清算人カ貸方借方ノ此ノ如キ関係ナルコトヲ知リテ為シタル支払ニシテ其受取人ヨリ取戻シ得サルモノニ付テハ債権者ニ対シテ其責任ヲ負フ

第二百五十四条　総会ノ決議ニ依リテ会社ノ帳簿及ヒ其他ノ書類ノ貯蔵ヲ委任セラレタル者ノ氏名、住所ハ清算人ヨリ之ヲ裁判所ニ届出ツ可シ此届出前ニ在テハ清算人其貯蔵ノ責任ヲ負フ

第二百五十五条　清算ノ結果即チ左ノ事項ハ清算人ヨリ裁判所ニ届出テ且之ヲ公告ス可シ

第一　支払又ハ示談ニ因リテ総債権者ニ弁償ヲ為シタルコト

第二　会社ノ残余財産ヲ株主ニ分配シタルコト及ヒ其分配ノ金額

第三　清算費用ヲ弁済シ及ヒ清算ニ付キ生シタル請求ヲ弁了シタルコト

第四　総会ヨリ又ハ裁判所ノ命令ニ因リテ卸任ヲ得タルコト

第五　会社ノ帳簿及ヒ書類ノ貯蔵ニ関スル処置ヲ為シタル

第二百五十三条　清算中ニ現在ノ会社財産ヲ以テ会社ノ総債権者ニ完済シ能ハサルコトノ分明ナルニ至リタルトキハ清算人ハ破産手続ノ開始ヲ為シテ其旨ヲ公告シ且会社ノ取引先ニ通知ス

此場合ニ於テ既ニ債権者又ハ株主ニ支払ヒタルモノ有ルトキハ之ヲ取戻スコトヲ得清算人カ貸方借方ノ此ノ如キ関係ナルコトヲ知リテ為シタル支払ニシテ其受取人ヨリ取戻シ得サルモノニ付テハ債権者ニ対シテ其責任ヲ負フ

清算人ハ破産管財人ニ其事務ヲ引渡シタルトキハ其任ヲ終リタルモノトス

（同　上）

（同　上）

コト

第六　会社ノ株券又ハ債券ノ其効力ヲ失ヒタルコト

其清算ノ結果ハ亦清算人ヨリ地方長官ヲ経由シテ主務省ニ届出ツルコトヲ要ス

第四節　罰　則

第二百五十六条　業務担当ノ任アル社員又ハ取締役ハ左ノ場合ニ於テハ五円以上五十円以下ノ過料ニ処セラル

第一　本章ニ定メタル登記ヲ受クルコトヲ怠リタルトキ

第二　登記前ニ開業シタルトキ

第二百五十七条　株式会社ノ取締役ハ左ノ場合ニ於テハ五円以上五十円以下ノ過料ニ処セラル

第一　株主名簿ヲ備ヘス又ハ之ニ不正ノ記載ヲ為シタルトキ

第二　会社解散ノ場合ニ於テ総会ノ招集又ハ株主ヘノ通知ヲ怠リタルトキ

第二百五十八条　株式会社ノ取締役ハ左ノ場合ニ於テハ二十円以上二百円以下ノ過料ニ処セラル

第一　第二百十六条ノ規定ニ反シ株金ノ全部又ハ一分ヲ払戻シタルトキ

第二　第二百十七条ノ規定ニ反シ会社ノ為メ其株券ヲ取得シ又ハ質ニ取リ又ハ公売セサルトキ

第三　第二百十八条又ハ第二百十九条ノ規定ニ反シ利息又ハ配当金ヲ株主ニ払渡シタルトキ

第四　二百二十五条ノ場合ニ於テ会社ノ金匣、財産現在高、帳簿及ヒ総テノ書類ノ検査ヲ妨ケ又ハ求メラレタル説明ヲ拒ミタルトキ

合資会社ノ業務担当ノ任アル社員又ハ取締役カ第百五十三条

第四節　罰　則

第二百五十六条　業務担当ノ任アル社員又ハ取締役ハ左ノ場合ニ於テハ五円以上五十円以下ノ過料ニ処セラル

第一　本章ニ定メタル登記ヲ受クルコトヲ怠リタルトキ

第二　登記前ニ事業ニ着手シタルトキ

第二百五十七条　取締役ハ左ノ場合ニ於テハ五円以上五十円以下ノ過料ニ処セラル

第一　株主名簿ヲ備ヘス又ハ之ニ不正ノ記載ヲ為シタルトキ

第二　会社解散ノ場合ニ於テ総会ノ招集又ハ株主ヘノ通知ヲ怠リタルトキ

第二百五十八条　取締役ハ左ノ場合ニ於テハ二十円以上二百円以下ノ過料ニ処セラル

第一　第二百十六条ノ規定ニ反シ株金ノ全部又ハ一分ヲ払戻シタルトキ

第二　第二百十七条ノ規定ニ反シ会社ノ為メ其株券ヲ取得シ又ハ質ニ取リ又ハ公売セサルトキ

第三　第二百十八条又ハ第二百十九条ノ規定ニ反シ利息又ハ配当金ヲ株主ニ払渡シタルトキ

第四　二百二十五条ノ場合ニ於テ会社ノ金匣、財産現在高、帳簿及ヒ総テノ書類ノ検査ヲ妨ケ又ハ求メラレタル説明ヲ拒ミタルトキ

合資会社ノ業務担当社員カ第百五十三条ノ規定ニ反シ利息又

ノ規定ニ反シ利息又ハ配当金ヲ社員ニ払渡シタルトキハ亦本条ニ定メタル罰則ヲ之ニ適用ス

第二百五十九条　株式会社ノ清算人ハ左ノ場合ニ於テハ十円以上百円以下ノ過料ニ処セラル

第一　第二百四十三条ニ定メタル公告ヲ為スコトヲ怠リタルトキ

第二　第二百五十三条ノ規定ニ反シ破産手続ノ開始ヲ為スコトヲ怠リタルトキ

第二百六十条　株式会社ノ清算人ハ左ノ場合ニ於テハ二十円以上二百円以下ノ過料ニ処セラル

第一　第二百四十四条ノ規定ニ反シ債権者ニ支払ヲ為シ始メタルトキ

第二　第二百四十九条ノ規定ニ反シ株主ニ分配ヲ為シタルトキ

第二百六十一条　前数条ニ掲ケタル過料ハ裁判所ノ命令ヲ以テ之ヲ科ス但其命令ニ対シテ即時抗告ヲ為スコトヲ得

過料ノ弁納ニ付テハ業務担当ノ任アル社員、取締役又ハ清算人連帯シテ其責任ヲ負フ

第二百六十二条　業務担当ノ任アル社員、取締役、監査役又ハ清算人ハ左ノ場合ニ於テハ五十円以上五百円以下ノ罰金ニ処セラレ情重キトキハ罰金ニ併セ一年以下ノ重禁固ニ処セラル

第一　官庁又ハ総会ニ対シ書面若クハ口頭ヲ以テ会社ノ財産ノ現況若クハ業務ノ実況ニ付キ故意ニ不実ノ申立ヲ為シ又ハ不正ノ意ヲ以テ其現況若クハ実況ヲ隠蔽シタルトキ

第二　公告ノ中ニ詐偽ノ陳述ヲ為シ又ハ事実ヲ隠蔽シタルトキ

ハ配当金ヲ社員ニ払渡シタルトキハ亦本条ニ定メタル罰則ヲ之ニ適用ス

（同上）

（同上）

（同上）

（同上）

前ニ掲ケタル者ノ外会社ノ他ノ役員及ヒ使用人カ之ト共ニ犯シタルトキハ亦右ノ罰ニ処セラル	
第二百六十三条　発起人カ株式申込ニ付キ詐偽ノ記載ヲ為シタルトキハ二十円以上二百円以下ノ罰金ニ処セラル	（同　上）
第二百六十四条　前二条ニ掲ケタル罰ニ処スルニハ刑事裁判上ノ手続ヲ以テス	（同　上）
第五節　共算商業組合	第五節　共算商業組合
（以下略）	（以下略）

＊　旧漢字を新漢字とした。

第二章　明治四四年会社法改正

一　研究の手掛かり――寺尾元彦の明治四四年会社法改正小括

明治四四年会社法改正は、明治三二年現行商法典施行後、約一〇年を経て浮上したものである。今日では、その改正の意義については、規定の不備・欠陥および解釈上の疑義に対処するため、ならびに、日露戦争後の泡沫会社の乱立に対処するために、応急的になされた改正であったとの評価が一般的である(1)。

明治三二年以降の一〇余年の経緯を最も簡明に小括したと評価しうる記述が、寺尾元彦教授が大正一〇年（一九二一年）に著した会社法の体系書中に見うけられる。以下、その部分を引用してみよう。

「新商法会社編ハ主トシテ独逸旧商法及ビ其新商法草案ヲ参酌シタルモ英国会社法ノ長所ヲ採択スルコトヲ怠リタルハ欠点タルヲ免レズ。又之ヲ独逸新商法ト比較スルモ種々ナル点ニ遜色アリト雖ドモ若シ、我商法ガ第十七、八世紀以来、欧州諸国ノ嘗メタル苦キ経験ノ結果ニ鑑ミテ制定セラルルコトナクンバ奚《な》ンゾ能ク此域ニ達スルコトヲ得ンヤ。殊ニ新商法ハ日露戦役ノ後ニ活況ヲ呈シタル経済界ノ実際的試練ヲ経テ独自ノ経験ヲ得タリ。他ノ経験ヲ採テ自家ノ鑑戒トスル賢智ト共ニ輸入法ノ弊害ヲモ体験シタリ。新商法施行後十二個年ヲ経テ商法学界ノ進歩ト実際的経験トニ基キ明治四十四年商法改正法成リ、同年十月一日ヨリ施行セラル(2)」。

要するに、経済上の実体験を経ずにそのまま移植された新会社法の施行後に、わが国が独自に味わった経済上の体験をふまえて明治四四年の会社法改正が成ったと小括されているわけである。したがって、まず、新会社法施行後の、わが国の企業をめぐる社会動向を概観する必要があろう。

（1）北沢正啓「株式会社の所有・経営・支配」現代法と企業〔岩波講座現代法第九巻〕七一頁（昭和四一年）、上柳克郎他編・新版注釈会社法(1)一一―一二頁〔上柳克郎〕（昭和六〇年）、同・新版注釈会社法(2)一七頁〔河本一郎〕（昭和六〇年）など。

（2）寺尾元彦・会社法提要六三―六四頁（大正一〇年）

二　企業社会を中心とした動向

1　会社法施行前後の経済環境

日清戦争後、明治二八年（一八九五年）から同二九年にかけて、わが国は本格的な企業勃興期を迎えている。明治三一年（一八九八年）の軽微な不況期を経て、新商法が成立・施行された同三二年から同三三年春にかけて、わが国は再び企業勃興期を迎えていた。[3] その点から言えば、明治三一年という商法施行の時期は、さほど悪い経済環境下ではなかったと言えよう。

しかし、翌明治三三年（一九〇〇年）には、わが国の経済環境は一転して、悪化の途をたどり始める。同年九月、清国において義和団の乱が発生し、これが拡大する。六月一五日、わが国は、列強とともに清国派兵を決定した（北清事変）。六月二一日、清国は北京出兵の列強八か国に宣戦布告し、わが国は事実上、清国と戦争状態に至る。当時のわが国企業は、大概輸出市場のほとんどを清国に依存していたため、対清輸出の途絶は大きな打撃であった。[4] 事実、綿糸紡績業界は、早くも同年六月一七日、大幅な操業短縮を決議している。[5]

2　明治三四年恐慌

明治三三年末から同三四年（一九〇一年）にかけ、各地に銀行動揺が広まった。[6] 大規模な銀行取付け騒動、恐慌状態に陥ったのである。これによって、日清戦争後の企業勃興の幕が閉じられる。銀行業に限って言えば、わが国の銀行数が最大であったのが明治三四年一二月（普通銀行一、八九〇行）である。[7] 以降、銀行数がこの数値を上回ることはなかった。明治三四年の恐慌により、少なからぬ事業が泡沫会社として淘汰され、資金調達が途絶して事業中止に追い込まれる企業も続出した。[8]

日清戦争後に初めて到来した企業熱の勃興は、その圧倒的部分が新設会社によって支えられていた。当然、これらの会社企業は、一般に、経営においても少なからず未習熟であった。この状況下で近代的恐慌に襲われたわけであるから、企業の困難と経営の苦心は容易なものではなかった。[9] しかし、こうした苦い経験と、そうした経験の集積とによって、わが国企業の経営能力は少なからぬ成長を示し、恐慌後の事業整理の完了によって、企業意欲は再び立ち直るきざしを見せていた。[10]

3　日露戦争

北清事変を契機に満州に出兵したロシアは、事変終息後も満州占領を継続するとともに、韓半島に対する影響力をも強化する意図を鮮明にしていた。このことは、韓国市場の確保を目指すわが国にとって大きな脅威であった。明治三五年（一九〇二年）に締結された露清条約により、ロシアは満州からの段階的撤兵に同意したが、翌三六年三月、同国は第二次撤兵を履行しなかった。ここに至って、日露間の緊張は一気に高まった。同年六月六日から、満韓の特殊権益をめぐる日露交渉が開始されたが、妥協に至らず、翌三七年（一九〇四年）二月五日、わが国はロシアとの国交を断絶、二月六日、交戦状態に入った。対露宣戦布告は二月一〇日であった。

日露戦争は、わが国にとって激しい消耗戦となったが、明治三八年（一九〇五年）一月二日、旅順開城、三月一〇日、奉天占領、五月二七日から二八日、日本海海戦等を経て、ロシアの内部崩壊やわが国の対外工作の成功などの要因も加えて、この戦争はわが国の辛勝に終わった。

同年九月、日露講和条約（ポーツマス条約）が締結された。これによって、わが国は韓国市場を完全に確保するとともに、旅順・大連の租借権および南満州鉄道をロシアから譲り受けた。さらに、慶応三年（一八六七年）にロシアから樺太島仮規則を強要されたことによって奪われていた樺太（サハリン）に対する主権のうち、北緯五〇度以南のそれを回復した。しかし、経済界が期待していた多額の賠償金を獲得することはならなかった。

4　戦後の概況

日露戦争の戦費の大部分を外債に依存したことによって、これを返済するために、またロシアの復讐戦に備える必要上、国防費を賄うために、戦後のわが国にとっては、経済力の一大発展が官民あげての最大の課題となった。[11] 他方、既存のわが国企業も、先に述べた明治三四年恐慌の克服による近代企業経営への自信を深め、加えて、日露戦争中の軍需景気で取得した利潤によって、その基盤を固めていた。これらのことが、戦後の企業勃興に対する大きな刺激となった。[12] さらに、日露戦争の勝利によってもたらされたわが国の国際的地位の向上は、戦後経営の国策の大きな柱であった外資導入政策を容易ならしめ、これが企業勃興の資金源の基礎となった。[13] たとえば、日本興業銀行は、明治三九年（一九〇六年）二月一七日、増資七五〇万円のロンドンでの募集を決定している。[14]

5　株式投資熱の高揚

明治三九年に到来した国民の株式投資熱の契機となったのが、南満州鉄道株式会社への投資である。明治三九年六月八日、政府は南満州鉄道株式会社設立に関する勅令を公布した（勅令第一四二号）。この勅令に基づき、児玉源太郎を委員長とする設立委員会の下で設立手続きが進められた。

このとき、第一回募集の国内公募九万九、〇〇〇株に対し、応募総数は一億六七三万余株、実に一、〇七八倍に達し、その保証金は五億三千余万円の巨額を算した（ちなみに、日露戦争のためにロシアの国庫が支出した戦費総額が一五億七、〇〇〇万円であったそうであるから、[15] この保証金額がいかに巨額であったかがうかがえよう）。そして、五円払込みの権利株価は、一時四二円と、払込金に対し八倍余の高値を示した(16)。右の熱狂的人気は、その他の各種株式にも波及し、株式投資人気を大いにあおることとなった。

なお、南満州鉄道株式会社は、明治三九年一一月二七日に創立総会を開いている。

6　企業勃興熱の高まり

この時期の企業勃興熱は、熱狂的な株式投資（投機）人気に支えられたものであったが、それだけでなく、たとえば海運業界などは、わが国の領土および勢力圏の拡大にともなう定期航路の開設等で活況を呈し、資金需要も高まっていた。その模様を、三宅雪嶺は以下のように伝えている。すなわち、明治三九年は「海運に於ける試験期とも、冒険期とも云ふべき年なり。大阪商船は戦役中の事業拡張資金を増資に仰ぎ、戦後は社債に依るを有利とし、事業拡張資金八百万円、竝に旧社債四百五十万円の借款、合計千二百五十万円の社債を募集するの計画を立て、之が実行に商法の規定上資本金を増加するの必要を生じ、本年七月千六百五十万円に増資す(17)」。

さらに、三宅雪嶺の筆は、明治四〇年（一九〇七年）の企業勃興を次のように伝えている。

「日露戦役は日清戦役と同じく戦勝を以て終れるも、前戦役に賞金を得たる代り、三国干渉にて外国資本家を警戒せしめ、外資の流入を見ること少く、後戦役には賞金をこそ得ざれ、世界の畏れたる露国に勝ち、日英同盟にて安定を保証するの形あり、三十六年末外資輸入現在高が一億九千五百万円なりしものが、本年末に一四億円に上り、企業の勃興を促すこと多し。開戦当初銀行界が警戒し、戦勝と外債成立とにて楽観し、楽観に過ぎて悲観し、本年三月静岡県百三十八銀行を始め、仕払を停止するもの二十三行に及べるが、企業熱は頗る旺んにして、……〔三宅雪嶺は、株式会社帝国ホテル、麒麟麦酒株式会社、東京火災海上保険株式会社など、明治四〇年中に設立された主要一〇六社を具体的に列挙している〕……が設立せらる。新設の株式会社中、盛衰の一ならざるも、産業興隆の勢の疑ふべくもなく、実に戦役を機として飛躍の運を示せる(18)」。

7　明治四〇年恐慌と経済界

日露戦争後の企業勃興熱は、明治四〇年（一九〇七年）の恐慌によって大きな打撃を受けることになる。この間の経済事情を、渋沢栄一はきわめて鮮やかに描写している。

彼の言によれば、「明治三十九年は約《つづ》めて云ふと、日本の総ての方面が少しく熱に浮かされて、かるはづみの行動が多かったと言はねばならぬやうに思ひます[19]」とし、日露戦争による軍需景気の結果、「それが一年も続くと戦争の関係であるといふことを知りつつも、隣の店で是に応ずる供給をズンズン遣《や》れば我店がそれに劣るとどうしても市場に勢力を失ふ。信用も減ずるという訳になるから、勢ひ増設を図らなければならぬ。増設ばかりではない、新規の計画も生ずる。それで平常の入用といふだけの設備でなしに不相当なる設備が……行はれたといふことは免かれぬ勢ひであったらうと思ふ。殊に日本は三十九年の夏から秋へ掛けて盛んな勢ひで其有様が膨張して行った。そこで諸株式などが限りない勢ひを以って進んで行った。けれどもそれは虚勢であって、固より永続すべき性質のものでないから、直ちに四十年の初めには是が崩れて来た。……吾々が三十九年に於て其事を前知し得なんだのは所謂凡夫の悲しさで、注意の到らなかったのを悔やむの外ないのです。……悪くいふと、日本全体を挙げて皆目前の有様に眩惑されて、全体の実力の視察に少し見誤りがあったと言はねばならぬのです。……虚構の組立は自然と皆破れてしまった。又中には満更の所謂泡沫でないものまでも、余り過度の施設であったとか、若くは其仕組の強固でなかったものは成立んとして破れてしまったものが幾らもあります[20]」。

右の渋沢の分析によれば、日露戦争後の企業勃興期に少なからぬ泡沫会社が存在したことが示唆されていよう。また別に、当時、投機熱に乗じて不都合きわまる権利株狙いが跋扈し、これらの者を指して、「実業家」に対する「虚業家」という新語が作られたとの指摘もなされている[21]。

実際、政府は、明治三九年の企業勃興熱に対して、日清戦争後に生じた泡沫会社現象の再燃を懸念し、明治三九年八月二三日、大蔵大臣名で日本銀行、日本興業銀行および日本勧業銀行に対し、次のような内訓を発して注意を促している。

すなわち、わが経済界は戦時および戦後を通じて順調であり、商工業の進運に向いつつあるのは喜ぶべきところであるが、

「稍々《しょうしょう》事業熱の起らんとする兆候なきにあらず、是れ固より自然の趨勢にして、其成行に任すの外なき次第なれども、既に事業熱と称する上は、多少常識の判断を踰越したる場合を意味し、従うて遂には無意味の競争となり、無謀なる投機的の計画も之に加はり、往々資本を徒消し、金融逼迫の反動を喚起し、一時経済界の調和を乱るに至ることなきを必すべからず(22)」。

右の大蔵省内訓に対して、同年一二月一五日に公表された日本銀行等の答申は、必ずしも大蔵省の懸念に同調するものではないと思われる。

日本銀行の答申においては、「玉石往々混淆の弊を生ずるは事業勃興の際に於いて到底免れ難き理勢なり。然れども今日の企業家は日清戦役の事実に鑑み、大いに此辺に注意し、其事業性質も概して有用なる者多きが如し(23)」とされている。そして「此等の点より考ふるときは、今日の程度に於ける事業拡張新設の計画に対し、漸次資金の払込を為すに於いては未だ遽《にわか》に憂慮す可きに非ざるを認むるなり(24)」と分析している。

日本興業銀行の答申中には、「今日まで計画せられたる事業は概して注意を加へたるが為め、未だ甚だしく投機的の性質を帯びざるに似たり(25)」との表現が見うけられる。ただ、今後は不確実不必要な会社が起こらないとも限らないので、念のため注意すべきであるという趣旨が述べられているにすぎない。

明治四〇年恐慌に際しても、経済界の姿勢は意外にも自信に満ちたものであった。それを如実に物語るのが、当時の東京商業会議所会頭中野武營が同年六月に公表した意見の以下の一節である。

「昨夏以来事業急に勃興して、新資金の所要額十数億に上りしも、其多くは既成事業の拡張にして、新事業と雖も企業家は十年前の覆轍に鑑み、無謀なる計画を為す者なく、孰れも堅実なるものを撰び其方法又確実なる手段に出て、之を数期に分ち其第一期に於て多少の利益を見たる後に於て、更に第二期、第三期と漸を追ひ完成せんことを期し、集資の方法に於ても先づ四分の一の払込に止め、残部は之を事業進行の他日に譲れり。されば呼称する所は十数億の巨額に上ると雖も、事実差当り資金を要するは其四分の一に過ぎず。而して其事業の性質たる資金を固定せしむること少なきのみか、其材料は之を内地に求むべく、縦令外国に仰ぐべき分と雖も、前日（注・日清戦争後の企業勃興期）の資金の過半を挙ぐるが如き甚だしきに至らず。然も旧事業の拡張は勿論新事業に於ても、長年月を待たずして、利益を挙ぐるべきもの多く、之加日露の衝突は既に解決されて再び東洋に風雲を見る虞なきに至りしを以て、堰の決せし如く外資の滔々として傾注されんとするあり。我経済界自体に於て強大を加へたるのみならず、四囲の状況斯の如く前日と其趣きを異にしたれば、株式の下落、人気の沈衰も、唯一時の神経作用に止まりて日ならず恢復すべきものと信じたり」(26)。

以上、さまざまな資料が示すところによれば、日露戦争後の経済過熱の中にあっても、わが国の企業は比較的堅実かつ健全であったことが表わされているのではなかろうか。株価の大暴落についても、「株式価格の変動は唯一方に於て利すれば、他の一方に於て損するに止まり、全体の上より之を打算するに、之がため特に富の減少を来したるにはあらず、されば孰れの点より見るも我経済界は健全にして悲観すべき所あらざるなり」(27)と評されている。これが当時の実態であるなら、もはや明治四〇年前後にあっては、泡沫会社現象はすでに克服された過去のものであったと言うことができるのではなかろうか。わが国の企業社会は、それだけ成長を遂げていたのである。

8　明治四一年以降

明治四〇年恐慌は、翌明治四一年（一九〇八年）あたりが最悪期であったが、当時の桂内閣の外資導入計画の成功もあって、明治四三年（一九一〇年）頃から、わが国の景気は回復への途を歩み始めることとなる(28)。

最後に、「虚業家」という造語まで生んだほど、会社の私物化、蛸配当、権利株で私服を肥やすなど無責任な経営者が出現したことに対し、財界の大御所として成熟期を迎えた渋沢栄一の戒めの弁を見ておこう。以下に引用した彼の経営理念は、今日における企業の社会的責任観念の前段階的思想であったと評価されている(29)。以下の彼の意見は、明治四二年（一九〇九年）に公表されたものである。

「いやしくも株主から選ばれて会社経営の局に当る者は、名誉も資産もことごとく多数から自分に嘱托されたものという覚悟がなくてはならぬ。そうしてこれに自分の財産以上の注意を払わなければならないことはもちろんであるけれども、又一方において重役は常に会社の財産は他人の物であるということを念頭におかなくてはならぬ。一朝自分が株主から信用を失った場合には、何時でもその会社を去らなければならないという覚悟が必要である」(30)。

取締役の義務を見事に表現している。渋沢の先見性が十分にうかがえよう。

(3) 高橋亀吉・日本の企業――経営者発達史四〇頁（昭和五二年）。
(4) 同前参照。
(5) 日本銀行金融研究所・日本金融年表〈増補・改訂版〉六五頁（平成五年）。
(6) 同前参照。
(7) 同前六六頁。
(8) 高橋・注（3）前掲四七―四八頁参照。
(9) 同前四八―四九頁参照。
(10) 同前四九頁。
(11) 同前。
(12) 同前参照。
(13) 同前五〇―五一頁。
(14) 日銀金融研究所・注（5）前掲七四頁。
(15) 東京朝日新聞明治三九年一一月八日記事。
(16) 高橋・注（3）前掲五一―五二頁。
(17) 三宅雪嶺・同時代史第三巻四七八―四七九頁（昭和二五年）。
(18) 同前五〇五―五〇七頁。
(19) 渋沢栄一「明治四十二年の経済界（明治四二年一月演説）」高橋亀吉編・財政経済二十五年史第六巻六八四頁（昭和七年）。
(20) 同前六八五頁。
(21) 高橋・注（3）前掲五四頁。
(22) 大蔵省「事業勃興に関する内訓（明治三九年八月二三日）」高橋亀吉編・財政経済二十五年史第六巻八二五頁（昭和七年）。

(23) 日本銀行「事業勃興に関する答申（明治三九年一二月一五日）」高橋亀吉編・財政経済二十五年史第六巻八二六頁（昭和七年）。
(24) 同前八二七頁。
(25) 日本興業銀行「事業勃興に関する答申（明治三九年一二月一五日）」高橋亀吉編・財政経済二十五年史第六巻八二八頁（昭和七年）。
(26) 中野武營「経済界の現状及其救済（明治四〇年六月）」高橋亀吉編・財政経済二十五年史第六巻六六四頁（昭和七年）。
(27) 池田謙三「所謂財界救済に就て（明治四〇年六月）」高橋亀吉編・財政経済二十五年史第六巻六六七頁（昭和七年）。
(28) 高橋・注（3）前掲五五頁参照。
(29) 野田信夫・日本近代経営史四〇二頁（昭和六三年）。
(30) 同前四〇二—四〇三頁。

三　明治三〇年代中葉以降の会社法学に関する主要論稿

この当時に公表された会社法関連の論稿は相当数に上るが、新法施行から日も浅かったために、解説の域を出ないものや質疑応答集に近いもの等がかなり含まれている。以下では、論説と評価するにふさわしいものを中心に主要なもののみを概観しておこう。

1　明治三四年

(1)　最も注目すべきは、岸本辰雄の「会社改良論」と題された論稿[31]（正確には講演録）である。この論稿は、会社をめぐる法と現実との乖離をふまえ、新会社法の精神を生かすために、現実をどのように改善すべきかを説くものであり、会社法を改正すべきではなく、実際の事物こそを改善すべきであるとの立場を貫くものである。

岸本はまず、明治初頭以来の会社立法への努力と、明治三二年会社法成立までの経緯を小括して、「会社ニ関スル法律ハ……最モ早ク存立シ数次ノ改正ヲ経テ以テ今日ニ至リシモノニシテ之ヲ商法中ノ他ノ部分及ビ民法等ニ較スレバ啻《ただ》ニ存立ノ大ニ久シキノミナラズ之ニ伴フ経験ノ賜モノアリ、備《つぶ》サニ改良ヲ得テ頗ル完美ヲ極メ文明諸国ノ法律ニ比シテ寧ロ駕シテ軼《いつ》スルモノ」であると賛美し、「我邦ノ会社ハ此ノ此ク完美ナル法律ニ依リ支配シ監督サレツツアリ」と言い、「何ゾ其ノ多幸ナルヤ」とまで述べている(32)。右のように法を賛美する一方で、「熟々《つらつら》会社ノ実況ヲ観ルニ其設立ヤ管理ヤ往々ニシテ法律ノ規定ト矛盾シ枘鑿《ぜいさく》スルモノアリ(33)」として、会社の実況は決して法律のように完美なものではないと評している。

岸本は、株式会社制度を共和政体に喩え、言わば取締役は国務大臣にあたり、株主総会は国会にあたると説き、共和国の主権が人民にあると同様に株式会社の意思は株主総会の決議にあり、国務大臣が国会の決議を実行する責務があるのと同様に取締役は総会の決議を実行する責務があり、取締役とは要するに会社の公僕であると新会社法の精神を説明する(34)。しかるに、「我邦会社ノ現状ヲ観ルニ取締役ハ株主総会ヲ左右シ篭絡シ甚シキハ之ヲ無視シ宛然会社ノ主人ヲ以テ自ラ居リ恬トシテ顧ミズ……恰モ……藩閥政府ノ大臣若クハ知事ノ如キ看アリ」と現状を分析し、このままでは「会社将来ノ運命ヲ想フテ寒心ニ堪エズ」と述べる(35)。

右のような視座から、岸本は、会社を法律の精神に副わしめるべく、株式会社管理の方法を具体的にいくつか提言している。その意味では、この論稿は、企業統治に関するわが国で最も古い論稿のひとつであるとの位置づけも可能である。ともあれ、その内容から、当時の一人の商法学者が理想とした会社像が浮き彫りにされる。

岸本は、徹底した株主総会中心主義の立場から、まず会社収支の予算を定めて、株主総会の議決を経るべきであると提言する(36)。その文脈の中で、株式会社の情報開示について以下のように述べている。「商業上固ヨリ秘密ヲ尚《たっと》ブベキモノ無キニ非ズ、然レドモ資産ノ事、収支ノ事過度ニ之ヲ秘密ニセントスルハ我邦封建時代ヨリ因襲セル一般ノ陋習ニシテ爾カク甚シク秘密ニスベキモノニ非ズ、殊ニ株式会社ノ如キ其本質上ヨリスルモ法律ノ精神上ヨリスルモ務メテ公開的ナルベキモノナルヲヤ(37)」。

次いで彼は、取締役が機動的に営業の衝にあたることは必要であるとしつつも、定款によって、取締役の権限をある程度内部的に制限して、専断的行動を防止すべきであると説く。すなわち、「実際上ニ於テモ其制限ハ必シモ直チニ重役ヲシテ敏活ノ行動ヲ得サラシムルモノト為ス可カラズシテ却テ其ノ専横ヲ防遏《ぼうあつ》スルノ実益アリ[38]」と述べている。彼は、当時の現実社会における取締役の専横という弊害をきわめて深刻に評価していたものと思われる。「蓋《けだ》シ法律ガ取締役ノ権限ヲ無制限ト為シタルハ専ラ第三者ノ利益ヲ保護センガ為メニ過ギズ、故ニ会社内部ノ関係上之ヲ制限スルハ固ヨリ法律ノ精神ニ背カズ寧ロ却テ其ノ精神ニ副フモノタルナリ[39]」としている。

次いで彼は、株主総会の活性化を説く。すなわち、「我邦現今諸会社ノ株主総会ヲ通観スルニ概ネ尽ク儀式的総会ニシテ有レドモ無キニ同ジ[40]」と述べ、そうなった社会的背景を以下のように分析している。「蓋シ株主中或ハ心アル者アリ、総会ニ臨ミテ忌憚ナク言動スルトキハ重役ト他ノ株主否ナ世人ハ却テ之ヲ目シテ野心家ト為シ彼ノ社会ノ耳目ヲ以テ自ラ任ズル者ノ如キモ尚之ヲ冷笑シテ厄鬼運動ト為ス、是ヲ以テ気骨ナキ者ハ涙ヲ呑ンデ盲従シ気骨アル者ハ憤懣シテ株式ヲ譲渡シ其会社ヲ脱退スルニ至リ会社ノ重役亦暗ニ其脱退ヲ誘フ、而シテ残ル所ノ株主ハ尽ク陰柔ニシテ猫ノ如ク一ニ重役ノ指顧ニ従フノミ[41]」。さらに彼は、会社主導の総会委任状の勧誘、収集を辛口に批判する。新法は、総会出席の代理人資格を株主に限っておらず、代理人選任を容易にしているにもかかわらず、会社側において、「来ル某月某日総会ヲ某所ニ開クヲ以テ出席スベシ、若シ出席セザレバ委任状ヲ会社ニ送付セヨ」あるいは「……出席セザレバ他ノ株主中ニ委任セヨ、株主中若シ知人ナクバ委任状ヲ会社ニ送付セヨ、会社ハ之ヲ相当ノ株主ニ委任スベシ」といった文例で総会招集通知を発している。多数の株主はこれを怪しむことがない。このことが、株主総会の形骸化を生じていると述べている[42]。その対策としては、「個々ノ株主其人ノ奮起ヲ待ツノ外ナキモ応急ノ手段トシテハ定款ヲ以テ委任状ヲ会社又ハ重役ニ送付スルコトヲ厳禁シ且重役ヲシテ一々詳細ニ議案ノ説明ヲ為スノ責務ヲ負ハシムベシ[43]」と提言している。岸本の感覚によれば、会社の過去一年間の事実を認否し、将来一年間の方針を審議する総会の議事は「少クモ数日乃至十数日渉ルニ至ラザル可カラズ[44]」とされている。これが彼個人の認識なのか当時の学者の一般的認識であるのか必ずしも明らかではないが、総会中心主義の徹底ぶりに驚かされる。

さらに岸本は、監査役の選任に慎重さを求めている。当時の監査役の実状は、以下のように描写されている。「今ノ監査役ヲ見ルニ報酬少ク地位卑キノミナラズ取締役タル者ハ自家ニ阿諛《あゆ》シ付従スベキ者ヲ挙テ監査役ノ選ニ充テントシ甚シキハ自家ノ朋友親戚ヲ推シテ憚ラズ[45]」。「今日ノ実際ニ於テハ監査役タル者概ネ無能無力且無責任ヲ極メ平生ニ於テ監査ノ職務ヲ曠廃《こうはい》スルノミナラズ多クハ総会前僅々数日間監査ノ事ニ従ヒ専ラ取締役ノ説明ヲ聞キテ捺印シ其ノ甚シキハ初ヨリ所謂盲印ヲ捺スルノミ[46]」。これに対して、会社法の精神によれば、「抑々《そもそも》監査役ノ責任ハ固ヨリ重大ニシテ取締役ノ業務執行ニ付キ一々監視査閲スルヲ要シ取締役トハ利害反対ノ位置ニ在リ寧ロ互ニ反目スルモ決シテ相親狎《しんこう》スベカラズ[47]」べきものであるから、岸本は、「監査役ノ報酬ヲ多クシ其ノ地位ヲ高クシ殆《ほとん》ド之ヲ取締役以上ニ置キ且取締役以上ノ人物ヲ選任シ以テ其ノ責任ヲ全フセシムベク定款ニ於テ詳細ニ其ノ権限及ビ責任ヲ規定スルコト亦頗ル必要ナルベシ[48]」と説いている。

最後に岸本は、会社は法定の積立金以上に内部に積立金を留保すべきではないと説く。必要以上に積立金を留保することは、決して会社の基盤を強化することにならないと述べるのである。その理由を以下のように述べている。「蓋シ各種ノ積立金ハ其ノ名ノ如ク積立テ置クベキモノニシテ之ヲ会社事業ノ資本トシテ運用スル能ハズ、故ニ会社管理者ハ唯之ニ付テ利殖ノ方法ヲ採ルニ過ギズ、故ニ積立金益々《ますます》多ケレバ利殖ヲ謀ルノ処置益々多ク極端ノ弊トシテハ会社ハ殆ド金貸業ト為リ会社本来ノ目的タル営業其ノモノヨリモ金貸ノ容易ニシテ且安全ナルヲ喜ビ進取ノ気象、勤勉ノ慣習ヲ銷磨《しょうま》シ去ルニ至ラム、是レ最モ陥リ易キ傾向ニシテ余輩ノ最モ恐ルル所ナリ[49]」。要するに「管理者ハ必要ノ資本ノミヲ以テ着実ニ熱心ニ会社本来ノ目的タル営業ノミニ勉ムベク而シテ利益アレバ法定ノ積立金以外ハ尽ク之ヲ株主ニ配当シ去ルベク利益多ケレバ配当亦多ク利益少ケレバ配当亦少カルベシ[50]」とするのである。

以上のような株式会社像の実現のため、岸本は、会社定款を緻密なものにすべきであると結論づけている。「欧米諸国ノ会社ニ於ケル定款ヲ見ヨ、慎重緻密ニシテ用意ノ周到ナル驚クベキモノアリ、之ニ反シテ我邦会社ノ定款ヲ見ヨ、商法其他法令ノ会社ニ係ル規定ハ多クハ聴許法ニシテ定款ニ特別ノ規定ナキ場合ノ為ニ標準ヲ与フルモノニ過ギザルニ我邦会社ノ定款ハ概ネ法令ノ規定ヲ模写セシニ止マリ毫モ法令以外又ハ法令以上ノ規定ヲ為サズ杜撰粗漏亦驚クベシ、是レ我邦ニ於テ始メテ会社ナルモノヲ設置セシ時代ニ於テ会社ニ関スル知識ノ尚甚ダ幼稚ナルヨリ其定款モ亦甚ダ簡略ナリシニ爾後之ヲ因襲シテ遂ニ定例ヲ成シ進歩改良スル所ナキニ出デ時トシテハ他日重役タラントスル発起人ガ自家他日ノ便宜ヲ予想シ故サラニ定款ヲ粗漏ニスル者亦之レ無シトセズ、其ノ孰《いず》レニ論ナク速ニ改善セザル可カラザルナリ」(51)。

詳細な定款とこれに基づいた自覚ある株主による総会の運営を望んでいるわけである。「即チ今日ノ法律ハ既ニ完美ヲ極メテ決シテ改正スベカラズ、改正スベキハ実ニ独リ会社ニ存ルナリ」(52)と訴えている。法と現実との乖離という会社法学者が背負う苦悩は、すでにわが国の会社法学発展の揺籃期から存在していたのである。

(2) その他の論稿としては、株主権の本質は利益配当請求権と残余財産配分請求権にあるから、その実質は債権であって、いわゆる共益権は右二つの権利に当然付随する法律上の権利であると、株主権の性質を考察したものがある(53)。また、一九〇一年(明治三四年)一月一日から施行された一九〇〇年英国会社法の内容を紹介したものがある(54)。

2 明治三五年

(1) まず、当時の法律雑誌に掲載された、会社をめぐる法務事情がうかがえる記事を概観しておこう。

おそらく法曹実務家によるものと推測される解説中に以下のような記述がみられる。すなわち、「余輩が破産若くは解散したる幾多の会社に就て殊に所謂株式会社に就て親しく調査する所に拠れば之れ等の会社は殆《あやぶ》むと適法に成立せざるが如き感想を懐くを禁ずる能はず。彼等(会社を設立しようとする実業家を指している)の株主を募集するや恰も保険会社の曖昧なる勧誘者が甘言被保人を誘導するが如く種々なる口約を為して以て株式の申込証に調印せしむるなり。現に東京市中に於て稍盛なりし会社の発起人の如き『貴殿に於て二百株を引受相成られ候に付ては会社設立の上は必ず拙者に於て引取り可申《もうすべし》』との証書を差入れ、而してこの株金の如きも実際の現金又は之に相当する有価物に非ずして、已《すで》に解散せる他の会社の株式にして新会社株式の申込人の名義に係る株式を以て之に充つるの手段を取り、斯の如くして一の会社に代へて他の会社を存立せしめ以て旧会社の債務を新会社の株金に変じ旧会社の株主に支払ふ可きものを支払はず、却て二回若くは三回以後に於ては更に株主より出資せしむるの策を取るなり。株主は商法に通ぜざるのみならず、一般概念さへ知らざる者寧ろ多数を占むる有様なれば創立者と会社と全然別個の主体たるを覚《さと》らず、創立者に対する権利は会社に対しても亦対抗し得可きものと信じ、遂に中込の法律上の効力に束縛せられて意外の損失を蒙《こうむ》るに至るものなり」[55]。このような詐欺まがいの株式申込の勧誘が株金請求事件訴訟が後を絶たない一因であると解説されている。

(2)　また検査役の制度の運用が必ずしも円滑になされていないことを指摘する記事がある。すなわち、裁判所が商法一九八条に基づき資本の一〇分の一以上に当たる株主の請求によって会社の業務及び財産状況を調査させるべく検査役を任命したところ、被選任者が病気や能力不足を理由に辞任を申し出ることがある。この場合、裁判所は、検査役選定の決定に不服がある場合に準じて抗告手続をとるよう要求して辞任を許さない。検査役の職務放棄に関する制裁規定がないので、面倒な抗告手続がなされずそのまま放置され、検査役選任の目的が達せられないという事態が少なからず生じている。検査役の増員の申立ても、裁判所は同様に抗告手続によることを強要しているから、きわめて不便であると述べられている[56]。

(3)　検査役の検査に関しては、彼が簿記等の専門知識を有する者を助手として用いた場合、調査の経緯を記録する書記をともなった場合、これら助手書記の雇入れの費用をどうするのか、検査役自身の報酬をどうするのか。裁判所は申立人から受け取るよう指導するが、申立人は言を左右にして支払を渋るので、実際に検査役が困惑しているとの指摘もなされている[57]。

(4)　次に、学術論文のいくつかを概観しておこう。

外国会社に関する商法の規定に論評を加えた志田鉀太郎の講演録がある[58]。わが商法には、外国会社の何たるかにつき直接もしくは間接に決定すべき何らかの規定が存しない。逆に内国会社については、二五五条に「日本ニ成立スル云々」と言い、二五八条に「日本ニ於テ設立スル会社云々」との表現がある。これらは、成立・設立という別の観念を立てたものではなく、ただ日本において成立する会社をわが商法上の内国会社と定義する趣旨にすぎないと説く[59]。そして、かかる内国会社の定義を可とするか否かは立法政策の問題であると述べている[60]。次いで、商法上の外国会社の規定の通用を受ける対象範囲に関し、営利を目的とする商事会社を除く外国の社団法人および外国会社であって法人でないものについても外国会社に関する規定の適用または準用があると述べている[61]。国際私法上の会社の国籍問題にも言及し、会社の国籍は、その自由選択にかかる住所にあると解するのが妥当であるとの論旨を展開している[62]。

(5) 大審院明治三五年七月八日決定民録八輯七巻五〇頁（後掲**資料1**の【**17**】判例）に対する梅謙次郎の評釈[63]にも言及しておこう。事案・判旨の概要は資料に譲るが、梅は、この決定が「決議すべき事項」と「決議のために予め知ることを要する事項」とを混合していると批判している。すなわち、株主総会の通知は「決議すべき事項」を知らしめれば足りるのであり、「決議のために予め知ることを要する事項」は商法中に開示規定が存するのであるから、通知では議事日程の意味が分かりさえすれば十分であるとしている。

(6) 当時の民事会社は商法上の会社ではなく、単に会社に関する規定の準用を受けたのにとどまっていた（民三五条二項）。このために、商事会社が、その設立後に、定款を変更して民事会社となることができるかという問題を論じた論稿も存在する[64]。否定的結論を採っている。

(7) 商法一五三条に基づく株式競売がなされて余剰金が生じたとき、これが誰に帰属するかを論じた松本烝治の論稿がある[65]。株主が払込を怠ったときの処分方法について、商法は一五二条および一五三条に規定を設けていた。すなわち、株主が期日に払込をなさないときは、その株主に対して株主の権利を失う旨を通知するという手続をふんだうえ、なお彼が払込をしないときは権利を失うものとされ、この場合にはその株式を競売し、もし競売額が滞納金額を満たさなければ、従前の株主にその不足額を弁償させることができるとされていた。しかし、競売によって得た金額が滞納金を超過した場合についての規定を欠いていた。そこで実務上は、会社によって、超過金額を従前の株主に返還したり、会社の利益金に加える等、その扱いを異にしていたようである。松本はこの問題に関し、最終的に払込をしなかった株主は明らかに株主権自体を失うものであり、このとき当該株式はいったん会社に帰属するのであるから、その株式を競売して得た余剰金も当然に会社に帰属すると明快に説いている[66]。

(8) 合資会社の有限責任社員の責任について、有限責任社員は単に会社に対する出資義務を負うにとどまり、直接に会社債権者に対して責任を負わないとする趣旨の論稿がある。[67] その他、経済社会における株式会社制度の長所・短所を論じたものがある。[68]

3　明治三六年

(1)　明治三二年会社法は、主として独法を範とするものであった。当時、東京帝国大学でドイツ法教師を務めていたレーンホルム（Löhnholm）は、日本商法を英・仏・独語に翻訳して欧州に紹介したようである（しかし、各国語訳の間には齟齬があったようである）。主としてその独語訳に基づき、ハレ（Halle）大学教授のパウル・レーメ（Paul Rheme）博士が一九〇一年（明治三四年）にドイツの商法雑誌（Zeitschrift für das Gesammte Handelsrecht）に日本商法の一部の評論を試みている。ちなみに、レーンホルムも日本政府に招かれて来日（明治二二年・一八八九年）する前にハレ大学に学んでいた。右の日本商法評論が、明治三六年から、明治法学誌上に紹介されている[69]（岡本芳二郎訳）。ここでは、会社法に関するその評論の一部を掲げておこう。

母法たる独法学者として、レーメは日本商法を以下のように評している。すなわち「此法典ハ母法ノ長所ヲ継受シ、各条規ノ規定簡明ニシテ理解シ易ク、且一般ニ日本ニ於ケル法律学ノ幼稚ナルニ比シテ、好良ノ作ト云ハザルベカラズ[70]」。

会社総則に関してレーメが注目したのは、日本商法がすべての会社を法人としたことである。この点につき、レーメは以下のように評している。「日本ノ立法者ハ商事会社ノ法律上ノ性質ヲ確定スル必要アリトナシ四四条第一項ニ於テ『商事会社ハ之ヲ法人トス』ト云ヒ仏国ノ多数学説ヲ踏襲セリ、而シテ独逸法ニ於ケル合名会社合資会社及ビ株式合資会社ハ法人ナラザルヲ以テ之ニ関スル規定ハ撞突矛盾ヲ避クルガ為メ多クノ点ニ於テ母法ト異リタル規定ヲ設ケタレドモ尚ホ法定ノ構造ト三会社ノ個々ノ規定トハ充分調和セリト云ヒ難ク所々ニ母法ノ構成ヲ発現シ得ベシ[71]」。

レーメがある程度好意的に評していると思われるのは、会社設立に関する規定である。「会社ノ設立ニ関スル規定ハ最モ趣味アリ。合名会社及ビ合資会社ト株式会社及株式合資会社トノ規定ヲ異ニスル独逸法ノ規定ヲ混合シテ新タニ共通ノ形式ヲ作製セリ」[72]として、その立法に感心している。

レーメの評論のわが国における紹介は、合名・合資会社および匿名組合の部分をもって終了しているようである。このうち、合資会社に関する以下の評論を掲げておきたい。すなわち、「日本商法ノ規定ニ於テ合資会社ノ本体截然表出セラレザルハ吾人ノ奇異ニ感ズル所ナリ、此点ニ関スル唯一ノ規定ニ曰ク、合資会社ハ有限責任社員ト無限責任社員トヲ以テ之レヲ組織スト（日商一〇四）、之レニ由テ見ルトキハ有限責任社員ハ会社債務ニ対シ単ニ其出資ノミヲ以テ責任ヲ負担スルガ如キ観アリ、然レドモ或者ノ有限責任ヲ規定スル近世ノ法律ニ於テ其責任ノ種類ヲ挙ゲズ又其責任ハ総テノ債権者ニ対シテ存スルモノナルヤ将タ一定ノ債権者ニノミ限リテ存スルモノナルヤ明言スルコト無キハ他ニ其ノ類ヲ見ズ[73]」。

(2)　次いで、この年に公表された主要な論稿を概観しておこう。

当時の商法一六三条に基づく株式会社の総会決議の無効宣言に関する手続のあり方を考察した富谷鉎太郎の講演録がある[74]。富谷によれば、かかる無効宣言を請求するのは訴訟事件手続によるべきであるとしている。無効宣言によって諸般の法律上の関係に影響が及び変更を来すことになることがその理由である[75]。またこの訴訟は、直接に金銭的訴訟を目的とするものでないから常に地方裁判所が管轄すべきものであるとし[76]、一六三条の文理上、訴を提訴すべき株主資格に制限はなく[77]、被告たるべきは当然に会社であると説いている[78]。たとえ取締役選任決議無効の宣言を求める訴においても、被告たる会社を代表するのはその決議によって選任された取締役であるとしている[79]。訴を受けた会社が担保の供出を求めうるのは妨訴の抗弁ではないこと[80]、無効宣言の効力は将来に向かって無効たることを宣言するにとどまるものであること[81]、この宣言は対世的効力を有することが説かれている[82]。

(3)　株式会社の清算に際しての残余財産の分配方法を検討した岡野敬次郎の論稿がある[83]。

岡野は、「残余財産ハ定款ニ依リテ払込ミタル株金額ノ割合ニ応シテ之ヲ株主ニ分配ス」と規定した当時の二二九条と「利益ノ配当ハ定款ニ依リテ払込ミタル株金額ノ割合ニ応シテ之ヲ為ス」と規定した当時の一九七条とが文章上も実質上も牽連するとして、右の「定款ニ依リテ」の意味を次のように解釈する。すなわちこれは、株主が払い込む株金額を必ずしも一律に同額としなくてもよい旨を定款によって定めることができるものとする趣旨であるとしている。[84] この解釈を前提に、以下のような具体例によって、残余財産の分配方法を説いている。

資本金一〇〇万円の会社で、完納株主グループ（甲グループ）は総計五〇万円を払込済であり、半納株主グループ（乙グループ）は総計二五万円を払込済であるとする。残余財産が一五〇万円あればこれをどう分配するか。払込金額につき株主間で別異の扱いをする定款の定めがあるときは、定款に従って右の払込がなされたわけであるから、甲グループは一〇〇万円、乙グループは五〇万円の分配を受ける。定款にそのような定めのないときは、残余財産一五〇万円のうち、甲グループが乙グループに比して余分に払い込んだ二五万円を控除して、これをまず甲グループに分配し、残額一二五万円を全株主に株式数に応じて分配することになる。[85]

同じ例で残余財産が三〇万円しかないとき、払込金額が別異であるとの定款の定めがあれば、甲グループに二〇万円、乙グループに一〇万円が分配される。定款に定めがないときは、三〇万円中、二五万円を控除のうえこれをまず甲グループに分配し、残り五万円を全株主に分配する。[86] 残余財産がゼロのときは、乙グループは一二万五〇〇〇円を甲グループに与えなければならない。[87]

岡野の右の論稿は法学志林上に公表されたものである。かつての法典論争において、英法学派の中心のひとりであった岡野敬次郎が仏法学派の牙城であった和仏法律学校法政大学の紀要上に論稿を寄せているという点に、この頃には法典論争がもはや過去のものであったという事実がうかがえる。

(4)　このほかにも、岡野敬次郎は、「商法雑題」と称する一連の論稿[88]を公表し、会社法関連の諸問題を論評している。社団法人の社員権に関しては、共同営業という観念に基づいてその性質を説明しうると述べ、社員権を債権とする説を批判している。[89]

合名会社の社員の持分は、会社解散もしくは退社の場合にはじめて意義を持つものであり、その積極的持分は社員の会社および他の社員から補償せしむ実額を意味し、消極的持分は社員が会社に対して支払うべき実額を意味するものであり、要するに社員間の計算上の数額を示すにすぎないものであると説く(90)。

会社の解散につき、清算会社の人格は清算前の人格と異なるものではない旨を説く(91)。

株式の消却は株主権除斥がその本質であると述べ(92)、株金額完納後において純益をもって株式を消却するのは、資本減少ではなく、このような消却を許すのは「資本ノ額ハ株金ノ総額ニ同ジ」との原則に対する例外を設けたものであると説明している(93)。

社債の法的性質に関しては、消費貸借類似の一種の無名契約であると解している(94)。

(5) 次に、株式併合に関する立法上の不備を説いたこの年の岡野敬次郎の論稿(95)は、明治四四年改正に大きな影響を与えたものと思われる。

当時の商法は、どのような方法が資本減少の方法として適法であるか、必ずしも明らかではなかった。岡野は、会社が株式併合によって資本減少をなす方法を選択したとき、端株を有する者にどのような処分を課すべきかを検討しようとした。主として、端株の所有者に対し「併合ニ適スベキ株式ヲ取得スベシ、然ラザレバ会社ニ於テ其株主ノ計算ヲ以テ株式ヲ売却スベシ」との方法を採用することが当時の商法の下で可能であるか否かを考察している。

岡野は、端株主に対し、株主権喪失の制裁を設けて、それを免れようと欲すれば株式を取得しなければならないというのは、言わば脅迫と同様であると述べる。端株主をして、有限責任を超えて義務なき出捐をなさなければ株式を喪失するという境遇に陥れて二者択一をせまるのは、決して任意取得ではないと説く(96)。

株主をして、その意に反して株式の譲渡を強制させるという方法は、すでに株式の消却において法律が認めるところであるが、株式消却の場合はすべての株主が等しく株主権喪失の危険を負担しているのに対し、併合の場合には、併合に適する株式を有する者とそうでない者とが全くその地位・運命を異にするものであって、保有する株式数によって、株主間の扱いに差異を設けるのは、同等待遇の原則に反する疑いがあると述べる(97)。

端株を有する者を併合に適する範囲で株式の共有者とする方法も適当ではないと述べる(98)。

結局、岡野の結論は、明確な規定を欠く当時の商法下においては、株式併合の端株の処理に関する適当な処理方法を見出し難く、その解決は立法に待つよりほかないというものである(99)。

(6)　株式会社と取締役または監査役との関係は契約による委任関係であると説く松本烝治の論稿を挙げておこう(100)。当時の大審院は、後掲資料1の【24】や【32】に見られるように、取締役の選任は単独行為であるから選任決議のみによってその効力を生じ、被選任者の承諾を要しないと解していた。学説上も、たとえば志田鉀太郎は、「会社ノ機関タル者ト会社トノ間ニ於テ委任契約ノ成立スルニハ会社ヨリ会社ノ機関タル者ニ対シテ法律行為其他ノ事務ヲ為スコトヲ委託シ会社ノ機関タル者ガ之ヲ承諾スルコトヲ要シ会社ハ法人ニシテ自ラ意思ヲ表示スルコト能ハザルガ故ニ会社ノ法定代理人ガ会社ノ為メニ法律行為其他ノ事務ヲ為スコトヲ委託スルコトヲ要ス……株主総会ハ会社ヲ代表スルモノニ非ザルヲ知ラバ……会社ノ機関タル者ト会社トノ間ニハ委任契約成立スルノ余地ナキヤ明瞭ナリ(101)」と述べていた。松本は、右のような考え方に対して論駁を加えている。

松本は、志田の説に対し「(志田説は）法人擬制説の観念に基き株主総会は会社の意思を表示することを得ず取締役は会社の唯一の法定代理人なりと謂ふ独断的前提を創出し之に拠りて軽々に論じ去れるものにして其株主総会取締役及び監査役を以て会社の機関と称し之を最高機関・執行機関・代表機関及び監査機関に分ちたるに対照すれば自家の撞着を示すものなり(102)」と攻撃する。そして、「株主総会の選挙が会社の意思を表示して申込を為し被選挙者之を承諾するに因りて会社と取締役との間の関係を生ずるときは之を法律行為と謂ひ之を契約と謂ふに何の妨ぐる所かある(103)」と述べている。

さらに松本は、「我商法は合名会社又は合資会社の業務を執行する社員に付ては委任に関する規定の準用あるべきことを定め是等の問題（業務執行社員に民法六四四条、六四六条、六五〇条、六五一条の適用があるか）を生ずるの途を杜絶せり（商法第五四条民法第六七一条）。余は立法者を以て取締役又は監査役に付き同様の問題を生ずべきことを忘れ之を解決すべからざる状態に残留するが如き遺漏失態を演じたる者と信ずること能はず、余は契約関係を否認する論者及び契約関係を認め而も委任契約を否認する論者が如何なる言辞を以て此の如き不権衡を弁解せむとするかを聴かむと欲する者なり、一国の成法は偶《たまた》ま自家独断の解釈説に適合せざるの故を以て直に之を以て杜撰なり孟浪《もうろう》なりと罵《ののしり》去《さ》ることを許さず、余は司直の最高府たる大審院及び一世の法律思想を啓発指導すべき法学者が何を苦みて立法者を陥擠《かんせい》して常識を無視し法理に背戻《はいれい》し而も矛盾失衡の法規を制定したる者と為すか其理由を知るに惑ふ者なり」(104)と述べている。

松本烝治はこの年二六歳であると思われるが、その存在感は圧倒的である。

(7) 右に関連して、株式会社とその取締役との間に委任契約が存在することを否定する立場から、取締役の会社に対する責任の性質を論じたもの(105)を挙げておこう。くり返し述べるように、当時の商法は、株式会社の取締役に関して、会社に対する義務の明確な規定を欠いていた。すなわち、合名・合資・株式合資の各会社のように業務執行社員たる取締役が民法六四四条の善管注意義務を負うことが条文上必ずしも明確にされていなかった。

会社取締役間に委任契約の存在を否定する論者（井上健一郎）は以下のように述べている。すなわち、「取締役ハ一種ノ法定代理人タル特別ノ地位ヨリシテ法律上当然会社ニ対シ誠実ニ一切ノ業務ヲ執行ス可キ一種ノ義務ヲ負ヘルモノナリ、……委任代理ニ付テハ既ニ民法六四四条ノ規定アリ、法定代理ニノミ独リ此ノ義務ナシトセザラムヤ、特ニ明文ナキハ他人ノ事務ニ任ズルモノハ善良ナル管理者ノ注意ヲ為スノ義務アル一般ノ原則ニ譲リタルモノニシテ此義務ハ法定代理ノ場合ニ於テモ亦其地位ヨリシテ法律上当然発生シタル特別債務ナリ」(106)。

(8) さらに、取締役は株式会社の法定代理人であるという立場から、取締役の辞任の問題を検討した岸本辰雄の論稿(107)にも触れておこう。

岸本は、商法に解任の規定があって辞任の規定がないのは「是レ商法ガ重役ノ解任ヲ認メテ辞任ヲ認メザルガ為メニ外ナラズ」(108)と述べる。株式会社の取締役に民法六五一条の適用がないことを前提に「法定代理人タル会社重役ニ付テハ解任ノ明文アリテ辞任ノ明文ナキコト、是レ決シテ立法者ノ遺忘脱漏ニ非ズシテ、重役ニハ委任ニ因ル代理人ニ於ケルガ如ク、任意ノ辞任ヲ認サザルノ法意ナルヲ見ルニ足ル」(109)としている。

岸本は、取締役の就任と辞任とを比較して次のように述べる。「抑《そもそも》或株主ガ株主総会ニ於テ重役トシテ選任セラレタル場合ニ、其選任ヲ受諾シテ就任スルト否トハ、固ヨリ株主其人ノ自由ナリ、是レ後見人ト異ナル所ニシテ、後見人トシテ選任セラレタル者ガ、故ナク就任ヲ拒ムヲ得ザルコトハ、法ニ特別ノ明文アルニ因ル、然ルニ会社ノ重役ハ、同ジク法定代理人ナリト雖、特別ノ明文ナキヲ以テ、一般ノ法理上其就任ヲ強要セラルルコト無ク、有効ニ之ヲ拒絶スルコトヲ得ベシ、然レドモ就任ノ諾否ニ付キ、此ノ如キ自由アルノ故ヲ以テ、既ニ就任セシ重役ガ辞任ノ自由アリト為スハ、是レ前後ノ差異ヲ無視セルモノナリ、由来重役ノ選任ヲ受諾スルコトハ、即チ一定ノ期間（任期）其任務ヲ執ルコトヲ承諾スルコトナリ、即チ自ラ其義務ヲ負担セシモノナリ、……義務者ガ自己ノ任意ニ其義務ヲ免ルルコトヲ得ザルハ、吾人ノ贅言《ぜいげん》ヲ俟タズ(110)」。

こう述べて岸本は、取締役がその職を辞するには、必ず会社（株主総会）に対して解任請求をなす必要があると説いている(111)。

(9)　右の問題については、株式会社と取締役・監査役との間に契約関係が存在することを前提としつつも、取締役・監査役からする一方的な辞任の意思表示に必ずしも絶対的効力を認めないとする主旨の論稿(112)も存在する。

(10)　次に、会社属人法につき本店所在地法主義の立場から、外国会社に関する商法二五八条を批評した山田三良の論稿(113)を挙げておこう。

わが国に本店を設ける会社は、純然たる内国会社として、当然にわが商法の規定に服すべきであるから、二五八条の「日本ニ本店ヲ設ケ」という規定は無意義であること(114)、同条は、日本法の適用を避けるために外国に仮装の本店を置く擬似外国会社を規制する意味を有するもの(115)の、外国に現実の本店を設けてわが国に営業の中心を有する会社については、民法三六条の例外として、これを外国会社としてその成立を認許しないこと(116)、等を述べたものである。

(11)　右に関連して、この年の梅謙次郎の商法二五八条に関する論評を掲げておこう。

「外国で設立はしたが本店は日本に置いてさうして営業をする、斯う云ふ会社であるならば是は確かに日本に於て組織するのが当然であるのですが、日本の法律に依るまいと云ふので態態《わざわざ》外国で設立したものとしか見えない、さう云ふものは矢張日本の法律に従はなければ会社とし法人とし我邦の法律は之を保護しない、又本店は仮りに外国に置いても、其営業の主たる場所を日本に定むる即ち日本に於て重に営業をすると云ふ目的であるならば、是亦日本で設立するのが当然であるのを、態態日本の法律を潜る為めに外国に設立したものとしか思はれない、依って斯う云ふ場合でも日本の法律を適用すると云ふ事になって居る、此日本に本店を設ける所の会社、日本に於て営業を為すを主たる目的として居る所の会社が、果して外国会社であるか日本会社であるかと云ふことは或は問題であらうと思ひますが、理論からは是は外国会社である、併《しか》し今述べたる理由に依って外国会社たるにも拘らず、日本会社と同じやうに日本の法律に従はなければならぬと云ふことに定めたものと見るのが穏当であらうと思ひます[117]」。

(12) 判例評釈として、会社・取締役間の監査役の承認なき手形行為の効力の問題を扱った大阪高判明治三六年三月一九日法律経済一三号二四頁に対する梅謙次郎のそれを挙げておこう[118]。後掲**資料1**の【**33**】大審院判決より約半年早いもので、調べた限りでは、会社・取締役間の取引の効力の問題を扱った最も古い評釈のひとつであると思われる。

大阪控訴院は「手形ノ受取人ガ振出人タル会社ノ取締役ナリシ手形ノ受授ニ付キ監査役ノ承認ヲ経ザルモ之ヲ以テ善意ニ本訴手形ノ裏書譲受人ニ対抗スルコトヲ得ザルモノ」と判決した。その理由は「若シ如此理由ニ依リ手形取得者ニ対抗シ得ルモノトセバ手形ヲ受授スルニ当リ手形関係人ノ職業、監査役ノ承認ノ有無等ヲ一一調査セザルベカラズシテ甚シク手形流通ノ円滑ヲ欠ク」と言うものであった。梅謙次郎は、右の判旨に反対している。

梅によれば、当時の商法一七六条は、双方代理に関する民法一〇八条の特別規定であり、会社・取締役間の取引について監査役の承認を欠けば「其行為ノ全ク無効ナルコトハ恰モ民一〇八ノ規定ニ反シタル行為ガ無効デアルノト同一デアル[119]」としている。たとえ手形取引であっても、「苟《いやしく》モ手形ノ振出人又ハ受取人ガ株式会社デアル以上ハ其会社ノ取締役ガ誰誰デアルカト云フコトハ必ズ調ベタ上デナケレバ其手形ヲ譲受クルコトハ出来ヌ筈デアル、然ラズバ手形ノ署名者ガ果シテ正ニ其会社ノ取締役デアルヤ否ヤヲ確ムルコトガ出来ヌカラデアル[120]」とする。もっとも「若シ夫レ立法論トシテハ手形ニ関シテ善意者ヲ保護スル特別規定ヲ設クル方ガ或ハ便利デアルカモ知レヌガ、其代リ之ガタメニ会社ノ保護ハ薄弱トナルカラ大ニ考フベキ所デアラウト思フ」[121]としている。しかし、「兎ニ角解釈論トシテハ以上論ズル所ノ如クデナケレバナラヌ」[122]と述べている。

(13)　この他の主たる論稿として、商法一六三条の適用を論じる富谷鉎太郎のもの[123]があるが、先に述べた同人の講演録（本章注74）と同旨である。募集設立においては必ずしも株式を引受けない発起人を認めてもよいとする趣旨の論稿[124]も存在する。志田鉀太郎が会社法論の一部を法学協会雑誌に公表している[125]。会社設立を論じている。

4　明治三七年

(1)　株式会社の取締役が、何時でもその意思に基づいて辞任することができるか否かに関して、片山義勝と松本烝治との論争がある。

片山は、会社と取締役との間には、委任と雇用とを併合する契約が存すると解するようである[126]。これを前提として、契約の解除がなぜに委任の規定のみによって断ずることができるのかと松本に問うた[127]。

右に対して松本は、会社と取締役との間は委任および準委任の関係となせばよく、規定を異にする雇用を持ち出す必要がないこと[128]、このことは、合名会社また合資会社の業務執行社員と会社との関係に異なるところがないこと[129]、取締役と会社との関係が委任でも雇用でもない独立の契約と言うなら格別、委任と雇用とを併合する契約と解するならば、委任および雇用に関する規定は共に適用があるのだから、片山説に立っても取締役は何時でも辞任しうるという結論になること[130]、このことは、支配人が何時でも辞任しうることからも明らかであること[131]、等を諭している。

(2)　松本烝治は、この時期きわめて精力的に論稿を公表している。以下、この年に公表された主要なものを挙げておこう。

まず、自己株式の取得を論じたもの[132]を挙げることができる。この問題に関するこの時期の松本の考えの総まとめ的な論稿と評価できるものである。

明治二六年の旧商法二一七条は、自己株式の取得・質受を原則的に禁じつつも、会社が取得した自己株式を特定の期間内（三ケ月内）に公売すべきことを命じていた。これに対し、当時の商法一五一条一項は、自己株式の公売という方法を捨て、その取得・質受の原則禁止を貫くという政策を採った。この立法政策を松本は以下のように評している。すなわち、「我商法ハ大体ニ於テ多ク独逸法ニ倣ヘリ、然ルニ此点ニ於テ独逸学者ノ非難セル旧法ノ規定ヲ採リ千八百八十四年（明治十七年）以後ノ立法例ニ従ハザリシハ頗ル怪ムベシ、此ノ如キ修正ハ改良ニ非ズシテ改悪ナリ、喬木ヲ去リテ幽谷ニ下ルモノナリ、余輩其可ナル所以ヲ知ラズ」[133]。

同条項の評価は評価としておき、松本は、同条項の解釈上の問題点へと論を進める。

解釈上、例外的に会社が自己株式の取得を許されるのは、第一に株主の失権によって株式が会社に帰属する場合、第二に資本減少の規定に従いまたは定款に定める所によって株主に配当すべき利益をもって株式の任意的消却をなす場合、稀有な例としては合併によってたまたま自己株式を取得する場合に限られるとする[134]。そして、商法一五一条一項に反して自己株式を取得・質受した場合の行為の効力は、違法にして無効であると解している[135]。

株主の失権によって会社が自己の株式を取得し、競売をなすも競落人がないときには、会社は自らの株式を保有することにならざるをえないが、このような場合には、自己株式といえども時価を有する限りは財産であると捉えることができるから、時価を付して財産目録および貸借対照表の貸方欄に記載できるとする[136]。また、会社はその株式から生じる利益または利息の配当を受けることができると解している[137]。自己株式につき会社は議決権を行使しえず、新株引受権も当然に停止すると述べている[138]。

(3) 松本烝治の次の主論稿として、会社設立行為の法律上の性質について考察したもの[139]を挙げよう。

当時は会社設立行為を組合契約の一種と解する説が少なからず提唱されていたようであるが、松本は、「法人設立行為ハ即チ新人格者ヲ創設シテ之ガ社員ト為ルノ行為ニシテ行為者相互間ニ於テ権利ヲ得義務ヲ負フコトヲ目的トスル契約ト異ル、勿論設立者相互間ニ於テハ会社ノ設立ヲ目的トシテ組合契約ヲ締結スベシト雖モ会社ノ設立ヲ目的トスル組合契約ト会社ノ設立行為トガ別個ノ行為ナルコトハ数人ガ共同シテ財団法人ヲ設立セントスル組合契約ト財団法人設立ノ為メニスル寄附行為トガ別個ノ行為ナルト毫モ区別スベキ所ナキナリ、而シテ……会社ノ設立行為モ亦単独行為ニ帰スルモノタリ(140)」と述べている。

株式会社の設立に際して、発起人が会社に対して出資義務その他の義務を負担するのは、発起人が締結した組合契約の内容として、未来の法人たる会社の利益のためにする契約が存在するからであると解する志田鉀太郎説(141)に対し、松本は、「設立者ガ会社ニ対シテ義務ヲ負フニ至ルハ恰モ財団法人ノ設立者ガ寄附行為ニ因リテ法人ニ対スル義務ヲ負フニ至ルト同ク会社設立行為自体ノ効果ニ外ナラズト解スルモノナリ、苟モ会社ノ設立行為ナル単独行為ヲ認ムル以上ハ其会社ノ設立ト同時ニ発生シタル会社ト社員トノ間ノ法律関係ハ此行為ノ当然ノ効力ニ外ナラズト説明シテ始メテ論理ノ貫徹ヲ期スルコトヲ得ベシ(142)」と反論している。

松本は、さらに志田説を批判して、志田は株式の引受の法律上の性質を引受が発起人相互間のみに行われる場合と株主を募集する場合とによって異なるものとし、発起人相互間の引受は契約であり、株主申込人のなす引受は一種の単独行為と解するようであるが(143)、「株式ノ引受ハ一種ノ行為ノ併合ニシテ発起人相互間又ハ発起人ト申込人トノ間ノ契約ト将来ノ会社ニ対スル入社的ノ単独行為トヲ包含シ引受人ト会社トノ間ノ法律関係ハ総テ此単独行為ノ効力トシテ発生スルモノノナリトス(144)」と述べている。

(4)　次いで松本は、取締役の法的性質について考察した論稿(145)を公表している。

法人の機関とは法人という人格者の組織の一部分であって独立の人格者ではない、つまり取締役たる人が自己の資格においで独立した人格者であることは言うまでもないが、会社機関としての取締役は会社の組織の一部分であって独立の人格者ではない。取締役は言わば会社の手足口舌であるから、その取締役によってなされた法律行為はすなわち会社の法律行為であり、彼によってなされた不法行為はすなわち会社の不法行為であると説明している(146)。続けて「民法上ノ普通ノ代理関係ト混同スルハ非ナリ、代理トハ他人ノ為シタル行為ガ直接ニ本人ニ対シテ其効力ヲ及ボスヲ謂フ、取締役ハ会社ノ機関ニシテ独立ノ人格者ニ非ズ、取締役ノ行為ハ即チ会社ノ行為ニ外ナラズ[147]」と述べ、取締役は会社の代理人ではないとしている。これを前提として、「我法典ガ公益法人ノ理事及ビ会社ノ取締役等ニ付テ代理権ナル語ヲ用ヒタルハ余輩ノ慊《けん》焉《えん》タラザルヲ得ザル所ナリ（商法第六二条、第一七〇条第二項、民法第五四条）[148]」と述べる。

取締役が法定代理人か否かについて、代理と代表とを区別すればかかる問題を考察する必要はないが、わが法典がこれを代理人とみたことにより、この問題を決する必要があるとして[149]、この問題を考察している。松本は、「法定代理人ヲ以テ法律上欠クベカラザル代理人ヲ指スモノトスレバ取締役ノ法定代理人タルハ疑ヲ容レズ[150]」としたうえで、以下のように述べている。「我民法ハ法定代理ニ対スルニ委任代理ヲ以テシ代理権ガ委任ニ因リテ授与セラレタルトキハ之ヲ委任代理トシ然ラザルトキハ之ヲ法定代理トスルモノノ如シ、此ノ如キ意義ニ於テ法定代理ト謂フトキハ取締役ガ法定代理人ナリヤ否ニ付テ疑ヲ生ズ、然レドモ余輩ノ信ズル所ニ依レバ取締役ノ代理権ハ始ヨリ其取締役ナル地位ニ付着シテ存スル所ニシテ委任ニ因リテ取締役員ニ授与セラルルモノニ非ズ、取締役ハ当然会社ノ法定代理人タリ……故ニ此意義ニ於テモ取締役ハ法定代理人ナリト謂フヲ可トス[151]」と。そして、「取締役ガ法定代理人タルコトト取締役員ト会社トノ関係ガ委任ナルトハ同時ニ併立スルコトヲ得ベク各別個ノ観念ニシテ互ニ相矛盾スルモノニ非ザルナリ、此点ニ付テハ余輩ハ取締役ハ委任代理人ナリトセル前説ヲ撤回スルモノナリ[152]」と結論づけている。

(5)　右の松本の論稿に対しては、取締役を会社の機関と論じつつさらに法定代理人と位置づけた関係がやや不明確であるとの指摘がある。すなわち、「機関ナリトノ説ハ主トシテ法理的ニ立論シ法定代理ナリトノ説ハ解釈上ヨリ論述セラレタルモノノ如シト雖一ノ論題ノ下ニ相異リタル二説ヲ取リ共ニ取締役ナル性質ニ擬シ之ガ取捨ヲ決セザルガ如キハ果シテ論体其宜シキヲ得タルモノナリヤ否ヤ[153]」と指摘している。そして「会社ト取締役員トノ関係ハ委任関係ニシテ取締役ト会社トノ関係ハ法定代理関係ナリト云フニ至リテハ余輩大ニ疑惑ニ打タレザルヲ得ズ[154]」と述べている。ただ付言しておけば、この論者（小林銀造）は、会社・取締役間に委任契約の存在を否定する立場に立っているようである。

(6)　この年の松本烝治のその他の主要論稿としては、株金不払による株主失権手続を規定した当時の商法一五二条、同一五三条に関して精緻な解釈論を展開したものがある。[155] その中で、後掲**資料1**の大審院判決【26】【35】を支持している。また、法人実在説の立場から法人擬制説を批判した法人論に関するものも公表されている。[156] 財産目録に記載すべき財産とその評価に関する論稿もあるが、[157] これは商法総則分野の業績として評価されるべきものであろう。

(7)　次いで、松本烝治以外のこの年の主要論稿に移ろう。

まず、合名会社の社員でない者は、業務執行者たりえないという主題を論証した松波仁一郎の論稿[158]を挙げておこう。右の主題自体に関する論証には言及する必要はなかろう。この論稿において、株式会社の取締役を株主中から選任すべしとした当時の商法一六四条の立法政策に対して述べられた部分のみを紹介しておこう。以下のように記述されている。「株式会社ニハ株主総会ナル意思機関アリ監査役ナル監督機関アルヲ以テ何人ヲ取締役トスルモ濫用ノ余地割合ニ少ナキヲ以テ何人ヲ取締役トスルモ可ナルベク又株式会社ハ人ヨリモ財産ニ重キヲ置キテ設立シタルモノナルヲ以テ株主中ニハ適当ノ者ナキ場合アルヲ以テ株主外ノ者ヲ取締役ト為シ得ルコト彼ノ何人ヲ財団法人ノ理事ト為スモ可ナルモノニ類スルニ会社全体ノ利害ト社会公衆ノ保護ヨリシテ必ズ之ヲ株主中ヨリ選任セシムルモノト[159]」したのが同条の主旨である。

(8)　株式引受の性質について論じたもの[160]がある。株式申込人による株式申込は設立中の会社への入社契約の申込であり、発起人による割当はその申込に対する承諾と解する見解に対して、株式の割当方法は発起人の自由であるから、株式申込に対する割当は必ずしも符号していないのであり、割当は申込に対する承諾ではなく理論上は新たな申込であるとの主張である。株金の払込によって入社契約が成立すると解するようである。[161]

(9)　梅謙次郎による会社法関連判例講釈がいくつかあるが、ここでは横浜区裁明治三六年一一月一一日決定法律新聞一七二号一八頁に関するもの[162]を挙げておこう。裁判所は「役員選挙権ナルモノハ其各選挙期ニ相当スル株主総会独リ之ヲ行フベク」という理由で、監査役の予選決議を無効としたようである。梅は、株主総会の決議も法律行為の一種であるから、とくに法律が禁じていない限り、期限付または条件付の決議は許されるとして、右決定に反対している。[163] 株主総会は何時でも役員を解任できるのだから、予選した人物が気に入らなければ解任すればよいと述べている[164]。

5　明治三八年

(1)　会社の入社能力を論じた片山義勝の論稿[165]をまず挙げることができる。会社は自ら自己の社員たることを得るか、会社は他の会社の社員たることを得るか、について論じたものである。

株式会社の自己株式取得禁止規定を、資本団体としての株式会社の特徴から説明するのではなく、会社が自己の会社の社員たりえないとする入社能力を欠くという側面から構成しようと試みている[166]。

言及すべきは、とくに合名会社が他の合名会社の社員たることを得るかという主題に対する考察である。理論上これを排除する理由はないとして、「苟クモ財産上ノ能力アル者ニシテ合名会社ノ社員タルヲ得ズト云フノ理ナシ[167]」と述べ、会社は他の会社の無限責任社員たりうると結論づけている。無限責任社員がみずから業務の執行に当りうる者でなければならないという点についても「其業務執行ノ如何ノ如キハ寧ロ枝葉ノ問題ナリト信ズ[168]」と述べている。

(2)　右の問題に対しては、立法論としてはともかく、解釈論としては会社は一般的に他の会社の社員たることを得ると解すべきであるとする宮代又治の論稿[169]も存在する。

(3)　松本烝治もまた、法人の能力を一般的に論じた論稿[170]の中で、右の問題に関連して以下のように述べている。「我法律ニ於テモ法律若クハ法令又ハ定款若クハ寄附行為ニ別段ノ定ナク且定款若クハ寄附行為ニ因リテ定メラレタル目的ノ範囲ヲ超エザル限リ法人ト雖モ他ノ法人ノ社員ト為ルヲ得ベキモノト解シテ可ナリ、例ヘバ株式会社ノ株主ト為リテ其株式ヲ有スルハ財産利用ノ一方法タルニ過ギザルヲ以テ公益法人ト雖モ其財産ヲ利用スル一方法トシテ株式会社ノ株式ヲ取得シ其株主ト為ルコトヲ得ベシ、之ニ反シテ会社ノ無限責任社員ト為ルハ全財産ヲ会社事業ニ傾倒スルモノナルヲ以テ公益法人ハ之ト為ルヲ得ザルモノト解シテ可ナルベシ[171]」。このように松本は、公益法人が他の会社の無限責任社員たりえないと説く。会社について明確な言及はないが、おそらく他の会社の無限責任社員たりえると解するのであろう。

(4)　次いで松本烝治は、株式引受の法的性質を考察した論稿[172]を公表している。これは、明治三七年に公表された彼の会社設立に関する論稿（本章注139）の続編とも言うべきものである。

松本は、「株式申込人ノ申込ニ対スル発起人ノ承諾アリテ始メテ株式ノ引受アルモノト謂フハ最モ充当ナル解釈ナルベシ[173]」とし、「株式引受人ト発起人トノ間ノ関係ハ契約ノ観念ヲ以テスルニ非ザレバ闡明《せんめい》シ難キモノ少カラズ、殊ニ会社ガ設立セラレザリシ場合ノ如キニ於テ然リトス[174]」と述べ、契約の存在を肯定する。そのうえで、「株式ノ申込ハ一方ニ於テ会社設立ノ為メニスル単独行為ヲ包含ス、株式引受人ガ会社ニ対シテ義務ヲ負ヒ会社ノ社員タル地位ヲ取得スルハ其単独行為ノ効果ナリ、又他方ニ於テハ発起人ニ対スル申込ヲ包含ス、発起人ガ株式ノ割当ニ拠リテ之ニ対スル承諾ヲ為シタルトキハ株式申込人ト発起人トノ間ニハ会社ノ設立ヲ目的トスル一種ノ契約ヲ生ズベク株式申込人ハ之ニ拠リテ株式引受人ト為ル、株式引受人ト発起人トノ間ノ法律関係ハ此契約ニ拠リテ生ズルモノト解スベキナリ、株式ノ申込ハ其形式ニ於テハ一個ノ行為ナルガ如キモ実質ニ於テハ此二個ノ異種ノ行為ノ併合ナリ[175]」と述べて、いわゆる両性説ないし二行為並立説に添った主張を完成させている。

(5)　この他の主要論稿として、有限責任を解説した高根義人の論稿[176]と岡野敬次郎の論稿[177]を挙げておく。後者においては、合資会社の有限責任社員の責任は直接責任であると説かれている[178]。

(6)　梅謙次郎が再び会社・取締役間の取引の効力に関する大審院明治三七年六月二一日判決民録一〇輯九五六頁（後掲資料1の【44】判決）に対する評釈[179]をしている。当時の商法一七六条違反の取引の効力について大審院は、会社がその行為を取り消す意思を表示してはじめて無効となると判示した。これに対し、梅は次のように批判している。

「抑取消ナルモノハ有効ナル法律行為ヲ無効ニ帰セシムルモノデアッテ而モ原則トシテハ初ヨリ無効ナリシモノト見做スノデアルカラ法律ニ明文ガナケレバ出来ヌモノデアル、今商一七六ニハ『取締役ハ監査役ノ承認ヲ得タルトキニ限リ自己又ハ第三者ノ為メニ会社ト取引ヲ為スコトヲ得』トアル、之ヲ解釈シテ監査役ノ承認ヲ得ザル取締役ト会社トノ取引ヲモ有効トスルナラバ之ヲ取消スコトヲ得ナイノハ勿論デアルガ『監査役ノ承認ヲ得タルトキニ限リ……会社ト取引ヲ為スコトヲ得』トアルカラ其承認ヲ得ナイ取引ヲ有効トスル者ハナイデアラウ、然ラバ違法ノ行為デアルカラ無効デアルト曰フノ外ハナイ(180)」と。

6　明治三九年

⑴　この年に活躍が目立つのは松波仁一郎である。彼の論稿のうち、まず明治四四年改正にかかわりのあるものから概観しておこう。記名株の譲渡禁止に関する商法二二三条二項の立法政策の是非を論じたもの(181)がある。

当時の商法二二三条は、その一項において、会社が合併しようとするときはその旨を公告して株主総会の会日前一ケ月を超えない期間および開会中は記名株の譲渡を停止することができるものとしていた。同条二項は、株主総会において合併の決議をしたときはその決議の日から合併に必要な登記をするまで株主がその記名株を譲渡することができない旨を規定していた。とりわけ同条二項の右の禁止規定があるために合併の際には株式の譲渡が一時途絶して金融を妨げる結果を招くので、実務界から、この規定の削除を求める声が出ていたようである(182)。松波は右条項の是非を検討している。

右条項が定められた理由の主たる点は、総会において自ら合併を主張賛成しながら直後に自己の株式を譲渡するのは、会社に対して忠実でないということにあった(183)。松波は、この理由は譲渡禁止規定を維持するのに不十分であると以下のように述べる。すなわち、この理由は、合併に反対した者に譲渡禁止を課することを説明できない。株主間で譲渡の自由について差異を設けることが困難であるから統一的に譲渡しえないものと規定したにしても、この弁解は一般的な禁止理由としては不十分である(184)。自ら合併を主張しこれに賛成しながら決議の直後に株式を譲渡する者は「薄志弱行ノ徒」であろうが、「道徳論及ビ品性論ヲ以テ本問題ヲ処スルハ不可」である(185)。

さらに同条の一項と二項を比較して、一項において会社は総会中の譲渡は自らの判断で停止することも自由に放置しおくことも出来るのに対し、二項においては法律によって譲渡を一率に禁じているが「総会中ノ譲渡ハ公益ニ反セズシテ総会後ノ譲渡ハ公益ニ反スト認ムルハ此二者ノ間ニ過大ノ差異ヲ生ズルモノナリ(186)」と説いている。加えて、合併決議後といえど無記名株については自由譲渡を認めているのであるから、この点でも均衡を欠くと主張している。[187]

結局松波は、商法二二三条を「会社カ合併ヲ為サント欲スルトキハ其旨ヲ公告シテ株主総会ノ会日前一ヶ月ヲ超ヘサル期間開会中及ヒ合併決議ノ日ヨリ合併登記ノ日マテ記名株ノ譲渡ヲ停止スルコトヲ得」と規定するのが穏当であると提言している。[188]

(2)　松波仁一郎のその他の論稿として、次いで私法上の「代表」の意義について考察したもの[189]がある。当時の民法学者が代理と代表とを必ずしも厳密に区別して使い分けていないのではないかとして、代表の意義を探ろうとしたものである。商法会社編において会社の社員または取締役が会社を代表するとまず規定され、後に直ちに彼らの代理権について規定されているという構成は、法人の理事に関する民法の構成に等しいとして、民商法に代表者と規定された者の性質を代表の当事者という側面と代表権の内容という側面から探るという手法をとっている。

法律関係の当事者という側面でとくに言及しておくべきは、私法上の代表者は必ずしも社団中の一員であることを要しないと述べ、商法上会社代表者が社員から選任されているのは立法政策上の問題であると明確に指摘されている点であろう。[190]

権限の内容という側面からは、代表権は代理権とその他の権限とを含む代理権よりも広い権限を含み、法律行為をなすことにとどまるものではないこと、[191]代表権に包含される代理権は法定の総括的代理権であること、[192]代表権は雇用を根拠とするものではないこと、[193]が指摘されている。

(3)　松波の主要論稿として、次に取締役選任論[194]を挙げておこう。大審院はこの時期に至っても、取締役の選任を単独行為と解する姿勢を改めていない（先に述べた後掲**資料1**【**24**】【**32**】の先例を維持している）が、東京控訴院等では契約説を採る判決例も現れはじめていたようである。松波も、学説の趨勢に従って契約説を支持する論稿を公表したのである。

松波が契約説を支持する主たる理由は以下のとおりである。「株式会社ハ財産会社ニシテ株主ノ義務ハ殆ド払込ノ一事ニ止マリ各株主ニ業務執行ノ義務ヲ負ハシムベキニアラズ、会社法ニ於テ特ニ会社ノ機関ヲ規定シ取締役ナル者ヲシテ特ニ執行機関タラシメタルヨリ見テモ各株主ニ執行ノ権利義務ナキヲ知ルニ足ル、株主ニハ総会ニ出席スル義務アリトイヒ得ザル程ナレバ業務執行ノ義務アリトハ一層言ヒ難シ、従テ（総会の選任決議を承諾しないで）何人モ取締役トナラザルトキハ他ニ業務執行ノ義務者ナ[195]」し。「或株主ヲ取締役ニ選任シ其者ノ意思如何ヲ問ハズシテ之ヲ取締役トスルハ株主ノ平等ヲ破ブリテ或株主ニ特殊ノ義務ヲ負ハシムルモノナリ[196]」。

(4) 右の選任論と対をなす形で、松波は取締役辞任論をも公表している[197]。取締役は、その自由意思によって辞任できない旨を主張するものである。

松波説は、取締役選任契約が委任でも雇用でもない無名契約であることを論拠としている。選任契約は、委任・準委任を含む広義の委任契約的側面を有するものの、雇用に類する労務提供義務をも発生せしめる無名契約である。したがって、期限の定めのある契約の一般法理に従い、随意に解約することは許されないと説く[198]。さらに、商法一六七条は、会社が株主総会の決議をもって何時でも取締役を解任することができる旨規定しているが、委任説を採れば、会社は何時でも取締役を解任できることは言うまでもないことであり、同条が有用であることを説明し難いと述べて、委任説の批判を試みるようである[199]。

(5) 取締役の辞任に関して、右の松波の論稿でも言及されているが、梅謙次郎の説を示しておこう。梅は、取締役の選任行為につき契約説を採らない。判例の単独行為説を前提として、取締役は絶対に辞任できないものではないと説いている。すなわち、「予ヲシテ言ハシムレバ委任、雇用ノ如キ受任者又ハ労務者ノ承諾ニ因ッテ成立シタルモノデサヘ或制限ヲ以テ辞任ガ出来ルノニ（民六二八、六五一）、取締役ノ意思ニ拘ハラズ之ヲ選任シタルモノガ絶対ニ辞任ガ出来ヌトハ殆ドアリ得ベカラザル事デアルト謂ハネバナラヌ[200]」。

(6) 岡野敬次郎は、当時の商法一五三条の解釈に関し、大審院明治三八年六月一二日判決民録一一輯九五四頁（後掲資料1の【54】判例）の構成を批判する論稿[201]を公表している。

岡野は、右判決を、失権株主の不足額弁済の義務を従前の株主として負担した株金払込義務と捉え、したがってその義務の不履行に基づき失権株主に損害賠償責任があると判示したものと評価している。[202]

岡野は、株主権とは権利のみならず義務をも含包する概念であり、株主権の喪失とは権利義務双方が消滅することであると説く。そして、商法一五三条三項においてとくに失権株主に不足額弁済の責任がある旨明定したのは、従前の株主として負担した株金払込義務それ自体を指すのではなく、法律が特段に失権株主に課した負担と解すべきであるとしている。[203]そして、この法定義務を履行しなかったことにより、滞納者が損害賠償義務を負うと解すべきであると説いている。[204]

(7)　なお、この年には日本興業銀行法（明治三三年法律第七〇号）が改正された（明治三九年法律第二号）同行は、改正法に基づく増資手続を行った。このとき、同行は商事会社としてわが国で始めて無記名株を発行したということをとくに付言しておく。右の改正法における増資手続を解説した論稿[205]がある。

(8)　法人論としては、法人実在説の立場から擬制説批判を試みた志田鉀太郎の論稿[206]がある。

(9)　その他の論稿としては、民事会社と商事会社の関係を論じ、現行法上、民事会社の取引上の行為は民法の支配を受けるから、一個の会社が商行為と非商行為の双方を目的とする場合に民商法の適用につき複雑な問題を生じると指摘するものがある。[207]会社が他の会社の機関たりうるかにつき、これを肯定的に論じたものがある。[208]合名会社の社員が他の社員の同意を得ることなく持分の譲渡をした場合、譲受人が民法四二三条の債権者代位権によって、たとえば会社に対する利益配当請求権等を行使しうるかにつき、肯定的見解を述べたものがある。[209]会社合併の性質論および合併の際の少数反対株主の保護等の不十分性を示唆したものがある。[210]株金払込に関する諸問題を論じたもの[211]があるが、とくに会社の破産が定款上に定められた株金払込義務の内容を変更するか否かにつき（破産に際し、当時の商法九二条が準用されるか否か）これを変更しないと解する梅説[212]に反対の立場をとったものであるという点に言及しておく。

7　明治四〇年

(1)　当時、実際界で少なからず行われていたと思われる「事実上の合併」方式を考察した片山義勝の論稿[213]がある。

事実上の合併とは、以下のようなものである。甲乙両株式会社が合併と同一の実を挙げる目的で、まず甲社の株主総会において、乙社が解散後その財産を包括的に承継すること、その対価として乙社の株主だった者に対して乙社の株主として有していた株式数に応じて新株を配付することを条件として乙社の資本金額と同額の資本増加をすること、を決議する。一方、乙社の株主総会において、乙社株主は現に有する株式数に応じて甲社から新株の配布を受け、これに対して解散後直ちに包括的に会社財産を甲社に譲渡することを条件に解散決議を行う。(214) 片山は、このような手続の効力を検証している。右のような方法は、会社法の合併規定を潜脱して、会社債権者の保護に欠ける。(215) 解散会社に対して商法が命じる法定清算手続を排除してしまっている。(216) かりに清算手続を排除していないと解するにせよ、清算行為ではない包括的処分をあえて行っている。(217) 多数決をもって奪うことのできない株主の残余財産分配権を蹂躙している。(218) 以上の理由により片山は、事実上の合併方式は法律上無効であると主張している。

(2) 会社・取締役間の取引の効力を論じた岡野敬次郎の論稿(219)を挙げておくべきであろう。

岡野は、当時の商法一七六条の適用範囲について、まず大審院判例の不統一を指摘している。すなわち「取締役カ自己又ハ第三者ノ為メ会社ト取引ヲ為ス場合」とは、甲が取締役として一方で会社を代表し、他の一方で自己の資格において取引をなす場合と、甲が自己の資格においてし会社を代表する者は乙取締役である場合と二つの場合を共に含むことが明瞭であるのに、これを正しく解釈している大審院明治三七年二月二〇日判決民録一〇輯一七三頁（後掲資料1の【38】判例）と、後者の場合に限ると解したと思われる大審院明治三八年二月七日判決民録一一輯一〇七頁（掲資料1の【47】判例）と趣旨において抵触する判例があると指摘している。(220)

手形行為が同条の適用を受けるか否かに関しては、特段の理由を付すことなく、「手形行為ノ法律上ノ性質ニ付テハ大ニ議論アリトハ云ヘ商法第百七十六条ノ取引ナルコトハ何人モ争ハヌ所デアラウ」(221) と述べ「手形行為自体ハ商法第百七十六条ニ所謂取引ノ一種ナルハ大審院ノ認ムル所デアル……兎モ角モ商法第百七十六条ヲ適用スルモノトスルヲ予ハ正解ナリトスルノデアル」(222) としている。

同条違反の取引の効力に関して、当時の大審院の態度に理解を示しつつも（後掲資料１の【44】【48】判例を引用している）解釈論としては反対せざるをえないとして、以下のように述べている。「取締役タル甲ガ一面ニ会社ヲ代表シ一面自己ノ資格ニ於テ取引ヲ爲シタル場合……ハ民法ノ原則ヨリ論ズルトキハ応ニ第百八条ノ一人ガ同一ノ法律行為ニ付キ其相手方ノ代理人ト為リタルニ当レルモノデアッテ全然無効タルベキハ毫モ疑ヲ容レヌ、然ルニ」商法一七六条の定めがある。「即チ民法ノ規定ニ照シテ無効タルベキ取引ガ商法ノ特別規定ニ依リテ監査役ノ承認アレバ其ノ効力ヲ認メラルルノデアルトノ趣意ハ明瞭デハアルマイカ、商法ハ監査役ノ承認アリタル場合ニ限リテ民法ノ適用ヲ受ケシメザルコトヲ示シテ居ルノデアルカラ若シ商法ノ必要トスル条件ガ備ハラザル場合ニハ此特例ニ依ラズ一ニ民法ノ規定ニ依リテ其効力ヲ決スルコトト云ハネバナラヌ、……既ニ此場合ニ於テ監査役ノ承認ナキトキハ会社ト取締役トノ間ニ於ケル取引ハ全然無効ナリト論ズルヲ正シトセバ取締役タル甲ガ同時ニ会社ヲ代表セザル場合ガ同一条文ノ支配ヲ受クルニ拘ラズ無効ニ非ズシテ唯会社ニ於テ取消権ヲ有スルニ過ギズト解釈ヲ異ニスルノハ固ヨリ謂ハレガナイノデアル」[223]。以上のように無効説を主張している。

(3)　合資会社の有限責任社員の責任が直接責任なのか間接責任なのかに関し、「間接責任説ヲシテ解釈上ノ定説タラシムルノ一助ト為サント欲」して公表された志田鉀太郎の論稿[224]がある。

直接責任説の論拠は、合名会社の社員の責任に関する当時の商法六三条が同一〇五条によって合資会社の有限責任社員を含む社員の責任に準用されるというものであったらしい[225]。志田は、六三条は有限責任社員の責任に準用されるべきでないと主張する。準用ありとすれば、有限責任社員相互間ならびに彼らと無限責任社員との間に未だ拠出なき出資額を限度とする変種の連帯を認めざるをえないから法律関係が複雑となるし、出資の度毎の公示方法もないので会社債権者保護にも十分ではないとしている[226]。何と言っても出資は内部関係の問題であって、外部関係たる社員間の連帯債務の目的のためには特別の条文が存しなければならないと説く[227]。有限責任の根本観念はすべての会社に共通であり、「会社ガ法人タルコトヲ言明シタル立法例ニ在テハ会社ノ債務ハ会社財産ヲ弁済スベク特別ノ条文ナキ限リ社員ハ其弁済ノ責ニ任ゼザルヲ以テ本義ト為スベキ」[228]であるとしている。

(4) 記名株式の担保に関する石原三郎の論稿[229]がある。当時の記名株式の質権設定は、もっぱら民法の権利質の規定によった。周知のように、民法三六四条一項は、同四六七条の規定に従い第三債務者に対する通知または第三債務者の承諾を指名債権質の対抗要件としたが、同条二項は「前項ノ規定ハ記名ノ株式ニハ之ヲ適用セス」とした。民法施行後数年を経て、株式質に民法三六四条一項の適用がないのは不便という意見も生じたようで、実業団体の一部からは実際に同条二項の削除を求める建白書の提出もあったようである[230]。石原の論稿は、かかる削除が適当か否かを考察しようとしたものである。

実際には質権設定者たる株主から会社に対して質権設定を書面で通知したり、承認を求めたり、あるいは「貴行台帳に質入記入之程願上候」と登録すら求める例もあったようである。質権者の不安心から質権設定者に交渉してこのような手続が試みられたのである。しかし、会社当局者としては、法律の規定によるものではないとして、通知書の受理を拒否することもあった[231]。削除論には右のような事情も関係していた。一方で、株式仲買業者が当座取引や手形割引の担保として自己が扱う株式を、ひんぱんに取換・引換を繰り返しつつ、銀行の担保に供する場合や、銀行が金融の都合上、担保にとった株式を再担保に供する場合などは、民法三六四条二項の存続が好ましいとされていた[232]。

石原によれば、右のような事情を勘案すれば存廃それぞれに一長一短があり、学理上も、たとえば記名社債質の規定(民法三六五条)と比較すれば権衡を欠くが、取引上、株券と社債とが担保として流通輾転する実情を思えば、規定を異にしても直ちに不権衡とは言い難いのではないかと指摘している[233]。逆に、会社に質権設定を確認させれば、たとえば不心得な債務者が株券の紛失を理由に株券の再交付を受けて法律関係が複雑になるのを防止しうるし(当時の商法には、公示催告による無効宣言や除権判決後の再発行に関する規定は存在しなかった。定款において「新株券ヲ交付シタルトキハ旧株券ヲ無効トス」との規定を置く例が最も多かったようである)、会社合併のときや、会社解散の場合に質権者が害されるおそれが少なくなると説いている[234]。

結局石原は、民法三六四条二項の削除・存置のいずれにも与せず、株式質には指名債権質対抗要件の一般手続を適用しないことを本則としつつ、当事者がその手続に従うことを便宜として適法の手続をしたときは、会社が株主名簿にこれを記入すべきものと修正するのが穏当であるとしている(235)。

なお右の論稿の中で、会社合併の際における株式質の効力が問題となった東京地裁に係属した事件が紹介されている（言渡年月日は明らかではない）。当時の銀行業界に相当の波紋を生じた事件であったらしい。参考のため事実の概要と東京地裁の判旨を掲げておこう。

X銀行は、訴外Aに融資するにあたり、Aの有するB_1会社の記名株式の質入れを受け、この株券を占有していた。ところがB_1会社は、B_2会社およびB_3会社と合併し、Y会社が新設されるに至った。やはりAの債権者であった訴外C銀行は、AのY社に対する新株交付請求権を差し押さえ、次いで取立命令を得たので、Y社に対して新株権を交付するよう要求した。Y社は、この命令を適法であると認め、旧株券との引換を求めることなく執達吏に新株券を交付してしまった。C銀行は直ちにこれを競売に付し、競落金を自己のAに対する債権に充当した。これを知ったX銀行は、直ちに自己の占有するB_1社の株券を競売に付し、自己競落のうえ、Y社に対して名義書替と新株の引渡を請求した。Y社がこれを拒絶したため、X銀行が本訴に及んだ。なおX銀行とは横浜正中銀行である。B_1社は日本麦酒株式会社であり、B_2・B_3社は、札幌・朝日の各株式会社である。Y社とは、大日本麦酒株式会社である。

東京地裁は以下のように述べて、X銀行の請求を退けている。「合併ハ既存ノ会社ヲ消滅セシムルト同時ニ一会社ヲ新設スル手続ナルヲ以テ合併ニヨリテ新設シタル会社ハ消滅会社ノ変更ニ非ズシテ全然別個ノ会社ナリ、而シテ会社ノ株式ハ会社ノ消滅ト共ニ消滅スルモノナルヲ以テ元B_1社ノ株式ハ右ノ合併ト同時ニ消滅スルモノト云フベク従テY社ノ株式ハ元B_1ノ株式トハ全ク別物ナルガ故ニ訴外Aガ元B_1社ノ株式ヲ有セシコトハ当事者間ニ争ナク原告X銀行ガ同人ニ対スル債権ニヨリ右株式ニ就テ質権ヲ取得シタルコトハ甲第一号証ニヨリ之ヲ認メ得ベキモ其質権ハ右株式ノ消滅ト同時ニ消滅シタルモノナリ(236)」。これに付加して、次のように述べられている。「尤モ訴外Aガ得タル被告Y社株式ハ元B_1社株式ノ消滅ニヨリテ得タルモノナルヲ以テ原告X銀行ガ民法第三〇四条、第三五〇条、第三六二条ノ二項ノ規定ニヨリ差押ノ手続ヲ行ハバ原告ハ訴外Aノ右被告会社株式ニ就テモ質権ヲ得タルモノト認ムルヲ得ベケレドモ原告ハ右ノ手続ヲナシタルコトヲ主張セザルヲ以テ之ヲ認ムルニ由ナシ[237]」。

石原は、合併の場合に旧会社の株式について取得した質権は旧会社の消滅によって消滅するものではなく、新会社の株式に対しても当然その効力を及ぼすものであり、差押も不要であると右判決を批判している[238]。

(5) 判例評釈として、大審院明治三九年一〇月一九日判決民録一二輯一三七七頁（後掲**資料1**の【**70**】判例）を批評した岡野敬次郎のもの[239]がある。

右判例が、計算書類の承認は当然に取締役および監査役に対する責任解除の効力を有すると判示したことは正当であると評価している[240]。しかし、右判例において、会社が損害賠償に関する取締役の責任を免除させたくないと欲するときは、総会において承認を与えないか、又は、取締役をして依然責任を負うべき旨を特約させる必要があるとした点については、以下のように述べて、批判している。この判決は、計算書類の承認と責任解除とを混視しているようである。すでに発生している損害を取締役に賠償させるか否かは計算書類の承認とは別問題であって、総会において書類を承認ししかも取締役に賠償させるべき旨を議決することは妨げられない[241]。また、計算書類の承認をして取締役に対する請求権を留保する方法を通常の方法として認めるべきであり、取締役が任意に会社に対して責任を負うべきことを約するといった方法はむしろ異例に属すべきである[242]。

(6) その他の論稿として、日露戦争後の会社勃興期にきわめて悪質な手口を用いて暗躍した「会社製造業者」の跳梁を鮮やかに活写したものが法学志林に掲載されている[243]。これは、学術的に分析するよりも、むしろ記録的作品（ドキュメンタリー）として興味深いものであると思われる。

8　明治四一年

(1)　取締役の選任行為について、契約説を批判して単独行為説を主張する梅謙次郎の講演録[244]がある。梅によれば、この問題は立法当時多少の問題ではあったが、とくに規定を設けず、民法の規定に委ねたのは立法者の意思であったと述べている[245]。そして、民法学者の立場から以下のように論じている。わが民法の代理については、各種の代理に関する通則を規定しているのであるから、取締役もまたこの通則の支配を受ける。民法上、代理には法定代理と委任代理の二種があるが、法律の規定による特定の機関たる株主総会が選任した取締役はすなわち法定代理人となる。法定代理人たる以上、委任代理の観念を容れる余地はない[246]。以上のように述べて「是レ予ガ我国現行私法全体ノ精神ヲ討究シテ単独行為説ヲ採ラザルベカラズト主張スル所以ナリ[247]」としている。

株主総会の決議の法的性質について、梅は、「其決議ノ性質ニ付テハ議論ノ存スル所ナリト雖モ予ハ意思表示ナリト解ス、只夫レ意思表示ト云フト雖モ法人ノ意思表示ナリト為シ或ハ株主総会ノ意思表示ト為スハ非ナリ[248]」と述べ、「各株主ガ有スル意思ヲ表決シタルモノハ即チ此決議ナル意思表決ヲ構成スルモノニシテ……強テ言ヘバ不特定人ニ対スル意思表示ナリ[249]」としている。そして、特定人に対する意思表示でない以上、取締役の選任決議を契約の申込と構成することは適当でないと述べている[250]。

単独行為説によれば、選任決議によって選任された取締役は自らの意思に反して責任を負わざるをえないという批判に対し、梅は次のように述べている。「若シ夫レ責任重キ故ヲ以テ取締役タルコトヲ欲セザル者ノ如キハ直ニ辞任セバ則チ可ナリ、予ノ説ニ従ヘバ辞任モ亦直ニ効力ヲ生ズルガ故ニ選任ヲ知ルト同時ニ辞任セバ由テ以テ自己ノ欲セザル重キ責任者タルコトナキヲ得ベシ、或ハ取締役ハ辞任スルコトヲ得ズト云フ者アレドモ偏見ニ非ザルナキカ、蓋シ彼ノ後見人及ビ親権者ノ如キハ辞任ヲ許サザルヲ本則トスルモ是レ公益上民法ニ特別ノ明文ヲ設ケタルニ因ルモノニシテ……斯ル特別規定ナキ場合ニ於テハ同一ニ論ズルコトヲ得ザルナリ、思フニ株主ノ主タル義務ハ株金ノ払込ニシテ取締役タルコト其他株主権行使ノ如キハ附随ノ権義ナルガ故ニ之ヲ強要スルコトヲ得ズ[251]」。

右の梅の主張は、明治四一年五月二四日に法政大学で開催された連合討論会でなされたものであったが、取締役選任行為の法的性質の問題は、明確な規定を欠いていた当時の大きな争点であったことがうかがえよう。

(2) 次いで、株式会社の設立無効に関する当時の商法二三二条の解釈について論じた志田鉀太郎の論稿[252]を挙げておこう。当時の二三二条は「会社カ事業ニ着手シタル後其設立ノ無効ヲ発見シタルトキハ解散ノ場合ニ準シテ清算ヲ為スコトヲ要ス此場合ニ於テハ裁判所ハ利害関係人ノ請求ニ因リ清算人ヲ選任ス」とのみ規定していた。設立無効の訴えに関する規定もなく、また会社と第三者との間にすでに成立した取引行為の効力等に関する規定も欠いていた。

志田は、同条の「解散ノ場合ニ準シテ清算ヲ為スコトヲ要ス」という文言からは、会社が事業に着手した後に設立の無効を発見したためにかつて会社の名において第三者との間でなされた法律行為がその効力を有するという意義を汲みとることはできず、この文言は単に会社解散の場合の清算規定を準用して善後処分をなすべき旨を規定したにすぎないと解釈すべきであると述べている[253]。同じく会社の名においてなされた第三者との法律行為にもかかわらず、事業着手前であれば無効であって事業に着手後は有効になると解するのはおかしいからであるとの理由付けがなされている[254]。法律上も無効の行為を有効とみなすとの規定を欠いており「我輩ノ解釈ノ正鵠ヲ射タルモノナルヲ知ルニ足ルベシ[255]」としている。

さらに志田は、「会社ト取引シタル第三者ハ会社ノ設立ガ無効ナリシコトヲ理由トシテ其法律行為ノ無効ヲ主張シ得ベキモ株主ト清算人トノ間ニ於テハ何レヨリモ之ヲ主張スルコト能ハズト解釈スベキ[256]」であると述べている。その理由は、「一方ニハ会社ト第三者トノ間ノ法律行為ヲ有効トスル旨ノ規定ナク他方ニハ解散ノ場合ニ於ケル清算ノ規定ノ準用上当然株主及ビ株主総会ノ二者ヲ前提中ニ加ヘザルヲ得ザレバナリ[257]」としている。また、清算人から第三者に対して会社の名においてなした法律行為の無効の対抗を許すか否かについては、「論理上積極説ヲ可トスレドモ公平上消極説ヲ是認スル者多カルベシ[258]」とのみ述べている。

(3) 民法上の営利社団と商事会社との関係を説いた岡野敬次郎の論稿[259]がある。

岡野は、民法上の営利社団も商法上の会社もその本質は全く同じであり、単にその事業が商行為であるか否かによって法律上区別されているにすぎないことを指摘する。[260] そのうえで、現行法に根本的な改正を施すことなく、民法の営利社団を商法上の会社とみなし、これに商事会社が商人として適用を受けるべき商法の規定を適用する事を提唱している。[261]

岡野は、民法三五条の趣意は、営利を目的とする社団は商行為を業とすると否との別なく同一の法規をもって律しようとする点にあるとし、同条の「商事会社に関する規定」の解釈につき、その範囲を商法第二編会社のみに限るのは必ずしも適当ではなく、その境界を画するのは難問というより不可能というべきであると述べている。[262] そうであれば、大体において営利社団をして全て商法の規定に従わしめるのが簡明便宜であって、種々の難問を解決するのに多大の効果があるから、民法三五条をきわめて広く解釈すべきであると主張している。[263]

なお、岡野の論稿中に、民事会社と商事会社の関係について、次のような具体的な混乱が存在したことが指摘されているので、参考のために掲げておく。鉱業会社は、自ら採掘した鉱物を製錬加工して販売しても、その行為は商行為ではないから商事会社ではない。そこで「曾《かつ》て農商務省は鉱業法の上から解釈したのであるか商事会社には鉱業権を与ふべからずと政策を定めた時期に在て同一の会社が二つの看板を掲げたことがあった。蓋し民事会社と商事会社との二つの資格を併有するの謬見《びゅうけん》に従つたのであるか或は農商務省に対する権宜の策として殊更に斯くしたるか知れざれど兎に角当時識者間の一笑柄《しょうへい》であった」[264]。岡野は右のように述懐している。

(4)　二名の社員からなる合名会社において、一方が他方の社員を除名しうるか否かについて考察した前田直之助の論稿[265]がある。当時の商法は、社員が一人となったときの会社の継続に関する規定を欠いていた。

前田は、社員の除名に関する当時の商法七〇条の規定の意義は「正々堂々有害ナル分子ヲ駆逐スル方法」であって、「獅子身中ノ虫ヲ退治スルニ外ナラ」ないものであり、会社の事業を継続することを前提としたものであると説く。[266] よって、解散とは相容れないものであるから、「従ヒテ合名会社ノ社員ガ二人ナル場合ニ於テハ其一人ヲ除名スレバ会社ノ解散ハ当然ニ伴ハルベキガ故ニ斯ル場合ニハ除名ノ規定ハ其適用ナシ」[267]と結論づけている。

なお当時の裁判所は、一般に当時の商法七〇条にいう「社員ノ一致」とは、除名されるべき社員以外に複数の社員の存在があることを前提とした規定と解していたらしく、その旨は大審院明治四二年一〇月一三日判決民録一五輯七七二頁（後掲資料1の【97】判決）において確認されることとなった。

(5)　法人が会社の監査役に就任する能力を有するか否かにつき、肯定的に論じた清瀬一郎の論稿[268]がある。右の問題に関する当時の学説の趨勢は、消極説であったようであるが、清瀬はこれに反論を唱えている。監査役の行為に対して処罰規定があることを根拠に、監査役を自然人に限るとする考え方に対しては、商法の罰則規定は監査役のみならず発起人の行為に関する処罰をも定めているが、学説判例は法人も発起人たりうることを認めているのであるから、処罰規定は根拠にならないと述べ[269]、「本問題ノ如キ場合ニハ宜シク法律ヲ改正シ法人ガ監査役ト為リタル場合ニモ其違反行為ニ対シテ有効ニ処罰シ得ルノ規定ヲ設ク可キノミ、偶々之ヲ欠クノ故ヲ以テ法人ニ該被選能力ヲ否認スルハ前後ノ序ヲ転倒スルモノト言ハザル可カラズ[270]」としている。また、能力の上からも信用の上からも、法人たることが監査役の欠格事由にならないと論じている[271]。

(6)　山田三良が外国会社に関する規定を次回の改正の際に考慮すべきであるとする主旨の論稿[272]を公表している。このうち当時の商法二五八条の規定に関しては、すでに明治三六年に彼が公表した論稿（本章注113）の論旨の再述である。加えて、法人格を有しない外国会社に関する規定の不備を指摘している。

商法第二編第六章にいう外国会社と民法三六条にいう外国商事会社が同一であるか、すなわち外国会社とは外国において法人格を有する商事会社を指すのか、あるいは本国において法人格がない場合でも社名を有するものは外国会社中に包含すべきか、について山田は以下のように述べる。第一に、わが商法において会社はすべて法人とするにもかかわらず、外国会社の規定に限って法人でないものを会社とするのは文理上許されない、第二に、いかなる外国語をもって「会社」の訳語に該当するものとすべきか、必ずしも明らかではない、第三に、商法の外国会社の規定は、外国法人の認許に関する民法三六条の規定を前提としない限り理解できない、よって、商法の外国会社は民法三六条の外国商事会社と同一であって、本国において法人格を有する外国会社のみを意味すると解すべきである[273]。したがって、本国において法人格を有しない外国会社に関する規定の整備が必要であると述べている。[274]

(7)　その他の論稿としては、「商法雑題」の連作として、資本増加の説明に関する岡野敬次郎のものがある。[275]また、会社法関連分野の論稿として、取引所の改善について述べた戸田海市のものがある。[276]

(8)　最後に、わが国の経済発展をふまえて、今後の立法のあり方に言及した仁保亀松の論稿[277]の一節を掲げておこう。「我国近時ノ立法策ハ概ネ法律ヲシテ経済ニ対シ干渉的開発ノ関係ニ立タシメタリト雖モ経済ノ強固ナル発達ハ其自働自発ノ発展ニ存スルコト勿論タルニ因リ経済界ノ進歩ニ従ヒ法律ヲシテ益々非干渉的認定ノ関係ニ立タシムルニ止メ経済其モノノ自由発展ヲ期セザルベカラズ[278]」。

9　明治四二年

(1)　まず、株式合資会社制度の廃止を唱えた松波仁一郎の論稿[279]を挙げるべきであろう。かつて欧州において株式会社に免許主義が採られたのは、この会社には無限責任社員が存しないので、その濫設によって公益が害されるのを防止することにあった。松波は、株式合資会社が案出されたのは、かかる株式会社法の免許主義を潜脱する目的にあったことは明白であると指摘する。[280]この沿革をふまえて、株式会社に免許主義を廃している今日、株式合資会社を設立する必要はないと述べる。[281]

わが国が会社法を制定するにあたって株式合資会社の導入の是非が検討された際、一人以上の無限責任社員が存することにより世人の信用が厚くなること、合資会社の持分の譲渡の不自由性ゆえに合資会社によって巨額の資本を集めることが困難であること、等が指摘され、導入論者は、これは空理ではなく実理であると主張したようである。[282]一方、松波は、立法当時から、右は空論であると主張していた。

有名無実の無限責任社員を生じれば、この会社制度の長所は無い。また、この会社の株主は直接間接に業務執行に関与できず、業務執行はたとえきわめて拙劣であっても無限責任社員がこれをなし、彼を解任することもできない。そうとすれば「此ノ如キ会社ニ出資スルヨリモ自ラ業務執行者ヲ任免シ且ツ自ラモ業務執行者トナル資格ヲ有スル株式会社ニ出資スルハ人情ナリ」[283]。

株式合資会社を設立して自ら無限責任社員となり、多くの株主を制御する実力のある者は、株式会社を発起しても多数の株主を得ることができよう。このような者は合資会社を設立しても多くの有限責任社員を得ることができよう。逆に、株式会社を発起する実力のない者は、株式合資会社を設立しようとしても、これに応じる者はないであろう[284]。現に「商法実施以来既ニ十年ヲ経過シ其間既ニ数万ノ会社ヲ生ジタルモ株式合資会社ハ寥寥《りょうりょう》暁星《ぎょうせい》ノ如キ有様ナリ」[285]。したがって、「此ノ如キ実用ナキモノノ為メニ商法ニ特別ノ一章ヲ設ケテ他ノ有益ナル規定ノ余地ヲ縮小スルハ不可ナリ」[286]。以上のように主張している。

(2) 取締役の責任に関して広く論じた西脇晋の論稿[287]がある。この論稿は、取締役の法律上の地位につき、わが商法は代理人主義を採っており、しかも委任代理と解釈するのが正当であるとの前提に立つものである[288]。

取締役の会社に対する責任については、その業務執行に関して会社と取締役との間に委任契約が存在するから、取締役は民法六四四条の善管注意義務を負うとする。「我ガ商法ニ於テハ斯ノ如キ明文ナシト雖モ取締役ガ会社ノ業務ヲ執行スルニ付テハ善良ナル管理者ノ注意ヲ要スルモノト解釈セザル可ラズ、而シテ立法論トシテハ疑ヲ避クル為メニ明文ヲ置クヲ可トス[289]」と述べている。

しかし、取締役が株主総会の決議に従って業務を執行し、その結果会社に対して損害を与えた場合には、責任を負わないとしている[290]。なお、法令または定款に反する行為をしたときはたとえ株主総会の決議に従った場合であっても第三者に対する責任を免れないとする当時の商法一七七条とはその趣旨を異にすると、とくに言及している[291]。

取締役が数人あるとき、一人の取締役の善管注意義務違反に対し、他の取締役も連帯責任を有するかに関しては、「我民法及商法ニ於テハ連帯ヲ推定セザルヲ原則トシ且商法取締役ノ責任ニ関スル連帯ノ規定ナキヨリ見レバ取締役ノ連帯責任ハ之ヲ認メザルト解スルヲ正当トス[292]」と述べている。

取締役の会社債権者その他第三者に対する責任に関して、当時の商法一七七条が「法令又ハ定款ニ反スル行為」と限定していることに鑑みて、取締役の受任義務懈怠から生じた損害に対して、第三者に賠償請求権はないと解されると述べている。(293)

右の西脇の論稿は、現行法の解釈としては、以上のようになると述べているのであるが「吾人ハ商法ニ於ケル取締役ノ責任ニ関スル規定ノ不備ヲ数フルニ躊躇セズ(294)」との観点から論述されたものであることを付言しておく。

(3)　会社の合併に関する毛戸勝元の論稿(295)がある。

わが商法が、異種会社間の合併を認めているか否かに関し、毛戸は以下のように述べている。「異種会社ノ合併ヲ認ムルハ少ナクトモ一会社ニ付テハ組織ノ変更ヲ認ムルニ同ジ、故ニ広ク会社組織ノ変更ヲ認メザル吾商法ノ下ニ於テハ異種ノ会社ノ合併ハ許サザルモノト解スルヲ穏当トスベシ(296)」。また、合併の効果に関する当時の商法八二条を引いて、八二条は「合併後存続スル会社又ハ合併ニ因リテ設立シタル会社ハ合併ニ因リテ消滅シタル会社ノ権利義務ヲ承継ス」と規定しているが、同条の「会社」はその規定の位置上合名会社を指すものであるから、同条は合名会社同士の合併を規定したものと解される、そして同条は他の種類の会社の合併に準用されるのであるから、わが商法は同種類の会社の合併のみを認めていると言うべきであると述べるのである。(297)

もっとも、異種会社間の合併を認めるか否かは、もっぱら立法論の問題であるとしつつ、株式会社が他の会社と合併して株式合資会社となるのは考慮を要するとする。株式合資会社の株主の地位が株式会社のそれに比して劣ることをその理由とする。(298)それゆえ、「若シ株式会社ト他ノ会社トヲ合併シテ株式合資会社ト為スコトヲ許サント欲セバ不同意ノ株主ニ持分払戻ノ請求権ヲ与ヘザルベカラズ(299)」としている。

合併の際の会社債権者保護手続に関して、会社債権者を保護するために商法が要求する手続（当時の二三六条、二三五条、一〇五条、七八条、七九条、八〇条）は、単に対抗要件にすぎないとされているが、これは法律関係を複雑にさせることになるので、イタリア法にならって、この手続を合併の成立要件とすべきであると提唱している。(300)

(4) 次に、一九〇八年（明治四一年）七月一日施行の英国会社法中の私会社（private company）が早くも松波仁一郎によって紹介されている(301)。この紹介論稿自体は、直ちにわが国会社法制に対する具体的提言をなすものではない。しかし、その目的は少人数からなる簡易な会社制度の必要性を示唆することにあったようである。このことは、右の論稿における次のような指摘からうかがうことができよう。

「会社ハ多人数ノ集合ナリ、通常ハ多人数ノ存スルモノトス、然レドモ同時ニ少人数ノ会社アルコトヲ忘ルベカラズ、或ル事業家ハ単独ニテ事業ヲ成スコトヲ好マズ左リトテ多人数ト集合シテ為スコトモ好マズ唯少数ノ知人ト合シテ為サント欲スルコトアリ、富豪ニ於テ多ク此例ヲ見ル、現ニ我国ニ於テモ三菱合資会社ハ岩崎久弥及ビ岩崎小弥太ノ二人ヨリ成リ三井合資会社ハ三井一家ノ十一人ヨリ成ル如シ、然ルヲ強テ法律ニテ会社ヲ為スニハ多人数ヲ要ストスルニ於テハ資本家ハ自己ノ欲スル会社ヲ設立スルヲ得ズ、強テ設立セントスルトキハ無理ニモ法律ノ外形ヲ充タサント欲シ実際ニハ二三人ナルニ表面上妻子兄弟使用人数等ヲ株主トシ以テ世ヲ瞞着《まんちゃく》スルニ至ルベシ(302)」。

(5) 松波は、右の他にこの年英国および独国の会社法の紹介稿(303)を公表しているが、とくにわが国の商法に対する提言を含むものではない。

(6) この年のその他の論稿として、岡野敬次郎が依然として「商法雑題」を連載している(304)。とくに合資会社の有限責任社員の責任に関して、当時の商法六三条の準用を肯定して、直接責任説を主張している点に言及しておくべきであろう(305)。他、会社法関連分野のものとして、取引所の意義を扱う長満欽司の論稿(306)がある。

10 明治四三年

(1) 株主の固有権について論じた竹田省の論稿(307)がある。まず、株主の権利中どのような権利を固有権と認めるかについて、統一的な標準を立てることが可能か否かを考察している。

竹田は、統一的な基準を立てることが無益であることを説く。すなわち、法律が株主の固有権というものを定めるのは、ひとえに便宜と実際の必要とに従ったまでのことであるから、解釈としては各規定および定款の定める所にしたがって各権利につき個別にこれを決する他ないと述べている[308]。ただ、法律は一方において特別決議をもって定款の変更を許容していることに鑑みれば「株式会社ノ本質、例へバ株主ノ責任ノ有限又ハ其株主ノ権利ノ平等、ヲ破ラザル限リ別段ノ依ルベキ規定ナキトキハ固有権ヲ為サズト云ハザルベカラザルナリ[309]」と述べている。

右をふまえて、各個の株主の権利につき概略的な考察をしている。株主の議決権（当時の商法一六二条）、総会決議の無効宣言を求める権利（同一三六条）、会社帳簿の閲覧権（同一九一条二項）その他いわゆる少数株主権等については、強行規定に依る権利であるから固有権であるとしている[310]。株券交付請求権について「吾人ハ吾商法ハ之ヲ絶対ニ必要トスト解スルヲ至当ト信ズ[311]」と述べている。

定款の定めによる株主の権利について、定款自体が定款の変更方法を定め、株主全員の同意または当該株主の同意がない限り定款の変更を許さないとした場合には、定款による株主の権利はすべて固有権となるとしている[312]。

定款変更の方法につき別段の定めのない場合または任意規定に関して定款に別段の定めをしなかった場合については、一般の基準が無いので各場合につき決せざるをえないとする[313]。いくつかの例を検討しているが、発起人の受くべき特別の利益やいったん法律または定款の規定によって定められた大株主の議決権の制限の変更等の、ある株主に特別の利益は、その株主の同意がなければ変更することができないので、固有権と解するようである[314]。株主が株券の種類を維持する権利、たとえば無記名株の全部又は一部を発行した後にこれを強制的に記名株に変更することが、株主の同意なしになしうるかについて、固有権でないとして肯定するようである[315]。株式の自由譲渡の禁止または譲渡要件の加重についても通常の定款変更手続によって可能としている[316]。利益の配当または残余財産分配権については、これらを固有権と認める理由はないが、株式会社の営利法人たる性質上、多数決をもってこれらの権利を奪うことは許されないので、株主の営利と相容れない程度においては、原始定款をもってしても、利益の配当および残余財産の分配をしないとすることはできないと解している[317]。

(2)　この年も梅謙次郎は、取締役の選任の性質について、わが商法の解釈論としては単独行為説に依らざるをえないとする主張を繰り返している[318]。しかし、注目すべきは、立法論としては、取締役に委任の規定を準用するのが便宜であるとの見解を新たに表明した点であろう。すでに、この年に行われていた会社法改正作業との関連で梅は以下のように述べている。

「此意見（取締役に委任の規定を準用すること）ハ法典編纂ノ当時ヨリ懐抱シテ居ッタ所ノ意見デアッテ、当時ハ行ハレナカッタノデアルガ、只今御承知デアラウガ法律取調委員会ナルモノヲ設ケテ商法ノ改正案ヲ調査シツツアル、私モ其席末ニ列ナッテ居ルノデアリマスガ、其法律調査委員会ニ於テ商法改正ノ必要アリト致サバ此等ノ点ハ或ハ改正ヲ要スル点デアル、少ナクトモ今度商法ノ改正案ガ出ルニ付テハ此問題ハ一ノ大問題トシテ何トカ解決セラルルノデアラウト私共ハ想像致シマス[319]」。

梅は、取締役に委任の規定を準用することが以下の点で便宜であると述べている。「取締役ノ責任ト云フモノハドウ云フモノデアルカ、取締役ハ会社ノ事務ヲ執ル上ニ於テ如何程ノ注意ヲシタナラバ宜イモノカト云フコトハ問題ニナッテ居ルノデアリマス、私ハ民法ノ第六百四十四条ノ規定ヲバ此場合ニ特ニ準用セズトモ解釈上略ボ同ジ事ニ帰着スルト思ヒマスケレドモ、兎ニ角此問題ヲ明カニシテ居ラヌト云フコトハ明カニ法典ノ欠点デアルト思ヒマス……私共ノ意見カラ申スト委任ノ規定ヲ準用スルトシタナラバ此六百四十四条ガ準用セラルルカラシテ、即チ取締役ハ恰度《ちょうど》委任ヲ受ケタル代理人ノ如ク善良ナル管理者ノ注意ヲ払ハナケレバナラヌト云フコトニナッテ都合ガヨイ、即チ便宜デアル[320]」。加えて、民法六五四条を準用する利点についても以下のように述べる。「任期ガ満チタ後或ハ辞任ヲ致シタル場合ニ取締役ハ何モ出来ナイト云フコトハナイ、後デモ急迫ナル事情アラバ必要ナル処分ヲ為ス事ガ出来ル、会社ニ対シ打棄テテ措ケヌ事ハシテヨロシイ、就中《なかんずく》総会ヲ開ク必要アラバ開クコトガ出来ルトシタナラバ大変便利デアル、サウナレバ議論ノ起リヤウガナイコトニナル[321]」。

結局梅は、「吾々ハ正シイ解釈ヲ取レバ単独行為説ヲ採ラナケレバナラヌ、ケレドモ……何ウモ夫レダケデハ実際ニ於テ足ラヌカラシテ、此度商法ヲ改正スルニ当ッテ之レヲ改メ委任ニ関スル規定ヲ準用スル[322]」としている。しかし梅は、

「性質ハ違フケレドモ委任ニ関スル規定ヲ取締役ノ選任ニ関シテ準用[323]」するとしているから、取締役の選任の性質に関しては、従来の単独行為説を維持したものと思われる。

(3)　株式会社の監査役制度の改革について私見を述べた岡野敬次郎の論稿がある[324]。岡野は、商法典の監査役制度について「立法上ノ見地ヨリ利害ノ講究スベキ余地アルノミナラズ修正ノ已ムベカラザルモノアリト雖我商法ノ主趣ハ大体ニ於テ敢テ不備ト云フベカラザルガ如シ[325]」と肯定的評価を与えている。しかし、監査役の現状は「法律ノ監査役ニ期待スル所一トシテ行ハレズ[326]」として、取締役の歓心を得なければその地位さえおぼつかず、常に取締役の鼻息をうかがい迎合し、計算書類には盲判を押して事足れりとしていると分析している[327]。

右をふまえて、岡野は私論を展開するのであるが、まず「監査役ノ全廃ハ現状ヲ非観スルノ甚シキモノニシテ予ハ之ニ与スル能ハズ又会社ノ監査ヲ私人ヨリ殺《のぞ》キ之ヲ国家ニ託セムトスルハ恰モ株式会社ノ設立ニ免許主義ヲ復活スルト同ジク害アリテ益ナキノ拙策ナリ[328]」と述べている。

監査役の資格を株主に限るか否かに関しては「予ハ株主タルノ資格ハ法律ノ要件トセズ之ヲ各会社ノ便宜ニ委スルノ弁法タルヲ信ズル者ナリ[329]」と説く。同一人が多数会社の監査役たることを制限すべきかについては、各会社の営業や資本の状況は区々であり、各人の能力もまた相異なっているから「一様ニ之ヲ律セムトスルハ杓子定規タルヲ免レザルノミナラズ之ヲ強行スルハ不可能ナリ[330]」と述べる。監査役がその任務を分掌すべきかに関しては「予ヲ以テ之ヲ見レバ唯計算ノ調査ニ付イテハ監査役ハ必ズシモ団体トシテ行動スルヲ要セズ各員独立シテ監査権ヲ行フコトヲ得ベキノ意ヲ明ニシ職務ノ分担ニ関スル規定ハ総テ定款ニ譲ルノ外ナカルベシ、而シテ縦令分業ノ制ヲ定ムルモ監査役ノ一体トシテ責任ヲ負担スルノ原則ニ至テハ変改ヲ加フルノ限ニ在ラズ[331]」とする。監査役の専門性に鑑みてその資格を法律によって定めるべきかについては「法律ヲ以テ画一ノ制ヲ命ズルハ絶対的不能ト云ハザルベカラズ[332]」と説いている。

(4)　監査役制度の改革に関しては、松本烝治も一編の論稿を公表している[333]。この論稿は、世上の監査役制度改正論は、おおむね英国会社法の常任検査役（Auditor）を参照して、わが国の監査役制度の改正を唱えるものと評価しえるが、沿革および法制を異にする点をまったく看過した改正論であるから、直ちに賛同しがたいという姿勢で論じられたものである。

松本は、独法を範とするわが国の監査役制度が、会社重役の相談役的立場であった大株主会が変遷の末に会社の監査機関たる監査役に進化したという沿革をふまえたものであり、したがって株主の利益のために会計の正否だけでなく業務監督権限をも有するものであることを指摘する。(334) これに対し、英国においては大株主会は最終的に重役会と合同するに至ったため、株主のために会計の正否を検査する必要のために、常任検査役が生まれ、したがって常任検査役には業務監督権限が無いと説いている。(335) 右のような法制・沿革上の違いがあるのだから、英法の常任検査役を参考にしてわが国の監査役制度の改正を唱えるのは「恰モ英国ノ牛ヲ以テ我国ノ馬ニ比較シテ我産馬ノ改良ヲ計ラントスルガ如キ暴論ナリト謂ハザルベカラズ(336)」と述べる。

さらに進んで松本は、世上の監査役改正論者が提案した具体的意見の検討を行っている。

第一に、監査役を株主以外の者から選任することを可能にせよという提案について、以下のように考察している。監査役を株主に限るとしているわが商法の政策は、沿革上は根拠があるものであるが、「立法論トシテハ……大ニ考究ノ余地アリトス(337)」。しかし、怪訝に思うのは、わが商法は監査役と同様に取締役も株主中から選任せよとしているにもかかわらず、取締役の方について改正を唱える声がないことである。「適当ノ人材ヲ得ルニ難キノ点ハ監督役ヨリモ取締役ニ付テ一層切実ニ感ゼラレルベシ、……監査役ノミニ付テ株主ニ被選資格ヲ限定スルノ不可ナルコトヲ論ジ一言ヲモ取締役ニ及ボサザルハ蓋シ世上ノ改正論ノ浅薄ナルモノナルコトヲ表明スルモノト謂フベキカ(338)」。こう述べて、取締役をも含めて「余ハ取締役及ビ監査役ニ通ジテ法律ヲ以テ其被選資格ヲ株主ニ限局スルノ必要ナシト信ズ、之ヲ各会社ノ定款ニ任シテ可ナリ、株主中ニ適当ノ人物ヲ有セザル会社ハ株主以外ノ者ヨリ重役ヲ選任スルコトヲ得ルニ至リ実際上ノ便宜多カルベシ(339)」と提言している。

第二に、公許計算人制度を設けて、このような資格者を監査役に当てるという政策の是非を以下のように検討している。わが国の監査役は、英法上の常任検査役と異なり、「重要ナル会社業務ノ一般ノ監督機関ニシテ会社業務ノ全体ニ通暁関知セルモノニ非ザレバ十分ニ其職責ヲ尽クスコトヲ得ベカラズ」[340]。このような意義での監査役制度を廃止するなら別問題であるが、現行の重責を「職業的ノ計算人ニ託スルハ余ハ其可ナル所以ヲ知ラザルナリ」[341]。さらに、かかる専門家に監査役を委ねれば「却テ会社ノ計算上ヨリ得タル知識ヲ濫用シテ私利ヲ営ムガ如キ者ヲ生ズルノ虞ナキヤ」[342]。こう述べて、消極論を展開している。

(5)　株式会社において、株金払込の割合が異なる場合の利益配当および残余財産分配方法に関して、商法の改正を主張する毛戸勝元の論稿がある[343]。

当時の商法一九七条本文は「利益又ハ利息ノ配当ハ定款ニ依リテ払込ミタル株金額ノ割合ニ応シテ之ヲ為ス」と定めていた。毛戸はこれを改め、株金額と払込金額の双方を斟酌すべきであるとの主張を展開する。およそ以下のようなものである。

企業所得は、資本の利息・企業者の労力の報酬および企業利得の三つに分かちうるが、株式会社にあっては、企業者の労力の報酬は取締役および監査役に与えるべきもので、資本の利息および企業利得が株主に帰すべきものである。前者は放資額に応じ、後者は危険の程度に応じて株主に帰すべきものであろう。株式会社において各株主は株金額に応じて危険を負担しており、株金全額を払い込んだ者もその四分の一を払い込んだ者も等しく株金額を失う危険を負担している。したがって、払込完了の株式と払込未了の株式とがあるときは、まず利益中から払込金額に応じて普通の利息分を配当し、その残額は株金額に応じて配当すべきである。一方で、利益が右の利息を配当するに足らないときは、少額の払込をした株主はその差額を他で運用しうるのであるから、まず多額の払込をした株主に払込の差額に応ずる利息を配当し、企業の利息がその配当をするにも不足するときは、割合に応じて配当額を減少させ、その不足額はこれに利息を付して次の営業年度の利益から優先的に支払うのが公平である[344]。

さらに当時の商法二二九条本文は、「残余財産ハ定款ニ依リテ払込ミタル株金額ノ割合ニ応シテ之ヲ株主ニ分配スルコトヲ要ス」と定めていた。毛戸は、わが商法上、残余財産とは会社の総資産から未払込額を控除したものであることは明白であるが、こう解しても右の主義は不公平であるとして以下の主張を展開している。

右の主義によれば、解散の直前に払込を命ずるか否かによって、恣意的に一部の株主を利し、他の株主を害するという状況を生むことができる。かりに資本金二〇〇万円、内一〇〇万円は払込済の五〇円株から成り、他の一〇〇万円は株金四分の一払込の五〇円株から成ると仮定する。残余財産が五〇万円であれば、わが商法の規定に従えば、払込金額一円に対する分配額は四〇銭（500,000÷1,250,000）であるから、全額払込済の株主は一株につき二〇円、四分の一払込の株主は一株につき五円の分配を受ける。しかし、もし解散直前に未払込株金七五万円を払い込ませると、残余財産は一二五万円となる。このとき、払込株金額一円に対する分配額は六二銭五厘（1,250,000÷2,000,000）となり、全株主が三一円二五銭の分配を受けることになる。そうとすれば、新たな払込をした株主は一株につき一一円二五銭の損失を被り、すでに全額を払い込んでいた株主は同額の利得を得ることになる。逆に、残余財産が二〇〇万円以上のときは、払込をなさせるか否かによって、右と反対の有利不利が生じる。したがって、株主間の公平を保つためには、残余財産中から、まず払込金額を返還し、残額は株金額に応じて分配し、もし残余財産が払込金額を返還するのに不足するときは、その不足額を損失として株金額に応じて分配し、このために必要な額に限って払込未了の株主に払い込ませるべきである。[345]

(6) 次いで、会社の組織変更は、その種類を問わず相互に自由に許されるべきであると主張する松波仁一郎の論稿がある。[346]

当時の商法は、一一八条において合資会社が有限責任社員欠缺の場合に合名会社として存続することを認め、二五二条において株式合資会社が進んで株式会社に組織変更することを認め、二四七条において株式合資会社が無限責任社員欠缺の場合に株式会社として存続することを認めるのみであった。以上に加えて松波は、二四六条に株式合資会社が合資会社と同一の事由によって解散するという旨の規定があるのを受けて、合資会社解散に関する右一一八条を準用して、わが商法の解釈上、株式合資会社が株主欠缺の場合に合名会社として存続することを認めると説くが、[347] いずれにせよ、当時の商法は、会社の組織変更をきわめて限定的に認めるにすぎなかった。

松波は、現在の立法はきわめて窮屈であるとして、より広範に会社の組織変更を認めるべく、類似主義、広認主義、無制限主義を比較検討する。

類似主義とは人的会社相互間、物的会社相互間の組織変更を各々自由に認めるというものである。松波は、現行法が株式合資会社が進んで株式会社となるのを許容するにもかかわらず、合名会社が進んで合資会社となることおよび株式会社が進んで株式合資会社となることを認めないのは権衡を失すると主張している(348)。そして「今ヤ此組織変更論ニ異議ヲ唱フル者少ナシ(349)」と述べる。合名会社の社員は会社債権者の同意なく自由に退社できるのであるから、無限責任を負う者が減少して会社債権者に影響を与えることは通常の場合にも生ずるのであり、懸念があるならば、会社債権者保護規定を設ければ済むことであるとしている(350)。ただし、株式会社を株式合資会社に変更することについては以下のように述べている。「吾人ハ立法論トシテ株式合資会社ノ全廃ヲ企望シ現在成立セルモノヲ株式会社ニ変更スルハ認ムルモ最早新ニ株式合資会社ヲ設立シ或ハ既存ノ会社ヲ株式合資会社ニ変更スベカラズトイフモノナリ、然レドモ苟モ法律ガ株式合資会社ヲ良好ナリト認メテ株式会社ト併存セシムトセバ株式会社ヨリ変ジテ株式合資会社ト為スコトヲモ許サザルベカラズ(351)」。松波は、類似主義にある程度の評価を与えつつも「変更ヲ之ニ止ムルハ狭隘ニ失ス(352)」と述べている。

広認主義は組織変更をより広範に認め、さらに合名会社が株式会社または株式合資会社になること、合資会社が株式会社または株式合資会社になること等をも認めるものである。松波は、現実に三井合名会社が株式会社組織として再出発しようとした際にきわめて不便を感じたという例を引いて「会社ノ社員ガ会社ノ組織ヲ変更スルコトニ一致シ会社ノ債権者ハ何等ノ異議ヲ唱ヘザリシニ法律ニ組織変更ヲ認メザリシ為メ困難ヲ感ジタリ、此ハ決シテ一ノ三井合名会社ニ限ラズ、他ニモ多クアリ得ベシ、故ニ法律ニテ此変更ヲ許スベシ(353)」と述べる。松波は、「類似論者ガ会社組織ヲ変更シテ類似ノ会社ト為スルコトヲ得ルモ異類ノ会社ト為スルコトヲ得ズトイフニ十分ノ根拠ナシ(354)」と断じ、会社債権者を害することを防止すれば足りるのであるから「余ハ広汎主義ニ賛成シ唯此ノ主義モ尚狭隘ニストシテ採ラザルノミ(355)」としている。

無制限主義とは、およそ会社の組織変更をまったく自由であるとするものである。「未ダ我国ニ於テ之ヲ主張シタルモノヲ聞カズ」[356]と述べつつも、松波は「余ハ無制限主義ヲ主張ス」[357]とする。外国では種々の沿革上の支障があって一定の範囲でのみ組織変更を認めることがあっても「幸ニ我国ニハ沿革的故障ナキヲ以テ法理ニ協《かな》ヒ実際ニ便宜ナルコトハ直ニ実行スルヲ得」[358]と述べている。その根拠として、合併について無制限主義を採る以上、組織変更についても無制限主義でよいと説いている。[359]さらに、わが現行商法の組織変更の規定が狭隘に失し、時勢に合わないがためにに「類似主義ヲ生ジ次デ類似会社ノ組織変更ノミニテハ尚時勢ニ合セズトシテ広認主義ヲ生ジタリトセバ何故ニ一歩ヲ進メテ無制限ト為サザルカ」[360]と主張する。同族会社または少人数で組織した会社が物的会社として発足したときに、人的会社に組織変更する必要性を感じる場合もあるはずであると述べている。[361]

松波は、わが商法が会社の組織変更の性質論についてどのような主義を採っているかに関して、「会社ガ其ノ組織ヲ変更スルトキハ実質ニ於テハ同一会社同一法人トシテ継続シ毫モ解散ヲ為サズ、而シテ形式ニ於テ旧会社其蹟ヲ止メズ新会社成立スル観アリ、故ニ解散ト定款変更ノ折衷ナリトシ尤モヨク理論ト便宜ヲ調和シタルモノトス、要ハ此ノ如クシテ会社ト社会公衆ノ利益ヲ慮カリ而モ会社社員ノ少数者及ビ会社ト取引シタル第三者ヲ害セザルニアリ、我商法ハ或会社ニ付キ此主義ヲトリ左ノ規定ニ其意ヲ示セリ」[362]として、一一八条、二四七条、二五四条に言及している。右の法意を活かして無制限主義を導入するにあたり、組織変更手続をいかに立法すべきかに関し、松波は、あらゆる組織変更につき「理想上ノ公平ヲ得ルコト到底不能ニシテ之ニ近キモノヲ得ントスルモ却テ煩雑ニ失スルヲ以テ或点マデセハ一律ニ規定スベシトノ論ヲ生ズ」[363]と述べる。会社が進んで組織変更をする場合に最も肝要なのは会社債権者の保護であるから「吾人ハ諸変更ノ間ニ統一ヲ得ル為メ且債権者ヲ保護スル為メニ凡テノ場合ニ公告催告ヲ為サシメントコトヲ望ム……又財産目録貸借対照表ノ如キハ会社ノ組織変更ノ際ニハ必ズ作製セシムルヲ可トス……之ニ依リテ組織変更当時ノ会社財産ノ状況ヲ正確ニ知ルハ何人ニモ利益ナルベシ」[364]と説いている。そして、会社がやむをえず組織変更して存続する場合と会社が進んで組織変更する場合の手続を同一にするか否かはしばらく置き、少なくとも会社が進んで組織変更する場合の手続は「各種ノ変更ニ通ジテ同一ナルベシト主張ス、而シテ此共通ノ規定トシテ会社ノ組織変更ニハ会社合併ノ規定ヲ準用センコトヲ主張ス」[365]と述べる。合併規定の準用が組織変更手続に資する旨を考察し[366]、その主張をしめくくっている。

(7)　右の論稿に関連して、会社の組織変更については、岡野敬次郎も「商法雑題」中で言及している[367]。おそらく、岡野は、松波の右の論稿を目にすることなく組織変更を考察したのであろう、無制限主義については「予ノ寡聞ナルノ故カ未ダ学説トシテ之ヲ知ラズ又立法トシテ嘗テ其ノ例ヲ知ラザルナリ[368]」と述べている。

岡野は、人的会社と物的会社の間の組織変更を否定する立場から、三井合名会社の例も参照しつつ、以下のように述べている。「資本的組織ト個人的組織（前後の文脈から物的会社と人的会社を指すようである）トハ全然其ノ服従スル法規ヲ異ニスルモノニシテ其ノ間共通ノ思想一トシテ存スルモノナキハ我商法ノ所定ヲ通覧セバ法律家ニ非ザル者モ尚ホ能ク之ヲ看取スルヲ得ベキナリ、予ハ茲ニ其ノ例証ヲ挙示スルノ愚ヲ為サズト雖ニ者相互的変通ノ途ヲ啓クハ所謂空中ノ楼閣タルニ過ギズ、予ハ真ニ実益ノ那辺ニ存スルカヲ窺フ能ハズ、近者三井合名会社ガ数個ノ株式会社ト為リタルノ例ヲ捉ヘ来テ直チニ之ヲ実業界ノ活問題トシ而シテ更ニ進デ此ノ場合ニ処スルノ規定ヲ法典ニ設ケムトスルハ法理ヲ顧ミズ事体ノ真相ヲ窮メザル軽挙ト断ズルニ躊躇セザルナリ[369]」。

(8)　次に、端的に「会社重役厳罰論」と題する松波仁一郎の論稿[370]を挙げることができる。

会社の取締役は会社の受任者として業務を執行するのであるし、大多数の信任を受けて巨額の財産を左右するからには、通常の善管注意義務以上の義務を負うべきであるから、「其地位ト責任ヲ省ミズ其任務ニ背キ会社ニ損害ヲ加フルトキハ之ヲ厳罰スルハ至当ナリ[371]」と述べ、民法上の不法行為責任といった制裁のみで満足することはできず、「此外ニ民事罰又ハ商事罰ヲ科シ進ンデ刑法ヲ適用シテ刑事罰ヲ科シ遂ニ普通刑法ノ規定ニテ足ラズトシ特ニ会社法ニ厳重ナル規定ヲ設クベシトイフモノナリ[372]」としている。

明治四〇年の刑法がその二四七条に背任罪を設けたことにつき「一般人ノ背信方面ニ於テ此進歩アリトセバ取締役ノ背信方面ニ於テモ或進歩ナカルベカラズ[373]」と述べる。そして「時勢ニ応ジテ会社ノ重役ヲ適当ニ処罰センニハ刑法以外ノ法令ニ適当ノ規定ヲ為サザルベカラズ、故ニ吾人ハ会社ノ重役ニハ刑法ニ規定スルモノヲ適用シ得ル限リハ之ヲ適用シ足ラザルモノハ特別法令ニテ規定スベシ、又刑法ニ規定スル行為ニシテ会社ノ重役ガ為ス場合ニ刑法罰ヲ適用スルハ軽キニ失ストスレバ特別ノ厳戒ヲ規定スベシトイフナリ[374]」とする。規定の設置につき「刑法以外ニ会社ノ重役ヲ処罰スベキ規定ヲ設クトセバ之ヲ会社法中ニ置クベシ……刑罰ノ規定ヲ商法中ニ置クハ公私法ノ混合ナリト難ズル者アルモ公私ノ規定ヲ混合スルモ不可ナシ[375]」と主張する。

会社法中に厳罰を規定すれば、外国人がわが商業道徳を疑うのではないかという批判に対しては、「我国ノ実業界ヲ革新シテ我公衆ヲ保護スル為メニハ外国人トノ取引ヲ犠牲トスルモ止ムヲ得ザルナリ[376]」とまで述べるが、厳罰規定を設けることにより「却テ之ガ為メニ日本会社ノ信用スベキ理由ヲ見テ漸々取引ヲ多クスルニ至ラン[377]」と説いている。右のように断じるほどであるから、松波の眼に「不幸ニシテ現在ノ我国ニ不徳ノ重役多ク又不正ヲ為ス重役多シ[378]」と映った状況は、相当に深刻なものであったと思われる。

こうして松波は、特別背任罪を設けることを強く主張している[379]。その構成要件や刑罰の程度に至るまで具体的な提言をしているが、ここでは省略する。

(9) その他の論稿として、営利法人の観念について論じた松本烝治の論稿がある[380]。また会社法それ自体と直接の関連はないが、松本は、この年に「民商二法統一論」と題する論稿を著わしている[381]。また、フランス株式会社法の改正[382]およびロシア会社法改正[383]の事情が紹介されている。

(31) 岸本辰雄「会社改良論」明治法学二三号（明治三四年）一頁以下。
(32) 同前三頁。
(33) 同前。
(34) 同前四頁。
(35) 同前四―五頁。
(36) 同前七頁。
(37) 同前八頁。

(38) 同前一〇頁。
(39) 同前一一頁。
(40) 同前。
(41) 同前。
(42) 同前一二―一三頁。
(43) 同前一三頁。
(44) 同前一四頁。
(45) 同前一五頁。
(46) 同前。
(47) 同前一四―一五頁。
(48) 同前一六頁。
(49) 同前一九頁。
(50) 同前二一頁。
(51) 同前二二―二三頁。
(52) 同前二四頁。
(53) 山本宮市「株主権ハ債権ナリヤ否ヤ(1)―(2)」法学新報一二〇号（明治三四年）七二頁以下、同一二一号七三頁以下。
(54) 雑報「英国の新会社法」法学新報一二八号（明治三四年）五六頁以下。
(55) 解説「株金請求事件と実業家」明治法学四九号（明治三五年）三―四頁。
(56) 雑報「検査役の辞任及増加」法学志林三五号（明治三五年）七九―八一頁参照。
(57) 雑報「検査役の報酬と費用」法学志林三五号（明治三五年）八一―八二頁参照。
(58) 志田鉀太郎「外国会社」法学志林三八号（明治三五年）一四頁以下。
(59) 同前一八―二二頁参照。
(60) 同前二二頁。
(61) 同前二三―二五頁参照。
(62) 同前二六―三七頁参照。

(63) 梅謙次郎「判批」法学志林三六号（明治三五年）一頁以下。
(64) 和仁貞吉「会社ノ営業」明治法学三七号（明治三五年）一一頁以下。
(65) 松本烝治「株式競売（商法第百五十三条）ニ因リテ生シタル余剰金ノ帰属権利者ニ就テ」法学新報一二巻五号（明治三五年）一八頁以下。
(66) 同前二二一―二二三頁参照。
(67) 市村富久「有限責任ニ付テ」法学協会雑誌二〇巻（明治三五年）八五九頁以下。
(68) 甲野吉蔵「現今経済社会ニ於ケル株式会社ヲ論ス」明治法学三四号（明治三五年）九頁以下。
(69) 岡本芳二郎「レーメー博士日本商法(1)―(7)」明治法学五三号（明治三六年）九頁以下、同五四号二二頁以下、同五七号二八頁以下、同五八号三二頁以下、同六一号二三頁以下、同六三号二九頁以下、同七七号（明治三七年）一三頁以下。
(70) 同前五三号一一頁。
(71) 同前五八号四二頁。
(72) 同前四三頁。
(73) 同前七七号一三―一四頁。
(74) 富谷鉎太郎「株式会社ノ総会決議ノ無効宣言ヲ目的トスル手続規定」法学志林四四号（明治三六年）一二頁以下。
(75) 同前一六頁参照。
(76) 同前一七―一八頁参照。
(77) 同前一九頁参照。
(78) 同前参照。
(79) 同前三〇頁参照。
(80) 同前三二頁参照。
(81) 同前三二―三三頁参照。
(82) 同前三四頁。
(83) 岡野敬次郎「株式会社清算ノ場合ニ於ケル損益分配」法学志林四七号（明治三六年）八頁以下。
(84) 同前一〇―一一頁参照。
(85) 同前一三―一四頁参照。

(86) 同前一四―一六頁。
(87) 同前一六頁。
(88) 岡野敬次郎「商法雑題」法学新報一三巻一号（明治三六年）三一頁以下、同二号一〇頁以下、同六号一頁以下。
(89) 同前一号三二―三三頁参照。
(90) 同前三五―三六頁参照。
(91) 同前二号一三―一四頁参照。
(92) 同前六号一頁。
(93) 同前五頁参照。
(94) 同前八―九頁参照。
(95) 岡野敬次郎「株式会社資本ノ減少ニ就テ」法学新報一三巻五号（明治三六年）一頁以下。
(96) 同前一三頁。
(97) 同前一二頁。
(98) 同前一六―一八頁。
(99) 同前一八頁。
(100) 松本烝治「取締役又は監査役と会社との間の関係に就て」法学協会雑誌二一巻（明治三六年）一七七〇頁以下。
(101) 志田鉀太郎・日本商法論第二編会社（第七版・明治三五年）五一八―五一九頁。
(102) 松本・注(100)前掲一七七四頁。
(103) 同前一七七五頁。
(104) 同前一七七七頁。
(105) 井上健一郎「取締役ノ責任ニ付テ」明治法学五三号（明治三六年）六七頁以下。
(106) 同前六九―七〇頁。
(107) 岸本辰雄「会社重役ノ辞任ニ関スル慣例ノ誤ヲ正ス」明治法学五五号（明治三六年）七頁以下。
(108) 同前九頁。
(109) 同前九―一〇頁。
(110) 同前一一―一二頁。

(111) 同前一二一一三頁参照。
(112) 片山義勝「取締役及監査役の資格発生及び消滅の時期を論じて大審院及び東京地方裁判所の判決に及ぶ」法学協会雑誌二一巻（明治三六年）一六〇四頁以下、とくに一六一四頁参照。
(113) 山田三良「商法第二百五十八条ニ就テ」法学協会雑誌二一巻（明治三六年）六五九頁以下。
(114) 同前六六八頁参照。
(115) 同前六七三―六七五頁参照。
(116) 同前六七五―六七六頁参照。
(117) 梅謙次郎「外国法人ニ就テ」法学志林四六号（明治三六年）五六頁。
(118) 梅謙次郎「判批」法学志林五〇号（明治三六年）一六頁。
(119) 同前一七頁。
(120) 同前一七―一八頁。
(121) 同前一八頁。
(122) 同前。
(123) 富谷鉎太郎「商法第百六十三条ノ適用ニ就テ」明治法学六四号（明治三六年）二四頁以下。
(124) 則井平吉「株式ヲ引受セサル発起人ヲ認ムルヤ」明治法学五七号（明治三六年）五五頁以下。
(125) 志田鉀太郎「会社法論」法学協会雑誌二一巻（明治三六年）一三頁以下、一八〇頁以下、三四二頁以下。
(126) 片山義勝「取締役又は監査役と会社との関係に就て松本法学士の高教を仰ぐ」法学協会雑誌二二巻（明治三七年）一一二頁。
(127) 同前一二六頁。
(128) 松本烝治「取締役又は監査役と会社との関係に付き片山君に答ふ」法学協会雑誌二二巻（明治三七年）三九五頁。
(129) 同前。
(130) 同前三九六―三九七頁。
(131) 同前三九七頁。
(132) 松本烝治「会社ノ自己ノ株式ノ取得ヲ論ス」法学志林五五号（明治三七年）一〇頁以下。
(133) 同前一九頁。

(134)　同前一九—二〇頁。
(135)　同前二〇頁。
(136)　同前二二頁。
(137)　同前。
(138)　同前二三頁。
(139)　松本烝治「会社ノ設立ヲ論ス」法学新報一四巻一一号（明治三七年）九頁以下。
(140)　同前一〇—一一頁、なお一四頁。
(141)　志田・注(125)前掲二一頁。
(142)　松本・注(139)前掲一五頁。
(143)　志田・注(125)前掲一八四頁。
(144)　松本・注(139)前掲一五—一六頁。
(145)　松本烝治「取締役ノ法律上ノ性質」法学新報一四巻六号（明治三七年）一三頁以下。
(146)　同前一三—一四頁参照。
(147)　同前一四—一五頁。
(148)　同前一五—一六頁。
(149)　同前一八頁。
(150)　同前。
(151)　同前一八—一九頁。
(152)　同前一九頁。
(153)　小林銀造「取締役ノ法律上ノ性質ニ付テ松本学士ニ質ス」法学新報一四巻七号（明治三七年）七二頁。
(154)　同前。
(155)　松本烝治「株金不払ニ因ル株主ノ失権ニ就テ」法学協会雑誌二二巻（明治三七年）一九六頁以下。
(156)　松本烝治「法人ノ本質ヲ論ス」法学志林五七号（明治三七年）一頁以下。
(157)　松本烝治「財産目録ニ記載スヘキ財産及ヒ其評価」法学志林六一号（明治三七年）一六頁以下。
(158)　松波仁一郎「合名会社ノ社員ニ非サル者ヲ業務執行員ト為スコトヲ得ス(1)—(2)」明治法学六六号（明治三七年）九頁以下、

同六七号二〇頁以下。
(159) 同前六七号二一―二二頁。
(160) 淡薔薇「株式の配当は申込に対する承諾なる乎」明治法学六八号（明治三七年）四八頁以下。
(161) 同前五〇頁参照。
(162) 梅謙次郎「判批」法学志林五五号（明治三七年）七頁以下。
(163) 同前七―八頁。
(164) 同前八頁。
(165) 片山義勝「会社ハ会社ノ社員タルコトヲ得ルカ(1)―(2)」法学新報一五巻一二号（明治三八年）一四頁以下、同一三号五三頁以下。
(166) 同前一二号二五頁、二八頁、三〇頁等参照。
(167) 同前一三号五九頁。
(168) 同前六〇頁。
(169) 宮代又治「法人ノ入社能力」明治学報八八号（明治三八年）六一頁以下。
(170) 松本烝治「法人ノ能力ヲ論ス」法学志林七巻二号（明治三八年）七頁以下。
(171) 同前九―一〇頁。
(172) 松本烝治「株式引受ノ法律上ノ性質」法学新報一五巻一号（明治三八年）一三頁以下。
(173) 同前一九頁。
(174) 同前二〇頁。
(175) 同前二一頁。
(176) 高根義人「有限責任論(1)―(2)」法学新報一五巻一一号（明治三八年）一頁以下、同一三号四一頁以下。
(177) 岡野敬次郎「商法雑題」法学新報一五巻一号（明治三八年）六頁以下。
(178) 同前九頁。
(179) 梅謙次郎「判批」法学志林七巻三号（明治三八年）三八頁以下。
(180) 同前三八―三九頁。
(181) 松波仁一郎「記名株譲渡ノ禁止」明治学報一〇三号（明治三九年）四八頁以下。

(182) 同前四九頁参照。
(183) 同前五一頁。
(184) 同前五四頁参照。
(185) 同前五五頁。
(186) 同前五六頁。
(187) 同前五七―五八頁参照。
(188) 同前六〇―六一頁参照。
(189) 松波仁一郎「私法上ノ代表ヲ論ス」法学志林八巻三号（明治三九年）一頁以下。
(190) 同前一八頁参照。
(191) 同前三〇―三二頁参照。
(192) 同前三三頁参照。
(193) 同前三四―三五頁参照。
(194) 松波仁一郎「取締役選任論」法学新報一六巻四号（明治三九年）一頁以下。
(195) 同前一三頁。
(196) 同前一四頁。
(197) 松波仁一郎「取締役辞任論」法学新報一六巻六号（明治三九年）一頁以下。
(198) 同前一〇―一一頁、七頁参照。
(199) 同前一五―一六頁参照。
(200) 梅謙次郎「判批」法学志林八巻三号（明治三九年）五六頁、同『「取締役辞任論」ニ関シ松波君ニ答フ』法学志林八巻六号（明治三九年）五六―五七頁参照。
(201) 岡野敬次郎「失権株主ノ義務ノ性質」法学新報一六巻四号（明治三九年）五三頁以下。
(202) 同前五三―五四頁。
(203) 同前五五―五六頁参照。
(204) 同前五六―五七頁参照。
(205) 高橋粲三「日本興業銀行改正法ト商法」法学協会雑誌二四巻（明治三九年）九六七頁以下。

(206) 志田鉀太郎「法人ハ擬制ニ基ツクモノニ非サル所以ヲ論ス(1)―(2)」法学新報一六巻四号（明治三九年）三〇頁以下、同一一号四〇頁以下。
(207) 一関泰彦「民事会社ト商事会社トノ関係」明治学報一〇七号（明治三九年）四九頁以下。
(208) 篠崎昇「会社ハ他ノ会社ノ機関トナルコトヲ得ルカ」法学協会雑誌二四巻（明治三九年）五五頁以下、同一八二頁以下。
(209) 佐々木与三「合名会社ノ持分譲受人ト間接訴権」明治学報一〇一号（明治三九年）六一頁以下。
(210) 佐竹三吉「会社ノ合併ヲ論ス」法学新報一六巻七号（明治三九年）一〇頁以下。
(211) 三橋久美「株金払込ニ就テ」明治学報一〇一号（明治三九年）一五頁以下。
(212) 梅謙次郎「判批」法学志林八巻一号（明治三九年）四二―四三頁参照。
(213) 片山義勝「謂ユル株式会社ノ事実上ノ合併ヲ論ス」法学新報一七巻二号（明治四〇年）八頁以下。
(214) 同前九頁参照。
(215) 同前一〇―一一頁参照。
(216) 同前一二―一四頁参照。
(217) 同前一五―一六頁参照。
(218) 同前一六頁参照。
(219) 岡野敬次郎「株式会社ト其取締役トノ間ニ於ケル取引及ヒ其効力ニ就テ」法学新報一七巻七号（明治四〇年）一三頁以下。
(220) 同前一四―一五頁参照。
(221) 同前一五頁。
(222) 同前一六頁。
(223) 同前一八―一九頁。
(224) 志田鉀太郎「合資会社ニ於ケル有限責任社員ノ責任」法学志林九巻一一号（明治四〇年）二五八頁以下。
(225) 同前二六〇―二六一頁参照。
(226) 同前二六一頁参照。
(227) 同前参照。
(228) 同前二六三頁参照。
(229) 石原三郎「記名株式ノ担保ニ就テ」法学志林九巻一〇号（明治四〇年）四五頁以下。

(230) 同前四八頁参照。
(231) 同前四八―四九頁参照。
(232) 同前五〇―五一頁参照。
(233) 同前五二頁。
(234) 同前五四―五六頁参照。
(235) 同前五六頁。
(236) 同前五九頁。
(237) 同前六一頁参照。
(238) 同前六一―六四頁参照。
(239) 岡野敬次郎「判批」法学新報一七巻一号（明治四〇年）四二頁以下。
(240) 同前四三頁。
(241) 同前四三―四四頁。
(242) 同前四四頁。
(243) 柏木山人「株式会社不成立の場合に於ける発起人の責任」法学志林九巻九号（明治四〇年）五三頁以下。
(244) 梅謙次郎「取締役ノ選任ハ単独行為ナルカ将タ承諾ヲ待チテ始メテ成立スルカ」法学志林一〇巻六号（明治四一年）四九頁以下。
(245) 同前五三頁。
(246) 同前参照。
(247) 同前五四頁。
(248) 同前。
(249) 同前。
(250) 同前五四―五五頁。
(251) 同前五七頁。
(252) 志田鉀太郎「株式会社カ事業ニ着手シタル後其設立ノ無効ヲ発見シタル場合ニ為スヘキ清算ヲ論ス」法学協会雑誌二六巻（明治四一年）一七二頁以下。

(253) 同前二七七頁。
(254) 同前二七七―二七八頁。
(255) 同前二七八頁。
(256) 同前二七九頁。
(257) 同前。
(258) 同前二八〇頁。
(259) 岡野敬次郎「営利社団と商事会社」法学新報一八巻一〇号（明治四一年）一頁以下。
(260) 同前四―五頁参照。
(261) 同前五頁。
(262) 同前六―七頁参照。
(263) 同前一三頁参照。
(264) 同前八頁。
(265) 前田直之助「二名ヨリ成ル合名会社ニ於ケル社員ノ除名」明治法学一二六号（明治四一年）一一頁以下。
(266) 同前一六―一七頁参照。
(267) 同前一七頁。
(268) 清瀬一郎「法人ハ会社ノ監査役ニ選任セラルルコトヲ得サルヤ」京都法学会雑誌三巻八号（明治四一年）一二八頁以下。
(269) 同前一三一頁。
(270) 同前一三〇頁。
(271) 同前一三一―一三三頁参照。
(272) 山田三良「商法修正案ト国際私法的規定」法学協会雑誌二六巻（明治四一年）七一六頁以下。
(273) 同前七二〇頁参照。
(274) 同前七二〇―七二一頁。
(275) 岡野敬次郎「商法雑題」法学新報一八巻一号（明治四一年）三一頁以下。
(276) 戸田海市「取引所改善策」京都法学会雑誌三巻一二号（明治四一年）一頁以下。
(277) 仁保亀松「法律ト経済ノ関係ニ付テ」京都法学会雑誌三巻一〇号（明治四一年）一頁以下。

(278) 同前一二頁。
(279) 松波仁一郎「株式合資会社存廃論(1)—(2)」法学新報一九巻八号（明治四二年）二〇頁以下、同九号一二一頁以下。
(280) 同前八号三一—三二頁。
(281) 同前九号二三頁。
(282) 同前二三—二五参照。
(283) 同前二四頁。
(284) 同前二五頁参照。
(285) 同前二六頁。
(286) 同前。
(287) 西脇晋「取締役ノ責任ヲ論ス」法学志林一一巻四号（明治四二年）一頁以下。
(288) 同前二—三頁。
(289) 同前五頁。
(290) 同前七—八頁。
(291) 同前八頁。
(292) 同前九頁。
(293) 同前一四—一五頁参照。
(294) 同前二頁。
(295) 毛戸勝元「会社合併論」京都法学会雑誌四巻七号（明治四二年）一一頁以下。
(296) 同前二六頁。
(297) 同前参照。
(298) 同前参照。
(299) 同前二六—二七頁。
(300) 同前三二頁参照。
(301) 松波仁一郎「英国新会社法ノ私会社」法学志林一一巻一号（明治四二年）七頁以下。
(302) 同前一一頁。

(303) 松波仁一郎「英国会社法論」法学新報一九巻四号(明治四二年)一頁以下、同「独逸会社論」法学協会雑誌二七巻(明治四二年)六七一頁以下。
(304) 岡野敬次郎「商法雑題」法学新報一九巻二号(明治四二年)二四頁以下、同九号六頁以下、同一〇号一頁以下。
(305) 同前一〇号五―六頁参照。
(306) 長満欽司「取引所ノ意義及性質(1)―(2)」法学志林一一巻七号(明治四二年)三五頁以下、同八号二九頁以下。
(307) 竹田省「株主ノ固有権ヲ論ス」京都法学会雑誌五巻七号(明治四三年)四三頁以下。
(308) 同前五八―五九頁参照。
(309) 同前五九頁。
(310) 同前五九―六〇頁。
(311) 同前六〇頁。
(312) 同前六一頁。
(313) 同前六二頁参照。
(314) 同前六二―六三頁参照。
(315) 同前六三―六四頁参照。
(316) 同前六四―六五参照。
(317) 同前六六―六七頁参照。
(318) 梅謙次郎「取締役ノ選任ノ性質」法学志林一二巻八号(明治四三年)一頁以下。
(319) 同前二一―二二頁。
(320) 同前二三頁。
(321) 同前二五頁。
(322) 同前二五―二六頁。
(323) 同前二六頁。
(324) 岡野敬次郎「株式会社ノ監査制度ニ就テ」法学協会雑誌二八巻(明治四三年)三六頁以下。
(325) 同前三八頁。
(326) 同前。

(327) 同前三八―三九頁参照。
(328) 同前三九頁。
(329) 同前四〇頁。
(330) 同前四一頁。
(331) 同前四二―四三頁。
(332) 同前四四頁。
(333) 松本烝治「監査役制度ノ改正問題ニ付テ」法学協会雑誌二八巻（明治四三年）七八一頁以下。
(334) 同前七八二頁参照。
(335) 同前七八二―七八三頁参照。
(336) 同前七八三頁。
(337) 同前七八六頁。
(338) 同前。
(339) 同前七八七頁。
(340) 同前。
(341) 同前。
(342) 同前七八八頁。
(343) 毛戸勝元「株式会社ノ利益及残余財産分配ノ割合ヲ論ス」京都法学会雑誌五巻三号（明治四三年）一頁以下。
(344) 同前四―五頁参照。
(345) 同前七―八頁参照。
(346) 松波仁一郎「会社組織変更論(1)―(2)」法学協会雑誌二八巻（明治四三年）七四四頁以下、同八八七頁以下。
(347) 同前七五三頁参照。
(348) 同前七五六頁参照。
(349) 同前七五八頁。
(350) 同前七五八―七五九頁。
(351) 同前七六〇頁。

(352) 同前七六一頁。
(353) 同前七六二―七六三頁。
(354) 同前七六三頁。
(355) 同前。
(356) 同前七六四頁。
(357) 同前。
(358) 同前。
(359) 同前参照。
(360) 同前。
(361) 同前七六六―七六七頁。
(362) 同前八九二頁。
(363) 同前八九四頁。
(364) 同前八九六―八九七頁。
(365) 同前八九八頁。
(366) 同前八九九―九〇六頁参照。
(367) 岡野敬次郎「商法雑題」法学新報二〇巻六号（明治四三年）一頁以下。
(368) 同前五頁。
(369) 同前。
(370) 松波仁一郎「会社重役厳罰論」京都法学会雑誌五巻九号（明治四三年）一頁以下。
(371) 同前三頁。
(372) 同前。
(373) 同前四頁。
(374) 同前六頁。
(375) 同前六―七頁。
(376) 同前八頁。

(377) 同前九頁。
(378) 同前七頁。
(379) 同前二三頁以下参照。
(380) 松本烝治「営利法人ノ観念(1)―(2)」法学協会雑誌二八巻（明治四三年）三五一頁以下、同五五四頁以下。
(381) 松本烝治「民商二法統一論(1)―(2)」法学志林一二巻一号（明治四三年）一一頁以下、同四号一六頁以下。
(382) 時報「仏国株式会社の修正」京都法学会雑誌五巻一号（明治四三年）一七四頁以下、雑報「仏国株式会社法の改正」法学新報二〇巻一号（明治四三年）一二三頁以下。
(383) 雑報「露国会社法改正意見」法学新報二〇巻一一号（明治四三年）一一九頁以下。

四　植民地会社法制の展開

明治期、とりわけ日清戦争後における明治末期の大日本帝国は、東アジアに覇を唱え、列強に伍して植民地の獲得を国策として推進した。その過程における植民地会社法制の展開を整理しておこう。

1　沖縄県

台湾の接収（明治二八年、一八九五年）によって、わが国の版図内にはじめて大日本帝国憲法が当然に適用される地域とそうでない地域、すなわち「内地」と「外地」という二地域を生じた。台湾接収によって、北海道および沖縄県は内地に編入されたわけであるが、それまでの歴史的経緯から、北海道および沖縄県が、完全に内地と同等に扱われたわけではない。

商法の適用について述べれば、沖縄県においては、本土におけるいわゆる旧商法施行延期論とはまったく無関係に、最後まで旧商法が施行されることはなかったようである。すなわち、「沖縄県ニ商法施行延期ノ件」（明治二三年法律第一〇三号）は、「明治二十三年法律第三十二号商法ハ沖縄県ニ於テハ当分ノ内之ヲ施行セス」と定めていた。この法律は、明治二三年一〇月八日に裁可され、同日公布されたものである。その後、右法律が廃止された形跡はみられないから、本土に旧商法会社法が施行された明治二六年（一八九三年）七月一日以降にあっても、沖縄県に旧商法会社法は施行されなかったのではないかと思われる。

2 台　湾

接収後の台湾に関しては、「台湾ニ施行スヘキ法令ニ関スル法律」（明治二九年法律第六三号）が定められた。同法によれば、台湾総督は、台湾総督府評議会の議決を得た後、拓殖務大臣を経て勅裁を得たうえで、法律の効力を有する命令を発することができるものとされ（一、二条）、総督に条件付で委任立法権が付与された。臨時緊急を要する場合、台湾総督は、評議会の議決および勅裁を要することなく、直ちに命令を発することができた（三条）。なお、現行法または将来公布される法律のうち、その全部または一部を台湾に施行すべきときは、勅令をもって定めるものとされた。

右の法律に基づき、明治三一年七月一六日に「民事商事及刑事ニ関スル律令」（明治三一年律令第八号）が台湾総督によって発布された。その一条本文は「民事商事及刑事ニ関スル事項ハ民法商法刑法民事訴訟法刑事訴訟法及其付属法律ニ依ル」ものと定め、私法関係については、原則としてわが民商法が台湾にも適用されたのである。同時に「民事商事及刑事ニ関スル律令施行規則」（明治三一年律令第九号）が発布され、私法関連について述べれば、土地に関する権利、民事手続法における裁判所・司法大臣・公証人および執達吏の職務等に特例が設けられた。

右の法律は、時限立法として制定されたが（六条）、その後もほぼ同じ内容の時限立法として繰り返し制定をみている（細かな相違の一端を挙げると、明治三九年法律第三一号では、総督の命令発布手続の要件から、評議会の議決が消滅している）。

以上によれば、台湾における一般商法会社法は、原則として内地と同様であったということができよう。

3　朝　鮮

わが国は、韓国を併合（明治四三年、一九一〇年）の後、その国号を改め、朝鮮と称する措置をとった（明治四三年勅令第三一九号）。

併合後の朝鮮に関しても、台湾の例にならって「朝鮮ニ施行スヘキ法令ニ関スル法律」（明治四四年法律第三〇号）が制定された。同法によれば、朝鮮総督は、内閣総理大臣を経て勅裁を得たうえで、朝鮮において法律を要する事項を総督の命令（制令と称される）をもって規定することができるものとされた（一、二、六条）。臨時緊急を要する命令は、勅裁を得る手続を後回しにすることができた（三条）。内地法のうち、全部または一部を朝鮮に施行すべきときは、勅令をもって定めることができるものとされ（四条）、総督の命令は、朝鮮に施行された法律勅令に反することはできないものとされた（五条）。なお付言すれば、右法律は、これに先立つ同じ内容の勅令（明治四三年勅令第三二四号）をそのまま法律としたものである。

右法律に基づき、明治四五年三月一八日、朝鮮総督の名をもって公布されたのが「朝鮮民事令」と称される制令である（明治四五年制令第七号）。同制令一条によれば、「民事ニ関スル事項ハ本令其ノ他法令ニ特別ノ規定アル場合ヲ除クノ外左ノ法律ニ依ル」と定められ、商事に関しては、同条八号に商法、同条九号に明治三三年法律第一七号（すなわち、商法中署名スヘキ場合ニ関スル法律）、同条一〇号に商法施行法、同条一一号に明治二三年法律第三二号（すなわち、旧商法典）、同条一二号に商法施行条例が掲げられていた。朝鮮人相互間の法律行為については、法令中公の秩序に関しない規定と異なる慣習がある場合はその慣習による（一〇条）とされ、朝鮮人の能力に関する規定についても、朝鮮の慣習が尊重されたが（一一条）、朝鮮民事令に依る限り、商法会社法に関しては、ほぼ内地法（日本法）が適用される構造になっていたと評価できよう。

4　国策会社法制

わが国のアジア大陸進出に大きな貢献をしたのは、いわゆる国策会社である。とりわけ、鉄道事業を目的とした国策会社が、初期の大陸進出過程に果たした役割が大きいといえる。このような、鉄道事業会社の法源として重要なものは、「外国ニ於テ鉄道ヲ敷設スル帝国会社ニ関スル法律」（明治三三年法律第八七号）である。この法律は、後に南満州鉄道株式会社法の根本の法源として位置づけられることになった（もちろん、制定当初は、そのようなことは意図されていなかったようである）。右の法律は、「帝国臣民ニシテ外国ニ於テ鉄道ヲ敷設シ運輸業ヲ営マム為ニ帝国内ニ於テ設立スル会社ニ付テハ勅令ヲ以テ特別ノ規定ヲ設ケ之ニ準拠セシムルコトヲ得」と規定し、法律によらず、勅令による会社立法を可能ならしめていた。

右の法律に基づいて公布されたのが「外国ニ於テ鉄道ヲ敷設スル帝国会社ニ関スル件」（明治三三年勅令三六六号）である。全一一か条からなり、同勅令に特別の規定がないときは商法および付属法令の規定が適用されるものとされ（一条）、商法の特別法という形をとっていた。

さらに、右法律に基づいて、とくに特殊会社法として制定された勅令として「京釜鉄道株式会社ニ関スル件」（明治三六年勅令二九二号）がある。この勅令は、「外国ニ於テ鉄道ヲ敷設スル帝国会社ニ関スル件」の特別法という形をとっていた（一条）。したがって、京釜鉄道株式会社法は、商法からみれば、特別法のさらに特別法ということになる。

明治末期の国策会社として最も重要なものは、やはり南満州鉄道株式会社であろう。

南満州鉄道株式会社法の直接の法源は、明治三九年六月七日に公布された勅令である「南満州鉄道ニ関スル件」（明治三九年勅令第一四二号）といえる（明治三九年勅令第二四三号によって一部改正）。南満州鉄道株式会社法が、法律によらず、勅令という形をとった特別立法となったのは、結局、先に述べた「外国ニ於テ鉄道ヲ敷設スル帝国会社ニ関スル法律」に準拠した結果であろうと思われる。

南満州鉄道株式会社法に関しては、商法的観点から、志田鉀太郎が詳細な検討をなしているが[(384)]、この特殊会社法が、わが国の一般会社法をめぐる議論に何らかの貢献を果たしたと思われる形跡は見出し得ない。

鉄道事業会社以外で、明治末期の国策会社として有名なものとしては、韓半島における農業拓殖を目的に設立された東洋拓殖株式会社がある。この会社は、明治四一年八月二六日日本法律第六三号および隆熙二年八月二七日韓国法律第二二号という両国の法を法源とするものである（両国法の内容は実質的に同一である）。ただ、当時の韓国には一般会社法が欠けていたようであり、そのため、規定がないものについては、日本商法が準用されている（韓法二一条）。この会社法についても、商法的見地から考察を加えた論稿がみられるが[385]、同様に、わが一般会社法をめぐる議論に直接の貢献をなすものではないようである。

(384)　志田鉀太郎「南満州鉄道株式会社法(1)―(3)」法学協会雑誌二四巻七号（明治三九年）九二七頁以下、二四巻九号一二五八頁以下、二四巻一〇号一四一六頁以下。なお、この他にも松波仁一郎「南満州鉄道会社ノ法律的観察」明治学報一〇四号（明治三九年）五頁以下がある。
(385)　高橋粲三「東洋拓殖会社法論」法学協会雑誌二七巻（明治四二年）七五一頁以下。

五　商法改正案をめぐって

1　改正案公表までの概略

すでに本章の三で概観したように、明治三二年商法とりわけ会社法の諸規定の解釈をめぐっては、活発な学説の展開がなされてきた。しかしながら、「正当に解釈を下したとしても商法典の規定自身が時勢の要求に応ずることができず実際の取引上不便を感ずる程度が激増するので[386]」、明治三九年（一九〇六年）六月、松田正久司法相の下、司法省内に法律取調委員会が設置されることになった。

このとき、商法をはじめ、非訟事件手続法、登記法および競売法等に関する審査を行うため任命された委員は、志田鉀太郎の記述によれば、田部芳、富谷鉎太郎、斎藤十一郎ら一〇名であったとされている[387]。

その翌年、明治四〇年（一九〇七年）に至り、明治四〇年勅令第一三三号をもって、法律取調委員会規則が制定された（明治四〇年四月二〇日公布、同日施行）。この規則に基づいて構成された委員会が従来の商法改正作業を引き継いだようである。

この委員会において、商法修正主査委員および商法修正特別委員に就任した者は、以下のとおりである。すなわち、商法修正主査委員は、穂積八束、奥田義人、斎藤十一郎、梅謙次郎、岡野敬次郎、富井政章、田部芳、河村譲三郎、鳩山和夫、富谷鉎太郎、原嘉道および元田肇の一二名であり、このうち商法修正特別委員（同時に審議された刑法施行法および監獄法における起草委員に相当する）となったのは、梅謙次郎、岡野敬次郎、田部芳、斎藤十一郎および富谷鉎太郎の五名である[388]。右の顔ぶれを見れば、明治三二年商法の制定の際に、法典調査会委員の任にあった者の多くが再び登場していることがわかる（とりわけ商法修正特別委員はそうである）。

法律取調委員会においては、まず商法修正特別委員が原案を確定し、これを主査委員会の議に付したうえで、その決議案を法律取調委員会総会で討議して、草案を確定したようである[389]。

明治四三年（一九一〇年）七月に至り、商法改正案は、まず都下の各新聞紙上に発表された。うち、法律新聞には、「商法改正案要領」と題して、明治四三年七月一〇日発行の六五二号に、「第一総則の部」として二項目が、「第二会社の部」として前半二八項目が、同年七月一五日発行の六五三号に、「第二会社の部」の後半五項目および罰則九項目が、同年七月二〇日発行の六五四号に、「第三商行為の部」として、㈠総則二項目、㈡運送営業四項目、㈢倉庫営業二項目、㈣保険四項目が、「第四手形の部」として一〇項目が、「第五海商の部」として三項目が、各々発表されている。さらに、同年七月三〇日発行の六五六号においては、「現行商法対照商法中改正案」と題した改正案が掲載されている。同様のものは、法学志林一二巻八号付録として法学志林にも収録されているが、こちらには「法律取調委員会決議」と明記されている。この「商法中改正案」は、「商法中左ノ通改正ス」として改正条文案を明記し、現行商法中の参照条文を細字で添付するという形式によるものである（後掲**資料**3参照）。

2　起草関係者の解説

改正案公表の直後に、商法修正特別委員の任にあり、実際に起草委員の中心として起草にあたった斎藤十一郎が、改正案について法律新聞に寄稿している(390)。斎藤は、今回の改正案について、「急を救ふ為めの修正として適当なる範囲で」(391)とりまとめたものであり、「主として実際上の不便を除去し実際に適切なる規定を得んと力《つと》めた次第である」(392)と、繰り返し、その緊急性を強調している。斎藤の述べる改正の趣旨に関して、やや長くなるが、立法に携わる者としての冷静な姿勢が表明されている箇所を引用しておこう。

「改正の大趣旨に就ては世間でも認めて居る如くに誰の口よりも殆ど同一轍に出る事であらうと思ふが、要するに現行商法の規定は時勢の要求に伴はないのであって実際の取引上不便を感ずる程度が年々歳々増加すると云ふ点に帰着する、而して又実施後十一年間の経験に依っても条文の意義が未だ確定せないものがある、或は右と解釈し或は左と解釈されて、裁判例の如きものも基礎が鞏固であって何人も之を標準として夫に準拠すると云ふ位の程度迄に確的なものとして定《きま》って居るものは余り多くない、夫故に裁判例で確定するのを待て居る訳に往かない、実は立法の方法で意義を確定すると云ふ事は萬已むを得ざる場合に於て為さねばならぬ事であらうと思ふが、時勢の進歩に伴ふて規定事項其物を改正する必要のある場合に於て従来疑義として適用上困難を感ぜらるる部分も合せて改正すると云ふ事は是亦適当の事であらうと思ふ、夫で今回修正を加へた条項は右の如き事柄を改正したものがあり又疑義を明確にした点もあるのである、併し大体に於ては改正の急に迫って居る部分のみの改正に範囲を止めたので、商法の規定の根本的改正と云ふものは更に他日を期さねばなるまいと思ふ(393)」。

今回の改正は、緊急のものとはいえ、商法施行後初めて経験する大きな改正であった。そこで採られた手法は、これに続くわが国の会社法改正作業の先例的意義を有するものであったと評価しえよう。とりわけ、改正案を広く斯界に公表して意見を求める段階を踏むという手法は、先例として高く評価しえる。この点につき、斎藤は以下のように述べている。

「今回修正案を公けにした趣旨を余一己の考へとして案ずるのに、商法の如き商事関係の原則法とも云ふべき又商事に従事して居る者の総てを覊束すべき法律の修正規定の如きは、成べく広く之を世に示して長く且つ深く研究せしめ諸般の批評論議等を参照して採用するに足るべきものがあれば之を採用するに吝《やぶさか》ならず、完璧のものと致したいと云ふ当局者の意見であらうと思ふ」[394]。

改正案の要諦に関して、法律取調委員会幹事の肩書きをもって、山内確三郎司法省参事官が同じく法律新聞で解説をしている[395]。会社編の改正に関する山内の解説を概観しておこう。

山内によれば、会社編の改正中、「最も主要なる修正の事項と認むべきものは[396]」、会社の取締役・代表社員・清算人等について共同代表を認めた点、営利を目的とする会社はすべて商法に依る会社とした点、会社合併につき広汎な規定を設けた点、組織変更に関する規定を設けた点、会社重役の連帯責任を定めた点、社債募集に関する規定を定めてことに間接募集のことを明らかにした点および罰則を厳格にした点であると述べている[397]。それ以外は「細かい点[398]」であるとされており、例として、総会招集の手続、決議無効の訴に関する手続等について解釈上疑義のある点を明文をもって明らかにした、といったことを挙げている[399]。

山内がとくに紙幅を割いて言及した改正点を概観してみよう。

まず、会社の合併については、以下のように述べられている。「合併に就て考へると厳格なる細かい規定を定めると云ふ事にすると極めて窮屈に陥るのであって……規定の窮屈なる結果として全く合併の手続は弾力がないと云ふやうな結果に立至ると云ふ恐れもあるので……合併に就ては細かい厳格なる規定を置くと云ふ事は止めて……唯設立に準じて……責任者を定める、換言すれば発起人に準ずべきものを何人にするかと云ふ事に就て特別の規定を置て或程度に止め、其他は何等の規定をもしないのである[400]」とした。そのうえで、「唯問題となって居る異種の会社が合併をする事が出来るや否やと云ふ点に就ては、異種の会社も合併する事を得ると云ふ事をも同時に明らかにしたのである[401]」と述べている。

組織変更については、次のように解説している。すなわち、組織変更は「会社が其人格を保存して、其形を変へぬと云ふのが本質となるのであるから其本体を変更すると云ふ趣意に於て組織を変更すると云ふ事は認めてないのである……夫で根本の責任が無限責任である所の会社が、有限責任である所の会社に変はると云ふことは元より之を認めないと云ふ趣意になって居る[402]」。

財産目録の調製にあたって、評価益の計上を禁止した点について、「本来秩序ある会社なら此修正案通りにして居るべき筈である[403]」と延べ「財産の時価と資本とを差引いたものを直に利益とすると云ふ事は非常に無意味である[404]」旨を強調して、「規定が簡単であると屡々《しばしば》弊が起るから夫を悉皆《すっかり》遣り替へて実際今日の会社が遣って居る、又さうして遣らなければならぬと云ふ標準を、財産の取得価格と云ふことに定《き》めて了《しま》った[405]」としている。右のことは配当の基礎となる会社の利益計算の面から言えることである。「乍併《しかしながら》財産目録を作ると云ふ事は必ず利益計算のみを目的とするのではないので、会社は法人として其財産を以て債権者に責任を負担しなければならぬ……故に会社の財産は会社の債権者に対する所の担保である[406]」とし、「さう云ふ関係から会社の安固を謀る為めには若し現在価格が取得価格に下る時には現在価格を以て会社の財産の価格として債権者を保護せねばならぬ、故に財産の時価が取得価格より多い時には財産の買入価格以上に見積る事は許さないと云ふ事になって居るのである[407]」と述べている。

民事会社についての解説は以下のとおりである。「民事会社に就ては民法の規定に於て之が商事会社となって居ないと云ふ為めに少くとも解釈上種々な疑問が起る……から、民事会社は従て之を商事会社とすると云ふ事を明かにして、其会社には商行為及び商人に関する規定を準用して会社編の規定の適用を受ると云ふ事を明かにする必要があるのである[408]」。

罰則規定については、以下のように述べている。「(株式)会社の重役は責任が極めて重い者であると云ふ事は勿論の話であって若し会社財産が全部或は一部重役の非行に依て滅失するやうな場合に於て、一面に財産のみが責任を負ふと云ふ事と、一面に会社取引の範囲が非常に広く関係者が多いと云ふ事を考へると、其重役の非行の責任は単純の背信行為と同一視する事は出来ない、故に刑法の広汎なる規定のみに依て会社重役の責を定めるよりは商法の規定に定めてある所の重役の義務を基本として、其義務違反の重大なる者に就て明からに明文を以て罰則を定めると云ふ事の必要がなければならぬのである[409]」。

3　会社法改正案要旨

会社法の改正趣旨が最も簡明にまとめられているのは、起草委員である斎藤十一郎の講演録である[410]。立憲国民党商法調査委員会の求めに応じたもので、きわめてわかり易く語っている。山内確三郎の解説と重複する部分もあるが、会社法の改正の要点を、この講演録を参照して拾い上げておこう。

(1)　商事会社と民事会社

商法上の会社と民法上の営利法人とが両々相対しているため実際上、不便・疑義を生じている。商事会社が民法上の行為を兼業することは判例が認めているが、民法上の営利法人が商行為を兼業しうるか否か定かでない。商事会社が民事会社となり、民事会社が商事会社となることができないと思われる。民事会社と商事会社との合併もできないと思われる[411]。そこで「其不便を救ふ為めに此改正案に於ては民法の営利法人を商法の会社と見做すと云ふ趣意を採って、夫れと牽連して民法の営利法人即ち商法の会社と見做さるる所の其の会社の行為には商行為に関する規定を準用すると云ふ箇条を設け[412]」た。

(2)　会社の合併

会社の合併には吸収合併と新設合併とがあるが、とくに後者の場合の規定が不備であるといえる。新設合併については、現行法の設立に関する規定を適用する趣意であったろうと思われるが、当該規定の適用にあたり、合併決議とその実行との間の連絡がとれていない。具体的には、二個の会社が合併して新たな会社ができる場合、発起人にあたる者は誰かという問題がある[413]。

そこで、これを補って「『合併に因りて会社を設立する場合に於ては定款の作成其の他設立に関する行為は各会社に於て選任したる者共同して之を為すことを要す』（四十四条の四）と致し[414]」た。「而して此選任された者が例へば株式会社の新設せらるる場合には乃ち発起人の地位に当る者である此点を規定すれば即ち此連絡を付ける規定があったならばアトは現行法の適用で妨げないものと信じた[415]」のである。

次に、「株主総会に於て合併の決議を為したるときは其決議の日より第八十一条の規定に従ひ本店の所在地に於て登記を為すまでは株主は其記名株を譲渡することを得ず」と規定した現行二二三条二項を削除するという点である。この規定がある結果、「世間で会社の合併を行ふ事を躊躇する、故に此規定を削って貰ひたいと云ふ案が二年許り続いて議会に現はれたのである。今回の改正案に於ては本条を設け置くの必要なしとして之を削除[416]」した。

（3）　会社の組織変更

合名会社を合資会社に変更し、また合資会社を合名会社に変更することは、とりわけ便宜であるため、法律上これを許すこととした[417]。

なお、会社の組織変更については取調会においても議論があり、合名会社や合資会社を株式会社に変更する事をも認めるべきであるという意見もあった。しかし、「人を基礎と為す性質を有する会社をば、財産乃ち物を基礎とする所の会社に更めると云ふ事（は）……相容れざる所の性質を付与することになる、是れ理論に於て許すべからざる点であらうと思ふ、……況んや実際の必要なしと思ふ、……従って学理にも合はない点でありますから人的会社は人的会社、物的会社は物的会社の変更だけを認めたのである[418]」。

（4）　会社機関の代表権

会社代表機関の代表権は、現行法上、その権限があまりに広大になっているため、世人はかえって会社を信用する念が薄くなっていると思われる。わが国の外資導入政策がうまく運ばない理由のひとつに「法律上の一の理由として外国人間に最も喧ましく唱へられて居る点は此取締役の権限が無限であつて余りに広大である夫故《それゆえ》に危険であると云ふ事であり……ソコで如何すれば宜いかと云ふと西洋人の希望としては、会社の役員中に西洋人を加へて日本人と西洋人と共同で代表せしむれば危険を防ぐ事が出来ると云ふ……結局共同代表の制度の必要ありと云ふ事に帰[419]」する。共同代表はひとり外国人の関係において必要なものではない。さまざまな利益代表たる取締役につき、共同代表の制度が必要であると考えられる。共同代表制は、取締役だけでなく、合名会社の代表社員、合資会社の無限責任社員、株式合資会社の無限責任社員および各会社の清算人についても同様に必要であると認めた(420)。

(5) 取締役および監査役の資格

現行法においては、取締役・監査役たるには株主たる事を要することになっているが、改正案は、この要件を除いた。その理由は、「他より株を借りて重役になる者が甚だ多いつまり斯様な弊風を杜絶する趣意であ(421)」る。

(6) 取締役および監査役の責任の連帯

現行法上、取締役に任務懈怠があっても、取締役間の責任関係は連帯でないため「甚だ責任が軽いのである、故に連帯責任を負はしむることを規定し、能く責任を重んじて会社の業務に付き、軽卒の事を為さしめない趣意を確定ならしめた(422)」。

監査役の責任についても右と同様とし、また取締役と監査役の間にも連帯責任の存する規定を設けた。これらの者の責任を連帯責任としたこととの均衡上、発起人の責任の規定を補う必要もあるから、その責任規定を設け、なおかつ連帯責任とすることを明らかにした(423)。

(7) 検 査 役

現行法上、検査役を選任すべき場合は限られているが、「改正案に於ては検査役をして会社の事業を検査せしむると云ふ事に重きを置き……総会が是なりとする場合には如何なる場合に於ても、検査役を択んで会社の帳簿等を調査せしむる事が出来るやうに(424)」した。

(8) 財産目録の調製

商法総則の規定において、財産目録を調製するには、財産に価格を付すのであるが、「先づ此案に於ては『時価に超ゆることを得ず』、時価以下に付けても其記載は法律上不都合ではないと云ふ趣意を明かに(425)」した。

株式会社については右の規定だけでは不十分である。物的会社である株式会社は、その財産を強固に保存しなければならない。「夫故に株式会社に於て利益を配当する場合には必ず其純益を以てせねばならぬ、斯様な趣意からして財産の価格の騰貴から生ずる差額を利益中に組入しめない趣意を採[426]」った。すなわち、株式会社の財産目録に記した財産に「価額を付けるのに時価が廉《やす》いか買入値段が廉いか何方か廉い方を取って価額の標準とする、夫れを超へて価額を付してはならぬといふ趣意であ[427]」る。

（9）　株式の併合

現行法では、たとえば三株を併合して二株とし、一株の失権者を生じさせることはできないと思われる。たとえ株主総会の多数決によろうとも株主の権利を失わせるような決議はできない。「夫故に資本減少の為めの株式併合に付き法律の規定を要する……無論株主の権利を何処迄も失はしめないと云ふ主義を貫く事は出来ない其主義を貫けば株式の併合と云ふ事は行はれないのである、併合を支障なく行はんとするにはどうしても端株の株主権を消滅せしむる規定を設けねばならぬ、故に法律の規定を必要として新に株式併合の規定を設け[428]」た。この規定は、会社の合併による株式併合にも準用された。

（10）　社　債

現行の募集方法の外に明文をもって社債の総額を一手に引き受けるいわゆる一手引受の規定を設けた。いわゆる間接募集の方法を認めた。社債の分割払込の制度を認めた[429]。

（11）　清算会社

現行法では株式会社の清算の場合には清算人が必要と認めた場合に総会を開く事になっているが、清算前と同様に、清算中であっても定事総会を開くべき趣意を認めた[430]。

（12）　罰　則

現行法においては、罰則としては過料の制裁のみが認められている。これは、「過料の制裁だけで十分会社の取締が出来ると認めて立法者が過料のみの規定を設けたに非ずして、何れ刑法が改正になるであらうから、刑罰の方は刑法の規定に譲ると云ふ趣意で商法に規定しなかった[431]」にすぎない。その後、刑法は改正され、その二四七条に背任罪が規定されたが、「会社の基礎を強固にして会社の信用を高める為めにはどうしても会社の業務と云ふものを十分に取締る必要がある……非常に大きな会社に若しも不都合の事があれば一国の経済を紊乱する危険な状態があり得ると云ふ事は夙《つと》に御承知のことだらうと思ふ、夫故に会社重役の制裁は刑法の罰則のみでは満足が出来ない……故に現行法の過料と云ふものを認め尚ほ其他に刑罰を認めて体刑と金刑との制裁を規定した……或は外国の立法例に比して随分苛酷であると云ふ非難を往々耳にするけれども決して左様な規定でない事は……断言(432)」できる。

4　新聞紙社説の概観

商法改正案に対する世上の関心の高さをうかがわせるのは、当時の新聞紙上に公表された社説の多さである。主たるものを概観しておこう。世間の関心が、改正案のどの辺りにあるかがうかがえると思われる。

① 明治四三年七月二七日中外商業新報社説

今次の改正案は、過去一〇年に実際に問題となったことにつき、とくに規定を詳細にするか、規定を厳重にしたように見えると述べ、「例へば会社合併の場合の如き、重役総辞職の場合の如き、総会の効力に関して紛議を生ぜる場合の如き、若は重役の制裁を厳重にしたるが如き皆是なり」と指摘したうえで、これらにつき「此点丈にても法律を実際に適切ならしむるが為めには、之を進歩と見て差支なかるべし」と肯定的に評価している。さらに「其他会社財産の検査に関する事、財産評価を始めとして、財産目録に関する事等に就いて、或は新規定を設け、或は旧規定を改むる抔《など》、可なり相応に手を入れたるが如きも、亦然る可き事と思ふ」と述べている。しかし、「今度の改正は彼の会社不始末破綻を予防せんとする点にも特に注意を加へたらしく、是れが亦今度の改正の善き点には相違なけれど……仔細に研究せば規定の或は窮屈に、若くは厳重に過ぎたる点の絶無なるを保す可からず」と延べ、「不始末を予防するには成る可く厳重に、成る可く窮屈にするに如くは無けれど、度を過れば為めに活動を拘束して実際上に幾多の不便をも生ぜん」として、さらなる批評が必要であるとも指摘している。

②　同年七月二八日神戸又新日報社説

具体的に以下の点を指摘して、きわめて肯定的な評価を与えている。すなわち、「会社発起人の責任を明確にせるは以て権利株に依りて一時を僥倖《ぎょうこう》せんとする彼の泡沫的会社の濫興を防止し経済界の平和を撹乱する機会を減じ得べし、又取締役が其任務を怠りたる時は会社に対し連帯して損害賠償の責に任ずべきこととせるは会社の信用を高め取締役をして会社業務に忠実ならしむを得べきなり、現行法に於ては取締役総辞職の場合に何等の規定なきを以て過般北海道炭鉱会社の取締役総辞職を為したるとき会社事務を管掌すべき人なき失態を演出せしが改正案は此場合新に取締役選任せらるるまで退任取締役は依然として其権利義務を有する事と規定せしは至当なり、次に会社財産の評価は現行法にては重役が営業報告に虚偽不正手段を用ゆるの観あれば之を改正して一定の標準を示せるは其当を得たり、尚不正重役等が会社に財産上の損害を加へたる時は五年以下の懲役又は五千円以下の罰金に処すと明記せるは実に不正重役に対する痛棒なり既に日糖事件[433]水産会社其他の破綻に経験ある国民は最も此条項を歓迎すべきや必せり」。

③　同年八月四日時事新報社説

まず、民事会社を商法上の会社とみなした点を歓迎して「従来鉱山会社の如き営利社団が自ら所有の鉱山を採掘して之を販売するは商法の所謂商行為を行ふものに非ざれば商事会社たる能はざれども同一の社団法人が偶々他人の鉱山より鉱石の供給を受け之を精製して販売すれば其行為は商行為なりと云ふ窮屈なる規定の為めに同一会社にして民事会社、商事会社の両社名を掲げたるが如き奇観ありしに之を改正せんとするは至当のことと云はざるを得ず」と述べている。次に、会社取締役に共同代表制を導入したことにつき「今回数人の取締役が共同して会社を代表するの制限を支配人清算人等を同様に認むることとしたるは主義に於て我輩の賛成する所にして先年東京市街鉄道会社が合併非合併に就き紛擾《ふんじょう》を醸《かも》したる際、一方の重役は会社を代表して裁判所に仮処分を申請したるに他の重役は同じく会社を代表して其解除を要《もと》むる等の事件ありて以来この点に関する我法令の不備は外国人にも知れ渡り内外人共同出資の商事会社の如き場合に処して外国人側の利益保護に全からざる所ありとの懸念なきに非ざりしも此の欠点は今度の改正に依りて補ふことを得れば幸なり」

と述べる。会社発起人、重役等に対する制裁規定に関する指摘は、以下のとおりである。すなわち、「修正案に拠れば……重役が其任務に背きたる行為をなし会社に財産上の損害を加へたる場合又は発起人、取締役、株式合資会社の業務執行社員、監査役、清算人、支配人、検査役の類に新に瀆職罪とも云ふ可き新規定を設け厳重なる制裁を科せんとするが如くなるも其関係する所重大にして此種の取締及び制裁余りに過酷なれば適当なる人才を得るに難き他の一方に所謂会社暴《あら》しの類をも誘発するの所あるが故に是等の改正は大に実際家の所説を参照するの要あるべし」。会社の検査の充実については、次のように述べる。すなわち、「会社の検査役選定に関し従来資本の十分の一以上に当る株主が共同して裁判所に請求するを必要とせし規定を拡張して総会に於ても取締役の提出したる書類及び監査役の報告書を調査せしむる為め特に検査役を選任するを得ることとしたるが本規定に依り会社の財産態状を検査するに容易なると共に今後簿記計算の検査に関し専門家を使用するの道開かれ英米の公許計算人の如き制度自然に発達するに至らば望外の仕合と云ふべし」。取締役資格の改正については、以下のように述べる。すなわち、「修正案は取締役を株主以外より選任するを得せしめたれども其の結果果して如何ある可きや、実際の慣行を見るに重役の所謂持株なるものの中には事実その所有に非ざる株式も固より少なからざる可しと雖も左りとて名実共に財産上全然無関係の重役を認むるの必要何れに在りや、此改正は寧ろ無用と云ふ可きに似たり」。財産目録の調整については、「財産価格に自然増加を認めざることとしたるが如き有益の規定として歓迎するに足る可し」と述べている。

④　同年八月五日中央新聞社説

この社説は、商法改正案に手放しの賛辞を与えるものではない。むしろ辛口の論評に終始している。改正案の総評として、「吾々をして其志を言はしめば、総て是れ姑息の修正のみ、改正案は現行法文に比して多少優れるものあるや論なしと雖も之を要するに五十歩百歩なり、従て改正せざるには優れりといふ意味に於て之を認めざるを得べしと雖も、之に対して多くの讃辞を呈するに躊躇せざるを得ず」と述べている。各論についても、以下のように主張している。すなわち、「会社財産の価格を付するに一定の制限を置きて、時価以上に見積るを許さず、取締役監査役の責任を重じて、以て其違乱を防がんとするの趣旨は、甚だ善しと雖も、此の如きは当事者の徳義心発達し、経済界順潮なるの日に於て初めて其効用を見るを得べく、狂熱時代恐慌時代等人心常経を離れ、事物変調を示すの時にありては、たとひ刀鋸鼎鑊《とうきょていかく》を以て之に臨むも、未だ以て横流者を阻止すべからず、況や従来の刑罰を多少加重するに過ぎずと云ふに於てをや、吾々は起草者が折角骨折たるほど、其実効ありや否やを疑ふものなり」。さらにこの社説は、民事会社と商事会社の過去の難問に触れ、民商統一論を展開している。すなわち、民事会社と商事会社の難問題を生じた如きは「商法を民法の外に置きたればこそ、斯る厄介問題を生じたれ、初より之を統一し置きたらば此の如き失態を見ずして已みたらん、是れ只其一例にて畢竟民商二法を分離し置くことが、今日の時勢にも合はず、又学理上事実上の根拠をも有せざるが為めなれば、早晩此を統一するの快挙に出る事は、吾々の切望する所なり」と述べている。

⑤　同年八月五日時事新報社説

会社取締役等の制裁規定を厳重にし、厳罰主義によって臨むことに対する慎重論に対し、反駁を加え、厳罰主義を支持している。すなわち、「現行商法の規定に比較すれば改正案の不正重役に対する制裁が大に加重せられ懲罰の範囲も亦頗る拡大せられたるは一目瞭然たる可し、我輩の所見を以てすれば元来他人の財産を監理しつつある会社の重役は誠心誠意株主及び会社の利益を計らざる可からず、苟も不正当なる行為に依りて一般株主に損害を及ぼすが如きことあるまじきは論ずるまでもなき所にして若しも重役が其任務に背き又は其他の不正行為を敢てしたるが為めに会社及び株主に損害を蒙らしめたる場合に於て其制裁を厳正ならしむるは固より非難す可きことに非ず、現行商法の規定に拠れば是辺の用意寧ろ不充分なるを免れざりしが故に今回の改正案は其精神に於て我輩の異議なき所なれども唯現行法に比して一躍その規定を峻厳ならしめたる観あるを以て一部世間の非難を招くに至りしは遺憾なりと云ふ可し」と述べる。あまりの厳罰主義が斯界の経験者を会社事務から遠ざけるとの非難は、一面の真理ではあろうが「我実業家中には一人にして十数の会社に重役として其名を列ぬる者も少なからず其完全に職責を尽くす能はざるは言を俟たざる所にして世間の取締役監査役と称する者の中には全く有名無実実際に何等の働きをも為さざる者多きは人の知る所、斯くの如く無責任なる重役の存在する事実こそ偶々会社の破綻失態等を頻出せしむる一大原因なれば此際立法上より少しく其責任に対する制裁を厳にしておのおの自ら省る所あらしむるも亦時に取りて必要有益のことと云はざるを得ず」と述べている。もっとも、厳罰主義の限界は認識しているようであり、以下のように述べている。すなわち、「唯法律の制裁を徒に峻厳煩苛ならしめて不正重役の発生を防ぎ実業界の刷新を期せんと欲するも其効意外に少なかる可きは我輩の既に屢々論述したる所にして根本の匡正策としては一般株主の自防自衛と斯界に於ける道徳の進歩発達を促すの外に更に有効の道なきを認むるものなり」。

⑥　同年八月六日日本新聞社説

会社重役に対する厳罰主義に反対論を展開している。すなわち、「近時我事業会社に起りたる当局者の失態甚しきを視て、商法の制裁に依り斯る失態の跡を事業界に絶滅せんと欲せば、斯る煩苛の条項も蓋《なんぞ》避く可からざるものなるべし、法律取調委員の立案としては、吾人其立法の斯くあるべきを思ふものなれども、事業会社の匡正は唯法律の制裁のみに依りて全然其目的を達すべきにも非ず、深く当代の事情に考へ、詳に曲事の由て起る所以を極め、以て之に応ずるの策なかる可からず、然らずんば、僅に一弊を除いて百害之に代るの恐れあるべし」と述べる。そして「眼前に続出したる会社失態の跡を見て、急遽之に対応する方策を講じ、之を恒久的性質を有する商法の条項に加んとするは吾人窃《ひそか》に其当否を危まざるを得ず、屢次盗難に罹りたるものは其家屋の構造を盗難防禦の一点に更《あらた》め、金城鉄壁に専らにして、光線の透射空気の流通如何をも省みず、日常の生活に甚しき不便を忍ぶの愚あるを見る、吾人改正の商法を見て亦此感あるを免れず、会社重役の制裁に就ては其大体に於て吾人頗る其煩苛を厭《いと》ふものなり、斯る法案にして実施されんか、財界は是れより擾乱あるを免れざるべし」と、いささか極端な主張をしている。

⑦　同年八月八日東京毎日新聞評論

重役厳罰主義に対する賛成論を展開するものである。すなわち、「会社重役の私利を計り、私欲を事とし、終に其破綻倒産を促がすもの、頻々相踵ぐの今日に於ては、之れに相当の制裁を加へんこと、固より必要の事たり、今回商法を改正して、斯かる悪徳重役を処罰せんと欲すること、実に已むを得ざるにあらずや、其議会に現はるる日、刑期を修正するが如きは兎に角、其条項は必ず之れを存置せんことを望まざる可からず、然らずんば寧ろ始めより会社の設立を許さざるの世害少なきに若かざるべきのみ」と述べている。

⑧　同年八月一〇日滋賀日報社説

商法改正案それ自体には肯定的評価を与えつつ、その適用運用を図るべき司法官に注文をつけるものである。まず、改正案については、「現行法に比し著るしく其の面目を更新したり、就中大改正の加へられたるは、会社法に在りと謂ふべく」と評し「或は新規定を設け、或は用語の修正、条項の安排に由りて、意義の透徹を期する抔、能く現行法の不備を補正し、以て其の規定の世運に伴はんことを計れる点少しとせず」と肯定的に見ている。ただ、その法律の運用につき次のように述べる。「改正案は、大体上現行法制定後に於ける時勢の変遷進歩に鑑み最も適切なる補正を加へたるものと評するも、必ずしも失当の言にあらず、然れども諺に良薬の中毒と謂ふことあるが如く、薬なればとて絶対に有効有益なりとは断ずべからず、其の有効有益なるは、唯だ症状と投薬との適合を得たる場合あるのみ、夫の商法中改正法律案に於ける亦た之れと同じ、其の改正規定の時勢に適中せりと謂ふは、単に之れを議論として見れば、固より可ならざる筈は無けれ共、其の痛切なる規定は、之が適用の対象を十分に識別し得るに於て、初めて効果ありとせん、而かも今日の司法官の態度は、果して法の適用上其の対象の遺憾なき識別を期待し得べきものありや否や、吾人は今日の司法官に対し、敢て其の知識技能を云為するものにあらずと雖も、今日行はるる所の裁判が兎角理にのみ偏して、動もすれば常識を無視するの傾向あるは、実業界に於て常に遺憾としつつある所にあらずや、吾人これを思ふときは、今次の商法中改正法律案の如きに対しても、単に其の理に於て可なるものありても、俄かに之れに賛成すること能はず、法の規定は須らく司法官の常識的訓練と相俟って、其の援急を按し、取捨を決すべき也、今や該改正案は各方面に於て盛んに研究せられつつあり、吾人は此場合に於て、世の研究者が司法官の常識的訓練を其の考慮中に忘るること無からんことを欲し、試みに所感を述ぶること爾《しか》り」と結んでいる。

⑨　同年八月一二日毎日電報社説

会社重役に対する刑罰規定は「一世を畏懾《いしょう》」させるものであるとして、厳罰主義規定に反対論を述べるものである。次のように主張している。すなわち、「改正案起草委員は何故に此の如き厳刑を案出したりや、蓋し日糖事件其他にて世間悪重役を悪むこと甚しく、之に厳罰極刑を加へて以て、其匪違を禁遏《きんあつ》すべしと唱るもの多きがためなり。然しながら吾輩を以て之を見れば日糖事件其他にして其匪行を暴露せる悪重役の徒は果して是等刑罰の軽重に依て其行為を慎むべきや否や且法網が密なれば密なる程其裏を掻て、悪事を擅《ほしいまま》にするが彼等の常なれば、只刑罰を峻厳にすればとて匪漢を絶つ能はざるや論なく、只だ余りに俊刑厳罰を以て会社重役に擬するの結果は一方に縉紳《しんしん》長者が会社重役たるを避くべく、他の一方には法文の繁雑属剋なるを利益として、相排擠構陥《はいせいこうかん》するの弊を長ずることあるべきなり。改正起草者とて人間なれば俗間の通情に左右せられ、一時の流行を追ふことに無理ならざれども、折角の悪重役退治法案が其功を成さずして、却てその弊を醸すが如きことありては、国家のため将た国民のため遺憾なり」。改正案三六一条（特別背任罪）の規定は、刑法二四七条（背任罪）の規定があれば十分であるから無用であるとし、「由来会社の重役に対しては、其最上の徳義と最上の智能とを責むべきものにして其任務に背きたるものは其名誉を奪ひ、其損害を償はしむることを以て主とするが当然なり。然るに之を制するに法律を以てし、而も之を威するに刑罰を以てす。是れ豈重役を責むるの道ならんや。吾輩は経済界に多くの匪違者を出したるを深く遺憾とするのみならず、若しも此の如き改正案の両院を通過して国家の制法となり、長く此好ましからざる出来事の紀念とすることを欲せざるなり」と述べている。

⑩　同年八月一二日萬朝報評論

簡明に商法改正案擁護論を展開している。主張の中心は以下のようなものである。すなわち、「改正商法に就ては実業家側に反対少なからずと云ふ、改正案は未だ発表せられざるを以て、之を詳かにする能はざるも、果して世上伝ふる所の如くなりとせば、実業家側の反対は甚だ理由なきものなり、吾人は会社重役の責任問題の如きは重役其人を得ると否とに依りて自から解決せらるべき者にして、必らずしも法律の更改を要せざるべしと信ずるものなれども、我商業界の現状に在りては、商法を改正するは之れを改正せざるに優れるとし、実業家側寧ろ株屋側の反対の如きは、毫も之を意とするに足らず、之れ有あるが為に却て改正の必要ありと為すものなり」と述べている。

5　法律新聞掲載の諸論

この時期、改正商法案に関する論稿の掲載に最も熱心だったのが法律新聞である。法律新聞は、懸賞金を授与してまで、広く改正商法案に関する寄稿を募っている。法曹家・実務家等の関心の所在を探るうえで、法律新聞紙上の諸論を概観しておくことは意味があるものと思われる。

改正案中、実務家に関心が深かったと思われるのは、財産目録の調整に関する部分であろう。ことに、大原簿記学校長の大原信久は、改正案をきわめて肯定的に評価している。財産目録の調整につき、時価以下主義を採用した点を「十数年来吾人の絶叫せし商法改正意見は全然採用せられ其主張を貫徹するに至りしは無上の光栄なりとす(434)」と、手放しで激賞している。それ以外の実務家の意見としては、会社に共同代表制が導入されたことを積極的に評価する銀行家のものが掲載されている(435)。ただし、概して実務家の寄稿には、とりたてて言及に値するものは少ない(436)。

以下では、原則として改正案に対する総合的評価を試みた法曹家の論稿をとりあげ、その主張の主要点を概観しておこう。

(1)　財産目録調整の際に時価以下主義を採用するとの改正案に対し、「取得価額又は製作価額に超ゆることを得ずとせば株主及会社の債権者は何に依て会社財産の実力を知るを得べき(437)」と述べるものがある。おそらく、過少評価を許すことに歯止めのないことに対する懸念の表明であろう。このような改正案は、「其立法の趣旨は可なれども而かも之が為めに一般会社の株主及会社債権者を霧中に迷はしむるの結果其利よりも其弊の方遥かに大なりと云ふことを得べし(438)」と評価している。

この論稿においては、会社の共同代表者の一方の他方に対する委任の可否に言及したと思われる部分がある。すなわち、共同代表につき「解釈上或事項に付ては共同代表と為し他の事項に付ては単独代表と為す事を得るや否やの問題を生ず(439)」

との表現がみられるが、文脈上、その主旨は必ずしも明らかではない。

罰則規定については、おおむね肯定的に評価をしているが、発起人が不正の公告をして株式を募集した場合にも処罰規定が必要ではないかと主張している。(440)

(2) 合資会社の有限責任社員の責任の性質につき、改正案がこれを明確にしなかった点に不満を表明したものがある。すなわち、「吾人は委員会が有限責任社員は会社債権者に対し直接其責に任ず可き旨の定めを為さざることを甚だ遺憾とす(441)」と強く批判している。

株主が株金の払込につき相殺をもって会社に対抗できないとする一四四条二項の規定がそのまま放置されたことに関して、会社から相殺を主張することや株式譲渡人のなす払込については、学説判例が分かれているのであるから、資本充実の観点から、これらの場合の相殺も禁じるべきであると主張している。(442)

(3) 会社設立無効の訴に関して、いたずらにこのような主張を許さないよう、このような無効の訴の詳細な規定を設けたことは大いに評価できるが、「此無効の訴は時期の上に於て何等の制限なく之を提起し得べき事となしたるは甚だ其当を得ざるものなり(443)」と指摘するものがある。この論者は「故に此弊害を避くるため無効訴権の行使に付き一定の制限を設け根柢不確実なる会社を強固ならしめ世人の会社に対する不安の念を除却するを要す(444)」と述べて、会社設立後三年を経過した後は、設立無効の訴の提起を許さないことにすべきであると提案している。(445)

さらに、投機熱を煽り、権利株を売り抜けて利益を得ようとする発起人を牽制する手段を用意すべきであると主張している。すなわち、設立にあたって会社株式の大部分を発起人が引き受け、残りのわずかの株式について大々的に募集の広告をなして会社事業が有望確実であると誤信させ「公衆応募株数が募集株数に数倍又は数十倍となり所謂権利株の価値出づるに至るや発起人等は前に引受け居る多数の株式を一時に投出し其間に於て不正の利益を占むるや否や昨日迄尽力せし会社は一切放擲して顧りみざるの徒甚だ多く是がため経験なき世人は此等不正発起人の謀計に陥り非常なる損害を蒙むる事あるは現時頻々として行はれ居る現象なり(446)」と指摘し、これを抑止するには、会社成立後一年程度は、発起人が最初に

引き受けた株式の譲渡を禁ずることが妥当ではないかと主張している。(447)

右との関連で、権利株の売買を禁止すべきであると主張し、かつ、罰則規定を設けるべきであると述べている。(448)決議無効の訴の際の担保提供に関して、会社の請求によって担保を供させるだけでなく、裁判所の裁量によっても担保提供を命じることができるようにし、期間内に提供がなければ申立によって訴を却下するとすべきであると主張している。(449)

会社重役の罰則については、その行為の性質と刑罰の軽重を対照すれば、権衡を失したと思われる点がなきにしもあらずとしつつも、議決権の行使に関して利益供与があった場合の罰則規定を盛り込んだ点を大きく評価している。(450)

悪徳重役の排除については、厳罰をもってのぞむことは当然であるが、加えて、会社保護の観点から、選任手続および資格制限についても検討を要するとの言及がある。(451)

(4)　商業帳簿につき、株式会社の場合とそれ以外との場合で財産目録に掲げるべき財産価格に差異を認める（修正案二六条参照）のは相当でないと指摘するものがある。(452)

新設合併の際には、各会社が選任した者が共同して設立に関する行為をするとした趣旨の改正案（改正案四四条ノ三参照）に対し、共同してなすことにすれば、私利を貪る等の目的で反対する者が現われれば、その行為を進め難い場合が生じるのではないか、多数が集って一事をなすことが多い会社の場合に、必要以上に共同を求めるのは行き過ぎではないか、その意味では、合名会社の組織変更に総社員の同意を求めるという政策（改正案八三条ノ二ないし四参照）も妥当ではないのではないか、との主張を展開している。(453)

清算会社につき、弁済期前の債権であっても弁済しなければならないと規定する改正案（改正案九一条ノ二参照）は、期限の利益の喪失をおそれて清算手続を避ける弊風を生じるおそれがあるから、無用の干渉であると述べている。(454)

今日の合資会社の多くは、個人が破産に瀕したときに、債務を免れる手段として形式上別個独立の人格としての体裁を整えるために乱設されている。このような乱設防止が急務であると述べている。(455)

取締役を広く株主以外から選出できるようにしたこと（改正案一六四条参照）は評価できるが、会社が取締役に選任するほどの人物であれば、むしろ選任後に株式を分与すべきであり、「現行法の如く取締役をして会社の株式と離るべからざる関係を有すべきものとするも決して不当でないと信ず」[456]と述べている。

株式申込に際して、その責任を明確にするため、不便ではあるが、戸籍謄本や印鑑証明を添付すべきであると主張している。「若し第一回の払込を為すも其価格より見て損失に帰するときは先きの僅少なる証拠金を棄つる考にて株式申込を為す者多く従つて此等の者は其払込を強制せらるる事を初めより免かれんとして如此く無能力者の名前を以て申込のである」[457]との実情を理由に挙げている。

株主総会招集通知に記載すべき事項につき、現行法の「総会の目的及ひ総会に於て決議すへき事項」を「会議の目的たる事項」に改正する趣旨（改正案一六〇条参照）が不明確であると述べている。今日の各会社の総会招集通知は、その内容を詳細に行うことを嫌う風潮があるが、この点については、詳細に通知せよとの大審院判例があるのであるから、むしろその内容を明細にすべき趣旨で改正すべきであると述べている。[458]

株主総会無効の訴の提起の範囲を相当に制限する改正案（改正案一六三条二項参照）は、いわゆる会社荒しを防止する趣旨であろうが、制限としては行き過ぎであると主張する。すなわち「修正の結果として差支の為め総会に出席しなかった株主は総会招集の不当なる手続が単に自己に対する不当の場合にのみ限りて此訴を起すを得せしめ又出席した株主は総会の現場に於て総会の決議に対し異議を述べたることを必要として居る故に総会の席場にて無言は承認と見做されて後日無効の訴を提起し得ざることとなるが斯の如きは果して相当の修正であると云ふことが云ひ得らるるであらうか」[459]と述べている。会社荒しを悪むあまり、かえって重役の非行を助長するのではないかと懸念している。加えて、今日、会社重役には総会で不正手段を講ずる者が多数に上るのであるから、総会決議無効の訴の際には、株主のみならず（改正案一六三条ノ三参照）、取締役または監査役が訴を提起したときも、担保提供を命じることができるようにすべきであると主張している。[460]

取締役の連帯責任を規定した改正案（改正案一七七条参照）につき、たとえ株主総会において異議を述べ、かつ監査役にその旨を通知した取締役にも連帯責任を課すのは、いたずらに苛酷に失するのではないかと主張している。「どうも修正案は漫《みだ》りに厳重なる制裁を以て重役に臨めば重役は不正をせぬだらうとの浅墓な考へが充満して居るのは反って着実なる重役を失ふの結果を無視したもので著しき弊があると思はる[461]」と述べている。

今日の各株式会社の実際は、監査役が取締役の鼻息を窺うに過ぎない存在になっている。株式会社の業務監査を実のあるものにするためには、監査役の数を取締役の数より多く法定すべきであると主張している。さらに「株主をして取締役若くは監査役の何れか一方のみを選択して選挙せしむることにすれば監査役の弊風を矯《た》める許《ばか》りでなく尚少数株主の意思を保護するの手段としても誠に相当のことであると信ず[462]」と述べる。

各社債の金額を五〇円以上に制限した修正案（改正案二〇一条参照）は、株式金額の規定に合わせた結果であろうが、社債は株式ほどには投機の目的となる場合が少なく、むしろ小資本家には安全な投資対象なのであるから、その金額をみだりに引き上げるべきではないと主張している[463]。また、社債の分割払込を認めたことに関連して（改正案二〇四条参照）、たとえば未払込社債がある場合、会社の破産等に際して払込を要するか否かを明確にする規定を置くべき旨を（消極に解するのが妥当としている）主張している[464]。また、社債券は社債全額の払込後でなければ発行できないとし（改正案二〇五条一項参照）、記名社債の移転は取得者の氏名住所を社債原簿に記載しかつその氏名を債券に記載しなければその移転を会社その他の第三者に対抗できない（改正案二〇六条参照）としているが、その結果、全額払以前には権利を移転する対抗要件を欠くことになり、株式の移転に比して不便であり、社債所持人の保護に不十分であると主張する。単に無記名社債券発行の場合に限って全額払込済でなければ債券を発行できないとすべきであると提案している[465]。

資本減少に関する修正規定（改正案二二〇条ノ二ないし五参照）は当然必要であるが、なお不十分であると述べる。たとえば、資本減少のため株式を併合すべき場合にその株券を提供すべき者を株主としているが「本来株式に質権を設定したる株主は既に利害関係薄きを以て往々自暴自棄の態度に出で質権者の不利益を顧みざるものありて、株式を目的とする金融の発達を妨ぐるものなるにより質権者の知らざる間に……株主権の喪失を防ぐの途あらば之を講ずるのは極めて必要なことで」[466]あるから、対処規定が必要であるとしている。

右に関連して、株式担保権者の保護により十分な規定を設けるべきであると主張する。そのため「記名株式を目的とする質権を保護せむが為めに一般的規定として其質権の設定を第三債務者たる会社に通知したるときは会社は株主に対する株金払込の通知及資本減少のために株券を会社に提供すべき通知等の事項を質権者に対しても同様に負担せしむることを相当なりと信ず」[467]と述べている。

なお、右の論稿の提言の多くは、明治四四年に日本弁護士協会が衆議院の調査に対して公表した「商法改正案延期に関する意見」[468]に採用されていることを付言しておく。

6 商法学者による改正案の検討

商法学者として、改正案に対して総合的な検討を加えたのは、毛戸勝元と松本烝治である。二人の主張を概観しておこう。

(1) 毛戸勝元による検討

毛戸勝元は、改正案を総合的に評価して、「改正案ガ其修正ノ範囲ヲ応急ノ改正ト疑義ノ解決ニ限リタルハ至当ノ措置ト謂フベク又此範囲ニ於テ改正案ハ成功セルモノト謂フベシ」[469]と肯定的に述べている。商法を根本的に改正するには民法の改正を待たなければならないことを理由としている。

(1) 財産目録所掲の財産に付すべき価額につき、時価以下主義を採用した改正案二六条二項を評して、あえて改正すべき必要がない旨主張している。すなわち、現行法下においても、財産目録所掲の財産に時価より低い価額を付すことを可とする積極説の立場を支持しつつ[470]、むしろ財産目録の不実記載に関する業務執行社員または取締役に対する処罰規定（改正案二六一条ノ三第一項三号）を修正して、疑義を解消するほうが妥当であると主張している[471]。ただし、「時価ヨリ低キ価額ヲ付スルハ一般ニハ害ナシト雖モ取締役ガ株式ノ市価ヲ下落セシメテ自ラ其買占ヲ為シ又ハ他人ヲシテ買占ヲ為サシメンガ為メ時価ヨリモ低キ価額ヲ付スルガ如キハ之ヲ罰スベキコトヲ忘ルベカラズ」[472]と述べている。

右をふまえ、改正案一九〇条ノ二本文につき、本文は改正案二六条二項を敷延したもので但書を誘引するために設けられたものであろうが、二六条二項の改正が不要であるから、本文は削除されるべきであると述べる[473]。そのうえで、但書の当否を検討している。会社の財産目録所掲の財産価額を、不動の取得価額または製作価額をもって最高限度とした改正案を、会社財産の基礎を安定させるという観点から肯定的に評価している[474]。しかし、継続して会社の営業に使用すべき物件は、その多くが評価が困難であるから、これらには取得価額または製作価額を付したうえで使用減損に相当する金額を控除した金額を付しうるよう、ドイツ商法に倣った明文の規定を設けるべき旨を主張している[475]。

(2)　改正案が共同支配および共同代表を認めたこと（改正案三〇条ノ二、三一条、六一条ノ二、五一条一項七号、九三条ノ二、九〇条三号、九七条、一〇五条、一七〇条、一四一条九号、二四三条、一七〇条、二四二条七号）は、「其当ヲ得タルモノト謂フベシ」[476]と評している。しかし、会社の代表社員または取締役が支配人と共同しなければ会社を代表できない旨を定めうるか否か不明確であると指摘し、共同代表者の一方に故障があるときは他方の共同代表者に支配人と共同して会社を代表させる必要もあろうから、明文をもって疑義を解消しておくべきであると述べている[477]。共同代表者の一方が他方に対して特定の代表行為を単独でなすことを委任しうるか否かに関し、「軽微ノ事項ハ其内ノ一人ニ之ヲ為ス権限ヲ与フルコトヲ許スニ非ザレバ不便ナルベシ……吾改正案ニモ此種ノ明文ヲ設クル必要アリ」[478]としている。

(3)　民事会社に関する改正案四二条二項によれば、民事会社には、商事会社に関する規定が適用されることは明らかにされたが、なお民事会社が商行為を為すを業とするものとみなされ従って商人となりその行為は商行為とみなされる趣意なのか否か不明確であると述べている[479]。改正案二八五条ノ二が民事会社の行為には商行為に関する規定を準用する旨を定めているが、不十分であって、民事会社を商人とみなす旨の明文の規定が必要であるとしている[480]。ただし、以上は改正案四二条二項に関する実質論であるとし、形式論上は、改正案の方法によるのではなく、民法三五条二項を修正すべきであると述べている[481]。

(4) 会社が他の会社の無限責任社員になることができないと定める改正案四四条ノ二に関しては、学理上はこのような能力制限を認める必要はないとの立場に立ちつつも、議論の実益が少ないとして、あえて改正案に異を唱えてはいない。[482]

(5) 毛戸勝元は、会社の合併に関する論説を公表していたが[483]、自らの研究に基づき、改正案の合併規定につき「案ヲ見ルニ迨《およ》ンデ大ニ失望ス」[484]と評価している。異種会社間の合併の可否につき、毛戸は元来消極論の立場に立っていた。[485]改正案四四条ノ三は、会社は合併を為すことを得と定め、異種会社間の合併を認める立法をした。毛戸は、「改正案ハ広汎ナル規定ヲ設クト雖モ合併ニ因リ社員ノ地位ヲ無限ニ変更スルコトヲ得ザルヤ明ナリ」[486]として、改正案の解釈上、異種会社間の合併の可否を検討している。合併によってどの程度までその意に反して社員の地位に変更を加えることができるか、という視座から、この点に関しては合併決議を組織変更の決議と同様に定款変更の決議方法によらしめていることから推論して、社員の意に反して定款変更または組織変更によって加えることのできない変更をその地位に加えることができないと解すべきであると述べる。[487]そのうえで以下のように改正案を解釈している。合名会社は他社と合併して四種のどの会社とすることもできるし、どのような種類の会社にも吸収合併されうる。株式会社は他の会社と合併して株式会社を設立しうるが、他種の会社に吸収合併されえない。株式合資会社は他の会社と合併して株式会社または株式合資会社を設立しうるし、株式会社または株式合資会社に吸収合併されうるが、他の種類の会社に吸収合併されえない。[488]「是起草者ノ意思ナルヤ否ヤハ余之ヲ知ラズ、唯改正案ノ解釈上此結果ヲ生ズベキヲ論ズルナリ」[489]としている。

合併の法的性質は、解散と設立または解散と定款変更等の行為の集合にすぎないのか、あるいは特殊な単一行為なのか、という点に関し、改正案四四条ノ三第二項および同二六二条からみれば、法律取調会は前者の見解をとるように見えるが、それは誤りであると述べている。[490]合併を単一行為と解さなければ、七七条の存在、七八条ないし八〇条が八五条の前に規定されていること、また七六条において解散登記から合併の場合を除きながら八一条において合併の場合における解散、変更、設立の登記を規定したことの説明がつかないと述べている。[491]

さらに、合併単一行為説の立場から、新設合併にあっても、改正案四四条ノ三第二項のように、定款の作成のような重要事項を少数の者に委ねるべきではないから、同条二項、三項は削除されるべきであると主張している。[492]

(6) 会社の組織変更に関しては、岡野敬次郎の論稿[493]に言及して、制限説を支持している。[494]

(7) 清算中の会社債務の弁済に関する改正案九一条ノ二について以下のように述べている。同条一項は、清算中の会社は弁済期末到来の債務も弁済することを要すと定め、二項は、条件付債務や存続期間の不確定な債務も裁判所が選任した鑑定人の評価に従って弁済することを要する旨を定めている。これは、清算が迅速に結了する主旨に出たもののようであるが、改正案のように強制的に期限の利益を失わせるのは会社に対して酷であり、会社債権者をも害する。会社が各債権者から一時に弁済を迫られ、支払停止に陥ることも考えられるからである。[495] それゆえ、改正案九一条ノ二は、会社は弁済期末到来の債務を割引料を控除して弁済することができ、条件付債務や不確定債務も鑑定人の評価に従って弁済することができると改めるべきであると主張している。[496]

(8) 改正案一七〇条のように、数名の取締役の中から会社を代表すべき取締役を定めることができるようにしたことは、時宜を得たものであると賛成している。[497]

(9) 会社設立無効の訴に関して、現行の立法例中最も完全なものは株式会社に関するドイツ商法であると評し、今次の改正案はこの規定を範として、合名会社中に詳細な規定を設けてこれを株式会社および株式合資会社に準用したものであると小括する。[498] そして、設立が無効である会社の法的地位は、改正案の法構造上、事業に着手した後は解散請求事由の存在する有効会社と同一の地位を有するものであると分析している。[499]

(10) 現行商法一四〇条によれば、株式総数の引受があった後一年内に第一回の払込が終わらないとき、またはその払込終了後六か月内に創立総会の招集がないときは、株式引受人はその申込を取り消すことができる旨が規定されているが、この期間は長きに失するし、各場合に期間を一定にするのは窮屈であるから、改正案が同条を削除し、株式申込証に「一定ノ時期マテニ会社カ成立セサルトキハ株式ノ申込ヲ取消スコトヲ得ヘキコト」を記載しなければならないとしたこと（改正案一二六条）に賛成している。[500]

(11) 発起人の責任に関しては、特別規定が無ければ不法行為責任の一般規定に依らざるをえないところであるが、わが不法行為法は、権利侵害をその要素と規定しているから、発起人の責任を追及する規定としては不十分である。しかし、改正案一四二条ノ二および一四二条ノ三によってその欠点を補正したことは、多とすべきである。[501] また、会社が事業に着手後、設立無効の訴がなされる場合にも、一四二条ノ二の適用があると解すべきである。[502] 以上のように主張されている。

(12) 株式の最低金額を定めることは、小資本家の会社事業の参入への抑止効果や投機への抑止効果という観点から必要であるが、このことは設立時のみならず、その後においても生じうるから、改正案が、現行一四五条二項但書（但一時ニ株金ノ金額ヲ払込ムヘキ場合ニ限リ之ヲ二十円マテニ下スコトヲ得）を削除したことは当を得たものであると述べている。[503]

(13) 改正案一四八条は、株券の署名に関し「署名スルコト」を「署名シ又ハ記名、捺印スルコト」に改めており、社債券（改正案二〇五条）および運送状（改正案三三二条一項）も同様に改めているが、法律取調会が、商法中署名スヘキ場合ニ関スル法律を廃止して、これら三場合以外に署名主義を採用する意であれば、この政策には反対であると述べている。[504]

(14) 改正案一五五条ノ二は、広く無記名式株券を有する株主が権利を行使する際には、権利行使に必要な員数の株券を会社に供託すべき旨を定めているが、これは広汎に失した嫌いがあると述べている。たとえば、改正案によれば書類の閲覧請求のような場合でも供託が必要と解されることになるが、これでは広すぎるので、株主総会招集請求、決議無効の訴の提起、取締役に対する訴の請求、監査役に対する訴の請求及び検査役の選任請求を行うときに株券を供託するよう改正案を修正すべきであると主張している。[505]

(15) 株主総会の決議無効の訴に関し、現行法の規定は不備が多く疑義を生じてきたと小括したうえで、改正案一六三条一項、同三項、一六三条ノ二第二項および一六三条ノ四の規定につき、これらは後掲**資料1**の【**27**】【**75**】【**95**】の大審院判決を当然のことと評価したためであろうと述べている。[506]

(16) 取締役および監査役の被選資格に関し、人材を得るという観点から、改正案一六四条一項および一八九条が被選資格から株主たることを要するとの制限を廃したことに賛同している。[507]

(17)　会社と取締役または監査役との関係については、その選任が単独行為か契約か、契約ならば委任契約か無名契約か、学説上争いがあるが、改正案一六四条二項が「会社ト取締役トノ関係ハ委任ニ関スル規定ニ従フ」と定め、これを監査役に準用した（改正案一八九条）規定の方法は、「其鋒鋩ヲ露ハサス極メテ巧妙ナルモノナリ」[508]と評している。

(18)　改正案一七七条が、取締役の第三者に対する責任に加えて、取締役の会社に対する責任を明定したことは、会社、取締役の関係につき契約説を採る者の立場からは明文の規定がなくても当然のことであり、非契約説に依る大審院も後掲**資料1**の【**88**】判決によってこれを認めているのであるから、同条の意義は、むしろ取締役の責任を連帯責任と明定したことにあると述べる。[509]また、改正案同条が、意義不明の現行法一七七条二項を削除したことは当を得たものであるとしている。[510]取締役の右の規定を監査役に準用すること（改正案一八九条）および、監査役が責任を負う場合に取締役もまた責任を負うときは両者を連帯責任としたこと（改正案一八六条）にも賛同している。[511]

(19)　監査役の任期につき、現行法はこれを一年としてその伸縮を許さないが、これは不便であり、また不便を忍んで一定とする理由もないので、改正案一八〇条が二年を超えることができない旨に修正したことに賛成するとしている。[512]

(20)　社債については、その分割払込を許したことを肯定的に評価している。短期間内における分割払込を禁じる理由が乏しく、また将来の資金需要を予見してその所要額を合わせて募集できれば、その手数と費用を省くことができるからである。[513]

社債申込証の形式を定めた改正案二〇三条につき、記載事項を法定したのであるから、作成者を取締役に限る必要はない旨、社債応募者についてもその申込を取り消しうる時期を定める必要があるのは株式申込人と同様であるから、その主旨の規定が必要である旨を主張している。[514]

社債募集の受託者に関する改正案二〇四条ノ二につき、受託者はその責任をもって会社のためにその行為をなしうる旨を定めたものであるから「自己ノ名ヲ以テ」なすという文言は改めるべきであると述べる。[515]社債募集の場合に取締役が法令違反を犯したときには罰則規定が適用されるのであるから、受託者についても罰則規定を適用する項を設けるべきであると述べている[516]。

(21) 新株の発行に関して、現行法の解釈としては、新株の申込は必ずしも株式申込証による必要はなく、その申込は申込証によらずとも効力を生じ、登記の申請時までに申込証が作成されれば足るように思われるが、改正案が新株の申込も設立の際の株式の申込と同様に株式申込証によるべきものとし、かつこれに記載すべき事項を定めたのは、当を得たものであると評している[517]（改正案二一三条ノ二、二一九条、一二六条一項）。

増資の際の現物出資に関し、改正案二一二条ノ二が、この場合に、現物出資者、財産の種類、価格およびこれに対して与える株式の数を、資本増加の決議と同時に決議すべしと定め、かつ決議事項を株式申込証に記載すべしと定めた（改正案二一二条ノ三第一項六号）ことは、現行法の弊害を避けるに当を得たものと評価している[518]（現行法にあっては、取締役と出資者が現物出資に割り当てる株式数を決したうえ、監査役がその数が正当であるか否か調査して株主総会に報告することを要し、不当と認めたときはこれを減少できると定めている（明治四四年改正前商法二一四条一項三号、二一五条）。この場合、出資者に約定の現物出資を強いるのは酷であるから、金銭払込をなすことができると定められている（同二一五条）。この手続では、会社は所期の現物を取得できず、出資者も予期に反して金銭の払込をなすことになる）。

(22) 減資のためにする株式の併合に関して、改正案の諸規定はおおむね賛成できるが、改正案二二〇条ノ二の規定は、無記名株発行の場合に相応しくないので、無記名株主に対しては一定の期間内に株券を会社に提供すべき旨およびその期間内に提供しなかったときは株主の権利を失うべき旨を公告できると定めることが必要であると述べる[519]。

株金払込滞納の場合に株主を失権させるには通知および公告が効力要件であるが（改正案一五二条）、これに対して、減資のためにする株式併合の場合に株主を失権させるには、改正案二二〇条ノ四によって公告を要することになるが、この公告は二二〇条ノ二に定める効力要件ではないので、失権させるためには単に通知が効力要件で、公告は会社の義務に過ぎないと解される余地があると述べ[520]、両者を区別せず、通知および公告をもって失権の要件とすべきであると主張している[521]。

(23)　会社の合併による株式併合に関し、合併によって消滅した会社の株式を目的とする質権につき改正案二二〇条ノ五（物上代位）類似の規定を設けるべきとの希望を表明している。[522]

(24)　最後に罰則に関して、会社につき特別の刑事規定を設けたのは「時世ノ要求ニ応ジタルモノニシテ適宜ノ措置タリ」[523]と肯定的に評価している。ただ、いくつかの罰則規定で支配人と取締役を同列に置いたのは（改正案二六一条、二六一条ノ五第二項、二六一条ノ六第二項および二六一条ノ七）、英国にならったものと思われるが、英国の支配人の多くは会社経営の実権を握っているのであって、他国の支配人とは趣きを異にするのであるから、わが国の実情に合わないと述べる。[524]また、会社につき特別の刑事規定を設けるのは、株主および第三者の保護のためであるから、原則として合名会社、合資会社には特別規定が必ずしも必要とはいえないと述べている。[525]

（2）　松本烝治による検討

松本烝治は、改正法律案公表の直後から、海商編を除いて、法学協会雑誌においてその論評の連載を開始している。[526]後に、この連載は、明治四四年二月に三書楼出版から「法学論叢商法改正案評論」と題して、単行本として出版されている。法学協会雑誌の連載終了も明治四四年二月であるから、出版とほぼ同時である。以下では、「商法改正案評論」を参照して、松本烝治による検討を概観しておこう。

松本烝治の個性を感じるのは、その緒言である。すなわち、商法中改正法律案の「批評ヲ試ムルハ余輩商法専攻者ノ当然ノ義務ナルベキコトヲ思ヒ……自ラ揣《はか》ラズ之ニ対スル私見ヲ陳述シテ此責務ノ幾分ヲ果サントス」[527]と述べている。彼の言は、同時代または次代の商法学者に大きな刺激となったものと思われる。

この当時、松本烝治は、民商二法統一論を強力に唱道していた。[528]この立場から彼は、かりに民商二法統一策が採用されないとしても、商法に完全な修正を加えるためには、民事の一般法たる民法の根本的改正が不可欠であること（民法と商法は河川の本分流のようなもので、本流の濁を止めずに分流の清を計ることは百年河清を待つの愚挙に等しいと述べている）から、今回の商法改正に関して「余ハ之ヲ以テ実際上已ムヲ得ザルニ出デタル応急的改正ニ過ギザルモノト観察セント欲ス」[529]と述べている。加えて、現行の民商二法の間の衝突規定中、民法を是正して商法の原則に随伴せしむべき規定も少なからずあるのであるから、応急の改正であるにせよ、民法の改正が一顧だにされなかった点に不満を表明している。[530]

以下では、改正法律案の会社編に関する彼の主要な論評を概観してみよう。彼の論評は、公表された商法中改正案の逐条検討という手法で進められているが、全条文の論評に言及するのは必ずしも適当ではないと思われる。彼の手法に倣って、条文番号の若いものから順次概観するが、主要な論評のみを取り上げておこう。

(1) 改正案四二条　わが法律上、会社組織を有する営利法人については、民法上の営利法人と会社とを区別する理由がないので、主義としては、改正案に賛同すると述べる。[531]

しかし、規定自体の体裁は、民法三五条は会社組織を有する営利法人が依然として民法上の法人であり会社でないと定め、改正案はこの種の営利法人を会社とみなす、すなわち会社であると定め、この二規定は明らかに矛盾する。[532] 民法上の営利法人に関する事項は、これを直ちに商事に関するものと言えないから、両規定の関係は、一般法・特別法の関係では説明できない。したがって、後法が先法を変更するという理由により、改正案の規定をもって間接に民法三五条の規定を改正したと観察するほかない。[533] 以上のように述べている。

そして、右のように解するのであれば、むしろ民法三五条二項を改正して「前項の社団法人は之を商事会社と看做す」とし、同時に商法四〇条二項として「民法三五条の規定に依る会社は之を商人と看做す」としたうえ、改正案二八五条ノ二のような無意義な規定を削除するべきであると提案している。[534]

(2) 改正案四四条ノ二　松本烝治は、現行法の解釈論として、会社はその定款の定める目的の範囲内に属する場合においては他の会社の無限責任社員たることを妨げられる理由がないと述べている。[535] 法律は、合名会社の社員について「氏名・住所」と定めまたは「死亡・禁治産」といって、その社員が法人たることを予想していないというが、法人が株式会社の発起人、株主または社債権者たりうることが自明の理であるにもかかわらず、法律がこれらについても「氏名・住所」と規定しているのであるから、消極説は説得力を欠く。また、合資会社には有限責任社員がおり、株式会社の株主はことごとく有限責任なのであるから、これらの会社が他の会社の無限責任社員たりえないという論は、会社と社員とを混同するものであり、無限責任社員たる株式会社が全財産をあげて責任を負うことは妨げない。個人の信用に基づく無限責任社員には、代表者が変更しうる会社が適さないとの論についても、法定代理人によって代表される無能力者が無限責任社員たりうることを勘案すれば説得力を欠く(536)。等々の理由を述べて、積極説を展開している。

そのうえで、「更ニ立法論トシテ会社ヲ無限責任社員タラシムベカラザルノ理由ヲ考察スルニ一モ之アルコトナシ(537)」と述べて、改正案に反対している。会社が無限責任社員たる実際上の必要は少ないかもしれないが、とくに規定を設けてこれを禁止する必要はさらに少ないと説く(538)。

(3)　改正案四四条ノ三　本条一項の規定は、現行法下において種類を異にする会社が互いに合併することができるか否かにつき、多少の疑義があるので立法手段によって解決を試みたものであろうと評している(539)。

松本烝治は、本条一項が不要であると主張する。わが国の合併法制はイタリア法を範とするものであるが、同法は合併規定を会社総則中に置き、当然に異種会社の合併を認めている。わが現行商法が各種の会社につき各別に合併の規定を設けているのは、単に法文順序の便宜のためにすぎず、イタリア商法と異なった主義を採っているわけではない。立法上の解釈規定として本条一項を存置することに強いて反対はしないが、法律の体裁上、解釈によって明白な事項について屋上屋を架する必要はないのではないか(540)。以上のように主張している。

本条二項および三項に関しては、「其立法ノ理由ヲ解スルコト能ハズ、恐クハ合併ニ関スル現行法ノ規定ヲ誤解シタルニ因リテ設ケラレタル所ナルベシ(541)」と批判している。

会社の合併には吸収合併と新設合併とがあるが、これらの場合に合併する当事会社の解散は合併によって生じるものであって、解散手続を要するものではない。これと同理により、合併によって設立した会社の設立もまた合併によって生じるものであるから、設立手続を別個になす必要はない。合併によって会社を設立する場合に別に設立に関する行為をなすために各会社において発起人に類似する者を選任しなければならないという規定の意味がわからない。新設合併の場合に設立に関する規定に従って各般の行為をなすのであれば、吸収合併における存続会社については資本増加の規定に従って各般の行為をなすことになるが、そうであるとすれば、株金全額払込の後でなければ合併をなすことができなくなるではないか。合併という一種の行為という実を失うに至る(542)。以上のように主張しているのである。

そして、もし従来の商法の主義を変更し、合併による設立もまた設立に関する規定によるべきものとしたいのであれば、設立されるべき会社の種類によって区別し、少なくとも数条の詳密な規定を設けるべきであると述べる(543)。そうなると、今次の応急改正で対応するのではなく、来たるべき根本的改正の日を待つべきであり、今次の改正にあっては、改正案自体を撤回すべきであると主張している(544)。

(4) 改正案八三条ノ二　本条それ自体は、合名会社が総社員の同意をもって合資会社に組織変更しうるというものであり、とくに異論を挟むべき条文ではない。傍論として、物的会社相互の組織変更、とくに株式会社が株式合資会社となることを認めない現行法の政策を改正案も改めなかった点に賛成した記述が興味深いので、言及しておこう。

松本烝治の表現によれば、株式会社の株主は、あたかも共和国民のようであり、株主総会は会社の主権者である。一方、株式合資会社の株主は、あたかも立憲君主国の臣民のようであり、株主総会は単に無限責任社員に対する一機関にすぎないのであって、その決議は無限責任社員の一致を得なければ会社を統治することができない。いま、君主国の臣民の地位を共和国民の地位に転ずることは、多数決による強制を許してもよいであろうが、共和国民の地位を君主国の臣民の地位に貶《おと》すことは、各員の同意を得なければできないことであり、各員の同意が得られるような稀有な場合には、株式会社を解散して株式合資会社を設立することも容易であるから、あえて組織変更に関する規定を設ける必要はない(545)。およそ以上のように述べている。

(5) 改正案九一条ノ二　本条は清算会社が未だ弁済期に至らない債務をも弁済しなければならないとして、清算の結了を敏速ならしめようとの趣旨に出たもののようであり、その趣旨には賛成である。しかし、会社が額面以上で高利の社債を募集した場合や、社債が額面以上の時価を有するに至ったような場合に、会社が本条の規定によって弁済期前の償還をなしうるとすれば、債権者の利益を害するであろう。期限が債権者の利益のために存する債務については別段の規定が必要である[546]。

(6)　改正案九九条ノ二　会社設立無効の訴に関する本条以下の五か条については現行法の「欠点ヲ補ヒ又疑義ヲ決スルヲ目的トセルモノタリ、時宜ヲ得タル好改正ト謂フベキナリ」[547]。松本烝治は、こう評価しつつも、本条は「会社カ其本店ノ所在地ニ於テ設立ノ登記ヲ為シタル後ハ社員ハ会社ニ対スル訴ヲ以テノミ其設立ノ無効ヲ主張スルコトヲ得」と改正すべきであると提言している。会社は、設立登記の後において、その設立を第三者に対抗することができる状態になるのであり、その事業に着手したか否かは会社の第三者に対する法律関係を生じるか否かと没交渉の問題である。むしろ事業に着手する以前に第三者との間に法律関係を生じることが多いであろうから、事業に着手したことをもって設立無効の訴の条件となすのは傾聴すべき理由があるとは思えない[548]。また、訴が会社に対するものであることを明示すべきである[549]。以上のように述べている。

また本条が株式会社に準用されたとき、株主でない取締役または監査役はこの訴を提起できないという不都合を生じる。独商法にならって、取締役や監査役にも訴を提起することを認めるべきである[550]。

(7)　改正案一四二条ノ二　現行法は、発起人の責任に関して、定款中の特定事項につき不当な定めをした場合および株式総数の適法な引受または第一回の払込がない場合について会社に対する責任を定めているにすぎず（一三五条ないし一三七条）、きわめて不備である。これらの場合を除けば、不法行為によるのでなければ、発起人は会社に対する義務を負わない。したがって、本条が一般に発起人が会社の設立に関しその任務を怠った場合に連帯責任を負うとしたのは、現行法の重大な欠陥を補足し、発起人が会社の設立にあたって私腹を肥やす弊害および漫然と発起人の名義を他人に貸与する無責任を矯正することになり、大いに賛成である[551]。

(8)　改正案一四二条ノ四　改正案が明文の規定をもって取締役および監査役は発起人と連帯して会社に対して責任を負うべき旨を規定し、その責任を加重したことは賛成である。しかし、改正案一四二条ノ二第二項は、発起人に悪意または重過失ある場合にその第三者に対する責任を認めているのであるから、この規定との均衡上、本条第二項として「第百四十二条ノ二第二項ノ場合ニ於テ取締役及ヒ監査役ニ悪意又ハ重大ナル過失アルトキハ第三者ニ対シテモ発起人ト連帯シテ損害賠償ノ責ニ任ス」との規定を追加すべきである。(552)

(9) 改正案一四五条　現行法は株式金額の最小限を五〇円と定め、一時に株金全額を払い込むべき場合は例外として二〇円以上たるべきことができるとしているが、改正案は、例外を削除した。少額株式の発行は不当な投機熱を醸成し、資力の不十分な者が会社事業に関与して損失を被ったり、株主が権利を蔑視して議決権を行使しない等の弊害を生じるから、改正案は妥当である。現行法の五〇円という制限は適当である。(553)

(10) 改正案一四八条　改正案は、本条以下、特定の条文についてのみ、「署名」を「署名又ハ記名捺印」と改めているが、思うに、その趣旨は、商法中署名スヘキ場合ニ関スル法律を廃止して、商法の規定による署名は特定例外的場合を除いて自署に限るものとするようである。この改正の趣旨は、主義としては賛成であるが、わが国の現状がこの変革に耐えうるか否かは関知するところではない。(554)

(11) 改正案一六三条　本条ないし一六三条ノ四は、総会決議無効の訴について現行法の欠点を補正したものであるが、おおむねドイツ商法に倣ったものと思われる。規定の精細さはドイツ法に一歩譲るとしても、他に比類なしと評価できる。(555)本条二項は、株主が訴を提起する条件を制限しているが、濫訴を防止したり、いわゆる会社荒しを抑止するのに「頗ル機宜ニ適セル規定」(556)である。なお、決議無効の宣告の効力は、遡及効を有し、決議は始めから無かったものとなるのが、この訴の本来の性質であると解するが、その判決が将来に向かってのみ効力があるとの説があることに鑑みて、立法手段によって明確に解決を図っておくべきである。(557)

(12) 改正案一六四条　現行法は取締役を株主中から選任すべきものと定めているが、改正案はこの制限を撤去し、さらにこの規定を監査役にも準用した（改正案一八九条）。松本烝治は、この点に関して、すでに一編の論稿を公表していたが、(558)「改正案ノ改正方ニ余ノ意見ニ合致セリ、余ノ之ニ賛成スルハ言ヲ俟タザル所ナリ」(559)と述べている。監査役に公許計算人の制度を採用することを排斥し、監査役および取締役の資格を株主に制限しないという松本の主張に沿った改正案だったからである。

本条二項は、会社と取締役との間に委任に関する規定の適用があることを明定し、この規定は監査役にも準用された(改正案一八九条)。解釈論からすれば、別段かかる規定を設ける必要はないが、大審院が取締役の選任に単独行為説を採用し(後掲**資料1**の【**24**】決定参照)、大審院に賛同する説も多いことから、本項のような立法解釈的規定を設けたものと思われるので、強いて反対はしない[560]。

⒀　改正案一七〇条　現行法は取締役につき、その各自が会社を代表する権限を有するものとしているが、改正案は、第一に取締役中に会社を代表する権限を有しない者を定めることを認め、第二に会社を代表すべき取締役について共同代表の場合を認めた。この「第二点ハ余ノ宿論ニ合スル所ニシテ余ノ最モ賛成スル所タリ[561]」。多数の外国法においては、取締役という機関と、これを組織する役員とを区別し、取締役員各自は会社を代表することなく、共同して取締役という機関を形成している。これら外国の主義が正当であると思われるが、現行法改正の経過規定を設けるのは困難であるし、急激な変更が妥当でないことを考慮すれば、本条の改正に満足せざるをえない[562]。

取締役中に会社の代表権限を有する者と有しない者を認める制度は、わが国の実例上、いわゆる専務取締役または常務取締役以外の取締役が会社を代表して行為をなすことがないものであることに鑑みると、実際に適合するものとして歓迎すべきである[563]。

⒁　改正案一七七条　現行法は、取締役が法令または定款に反する行為をしたときは第三者に対して損害賠償の責に任ずるものとし、取締役が株主総会の決議に依ってこの種の行為をなした場合、株主総会において異議を述べかつ監査役にその旨を通知したときは、その者は責任を負わないと規定している。本条二項は、この場合の取締役の責任を連帯とし、またたとえ異議を述べた取締役であっても、なお責任を負うものとした。これは至当の改正である。総会において異議を述べたことに藉口して違法行為の責任を免れることを認めるのは、第三者の利益を損うからである[564]。

部分がある。[565]

(15) 改正案一九〇条ノ二　改正案は、株式会社の財産目録に掲げる財産の価額は取引所の相場または時価を超えることができないのを原則とし、その相場または時価が財産の取得価額または製作価額を超えるときはその取得価額または製作価額を超えることができないとした。現行法に比較すれば多少の進境を認むるに足るものであるが、なおあきたりない部分がある。[565]

株式会社に関しては、その営業に供用する固定財産と他の財産とを区別して規定すべきである。わが国等の実務を見ると、継続して営業に供用する固定財産については、その取得価額または製作価額を掲げると同時に、貸借対照表の負債の部（借方）に別にその使用減損に相当する金額を償却積立金として掲げるのを常としている。もしこの積立金にして相当の金額を下らないものであるときは、たとえ取得価額または製作価額からこれを控除した価額が、たまたまその財産の時価を下回ることがあっても、ただちに会社の基礎を危くするものとはいえない。この種の固定財産の評価はきわめて困難であることが多いのであるから、配当期ごとにこの評価をなすというのは実際上不能であることが多く、地価の下落その他の原因によってこれらの固定財産の一時的暴落を生じた場合に、時価に従ってこれの評価を改めさせることは、かえって会社の営業から生じる損益を動揺せしめる弊害がないとはいえない。ドイツ商法二六一条は、譲渡を目的とせず継続して会社営業に供せられる財産には、減損に該当する金額を控除するかまたは別に相当の償却積立金を設けるときは、時価に従わずに取得価額または製作価額を付することができる旨の規定をしている。わが改正案が、このような実際に適する規定を閑却した理由がわからない。[566] 以上のように述べたうえで、「本条ニ此意味ノ規定ヲ追加スルコトノ喫緊ノ必要ヲ認ム……此点ニ付テハ毛戸博士ノ説余ノ所見ト同ジ[567]」と言及している。[568]

しかし、「修正ノ提案ニ至リテハ余ハ不幸ニシテ毛戸博士ト見解ヲ異ニス[569]」として、以下のように述べる。毛戸博士は、改正案二六条ニ項を株式会社または株式合資会社に適用するときは時価以下の評価によって株主が配当を受けるべき金額が減殺されるに至るべきことを憂慮して、これと同趣旨の本条を削除すべしと論じているようであるが[570]、株式会社または株式合資会社においては、多数決議によって配当しうべき金額をも任意の積立金とし、または繰越金として配当しないことができ、法律もこれを禁ずることがないのであるから、時価以下の評価も、総会の承認があるときはこれを禁止する必要はないであろう。本条の規定は削除する必要はない(571)。

結局、先に述べた趣旨に基づき、本条第二項として次の一項を追加することを希望するものである。すなわち「前項ノ規定ハ会社カ継続シテ営業ニ供用スヘキ財産ニ其取得価額又ハ製作価額ヨリ減損ニ相当スル金額ヲ控除シタル価額ヲ付スル場合ニハ之ヲ適用セス(572)」。

(16)　改正案二〇〇条ノ二　現行法は社債は一時に全額を払い込むべきものとしているが、改正案は社債についても数回に分つ払込を認めようとするので、資本増加の場合に関する商法二一〇条に該当する規定が必要となった。社債について分割払込を認める立法上の必要があるか否かは疑問であるが、おそらく改正案は、主としてわが国の会社が外国において社債を募集する場合の便宜を考えたものであろうから、強いて反対すべき理由もない(573)。

なお、松本烝治は、社債に関するわが国の法制について以下のように述べている。社債に関する規定を商法中に設けるのは、数か国の商法に例があるのみであるが、わが商法は、社債に関する明治二三年法律第六〇号を改正して、この規定を商法中に収容し、さらに今回の改正によってこれを増補しようとしている。その他、担保付社債に関しては、膨然たる担保付社債信託法が存在しており、また鉄道抵当法、工場抵当法および鉱業抵当法も主として担保付社債募集の場合に適用されるものである。「社債ニ関スル我国法ハ蓋シ各国法中ノ最モ完備セルモノノ一タルノ名声ヲ有スベキ(574)」である。これは、わが国が外資導入を渇迎することが「大旱ノ雲霓《うんげい》ヲ望ムガ如キ状態ヲ反映スルモノ(575)」というべきである、と孟子の言を引いて説明している（孟子・梁恵王下「若大旱之望雲霓也」）。

(17)　改正案二一〇条ノ五　本条は、株式併合の場合に、従前の株式を目的とする質権が、併合によって株主が受けるべき株式および金銭の上に存在する旨を規定するが、本条を新設する立法上の必要はない。民法では、先取特権の物上代位性に関する規定（民三〇四条）が、質権に準用され（民三五〇条）ており、これが権利質に準用された場合には、これを拡張して株式その他の権利にも適用あると解すべきである（民三六二条二項）。よって、本条の規定を設ける必要はない(576)。

かりに一歩譲って、民法三〇四条が本条の場合に準用あるか否か、疑義があるから解釈的規定として本条を設けたのであれば、合併の場合にもこれと同趣旨の規定が必要である。改正案は、合併による株式併合の場合に本条の規定を準用すべきものとしているが（改正案二二五条二項）、合併の場合には、たとえ株式の併合がなくとも、合併によって消滅した会社の株式は当然にその効力を失い、合併後に存続する会社または合併によって設立した会社の株式または持分と交換されるのである。この場合、失効した株式を目的とする質権についても本条と同一の問題を生じるはずである。改正案は、この点に関して何らの規定を試みていない。したがって、第一策としては、むしろ本条の規定を削除してこの問題を学説に委ねるべきことを提議したい。これが採用できないのであれば、第二策として、合併によって消滅する株式会社および株式合資会社の株式について、本条に該当する規定を新設することを出案したい(577)。

⒅　改正案二六一条以下　罰則の規定に関する改正案について、松本烝治は以下のように述べている。改正案が公表されるや、世上の論議は、一時この数か条の規定に集中し、他を顧るいとまも無いような様相であった。議会の論争の中心もここにあるのであろうし、最も修正を被る点もここにあるのであろう。しかし、「余輩商法学者ノ興味ヲ惹クモノハ自ラ他ニ存スルアリ、此数条ノ規定ノ如キハ余輩ノ眼中ニハ索々タル蝋塊《ろうかい》ノミ、亦之ヲ剖釈シ之ヲ批評スルノ気力ヲ有セザ(578)」る。以上のように述べて、罰則に関しては、所感の略言にとどめている。

商法中にこのような厳密な刑罰規定を置かざるをえないことになった事由の存在することを認めるとともに、わが実業社会の人士の名誉のため、このような事態に至ったことを悲しむものである。この種の刑罰規定は、あたかも水害に対する堤防のようなものである。水源を涵養せず、山林の濫伐を禁止せずに水害を杜絶しようと欲しても、これは無理である。「問題ハ世道人心ニ在リ、法抑《そもそ》モ末ナリ(579)」。もし、この数か条の規定によって実業社会の廓清を遂げることができるのであれば、その代価は、あまりに軽少であると言わざるをえない(580)。

このような規定を設ければ、名声や財産のある人士は会社に関係することを避けるようになり、会社はかえって重役に人を得る途を妨げられると主張して、厳罰主義に反対を唱える者がいる。この論者は、名声や財産のある人士が国法を犯して私利を計り、ために刑罰に触るに至るべきことを期待するのであろうか。悪意のない行為に厳罰を科する趣旨でないことは改正案を一読すれば明瞭のはずである。このような、ためにする議論は、耳を傾けるに足りないものである。(581)

(386) 志田鉀太郎・日本商法典の編纂と其改正一一七頁（昭和八年）。
(387) 同前一二一―一二二頁。
(388) 雑報「法律取調委員会」法学新報一七巻七号（明治四〇年）一八四―一八五頁。
(389) 志田・注（386）前掲一一八頁参照。
(390) 斎藤十一郎「商法改正案に就て」法律新聞六五六号（明治四三年）一一九頁以下。
(391) 同前一二〇頁。
(392) 同前。
(393) 同前一一九頁。
(394) 同前一二〇頁。
(395) 山内確三郎「商法改正の要点」法律新聞六五六号（明治四三年）一二一頁以下。
(396) 同前一二一頁。
(397) 同前。
(398) 同前。
(399) 同前。
(400) 同前。
(401) 同前。
(402) 同前一二二頁。
(403) 同前。
(404) 同前。
(405) 同前。
(406) 同前。
(407) 同前。

(408) 同前。
(409) 同前一一三頁。
(410) 斎藤十一郎「商法改正の趣旨」法律新聞六七七号（明治四三年）二〇四頁以下。
(411) 同前二〇七頁参照。
(412) 同前。
(413) 同前参照。
(414) 同前。
(415) 同前二〇七―二〇八頁。
(416) 同前二〇八頁。
(417) 同前参照。
(418) 同前。
(419) 同前二〇九頁。
(420) 同前参照。
(421) 同前。
(422) 同前。
(423) 同前参照。
(424) 同前。
(425) 同前。
(426) 同前。
(427) 同前二〇九―二一〇頁。
(428) 同前二一〇頁。
(429) 同前参照。
(430) 同前参照。
(431) 同前参照。
(432) 同前二一〇―二一一頁。

(433) 日本内地で最大規模の製糖会社、大日本製糖株式会社（日糖）は、日露戦争後、経済不況にともなう需要の低迷、生産過剰、価格下落、輸出不振、台湾の製糖業との競合などに加えて巨額の債務による深刻な経営不振に陥っていた。日糖幹部は、この事業不振を打開するため、明治四〇年（一九〇七年）三月末で期限切れになる輸入原料砂糖戻税法（輸入関税の一部を製糖業者に返却する保護法）を同四四年七月一六日まで延長する政府提出の改正案を第二三回帝国議会で成立させる必要があった。そこで、日糖幹部は、立憲政友会、憲政本党、大同倶楽部所属の代議士と関係者に一二万円余を贈った。衆議院では政府原案の期限を二カ年に限って延長する修正案が四〇年二月に通過し、三月に貴族院でも可決され、同月二九日公布された。しかし、西園寺内閣が、四一年度予算案に砂糖消費税を含む増税案を提出したため、危機感を抱いた日糖幹部は糖業官営論をもって大蔵省、農商務省に働きかける一方、与党政友会の代議士に三万円を贈賄したが成功しなかった。一連の事件は、告発により発覚し、四二年四月一一日、磯村音助ら日糖幹部が拘引され、一五日、政友会代議士栗原亮一ら一〇名が拘留された。五月、憲政本党、大同倶楽部の代議士や関係者を含め二四名が起訴され、七月、全員有罪で重禁錮三カ月から一〇カ月までの刑が宣告され、全員に追徴金が課せられた。被告人側は控訴したが、ほぼ第一審判決と変わらない結果になった。他方、日糖重役では、酒匂常明前社長はじめ八名が贈賄、私文書偽造行使などで起訴され、四二年一二月、専務磯村の重禁錮四年をはじめ六カ月までの刑が七名に下された。磯村ほか一名が東京控訴院、さらに大審院で争ったが、四五年三月、両被告の重禁錮三年が確定した。この間、予審決定直後の四二年七月、酒匂前社長がピストル自殺を遂げた。この事件は、大規模企業と代議士との癒着関係を顕在化させる事件となった（国史大辞典編集委員会編・国史大辞典一一巻（平成二年）八五一—八六頁）。

(434) 大原信久「改正商法草案と財産評価」法律新聞六六一号（明治四三年）二四八頁。

(435) 山内忍「商法改正案と共同代表」法律新聞六五九号（明治四三年）二一一頁。

(436) 実務家の手による改正案に対する総合的評価としては、斎藤松月「商法改正案と評す㈤㈦」法律新聞六七〇号（明治四三年）二八頁以下、同六七二号七八頁以下が存在する程度にすぎない。

(437) 足立秀純「商法改正案を読む㈠」法律新聞六六五号（明治四三年）三五〇頁。

(438) 同前。

(439) 足立秀純「商法改正案を読む㈡」法律新聞六六六号（明治四三年）三七五頁。

(440) 足立秀純「商法改正案を読む㈢」法律新聞六六七号（明治四三年）三九九頁参照。

(441) 伊藤金次郎「商法修正案論評㈤」法律新聞六七四号（明治四三年）一二六頁。

(442) 同前一二七頁参照。
(443) 河西善太郎「商法改正案に就て(上)」法律新聞六八一号(明治四三年)二九九頁。
(444) 同前。
(445) 同前参照。
(446) 河西善太郎「商法改正案に就て(中)」法律新聞六八二号(明治四三年)三三五頁。
(447) 同前参照。
(448) 同前。
(449) 同前三三六頁参照。
(450) 同前三三六—三三七頁参照。
(451) 河西善太郎「商法改正案に就て(下)」法律新聞六八三号(明治四三年)三四六—三四七頁参照。
(452) 花岡敏夫「商法改正案に就て(一)」法律新聞六八九号(明治四四年)四二頁参照。
(453) 同前四二—四三参照。
(454) 花岡敏夫「商法改正案に就て(二)」法律新聞六九〇号(明治四四年)六七頁参照。
(455) 同前参照。
(456) 同前参照。
(457) 同前。
(458) 同前六八頁参照。
(459) 花岡敏夫「商法改正案に就て(三)」法律新聞六九四号(明治四四年)一六七頁。
(460) 同前参照。
(461) 同前一六八頁。
(462) 同前。
(463) 花岡敏夫「商法改正案に就て(四)」法律新聞六九五号(明治四四年)一九四頁参照。
(464) 同前参照。
(465) 同前参照。
(466) 同前。

(467) 同前一九五頁。
(468) この意見は、法律新聞七〇三号（明治四四年）三八五頁以下に収録されている。
(469) 毛戸勝元「商法改正案ヲ評ス(一)」京都法学会雑誌五巻一〇号（明治四三年）一一五頁。
(470) 同前一二七頁参照。
(471) 同前一二七―一二八頁。
(472) 同前一二八頁。
(473) 同前一二九頁。
(474) 同前参照。
(475) 同前一二九―一三〇頁。
(476) 同前一三一頁。
(477) 同前一三一―一三二頁。
(478) 同前一三二頁。
(479) 同前一三三頁。
(480) 同前。
(481) 同前。
(482) 同前一三四頁。
(483) 毛戸・注(295)前掲論文。
(484) 毛戸・注(469)前掲一三四頁。
(485) 毛戸・注(295)前掲二六頁参照。
(486) 毛戸・注(469)前掲一三四頁。
(487) 同前一三五頁。
(488) 同前一三五頁参照。
(489) 同前一三六頁。
(490) 同前。
(491) 同前一三七頁。

(492) 同前一三七―一三八頁。
(493) 岡野・注(367)前掲一頁以下。
(494) 毛戸・注(469)前掲一三八頁。
(495) 同前一三八―一四〇頁。
(496) 同前一四〇頁。
(497) 同前一四一頁。
(498) 同前一四一―一四二頁。
(499) 同前一四二―一四三頁。
(500) 同前一四三―一四四頁。
(501) 同前一四四頁。
(502) 同前一四五頁。
(503) 同前。
(504) 同前一四五―一四六頁。
(505) 同前一四七頁。
(506) 同前一五〇頁。
(507) 同前一五一頁。
(508) 同前一五二頁。
(509) 同前。
(510) 同前一五三頁。
(511) 同前。
(512) 同前一五四頁。
(513) 毛戸勝元「商法改正案ヲ評ス(二)」京都法学会雑誌五巻一一号(明治四三年)一四七―一四八頁。
(514) 同前一四九頁。
(515) 同前一五〇頁。
(516) 同前。

(517) 同前一五一頁。
(518) 同前一五一―一五二頁。
(519) 同前一五四頁。
(520) 同前。
(521) 同前。
(522) 同前一五四―一五五頁。
(523) 同前一五五頁。
(524) 同前。
(525) 同前一五五―一五六頁。
(526) 松本烝治「商法中改正法律案ヲ評ス(一)―(六)」法学協会雑誌二八巻九号（明治四三年）一一五頁以下、同一〇号八一頁以下、同一一号一一〇頁以下、同一二号一一九頁以下、同二九巻一号（明治四四年）八一頁以下、同二号七九頁以下。
(527) 松本烝治・法学論叢商法改正案評論（明治四四年）一頁。
(528) 松本・注（381）前掲論文。
(529) 松本・注（527）前掲二頁。
(530) 同前三―四頁参照。
(531) 同前一七頁。
(532) 同前一七―一八頁。
(533) 同前一八頁。
(534) 同前一八―一九頁。
(535) 同前二〇頁。
(536) 同前二一―二二頁。
(537) 同前二二頁。
(538) 同前。
(539) 同前二四―二五頁。
(540) 同前二五―二六頁。

(541) 同前二六頁。
(542) 同前二六―二七頁。
(543) 同前三〇頁。
(544) 同前三〇―三一頁。
(545) 同前三六―三七頁。
(546) 同前三九―四〇頁。
(547) 同前四三頁。
(548) 同前四三―四四頁。
(549) 同前四四頁。
(550) 同前四四―四五頁。
(551) 同前五三頁。
(552) 同前五六―五七頁。
(553) 同前五七―五八頁。
(554) 同前五八―五九頁。
(555) 同前六五頁。
(556) 同前六六頁。
(557) 同前六六―六七頁。
(558) 松本・注(333)前掲論文。
(559) 松本・注(527)前掲六九頁。
(560) 同前六九―七〇頁。
(561) 同前七二頁。
(562) 同前七二―七三頁。
(563) 同前七三―七四頁。
(564) 同前七五―七六頁。
(565) 同前八〇頁。

(566) 同前八二―八三頁。
(567) 毛戸・注(475)前掲参照。
(568) 松本・注(527)前掲八三頁。
(569) 同前。
(570) 毛戸・注(473)前掲参照。
(571) 松本・注(527)前掲八三―八四頁。
(572) 同前八五頁。
(573) 同前八六―八七頁。
(574) 同前八七頁。
(575) 同前。
(576) 同前一〇一―一〇二頁。
(577) 同前一〇二頁。
(578) 同前一一一頁。
(579) 同前。
(580) 同前。
(581) 同前一一一―一一二頁。

六　明治四四年改正会社法の改正手法の先例としての意義――小括に代えて

1　明治四四年改正会社法の成立

第二七回帝国議会は、明治四三年（一九一〇年）一二月二三日召集され、同二五日開院された。政府は、明治四四年（一九一一年）一月二一日、商法中改正法律案および商法施行法中改正法律案を貴族院に提出した。貴族院は、同日第一読会を開いているが、その際、岡部長職司法大臣が提案理由を説明している。明治三二年商法制定以来の商業の発達、商事の複雑化に適応するため、各種の疑義を解消するため、という緊急性が強調されているが、とりわけ社会の各方面の需要に即したものであったことが、以下のように述べられている。「段々ニ斯ノ如キ議ガ重ナリ重ナリテ遂ニハ商法ノ修正ヲ促ス声ガ愈々高クナリ来ツタ訳デ先ヅ実業家ヨリ修正ヲ希望スルノ意見ガ続々トシテ提出サレマスシ、次イデ弁護士団体、尚又諸官衙ヨリモ改正意見ヲ提出スル者ガ頻々トシテ来ルコトニ相成リマシタ次第デアリマス、是ニ於キマシテ当局ハ商法改正ハ急務デアルト云フコトヲ認メテ、是等ノ各方面ヨリ提出サレマシタル所ノ改正意見ヲ取捨イタシマシテ、其適切ナルモノヲ択《えら》ンデ之ヲ資料ト致シマシテ茲《ここ》ニ商法改正ヲ企ツルニ至ツタ次第デアリマス」[582]。

貴族院は僅少の修正を加えて、同年二月一七日、これを議決して衆議院に送付した。衆議院も、僅少の修正を加えて三月一八日にこれを議決、同月二一日に両院協議会を開き、成案を得て両院を通過し、改正法は五月三日法律第七三号として公布され、同年一〇月一日から施行された[583]。

改正案中、帝国議会で否決され実現しなかった主要点に言及しておくと、取締役・監査役の被選資格から株主たる要件をはずすこと（改正案一六四条、一八九条）、株式および社債の最低金額を五〇円に引き上げること（改正案一四五条、二〇一条）が否決された点がとくに重要である。

2　改正手法の先例としての意義

改めて明治四四年会社法改正の意義を問うとき、従来言われていたように、単なる応急的あるいは疑義解消のための改正であったと、簡単に小括することが妥当なのであろうか。確かに当時においても、多くの者がそう指摘しており、かつまた、当時の関係者がそのような認識でいたことは事実である。しかし、改正の意義はそれだけに止まるものではあるまい。

若き日の松本烝治は、その論稿において巧みな比喩を用いている。いま及ばずながら彼の手法を踏襲して述べれば、明治三二年に国産会社法を世に送り出した先達諸氏にとっての商法典は、アントニオ・ガウディ（Antonio Gaudi）にとっての聖家族贖罪聖堂（サグラダ・ファミリア）のようなものであったのではなかろうか。ガウディは、一八八三年、三一歳で聖家族贖罪聖堂の設計・建築に携わり、一九二六年に死去するまで、この聖堂に情熱を傾け続けたのである。スペイン、バルセロナに建つこの聖堂は、今日もなおガウディの志を継承する者達によって建築作業が続けられており、未だ完成を見ない。しかし、聖堂自体は、一九世紀にこの世に出現して以来、立派に施設としての機能を果たしている。

明治三二年会社法の立法に携わった先達諸氏は、固より実用に耐えられない商法典を世に送り出すつもりは毫もなかった。そうでなければ、「我邦ノ会社ハ此ノ如ク完美ナル法律ニ依リ支配シ監督サレツツアリ」と言い、「何ゾ其ノ多幸ナルヤ」とまで、その矜持と自信を表明することはなかったであろう。(584) しかし、先達諸氏は、明治三二年会社法が完璧な法典であるとは決して考えていなかった。そのことは、明治三〇年代中葉以降に公表された、立法に携わった先達諸氏の論稿の多くを概観することによって窺うことができる。彼等は、第一に、学界・法曹界・実務界の啓蒙に努め、積極的に質疑応答を繰り返した。第二に、会社法務・会社実務の現状に常に関心を寄せていた。また、会社法関係の判決例の批評にも積極的にとりくんだ。第三に、法条の疑義に関しては、できる限り解釈によって補う努力をし、立法の不備についても率直に言及した。

法律取調委員会において、会社法改正作業の中核を担ったのは、すでに言及したように、明治三二年商法の制定に際して法典調査会委員の任にあった者達である。このことは、明治四四年会社法改正が、事実上、三二年会社法の立法作業の継続であったことを意味しているものと思う。会社法研究者のいわば第一世代としての責任において、自ら世に送り出した会社法を、より完成度の高いものに昇華させる作業こそが、明治四四年会社法改正の意義であったと思われる。その意味では、揺籃期の、民法学のみならず商法学の分野においても常に牽引者としての役割を果たした梅謙次郎が、会社法改正作業が峠を越した明治四三年にこの世を去ったことは、象徴的ですらある。明治四四年改正は、応急的または緊急的改正と言うよりも、施行後の一〇余年を掛けた、立法に携わった者を中心とする、満を持した改正であったと評価する方が相応しいのではなかろうか。

緊急的改正と言われながらも、その改正には、十分な時間が掛けられている。司法省内で作業が開始されてから足掛け六年、勅令に基づく法律取調委員会設置から足掛け五年の歳月を要している。この間、改正案を公表して広く意見を求めるという手順が踏まれたことは、繰り返し述べるように、わが国のその後の会社法改正手続の手法の良き先例として高く評価されるべきである。「明治四四年商法改正法の原案が纏まるまでに各方面より司法省に提出された意見書の多さは、特筆に値する」[585]という指摘は、きわめて重要である。この事実は、施行後一〇余年を経た明治三二年法が、発展著しい実務界の需要を満たすためには限界が来ていたことを示すと同時に、改正に向けた情報の開示が実に適切であったことを示している。このような、適切な情報開示は、その後のわが国の会社法改正手順の良き慣行になったと評価できる。

改正のための論点の公表を含む積極的な情報の開示は、わが国の会社法学の発展および次の時代を担う会社法学者の育成という面にも貢献した。明治三〇年代中葉以降に公表された、改正論議を含む会社法に関する論稿は、すでに概観したように、決して少ないものではない。第一世代の薫陶を受けて台頭してきた当時の若き研究者達の論稿の筆致は、その水準は区々であるとしても、一様に自信に満ちたものであるような印象を受ける。このことは、第一世代に属する先達諸氏が、後継者育成に十分な配慮をした結果であろうと思われる。大規模な改正は、研究者の世代交替を促す契機となる事件であろうが、改正を担うべき世代の研究者が、台頭する次世代の主張に謙虚に耳を傾け、次世代の研究者は萎縮することなく積極的な提言を行うという、今日に至るわが国会社法学界の伝統は、明治四四年改正に始まると言いうるのではなかろうか。

(582) 志田・注(386)前掲一二五頁。
(583) 同前一一八頁。
(584) 岸本・注(32)前掲参照。
(585) 藤井信秀「日露戦争後の経済発展への対応——明治四四年の改正」北澤正啓先生古稀祝賀論文集『日本会社立法の歴史的展開』一三四頁(平成一一年)。

○資料１　大審院会社法関連判例の概観――明治三三年から明治四三年

以下に掲げた判例は、明治三二年商法（明治三二年法律第四八号）施行後における会社法に関連する大審院判例である。もちろん、これらの中には今日的観点からは顧みる価値すら無いものも含まれている。これらをまとめたのは、当時の会社法務事情を素描する資料とするためである。明治三六年までは、旧商法に関連するものも取り上げている。引用にあたっては、適宜、濁点および読点を付してある。条文に関しては、明治四四年改正前商法〇条と記すべきところ、すべて単に商法〇条と記してある。

【１】　大審院明治三三年四月一六日決定民録六輯四巻七〇頁

商法五三条の解釈に関するものである。商法五三条は、会社の登記事項（商五一条一項）に「変更ヲ生シタルトキハ」二週間以内に本店および支店の所在地で登記をしなければならない旨を定めていたが、ある株式会社が支店を廃止したにもかかわらず、二週間以内の登記を怠ったため、取締役らが過料に処せられた。取締役らはこれを不服として抗告したものである。取締役らの主張は、商法一五条は「登記シタル事項ニ変更ヲ生シ又ハ其事項カ消滅シタルトキハ当事者ハ遅滞ナク変更又ハ消滅ノ登記ヲ為スコトヲ要ス」と定めており、この条文の表現との対比において、五三条の「変更」には「消滅」が含まれないというものである。

「商法第五十三条ニハ第五十一条第一項ニ掲ゲタル事項中ニ変更ヲ生ジタルトキハ云々其登記ヲ為スヲ要ストノミアリテ消滅ニ関スル場合ニ付何等ノ規定ヲ設クル所ナシ、然レバ第五十一条ニ由リ登記シタル事項ニ異同ヲ生ジタルトキハ其異同ハ単ニ変更ニ係ルト将タ廃止ニ係ルトヲ問ハズ総テ変更登記トシテ登記スベキ律意ナリト解スルヲ相当トス、又第十五条ニアル登記シタル事項ガ消滅シタルトキハ云々消滅ノ登記ヲ為スコトヲ要ストノ規定ハ第五条第七条等ニ由リ登録シタル事項ガ全ク無用ニ帰シ消滅シタルガ如キ場合ニ適用スベキモノニシテ本件ノ如キ場合ニ応用スベキモノニアラズ」

【２】　大審院明治三三年七月二日決定民録六輯七巻四頁

ある株式会社の株主が、当該会社の創業以来の業務および会社財産の状況を調査させる目的で裁判所に検査役の選任を求めたところ（商一九八条）、原審において、一九八条の法意は、会社の現在の状況を調査させるために検査役の選任請求が認められるにすぎないものと判断されたことを受けて、株主が抗告したものである。

「商法第百九十八条ノ株主ノ請求ニ因リ会社ノ業務及ビ会社財産ノ状況ヲ調査セシムルコトニ付テハ法律上別ニ何等ノ制限アラ

ザルヲ以テ独リ現在ノ事ニ止マラズ必要アルニ於テハ既往ニ遡リ調査セシム可キモノト解セザル可カラズ、何トナレバ此規定ハ株主保護ノ為メニ設ケ株主ヲシテ会社ノ事ニ関シテハ既往及ビ現在ノ事ヲ知ルコトヲ得セシムル為メナレバ単ニ現在ノ事ノミヲ調査セシムルノミニテ既往ノ事ヲ調査セシムルコトヲ得ザルモノトスルトキハ事ノ既往ニ関スルモノハ毫モ知ルコトヲ得ズ、従テ現在ノ事ヲ詳悉スルヲ得ザルコト之レアル可ケレバナリ」

【3】 大審院明治三三年一二月一日判決民録六輯一一巻一頁

旧商法一六七条および一六八条によれば、株式会社が会社設立の免許を得たときは、株主にすみやかに各株式につき少くとも四分の一の金額を払い込ませ、その払込みの完了後、一四日以内に設立登記をなすべきことになっていた。ところが、四分の一の株金の払込みがなかったにもかかわらず、設立登記のなされた会社があった。事実の概要は必ずしも明らかではないが、その会社には法人資格が認められないはずなのに、原審が当該会社の法人資格ひいては訴訟当事者資格を認めて判決を言い渡したことが違法であるとして、上告がなされたものである。

「株式会社設立ノ登記ヲ為スニ当リ各株式ニ付キ少クモ四分ノ一ノ金額払込アルニ非ザレバ其登記ノ適法ナラザルコトハ旧商法第百六十七条及ビ第百六十八条ノ規定ニ依リテ明白ナリト雖モ之ガ為メ登記ハ当然無効ニ帰スベキ規定存セザルヲ以テ苟モ其登記ノ取消サレザル間ハ会社ノ法人資格ハ株主及ビ他ノ第三者ニ対抗スルコトヲ得べキハ固ヨリ論ヲ待タズ、何トナレバ会社ノ法人資格ハ其設立免許ヲ得タル時ニ於テ発生シ而シテ登記ハ其第三者ニ対抗スル効力ヲ生ゼシムルニ必要ナル方式タルニ過ギザルニ由リ登記ノ無効若クハ取消トナラザルトキハ一旦生ジタル登記ノ効力消滅スル理ナキヲ以テナリ」

【4】 大審院明治三三年一二月二六日決定民録六輯一一巻一三三頁

ある株式会社の所在地の住所表示が変更された際に、商法五三条にもとづく変更登記を怠ったとして過料に処せられた取締役が、商法五一条一項に掲げた事項の「変更」を、登記にかかる住所表示の変更をも含めて広義に解するのは不当であるとして抗告したものである。

「第五十三条ノ規定ハ事項其モノ即チ本支店ノ位置ニ変更ヲ生ジタル場合ト解シ得ルノ外該文詞中原裁判ノ如ク広義ニ之ヲ解スルノ余地存セザルモノトス」

【5】　大審院明治三四年二月四日決定民録七輯二巻二四頁
前掲【4】と同様の事案に関するもので、同旨をくりかえし述べたものである。

【6】　大審院明治三四年三月一九日判決民録七輯三巻六五頁
事実の概要は必ずしも明らかではないが、株式会社の清算人が、株主に対して未払株金の払込みを求めたものである。清算人らは、会社に現存する財産が会社の債務を完済するのに不十分であるから、払込金を払込むよう求めたのである。その際、商法九二条の「会社ニ現存スル財産」の解釈が問題となった。清算人らは、「現存スル」という文言が冠されている以上、同条の財産とは、動産、不動産、有価証券のようないつでも換価できるもののみを指し、裁判の確定や執行の終了を待って収受できるようなものは含まれないと解されるべきであると主張した。
「商法第九十二条ニ所謂「会社ニ現存スル財産」トハ会社財産中ヨリ社員ヲシテ出資ヲ為サシムベキ債権ヲ取除キタルモノヲ指称スル文字ナルコトハ商法第百二条第二項ノ法文ヲ参照スルモ明白ニシテ毫モ疑ヲ容レズ、而シテ所謂会社財産ハ其動産タルト不動産タルト債権タルト将又《はたまた》其他ノ財産タルトヲ問ハズ会社ガ現ニ有スル総テノ財産ヲ包含スルヤ固ヨリ論ヲ俟タズ、只破産者若クハ無資力者ニ対スルガ如キ債権ニシテ全ク価格ヲ有セザルモノハ之ヲ財産ト称スルコトヲ得ザルノミ」

【7】　大審院明治三四年六月二一日決定民録七輯六巻五三頁
株式会社五名の取締役の一人が死亡したにもかかわらず、変更登記をしなかったことによる過料の処分を不服として争われたものである。商法五三条の解釈につき、前掲【1】の決定と同旨をくり返したものである。

【8】　大審院明治三四年七月八日決定民録七輯七巻三七頁
商法五三条の変更登記を怠ったとして過料に処せられた株式会社の取締役らがこれを不服として抗告したものである。当該会社で監査役が選任されたが、その選任登記をなすべき期間の起算点が問題となった。原審はこれを決議の日からと解したが、取締役らは、監査役に選任された者は就任を承諾して初めて監査役となるわけであるから、登記期間の始期は、承諾の日からであると主張した。
「商法第百四十一条及ビ第五十三条ノ規定ニ於ケル二週間ノ期間タルヤ監査役ニ当選セラレタル者ノ承諾ヲ俟テ後始メテ起算スベキモノニアラズ、原院ノ解釈スル如ク其選任ハ総会ノ決議ニ依リ定マルベキモノナレバ其選任ノ日即チ其決議ノ日ヨリ之ヲ起算ス可キヲ相当トス、又同法第百四十一条第七号ニ取締役及ビ監査役ノ氏名住所トノミアリテ其任期ヲ登記ス可キ規定ナシト雖モ再選スレバ更ニ之ヲ登記ス可キ法意ト解釈セザルヲ得ズ、何トナレバ同一ノ者ガ再ビ其監査役ニ選任セラルルモ是全ク改選ノ結果ニシテ即チ監査役ニ変更アリタルモノニ該当スレバナリ」

【9】 大審院明治三四年七月一〇日決定民録七輯七巻五三頁

甲乙両株式会社は、明治三三年九月二日に各々の株主総会で合併決議をなした。両社は、直ちに、商法七八条二項に基づき、会社債権者に対して、異議申出のための公告を、申出期間を同年九月二日から一一月二日までとしてなした。そして、同年一一月一六日に商法八一条に基づく合併登記を申請した。ところが原審は、商法八一条にいう「会社カ合併ヲ為シタルトキ」というのは、会社が合併決議をしたときを指すのであるとし、そこから二週間内に登記すべきところ、この登記を怠ったとして、会社取締役らを過料に処した。原審は、商法二二三条には「株主総会ニ於テ合併ノ決議ヲ為シタルトキハ其決議ノ日ヨリ第八十一条ノ規定ニ従ヒ本店ノ所在地ニ於テ登記ヲ為スマテハ」といった表現があり、これらに照らしても、合併のときは、合併決議のときと解すべきである等の理由を付している。当然、取締役らはこれを不服として抗告したものである。

「商法第八十一条ニ会社ガ合併ヲ為シタルトキハ云々トアルハ同法第七十八条ニ会社ガ合併ノ決議ヲ為シタルトキハ云々トアル其決議ヲ為シタル時ヲ指スノ法意ニアラズシテ決議ヲナシタル後実際合併ヲ為シタル時ヲ意味スル規定ト解釈セザルベカラズ、其法意ノ彼レニアラズシテ此ニ存スルコトハ同法第七十六条第七十九条第八十条等ノ規定アルニ徴シテ判然タリ、何トナレバ若会社ノ合併決議ヲ以テ即チ合併ヲナシタルモノトセバ第七十六条ノ如ク会社ガ解散シタルトキニ二週間内ニ其登記ヲナスベキコトニ付キ特ニ合併ノ場合ヲ取除クノ必要ナク第七十九条第二項ニ債権者ガ異議ヲ述ベタルトキハ云々トアリテ其第三項ニ前項ノ規定ニ反シテ合併ヲ為シタルトキハ云々トアリ即チ合併スベキ会社ガ同第三項ノ手続ヲ為シ適法ニ合併ヲ為サントスルニハ必ズ第七十八条第二項ノ公告又ハ催告ヲ為スコトヲ要スルガ故ニ合併ノ決議ヲ以テ即チ合併ナリト為サバ異議ヲ述ベキ債権者アル会社ハ到底適法ノ合併ヲ為スコト能ハズ、法律ハ固ヨリ斯ノ如キ難キヲ責ムル規定ヲ設クル筈ナク又決議ヲ以テ直チニ合併シタルモノト為スノ法意ナラバ第七十九条第二項ノ手続ヲ為サズシテ合併シタルモノニ対シ其第三項ニ於テ前項ノ規定ニ反シテ合併ヲ為シタルトキハ云々ト掲ゲ之ヲ指シテ法律ニ違背スルモノト為スベキ道理ナシ、又第八十条ニ会社ガ第七十八条第二項ニ定メタル公告ヲ為サズシテ合併ヲ為シタルトキハ云々トアルヲ以テ之ヲ観レバ立法ノ精神ハ公告ヲ為シテ然ル後合併スルモノアルヲ予想シタルノミナラズ公告ヲ為シテ然ル後合併スルモノヲ適法ノ合併ト認ムルノ法意ナルコト疑ナシ、然ラバ則会社ノ合併ハ決議ノトキニアラズシテ実際合併ヲ為シタルトキト為サザルベカラズ、従テ其成立ノ時ヨリ起算シテ二週間内ニ登記スルヲ以テ足ルモノトス」

【10】　大審院明治三四年一〇月二八日判決民録七輯九巻一六八頁

ある銀行の定時株主総会において、たとえばある株主はわずか五八の議決権しか有していないのに五三八の議決権を行使したり、委任状によって二重または三重に権利を行使する者がいたり、正当なものとはいえない委任状に基づいて議決権を行使したり、といった事態が続出した。また、この総会の決議方法は、記名投票とされていたが、株主たる秋田県の投票（県知事の代理人による）が秋田県以外の別名義によってなされたものであった。これらを理由に、株主が総会決議無効の宣告を求めて提訴したようである。

原審は、総会における議決権行使に多くの違法行為があったと認定しつつ、無効投票分を控除してもなお議決の結果は変わらないから、決議を無効とする実益はないと判断した。また別名義の投票も、他の証拠に基づいて秋田県の投票であると判定した。株主が上告。

「株主総会召集《ママ》ノ際株主ニ開会ノ通知ヲ為サズ又ハ総会ニ出席シタル株主ノ入場ヲ故ナク拒絶シタルガ如キ場合ニハ其株主権ノ行使ヲ故ナク妨グルモノナルヲ以テ其総会ニ於テ為シタル決議ヲ無効ト為サザルベカラザルコトハ上告論旨ノ如シ、然レドモ出席株主ガ自己ノ有スル権利数以外ノ投票ヲ為シ又ハ正当ノ委任状ヲ有セザルモノガ投票ヲ為シ又ハ二重ニ投票シタルニ於テハ仮リニ正数以外ノ投票ヲ無効トシ又ハ相当ノ委任状ヲ有セザル者ノ投票ヲ除却シタリトテ別ニ株主権ノ行使ヲ妨害スルモノニアラザレバ之レガ為メ総会ノ決議ヲ無効トスベキ理由ナシ」

「投票ハ其自体ニ於テ何人ノ投票ナルヤヲ知リ得ル為メ其氏名ヲ正確ニ記載スベキハ勿論ナルモ其記載正確ナラズ又ハ誤記アル場合ニ他ノ証拠ニヨリ何人ノ投票ナルヤヲ明確ニ知リ得ルニ於テハ其投票ヲ無効トスベキ条理ナシ、何トナレバ投票者ノ判然明確ナラザル場合ニ他ノ証拠ニ依リ之ヲ証明スルヲ得ズトノ法則ナク又条理上ヨリ観察スルモ他ノ証拠ニ依リ証明セシムル為メ他ノ投票者又ハ其他ノ利害関係人ノ権利ヲ妨害スル所ナケレバナリ」

【11】　大審院明治三四年一二月二一日判決民録七輯一一巻七六頁

民法施行前、すなわち民法四三条が存在していないときに、運送業を営むことを目的とする会社が、その営業と直接関係のない保証契約を締結し、保証人となった。当該保証契約の効力が争われたものである。会社の能力に関する民法施行前の判例である。

「民法第四十三条ニ依レバ法人ハ法令ノ規定ニ従ヒ定款又ハ寄附行為ニ因リテ定マリタル目的ノ範囲内ニ於テ権利ヲ有シ義務ヲ

負フベキモノナレバ商事会社モ民法施行後ハ其目的ノ範囲内ニ於テハ権利義務ノ主体タルコトヲ得ルモ其範囲外ニ至リテハ決シテ権利義務ノ主体タルコトヲ得ルモノニ非ルハ固ヨリ論ヲ俟タズト雖モ民法施行前ニ於テハ別段此ノ如キ規定ナカリシガ故ニ商事会社ハ其目的タル営業ノ範囲外ニ於ケル民法上ノ法律行為ト雖モ絶対ニ之ヲ為スヲ得ザルモノニ非ルコトハ本院ガ従来判例トシテ是認シタル法理ナリトス」

【12】 大審院明治三五年二月二八日判決民録八輯二巻一二八頁

X銀行は、融資の担保として、AからY会社の株券（記名株式）の差入れを受けた。その株券はきわめて精巧に偽造されたものであった。これより前、Y会社は、Aから株主名簿および当該株券の名義の書換請求を受けていた。Y会社は、当該株券の番号や展転の順序までもが株主名簿に一致していたこともあって、株券の偽造に気づくことなく、前株主とされていた者からAへの名義書換えに応じていた。Xは、Yがそのような名義書換えに応じたことは、株券の真正を保証したも同然であるとして、Y会社に対する損害賠償請求を訴求したものである。

「凡ソ株式会社ハ其株式ニ関シテハ真正ノ株主ニ対スルノ外責任ヲ負フニアラザルコト勿論ナルヲ以テ会社ガ株券ヲ偽造シタルモノノ欺罔ニ依リテ株券ノ名義書替ヲ為シタルト偽造ノ情ヲ知ラズシテ之ヲ譲受ケタルモノノ請求ニ応ジテ書替ヲ為シタルトニ論ナク苟シクモ其書替ヲ為シタル株券ノ偽造物タル限リハ会社ガ書替ヲ為スニ当リ不注意ノ過失アリト謂フヲ得ザル場合即偽造ノ精巧ニシテ普通ノ鑑識ヲ以テハ其偽造タルヲ発見スル能ハザル場合ナルト否トヲ問ハズ会社ガ真正ノ株券ナリト誤信シテ名義ノ書替ヲ為シタリトテ会社ハ其書替ヲ受ケタル者又ハ第三者ニ対シテ責任ヲ生ズベキ道理アルコトナシ、何トナレバ会社ガ株券ノ名義ヲ書替ヘルハ株券ノ真正ナルコトヲ保証スルニアラズシテ株主ノ変更ヲ承認スルニ過ギズ、然ルニ其書替ヲ為シタル株券ハ偽造ニシテ実際其株券ニ対スル株主ノ存セザルトキハ株主変更ノ承認モ固ヨリ徒為ニシテ何等ノ効果ヲ生ズルコトナケレバナリ」

【13】 大審院明治三五年五月二一日判決民録八輯五巻一〇二頁

事案自体は、ある会社の臨時株主総会においてなされた解散決議が、総会招集手続きに違反があるから無効であるとして、株主が無効宣告を求めたものである。これに関連して、株主が総会決議無効宣告請求の訴訟を提起する際に要求される株券供託手続き（商法一六三条三項）、清算会社における「現務ノ結了」の意義（商法九一条一項）および会社解散後の決議無効の訴における会社代表機関について、判断を求められたものである。

「商法第百六十三条第二項ニハ「云々決議ノ日ヨリ一个月内ニ之ヲ為スコトヲ要ス」トアリ其第三項ニハ「云々其株券ヲ供託シ

且会社ノ請求ニ因リ相当ノ担保ヲ供スルコトヲ要ス」トアリテ右第二三項ノ条件ハ第一項ノ規定ニ依ル訴ノ要件タルコトハ其明文ニ依リ明ナルヲ以テ若シ其要件ヲ欠キタルトキハ其訴訟ハ不成立ニ帰ス可キモノトス、然レドモ第三項ノ株券ヲ供託ス可キ条件ハ起訴ト同時ニ其手続ヲ為サザルモ訴訟進行中何時ニテモ其手続ヲ為シ之ヲ追補スルコトヲ得可シ、如何トナレバ右条件ノ如キハ原判決説明ノ如ク訴訟ノ濫用ヲ妨ギ且株主タルノ資格ヲ証明セシムルノ律意ニ基キタルモノナレバ訴訟進行中之ヲ供託スレバ其訴ヲ完全ナラシムルニ足ル可キヲ以テ其手続ハ第二審ニ於テ之ヲ為スモ其訴訟ノ成立ニ何等ノ妨ゲアル可キ筋合ナキヲ以テナリ」

「商法第九十一条第一項第一号ニ所謂「現務ノ結了」トハ会社解散後ニ於ケル現在ノ事務ヲ結了スルト云フノ意義ニ外ナラザレバ解散以前ニ於ケル総会ノ決議無効ヲ理由トシテ他ヨリ訴ヘラルル如キハ直ニ右ノ規定ニ該当スルモノト云フヲ得ズ、然レドモ本件訴訟ハ其第二項ノ「清算人ハ前項ノ職務ヲ行フ為メニ必要ナル一切ノ裁判上又ハ裁判外ノ行為ヲ為ス権限ヲ有ス」トアルニ該当スルモノト云ハザル可カラズ、如何トナレバ会社解散ニ関スル決議ノ有効無効ハ清算人ガ前項第一二三号ノ職務ヲ行フニ付キ第一ニ之ヲ確定セシム可キ必要ナル事項ニシテ之ヲ確定セシムルニアラザレバ会社ノ存否未ダ定ラズ其職務ヲ行フコトヲ得可カラザル筋合ナルヲ以テナリ、然ラバ原裁判所ガ「商法第九十一条ニ所謂現務ノ結了トアルニ該当ス」ト説明シタルハ不当ナルモ清算人ガ会社ヲ代表シテ本件ニ於ケル訴訟行為ヲ為スノ権限ヲ有スルモノト為シタルハ相当ナルヲ以テ本点ノ論旨モ亦採用スルニ足ラズ」

【14】　大審院明治三五年六月一七日判決民録八輯六巻九四頁

いわゆる白紙委任状附記名株式の譲渡の商慣習を認めた判例として、株式譲渡方法の変遷史においてよく言及、参照されるものである。すなわち、株主名簿上の株主たる譲渡人が、受任者欄白地の名義書換えのための委任状を作成し、株券および当該委任状とを譲受人に交付すると、さらに彼が当該株券と当該委任状を交付することによって、株券を流通に置くという方法である。すでに旧商法の時代から、この慣習は存在していた。

「然レドモ名義書換又ハ質入等ヲ委任スル事項ノミノ記載アリテ年月日及ビ宛名ノ記載ナキ委任状ヲ添付シ記名株券ノ輾転流通ヲ為ス商慣習ガ違法ノモノニアラザルコトハ本院ノ判例ニ於テ既ニ認ムル所ナリ」

【15】　大審院明治三五年六月二五日決定民録八輯六巻一三六頁

事実の概要は必ずしも明らかではないが、清算人は会社の債務を弁済した後でなければ会社の財産を社員に分配しえないとする商法九五条の意義に関するものである。

「商法第九十五条ニ所謂清算人ハ会社ノ債務ヲ弁済シタル後ニ非ザレバ会社ノ財産ヲ社員ニ分配スルヲ得ズトハ会社ハ其負担ス

ル債務ヲ悉皆償却シタル後ニアラザレバ其財産ヲ分配スルヲ得ズトノ意ニシテ抗告人所論ノ如ク相当ノ金額ヲ準備シ置クトキハ負債弁償前ニ在テモ財産ヲ分配スルヲ得トノ律意ニアラズ、何トナレバ本条ハ債権者ヲ保護スル為メ設ケタル規定ナルニ抗告論旨ノ如ク清算人ニ斯ル臨機ノ取扱ヲ為ス権限アルモノトスルトキハ決シテ債権者ヲ完全ニ保護スルコトヲ得ザレバナリ」

【16】 大審院明治三五年七月四日判決民録八輯七巻一九頁

事案そのものは、ある会社でなされた株式公売の取消請求訴訟であるらしいが、概要は必ずしも明らかではない。ある会社が、明治三〇年四月一五日、すなわち旧商法時代に株主総会を開催し、そこで会社役員が選出された。しかし、その会社の株主名簿はきわめて不備なものだったため、株主総会もとうてい真正の株主を招集してなされえたものとは言い難いものであった。旧商法には株主総会の決議無効の訴えに関する規定が存在しない。そこで、そのような総会の無効はいつでも主張を許されずはずであるとして、無効の株主総会において選出された役員がなした株式の公売処分決定も無効である旨、主張されたようである。

「凡ソ株式会社ノ総会招集ノ手続又ハ其決議ノ方法ガ不法ナルノ故ヲ以テ総会ノ決議ヲ無効ト為スニハ旧商法ニ依リタルモノナルト新商法ニ基キタルモノナルトヲ問ハズ訴ヲ以テ無効タルノ宣告ヲ受ケザル可カラザルモノニシテ無効ノ宣告ヲ受ケタル事実ナキ総会ノ決議ニ対シ漫ニ之ヲ無効視スルコトヲ得ザルコトハ商法第百六十三条第一項ニ「総会招集ノ手続又ハ其決議ノ方法カ法令又ハ定款ニ反スルトキハ株主ハ其決議ノ無効ノ宣告ヲ裁判所ニ請求スルコトヲ得」トアリ其第二項ニハ「前項ノ請求ハ決議ノ日ヨリ一个月内ニ之ヲ為スコトヲ要ス」トアリ尚ホ商法施行法第四十八条ニハ「商法第百六十三条第一項及第二項ノ規定ハ旧商法ノ規定ニ依リテ招集シタル創業総会ノ決議ニ之ヲ準用ス但同条第二項ノ期間ハ商法施行前ニ決議ヲ為シタル場合ニ於テハ其施行ノ日ヨリ之ヲ起算ス」トアルニ依リ自ラ明ナリ」

【17】 大審院明治三五年七月八日決定民録八輯七巻五一頁

ある銀行が定時株主総会の招集の通知の際に、単に「第七期諸計算書並ニ利益金配当ニ関スル件」につき決議を求めるとのみ記し、計算書の内容や利益配当金額の原案を通知しなかった。また臨時株主総会の招集の通知の際に、単に「故副総裁片山遠平君ニ功労金贈与ノ件」につき決議を求めるとのみ記し、金額の原案を通知しなかった。このことが、商法一五六条二項の、総会招集の通知には総会の目的および決議事項を記載しなければならないという要件に反するとされ、取締役（銀行総裁）が過料に処せられた。この処分が不服であるとして、抗告されたものである。

「商法第百五十六条第二項ハ株主ヲシテ総会ノ目的及ビ其総会ニ於テ評決セラルベキ事項如何ヲ予知スルコトヲ得セシメ其決議

権ヲ行フニ付キ十分ノ準備ヲ為サシムル規定ナルヲ以テ会社ガ株主ニ為ス総会ノ通知ニハ其議事日程タルベキ事項如何ヲ了解スルコトヲ得セシムルニ足ル記載アルコトヲ要ス」

【18】　大審院明治三五年九月二五日決定民録八輯八巻三八頁

事実の概要は必ずしも明らかではない。合資会社の清算人に対し、商法二六二条一〇号の規定（民法七九条の期間内にある債権者に弁済をなした清算人は過料に処せられる）の適用があるかどうかに関するものである。

「民法第七十九条ノ規定ハ株式会社及株式合資会社ノ清算ノ場合ニ之ヲ準用スベキモノナルモ合名会社及合資会社ノ清算ノ場合ニハ之ヲ準用スベキモノニ非ズトス、何トナレバ商法ニ於テ民法第八十一条ノ規定ハ各種ノ会社ノ清算ノ場合ニ又同法第七十九条及第八十条ノ規定ハ株式会社及株式合資会社ノ清算ノ場合ニ準用スベキコトノ規定アルモ之ヲ合名会社及合資会社ノ清算ノ場合ニ準用スベキ規定ナキヲ以テ同条ノ規定ハ合名会社及合資会社ニハ之ヲ準用セザルノ法意ナリト解釈スルヲ相当ト為セバナリ、商法第二百六十二条第十号ハ清算人ガ民法第七十九条ノ期間内ニ或債権者ニ弁済ヲ為シタル場合ニ於ケル制裁ヲ規定シタルモ是レ固ヨリ民法第七十九条ヲ準用スベキ株式会社及株式合資会社ノ清算ノ場合ニノミ適用スベキ規定ナルガ故ニ之ヲ以テ同条ヲ合名会社若クハ合資会社ノ清算ノ場合ニ準用スベキ論拠ト為スニ足ラズトス」

【19】　大審院明治三五年一二月二二日判決民録八輯一一巻一二〇頁

ある株式会社は、その定款において、取締役に選任された株主は三〇株を監査役に供託すべきことになっていた。当該会社の取締役は、供託義務を怠っていた、すなわち商法一六八条違反の状態にあった。このような取締役は取締役として有効に行為をなすことができないはずであるから、彼の招集した株主総会は違法であるとして、総会決議無効の宣告を求める訴が提起された。

「商法第百六十八条ニ取締役ハ定款ニ定メタル員数ノ株券ヲ監査役ニ供託スベキコトヲ規定シタルモ之ヲ以テ取締役タル資格ヲ得ルノ要件ト為シタルニアラズ又其供託ヲ為シタル後ニアラザレバ取締役ノ任務ニ属スル行為ヲ為スコトヲ得ザル規定ナシ、而シテ第百六十四条ニ取締役ハ株主総会ニ於テ株主中ヨリ之ヲ選任ストノ規定アリテ他ニ取締役ガ就任スルニ当リ何等ノ条件ヲ要スルコトノ規定アラザルヲ以テ既ニ株主総会ニ於テ株主中ヨリ選任セラレタル取締役ハ第百六十八条ノ株券ヲ供託スルト否トニ拘ハラズ取締役ノ任務ヲ有効ニ行フコトヲ得セシムル法意ト解釈セザルベカラズ」

【20】 大審院明治三六年一月二七日判決民録九輯七九頁

白紙委任状附記名株式の流通の保護に関するものである。Xは、A銀行にあてて約束手形を振り出したが、その担保のために白紙委任状附の株券三〇〇株をAに差し入れた。その後、手形は決済されたため、XはAから株券の返還を受けることができることになったが、Aが当該株券をYに質入れしてしまった。Yは、XA間で当該株券を手形と分離して処分できない旨の合意が存在することにつき善意であった。Xは、記名株券に民法一九二条の適用はないとして、Yに当該株券の返還を求めるものである。

「原判決ノ確定シタルガ如ク株券記名者ガ被任者ノ氏名及ビ年月日ヲ記載セザル株券名義ノ書換其他一切ノ処弁ヲ代人ヲ以テ為サシムル旨ヲ記載シタル所謂白紙委任状ヲ添付シ株券ト共ニ之ヲ他人ニ委付スルニ於テハ其株券ハ委任状ト相待テ転輾流通スル慣習ノ存スル以上ハ仮令直接ノ当事者間ニ於テ秘密ノ契約ヲ為シ或ル制限若クハ条件ノ下ニ於テノミ白紙委任状ヲ利用シテ株券ヲ処分スルコトヲ許シタル場合ト雖モ其事情ヲ知ラズ且之ヲ知ラザルノ過失ナキ第三者ガ白紙委任状ノ添付シタル株券ヲ正当ニ所持スル者ヨリ慣習ニ従テ該株券ニ付キ権利ヲ取得シタルトキハ其権利ヲ無効ニ帰セシムルコトヲ得ザルハ全ク原判決ノ説示スルガ如シ、何トナレバ第三者ニ於テハ白紙委任状ノ添付スル株券ヲ正当ニ所持スル者ハ何時ニテモ該委任状ヲ利用シ其株券ヲ自己ノ名義ニ書換フルコトヲ得、従フテ該株券ノ処分権ヲ有スルモノト信認スベキハ当然ナリ、而シテ苟モ自己ノ行為ニ因リ第三者ヲシテ或事実ノ存在スルコトヲ信認セシメ因テ以テ或ル法律行為ヲ為サシメタルニ拘ハラズ後日ニ至リ其事実ノ虚妄ナルコトヲ主張シテ右法律行為ヲ無効ニ属セシムルガ如キハ法理ノ許容スベキモノニ非ザレバナリ」

【21】 大審院明治三六年一月二九日判決民録九輯一〇二頁

会社の目的の範囲外の行為の効力に関するものであり、会社の能力に関する判例の変遷史でよく参照されるものである。旧商法施行下における事件であるが、【11】と異なり、民法施行後のものである。会社の創業以来、とくに功労があった者に対する金銭贈与契約の有効性が争われたものである。

「而シテ会社ノ法定代理人ガ其目的以外ノ事項ニ関シ会社ノ名ヲ以テ為シタル行為ハ会社ニ対シ効力ヲ有スルモノナルヤ否ノ事項ニ関シテハ旧商法中更ニ何等ノ規定存セザルヲ以テ其事項ハ民法ノ規定ニ因リ之ヲ決セザルベカラズ、然リ而シテ本件係争契約締結当時既ニ施行セラレタル現行民法第四十三条ニ依レバ法人ハ其目的ノ範囲ニ於テノミ権利ヲ得又ハ義務ヲ負フモノニシテ其目的以外ニハ人格ヲ有セザルモノナレバ其目的ノ範囲外ニ於ケル業務担当社員ノ行為ハ縦令ヒ会社ノ名義ヲ以テ為サレタルトキト雖モ之ヲ会社ノ事務ナリト云フベカラズ、既ニ会社ノ事務ニアラザル以上ハ其行為ガ会社ニ対シ効力ヲ生ジ得ベキモノニアラザルヤ勿論ナリトス」

【22】 大審院明治三六年二月二八日判決民録九輯二二四頁

旧商法施行下における増資手続きに関するものである。旧商法下において、ある株式会社（銀行）で増資決議がなされた。旧商法は、増資方法に関する規定が存在するだけで、他に特別の規定はなかった。増資株について総額の引受がなかったにもかかわらず、手続きは進められ、増資の登記まで進んだ模様である。その後、この会社は破産したらしい。破産管財人は、一部の引受をした株主に払込請求を行い、取締役らには損害賠償請求を行ったようである。本件は、一部の引受をなした株主に対して、払込請求が可能かどうかが争われたものである。

「然而シテ旧商法時代ニ於テモ株式会社ガ資本増加ヲ為スハ或目的ヲ達シ以テ其利益ヲ得ンガ為メニシテ其募集ニ応ズル株主モ亦会社ガ其目的ヲ達スルニ因リ得ル所ノ利益配当ヲ受ケンガ為メニ外ナラザルヲ以テ総株数ノ引受ナキニ於テハ会社ハ予定ノ資金ヲ得ル能ハズ従テ予定ノ目的ヲ達スルヲ得ザルニ因リ株主モ亦予定ノ利益配当ヲ得ルノ望ミナキニ至ルヤ必セリ、故ニ総株数ノ引受アラザルニ於テハ既ニ引受ヲ為シタル株主ニ於テモ其払込ヲ拒絶スルノ権ヲ有スベキハ洵ニ当然ニシテ既ニ本院ノ判例ニ於テ認ムル所ナリ（明治三十一年第二百一号三十二年一月三十一日本院ノ判決参照）」

【23】 大審院明治三六年三月一〇日判決民録九輯二九九頁

発起人がなした設立のために必要な物品の注文行為に基づく権利義務関係が、いかなる法律構成に基づいて成立後の会社に帰属するかを判示したものである。あわせて商法四六条の開業の準備行為の意義についても判示している。設立中の会社の効用に関する最も古い判例である。

「第三者ノ為メニスル契約モ亦一ノ契約ナルガ故ニ自己ノ為メニスル契約ト同ジク之ニ因テ生ズル債務ニ期限若クハ条件ヲ付着セシメ得ルモノトス、而シテ他日成立スベキ会社ノ為メニ締結スル契約ハ則チ其会社ノ成立ヲ条件ト為シタル契約ニ外ナラズシテ斯カル場合ニハ其利益ヲ享受スベキ第三者ハ其契約当時必ラズ現存スルヲ要スルモノニアラズ」

「又商法第四十六条ニ謂フ開業ノ準備ニ着手スルコトヲ得ズトノ規定ハ会社ノ目的トスル事業ニ直接ナル準備行為ヲ為シ得ズトノ趣旨ニシテ本訴係争給付ノ享受ノ如キハ上告会社ノ目的トスル事業ニ直接ナル準備行為ニアラザレバ本論旨ハ理由ナシ」

【24】 大審院明治三六年三月一四日決定民録九輯三〇七頁

株主総会において適法に取締役に選任された者が、その就任に不承諾を唱えたにもかかわらず、総会における取締役の選任が単独行為であるから取締役としての責任を負うとした原院の決定を不服として争うものである。

「株式会社ノ株主総会ニ於ケル取締役ノ選任決議ノ効力ハ委任関係ヲ生ズルモノニ非ズ、故ニ其効力ハ被選任者ノ承諾ヲ待タズシテ発生スルコト勿論ナレバ原決定ハ相当ニシテ本論旨ハ其理由ナシ」

【25】 大審院明治三六年三月一四日判決民録九輯三一三頁

炭鉱会社において、坑道の技師や通風係らの過失で窒息死した者が出た。取締役がこれらの者の選任または監督に過失ありとされたが、取締役に不法行為があるとき、当該会社が損害賠償義務を負うか否かに関するものである。

「民法第四十四条第一項ニ於テ法人ハ理事其他ノ代理人ガ其職務ヲ行フニ付キ他人ニ加ヘタル損害ヲ賠償スル責ニ任ズト規定セラレタリ、而シテ該規定ハ商法第百七十条ニ依リ株式会社ノ取締役ニ準用スベキモノナルガ故ニ本案上告会社ノ取締役ノ不法行為ニ因リ他人ニ加ヘタル損害ニ付テモ亦該第四十四条第一項ノ準用ニ依リ法人タル上告会社ガ其責ニ任ズベキハ勿論ナリトス」

【26】 大審院明治三六年三月二一日判決民録九輯三三四頁

X社は、商法一五二条に基づき、株主Yに対して株金の払込みを催告し、さらに期日までに払込みをしないときは株主たる権利を失う旨を通知した。結局、Yは払込みをしなかったために、その権利を失った（商法一五三条一項）。最終的に、X社は当該株式を競売に付したが、競売によって得られた金額は滞納金額に満たなかった。そこでX社は、Yが商法一五二条三項にいう「譲渡人」に含まれるとして、競売株式の譲渡人として不足額を弁済せよと請求したものである。会社による自社株競売の法構造を説示したものである。

「商法第百五十三条第一項ハ株式会社ガ株主ニ対シ同法第百五十二条ノ手続ヲ践ムモ尚其株主ガ株金ノ払込ヲ為サザルトキハ其払込ヲ為スベキ期間ノ経過ト同時ニ当然株主ノ権利ヲ失フベキコトヲ規定シタル法文ナルコトハ明白ニシテ毫モ他ノ解釈ヲ容ルベキ余地ナシ、而シテ株主ノ権利トハ株式即義務ヲ包括スル一種ノ権利ヲ指称スルニ外ナラザレバ株主ニシテ其権利ヲ失フ以上ハ株式ニ付キ何等ノ関係ナキニ至リ其結果株主タル資格ヲ喪失スベキハ固ヨリ論ヲ俟タズ、然リ而シテ同法第百五十三条第二項及第三項ノ規定ニ因レバ株式会社ハ同条第一項ニ依リ株主ガ其権利ヲ失フタル株式ニ付テハ一定ノ期間ヲ定メ株式ノ各譲渡人ニ対シ払込ヲ為スベキ旨ノ催告ヲ発シ若譲渡人ガ払込ヲ為サザルトキハ其株式ヲ競売ニ付スベキコトヲ規定シタルヲ以テ株主ガ其権利ヲ失フタル株式ハ法律上其後依然トシテ存在スルコトハ頗ル明白ナリト謂フベシ、然ラバ株主ガ其権利ヲ失フタル株式ハ其後何人ノ有ニ属スルヤト云フニ株式ハ義務ヲ包括スル権利ニシテ之ヲ有スル者ナキニ至レバ当然消滅ニ帰スベキモノナレバ之ヲ有スル者ナキニ拘ハラズ其株式ノ存在ヲ認ムルガ如キハ法理ノ許サザル所ナリ、而シテ従前ノ株主ハ前段説明スルガ如ク其株式ヲ失フモノト為サザルヲ得ザル以上ハ我商法ノ解釈上該株式ハ株式会社ノ有ニ帰属スルモノト謂ハザルベカラズ、換言スレバ法意ハ株主ヲシテ会社ノ利益ノ為メニ其株式ヲ失ハシメ而シテ会社ヲシテ其各譲渡人ニ対シ払込ノ催告ヲ為シ最先ノ払込者ニ其株式ヲ取得セシメ若各譲渡人ガ其払込ヲ為サザルトキハ之ヲ競売ニ付セシムル目的ヲ以テ一時之ヲ取得セシメタルモノト解釈スルノ他ニ相当ノ解釈ヲ為スノ余地ナシ、故ニ会社ハ株式ノ競落人ニ対シテ売主即譲渡人ノ地位ニ在ルモノニシテ従前ノ株主ハ法律ノ規定ニ因リ其株式ヲ失フモノニシテ決シテ競落人ニ対シ譲渡人ノ地位ニ在ルモノニ非ズトス」

【27】　大審院明治三六年四月六日判決民録九輯三八三頁

株主総会決議無効宣告請求の意義に関するものである。株主が総会における解散決議の無効宣告を求めた訴訟において、会社を代表する者が誰であるかが問題になっている。原判決は、総会決議無効宣告の請求は一種の取消権であるから、株主がこの権利を行使して決議無効の宣告が出されるまでは解散決議は有効であり、会社も解散会社の状態にあるとして、解散前の取締役は本件訴訟代理人たりえないと判示した。株主は、総会決議無効宣告請求訴訟は、初めから無効な状態を確認して有効を主張する者の異議を排除する趣旨のものであるから、本件では解散決議前の取締役が会社の訴訟代理人であると主張して上告した。

「然レドモ商法第百六十三条ニ於テ総会ノ決議無効ノ宣告ヲ裁判所ニ請求スルコトヲ株主ニ許シタル規定ハ上告論旨ノ如キ法意ニアラズシテ株主ノ取消権ヲ認メ之ニ基テ其取消ヲ為サシムルモノナルコトハ同条第二項ニ於テ取消ヲ請求スル期間ヲ限定シ其期間経過ノ後ハ決議ノ有効ニ確定スベキモノナルコトヲ示シタルニ依テ明瞭ナリ」

【28】　大審院明治三六年四月一八日判決民録九輯四五四頁

株金の払込みをしなかったため、商法一五三条一項に基づいて失権した従前の株主が、会社による競売によって得られた当該株式の代り金に滞納金を超える余剰が生じたとして、その余剰金分の引渡しを会社に求めたものである。

「然リ而シテ第百五十三条ノ規定ニ依リテ株主ガ其権利ヲ喪失スルハ其義務タリシ払込ヲ為サザリシ制裁ナルコトハ前既ニ述ブルガ如クナレバ其株式ハ会社ニ帰属スベキハ当然ノ結果ナリト云ハザルヲ得ズ、夫既ニ法律ノ規定ニ依リテ株式ガ会社ニ帰属スルモノトセバ其競売ノ結果滞納金額ヲ控除シテ余剰ヲ生ズルコトアルモ其金額ヲ会社ガ利得スルハ畢竟法律ノ規定ニ因ルモノナレバ之ヲ目シテ不当利得ト云フヲ得ザルハ固コリ言ヲ待タズ、之ヲ競売ニ依リテ得タル金額ガ滞納金額ニ満タザルトキ従前ノ株主ヲシテ其不足額ヲ弁済セシムル規定ニ対比スレバ彼此権衡ヲ得ザル観ナキニ非ズト雖モ是レ払込ノ義務ヲ怠リタル株主ニ対スル制裁ノ規定トシテ誠ニ止ヲ得ザルモノト謂フベシ、故ニ如上不権衡ノ一事ハ第百五十三条ノ法律論トシテハ会社ヲシテ剰余額ヲ従前ノ株主ニ返還セシムベキ理由トスルニ足ラズ」

【29】 大審院明治三六年五月九日決定民録九輯五五二頁

会社がその設立後に支店を設けたときは、支店所在地において二週間内に登記をなす必要があるが（商法五一条二項）、その起算点を明らかにするものである。

「商法第百四十一条第二項ノ規定ニ依リ株式会社ニ準用スベキ同第五十一条第二項ニ所謂会社設立後支店ヲ設ケタルトキトハ株主総会ニ於テ新ニ支店ノ設立ヲ決議シタルトキヲ謂フニ非ズシテ其決議後現実支店ノ開設アリタルトキヲ指スモノトス、而シテ支店ヲ開設シタル以上ハ現ニ其業務ヲ開始スルト否トヲ問ハズ開設ノ時ヲ以テ登記期間ノ起算点ト為スベキモノトス」

【30】 大審院明治三六年五月二三日判決民録九輯六三七頁

株主Yが第二回払込株金を払い込まなかったのでX社は当該株式を競売に付し、Aが競落人となった。その後X社は破産し、未払込株金全部の払込請求をしなければならなくなったが、Aが無資力であったため、払込みがなされなかった。そこでX社は、Yが商法一五三条にいう「譲渡人」であるとして、弁済請求をなしたものである。先の【26】の判旨を再確認したものである。

「株式会社ガ現株主以外ノ者ニ対シ株金ノ払込ヲ請求スルノ権ハ商法第百五十二条第百五十三条ニ規定ノ手続ヲ践ミタル後同第百五十三条所定ノ株式譲渡人竝ニ従前ノ株主ニ対シテノミ存スルモノトス、而シテ株主ハ会社ガ商法第百五十二条ノ手続ヲ践ムモ尚ホ株金ノ払込ヲ為サザルトキハ当然株主タルノ権利ヲ失ヒ其株式ハ一旦会社ノ有ニ帰シ従テ商法第百五十三条ニ基ク競売ノ譲渡人ハ会社ニシテ従前ノ株主ニアラザルコトハ既ニ本院判例ノ認ムル所ナリ」

【31】 大審院明治三六年七月九日決定民録九輯九〇八頁

商法五三条の解釈に関するもので、【1】と同趣旨である。

【32】 大審院明治三六年八月二八日決定民録九輯九四八頁

株主総会で取締役に選任された者が、就任を受諾せず、したがって取締役の変更登記をしなかったことによって過料に処せられた。これを不服として争うものである。【24】の判旨を再確認したものである。
「右取締役選任ノ決議ハ単独行為ナルヲ以テ被選者ノ受諾就任ニ依リ始メテ効力ヲ生ズルモノニ非ズシテ其決議ノミニ依テ選任ノ効力ヲ生ジ法定ノ期間内ニ変更登記申請ノ義務ヲ生ズルコト原院ガ判定スル所ノ如シ」

【33】　大審院明治三六年九月四日判決民録九輯九七八頁

会社・取締役間の取引の効力に関するもので、今日の商法二六五条違反の取引の効力に関する学説・判例の変遷史の中で必ず言及されるものである。しかも本件は、会社・取締役間の手形行為に関するものである。Y社は取締役Aを受取人として約束手形を振り出したが、その際、商法一七六条による監査役の承認を受けなかった。Aから手形を取得したXが、Y社に手形金を請求したものである。

「株式会社ノ取締役ハ監査役ノ承認ヲ得ルニアラザレバ自己ノ為メ会社ト取引ヲ為シ得ザルコトハ商法第百七十六条ノ規定ニ依リ明ナリ、而シテ同規定ハ会社ノ利益ヲ保護セントノ趣旨ニ出タルモノナレバ若シ取締役ニ於テ監査役ノ承認ヲ得ズシテ自己ノ為メ会社ト取引シタルトキハ其行為ハ当然無効ニ属スベキモノニアラズト雖モ其取消ヲ求ムルノ権ハ会社ニ存スルモノト云ハザルベカラズ、何トナレバ若シ会社ニ其権利ナキモノトセバ同条ノ目的ヲ達シ得ザルコト多カルベキヲ以テナリ、而シテ法律行為ノ取消ハ其当事者ニ対シテ当初ヨリ成立セザリシモノト同一ノ効力ヲ生ズルヲ以テ会社ノ取締役ガ監査役ノ承諾ナクシテ自己ニ対シ会社ヲシテ手形債務ヲ負担セシメタル場合ニ会社ガ其債務ヲ取消シタルトキハ未成年者ガ其負担シタル手形債務ヲ取消シタル時ト同ジク手形所持人ハ（縦令善意ナルトキト雖モ）会社ニ対シテ手形上ノ権利ヲ有スベキモノニアラズ」

【34】　大審院明治三六年九月二二日判決民録九輯九八四頁

株金払込みの仮装に関するものである。Yは、A社（銀行）に対して株金の現実の払込みをなさず、その代わりにA社から融資を受けた形にして、A社に借用証書を差し入れた。A社から当該貸付金債権の譲渡を受けたとするXが、Yに対して返済を請求するものである。AY間の約定により、Aの払込義務が消滅して本件消費貸借契約が成立することになるのか否かが問題となった。

「因テ株金ノ払込ハ必シモ現実ニ金銭ヲ以テ払込ヲ為スコトヲ要セザルヤ否ヤヲ審按スルニ商法上株金払込ノ債務ハ一種特別ノ性質ヲ有スルガ故ニ法律規定ニ因ルノ外ハ金銭ヲ以テ払込ヲ為スカ又ハ会社ノ承諾ヲ以テ会社ニ対スル債権ト相殺スルニ非ラザレバ消滅セザルモノト謂ハザル可カラズ、随テ仮令当事者間ニ承諾アルモ代物ヲ以テ之ヲ弁済シ又ハ其履行ニ代ヘテ手形若クハ債務証書ヲ授受スルモ之ガ為メ株金払込ノ債務ハ消滅ニ帰スルモノニ非ズ」

【35】 大審院明治三六年一〇月二九日判決民録九輯一一八六頁

株式譲渡人の払込担保責任に関するものである。Yは、AにX社の株式を譲渡した。そしてその譲渡を株主名簿に記載した。株式を譲り受けたAは、強制執行を受けるなど、無資力になって当該株式の株金払込みが不可能となったことが明らかになり、さらにAとX社との交渉により、Aは株主権の失権に合意した。これらは、YA間の譲渡が株主名簿に記載された後二年内に生じたものであった。そこでX社（すでに破産して、破産管財人の管理下にある）は、Yの払込担保責任を根拠に、Yに対する株金払込請求訴訟を提起した。Aにおいて右のような事実が生じたときは、X社は商法一五二条二項の手続きを踏むことなく、Yの責任を追求できるのか、また商法一五二条および一五三条が会社破産の際にも適用されるのか、が問題となったものである。

「然レドモ商法第百五十三条第二項第三項ニ於ケル譲渡人ノ負担スベキ担保義務ノ責任ハ其前条即チ第百五十二条ノ規定ニ従ヒ先ヅ株主ニ対シ二週間前ニ株金払込ノ催告ヲ為シ株主ガ其期間内ニ払込ヲ為サザルトキハ更ニ二週間以上ノ期間内ニ払込ヲ為スベキ旨及其期間内ニ払込ヲ為サザルトキハ株主ノ権利ヲ失フベキ旨ヲ通知シ尚且株主ニ於テ其期間内ニ払込ヲ為サザルトキハ商法第百五十三条第一項ノ規定ニ依リ法律上当然其権利ヲ失却スベク如上ノ手続ヲ履践シ株主ガ適法ニ其権利ヲ失却シタル場合ニ到着シ始メテ其責任ガ発生スルモノトス、故ニ此手続ニ従ハズシテ縦令株主ニ於テ強制執行其他ノ方法ニ依リ支払不能ノ事実ガ確定シタルニモセヨ之ヲ以テ譲渡人ノ責任ガ発生シ得ベキモノニアラズ、必ズ株主ヲシテ株金払込ヲ為サシムル為メ法律ニ於テ特定シタル其手続ヲ履践シタル後ナラザルベカラズ」

「然レドモ株式会社ノ平常ノ場合ハ勿論破産ノ場合ニ於テモ譲渡人ノ負担スベキ担保ノ責任ハ商法第百五十二条第百五十三条ノ規定ニ従テ定メザルベカラザルモノトス、何トナレバ既ニ説明セシ如ク譲渡人ノ其責任ハ該法条ノ規定ヲ履践スルニ因テ始メテ発生スベキモノナレバナリ」

【36】 大審院明治三七年二月六日判決民録一〇輯一三七頁

事実の概要は必ずしも明らかではないが、株式譲渡人の株金払込担保責任の性質論に関するものである。株式が輾転流通し、したがって譲渡人が数名存在していたが、そのうちの一人が商法第一五三条に基づく当該株式の競売不足金を会社に弁済した。その者は、以下のように主張したようである。他の譲渡人は、自分が弁済したことによって共同の免責を受けたわけであるから、その割合に応じて求償に応じるべきであるし、そうでなければ、同条項に基づく弁済義務は一種の担保債務であるから、自分の直接の譲渡人のみならず、自分の後者全員に対して求償しうるはずである。判旨は、この主張に答えたものである。

「而シテ右第百五十三条ノ規定ノ基ク所ハ一ハ其譲渡ニ因リ会社ニ損害ヲ被ムラシメザルノ趣旨ト一ハ株金ノ未払ニ係ル株式ノ譲渡人ハ株主タル権利ヲ譲渡人ニ移転スルト同時ニ株式ニ附従ノ債務モ亦之ヲ譲渡シ譲受人ニ株金払込ノ債務ヲ負担セシムルノ意思ヲ有シ譲受人ハ亦株主タル権利ヲ取得スルト共ニ株金払込ノ債務ヲ引受ケ譲渡人ニ代リ之ヲ履行スルノ意思ヲ有セシモノトノ推定ニアルヲ以テ順次相次ギ数回ノ譲渡アリタル場合ニ於テ会社ニ対シ譲渡人ノ負担セル債務ハ一ノ担保債務ニハ相違ナシト雖モ民法ニ謂フ保証人ノ債務ト異ナリ分割義務ニアラズシテ全部義務ナリト云ハザルベカラズ、……又其譲渡人中会社ニ対シ不足額全部ヲ弁済シタルモノアルトキハ其譲渡人ハ求償権ヲ有スルハ勿論ナリト雖モ其求償権タルヤ直接ノ譲受人ニ対シテノミ之ヲ有スルモノニシテ（但シ不当利得ヲ原因トシ従前ノ株主ニ求償シ得ルハ勿論ナリ）之ヲ踰越シ其以後ノ譲渡人ニ対シ直接ニ求償ヲ為シ得ベキモノニアラザルコトハ前記理由ニ徴シ明ナリ」

【37】　大審院明治三七年二月一七日判決民録一〇輯一五七頁

株主が訴をもって会社の増資未成立の確認請求をすることが可能であるか否かに関するものである。株主の主張によれば、増資に対する株式の募集にあたって株式引受数が定数に満たなかったので、会社が引受書を偽造し、その株数についても株金の四分の一の払込みがあったかのように仮装して、増資の登記を済ませてしまったようである。株主は、増資未成立の確認と登記の抹消を求めて提訴したようである。

「凡ソ株主ガ会社内部ノ行為ニ干与スルコトハ商法ニ規定セル場合ノ外法律ノ認許セザル所ナリ」

「然レドモ上告人〔株主〕ノ請求中株式申込及ビ其株金四分ノ一払込ノ終了セザルコトハ単純ナル事実関係ニシテ事実関係ノ確認ハ訴訟法上之ヲ許スベカラザルコトハ原判決ニ説示シタル通リナ」リ

【38】　大審院明治三七年二月二〇日判決民録一〇輯一七三頁

事実の概要は必ずしも明らかではない。会社・取締役間の取引に関するものである。

Aは、甲乙両会社の取締役であり、したがって、甲乙両会社の代表権を有する。甲乙間の取引において、Aは甲社を代表して行為したが、乙社を代表したのは別の取締役Bであった。このとき、乙社において当該取引につき、監査役の承認を要するかという点が第一の問題点である。

監査役の承認を要する契約を複数の取締役が共同で会社を代表して締結したとき、一部の取締役については承認がないことが明らかであるが、他の取締役については承認があるときの、当該取引行為の効力が第二の問題点である。

「一人ニシテ一面ニ於テハ株式会社取締役タル資格ヲ有シ他ノ一面ニ於テハ該会社ノ相手方トナリテ取引行為ヲ為スガ如キハ到底利害相容レザル恐アリテ之ヲ放任スルハ会社ノ利益ヲ保全スル所以《ゆえん》ノ道ニ非ズ、商法第百七十六条ノ規定ハ実ニ如上ノ理由ニ因リ会社ノ利益ヲ保全センガ為メ設ケタルモノニシテ其規定ハ民法第百八条ト精神ヲ同ジウスレドモ同条ノ例外規定ナリト云フヲ得ズ、何トナレバ株式会社ノ取締役ガ自己又ハ第三者ノ為メニ其会社ト取引ヲ為ス場合ニ於テハ仮令自ラ其会社ヲ代表セザルトキト雖モ会社ノ利益ヲ損傷スベキ処ハ依然トシテ存スレバナリ」

「然レドモ株式会社ノ取締役ハ各自会社ヲ代表スル権限ヲ有スルコトハ商法第百七十条ニ於テ明ニ規定スル所ナレバ二人以上ノ取締役アル場合ニ於テ仮令取締役中同法第百七十六条ノ規定ニ遵由《じゅんゆう》セザル者アリトスルモ他ノ取締役ガ適法ニ会社ヲ代表シテ為シタル法律行為ハ之ガ為メニ其効力ヲ妨ゲラルベキ理ナシ」

【39】 大審院明治三七年三月二四日判決民録一〇輯三二一頁

Y合資会社の業務担当社員Aが受取人をAとする会社名義の約束手形を振り出した。当該手形を取得したXがY社に手形金を請求したものである。相対無効説とも取れる表現がある。

「原判決ニ認メタル所ニ拠レバ被上告人細野申三ハ本件ノ約束手形ニ合資会社旭商会ノ業務担当社員トシテ署名シ同商会ヲ代表シテ之ヲ自己ニ宛テ振出シタルモノナリ、然バ則チ申三ハ民法第百八条ノ規定ニ背キ同商会ヲ代表スルコト能ハザル場合ニ其資格ヲ冒シテ之ヲ振出シタルモノナレバ其手形行為ノ無効ナルコト勿論ナリト雖モ既ニ形式上手形ノ要件ヲ具ヘテ之ヲ振出シタル以上ハ悪意又ハ重過失ナクシテ裏書ニ依リ之ヲ譲受クル者ナキヲ保スベカラズ、而シテ其譲受人即チ被裏書人ニ対シテ振出人ノ本人タル同商会及ビ保証人トシテ之ニ署名シタル被上告人ハ手形振出行為ノ無効ナル事由ヲ以テ対抗スルコト能ハザルガ故ニ原院ニ於テ其無効ナル事由ヲ以テ上告人ノ請求ヲ排斥センニハ尚ホ上告人ガ悪意又ハ重過失ニ因リ之ヲ譲受ケタルコトヲ判示セザルベカラズ」

【40】 大審院明治三七年四月二二日判決民録一〇輯五一三頁

事実の概要は必ずしも明らかではない。会社解散請求の訴に関連して、商法七四条七号、同八三条の解釈が示されたものである。

「商法第七十四条ハ総テ商法ノ支配ヲ受クル会社ニ於ケル解散ノ場合ヲ悉皆列挙シタルモノニシテ此他ニ解散ノ場合アルコトヲ認メザル法意ナルコトハ同条ノ規定及ビ法文上自ラ明瞭ナリ、故ニ其第七号裁判所ノ命令トアルハ独リ商法第四十七条第四十八条ノ命令ノミナラズ同法第八十三条ノ規定ニ基ク裁判所ノ判決ヲモ包含スルモノト解釈セザルベカラズ、又同第八十三条ニ依ル会社解散ノ請求ハ会社ニ対シテ為スベキモノニシテ個人タル社員ヲ相手取ルベキモノニアラズ、何トナレバ会社ノ解散ハ即法人タル会社ヲ廃罷スルモノナレバ縦令総員ト雖モ個人タル社員ニ於テ其責ニ任ズルヲ得ベキ処分ニアラザレバナリ」

【41】　大審院明治三七年五月二日判決民録一〇輯五八九頁

定時株主総会招集の通知内容が不備であったとして、総会決議無効宣告請求の訴がなされたものである。前述の【17】の判旨をそのまま繰り返し述べたものである。

【42】　大審院明治三七年五月二日判決民録一〇輯五九四頁

会社が株主に対して商法一五三条一項に基づく株金払込みの催告をなした。その後に会社は解散によって清算会社となった。この場合に会社の社員に対する株金払込に関する権利がどうなるかを判示したものである。

「尤《もっと》モ清算人ガ株主ニ対シ弁済期ニ拘ハラズ株金ノ払込ヲ為サシムルニハ同第九十二条ニ依リ会社ニ現存スル財産ガ其債務ヲ完済スルニ不足ナルコトヲ証明セザル可ラザルハ勿論ナリト雖モ本件ノ如ク被上告会社ガ其解散前ニ於テ既ニ株主ニ対シ株金ノ払込ヲ適法ニ催告シタル以上ハ株主タル上告人ハ被上告会社ニ対シテ其義務ヲ履行スベキ地位ニ在ルモノナルガ故ニ其後被上告会社ガ解散ニ因リ清算ノ時期ニ移ルモ之ガ為メ上告人ノ地位ニ変動ヲ来タスベキモノニアラズ」

【43】　大審院明治三七年五月一〇日判決民録一〇輯六三八頁

会社の能力に関するものであるが、会社の定款に記載された営業科目と登記された営業科目に不一致がある場合のものである。登記上の営業目的の方が定款記載上の営業目的より広範囲であった。このとき、会社は、定款記載上の営業目的の範囲外であるが、登記上の営業目的の範囲内の行為につき責任を負うか否かが問題となった。加えて、会社の取締役は、どのような争いについても会社を代表して和解する権限があるかという点も問題となっている。

「本件ニ於テ被上告銀行ノ営業科目ハ甲第三号証ナル定款ノ如クニシテ其中ニハ他人ノ債務ヲ保証スルコトノ記載アラザルニ因リ被上告銀行ノ取締役ガ登記シタル営業ノ目的ガ乙第一号証ノ如ク銀行営業トアリテ其意義汎博ナリトモ其登記ハ取締役ガ過失ニテ為シタルモノト見ルヨリ外ナク随テ取締役ガ登記簿ニ被上告銀行ノ営業科目ヲ誤リテ汎博ニ登記スルモ之ガ為メ被上告銀行ノ営業科目ガ変更セラル可キモノニ非ズ、此場合ニ於テモ亦被上告銀行ノ営業科目ハ依然定款ニ定メタルモノニ外ナラザルガ故ニ被上告銀行ノ取締役ガ定款ニ反シ其営業科目ニ属セザル本件係争ノ荷為替ノ保証ヲ為シタルコトニ関シ被上告銀行ハ責任ヲ有セザルモノトス」
「銀行ノ取締役ガ和解ヲ為スニハ其営業科目ニ関スル事項ニシテ取締役ノ権限ニ属スルモノニ非ザレバ有効ニ之ヲ処理スルコトヲ得ズ」

【44】 大審院明治三七年六月二一日判決民録一〇輯九五六頁

会社・取締役間の取引の効力に関するもので、**【33】**と同様、会社・取締役間の手形行為（ただし本件は裏書譲渡）に関するものである。行為の効力については、**【33】**と同様の趣旨を述べている。加えて、本件では、会社・取締役間の取引に対する監査役の包括的承認の効果についても判示されている。

「商法第百七十六条ノ規定ハ会社ノ利益ヲ保護セントノ目的ヲ以テ設ケラレタルモノナレバ同条ニ所謂監査役ノ承認トハ一切ノ取引ヲ為スコトヲ予メ承認スト云フ如キ概括的ノ承認ヲ指スモノニアラズシテ特定ノ取引ニ付特ニ与ヘラレタル承認ヲ指示スルモノト解セザルベカラズ、何トナレバ或取引ガ果シテ会社ノ為メ利益ナルヤ否ハ現実其取引自体ニ就キ考量スルニアラザレバ之ヲ知得シ難ケレバナリ」

「然レドモ前段説明ノ如ク商法第百七十六条ノ規定ハ会社ノ利益ノ為メニ設ケラレタルモノナレバ該規定ニ背戻《はいれい》シタル行為ト雖モ当然無効ニ属スルモノニアラズ、会社ニ於テ之ヲ取消スノ意思ヲ表示シ始メテ其効力ヲ失フモノトス、故ニ若シ会社ガ其取引ヲ有効トシ之ニ因テ得タル権利ノ実行ヲ求メンカ其相手方タリシ取締役又ハ第三者ハ該取引ノ無効ヲ主張シ以テ会社ノ請求ヲ拒ミ得ルモノニアラズ」

【45】 大審院明治三七年七月七日判決民録一〇輯一〇三七頁

清算会社の清算人が商法一五二条に基づく株金払込みの催告および失権の通知の手続きをなしうるか、その場合、株主は同一五三条によって失権するかという点が問題となったものである。

「会社ハ解散ノ後ト雖モ清算ノ目的ノ範囲内ニ於テハ尚存続スルモノト看做ストハ実ニ商法第八十四条ニ於テ明ニ規定スル所ニシテ此規定ハ株式会社解散ノ場合ニ準用セラルルコトハ同法第二百三十四条ニ於テ規定スル所ナリ、然レバ則チ解散シタル株式会社ト雖モ清算ノ目的ノ範囲内ニ於テハ同法第百五十二条第百五十三条ノ規定ヲ準用スルヲ得ベキコトハ自ラ明ナリト云フベシ」

【46】 大審院明治三七年一〇月一一日決定民録一〇輯一二一七頁

商法四八条に基づいてなされた会社解散命令に対する抗告事件である。同条にいう「公ノ秩序又ハ善良ノ風俗ニ反スル行為」の解釈を示したものである。

「商法第四十八条ニ会社ガ公ノ秩序ニ反スル行為ヲ為シタルトキハ云々トアルハ独リ会社ノ目的トシテ為ス行為ガ公ノ秩序ニ反スル場合ノミニ止マルベキモノニ非ズ、縦令会社設立ノ目的ハ適法ナリトモ苟モ其会社ノ行為ガ公ノ秩序ヲ紊スガ如キ場合ニ在リテハ裁判所ハ検事ノ請求又ハ職権ニ因リ之ガ解散ヲ命ズルコトヲ得ルハ言ヲ俟タズ」

【47】　大審院明治三八年二月七日判決民録一一輯一〇七頁

会社・取締役間の手形行為の効力を無効と判示したものであるが、民法一〇八条に依拠した構成をとるものである。会社・取締役間の取引のうち、民法一〇八条に該当するものと、商法一七六条との関係についても述べられている。Y株式会社の取締役Aが自己を受取人としてY社名義の約束手形を振り出し、転得者XがYに手形金の支払を請求したものである。手形行為の効力に関しては**【39】**と異なる判断をしたように思われる。

「民法第百八条ニ「何人ト雖モ同一ノ法律行為ニ付キ其相手方ノ代理人ト為リ又ハ当事者双方ノ代理人ト為ルコトヲ得ス」トアリテ此規定ニ違背シタルトキハ其法律行為ノ無効タルコト勿論ナリトス、本件ニ於テ原院ノ認メタル所ハ小澤武雄ハ被上告会社ノ取締役トシテ之レヲ代理シ而シテ一個人タル小澤武雄ニ対シ手形行為ヲ為シタルモノナルガ故ニ小澤武雄ハ同一ノ法律行為ニ付相手方ノ代理人ト為リタルモノナルコト明カナレバ其手形行為ノ無効ナルコト勿論ナリトス、商法第百七十六条ハ会社ノ取締役ノ職ニ在ル者ガ自己又ハ第三者ノ為メ会社ト取引ヲ為ス場合ヲ規定シタルモノニシテ本件ノ場合ノ如ク取締役ガ一面会社ヲ代表シ一面自己ノ資格ヲ以テ一箇ノ法律行為ヲ為シタル場合ヲ規定シタルモノニ非ズ」

【48】　大審院明治三八年二月七日判決民録一一輯一三五頁

会社・取締役間の取引の効力に関するものであり、前述**【33】**の判旨を再確認したものである。本件はむしろ、法人の手形署名に関するものとして、手形法分野で参照されることの多いものであろう。

【49】　大審院明治三八年四月一四日判決民録一一輯四九九頁

ある株式会社が別の会社に営業の全部を譲渡して解散を決議した。一部の株主が、総会決議が無効であるとして、解散決議時の取締役および清算人らを相手に、総会決議の無効を確認して、同社の解散および清算人の登記を抹消するとともに、同社の原状回復手続きをとることを求めて提訴したものである。かかる訴訟が成り立ちうるかに関するものである。

「然レドモ株主ガ会社内部ノ関係ニ於テ会社ニ対シ請求スルニ非ズシテ直接ニ其取締役若クハ清算人ニ対シ訴訟ヲ為スコトヲ許シタル法令存スルコトナシ、商法ノ規定ヲ按ズルニ株主ガ其資格ニ於テ直接ニ訴訟ヲ為スコトヲ得ル場合ニ付テハ第百六十三条ニ依リ又清算ノ場合ニハ第二百三十四条ニ依リ第百六十三条ノ規定ヲ準用シ会社ニ対シ総会決議無効ノ宣告ヲ請求スルコトヲ得ル旨ノ規定アルニ過ギズ取締役若クハ清算人ニ対シテハ第百七十八条ニ依リ又清算ノ場合ニ於テハ第二百三十四条ニ依リ第百七十八条ノ規定ヲ準用シ同条ノ定ムル条件ヲ具備スルトキニ限リ会社ヲシテ訴ヲ提起セシムルコトヲ得ル場合アルモ株主ニ於テ直接ニ訴訟ヲ為スコトヲ得ル旨ノ規定アルヲ見ズ、故ニ株主ハ其資格ニ於テ直接ニ取締役若クハ清算人ニ対シ訴訟ヲ為スノ権利ナシト謂ハザル可カラズ、蓋株式会社ハ多数ノ株主ヨリ成リ其株主ノ権利ハ直接ニ会社ニ対シ有スルモノニシテ取締役若クハ清算人ニ対シテハ直接ニ権利ヲ有スルモノニアラズ、而シテ取締役若クハ清算人ハ直接ニ会社ニ対シ其職務執行ノ義務ヲ負担スルモ株主ニ対シテ直接ニ之ヲ負担スルモノニアラズ、且取締役若クハ清算人ガ株主総会ノ決議ヲ執行シタルトキハ当然会社ニ対シ其効力ヲ生ジ其結果ハ其会社ヲ組織スル総株主全体ニ及ボスモノナルヤ論ヲ俟タズ」

【50】 大審院明治三八年四月一五日判決民録一一輯五〇二頁

合資会社がその社員に対して有する出資履行の請求権について、会社債権者が差押転付命令を得た。かかる転付命令の取得が有効であるか否かが争われたものである。

「会社ニ対スル出資ナルモノハ原院ノ説示セル如ク会社ガ其事業ヲ経営スル資本トシテ会社成立ニ必要欠クベカラザルモノナリト雖モ其目的トスル所金銭又ハ物件ニ在リテ既ニ弁済期ニ在ルモノノ支払ヲ求ムル権利ハ一ノ債権ニ外ナラズシテ其性質譲渡ヲ許サザルモノニアラズ、故ニ特別規定ナキ以上ハ会社ニ対スル強制執行ノ目的物ト為シ得ベキモノナルヲ以テ若シ其目的ニシテ金銭ニ存スルトキニハ之ヲ金銭上ノ債権トシ会社ニ対スル強制執行ノ目的物ト為スニ妨ナキモノトス、何トナレバ会社ガ其債権ノ行使ニ因テ得ル金銭ハ必ズシモ之ヲ直接ニ会社ノ目的事業ニ使用セザルベカラザルモノニアラズ其債務ノ弁済ニモ亦之ヲ使用シ得ベキモノナレバ其金銭取得ノ原因タル債権自体ヲ債務ノ弁済ニ充ツル為メ之ヲ債権者ニ転付スルモ固ヨリ条理ニ違フ所アラザレバナリ」

【51】 大審院明治三八年四月一七日判決民録一一輯五〇六頁

オットライメルス商会というドイツ合名会社の日本支店に訴訟当事者能力があるか否かに関するものである。外国会社に関する商法二五五条が問題となった。

「外国会社ニ関スル事項ヲ規定シタル商法第二百五十五条ニ依レバ外国会社ガ日本ニ支店ヲ設ケタルトキハ日本ニ成立スル同種ノモノ又ハ最モ之ニ類似セルモノト同一ノ登記及ビ公告ヲ為シ日本ニ於ケル代表者ヲ定メ其氏名住所ヲ登記スルコトヲ要シ又第六十二条ノ規定ハ外国会社ノ代表者ニ準用スルモノニシテ此規定ノ適用ニ付キ外国会社ガ法人タルト否トノ区別ナケレバ日本ニ支店ヲ設ケタル外国会社ガ法人タラザル場合ニ於テモ第二百五十五条ノ規定ハ適用ス可キモノトス、而シテ同条ニ於テ此場合ニ準用セラレタル第六十二条ニ依レバ日本ニ支店ヲ設ケタル外国会社ノ代表者ハ会社ノ営業ニ関スル一切ノ裁判上又ハ裁判外ノ行為ヲ為スノ権限ヲ有スルモノナレバ其本国ニ於テ法人タラザル外国会社ガ日本ニ於テ訴訟能力ヲ有スルコト寸毫ノ疑ナシトス」

【52】　大審院明治三八年四月一九日判決民録一一輯五二六頁

会社の解散を決議した株主総会決議無効確認訴訟において会社を代表する者が、解散前の取締役であるか決議後の清算人であるかに関するものである。前述**【27】**の系譜に属する。

「取締役ナル者ハ会社ヲ代表シ其本来ノ目的タル業務ヲ執行スル為メ選任セラルル者ナレバ会社ガ解散スルト同時ニ其執行スベキ業務消滅スルヲ以テ当然会社ヲ代表スル資格ヲ喪失スルコトハ商法第二百二十六条ノ法意ニ依リ明晰タリ、又清算ノ目的ノ範囲内ニ於テノミ存続スル会社即チ清算中ニ在ル会社ニ在リテハ清算人会社ヲ代表シ其清算ニ関スル職務ヲ行フ為メ必要ナル一切ノ裁判上又ハ裁判外ノ行為ヲ為ス権限ヲ有スルコトハ商法第二百三十四条同第九十一条ノ規定スル所ナルヲ以テ清算中ニ在ル会社ニ対シ訴訟ニ依リ其解散ニ関スル議決ノ無効ナルコトヲ確認セシメントスルニハ清算人ヲ以テ会社ノ代表者トスベク清算人ハ其職務権限ヲ以テ会社ヲ代表シテ之ニ応訴スベキ職責アルハ多言ヲ要セザル所ナリ、何トナレバ此場合ニ於テハ清算人先ヅ解散議決ノ有効無効ヲ確定セシムルハ清算ノ職務ヲ行フニ付キ最モ必要ナル事項ニシテ之ヲ確定セシムルニアラザレバ其職務ヲ行フコト能ハザレバナリ」

【53】　大審院明治三八年四月一九日判決民録一一輯五三〇頁

株主総会の決議に非株主および代理資格のない者が加わったとき、これが商法一六三条に言う決議の方法が法令に違反する場合に該当し、したがって総会決議無効確認訴訟の原因となりうるか否かに関するものである。

「商法第百六十三条ニ所謂其決議ノ方法トハ単ニ表決権アル者ノ決議及ビ表決等ニ関スル方法ヲ指スノミナラズ其評議表決等ヲ為ス者ノ適格者ナルコト即チ表決ノ権利若クハ権限ヲ有スル者ニ限リ評議表決ヲ為シ其権利権限ナキ者ハ其評議表決等ニ干与セザ

ルコトヲモ包含スルモノト解スルヲ当然ナリトス、故ニ株主総会ニ於テ株主ニ非ザル者及ビ其代理人ニ非ザル者ガ其決議ノ数ニ加ハリタルコトハ同法ノ所謂決議ノ方法ガ法令ニ反スル場合ニ外ナラザルヲ以テ其事ヲ訴訟ノ原因トシテ総会決議ノ無効ナルコトヲ確定セント欲スル株主ハ同法条ノ規定ニ依リ訴訟ヲ為スコトヲ得ルノ外ニ途アルコトナシ」

【54】 大審院明治三八年六月一二日判決民録一一輯九五四頁

ある会社の株主が第四回の株金払込みをなさなかったため、会社は当該株主に失権の通知をなし、当該株式を競売に付した。しかし、競落人が不存在だったため、会社は何人に対しても第五回以降の払込みをさせることができなくなった。そこで会社は、第四回の払込みをしなかった従前の株主に対し、債務不履行に基づく損害賠償を請求したものである。

「依テ商法第二編第四章第二節（株式ニ関スル条項）ヲ按ズルニ其第百五十二条ハ株金払込ニ関シ或ル期間内ニ各株主ニ株金払込ヲ催告スルコトヲ要シ且株主ガ期日ニ払込ヲ為サザルトキハ会社ハ更ニ一定ノ期間内ニ其払込ヲ為スベキ旨及ビ其期間内ニ之ヲ為サザルトキハ株主ノ権利ヲ失フベキ旨ヲ其株主ニ通知スルコトヲ得ベキ規定ニシテ同法第百五十三条第一項ハ前条ニ定メタル手続ヲ践ミタルモ株主ガ払込ヲ為サザルトキハ其権利ヲ失フ規定ニ係リ其第二項ハ前項ノ場合ニ於テハ会社ハ株式ノ各譲渡人ニ対シ或ル期間内ニ払込ヲ為スベキ旨ノ催告ヲ発スルコトヲ要スル規定其第三項ハ譲渡人ガ払込ヲ為サザルトキハ会社ハ株式ヲ競売スルコトヲ要シ此場合ニ於テ競売ニ依リ得タル金額ガ滞納金額ニ満タザルトキハ従前ノ株主ヲシテ其不足額ヲ弁済セシムルコトヲ得若シ従前ノ株主ガ二週間内ニ之ヲ弁済セザルトキハ会社ハ譲渡人ニ対シテ其弁済ヲ請求スルコトヲ得ト規定セリ、是等ノ規定ニ依ルトキハ株主ガ払込ヲ為サザルニ於テハ会社ガ右等ノ規定ニ従ヒ其手続ヲ履践スルニ因リ従前ノ株主ハ其株主タルノ権利ヲ失却ストト雖モ該株式ヲ競売シ尚ホ滞納金存スルトキハ従前ノ株主ハ其義務者タルノ地位ヲ脱却スルヲ得ズ、即チ従前負フタル株式払込ノ債務不履行ノ地位ニ在ルべキ法意ナリト解釈セザルヲ得ズ、故ニ同法条第四項ニ前三項ノ規定ハ会社ガ損害賠償及ビ云々ノ請求ヲ為スコトヲ妨ゲズトアルハ右株主ノ滞納金タル債務不履行ニ因リ会社ガ其弁済ヲ請求スルニ当リ其遅延利息ヲ損害賠償トシ又ハ競売ノ費用等ヲ損害賠償トシテ請求スルヲ妨ゲズト云フノ法意ナリト解釈スルヲ相当トス、而シテ本件ニ付キ原院ノ認メタル事実ニ依レバ当事者間ノ関係ハ商法第百五十三条第一項乃至第三項ノ規定ニ於ケル手続ヲ上告人タル会社ガ履践シタルモ殊ニ株式ヲ競売シタルモ尚ホ従前ノ株主タル被上告人ニ滞納金ノ債務存スルモノト認メ得ベキニ因リ上告人ハ被上告人ニ対シ該債務不履行トシテ之ガ請求ヲ為スハ格別ナレドモ損害賠償トシテノ本訴請求ハ之ヲ採用スルヲ得ザルモノトス」

【55】 大審院明治三八年六月二三日判決民録一一輯一〇一四頁

商法一五二条は、株金の払込は二週間前に株主に催告しなければならないと規定しているが、その期間については、民法の期間計算方法に従うべきものであるとしたものである。

【56】　大審院明治三八年六月二七日判決民録一一輯一〇四七頁

白紙委任状附記名株式の譲渡の商慣習を強く擁護するものである。Yは、ある会社の記名株式を白紙委任状を添付して、Aに交付した。Xは、当該株式を白紙委任状とともにAから債権担保として取得した。その後、Xは当該株式を自己競落した。Xは、会社に名義書換請求をしたが、その前に、Yが会社に対して改印届を提出しており、会社に現存する印影と委任状の印影とが異なっていた。Yは名義書換の阻止を試みたわけであるが、Xは、右のようなYの干渉の排除と名義書換を求めるものである。

「株券記名者ガ被任者ノ氏名及ビ年月日ヲ記載セザル株券名義書換等総テ代印ヲ以テ為サシムル旨ヲ記載シタル所謂白紙委任状ヲ添付シ株券ト共ニ之ヲ他人ニ委付スルニ於テハ其株券ハ委任状ト相待テ輾転流通スル慣習アルヲ以テ第三者ガ之ニ従テ該株券ニ付権利ヲ取得シタルトキハ其権利ヲ無効ニ帰セシムルコトヲ得ザルハ当然ナリ、如何トナレバ第三者ニ於テハ白紙委任状ノ添付スル株券ヲ正当ニ所持スル者ハ何時ニテモ該委任状ヲ利用シ其株券ヲ自己ノ名義ニ書換フルコトヲ得従テ該株券ノ処分権ヲ有スルモノト信認スベク該委任状ヲ添付シテ株券ヲ輾転流通ノ状態ニ置キタル名義人モ亦自己ノ行為ニ因リテ第三者ヲシテ右ノ如キ信認ヲ為サシメ因テ以テ或法律行為ヲ為サシメタルニ拘ハラズ後日ニ至リ其事実ノ虚妄ナルコトヲ主張シテ右法律行為ヲ無効ニ属セシムルガ如キハ法理ノ許容スベキモノニアラザレバナリ」

【57】　大審院明治三八年一一月二日判決民録一一輯一五三九頁

記名株式の譲渡につき、譲受人の氏名を株主名簿と株券に記載しなければ会社その他の第三者に「対抗スルコトヲ得ス」とした商法一五〇条の意義に関するものである。すでに株式を譲渡してしまったが、未だ株主名簿上は株主として記載されている者が、会社に対して配当金の支払を請求したものである。会社は、譲受人を株主として扱い、譲受人に配当金を支払ったようである。

「按ズルニ商法第百五十条ノ規定中ニ存スル対抗スルコトヲ得ズノ語ハ民法第四百六十七条及ビ第四百六十九条ニ存スル同一ノ用語ト均シク株式ノ譲渡人若クハ譲受人ハ商法第百五十条ニ規定シタル手続ヲ了スルニ非ザレバ会社及ビ其他ノ第三者ニ対シテ譲渡行為ノ効力ヲ利用スルコトヲ得ザル趣旨ヲ声明シタルニ外ナラズシテ会社及ビ其他ノ第三者ノ為メニハ其行為成立セズトノ趣旨ニ非ザルコトハ前掲民法ノ規定其他民法商法中ニ散見スル同一ノ用語例ニ参酌スルトキハ自ラ明瞭ナルベシ、是ヲ以テ会社ハ商法第百五十条ノ手続未了ノ前ト雖モ譲渡人ニ対シテ譲渡行為ノ存在ヲ主張シテ以テ自己ノ利益ヲ防護スル権利アルベキコト復多言ヲ要セズシテ明ナリト謂フベシ」

【58】　大審院明治三八年一二月一九日決定民録一一輯一六九一頁

ある銀行で減資の決議がなされた。この決議がなされたときは、二週間内に財産目録と貸借対照表を作る必要があった（商法二二〇条二項、同七八条一項）。取締役がこれを作成しなかったため過料に処せられた。取締役は、この間、監獄に収監されていたため作成が不能であったとして抗告したものである。さらにこの銀行は、二度目の減資の決議をした。二度目の減資決議の際、株主総会は二度開催され、一度目の総会終了後に財産目録と貸借対照表が作成されたが、一度目の総会を補足追完すべく開催された二度目の総会終了後にはこれらの書類が作成されなかった。この二度目の総会終了後の書類不作成に基づいて取締役が過料に処せられたが、一度目の総会終了後に書類が作成されており問題ないとして取締役が抗告したものである。

「按ズルニ株式会社ノ財産目録及ビ貸借対照表ヲ作成スル事務ノ如キハ其責任ハ取締役ニ帰スルト雖モ必シモ躬《みずか》親ラ其作成ニ従事スルコトヲ要スルモノニ非ズ、而シテ商法第二百六十二条ニハ発起人会社ノ業務ヲ執行スル社員取締役云々ハ左ノ場合ニ於テハ十円以上千円以下ノ過料ニ処セラル（中略）ニ第七十八条乃至第八十条ノ規定ニ違反シテ合併会社財産ノ処分資本ノ減少又ハ組織ノ変更ヲ為シタルトキト規定シタルニ止マリ本件ノ如キ場合ニ於テ実際減資処分ニ与カラザリシ取締役ヲ寛仮スベキ文意存セザルヲ以テ仮令抗告人ハ本論旨ノ如キ在監ノ事実アリシトスルモ前掲法条ノ制裁ヲ免ルルコトヲ得ザルモノト云ハザルヲ得ズ」

「然レドモ法令ノ規定ニ依リ株式会社ガ財産目録及ビ貸借対照表ヲ作成スルコトヲ要スル場合ハ主トシテ株主及ビ利害関係人ノ利益ヲ保障スルヲ以テ其目的トスルコト勿論ナレバ仮令本論旨ノ如ク明治三十七年三月十五日ニ於ケル株式会社鴨川銀行株主総会ハ同年一月三十一日ノ株主総会決議ニ胚胎シ之ヲ補足確定シタルニ外ナラズ又前決議ノ後作成シタル財産目録及ビ貸借対照表アリシトスルモ株主及ビ利害関係人ハ該財産目録及ビ貸借対照表ニ依リテ後ノ決議ノ際ニ於ケル会社財産ノ状況ヲ確知スルコトヲ必スベカラズシテ法律ノ期待シタル保障ノ趣旨ニ違フモノト云ハザルヲ得ズ、然レバ即チ明治三十七年三月十五日株主総会ノ決議アリシヨリ二週間内ニ財産目録及ビ貸借対照表ヲ作成セザリシ事実ハ商法第二百六十二条第二号ニ該当スル違反行為タルヲ免レズ」

【59】　大審院明治三九年一月二〇日判決民録一二輯六四頁

会社の株主に対する株金払込催告ならびに失権通知および株主競売不足金請求に至る一連の手続きをめぐる商法一五二条に関するものである。ある会社が、同条一項に反して、事前に二週間に満たない期間で株金払込催告をなした後、同条二項以下の失権、競売手続を行い、従前の株主に対して株式競売不足金を請求した訴訟である。請求を受けた株主は、同条一項に反する催告に始まって同条二項以下の手続きがなされたわけであるから、未だ失権していないとして争うものである。

「按ズルニ株金払込ノ催告ハ各株主ニ対シテ二週間前ニ之ヲ為スコトヲ要スルハ商法第百五十二条第一項ノ規定スル所ナリ、故ニ二週間前ニ為サザル株金払込ノ催告ハ其要件ヲ具備セザルガ為メ無効ニ属スルモノナルコト論ヲ俟タズ」

「依テ按ズルニ二週間前ニ為サザル株金払込ノ催告ハ催告トシテ其効ヲ生ゼザルコトハ既ニ前段説示ノ如シ、而シテ其無効ハ右二週日ノ期間ガ株金払込ノ猶予期間ナルト株金払込義務発生ノ要件ナルト否トニ依リ影響ヲ受クベキモノニアラザレバ右期間ガ猶予期間ナルヤ若クハ払込義務発生ノ要件ナルヤ否ハ今茲ニ論定スルノ要ナシ、然リ而シテ其二週日ノ期間ヲ与ヘザル催告ガ法律上無効ナル以上ハ縦令ヒ事実二週間ヲ経過シタル後チ再ビ其払込ヲ催告スルモ其事実ガ商法第百五十二条第二項ニ謂フ通知ノ効力ヲ生ズルモノニアラザルコト誠ニ明瞭」ナリ

【60】　大審院明治三九年二月二七日判決民録一二輯二九四頁
会社・取締役間の取引に関するものである。株式会社の取締役が一方で会社を代表し、その一方で取引の相手方となって会社と取引をする行為に民法一〇八条の適用を認めて、たとえ監査役の承認があってもこれを無効とするものである。前述【47】の系譜に属するものであるが、本件は手形行為ではなく、消費貸借契約である。
「民法第百八条ニ於テ何人ト雖モ同一ノ法律行為ニ付キ其相手方ノ代理人ト為ルコトヲ得ザル旨ヲ規定シタル所以ノモノハ蓋シ同一法律行為ノ当事者ハ常ニ個々利害相反スル地位ニ在ルモノナルニ其一方ニ対シテ其相手方ノ代理人ト為リ一人ニテ同一法律行為ヲ為スコトヲ許ストキハ代理人ハ往々自己ノ利益ヲノミ是レ計リ本人ノ利益ヲ其犠牲ニ供スルノ弊害ヲ生ジ易ク到底代理人タルノ任務ヲ正実ニ尽シ得ルモノト認メ得ラレザルヲ以テナリ、而シテ如上ノ弊害ハ株式会社ノ取締役ガ一面其会社ヲ代表シ一面ニハ会社ノ相手方ト為リ会社ト取引スル場合ニ於テモ亦同ジク存スルモノナレバ株式会社ノ取締役ニ限リ一面自カラ当事者ト為リナガラ其相手方タル会社ノ代理人タルコトヲ許スノ理由毫モ存セザルニ因リ商法第百七十六条ハ民法第百八条ノ例外ヲ規定シタルモノニアラズシテ単ニ株式会社ノ取締役ガ自カラ会社ヲ代表セズシテ会社ト取引スル場合ヲ規定シタルニ外ナラザルモノト解スベキモノトス、依テ若シ上告人ガ被上告会社ヲ代表シ自ラ其相手方ト為リ本件貸借ヲ為シタルモノトセバ民法第百八条ニ依リ無効ニ属スルモノナレバ縦令監査役ノ承認ヲ得タリトテ有効ニ成立スベキモノニアラズ」

【61】　大審院明治三九年四月一〇日判決民録一二輯五二四頁
株式会社が株主に対して有する株金払込請求権に対する差押転付命令が有効か否か、すなわちこの債権が性質上譲渡を許される

ものか否かが争われたものである。前掲【50】の判例において大審院は、合資会社がその社員に対して有する出資履行請求権について差押転付命令を有効としたが、本件株式会社の株金払込請求権については、異なる結論を採った。【50】との関連についても言及している。

「然レドモ債権ノ性質ガ譲渡ヲ許サザルトキハ譲渡スルコトヲ得ルノ限ニ在ラザルコト民法第四百六十六条ノ法文ニ明カナル所ナリ、然リ而シテ債権ノ性質ガ譲渡ヲ許スト否トハ特別ノ関係ガ債権発生ノ原因タルト否ト若クハ債権者ノ特別ノ行為ヲ要スルトキナルト否トニ繋ルモノニシテ債権ノ目的ガ金銭支払ナルト否トノ如キハ毫モ之ニ影響スルモノニアラズ、抑《そもそも》株式会社ガ其株主ヲシテ株金ヲ払込マシムル権利ヲ有スルハ株主ヲ以テ組織セラレタル社団ナルニ因リ両者ノ間特別ノ関係アルニ基因スルモノナルガユヘニ此権利ハ会社成立ノ上ハ払込催告ノ前後ニ拘ハラズ独リ会社ノミ之ヲ有スルコトヲ得ルモノナレバ即チ其性質ガ譲渡ヲ許サザルモノタルコト疑ヲ容ル可ラズ、而シテ債権ノ性質ガ譲渡ヲ許サザルトキハ仮令裁判所ノ命令ヲ以テ其債権ヲ転付スルモ転付ノ効力ヲ生ゼザルコト勿論ナレバ会社ガ其株主ニ対シテ有スル株金払込請求権ハ之ヲ転付スルモ亦其効力ナキモノタルコト更ニ多言ヲ俟タザルベシ、故ニ原院ニ於テ上告人ガ東京区裁判所ノ転付命令ニ因リ取得シタリト主張スル東京常産株式会社ノ被上告人ニ対スル株金払込請求権ヲ其性質ガ譲渡ヲ許サザルモノトシ転付ノ効ナシト判定シタルハ結局正当ニシテ上告人ノ援用セル明治三十八年オ第十三号同年四月十五日言渡ノ本院判例ハ合資会社ニ関スルモノニテ本件ノ場合ト趣ヲ異ニスル所アルガ故ニ之ニ依テ原判決ヲ不法ナリト為スヲ得ザレバ本上告論旨ハ其理由ナシ」

【62】 大審院明治三九年三月三一日判決民録一二輯五四五頁

株式譲渡人の株金払込担保責任に関するものである。商法一五四条によれば、この責任は譲渡を株主名簿に記載した後二年の経過によって消滅する。ある株式譲渡人の譲渡が明治三四年六月二六日に株主名簿に記載された。会社は、当該譲渡人に対して、株式競売後の不足金を弁済するよう明治三六年五月二二日に催告した（商法一五三条三項に基づく請求）。しかし、当該譲渡人に対する本訴の提起は、株主名簿記載後二年以上を経ており、かつ弁済催告後六か月以上を経ていたというものである。

「商法第百五十三条第一項ニ規定シタル株式譲渡人ニ対スル株式会社ノ催告ハ一面ニ於テハ会社ニ賦与セラレタル権利ナルコト勿論ナリト雖モ同条第三項ニ規定シタル譲渡人ニ対スル求償権ヲ行ハント欲スレバ必ズヤ如上ノ催告ヲ為スコトヲ要スルノミナラズ其催告ニ依リテ滞納金額ノ払込ヲ為シタル譲渡人ハ株式ヲ取得スルヲ得即チ譲渡人ノ為メニ設ケラレタル一ノ特例タルコトヲ失ハズ、故ニ他ノ一面ニ於テハ会社ノ義務ト云フコトヲ得ベキノミナラズ縦令譲渡人ガ其催告ヲ看過シテ払込ヲ為サザルモ会社ハ直ニ強制履行ヲ裁判所ニ請求スルコトヲ得ザルハ同条ノ法文ニ徴シテ自明ナリ、之ニ反シテ同条第三項ノ求償権ハ譲渡人ガ競売不足額ヲ弁済セザル場合ニ於テハ会社進ミテ強制履行ヲ請求スルコトヲ得、然レバ則チ会社ガ譲渡人ニ対シテ有スル第二項ノ権利ト第三項ノ権利トハ其内容自ラ異ナルノミナラズ第二項ノ催告ハ未ダ以テ譲渡人ヲシテ競売不足額ノ弁済ニ付テ遅滞ノ責ニ任ゼシムルニ足ラザルヲ以テ第二項ノ催告ヲ為シタル一事ヲ以テ同法第百五十四条ノ法定期間ノ内外ヲ問ハズ会社ハ譲渡人ニ対シテ第三項ノ求償権ヲ行フコトヲ得ベシト論断スルハ妄ト云ハザルヲ得ズ、是故ニ原判決ニ会社ガ株式ノ譲渡ヲ株主名簿ニ記載シタル後二年内ニ譲渡人ニ対シ商法第百五十三条第二項ノ催告ヲ為シタル事実アルトキハ同条第三項ノ請求ヲ二年内ニ為シタルト否トニ拘ラズ譲渡人ハ第百五十四条ノ免責ヲ主張スルコトヲ得ザル旨判示シアルハ失当タルコトヲ免レズ、然リト雖モ原判決ノ確定シタル事実ニ依レバ被上告会社ガ本訴株式ノ譲渡ヲ株主名簿ニ記載シタルハ明治三十四年六月二十六日ニシテ譲渡人タル上告人ニ対シテ競売不足額ノ支払催告ヲ為シタルハ明治三十六年五月二十二日ニシテ其間二年ニ満タザルコト明確ナルヲ以テ縦令本訴ノ提起ハ明治三十四年六月二十六日ヨリ起算シテ二年以上ヲ経過シ又前記ノ支払催告ヨリ六月以上ヲ経過シタル後ニ在ルモ上告人ハ第百五十四条ニ規定シタル免責ノ利益ヲ有スル理アラズ、何トナレバ譲渡人ガ競売不足額弁済ノ請求ヲ法定期間内ニ受クルトキハ其時ヨリ遅滞ノ責ニ任ズベク而シテ催告ハ一ノ請求行為ナルヲ以テ六个月内ニ訴訟提起ヲ伴ハザル場合ト雖モ債務者ヲシテ遅滞ノ責ニ任ゼシムル効力ニ付テハ特別ノ規定アラザル限リハ裁判上ノ請求ニ比シテ優劣アルベキ理由ナケレバナリ」

【63】　大審院明治三九年五月二二日決定民録一二輯七八一頁

ある会社の監査役が死亡したが、取締役はしばらくの間その事実を知らず、したがって変更登記をなすことなく放置したため、過料に処せられた。これを不服とする抗告事件である。

「株式会社ノ取締役ガ会社ノ監査役死亡シテ之レガ変更登記ヲ為スコトヲ怠リタル理由ヲ以テ之ヲ過料ニ処スルニハ其過失ニ因リ法定ノ期間内ニ登記ヲ為サザリシ事実ノ存スルコトヲ要ス、何トナレバ商法第二百六十一条第一項第一号ニ本編ニ定メタル登記ヲ為スコトヲ怠リタルトキトアルニ依テ甚ダ明カナリ」

【64】　大審院明治三九年六月二一日判決民録一二輯一〇一〇頁

株式会社が破産したとき、破産法に規定がない点について、清算の規定が適用されるか否かが問題となったものである。具体的には、会社に現存する財産が会社債務を完済するのに不足するとき、清算人が株主に未払込株金の払込みをなさせうるという商法二三四条によって準用される同九二条の適用が問題となったものである。

「会社ノ清算トハ会社解散ノ場合ニ於テ其現務ヲ結了シ債権ヲ取立テ及ビ其債務ヲ弁済シ若シ残余財産アルトキハ之ヲ引渡ス等ノ如キ解散ノ場合ニ於ケル会社財産ノ処分ヲ指称スルモノトス、而シテ破産ノ宣告ハ会社ノ解散ヲ惹起シ其破産手続ハ破産宣告ニ因リ解散シタル会社ノ現務ヲ結了シ債権ヲ取立テ債務ノ弁済ヲ為ス等ノ如キ会社財産ノ処分ヲ主タル目的トスルモノナルヲ以テ他ノ場合ニ於ケル清算ト手続上多少ノ差異アルモ其実質清算ニ外ナラザレバ会社ノ破産手続ハ破産宣告ニ因ル清算ト云フヲ得ベシ、既ニ其実質清算ニ外ナラザル以上ハ明治二十三年法律第三十二号破産法ニ規定ナキ本件ノ如キ事項ニ付テハ商法第二百三十四条ニ依リ同法第九十二条ヲ適用スベキハ当然ニシテ破産法中ニ之ヲ準用スル旨ノ規定アルヲ要セズ」

【65】 大審院明治三九年六月二八日判決民録一二輯一〇四八頁

合資会社がその社員に対して有する弁済期未到来の未出資金請求権に対する差押転付命令が有効か否かが争われたものである。前掲【50】において争われた合資会社の社員の未出資金請求権に対する差押転付命令は、債権の弁済期が到来していたものであったのに対し、本件は弁済期未到来である点が異なっている。

「本件ニ於テハ合資会社ニ対スル社員ノ出資義務ト雖モ其既ニ弁済期ニ在スルモノハ之ヲ差押ヘ若クハ転付スルヲ得ベキコトハ本院ノ前判決ニ於テ明示シタル所ナレバ原判決ハ該判旨ニ違背シタルモノト云フヲ得ズ、抑社員ノ出資ハ因リテ以テ会社ト社員トノ特別関係ヲ保維スベキモノナレバ出資ニ付テ会社ガ社員ニ対シテ有スル権利ハ一種ノ債権ニ外ナラズト雖モ其弁済期未ダ到ラザルモノハ之ヲ譲渡シ若クハ転付スルコトヲ得ザルモノト云ハザルヲ得ズ」

【66】 大審院明治三九年九月二二日判決民録一二輯一一三三頁

清算会社が株主に対して有する未払株金払込請求権と当該株主が会社に対して有する貸金返還請求権について、会社側が差引計算を行ったようである。当該差引計算によって、株主の払込義務が消滅するか否かが問題となったものである。前掲の【34】と同旨を述べている。

「株金払込ノ債務ハ法律ノ規定ニ依ルノ外金銭ヲ以テ払込ヲ為スカ又ハ会社ノ承諾ヲ得テ会社ニ対スル債権ト相殺スルニアラザレバ消滅スルモノニアラズ、従テ縦令ヒ払込義務者ト会社トノ間ニ合意アルモ代物弁済又ハ更改等ニ因リ之ヲ消滅セシメ得ルモノニアラザルコトハ本論旨所陳ノ如シ」

「株金払込ノ債務ハ会社ノ承諾アルトキハ会社ニ対スル債権ト之ヲ相殺シ得ルコトハ本院判例ノ認ムル法則ナ」リ。

【67】　大審院明治三九年一〇月三日判決民録一二輯一一六七頁
株式会社の取締役がその業務執行中に不法行為をなしたとき、会社が責任を負うほか、当該取締役自身も不法行為責任を負うか否かに関するものである。
「右株式会社ナル法人ハ其性質ノ如何即チ法律ノ仮設ヲ俟タズシテ現実ニ存在スルモノ学説ノ所謂実在ナルト将タ法律ノ仮設ヲ俟テ始メテ存在スルモノ学説ノ所謂擬制ナルトヲ問ハズ会社ノ理事ガ其職務ヲ行フニ当リ他人ニ加ヘタル損害ニ対シテハ会社其責ニ任ズベキハ民法第四十四条第一項ノ明定スル所ナルヲ以テ更ニ説明ヲ要セズ、然レドモ同条第一項ハ会社ト其理事ガ職務ヲ行フニ付キ損害ヲ加ヘタル被害者トノ法律関係ヲ規定シタルモノニ過ギズシテ不法行為ヲ為シタル理事ト其被害者トノ法律関係ヲ規定シタルモノニアラズ、故ニ該条ノ規定アルヲ以テ直ニ不法行為ヲ為シタル理事ハ被害者ニ対シ何等ノ責任ナキ者ト断定スルヲ得ズ、而シテ右理事ト被害者トノ法律関係ニ至リテハ不法行為ノ一般ノ原則ノ除外例ト為スベキ理由ナキヲ以テ右一般ノ原則ナル民法第七百九条ニ則リ過失ニ因リテ他人ノ権利ヲ侵害シタル理事ハ被害者ニ対シ賠償ノ責ニ任ズベキハ多言ヲ俟タズシテ明カナリ」

【68】　大審院明治三九年一〇月一六日判決民録一二輯一二七〇頁
会社の株主に対する株金払込催告に関するものである。会社は、商法一五二条一項に反して、二週間に満たない期間を設けて株主に株金払込みの催告をなした。これを受けた株主は、いったん払込みをなすことを承諾したようであるが、結局は払込みをなさなかった。ために会社は、株主に払金払込みを請求したものである。株主は、そもそも最初の催告自体が商法違反で無効なのだから、払込みの義務は生じないとして争うものである。
「株式ノ申込ヲ為シタル者ガ其引受クベキ株式ノ数ニ応ジテ払込ヲ為ス義務ヲ負フコトハ商法第百二十七条ニ規定スル所ニシテ株式引受人ハ株主タル権利ヲ取得スルト同時ニ払込ヲ為スノ義務ヲ負担セルモノナリ、然レバ商法第百五十二条第一項ノ催告ハ株主ニ株金払込ノ義務ヲ発生セシムル事由ニ非ズシテ会社ガ株主ニ対シ払込ノ時期及ビ金額ニ関スル定款ノ規定若クハ株主総会ノ決議ニ基ケル払込義務ノ履行ヲ求ムル為メノ所謂催告ナルコト多言ヲ要セズシテ明カナリ、故ニ仮令其催告ガ払込期日ノ二週間前ニ在ラズシテ法律上ノ効力ナキニモセヨ之レガ為メ未ダ株主ニ払込ノ義務ヲ発生セズト謂フ可カラズ、又株金ノ払込ハ二週間前ニ之ヲ催告スルコトヲ要ストノ規定ハ会社ノ為スベキ手続ヲ定ムルト同時ニ株主ノ為メ期間ヲ設ケタルモノナレバ株主ニ於テ其利益ヲ放棄シテ払込ヲ為スハ何等妨ゲナキ所ニシテ二週間ノ期間存セザルニ拘ハラズ現ニ其期日払込ヲ為スカ又ハ期日払込ヲ為スベキコトヲ承諾スルハ期間ノ利益ヲ放棄スルモノニ外ナラズ」

【69】　大審院明治三九年一〇月二五日決定民録一二輯一三三九頁

商法一九八条の規定に基づいて裁判所が検査役を選任したことに対して、会社が抗告したものである。

「商法第百九十八条ニハ「裁判所ハ資本ノ十分ノ一以上ニ当タル株主ノ請求ニ因リ会社ノ業務及ヒ会社財産ノ状況ヲ調査セシムル為メ検査役ヲ選任スルコトヲ得」ト規定シ株主ノ右ノ請求ヲ為スニ付テ一モ条件ヲ附スルコトナケレバ請求ヲ受ケタル裁判所ハ請求者ハ果シテ右法条ニ規定セルガ如ク資本ノ十分ノ一以上ニ当タル株主ナルヤ否ヤヲ調査シ若シ之ニ該当セリトセバ会社財産ノ状況危殆ナラザルコト或ハ其他ノ理由ヲ以テ検査役選任ヲ拒否スルヲ得ズ、従テ会社ハ右ノ如キ理由ニ因リテ検査役ノ選任ヲ拒否スベキ権利ヲ有セズ、然レバ会社ハ苟クモ資本ノ十分ノ一以上ニ当タル株主ノ請求ニ基ク以上ハ検査役選任ニ因リテ権利ヲ害セラレタリト云フヲ得ザルナリ」

【70】　大審院明治三九年一〇月一九日判決民録一二輯一三七七頁

事実の概要は必ずしも明らかでない。会社に対する取締役の責任の解除に関するものである。株主総会で計算書類等の承認を経た後もなお取締役の会社に対する賠償責任が消滅しない旨の特約の効力に関するものである。

「会社ノ取締役ガ業務執行ニ関シテ故意若クハ過失ニ因リ会社ニ損害ヲ生ゼシメタルトキハ之ニ対シテ損害賠償ノ責任アルコトハ上告人所論ノ如シト雖モ商法第百九十三条ノ規定ニ従ヘバ取締役ガ定時総会ニ於テ同法第百九十条ニ掲ゲタル書類ヲ提出シ其故意若クハ過失ニ因リテ生ジタル損失ヲ報告シ総会ガ之ヲ承認シタルトキハ取締役ガ会社ニ対シテ生ゼシメタル損害ノ責任ハ不正行為ノアリタル場合ヲ除クノ外ハ之ニ因リテ解除セラレタルモノト看做サルルモノナレバ会社ガ其損害賠償ニ関スル取締役ノ責任ヲ免ゼザラシメント欲スルトキハ総会ニ於テ承認ヲ与ヘザルカ又ハ此ノ如キ場合ニ於テモ依然取締役ガ責任ヲ負フ可キ旨ヲ特約セシムルコトヲ要ス」

「商法第百九十三条ノ規定ニ依リ定時総会ガ取締役ノ提出シタル事業ノ報告ヲ承認シタルトキハ不正行為ノ場合ヲ除クノ外取締役ノ不法行為ニ関スル責任ハ解除シタルモノト看做サレ之ニ因リテ其責任ハ消滅ス可シト雖モ定時総会ガ取締役ノ行為ニ対シテ承認ヲ与ヘザルカ若クハ取締役ガ特ニ其責任ヲ負フ可キ旨ヲ約シタルトキハ其責任ハ存続スルモノニシテ上告人所論ノ如ク法律ニ依リ一旦消滅シタル責任ヲ特約ニ依リ更ニ発生セシメタルモノニアラズ、而シテ以上ノ如キ特約ヲ為シアルコトヲ総会ニ提出シ総会ガ之ヲ承認シタルトキハ総会ガ取締役ノ提出シタル事業ノ報告ヲ受ケ何等ノ留保ヲ為サズシテ之ヲ承認シタル場合ニ於テモ取締役ノ為シタル不法行為ニ因リテ生ジタル損害賠償ノ責任ハ特約ニ因リ依然存続ス可キコト勿論ナリ」

「株主総会ノ承認ハ専ラ総会ニノミ属スルモノナルガ故ニ会社ハ之ニ反シタル事項ヲ約シ之ヲ左右スルヲ得ザルコトハ上告人所論ノ如シ、依テ総会ガ事業ノ成績ヲ承認シタル場合ニ於テモ不正行為ヲ除キタル他ノ不法行為ニ付キ取締役ノ責任ヲ免ゼザルコトヲ総会ノ承認ヲ経ズ会社ノ意見ノミニテ約シタルトキハ其効力ヲ有セズト雖モ此ノ如キ特約ヲ総会ニ提出シ総会ガ之ヲ承認シタルトキハ其有効ナルコト疑ナシ」

【71】　大審院明治三九年一一月二〇日判決民録一二輯一四八六頁

会社が商法一五三条の規定によって失権株主の株式を売却するにあたり、競売法に依拠せずにこれを行った。売却代金が滞納金額に満たなかったため、譲渡人にその不足額の弁済を請求したものである。競売法に依拠しない株式の売却が問題とされた。

「競売法ニ所謂動産中ニハ記名ノ株式ヲモ包含シ会社ガ商法第百五十三条第三項ニ従ヒ競売ヲ為スベキ場合ニ於テハ競売法ニ依テ之レヲ為サザル可カラザルコトハ当院ノ既ニ判示セル所ナリ（明治三十九年六月十四日判決明治三十九年（オ）第百四十八号事件参照）、而シテ原院ノ確定セル事実ニ依レバ本訴ハ被上告人ガ上告人ニ属スル株式ヲ競売法ニ依ラズシテ売却シ商法第百五十三条ニ従ヒ右売却代金ノ滞納金額ニ足ラザル額ヲ上告人ニ対シテ請求スルモノナルヲ以テ其請求ハ理由ナシ」

【72】　大審院明治三九年一一月一七日決定民録一二輯一五二〇頁

銀行に大蔵省官吏の検査がはいったところ、一一月三〇日ないし一二月二日に発生した株金払込みの事実が一二月七日現在で株主名簿に記載されていないことが判明した。商法一七二条によれば、この事実は株主名簿に記載されなければならない。これを怠ったとして銀行の取締役が過料に処せられた。取締役はこれを不服として争うものである。

「株主久保田専蔵等ガ株金ヲ明治三十八年十一月三十日乃至同年十二月二日ニ払込ミタルヲ同年十二月七日ニ大蔵省官吏ノ出張検査アリシ時迄之ヲ株主名簿ニ記載セザリシ事実ハ抗告人等モ認メテ争ハザル所ナリ、而シテ右等ノ記載ニ付テハ商法第百七十二条中其時期ノ定メナキヲ以テ事実遅滞ナク之ヲ為スコトヲ要スルノ趣旨ナルコト明カニシテ単ニ之ヲ記載スルニ付十二月七日ニ於テ当該官吏ノ検査アリシ迄六日乃至三日間ノ余日アリシ事実ニ依レバ決シテ之ヲ遅滞ナカリシモノト云フベカラズ、而シテ商法第二百六十一条ハ其原由ノ如何ヲ問ハズ遅滞アル以上ハ之ヲ処罰スベキ趣旨ナルコト明カナ」リ

【73】　大審院明治三九年一一月二二日判決民録一二輯一五四五頁

株式会社の創立費の清算をなす義務は、創立委員の一身専属義務なのか相続されるべきものなのかが争われたものである。

「然リト雖モ本件上告人ノ反訴ヲ以テ請求スル清算ノ如キハ創立委員タルガ故ニ始メテ其責任アルベキモノタルコト明カナレバ委員其人ニ専属スベキ責任ナルコト亦論ヲ俟タザル所ナリ、故ニ原院ガ被上告人幸三郎ガ創立委員ニ就職シタル事実ナキコトヲ判示シテ単ニ信道ノ相続人タルニ止マルガ故ニ同人ニ対スル清算ノ請求ハ失当ナリト判断シタルハ誠ニ相当ナリ」

【74】 大審院明治三九年一二月二二日判決民録一二輯一六九九頁

株式会社が破産したときは、破産法に抵触しない限り商法の清算に関する規定が準用されるとしたもので、前掲【64】と同旨のものである。

【75】 大審院明治四〇年一月二四日判決民録一三輯一〇頁

定款に違反した株主総会決議すなわち商法一六三条に該当し無効宣告を受ける可能性のある決議の効力に関するものである。同条の意義に関する前掲【27】判例に言及している。

「商法第百六十三条ニ該当スル決議ハ裁判所ノ無効ノ宣告アルニ非レバ有効ナルコトハ同条第二項ニ右無効宣告ノ請求ヲ為スベキ期間ヲ限定スルニ依テモ明白ナルコトハ既ニ当院ノ判示セルガ如シ（明治三十五年（オ）第六百四十号明治三十六年四月六日判決参照）」

【76】 大審院明治四〇年二月二一日判決民録一三輯一四二頁

株式譲渡人の株金払込担保責任の消滅に関するものである。ある株式譲渡人につき、譲渡が株主名簿に記載されたのは明治三六年四月二日であった。商法一五三条二項に基づく譲渡人に対する払込の催告は、右記載後二年以内になされたようである。しかし同条三項に基づく株式の競売の後、会社が当該譲渡人に対して不足金弁済請求をしたのは明治三八年九月一九日のことであった。当該譲渡人の責任が商法一五四条に基づいて消滅しているか否かが争点となった。前掲【62】の判旨を再確認したものである。

「然レドモ商法第百五十三条第二項ニ規定シタル株式譲渡人ニ対スル株式会社ノ催告ハ一面会社ノ権利ナリト雖モ同条第三項ニ規定シタル求償権ヲ行ハント欲スルニハ必ズヤ右ノ催告ヲ為スヲ要スルノミナラズ譲渡人ヲシテ滞納金ヲ払込ミテ株式ヲ取得スルノ機会ヲ得セシムベキハ会社ノ責任ニシテ譲渡人ニ於テ其催告ニ応ジ払込ヲ為サザルモ会社ハ直チニ譲渡人ニ対シ強制履行ヲ請求シ能ハズ必ズ先ヅ同条第三項ノ規定ニ従ヒ競売不足額ヲ確定シタル上ニアラザレバ強制履行ノ請求ヲ為スコト能ハズトハ本院ガ明治三十八年(オ)第三百十六号事件（三十九年三月三十一日言渡）ニ於テ宣言シタル法理ナリ、而シテ同事件ニ於テハ尚ホ論歩ヲ進メ「第二項ノ催告ハ未ダ以テ譲渡人ヲシテ競売不足額ノ弁済ニ付遅滞ノ責ニ任ゼシムルニ足ラザルヲ以テ第二項ノ催告ヲ為シタル一事ヲ以テ同法第百五十四条ノ法定期間ノ内外ヲ問ハズ会社ハ譲渡人ニ対シ第三項ノ求償権ヲ行フコトヲ得ベシト論断スルハ妄ト云ハザルヲ得ズ」ト説示シタリ、即チ之ヲ要スルニ商法第百五十四条ノ免責規定ハ株式ノ譲渡ヲ株主名簿ニ記載シタル後二年ノ法定期間内ニ同第百五十三条第三項ニ謂フ競売不足額ニ付キ会社ガ譲渡人ニ対シ其弁済ヲ請求シタル場合ニアラザレバ其適用ナキモノトス」

【77】　大審院明治四〇年三月一日判決民録一三輯二九三頁

商法一五三条一項によって失権した株主に対し、会社は、払込の履行請求に代えて、民法上の債務不履行の一般原則に基づいて損害賠償請求をなしうるか否かに関するものである。前掲【54】と同旨。

「株主ハ商法第百五十三条第一項ニ依リ其権利ヲ失ヒタル後ト雖モ従前負担シタル株金払込ノ債務ヲ免ルルモノニアラザルコトハ同条第三項ノ規定ニ依リ自ラ明白ニシテ同条第四項ニ所謂損害賠償ノ請求ヲ妨ゲズトハ会社ガ株主ノ債務不履行ニ因リテ生ジタル遅延利息又ハ競売ノ費用等ヲ損害賠償トシテ請求スルコトヲ妨ゲザル趣旨ニ外ナラズ、是レ本院ノ判例（明治三十八年（オ）第十四号損害賠償請求上告事件同年六月十二日判決）ニ於テ示ス所ニシテ之ヲ是認スルヲ相当トス、然レバ本件ニ於テ被上告人ガ株金ノ払込ヲ為サザリシガ為メ商法第百五十三条第一項ニ依リ既ニ其株主タル権利ヲ失ヒタルニ拘ラズ上告会社ハ尚ホ被上告人ニ対シ株金払込ノ債務履行ヲ請求スルコトヲ得ベシト雖モ其履行ヲ求メズシテ損害賠償トシテ其未払込ノ金額等ヲ請求スルコトヲ得ザルモノトス」

【78】　大審院明治四〇年三月一九日判決民録一三輯三〇七頁

会社が商法一五二条二項に基づく株金払込みおよび失権の通知を株主に送達したところ、当該株金払込請求権が仮差押えされていた。仮差押えが右の通知の効力に影響を及ぼすか否かが第一の問題点である。会社が右の通知を複数の株主に行ったが、個々の株主の信用の程度を勘案して、日時等に差別を設けていた。右通知につき、各株主を同一に取り扱わなければならないか否かが第二の問題点である。

「然レドモ原判決ニ於テ確定シタル事実ニ依レバ本件株金払込ニ付テハ真宗信徒生命保険株式会社ヨリ仮差押ヲ為シタルニ過ギズ而シテ株金払込ノ債務ニ対シテ仮差押ヲ為スコトヲ得ベキモノト仮定スルモ債権ノ仮差押ニ付テハ第三債務者ニ対シ債務者ニ支払ヲ為スコトヲ禁ズル命令ヲ為スニ止マリ債務者ニ対シテ債権ノ取立ヲ為スベカラザルコトヲ命ズルモノニ非ザルコトハ民事訴訟

法第七百五十条第三項ノ規定ニ依リテ極メテ明ナリ、然レバ則縦令株金払込ノ債務ニ付テ仮差押ノ存続中被上告銀行ガ第三債務者タル上告人ニ対シ払込ノ催告ヲ為シタリトテ其催告ハ法律ニ違背スル所ナキヲ以テ之ヲ無効ナリト云フヲ得ザルコト固ヨリ言ヲ待タズ」

「然レドモ株主ハ商法第百五十二条第一項ノ払込催告ニ因リテ均等ニ払込義務ヲ生ズルモノナレバ同条第二項ノ払込催告及ビ失権通知ハ必シモ総株主ニ対シテ均等ニ為スベキ要ナシ」

【79】　大審院明治四〇年四月九日判決民録一三輯四一五頁

代表社員の定めある合資会社が解散したとき、代表社員でなかった他の無限責任社員が清算人として各自会社を代表する資格を有するかに関するものである。

「然レドモ上告人ハ合資会社ナリシガ明治三十八年十一月一日解散ノ登記ヲ為シ而シテ其代表者トシテ上告ヲ提起シタル清算人安藤喜作岸井彦八ノ両人ハ共ニ無限責任ノ社員ナル事実ハ訴訟記録ニ依リテ明ナルノミナラズ上告人モ亦争ハザル所ナリ、抑商法第八十七条及ビ第九十三条ノ規定ハ合資会社ノ清算ニ付テ準用スベキコトハ第百五条ニ依リテ明ナレバ合名会社ノ社員ニ準ズベキ合資会社ノ無限責任社員ハ清算人トナリ且第三者ニ対シテ各自会社ヲ代表スベキ資格権能アルコトハ毫モ疑ヲ容ルベキニ非ズ、然レバ則チ上告会社未ダ解散セザリシ時ニ在リテハ特ニ代表者ヲ定メタル事実アルコトハ上告人ノ争ハザル所ナリト雖モ其既ニ解散シタル後ニ於テモ亦他ノ清算人タル無限責任社員ハ之ヲ代表スル権能ナシト云フハ確論ニ非ズ、何トナレバ前掲法条ノ規定ハ特ニ会社ヲ代表スベキ社員ヲ定メタル場合ヲ除外シタル法意ヲ認ムルニ由ナケレバナリ」

【80】　大審院明治四〇年五月二〇日判決民録一三輯五七一頁

株主が死亡した場合、当該株主の相続人の氏名が未だ株主名簿に記載されていないにもかかわらず、会社が相続人に対して株主総会招集の通知を発しなかったことは、総会決議取消の理由となると判示した原院の判決を不服として、会社が上告したものである。

「株式会社ガ株主総会ヲ招集スルニハ各株主ニ対シテ其通知ヲ発スルコトヲ要スルハ商法第百五十六条第一項ノ規定スル所ニシテ右各株主トハ記名式ノ株券ヲ有スル株主ヲ指スモノナルコトハ同第三項ノ規定アルニ依リ洵《まこと》ニ明カナリ、而シテ記名式ノ株券ヲ有スル株主トハ即チ同第百七十一条同第百七十二条ノ規定ニ従ヒ株主名簿ニ其氏名住所ヲ記載シ株券ニ自己ノ氏名ヲ記載シタル者ノ謂ナリト解セザル可ラズ、何トナレバ商法ハ会社及ビ其債権者等ガ正確ニ株主ノ誰タルコトヲ知リ得ルガ為メニ其第百七十一条

第百七十二条ニ於テ株主名簿ヲ備ヘ正シク株主ノ氏名住所ヲ記載スルコトヲ命ジ之ニ違背スルニ於テハ取締役ヲ過料ニ処スベキモノトシタルヲ（同第二百六十一条参照）以テ視ルモ株主名簿ニ氏名住所ヲ記載シタル者ヲ以テ株主トシ之ニ氏名住所ノ記載ナキ者ヲ以テ株主ト看做サザル法意ナルコトヲ知リ得ベシ、然リ而シテ株式会社ノ株式ハ常ニ其数夥多ナルガ故ニ日々株主ノ死亡等ニ依リ株式ノ所有者ニ更迭アルノミナラズ其株式ハ会社ノ承諾ナクシテ之ヲ譲渡スコトヲ得ルモノナレバ会社ハ株主ヨリ其届出ヲ受クルニ非ザレバ株主ノ異動ヲ知リ之ヲ株主名簿ニ記載スルニ由ナシ、茲ニ於テカ後者即チ譲渡ノ場合ニ付テハ同第百五十条ニ於テ譲受人ノ氏名住所ヲ株主名簿ニ記載シ且其氏名ヲ株券ニ記載スルニ非ザレバ会社ニ於テ譲受人ヲ以テ株主ト看做サザルモノトセリ、然ルニ前者即チ株主ノ死亡等ニ依リ株式ノ所有権ヲ得タル者ニ付テハ何等ノ明文ナキモ後者ノ規定ハ法意ノ存スル所ヲ示シタルモノナルニ依リ前者ニ付テモ亦同一ノ法意ニ従ヒ相続等ニ依リ株式ノ所有権ヲ得タル者ノ届出ニ依リ株主名簿ニ其氏名住所ヲ記載シ且株券ニ其氏名ヲ記載スルニ非ザレバ会社ニ於テ其取得者ヲ以テ株主ト看做サザル者トスベキハ当然ナレバナリ」

【81】　大審院明治四〇年六月二七日判決民録一三輯七二三頁

会社定款において、商法一五二条一項の株金払込みの催告（同条項では二週間前になすことを要する）は、一五日以上の期間を設けてなすことが定められていた。しかし、現実に行われた払込みの催告は定款所定の一五日に達しないものであった。株主は、前掲**【68】**の判例に言及して、催告期間の不足を自ら認容してその後になされた失権処分の手続きをも甘受したのであるとして、失権処分は有効であると主張したようである。右の催告の後になされた失権手続きの有効性が争われたものである。前掲**【59】**の系譜に属する。

「商法第百五十二条ノ催告期間若クハ同条ニ基キ会社ノ定款ニ定メタル催告期間ハ一面ヨリ之ヲ観レバ株主ノ利益ヲ保護スル目的ヲ有スルコト勿論ナリト雖モ他ノ一面ニ於テ株主権喪失ノ前提要件ヲ構成スル一事項ニシテ株主権ノ喪失ハ法律ノ規定ニ因ルニ外ナラザルコトハ同法第百五十三条第一項ノ法文ニ徴シテ誠ニ明ナレバ株式会社ガ払込不履行ノ場合ニ於テ株主権ヲ喪失セシムル効果ヲ収メント欲スレバ必ズヤ第百五十二条ノ手続ヲ践ムコトヲ要ス、乃チ催告期間ノ如キモ亦定款ニ特別ノ定アルトキハ定款ニ依リ否ザレバ同条第一項ノ規定ニ率由シテ之ヲ定ムルコトヲ要ス、仮令株主ヲシテ期間ノ利益ヲ放棄スルコトアラシムルモ失権ノ規定ハ之ガ為メニ左右セラルベキ理ナシ、語ヲ換ヘテ之ヲ言ヘバ第百五十二条第一項若クハ定款ニ定メタル期間ヨリ少キ催告期間ヲ以テ為シタル払込ノ催告アリタル場合ニ於テ株主ハ其当然享受スベキ期間ノ利益ヲ放棄シテ払込ヲ為スコトヲ得ベキハ勿論ナレドモ其放棄ニ因リテ以テ不適法ノ催告ニ基キテ会社ノ発シタル失権予告ノ通知ヲシテ第百五十三条第一項ニ規定シタル効力ヲ生ゼシムルコトヲ得ズ、何トナレバ失権ノ規定ハ適法ニ為シタル払込ノ催告ニ附帯セシメタル制裁ナレバ株主ノ意思ニ因リテ消長スベキ理アラザレバナリ」

【82】 大審院明治四〇年七月九日判決民録一三輯八〇六頁

当時の民法八八六条によれば、親権を行う母親が未成年に代わって不動産または重要な動産に関する権利の喪失を目的とする行為をなすには、親族会の同意を必要としていた（同条三号）。本件は、母親が未成年の子の名義となっている記名株式を、親族会の同意なく、担保に供する目的をもって貸与したというものであり、この行為に同条の適用があるか否かに関するものである。判旨中に、株主権の性質を論じた部分がある。

「記名債権ハ無記名債権ノ如キ特別ノ規定ナキヲ以テ之ヲ動産ト看做スヲ得ザルコトハ勿論ナレドモ金銭ノ取得ヲ目的トスル債権ニ在リテハ其目的物ノ動産ナルコト固ヨリ言ヲ待タズ、然リ而シテ民法第八百八十六条ノ規定ハ未成年者ノ財産ヲ保全セシムルヲ以テ目的トシタルモノナレバ同条ニ所謂重要ナル動産ニ関スル権利ニハ金銭ノ取得ヲ目的トスル債権モ亦包含スルモノト謂ハザルヲ得ズ、抑株主ガ株式ニ因リテ有スル権利ハ単純ナル債権ニ非ズト雖モ株式会社ノ営業ニ因リテ生ズル利益ノ配当ヲ受クル権利アルノミナラズ会社解散ノ後ハ清算ノ結果ニ因リ残余財産ノ配当ヲ受クベキ権利アルヲ以テ債権ノ性質ヲ包容シタル権利ナリト謂ハザルヲ得ズ、况ヤ民法第三百六十四条第二項ノ規定アル所ニ由リテ之ヲ観レバ民法ノ主義ハ株式ヲ債権ト看做シタルモノト言ハンモ必ズシモ誣言ニ非ザルベキニ於テオヤ」

【83】 大審院明治四〇年八月六日決定民録一三輯八四一頁

会社の所在地や取締役、監査役の住所地に行政区の変更による住所表示変更があった。この変更登記を怠った取締役が過料に処せられたが、これを不服として争うものである。前掲の【4】【5】と結論が異なるものと思われる。

「然レドモ商法第五十三条ノ登記事項ニ変更ヲ生ジタルトキハ会社ノ所在地竝ニ取締役監査役ノ住所等ニ移動ヲ生ジタル場合ハ勿論行政区画改正ノ結果土地ノ名称ニ変更ヲ生ジタル場合ヲモ指称スルコトハ当院最近判例（明治三十九年一月二十七日附明治三十八年（ク）第三一七号監査役住所変更登記違犯事件）ノ示ス所ナ」リ

【84】 大審院明治四〇年九月二七日判決民録一三輯九一一頁

会社が商法一五二条に基づいて株金払込みおよび失権の通知をなした。形式上は同条の要件を満たしている。ところが右の催告および通知を受けた株主は当時未成年者であった。このとき、会社は失権に必要な法定手続きをなしたものと言えるのか否かが問題となった。

「株式会社ガ商法第百五十二条ニ規定スル手続ヲ履践シタルモ株主ガ払込ヲ為サザル為メニ其権利ヲ失却シタル後ニ非ザレバ株式ノ譲渡人ニ対シ次条第二項及ビ第三項ノ規定ヲ適用ス可カラザルコトハ法文上自ラ明カナリ、故ニ商法第百五十二条ノ催告及ビ通知ヲ受ケタル株主ガ未成年者ナルガ為メニ民法第九十八条ニ依リ右意思表示ヲ以テ其株主ニ対抗スルコトヲ得ザル場合ニ於テハ会社ハ其株主ニ対シ商法第百五十二条ノ手続ヲ履践シタリト主張スルコトヲ得ザルヲ以テ其株主ガ払込ヲ為サザルモ之ガ為メニ当然失権ヲ来タスモノニ非ズ、従テ商法第百五十三条第二項及ビ第三項ニ規定スル譲渡人ノ責任ハ未ダ発生セザルモノト謂ハザルヲ得ズ」

【85】　大新院明治四〇年一〇月三一日判決民録一三輯一〇五四頁

事実の概要は必ずしも明らかではない。問題となった第一点は、記名株式譲渡の事実を会社が了知しておれば、株主名簿の書換がなくても譲渡の主張が許されるか、というものであり、第二点は、株金払込みの催告が、商法一五三条一項の法定期間を満たしているが定款所定の期間を満たさずになされたとき、その後の失権手続きは有効か否か、というものである。

「然レドモ商法第百五十条ハ絶対的規定ニシテ苟モ記名株式ノ譲渡ヲ以テ会社其他ノ第三者ニ対抗セントニハ如何ナル場合ニ於テモ同条所定ノ手続ヲ践ムヲ要スルハ法文ノ解釈上疑ヲ容レザル所ナリ、仮リニ本論旨ノ如ク会社ガ株式ノ譲渡ヲ承認シタル場合ニハ其譲渡ヲ以テ会社ニ対抗スルニハ右ノ手続ヲ践ムヲ要セズト論ジ得ベシトスルモ会社ガ譲渡ヲ承認セルガ故ニ会社以外ノ第三者ニモ右ノ手続ヲ践マズシテ譲渡ヲ対抗シ得ベシト言ハバ其非理ナルコトハ上告人ト雖モ疑ナカルベシ、左レバ本論旨ニ従フトキハ株式ノ譲渡人タル上告人ハ会社ニ対シテ株主タルノ資格ヲ失ヒナガラ他ノ第三者ニ対シテハ依然株主タルノ資格ヲ有スルノ不合理ナル結果ヲ見ルニ至ルベケレバ復以テ本論旨ノ謬レルヲ知ルベシ」

「然レドモ会社ノ定款ニ株金ノ払込ハ一定ノ期間前ニ催告スベキ定メアリテ其定ムル所適法ナルニ於テハ会社ガ之ニ準拠スベキハ当然ナレバ定款所定ノ期間ヲ存セザル払込催告ハ無効ニシテ株主ガ之ニ応ゼザルモ之ニ株金滞納ノ責ヲ帰セシムルノ効果ヲ生ゼズ、而シテ既ニ第一回ノ払込催告ガ右ノ事由ニ因リ無効ナルニ於テハ第二回ノ催告ハ有効ニシテ且株主ガ之ニ応ゼザリシトスルモ株主ヲシテ株主権ヲ喪失セシムルノ効果ヲ生ズルモノニ非ズ、何トナレバ株主権ノ喪失ハ既ニ第一回ノ催告ヲ受ケタルモ之ニ応ゼズシテ株金滞納ノ責ヲ負フ者ガ更ニ第二回ノ催告ヲ受クルモ株金ノ払込ヲ為サザルニ対スルノ制裁ニシテ株金滞納ノ責ヲ帰スルニハ催告ノ有効ナルコトヲ前提トスレバナリ」

【86】 大審院明治四〇年一二月四日判決民録一三輯一一六五頁

株式が輾転流通して複数の株式譲渡人がいるとき、当該株式の払込みがなされなかったことに基づく株式競売不足金の弁済義務に関して、数人の譲渡人は平等の割合をもってこの義務を負担するのか、各自が不足額全額につき責任があるのか、が争われたものである。前掲の【36】と同旨のものである。

「商法ニ於テ株式即チ会社ニ対スル株主ノ権利及ビ義務ノ譲渡ヲ許シタル第百四十九条及ビ其譲渡ヲ以テ会社其他ノ第三者ニ対抗シ得ルコトヲ定メタル第百五十条ノ規定ト其譲渡ニ因リ会社ニ損害ヲ被ムラシメザル為メ各譲渡人ノ会社ニ対スル責任ヲ定メタル第百五十三条ノ規定ヲ設ケタル立法ノ趣旨トヲ参照スレバ同条第三項ノ規定ニ依リ譲渡人ガ会社ニ対シ株金ノ不足額ヲ弁済スベキ義務ハ数人相次デ株式ノ譲渡ヲ為シタル場合ニ於テハ各譲渡人ガ平等ノ割合ヲ以テ之ヲ負担スベキモノニ非ズシテ各自ガ其不足額全部ニ付キ弁済ノ責ニ任ズベキモノト解スルヲ相当トス、是レ本院判例（明治三十六年（オ）第五百九十四号競売代金不足額弁償請求上告事件明治三十七年二月六日判決）ノ是認スル所ナリ」

【87】 大審院明治四一年一月二九日判決民録一四輯二二頁

会社の設立のために他の発起人と共に設立に必要な諸般の行為をなし、原始定款の作成にも関与したが、発起人として定款に署名していない者が、法律上発起人であるか否かが問題となったものである。発起人の意義に関する最も古い判例であろう。

「株式会社ノ設立ニ定款ヲ作リ其発起人ノ署名アルヲ必要トスルコトハ商法第百二十条ニ規定スル所ニシテ定款ニ記載ス可キ事項中其第八号即チ発起人ノ氏名住所ヲ定款ニ記載セザルトキハ後チ之ヲ補足スルコトヲ得ザルガ如ク会社ノ設立ニハ絶対的必要ノモノ（商法第百二十一条）ナレバ会社設立ノ際事実上縦令ヒ発起人ノ如キ状態ニテ行動シタル者アリトモ其者ノ氏名住所ガ定款ニ記載セラレズ及ビ之ニ署名セザルトキハ此ノ如キ者ハ法律上株式会社設立ノ発起人ト云フヲ得ザルモノトス」

【88】 大審院明治四一年二月三日判決民録一四輯二九頁

株式会社の取締役の善管注意義務違反が問題となったものである。Yは、六年半余にわたってもっぱらX銀行の大阪支店を統轄する取締役であった。その在任中、大阪支店の支配人Aが数年にわたって銀行の金員を費消していた。しかし、Yはこの事実を見過ごしていた。Aが費消した額はまったく気づかれることなく現存するものとして営業報告書に記載され、数年にわたって株主総会で承認を受けてきていた。Aの不正が発覚した後、X銀行は、Yの善管注意義務違反に基づく損害賠償として、Aの費消額をYに請求したものである。取締役と会社との法律関係、総会における書類承認の効果、支店を統轄する取締役の義務等、多岐にわたる論点が争われた。

「株式会社ト其取締役トノ間ノ法律関係ハ上告論旨ノ如ク契約関係ニ非ズ取締役ガ会社ノ機関及ビ其法定代理人トシテ之ニ対シテ種種ノ義務ヲ負フハ法律ガ定メタル一種ノ義務ナリトス、故ニ取締役ガ此義務ニ背キタルガ為メニ会社ニ損害ヲ生ゼシメタルトキハ取締役ハ之ガ賠償ノ責任アルヤ論ヲ俟タズ」

「株式会社ノ取締役ガ商法第百九十三条ノ規定ニ依リテ責任ノ解除セラレタルモノト看做サルルニハ同第百九十二条ノ規定ニ従ヒテ同第百九十条ニ掲ゲタル書類ヲ定時総会ニ提出シテ其承認ヲ求ムルコトヲ要スルモノニシテ其責任解除ハ以上ノ書類ニ掲記セル事項ニ止マレリ、詳言スレバ縦令ヒ取締役ガ商法第百九十条ニ掲ゲタル書類ヲ定時総会ニ提出シテ其承認ヲ経タリト雖モ其書類ニ掲記セラレザル事項ハ未ダ総会ノ調査承認ヲ経タルモノト云フコトヲ得ザルガ故ニ之ニ関スル責任ノ解除セラレザルヤ勿論ナリトス（明治三十九年十月十九日言渡同年（オ）第三百一号損害賠償事件判例）」

「取締役ノ監督不行届ニ原因スル損害賠償請求権ハ一ノ独立シタル権利ニシテ彼ノ従タル性質ヲ有スル保証債務ノ如ク先ヅ主タル義務者ニ請求シ後チ保証人ニ請求セザル可カラザルガ如キ請求順序ヲ規定シタルモノアラザルナリ、而シテ損害賠償請求権ニ付テモ実害ナキニ於テハ其権利者ニ請求権ナキコトハ上告論旨ノ如シト雖モ会社ノ支配人ガ其財産ヲ費消シタルトキハ即チ会社ハ損害ヲ被フリタルモノナレバ此事実ニ因リテ其支配人ヲ監督スル責任アル取締役ニ対シテ損害賠償ノ請求権発生シタルモノニシテ費消者ノ資力ノ有無如何ニ依リテ其責任者ニ対スル会社ノ請求権ニ消長アルモノニ非ズ」

「会社ニ支店アリテ或取締役ガ専パラ其事務ヲ監督ス可キ場合ニ於テ監督ニ不行届ナルコトアリテ会社ニ損害ヲ生ジタルトキハ其取締役ニ於テ之ヲ賠償ス可キハ当然ナリ」

【89】　大審院明治四一年二月一七日判決民録一四輯一〇八頁

会社の能力に関するものに分類してもよいと思われるものである。定款所定の目的の範囲につき、これを厳格に限定することに一端の綻びを感じさせるものである。

「金銭ノ貸借ヲ目的トセザル会社ト雖モ其目的トスル営業ノ為メニ金銭ヲ借入ルルガ如キハ其目的遂行ノ為メニスル行為ニシテ畢竟其目的ノ範囲内ニ属スルモノニ外ナラズ、而シテ商人ノ行為ハ其営業ノ為メニスルモノト推定スベキコトハ商法第二百六十五条第二項ノ規定スル所ナレバ其営業ノ為メニスルモノニ非ザルコトヲ主張スル者ニ於テ之ヲ証明スルノ責ニ任ゼザルベカラズ、故ニ会社ノ支配人ガ会社ノ為メニ金銭ヲ借入レタルトキハ会社ノ営業ガ金銭ノ貸借ヲ目的トセザル場合ト雖モ反証ナキ限リハ其営業ノ為メニ之ヲ為シタルモノト推定スルヲ当然トスルヲ以テ其行為ハ右推定ニ基キ会社ノ目的遂行ノ為メニシタルモノニシテ支配人ノ権限内ニ属スルモノト謂ハザルヲ得ズ」

【90】　大審院明治四一年三月二〇日判決民録一四輯三〇二頁

会社の成立を条件に報酬金を受けることを発起人と約定した者がこれを請求した訴訟のようである。主務官庁の認可を受けるべき営業目的の会社の設立手続き、会社成立を条件とした発起人との契約における発起人に対する債権の帰趨について判示されている。

「新商法ノ株式会社ノ設立ニ付キ主務省ノ認可ヲ受クルコトヲ要スル規定アラザルコトハ上告論旨ノ如シト雖モ会社ノ目的ニシテ主務省ノ認可ヲ受ク可キモノナルトキハ其認可ヲ受クルコトナクシテ先ヅ会社ノ成立ス可キモノニ非ズ、発起ノ際主務省ノ認可ヲ受ケ而シテ後チ設立ニ関スル規定ニ従ヒ成立ス可キモノタルヤ論ヲ俟タザルナリ」

「株式会社ノ発起人ガ其資格ヲ以テ他ノ者ニ対シテ或債務ヲ約シタリトテ成立シタル会社ガ必ズシモ之ヲ引受ケザル可カラザルモノニ非ザルコトハ商法第百三十五条ノ規定ニ徴シテ明瞭ナリ、而シテ会社ガ発起人ノ約シタル債務ヲ引受ケタルトキハ発起人ト契約シタル者ハ爾後会社ニ対シテ之ガ履行ヲ請求スルコトヲ得可ケレドモ会社ノ引受ケザル債務ヲ会社ニ請求スルヲ得ザルヤ勿論ナリ」

【91】　大審院明治四二年一月一一日決定民録一五輯一頁

銀行会社が巨額の不良債権を隠ぺいし、粉飾決算をなし違法配当を行っていたので、商法四八条のいわゆる会社が公序良俗に反する行為をなすものに該当するとして裁判所が命じた解散命令を不服として争われたものである。商法四八条の適用基準を具体的に示したものである。

「然レドモ商法第四十八条ノ所謂会社ガ公ノ秩序ニ反スル行為ヲ為ストハ旅店若クハ料理店営業ノ会社ニシテ其店中ニ於テ賭場ヲ開クヲ業トシ又ハ米穀売買会社ニシテ空米相場ヲ為スガ如キ会社ノ行為公ノ秩序ニ反スル場合ヲ云フモノニシテ会社ノ役員ガ業務ヲ執行スルニ当リ法規若クハ定款ニ違背シ誠実ニ其職責ヲ尽サズ為メニ損失ヲ来シ株主及ビ債権者ニ損害ヲ与フルガ如キハ素ヨリ会社ガ公ノ秩序ニ反シタル行為ヲ為シタルモノト云フヲ得ズ、左スレバ原院ニ於テ抗告会社ノ役員ガ誠実ニ業務ヲ執行セズ為メニ株主及ビ債権者ニ損害ヲ与ヘシ事実及ビ抗告会社ノ整理案ノ確実ナラズ之ヲ実行スルニ於テハ債権者ノ権利ヲ害スル事実ヲ認メ之ヲ以テ抗告会社ガ公ノ秩序ニ反スル行為ヲ為シタルモノトシ商法第四十八条ヲ適用シタルハ其当ヲ得ザルモノニシテ原決定ハ之ヲ廃棄スベキモノトス」

【92】　大審院明治四二年三月一〇日判決民録一五輯二〇三頁

事実の概要は必ずしも明らかではない。民事会社が募集設立の要領で設立され、設立登記もなされ、営業が開始されている。しかし、原始定款に発起人の署名または記名捺印が欠けていた。このときの会社設立の効力如何に関するものである。

「本件会社ハ営利ヲ目的トシ株主ヨリ組織セラルル民法上ノ社団法人ニシテ即チ民法第三十五条ニヨリ商法ノ株式会社ニ関スル規定ヲ準用スベキモノナルコトハ原院ニ於テ確定シタル事実ナリ、而シテ商法第百二十条及ビ明治三十三年法律第十七号ノ規定ニ依レバ株式会社ノ設立ニ付テハ発起人ニ於テ定款ヲ作リ之ニ署名シ又ハ記名捺印スルコトヲ要スルモノニシテ其署名又ハ記名捺印ノ要件ニ付テハ商法第百二十一条第一項ノ如キ追完ヲ許シタル規定存セザルヲ以テ若シ之ヲ欠クトキハ定款ハ当初ヨリ無効ニシテ従テ会社ノ設立ハ其基本要件タル定款ヲ具備セザルモノニ帰シ当然其効ナキモノトス、故ニ斯ノ如キ場合ニ於テハ仮令会社ガ既ニ登記ヲ経テ其事業ニ着手シ形式上存在スルガ如キ観ヲ呈スルトキト雖之ガ為メニ其設立ノ元来無効ナルモノヲ更ニ有効ナラシムルモノニ非ザレバ其設立ノ無効ナルコトハ何等ノ手続ヲ俟タズシテ然ルモノト謂ハザルベカラズ、是レ発起人ガ株式ノ総数ヲ引受ケタルニ因リテ成立スル株式会社ナルト将タ株主ノ募集ニ因リテ成立スル株式会社ナルトヲ問ハズ、然ルモノナルコトハ商法ノ規定上疑ヲ容レザル所ナレバ上告人所論ノ如キ株式引受若クハ創立総会ニ関スル商法ノ規定又ハ非訟事件手続法第百八十四条及ビ第百八十六条ノ規定等ヨリ推シテ定款ニ如上ノ要件ヲ欠缺スル場合ニ於テモ之ガ為メニ直ニ会社ノ設立ヲ無効トセザル立法ノ精神ナリト解スルコトヲ得ズ」

【93】　大審院明治四二年三月二五日判決民録一五輯二五〇頁

株主総会招集の通知が株主の一人に対して発せられないまま、総会が開催された。これを理由として決議無効宣言を求める訴が提起されたが、通知を受けなかった株主はその決議を甘受しているときに、他の株主がこのような訴を提起できるかが問題となったものである。この訴訟において被告が清算会社であるときの会社代表者が誰であるかに関しても判示されているが、この点は前掲【52】と同旨である。

「然レドモ株主総会招集ノ際各株主ニ通知ヲ発スルコトハ必須ノ手続ニシテ之ニ背キタルトキハ其通知ヲ受ケザリシ株主ノミナ

ラズ他ノ総テノ株主ニ於テ総会ノ決議無効ノ宣告ヲ請求スルコトヲ得ルハ商法第百五十六条ノ明文及ビ第百六十三条ニ右決議無効ノ宣告ヲ請求スルコトヲ得ル株主ヲ限定セザルニ徴シ疑ヲ容ルルノ余地ナ」シ

「又商法第百六十三条ニ規定セル株主総会ノ決議ハ当然無効ナルモノニ非ズ、裁判所ノ宣告ヲ待チテ始メテ無効トナルモノナレバ現ニ解散ノ状態ニ在ル会社ニ対シテハ清算人ヲ会社ノ代表者トシテ右決議無効ノ請求ヲ為スヲ相当トス」

【94】　大審院明治四二年四月一三日判決民録一五輯三四二頁

白紙委任状附記名株式の流通の保護に関するものである。委任状の記名者の死亡が当該株式の流通に影響を与えるか否かに関するものである。

「然レドモ株券記名者ガ名義書換ノ手続ニ関スル白紙委任状ヲ添附シタル株券ハ交付ニ依リテ輾転流通シ委任状記名者即株券記名者ノ死亡ガ其輾転流通ヲ妨グルノ事由トナラザルコトハ一般ノ習慣トシテ行ハルル所ナリ、蓋シ株券記名者ガ白紙委任状ヲ株券ニ添附スルハ善意ノ株券取得者ニ対シテハ其何人タルヲ問ハズ名義書換ノ義務ヲ負担スベキ意思表示ト共ニ其書換手続ヲ委任スベキ意思表示トヲ為シタルモノニシテ名義書換義務負担ノ意思表示ハ意思表示ニ関スル通則ニ従ヒ表意者タル株券記名者ノ死亡ニ因リ其効力ヲ失フコトナク死亡後ノ株券取得者ニ対シテモ書換義務ヲ発生スルノ法理ト相待テ実ニ白紙委任状添附ノ記名株券ガ交付ニ依リ且記名者ノ死亡後ト雖モ輾転流通スル習慣ノ行ハルル所以ノ基礎タリ」

【95】　大審院明治四二年五月二八日判決民録一五輯五二四頁

株金払込催告に瑕疵があり、それを前提とする無効な失権、競売手続きがなされ、その競落人に株主総会の招集通知がなされた。失権していない従前の株主に通知がなされなかったため、この総会決議の効力が問題となった。前提の【27】【75】の判旨の再確認である。

「然レドモ会社ガ株主総会ヲ招集スルニ当リ商法第百五十六条第一項ノ規定ニ違反シ株主ノ一部ニ対シ之ガ通知ヲ発セザルコトハ同第百六十三条ノ総会招集ノ手続ガ法令ニ反スル場合ニ外ナラズ、随テ斯ノ如キ総会ノ決議ハ絶対ニ無効ナルニ非ズシテ株主ニ於テ其無効宣告ヲ裁判所ニ請求シ裁判所ガ之ヲ宣告シテ始メテ無効ヲ主張シ得ベキモノトス」

【96】　大審院明治四二年六月一一日判決民録一五輯五六五頁

会社が商法第一五二条一項の規定に基づき、株主に対して株金払込みの催告をしたが、株主はこれに応じない。会社はその後、同条二項以下、一五三条の手続きをなすことを選択せず、一般法理に従って強制履行の手続きを採ることを選択した。このとき、会社は商法の手続を採ることしか許されないのか否かが問題となったものである。

「然レドモ株式会社ガ商法第百五十二条ノ規定ニ依リ株主ニ対シ株金払込ノ催告ヲ為シタルニ株主ガ之ニ応ゼザル場合ニ於テハ必ズヤ其株主ヲ失権セシメ株式譲渡人ニ対シ滞納金額ノ払込ヲ請求セザル可カラザルモノニ非ズ、株主ガ株金ノ払込ヲ為サザル場合ニ於テ会社ガ強制執行ノ手段ニヨリ株主ヲシテ株金ノ払込ヲ為サシメントスルモ将タ又株主ヲ失権セシメントスルモ一ニ会社ノ自由ニ属スルコトナ」リ

【97】　大審院明治四二年一〇月一三日判決民録一五輯七七二頁

合名会社社員の除名に関するものであるが、社員の除名によって会社の解散を生じる場合に、当該社員の除名が許されるか否かに関するものである。具体的に、本件では、二名の社員からなる合名会社において、一方の社員に会社の存在を危うくさせる行為があったとき、もう一方の社員が当該社員を除名しうるか否かというものであった。

「商法第七十条ニ所謂他ノ社員ノ一致トハ除名セラルベキ社員ノ外尚ホ複数ノ社員アリテ其者等ノ意思ノ合致ヲ謂フモノニシテ社員ノ除名ハ会社ガ三名以上ノ社員ヨリ成ル場合ニ於テ有効ニ行ハルベキコトヲ知ルニ足ルノミナラズ法律ガ会社ノ解散ノ外除名ニ因ル社員ノ退社ナルモノヲ認ムル所以ハ一ニ会社ノ存続ヲ図リ其解散及ビ新設ノ不利ヲ免レシメンガ為メナリ、然ルニ会社ガ二名ノ社員ヨリ成ル場合ニ於テモ除名スルコトヲ得ルトキハ会社ハ商法第七十四条第五号ニ依リ当然解散スベク法律ガ会社ノ存続ヲ図ル趣旨ニ抵触スルヲ以テ斯ノ如キ場合ニ於ケル除名ハ到底許ス可キモノニアラズ、況ンヤ会社ニ対シテ不正行為アル社員ヲ除名スルコト能ハザル結果ハ三名以上ノ社員ヨリ成ル会社ニ於テ他ノ社員ノ一致ヲ得ザルトキニ均シク生ズル所ナルニ於テオヤ」

【98】　大審院明治四二年一〇月一九日判決民録一五輯七八三頁

株主総会の招集通知における「決議すべき事項」の記載の基準に関するものである。本件では、ある会社が別の会社から工場抵当法に基づいて五〇万円を借り入れる案件について「金五十万円借入ノ件」と記載して通知し、借入れの方法、利率、償還期限等の原案を示していなかったというものである。

「斯ノ如ク株式会社ガ一定ノ金員ヲ借入レントスル場合ニ其借入ヲ為スコト及ビ借入レントスル金額ヲ記載シタル総会招集ノ通知ヲ各株主ニ発シタル以上ハ各株主ハ此重要ナル事項ノ通知ニ依リ其可否ノ意見ヲ決スル為メ十分ノ準備ヲ為スコトヲ得ルモノト謂フベキヲ以テ即チ商法第百五十六条第二項ニ所謂総会ノ目的及ビ総会ニ於テ決議スベキ事項ヲ記載シタル招集通知ヲ受ケタルモ

ノニシテ利率償還期限ノ如キ若クハ借入ノ実行ヲ取締役又ハ株主中ヨリ選出スル委員ニ一任スルコトノ如キハ借入ニ附従ノ事項タルニ止リ右法条ニ所謂決議スベキ事項ト称スルヲ得ズ」

【99】 大審院〔民聯〕明治四二年一二月二日判決民録一五輯九二六頁

会社・取締役間の取引の効力に関するものである。前掲【33】以来の結論を変更した判例として知られる。本件も、会社・取締役間の手形行為に関するものである。今日の商法二六五条違反の取引の効力に関する判例・学説の変遷史においてきわめて重要な位置づけがなされるものである。会社法分野のみならず手形法分野でも必ず言及、参照される判例である。

「本訴約束手形ヲ上告人兵庫運河株式会社ヨリ取締役ノ一人タル南佐兵衛ニ対シ振出シタル時ニ当リ南佐兵衛ガ該会社監査役ノ承認ヲ得ザリシ事実ハ原判決ニ於テ確定シタル所ナリ、抑商法第百七十六条ニ於テ取締役ハ監査役ノ承認ヲ得タルトキニ限リ自己又ハ第三者ノ為メニ会社ト取引ヲ為スコトヲ得ト規定シタルハ株式会社ノ取締役ガ監査役ノ承認ヲ得ズシテ自己又ハ第三者ノ為メニ会社ト取引ヲ為スコトヲ禁止シタル法意ナルコトハ復弁ヲ待タズシテ明ナリ、而シテ本条ノ規定ハ会社ノ利益ヲ保障スル趣旨ニ出デタルモノナレドモ法律ニ於テ特ニ此ノ如キ規定ヲ設ケタル所以ノモノハ会社ノ存立ヲ以テ公共ノ利益ニ裨補《ひほ》アリト為シタルニ由ラズンバアラズ、然レバ則チ本条ノ規定ニ違背シタル行為ノ消長ヲ会社ノ意思ニ一任スル理アルベカラズ、加之法律ノ規定ニ違背シタル行為ヲ当然無効トセズシテ取消シ得ベキモノト為ス場合ニ在リテハ必ズヤ之ヲ法条ニ明示スルコトハ民法及ビ商法ヲ一貫シタル主義ナルコトハ両法ヲ通覧スルトキハ之ヲ窺知スルニ難カラズ、由是《これによって》之ヲ観レバ本条ノ規定ニ違背シテ為シタル取引ハ取消シ得ベキ行為ニ非ズシテ無効ノ行為ナリト謂ハザルヲ得ズ、商法第百七十六条ノ法意誠ニ此ノ如クナリトスレバ上告人ガ南佐兵衛ニ対シテ振出シタル本訴ノ約束手形ハ当然無効ノモノナルヲ以テ其所持人ノ南佐兵衛タルト被裏書人タルトヲ問ハズ又被裏書人ノ善意ナルト悪意ナルトヲ分タズ上告人ハ常ニ手形ノ無効ヲ主張シテ以テ支払ノ請求ヲ拒ムヲ得ベキコト多言ヲ待タズ」

【100】 大審院明治四三年二月二二日決定民録一六輯一〇九頁

少数株主権としての検査役選任請求権は清算中の会社においてもその行使が認められるか否かに関するものである。

「然レドモ裁判所ハ資本ノ十分ノ一以上ニ当ル株主ノ請求ニ因リ検査役ヲ選任スルコトヲ得ル旨規定セル商法第百九十八条ガ会社解散前ニ関スル規定タル同第百九十条乃至第百九十七条ト共ニ会社ノ計算ト題スル第四節中ニアルト非訟事件手続法第百二十九条ノ二第一項ニ商法第百九十八条ノ規定ニ依リ検査役ノ選任ニ関スル裁判ヲ為ス場合ニ於テハ裁判所ハ取締役及ビ監査役ノ陳述ヲ聴クベシトアリテ此場合ニ清算人ノ陳述ヲ聴クベキ旨ノ規定ナキニ由テ之ヲ観レバ商法第百九十八条ハ会社解散前ニ関スル規定タ

ルコト明カナリ、然リ而シテ其解散ノ場合ニ於テ清算ニ関シ同条ヲ準用スベキ旨ノ規定亦存セザルノミナラズ同条ニ依ル検査役ノ選任ハ会社ノ業務及ビ会社財産ノ状況ヲ調査セシムル為メナルニ解散後ハ其業務ナルモノナク又会社財産ノ状況ハ商法第二百二十七条第一項ノ規定ニ依リ清算人ガ就職後遅滞ナク調査シテ財産目録及ビ貸借対照表ヲ作リ之ヲ株主総会ニ提出シテ其承認ヲ求ムベク而シテ同条第二項及ビ第百五十八条第二項ニ依リ株主総会ハ検査役ヲ選任スルコトヲ得ルヲ以テ此場合ニ尚ホ裁判所ニ於テ検査役ヲ選任スルノ必要ナケレバ解散ノ場合ニ於テハ商法第百九十八条ノ規定ニ依リ検査役ヲ選任セシメザルノ法意タルコト疑ヲ容ル可カラズ」

【101】　大審院明治四三年四月一九日判決民録一六輯三三一頁

商法第一五三条に基づいて株式譲渡人が会社に対して負担する株式競売不足額支払義務の性質論に関するものである。この義務は、法定の特別の義務であって株金払込義務そのものではないから、会社に対する相殺の抗弁が許されるとした譲渡人の主張に答えたものである。

「然レドモ株主ガ商法第百五十三条第一項ノ規定ニ依リ其権利ヲ失ヒタル場合ニ於テ株式ノ競売ニ依リ得タル金額ガ滞納金額ニ満タザルトキハ会社ハ従前ノ株主ヲシテ其不足額ヲ弁済セシムルコヲ得ルハ同条第三項ニ規定スル所ナリ、而シテ其不足額ハ滞納金即チ滞納ニ係ル株金ノ不足額ナルコト法文上明白ナレバ不足額ノ弁済ガ株金ノ払込ニ外ナラザルコト敢テ多言ヲ要セズ」

【102】　大審院明治四三年九月二六日判決民録一六輯五六八頁

権利株の譲渡を禁じた商法第一四九条但書の意義に関するものである。権利株の譲渡を全面的に禁じた理由が述べられている。本事案それ自体は、株式の引受の確定前に株式引受人の地位に準ずるある種の権利の譲渡に関して、権利株の譲渡を禁じた同条但書の適用があるか否かに関するものである。

「本論点ニ於テハ縷縷論述シアレドモ其論旨ハ要スルニ株式ノ引受確定シテ会社ノ設立シタル後ニ非ザレバ株式ナルモノ存セザルヲ以テ其以前ニ在リテハ株式ノ譲渡又ハ譲渡ノ予約ノ存スルコトナシ従ヒテ商法第百四十九条ヲ適用シ得可キモノニ非ズ而シテ本件売買ノ目的物ハ播磨電気鉄道会社ノ株式ニシテ未ダ引受確定以前ノモノナレバ右法条ノ適用ヲ受クベキモノニ非ザルニ原院ガ本件ニ之ヲ適用シタルヲ非難スルニ在レドモ同条但書ニ於テ登記前ニ在リテ株式ノ譲渡又ハ其譲渡ノ予約ヲ禁ジタル立法ノ趣旨ハ登記前ニ在リテ株式ノ譲渡又ハ其譲渡ノ予約ヲ許ストキハ株式ハ投機ノ具ニ供セラルルノ弊害ヲ生ズルノミナラズ会社ノ基礎ヲ危クスル虞アルガ故ニ之ヲ予防スルニ出デタルモノニシテ此理由ハ株式引受ノ確定セザル以前ノ場合ニモ同ジク恰当シ法律ハ上告論

旨ノ如ク株式引受確定前後ニ依ル区別ヲ設ケズ」

【103】　大審院明治四三年九月二八日判決民録一六輯六一〇頁

清算手続きにおいて商法二三四条によって準用される民法七九条に関するものである。清算人が、その就職の日から二か月以上経過した後に、当初定めた債権申出期間をさらに延長して催告を公告しうるか否かというものである。

「商法第二百三十四条ニ依リ株式会社ノ清算ニ準用スベキ民法第七十九条ニ依レバ清算人ガ同条所定ノ催告ヲ公告スルハ其就職ノ日ヨリ二个月内ニ於テ少クトモ三回タルベク二个月ヲ経過シタル後更ニ債権申出期間ヲ定メテ催告スルハ同条ノ認メザル所タルノミナラズ一旦適法ニ定メタル期間ハ爾後之ヲ変更スルコトヲ許サザルモノト解釈スルヲ相当トス、何トナレバ清算ニ於テ可成的総債権者ヲシテ弁済ヲ受ケシムルハ勿論ナリト雖モ期間内ニ申出ヲ為サザル債権者ハ清算ヨリ除斥セラルベキ（同条第二項）モノナルニ若シ清算人ニ於テ自由ニ期間ヲ延長スルコトヲ得ルトキハ最初定メタル期間ヲ懈怠シタル債権者モ弁済ヲ受クルコトヲ得ベク怠慢ナキ債権者ノ受クベキ弁済額ヲ減少スル結果ヲ生ズルノミナラズ謂ハレナク清算手続ヲ遅延セシム可ケレバナリ」

【104】　大審院明治四三年一〇月四日判決民録一六輯六二九頁

株式譲渡人が商法一五三条三項に基づいて負担する株式競売不足額の弁済義務の性質に関するものである。このとき、譲渡人が会社に対して相殺の抗弁を主張しうるかというものであり、前掲の【101】と同旨であるが、より明確に述べられている。

「株主ハ株式引受ヲ為シタル場合ナルト其譲渡ヲ得タル場合ナルトヲ問ハズ株金支払ノ義務ヲ有シ且其義務ハ株式ヲ譲渡スルニ因リ免ルベキモノニ非ザルコトハ商法第百四十四条第一項同第百五十三条第二項及ビ第三項ノ規定ニ依リ明白ナリ、又其義務履行ニ付テハ相殺ヲ以テ会社ニ対抗スルコトヲ得ザルハ同第百四十四条第二項ノ規定ニ徴シ之ヲ推知スベシ、蓋シ本項ニハ株主ハ株金ノ払込ニ付キ相殺ヲ以テ会社ニ対抗スルコトヲ得ズトアルモ株式ヲ譲渡シタル者即チ前株主ニ係ル文詞ヲ欠クヲ以テ所謂相殺ヲ以テ会社ニ対抗スル権利ナキ者ハ現株主ニ限レルモノナリト云フ裏面推断ヲ容ルベキガ如シ、然レドモ此規定ハ会社資本ノ充実ヲ期スル必要ニ基因スルモノナルガ故ニ株式譲渡人ガ其負担セル株金弁済ノ義務ヲ履行スル場合ニ於テモ亦此制限規定ニ羈束セラルル者ト解セザルヲ得ズ、何トナレバ若シ此場合ニハ右規定ノ適用ナシトスルトキハ会社ニ対シ債権ヲ有シ相殺ヲ以テ之ニ対抗セントスル株主ハ其株式ヲ譲渡シ容易ニ此規定ノ適用ヲ免レ立法ノ趣旨ヲ貫徹スルコト能ハザラシムルニ至ルベケレバナリ、況ンヤ株式譲渡人ハ株式ノ譲渡ニ因リ株金弁済ノ義務ヲ免ルル者ニ非ザルコトヲ明示シタル前示ノ条文ニ鑑ミ推考スレバ商法第百四十四条第二項ノ株主ナル文詞ハ株式譲渡人ヲ除外シタル別段ノ意義ヲ有スルモノト理解スルノ不条理ニシテ其所謂株金払込トハ株金弁済ノ債務ガ損害賠償義務ニ非ザルコト、同条末項ノ規定ニ徴スルモ亦明ナリトス」
ニ株式ヲ譲渡シ会社ノ資本充実ニ妨ノ生ジタルニ因ル株金弁済ノ義務ヲ履行スベキ場合ニ該当スルコトハ二者異ルコトナシ、又其義務ヲ示スニ過ギザルモノト解スルノ允当ナルニ於テヲヤ、而シテ商法第百五十三条第三項ノ競売不足額弁済ノ場合ト同条第二項ノ滞納金額払込ノ場合トハ株式譲渡人ガ請求ヲ受クル方法ニ於テ差異ナキニ非ザルモ株主トシテ株金払込ノ義務ヲ負担シ其完済前

【105】　大審院明治四三年一二月一三日判決民録一六輯九三七頁

商法一五三条に基づく株式競売不足額の株式譲渡人の弁済義務に関するものである。いくつかの論点を含んでいる。定款によって定められた株金払込みに関する損害賠償の予定額につき、株金払込債務それ自体と性質が異なっているので相殺の抗弁が許されるか否か。株金払込みの義務は、商行為によって生じた債務に準じて商事時効にかかるか。その他、本件においては、前掲の【71】の判旨と同旨の論点を含み、また、【104】と同旨の論点がくり返されている。加えて、清算中の会社が、株金払込みの請求に関する規定に従って、株主および株式譲渡人に対する権利を実行しうるか否かについても判示されている。

「然レドモ定款ヲ以テ定メタル株金払込ニ関スル予定ノ損害賠償額ハ会社ニ生ジタル損害ノ賠償金額ト看做スベキモノニシテ商法第百五十三条第四項ニ該当シ株金ノ払込トハ其性質ヲ異ニスルコトハ明白ナリ」

「然レドモ株金払込ノ義務ハ株式引受ニ因リテ生ズルモノニシテ株式ノ引受ガ商行為ニ非ザルコトハ原院判示ノ如シ、株金ノ払込ハ上告会社ガ其営業ニ要スル資本ヲ充実スル為メニスルモノナレバ商法第二百六十五条ニ定メタル商行為ニ該当スベシトノ論旨ハ上告会社ハ被上告人ヲシテ株金弁済ノ義務ヲ履行セシメテ其支払ヲ受クルニ過ギズ乃チ同条ニ謂フ営業上ノ行為ヲ為ス場合ニ非ザルコトニ注意セザルヨリ生ジタル見解ニ外ナラズ」。

「然レドモ商法第百五十三条第三項ノ競売トハ競売法ノ規定ニ依ルベキモノヲ謂ヒ之ニ依ラザル競売ハ当然無効ニシテ成立セザルモノナリトノ解釈ハ当院判例ノ是認スル所（明治三十九年（オ）第三百十八号同年十一月十五日判決参照）ニシテ其無効ハ何人ト雖モ之ヲ主張スルコトヲ妨ゲズ」

「株金支払ノ義務ハ株式ヲ譲渡スルニ因リテ免ルベキモノニ非ザルコトハ商法第百四十四条第一項同第百五十三条第二項及ビ第三項ニ依リ明白ニシテ株金払込ニ付キ相殺ヲ以テ会社ニ対抗スルコトヲ得ザルコトハ同第百四十四条第二項ニ規定スル所ナリ、蓋シ本項ニハ株式ヲ譲渡シタル者即前株主ニ係ル文字ヲ欠クガ故ニ滞納金額支払ノ義務又ハ競売不足額弁済ノ義務ニ付テハ其適用ナシトテフ如キ推断ヲ容ルベキニ似タリ、然レドモ此規定ハ会社ノ資本充実ノ為メ現実払込ヲ為サシムル必要ニ基因シ会社ニ対シ相

殺ヲ対抗スルコトヲ禁ズルモノナレバ株式譲渡人ガ負担セル株金弁済ノ義務ヲ履行スル場合ニモ亦適用スベキモノト解セザルヲ得ズ、何トナレバ若シ此場合ニ右規定ノ適用ナシトスルトキハ会社ニ対シテ債権ヲ有スル株主ニシテ相殺ヲ対抗シ以テ現実払込ヲ避ケントスル者ハ其株式ヲ譲渡シ容易ニ右禁止的規定ノ適用ヲ妨グルコトヲ得テ立法ノ趣旨ヲ貫徹スルコト能ハザラシムルノ虞アレバナリ、況ンヤ株主トシテ負担セル株金支払ノ義務ハ株式譲渡ニ因リ之ヲ免ルルヲ得ザルコトヲ明カニシタル前掲条文ノ規定アルヨリ推考スレバ商法第百四十四条第二項ノ株主ナル文詞ハ株式譲渡人ヲ除外セル意義ヲ有スルモノト解スルノ不条理ニシテ其株金払込ナル文字ハ広ク株金弁済ノ場合ヲ示ス意義ナリト解スルヲ以テ正当ナリトスル理由アルニ於テオヤ」

「然レドモ清算中ノ会社ハ其清算ノ目的ノ範囲内ニ於テハ尚ホ存続スルモノニシテ清算ノ為メ株金ノ払込ヲ為サシムル必要アルトキハ其払込ヲ請求スベキコト商法第二百三十四条ニ同第九十三条ヲ準用スル定アルニ徴シ一点ノ疑ヲ容レズ、蓋シ会社ノ資本ハ営業用ニ供スルモノナルト同時ニ其債権者ノ共同担保タルべキモノナレバ清算中ノ会社ト雖モ其債務ヲ履行スルニ付キ必要ナリトスルトキハ株金払込ノ請求ニ関スル規定ニ従ヒ株主及ビ株式譲渡人ニ対シテ其権利ヲ実行スベキハ言ヲ俟タズ」

【106】 大審院明治四三年一二月二三日判決民録一六輯九八二頁

株式会社の設立企画者間で締結された会社の設立を目的とする契約に基づく関係、すなわち発起人組合の意義に触れたものである。本件は、発起設立の途中で新たな発起人が加わり、当初の定款も変更されたというものである。また、発起団体の効果についても、前記**【90】**の判例を引いて言及されている。

「会社ヲ設立スル発起行為ガ法律上如何ナル性質ヲ有スルカハ商法ニ規定スル所ナケレバ之ヲ民法中ニ求ムルニ本件ノ如ク発起人ガ設立費用ヲ負担シテ会社ヲ設立セシメントスル事ハ組合契約ニ酷似スルガ故ニ之ニ其規定ヲ準用スベキハ当然ナリトス、而シテ組合ニ於テハ其契約事項ヲ変更シ死亡破産等ノ為メ組合員ガ脱退スルノ外組合員ノ合意ニ出デタルトキハ其他ノ事由ニ依ルモ脱退シ若クハ他ノ者ヲ加入セシムルコトヲ得可キモノニシテ其契約事項ヲ変更シ組合員ノ脱退加入アリタル場合ニ於テハ其以前ノ契約ガ消滅シテ新ナル契約ガ成立スルニ非ズシテ最初ノ契約ガ存立シ其中或部分ガ変更セラレタルニ過ギザルモノトス」

「発起行為ノ目的ハ会社ヲ成立セシムルニ在リテ発起団体ハ会社ノ前身ナレバ其発起ノ為メニ生ジタル権利義務ハ会社ガ成立シ且之ヲ承認シタルトキハ成立シタル会社ニ承継スベキコトハ其性質上当然ナリ、依テ発起団体ガ本件ノ如ク引受証拠金及ビ払込株金ヲ他ニ預金ト為シタルトキハ其債権ハ成立シタル会社ニ属シ会社ハ直接ニ預金ノ債務者ニ対シテ請求スルコトヲ得ベキモノトス（明治四十一年三月二十日言渡当院同年（オ）第二十四号報酬金請求事件ニ付発起団体ノ負担シタル債務ニ対シ之ヲ承認シタル会社ト第三者タリシ債権者トノ関係ニ対スル判旨参照）」

○資料2　商法改正案要領*（抄）

第二、會社編の部

一、現行法に於て會社と稱するは商行爲を爲すを業とする目的を以て設立したる社團なりと定義したる結果營業を目的とする社團にして商行爲を爲すを業とせざるものは之を會社と稱するを得ざりしも改正案は之を會社と看做せり

二、會社は他の會社の無限責任社員と爲ることを得るや否やに付議論の餘地ありたるを以て特に之が禁止の規定を設けたり

三、異種の會社が合併し得るや否やに關し從來種々の學說行はれたるを以て一刀兩斷的に積極の規定を設けたり

四、現行法に於ては合名會社の社員は各自獨立して會社を代表すとせるも改正案は定款又は總社員の同意を以て數人の社員共同して會社を代表すべき旨を定むるの自由を認めたり

五、合名會社は總社員の同意を以て組織を變更して合資會社となすことを得べき旨及總社員の同意を以て有限責任社員を加入せしめて合資會社と爲すことを得べき旨を明規せり

六、現行法は清算人數人ある場合に第三者に對しては各自會社を代表したるも改正案は共同代表又は各自代表を認めたり

七、清算の場合に於ては會社は辨濟期に至らざる債權と雖も之を辨濟することを要する旨特に規定せり

八、會社が事業に着手したる後社員が其設立の無效なることを發見したるときは訴を以てのみ其無效を主張することを得せしめたり

九、合資會社は總社員の同意を以て其組織を變更して合名會社と爲すことを得る旨明定せり

十、株式申込證の記載事項中へ一定の時期迄に會社が成立せざるときは株式の申込を取消すことを得る旨記載すべきことを附加せり

十一、現行法株式總數の引受ありたる後一年內に第一回の拂込を終らざるとき又は其拂込を終りたる後六ケ月內に發起人が創立總會を招集せざるときは株式引受人は其申込を取消し拂込みたる金額の返還を請求することを得るの規定を削除せり

十二、發起人が會社の設立に關し其任務を怠りたるときは會社に對し連滯《(ママ)》して損害賠償の責に任ぜしめ若し其發起人にして惡意又は重大なる過失ありたるときは第三者に對しても連帶して損害賠償の責に任ぜしめたり

十三、會社不成立の場合に於て發起人か（ママ）會社の設立に關して爲したる行爲に付きては連滯（ママ）して責任を負ふべく且其設立に關して支出したる費用は發起人をして負擔せしめたり

十四、會社の漸次設立の場合に於て取締役及監査役が一定の事項を調査し之を創立總會に報告することを怠りたるときは會社に對し發起人と連帶して損害賠償の責に任ぜしめたり

十五、現行法に於ては一時に株金の全額を拂込む場合に限り株式の金額を廿圓迄に下すことを得るも改正案に於ては總て五十圓を下ることを得ずと爲せり

十六、無記名式の株券を有する者が株主の權利を行はんとするときは其權利の行使に必要なる員數の株券を會社に供託することを要すとせり

十七、現行法に於て定時總會は取締役が提出したる書類及監査役の報告書を調査し且利益又は利息の配當を決議すとの規定を削除せり

十八、總會招集の手續又は其決議の方法が法令又は定款に反する場合に現行法に於ては株主は其決議の日より一ケ月內に其決議の無效の宣告を裁判所に請求することを得とせるを改正案にては株主、取締役又は監査役は訴へを以てのみ其決議の無效を主張することを得とし且株主の此訴權行使を制限し株主は總會に於て決議に對し異議を述べ又は正當の理由なくして總會に出席することを拒まれたるときに限り又株主が總會に出席せざる場合に於ては自己に對する總會招集の手續が法令又は定款に反することを理由とするときに限り此訴を提起することを得と改めたり

十九、現行法は取締役並に監査役は株主中より選任すべき規定なるも改正案は廣く何人よりも之を撰任することを得べく且會社の取締役又は監査役との間の關係に就ての委任に關する規定を適用することとせり

二十、現行法は取締役の任期は三年を越（ママ）ゆることを得ずと雖も再選を妨げざるも改正案は再選を認めず單に定款を以て任期中の最終の配當期に關する定時總會の終結に至るまで其任期を伸張することを妨げずとせり

廿一、現行法が取締役は各自會社を代表すとせるを改正案は定款又は株主總會の決議を以て取締役中會社を代表すべき者を定めず又は數人の取締役が共同して會社を代表すべきことを定めざる場合に限り取締役は各自會社を代表すとせり

廿二、社債原簿の記載事項中へ（一）數回に分ちて社債の拂込を爲さしむるときは其拂込の金額及時期（二）各社債に付き拂込たる金額及拂込の年月日の二號を挿入せり

廿三、取締役が法令又は定款に反する行爲を爲したる場合に現行法は株主總會の決議に依りたる場合と雖も第三者に對しては各自

損害賠償の責を免る、を得ずとし而も其行爲に對し株主總會に於て異議を述べ且監査役に其旨を通知したる取締役に限り其責任を免るるを得とせるも改正案は取締役（又は監査役）は如何なる場合と雖も第三者に對し連帶して損害賠償の責に任ずるのみならず取締役（又は監査役）が其任務を怠りたるときは會社に對し連帶して損害賠償の責に任ずとせり

廿四、監査役の任期は現行法は一年とし再選を妨げざるも改正案は二年を超ゆることを得ずとし而も再選を認めず取締役と同じく定款を以て任期中の最終の配當期に關する定時總會の終結に至る迄其任期を伸張することを妨げずとせり

廿五、現行法上監査役が其任務を怠りたるときは會社及び第三者に對して損害賠償の責に任ずとあるを改正案は監査役が會社又は第三者に對して損害賠償の責に任ずべき場合に於て取締役も亦其責に任ずべきときは其監査役及び取締役は之を連帶債務者とせり

廿六、現行法監査役は其破産又は禁治産に因りて退任すとの規定を削除せり

廿七、會社の計算に付き財産目錄に掲ぐる財産の價額は取引所の相場ある財産に付きては財産目錄調製の時に於ける相場に其他の財産に付ては財産目錄調製の時に於ける價額に超ゆることを得ず但其相場又は價額が財産の取得價額又は製作價額に超ゆるときは其取得價額又は製作價額に超ゆることを得ずとし不相當の價額を附して世人を欺瞞するを防遏せり

廿八、社債の濫發を防止する爲め會社は前に募集したる社債總額の拂込を爲さしめたる後に非れば《ママ》更に社債を募集するを得ずと規定せり

廿九、各社債の金額廿圓を引上げて五十圓を下ることを得ずとせり

三十、現行法は社債の募集が完了したるときは其全額を拂込ましむることを要すとあるを改正案は遲滯なく各社債に付き其全額又は第一回の拂込を爲さしむることを要すとせる結果債劵は社債全額の拂込ありたる後に非ざれば之を發行することを得ずと規定せり

卅一、所謂特別決議即ち總株主の半數以上にして資本の半額以上に當る株主出席し其議決權の過半數に依る可き場合に無記名式株劵の所有者にして會日より一週間前に其株劵を會社に供託せざる者は如上總株主の員數中に算入せざること、せり

卅二、資本減少の爲め株式を併合すべき場合に株主が會社の通知に從ひ株劵を會社に供託せざるときは株主の權利を失ふべき規定を設けたり

卅三、株式併合の場合には從前の株式を日的とする質權は併合に因りて株主が受べき株式及金錢の上に存在すとせり

罰　則

一、取締役、株式合資會社の業務執行社員監査役又は株式會社若は株式合資會社の清算人若は支配人が其任務に背きたる行爲を爲し會社に財產上の損害を加へたるときは五年以下の懲役又は五千圓以下の罰金に處し且其未遂罪をも處罰せり

二、發起人、取締役、株式合資會社の業務執行社員、監査役又は檢査役が會社の設立若は資本の增加又は其登記を爲し若は之を爲さしむる目的を以て裁判所又は總會に對し不實の申述を爲し又は事實を隱蔽したるときは五年以下の懲役若は禁錮又は五千圓以下の罰金に處することとせり

三、發起人、會社の業務執行社債、取締役、外國會社の代表者、監査役、清算人又は檢査役が（一）會社の業務又は會社財產の狀況に付き裁判所又は總會に對し不實の申述を爲し又は事實を隱蔽したるとき（二）會社の業務又は會社財產の狀況に付き不正の公告を爲したるとき（三）會社の業務又は會社財產の狀況に付き會社の帳簿又は書類に記載すべき事項を記載せず又は不正の記載を爲したるとき（四）法令の規定に依り會社に備へ置くべき帳簿又は書類を本店又は支店に備へ置かざるとき（五）法令の規定に違反して株券を發行したるとき其他株券に不正の記載を爲し又は規定に背きて株券を無記名式と爲したるとき（六）法令の規定に違反して社債を募集し又は債券を發行したるときは三年以下の懲役若は禁錮又は三千圓以下の罰金に處し且つ如上の行爲が過失に出でたるときと雖三千圓以下の罰金に處せり

四、發起人、會社の業務執行社員、取締役、外國會社の代表者、監査役又は清算人が（一）規定に違反して合併、會社財產の處分、資本の減少又は組織の變更を爲したるとき（二）民法の規定に依り破產宣告の請求を爲す可き場合に於て其の請求を爲さずして會社財產を處分したるとき（三）檢査役の調査を妨げたるとき（四）會社が裁判所の命令に因つて解散したる場合に於て清算人に事務の引渡を爲さゞるとき（五）清算の結了を遲延せしむる目的を以て請求申出期間（民法七九條）を不當に定めたるとき（六）一部債權者を利する目的を以つて請求申出期間內に之に辨濟を爲したるとき（七）債權者を害する目的を以て規定に違反して會社財產を分配したるとき（八）裁判所の下したる外國會社支店閉鎖命令に違反したるときは二年以下の懲役若は禁錮又は二千圓以下の罰金に處し且其行爲が過失に出でたるときと雖も二千圓以下の罰金に處せり

五、他人の株券を使用し其他詐欺の所爲に因り議決權を行ひ又は規定に違反して株式引受人若は株主の權利を行ひたる者は一年以下の懲役若は禁錮又は千圓以下の罰金に處し發起人、取締役、株式合資會社の業務執行社員監査役又は株式會社若は株式合資會社の清算人若は支配人が如上の行爲を爲し又は之に加功したるときは三年以下の懲役若は禁錮又は三千圓以下の罰金に處すとせ

り

六、議決權の行使に關し不正の利益を收受若は要求し又は之を收受することを約束したる者は一年以下の懲役又は千圓以下の罰金に處し又之に對し不正の利益を交付若は提供し又は之を交付することを約束したる者亦同じとし發起人、取締役、株式會社の業務執行社員監査役又は株式會社若は株式合資會社の清算人若は支配人が如上の行爲を爲し又は之に加功したるときは三年以下の懲役又は三千圓以下の罰金に處せり

七、發起人、取締役、株式合資會社の業務執行社員、監査役、株式會社若は株式合資會社の清算人又は支配人、檢査役が職務の執行に關し不正の利益を收受、要求又は收受を約束したるときは三年以下の懲役又は三千圓以下の罰金に處し同時に不正利益を交付若は提供し又は交付することを約束したる者は一年以下の懲役又は千圓以下の罰金に處せり

八、以上六、七の場合にて收受したる利益は沒收し若し沒收不能の場合には其價格を追徵すること、せり

九、發起人、會社の業務執行社員、取締役、外國會社の代表者、監査役又は清算人が（一）官廳又は總會に對し不實の申述を爲し又は事實を隱蔽したる時（二）本編所定の登記を怠りたる時（三）本編所定の公告若は通知を怠り又は不正の公告若は通知を爲したる時（四）不當に書類の閲覽を拒みたる時（五）不法に株主總會を招集せざりし時（六）規定に反して開業の準備に着手したる時（七）規定に背き破產宣告の請求を爲すことを怠りたる時（八）規定に違反して準備金を積立ざる時（九）株式申込證又は社債申込證を作らず之に記載すべき事項を記載せず又は不正の記載を爲したる時（十）株劵又は債劵に記載すべき事項を記載せず又は不正の記載を爲したる時其他土要なる義務を盡さゞる時は五圓以上千圓以下の過料に處す但其行爲に付刑を科すべき時は此限に非ずとせり

＊法律新聞六五二・六五三号（明治四三年）を底本とする。

○資料3　現行商法對照 商法中改正案*（抄）（細字ハ現行商法中ノ參照條文）

第四十二條ニ左ノ一項ヲ加フ
營利ヲ目的トスル社團ニシテ本編ノ規定ニ依リ設立シタルモノハ商行爲ヲ爲スヲ業トセサルモ之ヲ會社ト看做ス
第四十二條　本法ニ於テ會社トハ商行爲ヲ爲スヲ業トスル目的ヲ以テ設立シタル社團ヲ謂フ
第四十四條ノ二　會社ハ他ノ會社ノ無限責任社員ト爲ルコトヲ得ス
第四十四條ノ三　會社ハ合併ヲ爲スコトヲ得
合併ニ因リテ會社ヲ設立スル場合ニ於テハ定款ノ作成其他設立ニ關スル行爲ハ各會社ニ於テ選任シタル者共同シテ之ヲ爲スコトヲ要ス
第七十七條、第二百九條及ヒ第二百四十四條ノ規定ハ前項ノ選任ニ之ヲ準用ス
第四十四條　會社ハ法人トス
會社ノ住所ハ其本店ノ所在地ニ在ルモノトス
第四十八條ノ二　本編ノ規定ニ依リ登記スヘキ事項ニシテ官廳ノ許可ヲ要スルモノハ其許可書ノ到達シタル時ヨリ登記ノ期間ヲ起算ス
第四十八条　會社カ公ノ秩序又ハ善良ノ風俗ニ反スル行爲ヲ爲シタルトキハ裁判所ハ檢事ノ請求ニ因リ又ハ職權ヲ以テ其解散ヲ命スルコトヲ得
第五十一条第一項ニ左ノ一號ヲ加フ
七　數人ノ社員カ共同シテ會社ヲ代表スヘキコトヲ定メタルトキハ其代表ニ關スル規定
第五十一条　會社ハ定款ヲ作リタル日ヨリ二週間内ニ其本店及ヒ支店ノ所在地ニ於テ左ノ事項ヲ登記スルコトヲ要ス
一　前條第一號乃至第三號ニ掲ケタル事項
二　本店及ヒ支店
三　設立ノ年月日
四　存立時期又ハ解散ノ事由ヲ定メタルトキハ其時期又ハ事由
五　社員ノ出資ノ種類及ヒ財産ヲ目的トスル出資ノ價格

六　會社ヲ代表スヘキ社員ヲ定メタルトキハ其氏名

會社設立ノ後支店ヲ設ケタルトキハ其支店ノ所在地ニ於テハ二週間内ニ前項ニ定メタル登記ヲ爲シ本店及ヒ他ノ支店ノ所在地ニ於テハ同期間内ニ其支店ヲ設ケタルコトヲ登記スルコトヲ要ス

本店又ハ支店ノ所在地ヲ管轄スル登記所ノ管轄區域内ニ於テ新ニ支店ヲ設ケタルトキハ其支店ヲ設ケタルコトヲ登記スルヲ以テ足ル

第六十一條ノ二　會社ハ定款又ハ總社員ノ同意ヲ以テ數人ノ社員カ共同シテ會社ヲ代表スヘキ旨ヲ定ムルコトヲ得

第三十条ノ二第二項ノ規定ハ前項ノ場合ニ之ヲ準用ス

第六十一條　定款又ハ總社員ノ同意ヲ以テ特ニ會社ヲ代表スヘキ社員ヲ定メサルトキハ各社員會社ヲ代表ス

第八十三條ノ二　合名會社ハ總社員ノ同意ヲ以テ其組織ヲ變更シテ之ヲ合資會社ト爲スコトヲ得

第七十八條及ヒ第七十九條第一項第二項ノ規定ハ前項ノ場合ニ之ヲ準用ス

第八十三條ノ三　前條ノ場合ニ於テ會社ハ組織變更ニ付キ債權者ノ承認ヲ得又ハ第七十九條第二項ニ定メタル義務ヲ履行シタル後二週間内ニ其本店及ヒ支店ノ所在地ニ於テ合名會社ニ付テハ解散ノ登記ヲ爲シ合資會社ニ付テハ第百七條ニ定メタル登記ヲ爲スコトヲ要ス

第八十三條ノ四　合名會社ハ總社員ノ同意ヲ以テ有限責任社員ヲ加入セシメ之ヲ合資會社ト爲スコトヲ得此場合ニ於テハ合資會社ト爲リタル時ヨリ二週間内ニ前條ニ定メタル登記ヲ爲スコトヲ要ス

第八十三條　已ムコトヲ得サル事由アルトキハ各社員ハ會社ノ解散ヲ裁判所ニ請求スルコトヲ得但裁判所ハ社員ノ請求ニ因リ會社ノ解散ニ代ヘテ或社員ヲ除名スルコトヲ得

第八十六條中「後十三條」ヲ「後十五條」ニ改ム

第八十六條　前條ノ規定ニ依リテ會社財產ノ處分方法ヲ定メサリシトキハ合併及ヒ破產ノ場合ヲ除ク外後十三條ノ規定ニ從ヒテ清算ヲ爲スコトヲ要ス

第九十條　清算人ノ選任アリタルトキハ其清算人ハ二週間内ニ本店及ヒ支店ノ所在地ニ於テ左ノ事項ヲ登記スルコトヲ要ス

一　清算人ノ氏名、住所

二　會社ヲ代表スヘキ清算人ヲ定メタルトキハ其氏名

三　數人ノ清算人カ共同シテ會社ヲ代表スヘキコトヲ定メタルトキハ其代表ニ關スル規定

第九十條　清算人ノ選任アリタルトキハ其清算人ハ二週間內ニ本店及ヒ支店ノ所在地ニ於テ自己ノ氏名住所ヲ登記スルコトヲ要ス

第九十一條第二項中「清算人」ヲ「會社ヲ代表スヘキ清算人」ニ改ム

第九十一條ノ二　會社ハ辨濟期ニ至ラサル債權ト雖モ之ヲ辨濟スルコトヲ要ス條件附債權又ハ存續期間ノ不確定ナル債權ハ裁判所ニ於テ選任シタル鑑定人ノ評價ニ從ヒテ之ヲ辨濟スルコトヲ要ス

第九十一條　清算人ノ職務左ノ如シ

一　現務ノ結了

二　債權ノ取立及ヒ債務ノ辨濟

三　殘餘財產ノ分配

清算人ハ前項ノ職務ヲ行フ爲メニ必要ナル一切ノ裁判上又ハ裁判外ノ行爲ヲ爲ス權限ヲ有ス

清算人ノ代理權ニ加ヘタル制限ハ之ヲ以テ善意ノ第三者ニ對抗スルコトヲ得ス

民法第八十一條ノ規定ハ合名會社ノ清算ノ場合ニ之ヲ準用ス

第九十三條但書ヲ削ル

第九十三條ノ二　第六十一條及ヒ第六十一条ノ二ノ規定ハ清算人ニ之ヲ準用ス裁判所カ數人ノ清算人ヲ選任スル場合ニ於テ會社ヲ代表スヘキ者ヲ定メス又ハ數人カ共同シテ會社ヲ代表スヘキコトヲ定メサルトキハ其清算人ハ各自會社ヲ代表ス

第九十三條　清算人數人アルトキハ清算ニ關スル行爲ハ其過半數ヲ以テ之ヲ決ス但第三者ニ對シテハ各自會社ヲ代表ス

第九十七條　第九十條ニ掲ケタル事項中ニ變更ヲ生シタルトキハ清算人ハ二週間内ニ本店及ヒ支店ノ所在地ニ於テ之ヲ登記スルコトヲ要ス

第九十七條　清算人ノ解任又ハ變更ハ二週間内ニ本店及ヒ支店ノ所在地ニ於テ之ヲ登記スルコトヲ要ス

第九十九條ノ二　會社カ事業ニ著手シタル後社員カ其設立ノ無效ナルコトヲ發見シタルトキハ訴ヲ以テノミ其無效ヲ主張スルコトヲ得

第九十九條ノ三　前條ノ訴ハ本店ノ所在地ノ地方裁判所ノ管轄ニ專屬ス數個ノ訴カ同時ニ繫屬スルトキハ辯論及ヒ裁判ハ併合シテ之ヲ爲スコトヲ要ス

第九十九條ノ四　設立ヲ無效トスル判決ハ當事者ニ非サル社員ニ對シテモ其效力ヲ有ス

第九十九條ノ五　設立ヲ無效トスル判決カ確定シタルトキハ本店及ヒ支店ノ所在地ニ於テ其登記ヲ爲スコトヲ要ス原告カ敗訴シタル場合ニ於テ惡意又ハ重大ナル過失アリタルトキハ會社ニ對シ連帶シテ損害賠償ノ責ニ任ス

第九十九條ノ六　設立ヲ無效トスル判決カ確定シタルトキハ解散ノ場合ニ準シテ清算ヲ爲スコトヲ要ス此場合ニ於テハ裁判所ハ利害關係人ノ請求ニ因リ清算人ヲ選任ス

設立ヲ無效トスル判決ハ會社ト第三者トノ間ニ成立シタル行爲ノ效力ニ影響ヲ及ホサス

第九十九條　清算カ結了シタルトキハ清算人ハ遲滯ナク本店及ヒ支店ノ所在地ニ於テ其登記ヲ爲スコトヲ要ス

第百條　會社カ事業ニ著手シタル後其設立ヲ取消サレタルトキハ二週間内ニ本店及ヒ支店ノ所在地ニ於テ其登記ヲ爲スコトヲ要ス此場合ニ於テハ前條ノ規定ヲ準用ス

第百條　會社カ事業ニ著手シタル後其設立ヲ取消サレタルトキハ解散ノ場合ニ準シテ清算ヲ爲スコトヲ要ス此場合ニ於テハ裁判所ハ利害關係人ノ請求ニ因リ清算人ヲ選任ス

第百十八條ノ二　合資會社ハ總社員ノ同意ヲ以テ其組織ヲ變更シテ之ヲ合名會社ト爲スコトヲ得此場合ニ於テハ前條第二項ノ規定ヲ準用ス

第百十八條　合資會社ハ無限責任社員又ハ有限責任社員ノ全員カ退社シタルトキハ解散ス但有限責任社員ノ全員カ退社シタル場合ニ於テ無限責任社員ハ一致ヲ以テ合名會社トシテ會社ヲ繼續スルコトヲ妨ケス

前項但書ノ場合ニ於テハ二週間内ニ本店及ヒ支店ノ所在地ニ於テ合資會社ニ付テハ解散ノ登記ヲ合名會社ニ付テハ第五十一條第一項ニ定メタル登記ヲ爲スコトヲ要ス

第百二十條中第五號ヲ削リ第六號ヲ第五號トシ以下順次繰上ク

第百二十條　發起人ハ定款ヲ作リ之ニ左ノ事項ヲ記載シテ署名スルコトヲ要ス

一　目的
二　商號
三　資本ノ總額
四　一株ノ金額
五　取締役カ有スヘキ株式ノ數
六　本店及ヒ支店ノ所在地
七　會社カ公告ヲ爲ス方法
八　發起人ノ氏名、住所

第百二十一條第一項中「第五號乃至第七號」ヲ「第五號及ヒ第六號」ニ改ム

第百二十一條　前條第五號乃至第七號ニ揭ケタル事項ヲ定款ニ記載セサリシトキハ創立總會又ハ株主總會ニ於テ之ヲ補足スルコトヲ得

前項ノ株主總會ノ決議ハ第二百九條ノ規定ニ從ヒテ之ヲ爲スコトヲ要ス

第百二十六條第一項中「株式ノ數」ノ下ニ「及ヒ住所」ヲ加ヘ同條第二項ニ左ノ一號ヲ加フ

五　一定ノ時期マテニ會社カ成立セサルトキハ株式ノ申込ヲ取消スコトヲ得ヘキコト

第百二十六條ノ二　第百七十二條ノ二ノ規定ハ株式申込人又ハ株式引受人ニ對スル通知及ヒ催告ニ之ヲ準用ス

第百二十六條　株式ノ申込ヲ爲サントスル者ハ株式申込證二通ニ其引受クヘキ株式ノ數ヲ記載シ之ニ署名スルコトヲ要ス

株式申込證ハ發起人之ヲ作リ之ニ左ノ事項ヲ記載スルコトヲ要ス

一　定款作成ノ年月日

二　第百二十條及ヒ第百二十二條ニ揭ケタル事項

三　各發起人カ引受ケタル株式ノ數

四　第一回拂込ノ金額

額面以上ノ價額ヲ以テ株式ヲ發行スル場合ニ於テハ株式申込人ハ株式申込證ニ引受價額ヲ記載スルコトヲ要ス

第百三十一條第三項ヲ左ノ如ク改ム

第百五十六條第一項、第二項、第百六十一條第三項、第四項、第百六十二條乃至第百六十三條ノ二及ヒ第百六十三條ノ四ノ規定ハ創立總會ニ之ヲ準用ス

第百三十一條　各株ニ付キ第百二十九條ノ拂込アリタルトキハ發起人ハ遲滯ナク創立總會ヲ招集スルコトヲ要ス

創立總會ニハ株式引受人ノ半數以上ニシテ資本ノ半額以上ヲ引受ケタル者出席シ其議決權ノ過半數ヲ以テ一切ノ決議ヲ爲ス

第百五十六條第一項、第二項及ヒ第百六十一條第三項、第四項、第百六十二條及ヒ第百六十三條第一項、第二項ノ規定ハ創立總會ニ之ヲ準用ス

第百四十條　削除

第百四十條　株式總數ノ引受アリタル後一年内ニ第百二十九條ノ拂込カ終ハラサルトキ又ハ其拂込カ終ハリタル後六ケ月内ニ發起人カ創立總會ヲ招集セサルトキハ株式引受人ハ其申込ヲ取消シ拂込ミタル金額ノ返還ヲ請求スルコトヲ得

第百四十一條　第一項第一號中「第七號」ヲ「第六號」ニ改メ同項ニ左ノ一號ヲ加フ

八　會社ヲ代表スヘキ取締役ヲ定メタルトキハ其氏名

九　數人ノ取締役カ共同シテ會社ヲ代表スヘキコトヲ定メタルトキハ其代表ニ關スル規定

第百四十一條　會社ハ發起人カ株式ノ總數ヲ引受ケタルトキハ第百二十四條ニ定メタル調査終了ノ日ヨリ又發起人カ株式ノ總數ヲ引受ケサリシトキハ創立總會終結ノ日ヨリ二週間内ニ其本店及ヒ支店ノ所在地ニ於テ左ノ事項ヲ登記スルコトヲ要ス

一　第百二十條第一號乃至第四號及ヒ第七號ニ掲ケタル事項

二　本店及ヒ支店

三　設立ノ年月日

四　存立時期又ハ解散ノ事由ヲ定メタルトキハ其時期又ハ事由

五　各株ニ付キ拂込ミタル株金額

六　開業前ニ利息ヲ配當スヘキコトヲ定メタルトキハ其利率

七　取締役及ヒ監査役ノ氏名、住所

第五十一条第二項、第三項、第五十二條及ヒ第五十三條ノ規定ハ株式會社ニ之ヲ準用ス

第百四十二條ノ二　發起人カ會社ノ設立ニ關シ其任務ヲ怠リタルトキハ會社ニ對シ連帶シテ損害賠償ノ責ニ任ス

發起人ニ悪意又ハ重大ナル過失アリタルトキハ其發起人ハ第三者ニ對シテモ連帶シテ損害賠償ノ責ニ任ス

第百四十二條ノ三　會社カ成立セサル場合ニ於テハ發起人ハ會社ノ設立ニ關シテ爲シタル行爲ニ付キ連帶シテ其責ニ任ス

前項ノ場合ニ於テ會社ノ設立ニ關シテ支出シタル費用ハ發起人ノ負擔トス

第百四十二條ノ四　取締役及ヒ監査役カ第百三十四條第一項ニ定メタル任務ヲ怠リタルトキハ會社ニ對シ發起人ト連帶シテ損害賠償ノ責ニ任ス

第百四十二條　會社カ前條第一項ノ規定ニ從ヒ本店ノ所在地ニ於テ登記ヲ爲シタル後ハ株式引受人ハ詐欺又ハ强迫ニ因リテ其申込ヲ取消スコトヲ得ス

第百四十五條第二項但書ヲ削ル

第百四十五條　株式ノ金額ハ均一ナルコトヲ要ス

株式ノ金額ハ五十圓ヲ下ルコトヲ得ス但一時ニ株金ノ全額ヲ拂込ムヘキ場合ニ限リ之ヲ二十圓マテニ下スコトヲ得

第百四十八條中「署名スルコト」ヲ「署名シ又ハ記名、捺印スルコト」ニ改ム

第百四十八條　株券ニハ左ノ事項及ヒ番號ヲ記載シ取締役之ニ署名スルコトヲ要ス

一　會社ノ商號

二　第百四十一條第一項ノ規定ニ従ヒ本店ノ所在地ニ於テ登記ヲ爲シタル年月日
三　資本ノ總額
四　一株ノ金額
一時ニ株金ノ全額ヲ拂込マシメサル場合ニ於テハ拂込アル毎ニ其金額ヲ株劵ニ記載スルコトヲ要ス
第百五十條中「讓渡」ヲ「移轉」ニ、「讓受人」ヲ「取得者」ニ改ム
第百五十條　記名株式ノ讓渡ハ讓受人ノ氏名、住所ヲ株主名簿ニ記載シ且其氏名ヲ株劵ニ記載スルニ非サレハ之ヲ以テ會社其他ノ第三者ニ對抗スルコトヲ得ス
第百五十二條ニ左ノ一項ヲ加フ
前項ノ規定ニ依リ會社カ株主ニ對シ其權利ヲ失フヘキ旨ヲ通知スルトキハ會社ハ其通知スヘキ事項ヲ公告スルコトヲ要ス
第百五十二條　株金ノ拂込ハ二週間前ニ之ヲ各株主ニ催告スルコトヲ要ス
株主カ期日ニ拂込ヲ爲サルトキハ會社ハ更ニ一定ノ期間內ニ其拂込ヲ爲スヘキ旨及ヒ其期間內ニ之ヲ爲サルトキハ株主ノ權利ヲ失フヘキ旨ヲ其株主ニ通知スルコトヲ得但其期間ハ二週間ヲ下ルコトヲ得ス
第百五十三條ノ二　前條第一項ノ規定ニ依リ株主カ其權利ヲ失ヒタルトキハ會社ハ遲滞ナク其株主ノ氏名、住所及ヒ株劵ノ番號ヲ公告スルコトヲ要ス
第百五十三條　會社カ前條ニ定メタル手續ヲ踐ミタルモ株主カ拂込ヲ爲ササルトキハ其權利ヲ失フ
前項ノ場合ニ於テハ會社ハ株式ノ各讓渡人ニ對シ二週間ヲ下ラサル期間內ニ拂込ヲ爲スヘキ旨ノ催告ヲ發スルコトヲ要ス此場合ニ於テハ最モ先ニ滯納金額ノ拂込ヲ爲シタル讓渡人株式ヲ取得ス
讓渡人カ拂込ヲ爲ササルトキハ會社ハ株式ヲ競賣スルコトヲ要ス此場合ニ於テ競賣ニ依リテ得タル金額カ滯納金額ニ滿タサルトキハ從前ノ株主ヲシテ其不足額ヲ辨濟セシムルコトヲ得若シ從前ノ株主カ二週間內ニ之ヲ辨濟セサルトキハ會社ハ讓渡人ニ對シテ其辨濟ヲ請求スルコトヲ得
前三項ノ規定ハ會社カ損害賠償及ヒ定款ヲ以テ定メタル違約金ノ請求ヲ爲スコトヲ妨ケス
第百五十四條中「前條」ヲ「第百五十三條」ニ改ム
第百五十四條　前條ニ定メタル讓渡人ノ責任ハ讓渡ヲ株主名簿ニ記載シタル後二年ヲ經過シタルトキハ消滅ス
第百五十五條ノ二　無記名式ノ株劵ヲ有スル者カ株主ノ權利ヲ行ハントスルトキハ其權利ノ行使ニ必要ナル員數ノ株劵ヲ會社ニ供託スルコトヲ要ス

第百五十五條　株金全額ノ拂込アリタルトキハ株主ハ其株券ヲ無記名式ト爲スコトヲ請求スルコトヲ得

株主ハ何時ニテモ其無記名式ノ株券ヲ記名式ト爲スコトヲ請求スルコトヲ得

第百五十六條第二項中「總會ノ目的及ヒ總會ニ於テ決議スヘキ事項」ヲ「會議ノ目的タル事項」ニ改ム

第百五十六條　總會ヲ招集スルニハ會日ヨリ二週間前ニ各株主ニ對シテ其通知ヲ發スルコトヲ要ス

前項ノ通知ニハ總會ノ目的及ヒ総會ニ於テ決議スヘキ事項ヲ記載スルコトヲ要ス

會社カ無記名式ノ株券ヲ發行シタル場合ニ於テハ會日ヨリ三週間前ニ總會ヲ開クヘキ旨及ヒ前項ニ掲ケタル事項ヲ公告スルコトヲ要ス

第百五十八條　削除

第百五十八條　定時總會ハ取締役カ提出シタル書類及ヒ監査役ノ報告書ヲ調査シ且利益又ハ利息ノ配當ヲ決議ス

前項ニ掲ケタル書類ノ當否ヲ調査セシムル爲メ總會ハ特ニ檢査役ヲ選任スルコトヲ得

第百六十條第一項中「總會ノ目的」ヲ「會議ノ目的タル事項」ニ改ム

第百六十條ノ二　總會ハ取締役ノ提出シタル書類及ヒ監査役ノ報告書ヲ調査セシムル爲メ特ニ檢査役ヲ選任スルコトヲ得

第百六十條　資本ノ十分ノ一以上ニ當タル株主ハ總會ノ目的及ヒ其招集ノ理由ヲ記載シタル書面ヲ取締役ニ提出シテ總會ノ招集ヲ請求スルコトヲ得

取締役カ前項ノ請求アリタル後二週間内ニ總會招集ノ手續ヲ爲ササルトキハ其請求ヲ爲シタル株主ハ裁判所ノ許可ヲ得テ其招集ヲ爲スコトヲ得

第百六十一條第二項ヲ左ノ如ク改ム

無記名式ノ株券ヲ有スル者ハ會日ヨリ一週間前ニ其株券ヲ會社ニ供託スルコトヲ要ス

第百六十一條　總會ノ決議ハ本法又ハ定款ニ別段ノ定アル場合ヲ除ク外出席シタル株主ノ議決權ノ過半數ヲ以テ之ヲ爲ス

無記名式ノ株券ヲ有スル者ハ會日ヨリ一週間前ニ其株券ヲ會社ニ供託スルニ非サレハ其議決權ヲ行フコトヲ得ス

株主ハ代理人ヲ以テ其議決權ヲ行フコトヲ得但其代理人ハ代理權ヲ證スル書面ヲ會社ニ差出タスコトヲ要ス

總會ノ決議ニ付キ特別ノ利害關係ヲ有スル者ハ其議決權ヲ行フコトヲ得ス

第百六十三條　總會招集ノ手續又ハ其決議ノ方法カ法令又ハ定款ニ反スルトキハ株主、取締役又ハ監査役ハ訴ヲ以テノミ其決議ノ無效ヲ主張スルコトヲ得

株主ハ總會ニ於テ決議ニ對シ異議ヲ述ヘ又ハ正當ノ理由ナクシテ總會ニ出席スルコトヲ拒マレタルトキニ限リ又株主カ總會ニ出席セサル場合ニ於テハ自己ニ對スル總會招集ノ手續カ法令又ハ定款ニ反スルコトヲ理由トスルトキニ限リ前項ノ訴ヲ提起スルコトヲ得

第九十九條ノ三及ヒ第九十九條ノ四ノ規定ハ前二項ノ場合ニ之ヲ準用ス
第百六十三條ノ二　決議無效ノ訴ハ決議ノ日ヨリ一个月内ニ之ヲ提起スルコトヲ要ス
口頭辯論ハ前項ノ期間ヲ經過シタル後ニ非サレハ之ヲ開始スルコトヲ得ス
第百六十三條ノ三　株主カ決議無效ノ訴ヲ提起シタルトキハ會社ノ請求ニ因リ相當ノ擔保ヲ供スルコトヲ要ス但其株主カ取締役又ハ監査役ナルトキハ此限ニ在ラス
第百六十三條ノ四　決議シタル事項ノ登記アリタル場合ニ於テ其決議ヲ無效トスル判決カ確定シタルトキハ本店及ヒ支店ノ所在地ニ於テ其登記ヲ爲スコトヲ要ス
第百六十三條　總會招集ノ手續又ハ其決議ノ方法カ法令又ハ定款ニ反スルトキハ株主ハ其決議ノ無效ノ宣告ヲ裁判所ニ請求スルコトヲ得
前項ノ請求ハ決議ノ日ヨリ一个月内ニ之ヲ爲スコトヲ要ス
取締役又ハ監査役ニ非サル株主カ第一項ノ請求ヲ爲シタルトキハ其株券ヲ供託シ且會社ノ請求ニ因リ相當ノ擔保ヲ供スルコトヲ要ス
第百六十四條　取締役ハ株主總會ニ於テ之ヲ選任ス
會社ト取締役トノ間ノ關係ハ委任ニ關スル規定ニ從フ
第百六十四條　取締役ハ株主總會ニ於テ株主中ヨリ之ヲ選任ス
第百六十六條但書ヲ削リ同條ニ左ノ一項ヲ加フ
前項ノ規定ハ定款ヲ以テ任期中ノ最終ノ配當期ニ關スル定時總會ノ終結ニ至ルマテ其任期ヲ伸長スルコトヲ妨ケス
第百六十六條　取締役ノ任期ハ三年ヲ超ユルコトヲ得ス但其任期滿了ノ後之ヲ再選スルコトヲ妨ケス
第百六十七條ノ二　取締役ノ任務カ終了シタル場合ニ於テ法律又ハ定款ニ定メタル員數ノ取締役ナキニ至リタルトキハ退任シタル取締役ハ破産及ヒ禁治産ノ場合ヲ除ク外新ニ選任セラレタル取締役カ就職スルマテ仍ホ取締役ノ權利義務ヲ有ス
第百六十七條　取締役ハ何時ニテモ株主總會ノ決議ヲ以テ之ヲ解任スルコトヲ得但任期ノ定アル場合ニ於テ正當ノ理由ナクシテ其任期前ニ之ヲ解任シタルトキハ其取締役ハ會社ニ對シ解任ニ因リテ生シタル損害ノ賠償ヲ請求スルコトヲ得
第百六十八條　定款ヲ以テ取締役カ有スヘキ株式ノ數ヲ定メタルトキハ取締役ハ其員數ノ株券ヲ監査役ニ供託スルコトヲ要ス
第百六十八條　取締役ハ定款ニ定メタル員數ノ株券ヲ監査役ニ供託スルコトヲ要ス
第百七十條　定款又ハ株主總會ノ決議ヲ以テ取締役中會社ヲ代表スヘキ者ヲ定メス又ハ數人ノ取締役カ共同シテ會社ヲ代表スヘキコトヲ定メサルトキハ取締役ハ各自會社ヲ代表ス

第三十條ノ二第二項及ヒ第六十二條ノ規定ハ取締役ニ之ヲ準用ス
第百七十條　取締役ハ各自會社ヲ代表ス
第六十二條ノ規定ハ取締役ニ之ヲ準用ス
第百七十二條ノ二　會社ノ株主ニ對スル通知又ハ催告ハ株主名簿ニ記載シタル株主ノ住所又ハ其者カ會社ニ通知シタル住所ニ宛ツルヲ以テ足ル
前項ノ通知又ハ催告ハ通常其到達スヘカリシ時ニ到達シタルモノト看做ス
第百七十二條　株主名簿ニハ左ノ事項ヲ記載スルコトヲ要ス
一　株主ノ氏名、住所
二　各株主ノ株式ノ數及ヒ株券ノ番號
三　各株ニ付キ拂込ミタル株金額及ヒ拂込ノ年月日
四　各株式ノ取得ノ年月日
五　無記名式ノ株券ヲ發行シタルトキハ其數、番號及ヒ發行ノ年月日
第百七十三條　第六號ノ次ニ左ノ二號ヲ加ヘ同條第七號以下順次繰下ク
七　數回ニ分チテ社債ノ拂込ヲ爲サシムルトキハ其拂込ノ金額及ヒ時期
八　各社債ニ付キ拂込ミタル金額及ヒ拂込ノ年月日
第百七十三條　社債原簿ニハ左ノ事項ヲ記載スルコトヲ要ス
一　社債權者ノ氏名、住所
二　債券ノ番號
三　社債ノ總額
四　各社債ノ金額
五　社債ノ利率
六　社債償還ノ方法及ヒ期限
七　債券發行ノ年月日
八　各社債ノ取得ノ年月日

九　無記名式ノ債券ヲ發行シタルトキハ其數、番號及ヒ發行ノ年月日

第百七十七條　取締役カ其任務ヲ怠リタルトキハ會社ニ對シ連帶シテ損害賠償ノ責ニ任ス

取締役カ法令又ハ定款ニ反スル行爲ヲ爲シタルトキハ株主總會ノ決議ニ依リタル場合ト雖モ第三者ニ對シ連帶シテ損害賠償ノ責ニ任ス

第百七十七條　取締役カ法令又ハ定款ニ反スル行爲ヲ爲シタルトキハ株主總會ノ決議ニ依リタル場合ト雖モ第三者ニ對シテ損害賠償ノ責ヲ免ルルコトヲ得ス

前項ノ規定ハ其行爲ニ對シ株主總會ニ於テ異議ヲ述ヘ且監査役ニ其旨ヲ通知シタル取締役ニハ之ヲ適用セス

第百七十八條第二項中「其株券ヲ供託シ且」ヲ削ル

第百七十八條　株主總會ニ於テ取締役ニ對シテ訴ヲ提起スルコトヲ決議シタルトキ又ハ之ヲ否決シタル場合ニ於テ資本ノ十分ノ一以上ニ當タル株主カ之ヲ監査役ニ請求シタルトキハ會社ハ決議又ハ請求ノ日ヨリ一个月内ニ訴ヲ提起スルコトヲ要ス

前項ノ請求ヲ爲シタル株主ハ其株券ヲ供託シ且監査役ノ請求ニ因リ相當ノ擔保ヲ供スルコトヲ要ス

會社カ敗訴シタルトキハ右ノ株主ハ會社ニ對シテノミ損害賠償ノ責ニ任ス

第百八十條　監査役ノ任期ハ二年ヲ超ユルコトヲ得ス

第百八十條　監査役ノ任期ハ之ヲ一年トス但其任期滿了ノ後之ヲ再選スルコトヲ妨ケス

第百八十六條　監査役カ會社又ハ第三者ニ対シテ損害賠償ノ責ニ任スヘキ場合ニ於テ取締役モ亦其責ニ任スヘキトキハ其監査役及ヒ取締役ハ之ヲ連帯債務者トス

第百八十六條　監査役カ其任務ヲ怠リタルトキハ會社及ヒ第三者ニ對シテ損害賠償ノ責ニ任ス

第百八十七條第二項中「其株券ヲ供託シ且」ヲ削ル

第百八十七條　株主總會ニ於テ監査役ニ對シテ訴ヲ提起スルコトヲ決議シタルトキ又ハ之ヲ否決シタル場合ニ於テ資本ノ十分ノ一以上ニ當タル株主カ之ヲ取締役ニ請求シタルトキハ會社ハ決議又ハ請求ノ日ヨリ一个月内ニ訴ヲ提起スルコトヲ要ス此場合ニ於テハ第百八十五條第一項但書及ヒ第二項ノ規定ヲ準用ス

前項ノ請求ヲ爲シタル株主ハ其株券ヲ供託シ且取締役ノ請求ニ因リ相當ノ擔保ヲ供スルコトヲ要ス

會社カ敗訴シタルトキハ右ノ株主ハ會社ニ對シテノミ損害賠償ノ責ニ任ス

第百八十八條　削除

第百八十八條　監査役ハ其破産又ハ禁治産ニ因リテ退任ス

第百八十九條　第百六十四條、第百六十六條第二項、第百六十七條、第百六十七條ノ二、第百七十七條及ヒ第百七十九條ノ規定ハ監査役ニ之ヲ準用ス

第百八十九條　第百六十四條、第百六十七條及ヒ第百七十九條ノ規定ハ監査役ニ之ヲ準用ス

第百九十條ノ二　財産目錄ニ掲クル財産ノ價額ハ取引所ノ相場アル財産ニ付テハ財産目錄調製ノ時ニ於ケル相場ニ、其他ノ財産ニ付テハ財産目錄調製ノ時ニ於ケル價額ニ超ユルコトヲ得ス但其相場又ハ價額カ財産ノ取得價額又ハ製作價額ニ超ユルトキハ其取得價額又ハ製作額價ニ超ユルコトヲ得ス

第百九十條　取締役ハ定時總會ノ會日ヨリ一週間前ニ左ノ書類ヲ監査役ニ提出スルコトヲ要ス

一　財産目錄
二　貸借對照表
三　營業報告書
四　損益計算書
五　準備金及ヒ利益又ハ利息ノ配當ニ關スル議案

第百九十一條第一項中「前條」ヲ「第百九十條」ニ改ム

第百九十一條　取締役ハ定時總會ノ會日前ニ前條ニ掲ケタル書類及ヒ監査役ノ報告書ヲ本店ニ備フルコトヲ要ス

株主及ヒ會社ノ債權者ハ營業時間內何時ニテモ前項ニ掲ケタル書類ノ閲覽ヲ求ムルコトヲ得

第百九十八條第二項中「招集セシムルコトヲ得」ノ下ニ「此總會ニ於テハ前項ノ調査ヲ爲サシムル爲メ特ニ檢査役ヲ選任スルコトヲ得」ヲ加フ

第百九十八條　裁判所ハ資本ノ十分ノ一以上ニ當タル株主ノ請求ニ因リ會社ノ業務及ヒ會社財産ノ狀況ヲ調査セシムル爲メ檢査役ヲ選任スルコトヲ得

檢査役ハ其調査ノ結果ヲ裁判所ニ報告スルコトヲ要ス此場合ニ於テ裁判所ハ必要アリト認ムルトキハ監査役ヲシテ株主總會ヲ招集セシムルコトヲ得

第二百條ノ二　會社ハ前ニ募集シタル社債總額ノ拂込ヲ爲サシメタル後ニ非サレハ更ニ社債ヲ募集スルコトヲ得ス

第二百條　社債ノ總額ハ拂込ミタル株金額ニ超ユルコトヲ得ス

最終ノ貸借對照表ニ依リ會社ニ現存スル財産カ前項ノ金額ニ滿タサルトキハ社債ノ總額ハ其財産ノ額ニ超ユルコトヲ得ス

第二百一條中「二十圓」ヲ「五十圓」ニ改ム

第二百一條　各社債ノ金額ハ二十圓ヲ下ルコトヲ得ス

第二百三條　社債ノ募集ニ應セントスル者ハ社債申込證二通ニ其引受クヘキ社債ノ數及ヒ住所ヲ記載シ之ニ署名スルコトヲ要ス

社債申込證ハ取締役之ヲ作リ之ニ左ノ事項ヲ記載スルコトヲ要ス

一　會社ノ商號

二　第百七十三條第三號乃至第七號ニ掲ケタル事項

三　社債發行ノ價額又ハ其最低價額

四　會社ノ資本及ヒ拂込ミタル株金ノ總額

五　最終ノ貸借對照表ニ依リ會社ニ現存スル財產ノ額

六　前ニ社債ヲ募集シタルトキハ其償還ヲ了ヘサル總額

社債發行ノ最低價額ヲ定メタル場合ニ於テハ社債應募者ハ社債申込證ニ應募價額ヲ記載スルコトヲ要ス

第二百三條ノ二　前條ノ規定ハ契約ニ依リ社債ノ總額ヲ引受クル場合ニハ之ヲ適用セス社債募集ノ委託ヲ受ケタル者カ自ラ社債ノ一部ヲ引受クル場合ニ於テ其一部ニ付キ亦同シ

第二百三條　社債ヲ募集セントスルトキハ取締役ハ左ノ事項ヲ公告スルコトヲ要ス

一　第百七十三條第三號乃至第六號ニ掲ケタル事項

二　會社ノ商號

三　前ニ社債ヲ募集シタルトキハ其償還ヲ了ヘサル總額

四　社債發行ノ價額又ハ其最低價額

五　會社ノ資本及ヒ拂込ミタル株金ノ總額

六　最終ノ貸借對照表ニ依リ會社ニ現存スル財產

第二百四條　社債ノ募集カ完了シタルトキハ取締役ハ遲滯ナク各社債ニ付キ其全額又ハ第一回ノ拂込ヲ爲サシムルコトヲ要ス

第二百四條ノ二　社債募集ノ委託ヲ受ケタル者ハ自己ノ名ヲ以テ會社ノ爲メニ第二百三條及ヒ前條ニ定メタル行爲ヲ爲スコトヲ得

第二百四條ノ三　取締役ハ第二百四條ノ拂込アリタル日ヨリ二週間內ニ本店及ヒ支店ノ所在地ニ於テ左ノ事項ヲ登記スルコトヲ要ス

一　第百七十三條第三號乃至第六號ニ掲ケタル事項

二　各社債ニ付キ拂込ミタル金額

第五十三條ノ規定ハ前項ノ場合ニ之ヲ準用ス

外國ニ於テ社債ヲ募集シタル場合ニ於テ登記スヘキ事項カ外國ニ於テ生シタルトキハ登記ノ期間ハ其通知ノ到達シタル時ヨリ之ヲ起算ス

第二百四條　社債ノ募集カ完了シタルトキハ取締役ハ各社債ニ付キ其全額ヲ拂込マシムルコトヲ要ス

取締役ハ前項ノ規定ニ從ヒ全額ノ拂込ヲ受ケタル日ヨリ二週間内ニ本店及ヒ支店ノ所在地ニ於テ第百七十三條第三號乃至第六號ニ掲ケタル事項ヲ登記スルコトヲ要ス

第二百五條　債券ハ社債全額ノ拂込アリタル後ニ非サレハ之ヲ發行スルコトヲ得ス

債券ニハ會社ノ商號及ヒ第百七十三條第二號乃至第六號ニ掲ケタル事項ヲ記載シ取締役之ニ署名シ又ハ記名捺印スルコトヲ要ス

第二百五條　債券ニハ第二百三條第一號及ヒ第二號ニ掲ケタル事項及ヒ番號ヲ記載シ取締役ニ署名スルコトヲ要ス

第二百六條中「讓渡」ヲ「移轉」ニ「讓受人」ヲ「取得者」ニ改ム

第二百六條　記名社債ノ讓渡ハ讓受人ノ氏名、住所ヲ社債原簿ニ記載シ且其氏名ヲ債券ニ記載スルニ非サレハ之ヲ以テ會社其他ノ第三者ニ對抗スルコトヲ得ス

第二百七條ノ二　第百七十二條ノ二ノ規定ハ社債應募者又ハ社債權者ニ對スル通知及ヒ催告ニ之ヲ準用ス

第二百七條　第百五十五條ノ規定ハ債券ニ之ヲ準用ス

第二百八條ニ左ノ一項ヲ加フ

定款ノ變更ニ關スル議案ノ要領ハ第百五十六條ニ定メタル通知及ヒ公告ニ之ヲ記載スルコトヲ要ス

第二百八條　定款ハ株主總會ノ決議ニ依リテノミ之ヲ變更スルコトヲ得

第二百九條第一項ノ次ニ左ノ一項ヲ加ヘ同條第二項中「前項ニ定メタル員數ノ株主」ヲ「前二項ニ定メタル株主」ニ「一个月ヲ下ラサル期間内」ヲ「一个月内」ニ改ム

第百六十一條第二項ノ規定ニ依リテ株券ヲ供託セサル者ハ前項ノ總株主ノ員數ニ之ヲ算入セス

第二百九條　定款ノ變更ハ總株主ノ半數以上ニシテ資本ノ半額以上ニ當タル株主出席シ其議決權ノ過半數ヲ以テ之ヲ決ス

前項ニ定メタル員數ノ株主カ出席セサルトキハ出席シタル株主ノ議決權ノ過半數ヲ以テ假決議ヲ爲スコトヲ得此場合ニ於テハ各株主ニ對シテ其假決議ノ趣旨ノ通知ヲ發シ且無記名式ノ株券ヲ發行シタルトキハ其趣旨ヲ公告シ更ニ一个月ヲ下ラサル期間内ニ第二回ノ株主總會ヲ招集スルコトヲ

要ス

第二回ノ株主總會ニ於テハ出席シタル株主ノ議決權ノ過半數ヲ以テ假決議ノ認否ヲ決ス

前二項ノ規定ハ會社ノ目的タル事業ヲ變更スル場合ニハ之ヲ適用セス

第二百十二條ノ二　會社カ其資本ヲ增加スル場合ニ於テ金錢以外ノ財產ヲ以テ出資ノ目的ト爲ス者アルトキハ其者、其財產ノ種類、價格及ヒ之ニ對シテ與フル株式ノ數ハ資本增加ノ決議ト同時ニ之ヲ決議スルコトヲ要ス

第二百十二條ノ三　株式申込證ハ取締役之ヲ作リ之ニ左ノ事項ヲ記載スルコトヲ要ス

一　會社ノ商號

二　增加スヘキ資本ノ總額

三　資本增加ノ決議ノ年月日

四　第一回拂込ノ金額

五　額面以上ノ價額ヲ以テ株式ヲ發行スル場合ニ於テハ其旨

六　前條ノ規定ニ依リテ決議シタル事項

七　優先株ヲ發行スル場合ニ於テハ其種類及ヒ其各種ノ株式ノ數

八　一定ノ時期マテニ資本增加ノ登記ヲ爲ササルトキハ株式ノ申込ヲ取消スコトヲ得ヘキコト

數種ノ優先株ヲ發行スル場合ニ於テハ株式申込人ハ株式申込證ニ其引受クヘキ株式ノ種類及ヒ各種ノ株式ノ數ヲ記載スルコトヲ要ス

第二百十三條　會社カ優先株ヲ發行シタル場合ニ於テ定款ノ變更カ優先株主ニ損害ヲ及ホスヘキトキハ株主總會ノ決議ノ外優先株主ノ總會ノ決議アルコトヲ要ス

優先株主ノ總會ニハ株主總會ニ關スル規定ヲ準用ス

第二百十四條第一項第三號ヲ削ル

第二百十四條　監査役ハ左ニ掲ケタル事項ヲ調査シ之ヲ株主總會ニ報告スルコトヲ要ス

一　新株總數ノ引受アリタルヤ否ヤ

二　各新株ニ付キ第百二十九條ノ拂込アリタルヤ否ヤ

三　金錢以外ノ財產ヲ以テ出資ノ目的ト爲シタル者アルトキハ其財產ニ對シテ與フル株式ノ數ノ正當ナルヤ否ヤ

株主總會ハ前項ノ調査及ヒ報告ヲ爲サシムル爲メ特ニ檢査役ヲ選任スルコトヲ得

第二百十五條　削除

第二百十五條　株主總會ニ於テ金錢以外ノ財産ニ對シテ與フル株式ノ數ヲ不當ト認メタルトキハ之ヲ減少スルコトヲ得此場合ニ於テハ第百三十五條但書ノ規定ヲ準用ス

第二百十七條第一項第四號ヲ左ノ如ク改ム

四　優先株ヲ發行シタルトキハ其種類及ヒ其各種ノ株式ノ數

第二百十七條　會社ハ第二百十三條ノ規定ニ依リテ招集シタル株主總會終結ノ日ヨリ二週間內ニ本店及ヒ支店ノ所在地ニ於テ左ノ事項ヲ登記スルコトヲ要ス

一　增加シタル資本ノ總額

二　資本增加ノ決議ノ年月日

三　各新株ニ付キ拂込ミタル株金額

四　優先株ヲ發行シタルトキハ其株主ノ權利

前項ノ規定ニ從ヒ本店ノ所在地ニ於テ登記ヲ爲スマテハ新株券ノ發行及ヒ新株ノ讓渡又ハ其豫約ヲ爲スコトヲ得ス

第二百十九條　第百二十六條第一項第三項第百二十六條ノ二乃至第百三十條第百四十二條及ヒ第百四十七條第二項ノ規定ハ新株發行ノ場合ニ之ヲ準用ス

第二百十九條　第百二十七條乃至第百三十條、第百四十條、第百四十二條及ヒ第百四十七條第二項ノ規定ハ新株發行ノ場合ニ之ヲ準用ス

第二百二十條ノ二　資本減少ノ爲メ株式ヲ併合スヘキ場合ニ於テハ會社ハ株主ニ對シ一定ノ期間內ニ株券ヲ會社ニ提供スヘキ旨及ヒ其期間內ニ之ヲ提供セサルトキハ株主ノ權利ヲ失フヘキ旨ヲ通知スルコトヲ得但其期間ハ三个月ヲ下ルコトヲ得ス

第二百二十條ノ三　會社カ前條ニ定メタル手續ヲ踐ミタルモ株主カ株券ヲ提供セサルトキハ其權利ヲ失フ株主カ株券ヲ提供シタル場合ニ於テ併合ニ適セサル株アルトキハ其株ニ付キ亦同シ

前項ノ場合ニ於テ會社ハ新ニ發行シタル株式ヲ競賣シ且株數ニ應シテ其代金ヲ從前ノ株主ニ交付スルコトヲ要ス

第二百二十條ノ四　第百五十二條第三項及ヒ第百五十三條ノ二ノ規定ハ前二條ノ場合ニ之ヲ準用ス

第二百二十條ノ五　株式併合ノ場合ニ於テ從前ノ株式ヲ目的トスル質權ハ併合ニ因リテ株主カ受クヘキ株式及ヒ金錢ノ上ニ存在ス

第二百二十條　株主總會ニ於テ資本減少ノ決議ヲ爲ストキハ同時ニ其減少ノ方法ヲ決議スルコトヲ要ス

第七十八條乃至第八十條ノ規定ハ資本減少ノ場合ニ之ヲ準用ス

第二百二十三條　削除

第二百二十三條　會社カ合併ヲ爲サント欲スルトキハ其旨ヲ公告シテ株主總會ノ會日前一个月ヲ超エサル期間及ヒ開會中記名株ノ讓渡ヲ停止スルコトヲ得

株主總會ニ於テ合併ノ決議ヲ爲シタルトキハ其決議ノ日ヨリ第八十一條ノ規定ニ從ヒ本店ノ所在地ニ於テ登記ヲ爲スマテハ株主ハ其記名株ヲ讓渡スルコトヲ得ス

第二百二十五條ニ左ノ一項ヲ加フ

第二百二十條ノ二乃至第二百二十條ノ五ノ規定ハ會社ノ合併ニ因ル株式併合ノ場合ニ之ヲ準用ス

第二百二十五條　第七十六條及ヒ第七十八條乃至第八十二條ノ規定ハ株式會社ニ之ヲ準用ス

第二百二十七條第二項ヲ削ル

第二百二十七條ノ二　清算人ハ財產目錄、貸借對照表及ヒ事務報告書ヲ作リ定時總會ノ會日ヨリ一週間前ニ之ヲ監査役ニ提出スルコトヲ要ス

第二百二十七條　清算人ハ就職ノ後遲滯ナク會社財產ノ現況ヲ調査シ財產目錄及ヒ貸借對照表ヲ作リ之ヲ株主總會ニ提出シテ其承認ヲ求ムルコトヲ要ス

第百五十八條第二項及ヒ第百九十二條第二項ノ規定ハ前項ノ場合ニ之ヲ準用ス

第二百三十條第二項ヲ削ル

第二百三十條　清算事務カ終ハリタルトキハ清算人ハ遲滯ナク決算報告書ヲ作リ之ヲ株主總會ニ提出シテ其承認ヲ求ムルコトヲ要ス

第百五十八條第二項及ヒ第百九十三條ノ規定ハ前項ノ場合ニ之ヲ準用ス

第二百三十一條　削除

第二百三十一條　總會招集ノ手續又ハ其決議ノ方法カ法令又ハ定款ニ反スルトキハ清算人ハ其決議ノ無效ノ宣告ヲ請求スルコトヲ要ス

第二百三十二條　削除

第二百三十二條　會社カ事業ニ着手シタル後其設立ノ無效ナルコトヲ發見シタルトキハ解散ノ場合ニ準シテ清算ヲ爲スコトヲ要ス此場合ニ於テハ裁判所ハ利害關係人ノ請求ニ因リ清算人ヲ選任ス

第二百三十四條　第八十四條、第八十九條乃至第九十三條、第九十三條ノ二第二項、第九十五條、第九十七條第九十九條乃至第九

十九條ノ六、第百五十七條乃至第百六十條ノ二、第百六十三條乃至第百六十三條ノ四、第百六十四條第二項第百六十七條ノ二第百七十條、第百七十六條乃至第百七十八條第百八十一條、第百八十三條乃至第百八十七條、第百九十一條乃至第百九十三條及ヒ民法第七十九條、第八十條ノ規定ハ株式會社ノ清算ノ場合ニ之ヲ準用ス

第二百三十四條　第八十四條、第八十九條乃至第九十三條、第九十五條、第九十七條、第九十九條、第百五十九條、第百六十條、第百六十三條、第百七十六條乃至第百七十八條、第百八十一條、第百八十三條乃至第百八十五條第百八十七條、及ヒ民法第七十九條第八十條ノ規定ハ株式會社ノ清算ノ場合ニ之ヲ準用ス

第二百三十七條第一號中「第四號、第六號及ヒ第七號」ヲ「第四號乃至第六號」ニ改ム

第二百三十七條　無限責任社員ハ發起人ト爲リテ定款ヲ作リ之ニ左ノ事項ヲ記載シテ署名スルコトヲ要ス

一　第百二十條第一號、第二號、第四號、第六號及ヒ第七號ニ掲ケタル事項

二　株金ノ總額

三　無限責任社員ノ氏名、住所

四　無限責任社員ノ株金以外ノ出資ノ種類及ヒ價格又ハ評價ノ標準

第二百三十八條第二項第一號中「第四號」ノ下ニ「第五號」ヲ加フ

第二百三十八條　無限責任社員ハ株主ヲ募集スルコトヲ要ス

株式申込證ニハ左ノ事項ヲ記載スルコトヲ要ス

一　第百二十二條第百二十六條第二項第一號第四號及ヒ前條ニ掲ケタル事項

二　無限責任社員カ株式ヲ引受ケタルトキハ其各自カ引受ケタル株式ノ數

第二百四十二條第一號中「第七號」ヲ「第六號」ニ改メ同條ニ左ノ一號ヲ加フ

七　數人ノ無限責任社員カ共同シテ會社ヲ代表スヘキコトヲ定メタルトキハ其代表ニ關スル規定

第二百四十二條　会社ハ創立總會終結ノ日ヨリ二週間内ニ其本店及ヒ支店ノ所在地ニ於テ左ノ事項ヲ登記スルコトヲ要ス

一　第百二十條第一號、第二號、第四號、第七號及ヒ第百四十一條第一項第一號乃至第六號ニ掲ケタル事項

二　株金ノ總額

三　無限責任社員ノ氏名、住所

四　無限責任社員ノ株金以外ノ出資ノ種類及ヒ財産ヲ目的トスル出資ノ價格

五　會社ヲ代表スヘキ無限責任社員ヲ定メタルトキハ其氏名
六　監査役ノ氏名、住所

第二百五十一條中「第二百二十七條第一項及ヒ第二百三十條第一項」ヲ「第二百二十七條、第二百二十七條ノ二及ヒ第二百三十條」ニ改ム

第二百五十一條　清算人ハ第二百二十七條第一項及ヒ第二百三十條第一項ニ定メタル計算ニ付キ株主總會ノ承認ノ外無限責任社員全員ノ承認ヲ得ルコトヲ要ス

第二百五十三條第二項ヲ左ノ如ク改ム

第七十八條、第七十九條第一項、第二項及ヒ第八十三條ノ三ノ規定ハ前項ノ場合ニ之ヲ準用ス

第二百五十三條　前條ノ場合ニ於テハ株主總會ハ直チニ株式會社ノ組織ニ必要ナル事項ヲ決議スルコトヲ要ス此總會ニ於テハ無限責任社員モ亦其引受クヘキ株式ノ數ニ應シテ議決權ヲ行フコトヲ得

第七十八條及ヒ第七十九條第一項、第二項ノ規定ハ前項ノ場合ニ之ヲ準用ス

第二百五十四條　削除

第二百五十四條　會社ハ組織變更ニ付キ債權者ノ承認ヲ得又ハ第七十九條第二項ニ定メタル義務ヲ履行シタル後二週間內ニ其本店及ヒ支店ノ所在地ニ於テ株式合資會社ニ付テハ解散ノ登記ヲ爲シ株式會社ニ付テハ第百四十一條第一項ニ定メタル登記ヲ爲スコトヲ要ス

第二百五十九條中「第百五十五條第一項」ノ下ニ「第二百五條第一項」ヲ加ヘ「株式ノ發行」ヲ「株券若クハ債券ノ發行」ニ改ム

第二百五十九條　第百四十七條、第百四十九條、第百五十條、第百五十五條第一項、第二百六條、第二百七條及ヒ第二百十七條第二項ノ規定ハ日本ニ於テスル外國會社ノ株式ノ發行及ヒ其株式若クハ社債ノ讓渡ニ之ヲ準用ス此場合ニ於テハ始メテ日本ニ設ケタル支店ヲ以テ本店ト看做ス

第二百六十一條　取締役、株式合資會社ノ業務ヲ執行スル社員、監査役又ハ株式會社若クハ株式合資會社ノ清算人若クハ支配人カ其任務ニ背キタル行爲ヲ爲シ會社ニ財產上ノ損害ヲ加ヘタルトキハ五年以下ノ懲役又ハ五千圓以下ノ罰金ニ處ス

前項ノ未遂罪ハ之ヲ罰ス

第二百六十一條ノ二　發起人、取締役、株式合資會社ノ業務ヲ執行スル社員、監査役又ハ檢査役カ會社ノ設立若クハ資本ノ增加又ハ其登記ヲ爲シ若クハ之ヲ爲サシムル目的ヲ以テ裁判所又ハ總會ニ對シ左ニ掲ケタル事項ニ付キ不實ノ申述ヲ爲シ又ハ事實ヲ隱蔽シタルトキハ五年以下ノ懲役若クハ禁錮又ハ五千圓以下ノ罰金ニ處ス

一　會社ノ設立又ハ資本增加ノ場合ニ於ケル株式總數ノ引受

二　會社ノ設立又ハ資本增加ノ場合ニ於ケル第百二十九条ノ拂込
三　第百二十二条第三號乃至第五號又ハ第二百十二條ノ二ニ揭ケタル事項
第二百六十一條ノ三　發起人、會社ノ業務ヲ執行スル社員、取締役、外國會社ノ代表者、監査役、淸算人又ハ檢査役ハ左ノ場合ニ於テハ三年以下ノ懲役若クハ禁錮又ハ三千圓以下ノ罰金ニ處ス
一　會社ノ業務又ハ會社財產ノ狀況ニ付キ裁判所又ハ總會ニ對シ不實ノ申述ヲ爲シ又ハ事實ヲ隱蔽シタルトキ
二　會社ノ業務又ハ會社財產ノ狀況ニ付キ不正ノ公告ヲ爲シタルトキ
三　會社ノ業務又ハ會社財產ノ狀況ニ付キ會社ノ帳簿又ハ書類ニ記載スヘキ事項ヲ記載セス又ハ不正ノ記載ヲ爲シタルトキ
四　法令ノ規定ニ依リ會社ニ備ヘ置クヘキ帳簿又ハ書類ヲ本店又ハ支店ニ備ヘ置カサルトキ
五　法令ノ規定ニ違反シテ株劵ヲ發行シタルトキ、株劵ニ第百四十八條第二項ノ金額ヲ記載セス若クハ其金額ニ付キ不正ノ記載ヲ爲シタルトキ又ハ第百五十五條第一項ノ規定ニ違反シテ株劵ヲ無記名式ト爲シタルトキ
六　法令ノ規定ニ違反シテ社債ヲ募集シ又ハ債劵ヲ發行シタルトキ
社債募集ノ委託アリタル場合ニ於テ受託者、受託會社ノ業務ヲ執行スル社員、取締役又ハ受託外國會社ノ代表者カ前項第二號ニ揭ケタル行爲ヲ爲シタルトキ亦同シ
前二項ノ行爲カ過失ニ出テタルトキハ三千圓以下ノ罰金ニ處ス
第二百六十一條ノ四　發起人、會社ノ業務ヲ執行スル社員、取締役、外國會社ノ代表者、監査役又ハ淸算人ハ左ノ場合ニ於テハ二年以下ノ懲役若クハ禁錮又ハ二千圓以下ノ罰金ニ處ス
一　第七十八條乃至第八十條ノ規定ニ違反シテ合併、會社財產ノ處分、資本ノ減少又ハ組織ノ變更ヲ爲シタルトキ
二　第百七十四條第二項又ハ民法第八十一條ノ規定ニ依リ破產宣告ノ請求ヲ爲スヘキ場合ニ於テ其請求ヲ爲サスシテ會社財產ヲ處分シタルトキ
三　檢査役ノ調査ヲ妨ケタルトキ
四　會社カ裁判所ノ命令ニ因リテ解散シタル場合ニ於テ淸算人ニ事務ノ引渡ヲ爲ササルトキ
五　淸算ノ結了ヲ遲延セシムル目的ヲ以テ民法第七十九條ノ期間ヲ不當ニ定メタルトキ
六　一部ノ債權者ヲ利スル目的ヲ以テ民法第七十九條ノ期間內ニ之ニ辨濟ヲ爲シタルトキ
七　債權者ヲ害スル目的ヲ以テ第九十五條ノ規定ニ違反シ會社財產ヲ分配シタルトキ

八　第二百六十條ノ規定ニ依ル裁判所ノ命令ニ違反シタルトキ

前項ノ行爲カ過失ニ出テタルトキハ二千圓以下ノ罰金ニ處ス

第二百六十一條ノ五　他人ノ株券ヲ使用シ其他詐欺ノ所爲ニ因リ議決權ヲ行ヒ又ハ第九十九條ノ二、第百六十條、第百六十三條、第百七十八條、第百八十七條、第百九十八條若クハ第二百二十八條第二項ノ規定ニ依ル株式引受人若クハ株主ノ權利ヲ行ヒタル者ハ一年以下ノ懲役若クハ禁錮又ハ千圓以下ノ罰金ニ處ス

發起人、取締役、株式合資會社ノ業務ヲ執行スル社員、監査役又ハ株式會社若クハ株式合資會社ノ清算人若クハ支配人カ前項ノ行爲ヲ爲シ又ハ之ニ加功シタルトキハ三年以下ノ懲役若クハ禁錮又ハ三千圓以下ノ罰金ニ處ス

第二百六十一條ノ六　議決權ノ行使ニ關シ不正ノ利益ヲ收受若クハ要求シ又ハ之ヲ收受スルコトヲ約束シタル者ハ一年以下ノ懲役又ハ千圓以下ノ罰金ニ處ス

不正ノ利益ヲ交付若クハ提供シ又ハ之ヲ交付スルコトヲ約束シタル者亦同シ

前項ノ罪ヲ犯シタル者自首シタルトキハ其刑ヲ減輕又ハ免除スルコトヲ得

發起人、取締役、株式合資會社ノ業務ヲ執行スル社員、監査役又ハ株式會社若クハ株式合資會社ノ清算人若クハ支配人カ第一項若クハ第二項ノ行爲ヲ爲シ又ハ之ニ加功シタルトキハ三年以下ノ懲役又ハ三千圓以下ノ罰金ニ處ス

第二百六十一條ノ七　發起人、取締役、株式合資會社ノ業務ヲ執行スル社員、監査役、株式會社若クハ株式合資會社ノ清算人若クハ支配人又ハ檢査役カ職務ノ執行ニ關シ不正ノ利益ヲ收受若クハ要求シ又ハ之ヲ收受スルコトヲ約束シタルトキハ三年以下ノ懲役又ハ三千圓以下ノ罰金ニ處ス

前項ニ掲ケタル者ニ不正ノ利益ヲ交付若クハ提供シ又ハ之ヲ交付スルコトヲ約束シタル者ハ一年以下ノ懲役又ハ千圓以下ノ罰金ニ處ス

前項ノ罪ヲ犯シタル者自首シタルトキハ其刑ヲ減輕又ハ免除スルコトヲ得

第二百六十一條ノ八　前二條ノ場合ニ於テ收受シタル利益ハ之ヲ沒收ス若シ全部又ハ一部ヲ沒收スルコト能ハサルトキハ其價額ヲ追徴ス

第二百六十一條　發起人、會社ノ業務ヲ執行スル社員、取締役、外國會社ノ代表者、監査役又ハ清算人ハ左ノ場合ニ於テハ五圓以上五百圓以下ノ過料ニ處セラル

一　本編ニ定メタル登記ヲ爲スコトヲ怠リタルトキ

二　本編ニ定メタル公告若クハ通知ヲ爲スコトヲ怠リ又ハ不正ノ公告若クハ通知ヲ爲シタルトキ
三　本編ノ規定ニ依リ閲覧ヲ許スヘキ書類ヲ正當ノ理由ナクシテ閲覧セシメサリシトキ
四　本編ノ規定ニ依ル調査ヲ妨ケタルトキ
五　第四十六條ノ規定ニ違反シテ開業ノ準備ニ著手シタルトキ
六　第百二十六條第二項及ヒ第二百三十八條第一項ノ規定ニ反シ株式申込證ヲ作ラス、之ニ記載スヘキ事項ヲ記載セス又ハ不正ノ記載ヲ爲シタルトキ
七　第百四十七條第一項又ハ第二百十七條第二項ノ規定ニ違反シテ株券ヲ發行シタルトキ
八　株券又ハ債券ニ記載スヘキ事項ヲ記載セス又ハ不正ノ記載ヲ爲シタルトキ
九　定款、株主名簿、社債原簿、總會ノ決議録、財産目録、貸借對照表、營業報告書、損益計算書及ヒ準備金竝ニ利益又ハ利息ノ配當ニ關スル議案ヲ本店若クハ支店ニ備ヘ置カス、之ニ記載スヘキ事項ヲ記載セス又ハ之ニ不正ノ記載ヲ爲シタルトキ
十　第百七十四條第一項又ハ第百九十八條第二項ノ規定ニ反シテ株主總會ヲ招集セサルトキ

第二百六十二條　發起人、會社ノ業務ヲ執行スル社員、取締役、外國會社ノ代表者、監査役又ハ清算人ハ左ノ場合ニ於テハ五圓以上千圓以下ノ過料ニ處ス但其行爲ニ付キ刑ヲ科スヘキトキハ此限ニ在ラス
一　官廳又ハ總會ニ對シ不實ノ申述ヲ爲シ又ハ事實ヲ隱蔽シタルトキ
二　本編ニ定メタル登記ヲ爲スコトヲ怠リタルトキ
三　本編ニ定メタル公告若クハ通知ヲ爲スコトヲ怠リ又ハ不正ノ公告若クハ通知ヲ爲シタルトキ
四　本編ノ規定ニ依リ閲覧ヲ許スヘキ書類ヲ正當ノ理由ナクシテ閲覧セシメサリシトキ
五　本編ノ規定ニ依ル検査又ハ調査ヲ妨ケタルトキ
六　本編ノ規定ニ違反シ株主總會ヲ招集セサリシトキ
七　第四十六條ノ規定ニ違反シテ開業ノ準備ニ着手シタルトキ
八　第百七十四條第二項又ハ民法第八十一條ノ規定ニ違反シ破産宣告ノ請求ヲ爲スコトヲ怠リタルトキ
九　第百九十四條ノ規定ニ違反シ準備金ヲ積立テサルトキ
十　株式申込證又ハ社債申込證ヲ作ラス、之ニ記載スヘキ事項ヲ記載セス又ハ不正ノ記載ヲ爲シタルトキ
十一　株券又ハ債券ニ記載スヘキ事項ヲ記載セス又ハ不正ノ記載ヲ爲シタルトキ

十二　其他重要ナル義務ヲ盡サヽルトキ

第二百六十二條ノ二　第四十四條ノ三第二項ノ規定ニ依リテ選任セラレタル者ハ本章ノ適用ニ付テハ之ヲ發起人ト看做ス

第二百六十二條　發起人、會社ノ業務ヲ執行スル社員、取締役、外國會社ノ代表者、監査役又ハ清算人ハ左ノ場合ニ於テハ十圓以上千圓以下ノ過料ニ處セラル

一　官廳又ハ總會ニ對シ不實ノ申立ヲ爲シ又ハ事實ヲ隱蔽シタルトキ

二　第七十八條乃至第八十條ノ規定ニ違反シテ合併、會社財産ノ處分、資本ノ減少又ハ組織ノ變更ヲ爲シタルトキ

三　檢査役ノ調査ヲ妨ケタルトキ

四　第百五十一條第一項ノ規定ニ反シ株式ヲ取得シ若クハ質權ノ目的トシテ之ヲ受ケ又ハ同條第二項ノ規定ニ違反シテ之ヲ消却シタルトキ

五　第百五十五條第一項ノ規定ニ違反シテ株券ヲ無記名式ト爲シタルトキ

六　第百七十四條第二項又ハ民法第八十一條ノ規定ニ反シ破産宣告ノ請求ヲ爲スコトヲ怠リタルトキ

七　第百九十四條ノ規定ニ反シ準備金ヲ積立テス又ハ第百九十五條第一項若クハ第百九十六條ノ規定ニ違反シテ配當ヲ爲シタルトキ

八　第二百條ノ規定ニ違反シテ社債ヲ募集シタルトキ

九　第二百六十條ノ規定ニ依ル裁判所ノ命令ニ違反シタルトキ

十　民法第七十九條ノ期間内ニ或債權者ニ辨濟ヲ爲シ又ハ第九十五條ノ規定ニ違反シテ會社財産ヲ分配シタルトキ

＊法学志林一二巻八号（明治四三年）付録を底本とする。冒頭に「法律取調委員会決議」とある。

第三章　昭和一三年会社法改正

一　法改正の背景となった環境の素描

1　企業社会をめぐる一般的概況

前回の商法改正がなった明治四四年（一九一一年）、わが国は明治期を通じての懸案であった関税自主権を全面的に回復した。これによって保護関税制度が本格的に発足し、国内の各種産業が近代企業として成長しうる環境が整備され、大正期を迎えたのである。

大正初年、日露戦争後に到来した企業勃興熱はすでに過去のものとなっていた。そして、日露戦争後に新設あるいは拡張された事業の少なからぬものが、施設過剰および技術的な未熟さを原因として赤字経営を続け、経営困難に陥っていた。(1)

右の事態を一変させたのが大正三年（一九一四年）八月に勃発した第一次世界大戦であった。この大戦は、わが国の経済の飛躍的発展を培う契機となったが、これはすでに日露戦争後に勃興した各種企業という基盤があったがための成果であったと評価しえよう。わが国の近代企業は、この大戦の間に巨大な利潤をあげ、従来わが近代企業の最大の弱点であった財政資力の貧弱さを短期間に一掃した。(2)さらに、大戦終結後においても、戦後景気の現出によって好況は継続した。この戦後景気はきわめて激甚なものであり、たとえば東京株式取引所株価は、大正八年（一九一九年）の最安値が一月に記録した一八三円一〇銭であったものが、大正九年（一九二〇年）三月には、同年の最高値、五四九円を記録している。(3)この時期の景気の熱狂度は、海外のそれをはるかに上回るものであったといわれている。(4)

大正九年三月一五日、東京市場で株価が暴落し、市場は一六日から二日間にわたり立会停止となった。これが戦後恐慌のはじまりである(5)。これを境にして、戦後景気は急崩壊する。いわゆる「大正九年の大反動」である。同年四月七日には、再び株価が暴落し、東京・大阪市場ともに同月一二日まで立会停止となった(6)。この一連の大反動で、主要株式の株価は、五六パーセントから八二パーセントの惨落をみたという(7)。この結果、国民にひろまった株式投機熱は大きな痛手を被った。

右の大反動は、少なからぬ企業に深大な打撃を与えたが、その当時、すみやかに破綻を公表し、整理を徹底的に断行したものはその一部にすぎず、より多くの企業は、表面を粉飾して事業の大きな傷を内攻させた。無理を続けて欠損はますます膨大となり、そのしわ寄せは銀行の不良貸付額の累増となって秘匿されることになった。そして、かかる弥縫が行き詰まって最後の破局にきたのが昭和二年(一九二七年)の金融恐慌であった(8)。一方、この大反動によって、破綻解散の道を歩まざるをえなくなった企業も少なくなく、かかる企業の強大企業への吸収、合併という形での調整も少なからず進展した。わが国における企業集中がもっとも飛躍的に進展したのも、この時期であった(9)。

昭和二年(一九二七年)三月一五日、東京渡辺銀行、あかぢ貯蓄銀行の破綻休業に端を発した金融恐慌は、同年四月一八日、台湾銀行が台湾島内店舗を除いて休業したことによって決定的な局面を迎える。巨額の不良債権の破綻が原因であった。株式市場は恐慌相場を呈するとともに、各地で取付け騒動が頻発した(10)。

右の金融恐慌は、五大銀行(三井、三菱、住友、安田、第一)への預金の急激な集中をもたらす結果となり、金融再編への道をひらくものとなった。そして、再編された金融機関を通じて、さらに企業の集中、系列化が進行した。同時に、大正九年以降、無理な経営を重ねてきた各種企業の整理淘汰も進み、いわゆる大財閥形成の完成をみた(11)。

昭和四年(一九二九年)一一月二一日、浜口雄幸内閣は「金貨幣または金地金等の輸出取締令を廃止する大蔵省令」を公布した(昭和五年一月一一日施行)。すなわち、金解禁の断行である。しかし、この金解禁は、昭和四年一〇月二四日のニュー・ヨーク株式市場大暴落に始まる世界恐慌と相俟って、体力の弱っていたわが国の経済に深刻な打撃を与える結果となった。この後、わが国の経済は、昭和六年(一九三一年)九月一八日に勃発した満州事変を契機として大陸開発の需要にその活路を見出そうとすることになる。

右のように、大正期から、昭和初期の間を通じて、わが国の企業は、未曾有の好景気とそれに続く大反動そして大恐慌という両極を経験したわけである。昭和一三年商法大改正は、かかる一般的概況の蓄積の上に、昭和初期に浮上してきたものであった。個別具体的な事情は、以下で概観することにしよう。

2　統計面からみた会社の概況

まず大正期から昭和初期にかけての、わが国企業の実態を各種の統計を通じて分析してみよう。

表Ⅰは、国税庁の統計をもとに作成した大正期から昭和一〇年（一九三五年）に至る会社組織別法人数の推移を表わしたものである。ただし、大正九年（一九二〇年）以前は休業中の会社数を含む。大正一〇年（一九二一年）以降は休業中および解散しまたは合併された会社数は含まれていない。

表Ⅰによれば、大正一〇年に至るまで、わが国の会社数は順調に増加の一途をたどっており、とりわけ大正六年（一九一七年）から一〇年に至る株式会社数の増加が顕著である。大正八年（一九一九年）には組織別会社数で合資会社を抜いて一度は首位に立っている。しかし、前述した大反動の影響のためであろうか、会社総数は大正一一年（一九二二年）から一三年にかけて、大正一〇年のそれを下回る。注目すべきは、株式会社数の増加率の著しい鈍化であり（合資会社のそれと比較すればより明瞭である）、株式会社数が大正一〇年の水準を上回るのは、ようやく昭和八年（一九三三年）である。会社数でみるかぎり、わが国未曾有の好景気とその後の大恐慌の影響が如実に反映されているのは、株式会社のそれであるといえよう。

表Ⅱおよび**表Ⅲ**は、商工省の統計に基づく大正四年（一九一五年）から昭和一〇年（一九三五年）に至る株式会社および合資会社の資本金階級別の会社数および資本金額を示したものである。

特徴のひとつは、株式会社における資本金規模の巨大化であろう。ちなみに、大正元年（一九一二年）末には、資本金

表Ⅰ　会社組織別法人数（明治45年～昭和10年）

年次	組織別 総数	合名会社	合資会社	株式会社	株式合資会社	相互会社	休業中の会社	新設の会社	解散又は合併の会社
明治45年	17,820	3,546	7,721	6,515	38				
大正2年	19,588	3,714	8,463	7,370	41				
3	20,969	3,843	9,156	7,929	41				
4	22,204	4,024	10,035	8,106	39				
5	23,696	4,248	10,858	8,556	34				
6	25,981	4,627	11,660	9,650	44				
7	30,601	5,480	12,791	12,282	48				
8	37,424	6,607	14,158	16,604	55				
9	42,488	6,954	14,912	20,568	54				
10	45,190	7,203	15,932	21,998	57		2,897		
11	41,215	6,532	14,226	20,403	54		2,938		
12	44,183	6,873	15,527	21,736	47		4,304		
13	43,702	6,636	16,164	20,845	57		5,214		
14	45,275	6,743	17,751	20,736	45		5,500		
15	46,813	7,044	19,239	20,479	43	8	5,884		
昭和2年	49,990	7,538	21,687	20,716	41	8	6,877		
3	53,113	7,963	24,293	20,809	40	8	7,259		
4	57,207	8,766	27,417	20,976	40	8	8,254		
5	63,553	9,841	32,259	21,402	43	8	8,898		
6	71,965	11,390	38,783	21,743	41	8	10,744	15,084	4,828
7	77,729	12,472	43,650	21,559	40	8	12,944	14,107	6,358
8	83,128	13,984	47,040	22,058	39	7	13,955	12,300	5,922
9	88,523	15,712	49,691	23,080	36	4	14,195	13,309	7,379
10	94,592	17,935	52,047	24,566	40	4	11,805	13,675	9,990

総務庁統計局　日本長期統計総覧4巻（昭和63年）162頁をもとに作成

表Ⅱ　株式会社資本階級別会社数および資本金（大正４年～昭和10年）

（単位　金額1,000円）

年次	総数		～５万円未満		５～10		10～20		20～50		50～100		100～500		500～1000		1000万円以上	
	社数1)	出資又は公称	社数	出資又は公称	社数	出資又は公称	社数	出資又は公称	社数	出資又は公称	社数	出資又は公称	社数	出資又は公称	社数	出資又は公称	社数	出資又は公称
大正４年	7,200	2,728,153	2,808	50,025	1,211	69,337	2,115	366,801	*	*	532	295,199	439	722,512	95	1,224,100	*	*
5	7,500	3,091,364	2,903	51,979	1,215	69,441	2,196	381,381	*	*	563	312,165	514	872,606	109	1,403,792	*	*
6	8,474	4,370,647	3,046	54,245	1,352	76,924	2,420	423,478	*	*	736	402,758	742	1,273,590	178	2,139,653	*	*
7	10,636	6,817,682	3,345	60,918	1,605	90,066	3,148	543,343	*	*	1,054	568,097	1,203	1,951,970	281	3,603,289	*	*
8	13,174	8,865,260	3,523	71,860	2,051	113,274	4,221	730,519	*	*	1,461	778,704	1,561	2,482,361	357	4,688,542	*	*
9	16,228	12,520,534	3,595	86,668	2,486	133,597	5,565	974,629	*	*	1,958	1,035,251	2,109	3,385,262	515	6,905,128	*	*
10	17,802	13,740,855	3,914	76,884	2,729	151,497	6,267	1,106,071	*	*	2,122	1,124,880	2,222	3,513,479	285	1,591,458	263	6,176,586
11	16,789	13,060,668	3,735	73,584	2,589	144,211	5,970	1,055,518	*	*	1,938	1,028,613	2,029	3,233,246	277	1,553,500	251	5,971,996
12	17,508	14,181,536	3,953	78,247	2,747	153,575	6,224	1,087,794	*	*	1,956	1,040,705	2,070	3,317,666	284	1,604,555	274	6,898,994
13	17,747	14,534,027	4,056	81,260	2,770	155,393	6,397	1,117,851	*	*	1,909	1,015,638	2,033	3,273,015	298	1,696,187	284	7,194,683
14	17,556	14,826,495	3,970	79,596	2,684	151,249	6,323	1,099,633	*	*	1,940	1,034,803	2,052	3,334,202	291	1,647,835	296	7,479,178
15	17,696	15,778,136	4,030	81,439	2,691	151,727	6,339	1,100,337	*	*	1,957	1,048,579	2,045	3,314,120	307	1,761,642	327	8,320,292
昭和２年	17,981	16,495,415	4,137	83,341	2,900	163,948	6,310	1,102,177	*	*	1,917	1,029,726	2,063	3,356,177	301	1,730,625	353	9,029,420
3	18,230	17,000,941	4,340	86,820	3,010	170,082	6,303	1,102,598	*	*	1,858	999,697	2,040	3,320,803	308	1,781,477	371	9,539,464
4	18,950	17,623,223	4,654	93,064	3,176	178,935	6,475	1,125,053	*	*	1,870	1,010,998	2,076	3,401,376	311	1,797,885	388	10,015,911
5	19,341	17,525,570	4,900	97,552	3,259	184,446	6,593	1,140,013	*	*	1,843	1,000,051	2,046	3,363,594	314	1,808,860	386	9,931,054
6	19,649	17,439,114	5,225	102,688	3,387	190,831	6,565	1,129,690	*	*	1,781	966,722	1,999	3,278,287	305	1,751,188	387	10,019,708
7	20,010	17,322,779	5,548	107,725	3,443	194,622	6,570	1,132,146	*	*	1,737	945,598	2,031	3,340,829	297	1,791,788	384	9,882,070
8	20,767	17,748,038	5,924	144,088	3,549	200,533	6,789	1,163,646	*	*	1,785	971,730	2,041	3,374,749	293	1,698,624	386	10,224,668
9	21,977	18,788,255	6,360	122,107	3,753	211,684	7,195	1,231,965	*	*	1,851	1,005,736	2,106	3,516,461	310	1,795,010	402	10,905,293
10	23,264	19,885,778	6,694	128,281	3,981	223,656	7,667	1,313,371	*	*	1,953	1,061,891	2,221	3,711,590	337	1,950,807	411	11,496,182

１）資本金不詳の会社を含む　　総務庁統計局　日本長期統計総覧４巻（昭和63年）174—175頁をもとに作成

表Ⅲ　合資会社資本階級別会社数および資本金（大正４年～昭和10年）

（単位　金額1,000円）

年次	総数		～５万円未満		５～10		10～20		20～50		50～100		100～500		500～1000		1000万円以上	
	社数1)	出資又は公称	社数	出資又は公称	社数	出資又は公称	社数	出資又は公称	社数	出資又は公称	社数	出資又は公称	社数	出資又は公称	社数	出資又は公称	社数	出資又は公称
大正４年	6,894	141,235	6,352	42,534	262	14,789	244	37,542	*	*	20	11,370	14	15,000	2	20,000	*	*
5	7,485	158,630	6,881	46,421	309	17,310	253	38,529	*	*	20	11,470	20	24,500	2	20,400	*	*
6	7,789	173,353	7,120	48,344	336	18,664	284	43,574	*	*	26	14,270	21	28,500	2	20,000	*	*
7	8,424	275,575	7,570	56,990	433	24,017	356	53,898	*	*	39	21,570	23	29,100	3	90,000	*	*
8	8,605	255,793	7,468	61,601	652	35,434	420	64,287	*	*	40	21,970	22	31,500	3	41,000	*	*
9	8,989	377,970	7,585	69,048	822	44,668	490	75,615	*	*	56	30,538	30	46,100	6	112,000	*	*
10	9,611	459,555	7,978	75,808	913	50,330	602	92,867	*	*	68	37,550	41	70,000	6	33,000	3	100,000
11	8,868	461,814	7,310	73,110	838	47,865	613	91,335	*	*	66	37,084	35	60,420	4	22,000	2	130,000
12	9,662	704,625	7,943	79,893	941	52,759	642	96,346	*	*	80	43,934	44	69,693	6	34,000	6	328,000
13	10,639	706,841	8,798	88,930	984	55,380	725	108,995	*	*	74	41,004	47	75,532	6	34,000	5	303,000
14	11,539	732,622	9,606	95,611	1,023	58,217	770	118,236	*	*	73	42,058	57	86,500	5	29,000	5	303,000
15	12,824	770,795	10,736	104,186	1,087	62,688	841	128,475	*	*	90	51,580	61	98,866	5	35,000	4	290,000
昭和２年	14,530	789,408	12,325	116,298	1,137	65,361	910	140,113	*	*	87	49,589	62	99,547	5	28,500	4	290,000
3	16,971	836,571	14,619	133,964	1,219	70,152	964	151,137	*	*	92	51,484	68	111,334	5	28,500	4	290,000
4	20,318	879,636	17,829	156,556	1,307	75,818	1,003	158,555	*	*	100	56,934	71	118,973	4	22,800	4	290,000
5	23,995	906,823	21,359	178,893	1,435	83,455	1,020	160,927	*	*	99	56,339	75	119,710	3	17,500	4	290,000
6	27,855	940,347	25,157	199,435	1,475	85,552	1,049	166,022	*	*	95	54,279	70	112,359	4	22,700	5	300,000
7	34,059	977,045	31,254	229,677	1,574	90,862	1,063	168,894	*	*	92	53,059	66	104,853	5	29,700	5	300,000
8	38,083	1,033,015	35,047	254,046	1,673	97,058	1,140	180,192	*	*	102	58,173	65	108,847	6	34,700	5	300,000
9	41,822	1,094,181	38,574	279,620	1,845	107,091	1,227	194,675	*	*	98	58,768	65	105,328	8	48,700	5	300,000
10	44,388	1,150,162	40,864	304,354	2,045	119,020	1,294	204,727	*	*	103	59,598	68	110,763	9	51,700	5	300,000

１）資本金不詳の会社を含む　　総務庁統計局　日本長期統計総覧４巻（昭和63年）176―177頁をもとに作成

額五〇〇万円以上の株式会社数はわずか五二社にすぎなかった。この規模の株式会社数は、大正期を通じて、実に一二倍以上の増加をみている。一方、合資会社における会社規模の拡大傾向はさほど顕著ではなく、合資会社にあっては、むしろ小会社の増加が著しい。

資本金五〇万円以上五〇〇万円未満の株式会社は、大正一〇年以降、社数および出資金額ともに増加率の鈍化が著しい。資力の比較的脆弱なかかる規模の会社に、大正不況の影響が甚大であったものと思われる。この点は、同規模の合資会社についてもいえることであろう。

資本金二〇万円未満の株式会社数は、大正一一年に前年比減少をみたものの、以降はほぼ着実な増加を示している。とりわけ、資本金五万円未満の会社数および出資金の増加が堅調であるといえよう。これは、不況に関係なく、税制関係から個人経営の中小企業が会社形式に転換したからである[12]。同様の傾向は、小規模な合資会社においてもみられる。

右によれば、株式会社にあっては、大正期および昭和初期において、一方で資本金規模の漸次拡大による大会社の発達があり、また一方で個人経営からの法人転換による小会社の着実な増加がみられるという、会社規模の分極化が進行したものであるといえよう。

3　企業の経営をめぐる概況

大正期から昭和初期という時期は、経営史学的側面からみた特徴として、会社役員による経営紊乱が多かった時期であったということができる。多くの会社が、大正九年以来の大反動に対する事業整理が不徹底であったにもかかわらず、会社役員および大株主の「その場主義」的立場から、粉飾決算によって利益を計上して蛸配当を続けた。しかもその利益処分は、可能な限り高額の株主配当と役員賞与とを得るために、将来の会社事業に必要な資金までも言わば分捕り的に分配してしまったのである[13]。「我が国会社重役の報酬賞与金等は過大にして、所謂不労所得の性質顕著なるものあり。分配の不適正、是より甚しきはなく、社会思想を悪化せしめる重大原因なるは明かなり。殊に半官的銀行会社の重役が、莫大

表Ⅳ　利益金中重役賞与の率（工業倶楽部調査）

	利益金（%）	重役賞与金（%）		株主配当金（%）	
		大正８年下期	大正13年下期	大正８年下期	大正13年下期
総平均（42社）	100	5	5	61	70
染色工業（10社）	100	5	3	54	60
機械工業（５社）	100	7	?	47	106
化学工業（７社）	100	11	4	43	63
飲食物工業（３社）	100	8	7	55	63
雑工業（３社）	100	11	13	67	67
電気瓦斯業（３社）	100	5	5	90	38
鉄道軌道業（３社）	100	7	9	71	58
船舶業（３社）	100	3	7	82	155
鉱山業（３社）	100	5	5	52	71

高橋亀吉・日本の企業—経営者発達史（昭和52年）236頁より

なる報酬を取得するは世界に殆んど類例なき有様なり」(14)と、社会的非難を招いたほどである。(15)さらに、会社役員たる地位を濫用して私腹をこやす背徳行為もまた、顕著にみられた。(16)

右の実状の下、単に報酬を得ることのみを目的に、同一人が多数の会社の役員を兼務するという弊風が生じた。すなわち、会社制度発足の当初は、信頼に値する専門的経営者の発達が未熟であったため、信頼の厚いいわゆる財界名士を発起人に列し、会社成立後はこの者を役員に就任させるという方法が、株主（投資家）を勝ち取る有効な方法であったため、多数会社の役員を同一人が兼務することが通常であった。(17)しかし、大正期から、昭和初期にかけての役員の兼務は、単に自らの利己的立場から、もっぱらその高額な報酬を目的とするものに変質していたようである。

一方、株主の会社に対する姿勢はどうだったのであろうか。第一次大戦を契機とする好況は、大衆の株式投資熱を招き、これは一面で一般株主の成長を促す要因となった。この時代の一般株主は、目先の利害から会社の実力以上の高配当を要求する風潮が強かったが、この傾向は、大正期から昭和初期において、さらに顕著となった。(18)すなわち、この時期は、会社に対する長期的投資家としての株主ではなく、株主の大衆化の進行にともない、投機家的株主が増大した時期である[19]。これと同時に、いわゆる一株主もしくは「会社ゴロ」と呼ばれる株主の出現をみた時期でもあった[20]。また、株式の拡散は、一方で会社の所有と経営の分離の進行を促すこととなった。

いわゆる大株主もまた配当偏重主義者が多かった。かかる大株主の思惑は、高配当の要求のみならず、目先の株価吊上げ工作としての合併や増資の強要という形で発現し、健全な会社経営を妨げる弊害となった[21]。もっとも、このような弊害は、法による干渉を待たず、生命保険会社の株式投資への進出、企業の系列化の進行、企業規模の拡大による大株主の資力の相対的低下、債権者たる銀行の影響力の増大、一般株主の成長等の要因によって、昭和七、八年頃（一九三二、三三年頃）までに徐々に改善傾向をたどったようである[22]。

なお、この当時の会社の決算純益金に対する役員の賞与金と株主配当金との率は、**表Ⅳ**のようなものであった。

4　若干の重要な論点に関する概況——法と実際との乖離

(1)　権利株の譲渡

昭和一三年改正前商法は、一四九条但書において、株式は本店の所在地における設立の登記をなすまではこれを譲渡しまたは譲渡の予約をなすことができない旨を規定して、権利株の譲渡を禁じていた。そして、解釈上、権利株の譲渡は、会社に対してのみならず当事者間においても無効と解されていた[23]。しかし、実際社会にあっては、右の禁止規定がまったく無視され、権利株の売買が公然と行われていた[24]。すなわち、第一回払込証に白紙委任状を添付して交付するという方法によって権利株の売買が行われ、取引所においてその相場が公表されている、という状況が現実であった[25]。

右の状態を利用して、不当な利益をあげるべく、会社発起人業を行う者がとりわけ日露戦争後に頻繁にみられはじめ、この傾向は、昭和初期においても後を絶つに至らなかった[26]。これらの者は、会社事業に出資、経営するという考えからではなく、発起人として受け持つ株数の権利金稼ぎの目的をもって発起人となり、会社設立を計画する。そして、誇張的な目論見書を公表するなどの誇大宣伝を行い、設立しようとする会社の人気を不自然に煽り、結果、権利株の相場をせり上げる。そのうえで、自分は株式払込金を払い込むことなく、事前に権利株を売却して逃亡するわけである。(27) 場合によっては、発起人と誤認するような、賛成人、賛助者といった名をあげて出資者を勧誘する例もみうけられた。(28)

(2) 取締役

わが国においては、株式会社法の移植後、会社の業務執行に関する合議的意思決定機関という意義での取締役会という経営組織は、明治以降、ついに発達をみなかった。これに代わって、わが国の企業内部では、会社役員相互の縦の階級的身分制度が時代とともに確実に発達したといえよう。(29)

明治前期の典型的な会社経営組織は、「社長——取締役」という短絡的なものであった。なお、商法制定後における「社長」の意義は、「法律ニ於テ特ニ認メタル呼称ニ非サレトモ我国ノ取引上慣用セラルル一種ノ熟語ニシテ会社ノ主席取締役ヲ意味スル」(30) ものとされた。社長を除く取締役の多くは単なる株主の代表にすぎず、業務知識もなければ経営能力もなかったし、通常は非常勤であった。(31) したがって、商法が各取締役に会社代表権と経営執行権を付与し、取締役全員に対等の地位と役割を与えていた（明治三二年商法一七〇条）のは、現実の会社経営遂行のうえで必ずしも適切ではなかったといえよう。

実際界において明治三〇年代に確立した会社役員組織は、「社長——専務取締役（一名）——取締役」という垂直的階層であった。(32) 商法が取締役に明確な権限と責任とを付与した結果、単に出資者たる資格においてのみ取締役になろうとする傾向の低下を招き、かつ、取締役たることに識見才能および責任意識

表Ⅴ　大正10年における株式会社企業の重役の構成（東京　資本金30万円以上）

重役の構成	社数
社長―専務―取締役	179
社長―副社長―取締役	5
社長―副社長―専（常）務―取締役	18
社長―副社長―専務―常務―取締役	1
社長―専務―常務―取締役	72
社長―常務―取締役	176
社長―取締役	159
専務（常務）―取締役	85
専務―常務―取締役	23
取締役	1,071
その他	8

注）株式会社2,629社の中で1,797社が資本金30万円以上である。
由井常彦・注(29)文献23頁より。

などが必要となったので、常勤の専門的経営者が必要となったわけである。[33] このため設けられたのが専務取締役という地位である。したがって、専務取締役は専門的経営者たる性格が濃厚であったといえよう。彼らには高給が与えられていたので、その所得によって有力な株主の一員となる可能性がひらけ、多くの場合、彼らはそれによって役員組織の中での地位を確実なものにすることに努めた。[34] 専務取締役の地位は明治末期から大正初期にかけて動かし難いものとなった。また彼らは、専務取締役とまったく同じ地位という意味で、かつ常勤という意味で、しばしば常務取締役とも称された。[35]

さらに、企業規模の拡大にともない、それまで専務取締役が一括して担当してきた職務の分担ないし補佐が必要となる。その際、どの会社もほとんど例外なしに、複数の専務取締役を設けることをせずに、従来の「社長――専務取締役（一名）」の下に、常務取締役（一名ないし二名）の職位を置くことによって、垂直的階級組織を構成するようになった。[36] 前章で述べたように、明治四四年に改正された商法一七〇条は、ようやく定款の記載または株主総会の決議による代表取締役の制度を認めたが、取締役の職階性は、かかる代表権の有無に関係なく進み、大正期にはいっそう広い範囲にわたって発展している。たとえば、大正期にあらたに副社長という階層が現われたが、その実態は、後進者の処遇上の処置にすぎず、その権限はないに等しいという例も少なくなかった。[37] こうして、取締役に付された呼称と会社代表権との間に、外部からは判別し難い乖離が生じることとなった。

(3)　会社の計算

経営史学上、わが国に洋式簿記・会計がはじめて制度的に一般会社に移植されたのは、明治二〇年代になってからといわれている。[38] しかし、わが国の諸会社がかかる会計制度を導入したといっても、もちろん完全なものではなかった。最も問題とされた点は、減価償却の正当性がなかなか公知されなかった点であろう。[39] 減価償却は、明治三〇年代から、まず税法上の問題とされるに至り、明治四〇年代以降、本格的に検討されることとなった。この問題が明確にされたのは（商法上の見地からではなくあくまでも税法上の見地からであるが）、大正七年（一九一八年）七月の大蔵省主税局の通牒によるものである。この通牒にはじめて詳細な耐久年数（耐用年数）表が付されたわけである。[40] 近時、三菱経済研究所が昭和初期における各社の経営分析を試みたとき、「いちばん困難したのが各社の減価償却態様の区々であり、かつ金額の不明な点であった[41]」とされている。

貸借対照表、財産目録、損益計算書などの様式も、まったく不統一であった。これらの様式がようやく統一をみるのは、通産省の産業合理局財務委員会が、昭和五年（一九三〇年）末に標準貸借対照表を、昭和六年（一九三一年）一月に財産目録様式を、同年三月に損益計算書の様式を発表した以降のことである[42]。これらは、今日、会社が統一的に作成している財務諸表の原型となったわけである。

右のような事情であったから、当然に商法の計算規定はきわめて不充分なものであった。すなわち、計算書類の作成方法に関する規定は存在せず、財産評価についての規定は、わずかに商法二六条二項が存在するのみであった。会社計算実務の実際は、右に述べたような形で補われていたにすぎなかったのである。

（1） 高橋亀吉・日本の企業――経営者発達史（昭和五二年）五九頁。
（2） 同前六〇頁。
（3） 高橋亀吉・我国企業の史的発展（昭和三一年）六六頁。
（4） 同前。
（5） 日本銀行金融研究所・日本金融年表〈増補・改訂版〉（平成五年）一一〇頁参照。
（6） 同前。
（7） 高橋・注（1）前掲六七頁。
（8） 同前六七―六八頁参照。
（9） 同前七四頁参照。
（10） 日銀金融研究所・注（5）前掲一三四頁参照。
（11） 高橋・注（1）前掲七九―八〇頁参照。
（12） 同前二〇九頁。
（13） 同前二一二頁。

(14) 昭和三年九月一八日、政友会政調理事会が経済審議会に提出を決定した進言書より抜粋。
(15) 高橋・注（1）前掲二三七頁。
(16) 同前二二八頁。自己が主宰する会社の株式配当予想を欺瞞的に真実とは逆に吹聴して株価を操作し、この間に有利に自己が保有する株式を売却して不当に利益をあげる方法や、不良会社の資産を過大に評価して、自己の主宰する優良会社に合併または買収する旨の情報を流し、この間に不良会社の株式を低廉に買い占めておき、優良会社を犠牲にして不当な利益をあげる方法などがとられた。
(17) 同前二三三頁。
(18) 同前二四四―二四五頁。
(19) 同前二四五頁。
(20) 佐々穆「株式会社法改正に関する東京商工会議所の発問事項を読む」法律学研究二六巻九号（昭和四年）九九頁参照。
(21) 高橋・注（1）前掲二四六―二四七頁参照。
(22) 同前二五一―二五二頁参照。
(23) 田中耕太郎・改正会社法概論（昭和一四年）四七九頁。
(24) 田中耕太郎・会社法概論（大正一五年）三二二頁。
(25) 田中・注(23)前掲四七九―四八〇頁。
(26) 高橋・注（1）前掲二三〇頁。
(27) 同前二一六頁参照。
(28) 佐々穆「株式会社法改正に関する研究事項(1)」法律学研究二六巻一〇号（昭和四年）七八頁。
(29) 由井常彦「明治時代における重役組織の形成」経営史学三四巻一号（昭和五四年）一―三頁。
(30) 大審院明治四一年一〇月一八日判決刑録一三輯八二二頁。
(31) 野田信夫・日本近代経営史（昭和六三年）六三五頁。
(32) 由井・注(29)前掲一七頁。
(33) 同前二二頁参照。
(34) 野田・注(31)前掲六三七頁。
(35) 由井・注(29)前掲二三頁。

(36) 同前。
(37) 野田・注(31)前掲六三七頁。
(38) 同前六五二頁参照。
(39) 同前。
(40) 同前六五三頁参照。
(41) 同前。
(42) 同前六五三頁。

二 法改正への胎動

1 緒 言

第一次世界大戦後における欧州諸国の会社法改正の動きは、昭和期になってわが国にも伝播した。かかる動きを一言で示すならば、一九世紀以降第一次大戦に至るまでの間に高潮の最頂点に達した個人主義的資本主義をある程度において制限しようとするものであった[43]。とりわけ、国家社会主義または全体主義的思想の台頭は、個人主義的法律思想の相対的凋落をもたらしたようである。この傾向は、会社法にも影響を与えることになった。たとえば、当時において次のような記述がみられる。すなわち、「会社もまたその対外関係において社会団体の一員として国民経済的見地その他からこれが制限を被るのみならず、その対内関係においても一の団体を形成するものとしてその組織に関し、株主平等の原則、大株主専横の抑止、その他資本家相互間における個人主義的放恣に対するこれが制限を受けるのである[44]」。

右に加えて、先に概観したわが国固有の事情がある。かつてない経済の異常な好況と各産業分野における企業の飛躍的発展、およびこれに続く未曾有の経済破綻という経験。これらを通じた経済社会構造の変革は、わが国の商法の不備を浮彫りにした。商法改正をせずして経済の需要を満たすことができなくなったわけである[45]。

2　東京商工会議所の活動

商法なかんずく会社法改正への具体的な動きは、まず民間が主導する形で開始された。

昭和四年（一九二九年）五月、東京商工会議所は、いちはやく商事関係法規改正準備委員会を設置し、独自に商法改正の研究に着手した。同委員会は、学者、法曹家、実務家によって構成されていたが、この委員会は、さらに主査委員数名を選任して、彼らが主導して研究が進められた(46)。

右の委員会は、昭和四年末に、それぞれ確定事項三一項目、研究事項四六項目および発問事項一三項目をまとめ、公表している。これらは、主として実務上の需要に耐えない商法の不備を中心にまとめられたもので、会社総則、株式会社の設立にはじまって、解散および清算を含めた多岐の項目にわたっている。ひとつの事項で多数の論点を含むものもあるが、確定事項および研究事項の論点を、各事項に付された数字によって整理すると、以下のようになる。

会社法総則……確定事項(1)ないし(3)、研究事項(1)および(2)
株式会社の設立……確定事項(4)ないし(6)、(31)、研究事項(3)ないし(11)
株式……確定事項(7)ないし(10)、研究事項(12)ないし(17)
株主総会……確定事項(11)ないし(13)、研究事項(19)ないし(22)
取締役および監査役……確定事項(14)、研究事項(23)ないし(27)
会社の計算……確定事項(15)ないし(18)、研究事項(23)ないし(33)
社債……確定事項(19)および(20)、研究事項(34)ないし(39)
定款の変更……確定事項(21)ないし(27)、研究事項(40)および(41)
解散および清算……確定事項(28)ないし(30)、研究事項(42)ないし(46)

主張の主要点を概観すると、大小会社区分の問題（研究事項(1)）、会社濫設による弊害の防止（研究事項(4)ないし(9)）、会社の資金調達の多様化（確定事項(22)、(24)）、少数株主権の行使とその濫用との調和（発問事項(4)）、会社の財務関連規定の明確化および会社情報の開示（発問事項(7)、(8)）などが含まれている。

東京商工会議所がまとめたこれらの事項は、企業実務家がその中心となったこともあり、企業活動の自由を妨げる法律の過度の干渉を好まない、いわゆる自由主義、不干渉主義的傾向が強いとの評価がなされている。[47]

3 政府の動向

昭和四年（一九二九年）五月一三日、田中義一内閣は、勅令第一一八号をもって法制審議会官制を公布し、即日施行した。この法制審議会は、内閣総理大臣の監督に属し、その諮問に応じて重要な法律制度を調査審議し、それらの事項を関係各大臣に建議する権限を有するという性格のものであった（同勅令一条）。

法制審議会は、まず経済社会の需要に耐えられなくなっていた商法改正の審議を優先的に開始することを決定した。同年七月二日、田中内閣は総辞職し、浜口雄幸内閣が成立したが、浜口内閣も右の方針を踏襲することとなった。[48]

また、右の法制審議会の動きとの関連は必ずしも明らかではないが、司法省も同年において商法中改正を要すべき点につき、関係各方面に諮問を行っている。この司法省の諮問に対する答申資料として、調べた限りでは、東京弁護士会[49]および東京商工会議所の意見がある。前者の意見においては、たとえば、会社の表見代表者の規制（意見第六）、記名株式の譲渡方法の改善（意見第一八）、会社財産の評価基準に対する具体的提言（意見第二八）などが注目される。また後者の意見[50]は、先に公表された同会議所改正準備委員会における研究を一歩進めた内容のものであると評価しえよう。

いずれにせよ、商法改正に向けて政府が実質的な活動を開始したのは昭和四年のことであった。

4 学界の議論状況

学界においても、各界の動きと規を一にして昭和四、五年頃（一九二九年、三〇年頃）から、会社法改正への具体的提言がみられはじめる。とくに、昭和二年（一九二七年）の金融恐慌およびこれに関連した企業破綻への反省から、とりわけ会社計算規定および監査規定の整備が急務であるとの認識が目立つようである。たとえば、監査役の資格を株主に限定している商法の規定（昭和一三年改正前商法一八九条・一六四条）を見直し、その専門知識のある者を任用し易くすべきである。[51] 会社計算に関する規定はわが会社法上もっとも不完全なもののひとつである。[52] 会社の経営の健全化は、計算の公表が肝要であるが、そうとすれば、決算報告における財産評価に関する規定の整備が不可欠である。[53] 以上のような主張がなされている。

法改正への胎動がみられはじめたこの時期に、その後の学界における商法改正論議の方向づけに一石を投じる論稿が公表された。昭和五年（一九三〇年）に田中耕太郎が公表した「株式会社法改正の基本問題」と題される論稿[54]である。

田中耕太郎は、法律制度の無力、不完全および社会生活と法律規定との間の間隔が、株式会社法の範囲において最も顕著であると指摘し[55]、この認識に立って、会社法ことに株式会社法の研究にあっては、社会生活の現実ことに法律実在を眼中におかなければならないとした。[56] そして、「生ける株式会社法」すなわち、単なる法条の解釈または伝統的な概念の体系の研究を超えて、「法律の事実的方面の探求」という研究をもなすべきであると説いた。[57] 右の「生ける株式会社法」の探求は、具体的な商法改正論議のうえに、次のように反映されている。第一に、立法者は、存在の世界において行われる諸原則を顧慮し、法をして現実の社会生活より遠ざかることなからしめ、社会的需要に応ずる法を制定しなければならない。[58] 第二に、商法のような変遷発達きわまりない経済を基礎とする法律の範囲内においては、常に新たな経済上の必要性が発生し、それが従来の一般原則に対する特別の法律的取扱いを要求する事態が生じるが[59]、この点を考慮しなければならない。

第一の観点から、田中耕太郎が例をあげて具体的に提言した論点は、およそ以下のようなものである。すなわち、①欧州における設立免許主義が採用されていた時代および場所において意味のあった株式合資会社を、沿革を無視してわが国に輸入しても定着しないのは明らかであり、この制度は廃止されるべきである。[60] ②記名式株券の譲渡は、株主名簿の名義書替えがその対抗要件とされているが（昭和一三年改正前商法一五〇条）、現実には名義書替えの請求を委任する白紙委任状を添付してこの種の株券を譲渡する商慣習法が確立し、著しくその移転が円滑になされ、株式は商品のように取引され、取引所能力を有するに至っている。[61] これによって、記名式株券が譲渡当事者間においても無記名証券のように流通することを認めていなかった商法一五〇条の規定の精神は忘却せられた。[62] しかし、商法は、記名式株券を二八二条所定の有価証券と認めていないので、同条によって準用される四四一条（手形の善意取得の規定）の保護を記名式株券に与えていない。この結果、かかる株券の譲渡が法的に不安定になっているから、裏書譲渡と善意取得とをかかる株券に認めるべきである。[63]

第二の観点からは以下のように説かれている。まず、①経済の要求は、形式的な法律概念を無視して新たな混血児を生み出す。その例が株式と社債との接近である。経済が社債権者団体の制度や転換社債の制度を要求しているならば、改正においてこれを考慮すべきである。[64] ②現実に進行している企業集中の傾向が、株式会社法に影響を及ぼすかどうか研究すべきである。会社企業間相互における組織的拘束、すなわち行為法的、債権法的、一時的にあらざる会社の組織に影響を及ぼすところの身分法的、継続的な関係を眼中におき、立法に際してこれに関する研究をなす必要がある。[65]

なお、第二の観点から、小規模または家族的会社における株式会社法の厳格性の緩和と有限責任の要求を兼ねて充足するため、有限責任会社または私会社のような新たな制度を採用し、「現在の株式会社制度において失われる社会的エネルギーの無益なる消耗を防止すること」がよいと説いている。[66]

(43) 佐々穆「社会的経済的事実に即したる我国現時の株式会社法改正の要諦」法律時報二巻一号（昭和五年）一頁
(44) 大竹緑「会社法改正の一重要問題」法律春秋五巻七号（昭和五年）一〇二頁。
(45) 菅原菊志・企業法発展論（平成五年）二六一―二七頁参照。
(46) 佐々・注(43)前掲二頁参照。
(47) 升本重夫「株式会社法の改正と有限責任会社制度」法曹公論三三巻三号（昭和五年）六頁参照。
(48) 佐々・注(43)前掲二頁参照。
(49) 東京弁護士会の答申書は、東京弁護士会会報八巻二号（昭和五年）五二頁以下に掲載されている。
(50) 東京商工会議所の意見は、商工月報六巻一号（昭和五年）一二九頁以下に掲載されている。

(51) 山辺常重「会計士法案の急務と商法改正の要点」簿記世界二三巻七号（昭和四年）一六―一七頁参照。
(52) 佐々・注(43)前掲九頁。
(53) 上田貞次郎「株式会社の経営上の本質と其法律」法律時報二巻一号（昭和五年）二一、二二頁参照。
(54) 田中耕太郎「株式会社法改正の基本問題」法学協会雑誌四八巻一号（昭和五年）三五頁以下。
(55) 同前四二頁。
(56) 同前四一頁。
(57) 同前。
(58) 同前四五頁。
(59) 同前四九頁。
(60) 同前四五頁。
(61) 田中・注(24)前掲三二一頁。
(62) 田中・注(54)前掲四六頁。
(63) 同前四七頁。
(64) 同前五〇頁。
(65) 同前五四―五六頁。
(66) 同前五〇頁。

三　商法改正要綱をめぐって

1　改正要綱の決定

先に述べたように、法制審議会は昭和四年（一九二九年）五月に設置された。同年一〇月一九日、浜口雄幸内閣総理大臣は、閣甲第一四九号をもって、「政府ハ商法ノ規定中現下ノ事情ニ適切ナラサルモノアリト認ム、之カ改正ノ要綱如何」と法制審議会に諮問した。

同日ただちに法制審議会第一回総会が催され、原嘉道を主査委員長とする主査委員を選定するとともに[(67)]、商法改正議案を主査委員会に付託することとした。同年一一月一日、主査委員会は第一回会議を開催し、ここでさらに五名の小委員を選出した。そして、同年一一月一五日から翌昭和五年（一九三〇年）一二月一九日まで、小委員会は計四三回の会議を重ね、商法第一編総則および第二編会社に関する改正要綱案を作成、公表した(68)。この間、主として起案の衝に当たったのは松本烝治であった(69)。

小委員会案は主査委員会に上程され、昭和六年（一九三一年）一月二三日開催の第三回主査委員会から同年二月二七日開催の第八回同委員会に至る審議を経て、多少の修正がなされた後に可決された(70)。そして、主査委員会案は、同年七月一三日開催の第三回総会から同年七月二〇日開催の第八回総会において審議されたうえ、原案どおり可決議了されたのである(71)。以後、会社法改正論議は、右の改正要綱を軸として展開されることになる。

2　改正要綱の概要

商法改正要綱は、全二〇六項目からなる。このうち、第一編総則に関して二二項目（第一ないし第二十二）があてられ、第二編会社に関して一八四項目（第二十三ないし第二百六）があてられている。

第二編会社を中心に、要綱の起案に当たった松本烝治がとくに重要な項目として言及しているものを挙げてみよう(72)。

要綱第二十三は、特別法をもって欧州の有限責任会社または英国の私会社のような特別の会社を認め、これに関する規定を設ける旨を述べたものである(73)。

第一章総則に関しては、会社に対する裁判所の解散命令の規定を拡張した点が主要な改正点である(74)（要綱第二十六）。第二章合名会社、第三章合資会社に関する主要な改正点は、社員の責任の加重および債権者の保護を図り(75)（要綱第三十四および第三十八）、会社解散の後に会社の継続をひろく認める措置を講じようとする点である(76)（要綱第四十一および第四十二）。また、会社設立の取消は、必ず訴をもってすることを要するものとした(77)（要綱第六十一および第六十二）。

第四章株式会社について、改正要綱はもっとも多くの部分を割いている。

第一節設立に関しては、以下が主要な改正点である。まず定款の作成を公正証書によらしめている(78)(要綱第七十二)。次いで、発起人が現物出資またはこれに類する行為をなす場合の取締りを旧法よりも厳格化しようとしている。具体的には、財産引受（要綱第七十七）、事後設立（要綱第七十九）に関する規定を設け(79)、現物出資者の財産給付の時期を明確にし（要綱第八十五）、募集設立の場合にも、現物出資または財産引受が定款に記載されているときは、裁判所に検査役の選任を請求して、その調査報告を創立総会に提出させるものとした(80)（要綱第八十七）。発起人が受けるべき特別利益、報酬、現物出資等に関する事項を創立総会において変更するときは、発起人の議決権行使ができないものとした(81)（要綱第八十八）。さらに、株金払込みの仮装を防止すべく会社設立時の株金払込みの確実化を図っている。すなわち、預合を途絶させるよう、株式申込証に払込取扱銀行または信託会社を記載させ、設立登記申請書に払込取扱者の払込金保管証明書を添付せしめ、払込取扱者の責任を明確化する措置を講じることとしている(82)（要綱第八十二）。

第二節株式に関しては、以下が主要な改正点である。第一に、記名株式に裏書譲渡の途を開くこととした。すなわち、原則として株券を指図証券とし、かかる株券に善意取得を認めることとした(83)（要綱第九十七ないし第九十九）。ただし、株主名簿上の株主の地位を守るために、かかる株主がなした裏書については、会社が調査してもその署名の真偽を判別できない場合に限って、善意の取得者の権利取得を認めることとした(84)（要綱第九十七但書）。第二に、資本増加の場合以外における優先株の発行を認め（要綱第百十）、いわゆる後配株をも認めて（要綱第百十一）、会社の資金調達の多様化を図っている(85)。

第三節会社の機関に関しては、以下が主要な改正点である。第一に、会社の重要な業務執行につき、取締役の専断を防止すべく、株主総会の特別決議を要するものとした(86)（要綱第百二十一）。第二に、取締役および監査役の資格を株主に限らないものとし(87)（要綱第百二十四）、広く適材を求めうるようにした。

第四節会社の計算に関しては、以下が主要な改正点である。まず、会社が作成すべき計算書類を法定様式によって統一することとした(88)（要綱第百三十三）。ただし、これらの様式は便宜に適応して時に改変する必要がありえるため、細目は命令に委ねることとした（同前）。次いで、資産の評価につき、株式会社に限って、たとえ時価が高騰しても営業上の固定資産に取得価額または製作価額以上の価額を付することを禁じた[89]（要綱第百三十四）。次に、会計検査のためにする少数株主による検査請求権の濫用を禁じるため、その行使要件に制限を加えた[90]（要綱第百四十四）。

第五節社債に関して、旧債借替えの場合における社債制限額の緩和を認めた[91]（要綱第百四十六）。さらに、通常の無担保社債についても、社債権者集会の制度を認めることとした[92]（要綱第百四十八ないし第百五十）。

第六節定款の変更に関しては、以下が主要な改正点である。まず、株金全額払込みの後でなければ資本増加ができない旨を定めた商法二一〇条を削除して[93]（要綱第百五十二）、増資を容易にする一方で、放漫な資本増加を防止すべき措置を合わせて講じている[94]（要綱第百五十三）。次いで、転換株式および転換社債を認め、優先株と普通株との間の転換[95]（要綱第百五十八）および社債と株式との間の転換[96]（要綱第百五十九）につき、概略同じような規定を設けようとしている。さらに、資本増加無効の際の善後処置[97]（要綱第百六十二）および資本減少無効の際の善後処置[98]（要綱第百六十八）について、かかる無効の訴の要件やその判決効を明確にしている。

第六節ノ二として、会社の整理に関する節を新たに設けた[99]（要綱第百六十九）。これによって、破産手続きを避けて、別の方法で会社の再建を図る途を開こうとしている。すなわち、裁判所の監督下で整理当局者の行動を制限し、会社債権者の保護を図るとともに、会社に対する強制執行または破産の申立て等を中止して整理の妨害を排除し、株金払込請求権に執行力を与える便法等を設け、整理の実行を促進助長しようとしている。

第七節解散に関しては、以下が主要な改正点である。すなわち、合併に関する商法規定の不充分さのゆえに、実際の合併方法がさまざまであり、これに関する争訴が絶えないことに鑑み、合併に関する規定の充実を図っている[100]（要綱第百七十四ないし第百七十八）。すなわち、合併契約書の作成を要するものとし、契約書の要件を定めるとともに、合併に際して株式の併合をするときの方法につき明確な規定を設ける等の措置を講じた。また、合併無効の際における善後処置に関する定めをも設けた[101]（要綱第百八十三）。

第八節清算に関しては、以下が主要な改正点である。第二款として特別清算に関する規定を新設し、会社整理の場合と同様に、債務超過の清算会社の整理を裁判所の監督下において円滑な清算をとげ、多数関係者の利益の保護を図ろうとしている(102)（要綱第百八十四および第百九十）。

第五章株式合資会社については、これを廃止すべき積極的な理由がないとして、かかる会社の存続を認め、現行法の欠点を補い、株式会社法の改正にともなって改正すべき点を列挙している(103)（要綱第百九十一ないし第百九十五）。

第七章罰則に関しては、取締役等に対する刑事責任を強化する方向で改正がなされようとしている。すなわち、特別背任罪の定め(104)（要綱第百九十六および第百九十七）、株式または社債の募集に関する申込証その他文書の虚偽記載に関する定め(105)（要綱第百九十九）、預合に関する定め(106)（要綱第二百）、会社役員等の収賄に関する定め(107)（要綱第二百一）、会社荒しの非行および利益供与禁止に関する定め(108)（要綱第二百二ないし第二百四）等を設けるとともに、過料の制裁規定を一括して定めることとした(109)（要綱第二百六）。なお、罰則に関連して、法制審議会は、別に進行中であった刑法改正論議と主義を一致させるべく、付帯決議として「本案ノ罰則ニ付テハ大体要綱ニ基クモ起草ノ際一般刑事法トノ関係ヲ審究シ要綱ノ本旨ニ反セザル範囲内ニ於テ適当ナル変更追加ヲ為スヲ妨ゲザルベシ」との決議をなした。

以上が改正要綱の主要点であるが、総括すれば、その改正の内容は、ある場合においては従来の商法が定めていた制限を無用と認めて緩和した部分もあるが、大体においては新たに相当厳重な制限を付してその取締りを周到にし、会社債権者や株主を保護しようとするものである(110)。

最後に、先に述べた法と現実との乖離現象に対処すべく、改正要綱はどのような手当てを用意したのか、右で言及されていない点について付言しておこう。

権利株の売買の横行およびこれを利用した会社設立屋の跋扈に関しては、権利株の譲渡を当事者間では原則的に有効と認めると同時に、会社に対しては、会社への通知等どのような手段をとろうとも、会社に対抗できないものとしている。加えて、会社設立の場合における発起人または資本増加の場合における取締役、監査役が多数の株式を引き受けた後、権利株として直ちにこれを他人に譲渡する行為を絶対無効とし、これを禁止するとともに罰則中に制裁を定めている（要綱第九十六および第二百六第一項七号）。

取締役等に付された名称と会社代表権との乖離に関しては、社長その他代表権ありと誤認させるような名称が付された者の行為は、会社がその者にその名称を付した場合に限って、会社は善意の第三者に対する責任を負う旨の定め、すなわちいわゆる表見代表取締役に関する定めを設けている（要綱第百二十七）。

3　改正要綱公表直後の反響

改正要綱の公表は、右に述べたように、昭和五年（一九三〇年）一二月一九日における小委員会案の公表がその最初のものである。しかし、公表直後の昭和六年（一九三一年）あたりの各界の議論状況は、必ずしも盛況であったとは言い難い。この時期、商法学界においては、一九三〇年（昭和五年）に成立したいわゆるジュネーブ手形法統一条約および翌一九三一年（昭和六年）に成立した小切手法統一条約に関する検討もまた重要課題であった。事実、法制審議会は、会社法改正と並行して、昭和五年末から統一手形法条約の採否に関する審議をなし、昭和六年一月一六日付けをもって、内閣総理大臣に対して「商法第四編中為替手形及ビ約束手形ニ関スル規定ハ為替手形及ビ約束手形ニ関スル統一法ヲ制定スル為メノ条約付属書ノ手形統一法ノ如ク改正スルヲ適当ト認ム」との答申をなしている。これを受けて昭和七年手形法および昭和八年小切手法が制定されるわけであるが、この時期、商法学界の関心が少なからず手形法分野に割かれていたことも、会社法改正論議に影響したものと思われる。

改正要綱に関して、結果的に会社法改正を首唱した形となった東京商工会議所は、どのような評価を与えたのであろう。これについては、当時の東京商工会議所の渡辺鉄蔵理事（法学博士）に対する法律時報編集室記者の会見記事[三]からその評価をうかがい知ることができる。

右によれば、「今度の改正案は、言わば当会議所の希望によって出来たもので、ほとんどこちらの意見どおりと言ってよいくらいです」[112]と、きわめて肯定的な評価が与えられている。とりわけ同理事は、社債と株式との転換および優先株と普通株との転換をなしうる点ならびに資本増加以外の場合でも優先株の発行が認められた点を歓迎し[113]、取締役・監査役を株主以外から選任しうること、定款を公正証書によらしめることを一刻も早く実現したいと述べている[114]。発起人の責任が加重された点についても、結構なことであると述べ[115]、会社の整理とくに特別清算の規定が整備されたことを当を得たものであると評している[116]。ただ株式合資会社制度の存続については、不満を表明している[117]。最後に、たとえ有限責任会社の導入と切り離してでも、急務であるところの会社法の改正を先行させてほしい旨の強い意見表明がなされている点[118]が注目されよう。

改正要綱においては、会社の計算に関連して、財産評価に関する規定の整備がうたわれているが、この点に関する当時の会計学者の意見につき、便宜上この節において言及しておこう。調べた限りでは、会計学者の改正要綱に対する具体的提言はほとんど見うけられない。しかし、数少ない会計学者の意見表明のなかでは、改正要綱第百三十四に対する批判が目につく。要綱第百三十四は、先に述べたように、株式会社に限って、たとえ時価が高騰しても営業上の固定資産に取得価額または製作価額以上の価額を付することを禁じたものである。その趣旨は、営業用固定資産の時価が騰貴したときに、その評価益を計上してこれを配当すれば会社の基礎を危うくする一因となるため、これを禁じようとするものであるとされている[119]。

これに関し、会計学者はおよそ次のように述べている。評価益が配当すべき利益でないことは企業財務に関与する者の常識であるが、正確な損益計算書が公表されるならば、この種の不当な利益配当は明白になるから、これを防止するためには、損益計算書の公表が保障されれば十分である[120]。また、配当に供するための評価益計上は否定すべきであるが、欠損塡補を目的とする場合の評価益計上をも否定すべきではないから[121]、要綱第百三十四は疑問である。

さらに、取引所の相場がある有価証券については決算期の属する月における平均価額を超えない価額を付すべきであるとした要綱第百三十五に対して、決算期における買煽り等による人為的価額上昇を防止する意図は理解しうるものの、月の平均価額によることは取引所の市場性を無視しているし、いずれの取引相場をさし、いずれの地の取引所をいうのか、計算の技術的側面に問題が多く、立法者の意図がどこにあるか不明である[122]、といった批判がみうけられる。

4　改正要綱をめぐる学界の議論状況

(1)　昭和六年

この年に公表された改正要綱をめぐる有力な論稿としては、第一に、大隅健一郎による改正要綱中の会社合併に関する部分を詳細に検討したもの[123]があげられる。大隅健一郎は、改正要綱中、合併に関する全項目につき、その是非を検討している。ここでは、大隅健一郎がとりわけ強く反対意見を表明した論点を挙げておこう。

吸収合併にあっては、合併をなすべき期日に関する定めをしたときはその旨を、新設合併にあっては、創立総会の期日に関する定めをしたときはその旨を、おのおの合併契約書中に記載することを要するものとした改正要綱第百七十五第五号および第百七十六第五号に関して、以下のような批判が展開されている。すなわち、この規定の趣旨は、当事会社が合併の効力の発生時期につき別段の定めをした場合においても、これを合併契約書に記載しなければその効力を生じないというものであろう。そうとすれば、この規定は、当事会社が合併の効力の発生時期を任意に定めうるというものであることになろう。しかし、合併のような公衆の利益に重大な関係がある事項については、法律の規定をもってその効力の発生時期を画一的に定めて、法律関係の明確と確定を期することが必要である。合併の効力の発生時期は、一律に合併登記によらしめるべきである[124]。

人的社会の合併につき、合併に対して異議を述べた債権者の債権額が会社債務総額の四分の一を超えたときは合併ができないものとした改正要綱第四十四に関しては、以下のような主張が展開されている。すなわち、この規定は、結局会社をしてあらかじめ一部の債権者に対してのみ担保を供してその異議をおさえ、残余の債権者を無視して合併を強行するといった不公正な手段に走らせる原因となるのではなかろうか。したがって、人的会社の合併に関しても、会社債権者の保護にあたっては、物的会社の合併と同一の原則に服せしめればよい[125]。

次いで、この年に公表された有力な論稿として、社債権者集会制度の改正問題を論じた栗栖赳夫の論稿[126]がある。栗栖赳夫は、大正不況および金融恐慌を契機として、大正末期から昭和初年にかけて現実に生じた社債の不払い、償還不能事件[127]をふまえて、この問題を以下のように論じている。

社債権者集会制度に関しては、従来、担保付社債信託法が担保権の保存および実行ならびにこれに付随関連する範囲においてのみ社債権者団体を認め、その意思決定機関として社債権者集会制度を認め、その代表者の設置を許していたにすぎなかった[128]。改正要綱第百四十八および第百四十九は、商法上の社債権者集会およびその代表者制度につき、その性質の許す範囲内において担信法上の社債権者集会およびその代表者制度を範とし、商法中株主総会に関する規定および担信法の規定に準じて規定を設けようとする方針であると評価しうる[129]。そうとすれば、商法に社債権者集会制度の規定を設けるにあたっては、次の三点が考慮されるべきである。第一に、商法中の株主総会に関する現行規定はもちろんのこと、この規定中不備改正の点をも考慮に入れたうえで、これに準じた規定を設けるべきである[130]。第二に、担信法中の社債権者集会およびその代表者に関する規定は明治三八年以来改正されておらず、不備な点もあるため、担信法それ自体の改正も検討されるべきである[131]。第三に、株主総会の規定と担信法の社債権者集会の規定との整合性が図られるべきである[132]。

(2)　昭和七年

この年に公表された主たる論稿としては、改正要綱全般にわたって主としてドイツ法を参照しつつ批判を加えた高窪喜八郎の論稿[133]がある。この論稿は、法学新報に同年三月から連載が開始されたものであるが、昭和九年四月まで足掛け三年間にわたるものである。便宜上、この年に掲げておこう。今日的視点からすれば、きわめて大胆な政策の採用を主張していると評価しうる部分もあるが、当時の社会的背景を考えるうえで興味深い点がある。

右の論稿の一貫した姿勢は、会社制度がもたらす弊害の主たる要因を会社設立法制の不備に求めるというものである。したがって、会社設立に関してきわめて厳格な干渉主義的主張がなされている。すなわち、募集設立制度こそが、泡沫会社を生み、会社設立屋の横行・権利株の売買などを通じて国民経済を破壊する原因の元凶であるとし[134]、この制度はすみやかに全廃すべきであると主張されている[135]。大規模株式会社の設立は、銀行団や有価証券商団の参加または援助によるべく、会社の成立後に広く株式を売り出せばよいとする[136]。また、会社設立の際に実施されるべき検査について、厳格な検査を要求する規定を整備するとともに、半官半民の検査会社を設立し、これに強制検査をなさしめるべきである等[137]、きわめて斬新な主張を展開している。

さらに株式会社への最低資本金制度の導入が提唱されている[138]（一〇万円程度）。また、変態設立につき、改正要綱以上に厳格な立法がなされるよう要求している。たとえば、事後設立に関する要綱第七十九に対し、たとえ特別決議とはいえ、かかる契約をなすことを株主総会決議に一任してよいということであれば、会社法が規定する干渉的規定の大部分が不要となる、と述べている[139]。

当事者間における権利株の譲渡を認める要綱第九十六に対し、会社の乱設が経済困難の一大要因をなしたという実際を看過して、権利株の売買を公認しようという政策には驚かざるをえないとし、これを厳禁しかつ無効とすべきとしている[140]。外国に権利株の譲渡を制限する規定が存在しないのは、外国ではそもそも権利株の譲渡が行われないからにすぎないためであると述べている[141]。

次いで、未払込みのある株式を対象とする取引がわが国の証券取引市場の取引高の半数近くに上るという実態をふまえ、広く一般にこのような取引が行われるがために資本充実の原則を破壊する結果を招くのであるから、わが国においては、未払込株式の譲渡を認めないことにするか、全額払込制度に改めるべきであるという旨を提唱している[142]。

さらに、決算期に作成すべき株式会社の計算書類につき、会社の健全性を貫くために、詳細な干渉規定を設ける旨の主張を展開するなど[143]、全体として、きわめて厳格かつ干渉主義的な政策が色濃く表明されている。しかし、たとえば自己株式の取得および質受けに関しては、自己株式の運用が巧妙に行われることは株式会社制度の長所とみるべきであり、会社の有する債権の担保としてこれを取得したり、会社が重大な損害を回避するためにこれを買い占めたり、株式市価が不当に低い場合にこれを買い取る等、自己株式の取得および質受けは、実際上も法理上も相当広く自由を認めるべきであると[144]いった、不干渉・自由主義的な主張がなされているという側面も見受けられる。

(3)　昭和八年

この年に公表された論稿としては、商法学者による商法改正に関する講演録[145]が見うけられる。このうち、西原寛一が昭和七年一一月に京城帝国大学法文学会の主催によって行った講演は、会社法改正要項の解説にとどまらず、さらに踏みこんだ独自の提言が折りこまれたものとなっている。たとえば、株式会社の取締役に無限責任を負わせるという政策の可能性を研究すべきであると示唆している[146]。すなわち、貯蓄銀行法、無尽業法および有価証券割賦販売業法においては、取引先の性質を考え、これらの会社の取締役に無限責任を負わせる例を開いているが、これらの特則がいかなる程度において一般化されるべきであるかは考究に値する[147]、と述べている。加えて、監査役に職業的専門家を参加させるべき旨を示唆する[148]。この点に関しては、計理士法が発布され（昭和二年三月三一日法律第三一号）、信託業法の改正（昭和四年）によって信託会社に対し会社検査業務の兼営が認められている時代であるから、実行不可能とはいえないとしている[149]。

いわゆる株式債権説に立脚して、株金分割払込制度を廃し、全額払込制度の採用に踏み切るべきであると主張する松田二郎の論稿[150]が注目される。松田は、分割払込制度の立法上の意義を認めつつも、裁判官としての経験に基づき、この制度の濫用事例を紹介している。たとえば、株金の追加払込みをさせることだけを目的に株式会社を設立し、何ら事業を行うことなく、以後大衆株主に払込みを請求し、応じなければ本店所在地の裁判所に払込請求訴訟を提起し、地方在住の大衆株主に欠席裁判を強いる、といった事例である[151]。次いで彼は、分割払込制度が経済社会の発達にともない、その意義を失いつつあると主張している。すなわち、金融資本による産業の統制や企業集中の傾向によって、借入金や社債募集等、必ずしも未払込株金によらない資金調達が容易になっている[152]。株式は、その性格を債権化しつつあり、配当政策として配当の安定化が論じられたり、株式の危険負担を分散しようとする投資信託の発生すら見ている。これは、投機証券たる株式が投資証券化したことを示すものであり、それにともない、株式の投機証券としての一大魅力たる分割払込制度も従前に比して魅力を失いつつある。[153] 実際上も清算や破産手続上、未払込株金の徴収は困難であり、いたずらにこれらを遅延せしむるだけである。未払込株金は、もはや会社資本を充実し、会社債権者に対する担保資金としての作用に多くを期待できなくなっている。[154] およそ以上のように主張する。次いで各国の法制および制度の運用を概観し、独仏英米など法制は全額払込主義を全面採用していない諸国も、運用において事実上、全額払込主義的傾向にあることを強調している。[155] そして、わが国の実情を考えれば「四分の一払込制度は横行闊歩して其弊害を生じ、或は不当に投機熱を刺激し、或は所謂株金払込を目的とする会社の成立を助けて細民を苦しめ、然も未払込株金が、担保基金としての不確実性は多くの清算又は破産に於て見る所であり、斯る場合払込請求は効を奏せざる結果、清算又は破産手続を徒に遅延せしむるに過ぎない。……未払込株金を徴収する事により、会社資本を充実せしむる事は、多く頼むに足りない。更に失権手続に基く多くの煩雑なる手続と法律論は今之をここに述ぶる必要すらないであらう[156]」として、商法改正に際しては、全額払込制度を採用して「株式会社法上の一大禍根を除去[157]」すべきであると主張している。彼は、株式債権説の立場から、全額払込制度の利点を以下のように説いている。「株式全額払込制度は唯一の株主の義務たる出資義務を株式引受の際のみに限局し、其後株主は何等出資義務を負担しないのであり、換言すれば、爾後未払込株金を通じて会社経営に参与することなきに至る……。而して、株式の如き継続的関係に在りては、時間的要素が重大の役割を演じ、其長き期間内に会社の資産に変化あるを免れざる結果、未払込株金の存在は売買代金一部の残額が尚存在するに比し、多分の危険的要素を含むに拘らず、株式全額払込制度は、斯る時間的要素の為被る危険を排除し得るのである。而して、斯る作用は配当政策上、或は準備金によつて配当の安定化を計り、以て株式の継続的関係より生ずる時間的要素を克服せんとする努力と俟つて、本来投機証券たる株式をして投資証券化しめんとしつつあるのである[158]」。以上のように述べて、重ねて商法改正に際し、全額払込制度の採用を検討すべきであると結んでいる。

また、会社法改正に関連する事件として、この年の四月には担保附社債信託法が改正され[159]（昭和八年法律第四四号）、同年五月二〇日に施行されている。その主たる改正点は、第一に社債に付すべき物上担保の種類拡張である。すなわち、社債に付すべき物上担保として新たに漁業財団抵当および自動車交通事業抵当を認めた(160)。第二に、同一の担保権をもって担保する社債の分割発行制度、いわゆるオープン・アンド・モアゲージの採用である。すなわち、会社がその事業資金を数次にわたって必要とし、これを社債によってその財産を担保として調達する場合、同一担保権をもって担保する社債を分割して発行する制度を採用した(161)。

(4)　昭和九年

この年には、第一東京弁護士会が主催する商法改正調査委員会が改正要綱に対して一個の決議をなしている。決議の日付けは必ずしも明らかではないが、同年四月以前のことである(162)。すなわち、同委員会は、「本委員会ハ司法省発表ノ商法改正要綱ハ根本的ノ改造ヲ要スヘキモノト認ム」との決議をなし、その理由書を付してこれを公表している(163)。右の決議および理由書の草案の主たる執筆者は高窪喜八郎であり、一部、同委員会委員である弁護士の大島正義の提案を基礎として作成されたものである(164)。

右理由書に述べられた主張の概要を挙げておこう。その主張の基本的な立場は、有限責任会社または私会社制度を導入する以上は、株式会社を規整する立法に関しては、国家は十分な干渉をもって臨むべきであるとするものである(165)。具体的には以下のような提案がなされている。

まず、強制検査制度の設置が提案されている。すなわち、会社設立、資本増加、会社計算書類等にかかる検査、その他少数株主の請求による検査等につき、賠償能力のある計理士または検査会社による検査制度を導入すべきであるとしている(166)。監査役制度の改善に関して、取締役と特殊な関係を有する者の就任を禁ずる措置を講ずるとともに、少数株主派からも起用する途をひらくこと等が提案されている(167)。最低資本金制度の導入を提唱し、その金額を一〇万円以上としている(168)。また、会社設立手続きの厳格化を求め、募集設立を認めないことに加え、現物出資、財産引受、事後設立につき、発起人または取締役が提出すべき報告書の詳細な条件を定め、強制検査を徹底させる等、いっそうの干渉的規定を設けるべきであるとしている(169)。少数株主の保護政策として、会社荒しに対する厳罰主義と引換えに、株主に対して総会における報告請求権を付与することを提案している。すなわち、総会の決議事項の目的と関連を有する会社の事情につき、取締役に報告を求めるという権利を株主に与え、取締役がこれを拒絶しても少数株主団の支持があれば報告請求に応じなければならないとするものである。[170]大株主の権利濫用に関しては、大株主が取締役を牽制して会社に損害を及ぼす行為をさせたとき、取締役と連帯して賠償責任を負わせるよう提案している。[171]株券の有価証券性を徹底させるため、総会決議の無効が確定しても株主はいったん受領した配当金および利息の返還義務を負わないこととし、株金払込みの責任を最終株主に限る等の政策を研究するよう提案している。[172]さらに、従属会社またはコンツェルン会社に関する規定を設けるべき旨が提唱されている。すなわち、営業報告書においてこれらの関係を明らかにさせ、財務諸表の作成においても、これらの関係を反映させた規定を設けるべきであるとする。[173]取締役の報告義務も、従属会社またはコンツェルン会社に及ぶものとすべきであると述べている。[174]取締役、会社間の取引に関して、会社を代表する者を監査役とすべき旨が述べられている。[175]会社の重要な業務執行に関して、高価な物件の買入れ、譲渡、質入れにつき相当な制限規定を設け、また高額の報酬を必要とする使用人の任免に監査役の同意を要するものとする旨が提案されている。[176]会社の事業を監督する立場にあった公務員のいわゆる天下りの制限が提案されている。[177]株主総会議事録の作成に関し、公証人等を関与させるべきこととされている。[178]営業報告書、財産の評価、貸借対照表に関しては、その内容、項目の分類等に至るまで、相当に詳細な準則を設けるべきことが述べられている。[179]新株の発行による増資は、資本の全額払込前にこれをなしえないとする原則を撤廃しないよう求めている。この原則を撤廃すれば、むしろ投機的な資本増加を行う弊害の方が大きいとの危惧がその主たる根拠である。[180]また、増資にかかる新株発行においては、株主に対し、その持株数に応じて新株を優先的に割り当てることを請求しうる権利を与えるべきであるとしている。[181]権利株の譲渡に関しては、放任主義を改めて、この弊害を除去すべく、明文をもって無効とすべきであると主張している。[182]外国株式会社のわが国における営業に関して、許可主義を原則とし、例外的に相互主義を採用すべきであると提案している。[183]最後に、罰則規定をより広範かつ厳格にする方向で規定すべき旨が述べられている。[184]

これ以外の改正要綱に関する論稿としては、実務家の立場から、改正要綱において用いられた用語とりわけ会計上の用語に関して、混乱を招かないように会計学で用いられる用語との整合性を図るべきであると述べるものがある。[185]
なお、改正要綱と直接の関係はないが、当時のドイツにおけるナチスの台頭およびわが国のドイツへの政治的傾斜を反映してか、指導者原理に基づき、取締役の手に株式会社の指導権を委ね、株主総会の権限を強く制限するというナチス的原理に基づくドイツ株式会社組織法の研究が始まったのも、昭和九、一〇年あたりのことである。[186]
昭和一〇年には、商法学界において注目すべき改正要綱に関する論稿が見うけられない。以後、商法学界では、昭和一一年に公表された商法改正法律案を軸として論議が展開されることになる。

(67)　志田鉀太郎「日本商法典の編纂と其改正」明大商学論叢一〇巻五・六号（昭和六年）四二五頁。
(68)　松本烝治「商法改正要綱解説(1)」法学協会雑誌四九巻九号（昭和六年）一〇三頁。
(69)　志田・注（67）前掲四二五頁。
(70)　松本・注（68）前掲一〇四頁。
(71)　同前。
(72)　松本烝治「商法改正の話(1)―(2)」東京工場懇話会会報六〇号（昭和六年）九頁以下、六一号六頁以下を参照して概観する。なお、松本烝治「商法改正要綱解説(1)―(7)」法学協会雑誌四九巻九号（昭和六年）一〇三頁以下、四九巻一〇号一二七頁以下、四九巻一一号一〇九頁以下、四九巻一二号一二八頁以下、五〇巻一号（昭和七年）一二八頁以下、五〇巻二号一二五頁以下、五〇巻三号一五七頁以下は、要綱の全項目について解説を加えたものである。これもあわせ参照する。同じく主査委員による要綱解説として、大森洪太「商法改正要綱摘要」法律時報三巻一〇号（昭和六年）五三頁以下がある。
(73)　同前・話(1)一七頁、解説(1)一二七―一二八頁参照。
(74)　話(1)一七頁、解説(2)一三二―一三三頁参照。
(75)　話(1)一七頁、解説(2)一三三―一三四頁参照。
(76)　話(1)一七頁、解説(2)一三六―一三七頁参照。
(77)　話(1)一八頁、解説(2)一五〇―一五一頁参照。
(78)　話(1)一八頁、解説(2)一五七頁参照。
(79)　話(1)一九頁、解説(2)一五九―一六〇頁参照。

(80) 話(1)一九頁、解説(2)一六四—一六五頁参照。
(81) 話(1)一九頁、解説(2)一六六頁参照。
(82) 話(1)一九頁、解説(2)一六二頁参照。
(83) 話(1)一九頁、解説(3)一一一—一一五頁参照。
(84) 話(1)二〇頁、解説(3)一一五頁参照。
(85) 話(1)二〇—二一頁、解説(3)一二四—一二五頁参照。
(86) 話(1)二一頁、解説(3)一三三頁参照。
(87) 話(2)六頁、解説(3)一三六頁参照。
(88) 話(2)六頁、解説(4)一二八—一二九頁参照。
(89) 話(1)一五頁、解説(4)一二九頁参照。
(90) 話(2)七頁、解説(4)一三七頁参照。
(91) 話(2)七—八頁、解説(4)一三八—一三九頁参照。
(92) 話(2)八頁、解説(4)一四一—一四五頁参照。
(93) 話(2)八頁、解説(5)一二八—一二九頁参照。
(94) 話(2)九頁、解説(5)一二九—一三〇頁参照。
(95) 話(2)九頁、解説(5)一三四—一三五頁参照。
(96) 話(2)九頁、解説(5)一三六—一三八頁参照。
(97) 話(2)一〇頁、解説(5)一四〇—一四二頁参照。
(98) 話(2)一〇頁、解説(5)一四六—一四七頁参照。
(99) 話(2)一〇—一一頁、解説(5)一四七—一五八頁参照。
(100) 話(2)一一頁、解説(6)一二九—一三四頁参照。
(101) 話(2)一二頁、解説(6)一三七頁参照。
(102) 話(2)一二頁、解説(6)一四一—一四五頁参照。
(103) 話(2)一三頁、解説(7)一五八—一五九頁参照。
(104) 話(2)一四頁、解説(7)一六〇—一六三頁参照。

(105) 話(2)一四頁、解説(7)一六六頁参照。
(106) 話(2)一四頁、解説(7)一六七—一六八頁参照。
(107) 話(2)一四頁、解説(7)一六八頁参照。
(108) 話(2)一五頁、解説(7)一六九—一七一頁参照。
(109) 話(2)一五頁、解説(7)一七一—一七七頁参照。
(110) 話(2)一六頁。
(111) 法律時報編集室「会社法改正について東京商工会議所理事渡辺鉄蔵氏に聴く」法律時報三巻一〇号(昭和六年)五六頁以下。
(112) 同前五六頁。
(113) 同前。
(114) 同前。
(115) 同前。
(116) 同前五六頁—五七頁。
(117) 同前五七頁。
(118) 同前。
(119) 松本烝治「商法改正要綱解説(4)」法学協会雑誌四九巻一二号(昭和六年)一三〇頁。
(120) 太田哲三「商法改正要綱中の株式会社の計算」会計二九巻六号(昭和六年)八二九—八三〇頁参照。
(121) 同前八三〇頁。なお、原口亮平「商法改正要綱に於ける財産評価について」国民経済雑誌五三巻三号(昭和七年)一〇頁参照。
(122) 原口・同前一二頁参照。
(123) 大隅健一郎「商法改正要綱に於ける会社合併の問題(1)—(2)」法学論叢二六巻五号(昭和六年)七二六頁以下、二六巻六号九〇七頁以下。
(124) 同前・二六巻五号七四二—七四三頁参照。
(125) 同前・二六巻六号九〇九頁参照。
(126) 栗栖赳夫「商法改正要綱に見えたる社債権者集会制度(1)—(2)」法学新報四一巻一〇号(昭和六年)九二頁以下、四一巻一一号八九頁以下。

(127) これに関しては、同前・四一巻一〇号一〇四頁—一〇五頁参照。
(128) 同前・一〇三頁—一〇四頁。
(129) 同前・四一巻一一号九一頁。
(130) 同前。
(131) 同前九一—九二頁。
(132) 同前九二—九四頁。
(133) 高窪喜八郎「商法改正要綱に対し反対すべき点(1)—(19)」法学新報四二巻三号(昭和七年)一頁以下、四二巻四号一〇頁以下、四二巻五号一頁以下、四二巻六号八頁以下、四二巻七号七頁以下、四二巻九号五七頁以下、四二巻一〇号一一頁以下、四二巻一一号二四頁以下、四二巻一二号一頁以下、四三巻一号(昭和八年)六〇頁以下、四三巻二号五五頁以下、四三巻三号五三頁以下、四三巻七号七七頁以下、四三巻八号五六頁以下、四三巻一〇号九五頁以下、四三巻一一号七九頁以下、四三巻一二号七九頁以下、四四巻一号(昭和九年)九五頁以下、四四巻四号九〇頁以下。
(134) 同前・四二巻六号六〇—六一頁参照。
(135) 同前六二頁。
(136) 同前六三頁。
(137) 同前七九—八一頁参照。
(138) 同前四二巻一〇号一六頁。
(139) 同前一八—一九頁参照。
(140) 同前四三巻一号七四頁参照。
(141) 同前。
(142) 同前七七頁参照。
(143) 同前・四四巻一号一〇五—一〇六頁、四四巻四号九〇頁参照。
(144) 同前四三巻二号六一—六二頁参照。
(145) 田中耕太郎「商法の改正に就て」司法協会雑誌一二巻一号(昭和八年)一頁以下、西原寛一「株式会社に於ける病理的現象と其の匡正」司法協会雑誌一二巻二号(昭和八年)二九頁以下。
(146) 西原・同前五一頁。

(147)　同前。
(148)　同前六一頁。
(149)　同前。
(150)　松田二郎「株式全額払込論——商法改正の問題として」法曹会雑誌一一巻一号（昭和八年）四三頁以下。
(151)　同前四四—四五頁参照。
(152)　同前五一頁。
(153)　同前五二頁。
(154)　同前五四—五五頁。
(155)　同前五六—五九頁。
(156)　同前六〇—六一頁。
(157)　同前六一頁。
(158)　同前六七頁。
(159)　担信法改正の解説として、栗栖赳夫「担保附社債信託法改正案に就て」法律新聞三五三〇号（昭和八年）三頁以下、同「担保附社債信託法中改正法」法学新報四三巻六号（昭和八年）一六頁以下、同「社債法の不備及其の改正」銀行研究二五巻六号（昭和八年）一三頁以下。
(160)　栗栖・同前法学新報四三巻六号二一—二二頁参照。
(161)　同前二六—二七頁参照。
(162)　高窪喜八郎「商法改正要綱は根本的の改造を要す(2)」法学新報四四巻六号（昭和九年）八七頁参照。
(163)　同委員会の商法改正調査委員起草要綱は、正義一一巻三号（昭和一〇年）一頁以下、同一一巻四号四一頁以下に掲載されている。
(164)　高窪喜八郎「商法改正要綱は根本的の改造を要す(1)」法学新報四四巻五号（昭和九年）四四頁参照。
(165)　起草要綱・注(163)前掲一一巻三号一〇頁。
(166)　同前一〇—一一頁参照。
(167)　同前一一—一二頁参照。
(168)　同前一四頁参照。

(169) 同前一五―一八頁参照。
(170) 同前一八―一九頁参照。
(171) 同前一九頁参照。
(172) 同前一九―二〇頁参照。
(173) 同前二〇―二一頁参照。
(174) 同前一八頁参照。
(175) 同前二二頁参照。
(176) 同前参照。
(177) 同前二三頁参照。
(178) 同前参照。
(179) 同前二三―三三頁参照。
(180) 同前三三―三四頁参照。
(181) 同前三四頁参照。
(182) 同前三五頁参照。
(183) 同前三五―三六頁参照。
(184) 同前三六頁参照。
(185) 山本淳一「商法改正の要綱に就て」法律新聞三七八三号（昭和九年）四―五頁参照。
(186) 八木弘「株式会社制度の改革――独逸法学会の株式会社法改正意見」国民経済雑誌五七巻三号（昭和九年）一二二頁以下、後藤清「ナチス的指導者原理と株式会社組織法改正論」民商法雑誌二巻二号（昭和一〇年）一六五頁以下あたりが、ナチス的会社法論研究の嚆矢である。

四　商法改正法律案をめぐって

1　改正法律案の起草と公表

政府は、法制審議会が議定して答申した商法改正要綱を法律案として起草すべく、司法省内に商法改正調査委員会を設けた[187]。調査委員会は、昭和七年（一九三二年）一一月より商法法律案の起草を開始し[188]、昭和一〇年（一九三五年）末に、立案作業を終えている[189]。

右の法律案は、同年一二月二六日に開会した第六八回帝国議会に提案されることとなったが、同議会において、当時の岡田啓介内閣に対する不信任案が提出され、翌昭和一一年一月二一日に衆議院が解散されたため[190]、成立するに至らなかった。それゆえ政府は、この法律案を世に公表したわけであるが、これによって、法律案をめぐる議論もまた喚起されることとなった。

2　法律案と改正要綱との対照

昭和一一年（一九三六年）初めに公表された商法改正法律案は、総則編五一か条（第一条ないし第五一条）および会社編のうち罰則を除く四三四か条（第五二条ないし第四八五条）であった。これに対応する旧法は、総則編四三か条、会社編二五四か条（罰則を除いて）であるから、会社法に力点を置いた大改正案であったといえよう。この改正法律案は、ほぼ改正要綱を踏襲して起章されている。ただし、起章に際して改正要綱を再審議し、あるいは追加または削除をなし、あるいは文言の変更等をなし、若干の相違を見るに至った部分もある[191]。

以下に掲げた対照表は、改正要綱の項目が改正法律案の条項にどのように投影されたかを容易に検索しうるように作成したものである。数字は、改正法律案の条項および改正要綱の項目番号を示すものである。

改正法律案	改正要綱
第二編　会社	
第一章　総則	
五六条二項	二四
五七条	二五
五八条一・二項	二六
第二章　合名会社	
第一節　設立	
六三条五号	二七
六四条四号	二七
六五条一項	二八

六七条	二八
第二節　会社ノ内部ノ関係	
七三条	三〇
七四条一項	三一
七五条	三二
第三節　会社ノ外部ノ関係	
八〇条二・三項	三四
八一条	三五
八三条	三六
第四節　社員ノ退社	
八六条	二九・三三
九一条	三八
九三条二項	三九
第五説　解散	
九四条	四〇
九五条一項	四一
九五条二項	四二
九六条	二八参照
九七条	四一・四二・二八参照
九八条二項	四三
一〇一条	二八参照
一〇四・一〇五条	四七
一一〇・一一一条	四七
一一三条	四九
一一四条	二八参照
一一五条一項	四八
第六節　清算	
一一七条二項	五一
一一七条三項	五〇第二項
一一七条四項	五〇第一項
一一八条二項	五〇第二項
一一九条	五〇第三項
一二二条	五二
一二五条二・三項	五四
一二七条	五三
一三一条但書	五六
一三四条	五七・二八参照
一三五条	五五
一三六条一項	五九前段
一三六条二項	五八
一三六条三項	五九・六〇
一三九条一項	六一参照
一四〇条	六一前段
一四一条	六二
一四三条	六三
一四五条	六四
第三章　合資会社	
一五四条後段	六五
一五五条	六六
一五七条	六七
一五九条	六八

一六〇条	六九
一六一条二項	七〇
一六二条一項但書	七一
第四章　株式会社	
第一節　設立	
一六六条二項	七三・七四
一六七条	七二
一六八条一項二号	一一〇・一一一
一六八条一項五号	七六・一一〇・一一一
一六八条一項六号	七七
一六八条二項	七八修正
一七〇条一項	八〇
一七二条	八五
一七五条二項五号・七号	八一
一七五条二項六号	八二
一七五条四項	八四
一七七条二項	八二
一八一条一項	八七
一八八条二項	八九
一九〇条二項	八二
一九一条	九六
一九二条	九一
一九六条	九三
一九七条一項	九四
一九八条	八三
第二節　株式	

二〇一条一項	九二
二〇五条	九七
二〇六条一項	九八
二〇九条一項	一〇〇
二一〇条	一〇一
二一一条	一〇一
二一二条二項	一〇二
二一五条二項	一〇五
二一六条	一〇五
二一九条一項	一〇七
二一九条二項	一〇八
二二〇条	一〇四
二二二条一項	一一二
二二三条	一一〇・一一一
二二四条三項	一〇六
二二五条	一一〇・一一一・九五
二三〇条	第一項　九九
第三節　会社ノ機関	
第一款　株主総会	
二三三条	一一四
二三六条	一一五
二三七条三項	一一六
二四一条一項	一一七
二四四条	一一八
二四六条	七九
二四七条二項	一一九

二五二条	一二〇
二五三条	一二三
第二款　取締役	
二五四条一項	一二四
二五六条	一二五
二五九条	一二四
二六一条三項	一二六
二六二条	一二七
二六三条一項	一一八
二六四条一項	一二九
二六七条二項	一三〇
二六八条一項	一三〇
第三款　監査役	
二七六条二項	一三一
二八〇条	一二四

第四節　会社ノ計算	
二八二条二項	一三八
二八四条	一二二
二八五条	一三四・一三五
二八六条	一三六
二八七条	一三七
二八八条	一三九・一四〇
二八九条	一四一
二九一条二項	一四二
二九二条	一四三
二九四条一項	一四四
二九五条	一四五

第五節　社債	
第一款　総則	
二九七条	一四六
三〇一条二項	一四六・一四七
三〇五条一項	二八
三〇八条	一五一
三一七条	一四八
第二款　社債権者集会	一四八
三一九条	一四九
三三四条	一五〇
三三六条	一四九
三三七条	一四八
三三八条	一四八
三三九条	一四八

第六節　定款ノ変更	
三四四条三項	一〇一
三四五条	一一三
三四八条	一五四
三四九条	一五五
三五〇条	一五三・一五七
三五二条	一六〇
三五三条	一五三
三五八条	一六〇
三五九・三六〇・三六一・三六二・三六三条	一五八
三六四・三六五・三六六	一五九

六・三六七・三六九条	
三七〇条	九六・一六一
三七一・三七二・三七三・三七四条	一六二
三七五条	一五三
三七六条二項	一六三・一六四
三七七条二項	一六六
三七九条	一六七
三八〇条	一六八
第七節　会社ノ整理	
三八一・三八三・三八六・三八七・三八八・三八九・三九〇・三九一・三九二・三九三・三九七・三九八・四〇一・四〇二条・四〇三条一項	一六九
第八節　解散	
四〇四条	一七〇・一七一
四〇六条	一七二
四〇八条	一七四
四〇九条	一七五
四一〇条	一七六
四一二条	一七九
四一三条	一八〇・一八一
四一四条	一八二
四一五条	一八三
四一六条	一七三・一七七・一七八・一八三
第九節　清算	
第一款　総則	一八四
四一八条	一八五
四二三条	一八六
四二八条	一八八
四二九条	一八九
第二款　特別清算	一九〇
四三一条	一九〇第一・二・一九号
四三二・四三三条	同一八号
四三四条	同三号
四三六条	同一一号
四三七条	同一二号
四三八条	同四号
四三九条	同五号
四四一条	同六号
四四三条	同七号
四四四条	同八号
四四五条	同九号
四四七・四四八・四五〇条	同一一号
四五二条	同一五・一六号
四五三条	同一六号
四五四・四五五条	同一七号
四五六条	同一八号

松本烝治によれば、むしろ商法典を廃止して、これを会社・運送・保険・船舶・海上運送等の多数単行法に解体することも視野に含めたようであるが[192]、法制審議会においては、もっぱら実際の便宜という観点から、現行法の不便な点を補正するに止める意味で改正要綱を定めたのであるから、改正法律案もこれに従ったものとなったとしている[193]。また、通常の改正の場合においては、従前の法条をそのまま存せしめて、第何条の二または三というような新規定を追加するのであるが、今回の改正においては、追加されるべき法条があまりに多数であるため、この方法によることができないことになり、形式上は、第一編・第二編のすべてを改正するということになった[194]。

3　改正法律案の概要——立案者による解説を中心に

改正法律案の重要な改正点に関して、公表直後に、立案参加者がその解説をなしている。改正要綱の概要と重複する部分もあるが、その主要点につき、立案者が言及している点を挙げておこう。

(1)　株式会社の設立

設立に関しては、改正委員会の小委員であった司法省民事局長の大森洪太が解説している[195]。

まず、会社の成立一般につき、設立登記を成立要件としてその関係を明確にした[196]（改正法律案第七五条）。

株式会社の設立に関する主要改正点は以下のとおりである。

定款は公証人の認証を受けなければその効力を生じないものとした[197]（一六七条）。会社の公告方法が決定された[198]（一六六条二項）。投資の自由を拡張し、物的会社の物的要素を強化すべく、各種優先株の発行は設立の場合にも是認されることになったのみならず、後配株も許され（一六八条一項二号）、議決権なき株式も認められることとなった[199]（二四二条）。財産引受についての規定を設け[200]（一六八条一項六号）、現物出資の時期の明確化が図られた[201]（一七二条）。

発起設立につき、各発起人の株式の引受けは書面によってこれをなすべきものとし（一六九条）、設立手続経過の調査に関する規定を明確にして、一面において設立の確実を期すとともに、他面において実際の利便にそうものとした[202]（一七三条）。

募集設立につき、株式申込証の記載要件が詳密になり（一七五条）、その要件に、株式の払込みを取り扱うべき銀行または信託会社の名称とその取扱場所を表示すべきこととした（一七五条二項六号）。これは預合防止に関する規定に牽連するものであり、払込みはこの取扱場所においてなすことを要し（一七七条二項）、取扱いをなした銀行または信託会社は、払込金の保管に関して証明をした以上はいわゆる預合の主張をもって会社に対抗しえないものとした[203]（一九〇条）。

定款所定の一定事項につき、もしその定めある場合には、検査役の選任を裁判所に請求すべきこととなった[204]（一八一条）。

創立総会において、定款所定の一定の事項に変更を加えた場合の規定が新設された[205]（一八五条二項）。なお、創立総会については、株主総会に関する規定が準用されていることは旧法と同様であるが、株主総会に関する改正案の規定が詳密になったために、創立総会に関する規定も明確化される方向で整備された[206]（一八〇条三項）。

設立賛助者に発起人と同一の責任が負わされた[207]（一九八条）。権利株の譲渡につき、これが会社に対してその効力を生じないことを明らかにし、この譲渡を実際の利便のために緩和的に変更したが、発起人は権利株の譲渡ができないものとした[208]（一九一条）。株式を引き受けた者による意思表示の瑕疵等に基づく引受けの無効または取消しの主張の制限につき、明確化を図った[209]（一九二条）。発起人に対する訴の提起についての規定が新設された[210]（一九七条）。

(2)　株式会社の計算

計算に関しては、改正委員会に陪席し、立案に参加した鈴木竹雄が解説している[211]。

計算書類に関する主たる改正点は以下のとおりである。

計算書類の公示につき、定時総会の会日より二週間前にこれを監査役に提出し、会日の一週間前より本店に備え置くべきものとした。さらに、株主および債権者に対し、これの閲覧権のほか、費用を払ってその謄本または抄本の交付を求める権利をも認めた[212]（二八一・二八二条）。

計算書類の承認につき、書類承認の決議後二年内に別段の決議がないときは、とくに不正の行為がない限り、当然に取締役または監査役の責任解除を生じるものとした[213]（二八四条）。

計算書類の様式については、財産目録、貸借対照表および損益計算書につきその作成様式を法定することは必要であるが、実際の便宜に鑑み、商法中に規定を設けるのは不都合であるから、施行法の規定によって、勅令をもってこの様式を定むべきものとした[214]。なお、この点に関して、鈴木竹雄は、臨時産業合理局財務管理委員会作成の「財務諸表準則」（昭和九年九月）は右の勅令の制定につき資するところが多いであろうと述べている[215]。

財産目録、貸借対照表に掲げるべき財産の評価に関しては、解釈上の疑義を避けるため、規定を要する事項につきおよそ次のように定められた。会社の財政状態が営業以外の成績によって左右されることなく、その堅実味を失わないように、株式会社の営業用固定資産は取得価額または製作価額をもって評価の最高限度とするものとした[216]（二八五条）。取引所の相場のある有価証券の評価額につき、その相場工作を防止するため、決算期前一カ月の平均価額を超えないもとした[217]（二八五条）。創業費を貸借対照表の資産の部に計上するのを無制限に認めることは会社の基礎を脆弱にさせるので、この範囲を設立費用、発起人に対する報酬および設立登記の登録税に限定して計上を許すとともに、この場合には会社成立後五年内に毎決算期において均等額以上の償却をなすべきものとした[218]（二八六条）。社債が額面以下で発行されるとき、会社が償還すべき社債総額とその募集による取得金額との差額を貸借対照表の資産の部に計上することを許すとともに、社債償還の期限内に毎決算期において均等額以上の償却をなすべきことを要求した[219]（二八七条）。

法定準備金に関する主たる改正点は以下のとおりである。

法定準備金は、現実の配当如何と関係なく、配当期毎にその決算期の利益の二〇分の一以上を積み立てるべきものであることを、文言上明確にした[220]（二八八条一項）。

額面超過額の部分の準備金組入れは不要であり、額面超過額から株式発行のため支出した費用を控除した額を準備金に組み入れるものとした(221)（二八八条二項）。

法定準備金を取り崩す場合につき規定を設けた(222)（二八九条）。

利益および利息の配当に関する主たる改正点は以下のとおりである。

まず、建設利息につき、あらかじめ定款をもって配当しうる時期を定めさせ、その満了後は配当を許さないものとした(223)（二九一条一項）。配当した建設利息の額を貸借対照表の資産の部に計上したときは、年六分を超過する利息を配当するごとにその超過額と同額以上の金額を償却すべきものとした(224)（二九一条三項）。利息の配当をなしている会社は、増資による新株に対して旧株同様の配当が許されるべきであることを明定し、この場合の条件を明確化した(225)（二九二条）。

配当の標準につき、後配株を認めたことにともなう規定の整備を行った(226)（二九三条）。

検査に関する主たる改正点は、少数株主権の発動としての裁判所に対する検査役選任請求権の濫用を防止するため、少数株主要件および請求をなしうる事由を制限したことである(227)（二九四条）。

雇用関係上の債権者の保護に関する主たる改正点は、身元保証金返還請求権、退職手当金請求権等、会社に対して雇用関係に基づく債権を有する者が一般の先取特権を有するとした点である(228)（二九五条）。

(3)　株式会社の定款の変更

定款の変更に関しても、鈴木竹雄が解説している(229)。この部分でもっとも重要な改正点は、転換社債および転換株式の制度を英米から輸入したことであるが、これ以上にも多くの改正点がみられる。

総則的規定に関しては、以下が主たる改正点である。

特別決議の定足数につき、自己株式を議決権なきものとしたほか、定款をもって名義書換後六カ月を超えない株主の議決権を奪うことを許し、議決権なき株式を認めたことにともない、かかる株主は総株主の員数に、またその有する株式の金額は資本の額に算入しないものとした(230)（三四四条）。

各種株主の総会につき、一種の株主に損害を及ぼすべき場合におけるその種の株主の総会に関する一般的規定が設けられた[231]（三四五条）。

資本増加に関する主たる改正点は以下のとおりである。

資本増加を株金全額払込後に限り許容するという規定（昭和一三年改正前商法二一〇条）を削除した[232]。増資以外の場合にも優先株発行を認めたことにともない、優先株の規定が資本増加の部分に置かれないことになった[233]（一六八条一項二号参照）。

資本増加手続きにつき、およそ以下のように改正された。すなわち、資本増加に際しては、現物出資に関する事項のみならず、新株を額面以上で発行し、財産引受を約し、特定の者に新株引受権を与える場合にも、現物出資と同様に増資決議において決議させる必要があるため、これらを決議事項に追加した[234]（二四八条）。

原則的に何人も新株引受権を有しないことを前提として、資本増加に際して特定の者に新株引受権を与えるには、この者および引受権の内容を増資決議において決議することを要するとともに（三四八条四号）、将来の資本増加における新株引受権を特定の者に与えるべき旨の契約を締結するには、総会の特別決議によることを要求した[235]（三四九条）。

会社の成立後二年内に資本増加の決議をなし、または資本を倍額以上に増加する場合において、現物出資または財産引受を定めたときは、裁判所の選任する検査役によって当否の調査を受け、不当な場合には相当の処分を受けるべきものとされた（三五三条・三五五条）。これに関連して、いわゆる事後設立に対するのと同様の対策的規定が資本増加の場合にも設けられた（三七五条）。現物出資の給付時期についても、設立の場合と同様の規定が設けられた[236]（三七六条）。

設立の際の株式申込証に関する改正に対応して、資本増加の際の新株申込みの株式申込証の記載事項に追加をみた（三五〇条）。株金払込取扱手続きにつき、設立の規定を準用し（三七〇条）、株式申込みに民法九三条但書の適用がないことおよび申込みの無効の増資登記後における主張の制限についても設立の場合と同様にした[237]（三七〇条）。

資本増加の登記につき、登記期間および登記事項に変更を加えたほか（三五七条）、本店所在地における登記によって資本増加の効力を生じるものとした（三五八条一項）。ただし、新株引受人は一方報告総会において株主と同様の権利を行使しうるとともに（三五一条二項）、他方株金払込みの期日から利益または利息の配当を受けるものとした（三五二条）。なお、権利株の譲渡につき、取締役または監査役が引き受けた株式に限って絶対無効とし、一般にはその譲渡を会社に対抗しえないものとした[238]（三七〇条）。

転換株式の導入に関して主として言及すべきは以下のとおりである。

英米において普及している転換株式の制度を輸入し、これを資本増加の際においてのみ発行できるものとした。このため、この規定は優先株と異なって資本増加の部分に置かれたわけである。転換株式を発行するには、資本増加の決議において新株に転換権を付与することのほか、その内容を定めることを要し（三五九条）、さらに右の事項は、これを定款、株式申込証、株券、株主名簿に記載し、かつ資本増加の登記に掲げることを要する（三六〇条）。転換を要求するには、決定の方式を具備した書面二通を株券とともに会社に提出することを要する（三六一条）。転換の効力は、利益配当その他の煩雑さを避けるため、営業年度の終わりに効力を生じるものとした（三六二条）。そして、その結果たる株式の数の増減を登記しなければならない（三六三条）。なお、この転換権は、ある種類の株主に属する特権であるため、これを侵害するには株主総会の特別決議に加えて転換株主のみの総会の決議をも必要とする[239]（三四五条）。

転換社債の導入に関して主として言及すべきは以下のとおりである。

転換社債についても英米の制度が輸入された。転換社債は、その転換権の行使に対して確実に株式を提供できることを要するのであるが、その方法として、わが国においては授権資本制度がなかったため、条件付資本増加、すなわち、あらかじめなされた資本増加の決議を基礎として、転換権の行使された部分につき資本増加を生じさせるという制度を採用した。そのためにこの制度が資本増加の部分に置かれたわけである。転換社債の発行には、まず社債発行の決議において転換権の付与と条件付資本増加とを決議し、かつ転換権の内容を確定することを要する（三六四条）。右の決議事項については、これを明確にしまた知悉させるため、これらを定款、社債申込証、社債券等に記載し、かつ社債の登記中に掲げることを要する（三六六条）。転換手続きは転換株式の手続きに準じるが（三六七条ないし三六九条）、転換社債によって取得した金額が転換によって与えた株式の金額を超えるときは、その差額を法定準備金に組み入れることを要する[240]（三六五条三項）。

資本増加の無効につき、設立無効の訴にならって増資無効の訴の制度が新設された（三七一条以下）。

資本減少に関する主たる改正点は以下のとおりである。

まず、債権者保護手続きにつき、債権者に対する手続きを効力要件にまで高めた（三七六条二項）。異議を述べた債権者に対して、彼を受託者として信託会社に財産を信託するという便法を認めた（三七六条二項）。社債権者が異議を述べるには、社債権者集会の決議をもってこれをなすことを要求した[241]（三七六条三項）。

株式併合の手続きにつき、株主に株券提出を促す方法として、通知に加え、無記名株の存在を顧慮して公告を加えた（三七七条一項）。株券未提出の株主および併合に適しない端株につき、失権の制度を廃止し、株券提出期間および債権者保護手続きが共に終わったときに併合の効果が全株式に当然に生じるものとし（三七七条二項）、旧株券を提供しなければ新株券（端株および株券不提供のの無記名株については新株を競売して得た代金・三七九条）の交付が受けられないものとしたが、旧株券を提出できない者のために公示催告手続きに代わる簡単な方法を新設した[242]（三七八条）。

資本減少の無効についても、これにつき特別の訴を新設した[243]（三八〇条）。

(4)　株　式

株式に関しては、改正委員会の小委員として、これに専従した松本烝治が解説している[244]。

変名株主の責任に関する改正点は以下のようなものである。すなわち、いわゆる「わら人形」を使って株式を引き受けまたは譲り受けた背後の者に、引受人または株主たる責任を負わせることを明らかにした[245]（二〇一条一項）。

株券発行前の株式の譲渡に関しては、この種の株式の譲渡が会社に対して効力を生じないものとした（二〇四条）。もちろん、権利株の譲渡禁止とは別次元の規定である[246]。

株式の譲渡に関する改正点は以下のようなものである。すなわち、記名株式の譲渡につき、定款に別段の定めがない限り、この譲渡は株券の裏書によってなしうるものとし、裏書の形式、とりわけ白地式裏書に関する手形法の規定をこの場合に準用した（二〇五条）。結局、裏書があるときはその株券の引渡しによって株式の移転を第三者に対抗しうるわけであるが、会社に対抗しうるためには、名義書換えを必要とすることになる（二〇六条一項）。株券盗取の場合の危険を回避すべく、株主名簿に記載された株主のなした裏書が真正でない場合に、会社が調査をしてその真偽を判別できないときは、善意取得を認めないものとした（二〇六条二項）。かかる善意取得の制度はわが国独自のものであるが、旧法上、記名株券の被盗取者または紛失者が権利を失う危険がなかったことに鑑みて、これらの者の地位に大きな変更がないよう配慮されたものである。なお、改正法律案は裏書による譲渡の方法を強制するものではないから、この制度を採用することによる不便（たとえば会社において名義書換えをなすにあたり、株券一枚毎に裏書人の印鑑照合をなす等）を避けようと欲する会社は、定款をもってこの方法の採用を否認しうる。(247)

株金の滞納のある株式の譲渡に関する改正点はおよそ以下のようなものである。すなわち、株金払込期日後に払込みのない株式については、会社はその株金の払込みがあるまで名義書換えを拒みうるものとし（二〇六条三項）、さらに譲渡人が株主となった者と連帯して株金払込みの義務を負うものとした(248)（二一二条）。

株式の質入れに関する改正点はおよそ以下のようなものである。すなわち、記名株式の質入れに株券の交付を要し、質権の対抗要件として株券の占有を要することを明文を設けて明らかにした（二〇七条）。株式の併合および会社合併の場合に加えて、株式の消却、転換等の場合にも、従前の株式を目的とする質権は消却または転換によって株主の受くべき株式および金銭の上に存すべきものとする規定を設けた（二〇八条）。また、いわゆる登録質に関する規定が設けられた(249)（二〇九条）。

会社の自己株式の取得に関する改正点はおよそ以下のようなものである。すなわち、株式の消却の場合、会社合併の場合に自己株式の取得を認めるほか、会社の営業の全部の譲受けによる場合および会社の権利実行の目的を達するため必要な場合における自己株式の取得を認め（二一〇条）、これらの場合の善後処置の規定を設けた(250)（二一一条）。

株金滞納の場合の失権処分に関しては、およそ以下のような改正がなされた。

第一に、会社が滞納株主に対して、一定期間内に払込みをなさないときは会社において株式を処分する旨を通知することとし、その払込みがないときにその株式の競売をなすこととした（二一三条二項、二一四条一項）。そして、株式の処分によって得た金額に余剰があれば株主にこれを返還することとし（二一四条二項）、また別に、株主に株式処分のために必要な株券を会社に提供させるものとし、その提出がないときにこれを無効にする手続きに関する規定を設けた[251]（二一八条）。

第二に、株式の処分は競売によることを原則としつつ、不便な場合もありえることを顧慮して、裁判所の許可を得て他の売却方法によることができることとした[252]（二一四条一項但書）。

第三に、会社は、かかる株式の譲渡人に通知をして、処分前に滞納金および違約金以上の金額をもって買受けを申し出た者に対して株式を譲渡することを要するものとし（二一五条）、かかる株式の譲渡人に対する手続きは、単にこの者に株式取得の機会を与えるにすぎないという趣旨を素朴に表現した[253]。

第四に、株式の競売をしても競落人を得られないことがありえるから、そのような場合には、会社は資本減少の手続きに従ってその株式の消却をすることができるという便法を設けた[254]（二一六条）。

第五に、譲渡人の責任は名義書換後二年内に払込みの催告を発した株金に限るものとし、かつ発起人の引受株については会社成立後五年内に払込みの催告を発した株金に及ぶものとし（二一九条）、会社当局者の手ごころによって譲渡人の責任を左右しうるという不都合（旧法一五四条参照）を避けると同時に、発起人の責任をとくに加重した[255]。

第六に、株式の競売によって得た金額が滞納金額に達しない場合に、その不足額の弁済をした譲渡人に株券または株主名簿に記載がある後者全員に対する償還請求権を与え、かつ償還者にさらに自己の後者全員に対する償還請求権を与えた[256]（二二〇条）。

数種の株式の発行に関する改正点はおよそ以下のようなものである。すなわち、広く会社が数種の株式を発行し、利益もしくは利息の配当または残余財産の分配につき、数種間に格別の定めをなしうるものとした（二二二条一項）。改正法案が「数種の株式」という用語を用いて「優先株・後配株」といった用語を避けたのは、たとえば利益配当において優先し残余財産の分配において劣後するといった株式等を勘案したためである。数種の株式があるときは、新株の引受け、株式の併合もしくは消却または合併による株式の割当てに関して、定款に定めがなくても、決議をもってその間に格別の定めをなしうる旨の規定を設けて（二二二条二項）、実際の便宜に適応できるようにした。また、数種の株式の発行にあたり、定款をもってその一種を議決権なき株式とすることができるようにした（二四二条）。すなわち、会社の経営に参加する必要を感じない小投資者またはこれに参加する意思がないことを標榜する大投資者に適合するものとして、新たにこのような株式を認めたのである。[257]

株式関係者に対する通知に関して、以下のような改正がなされた。すなわち、株主に対する通知、催告の規定を株式申込人または株式引受人のみならず、従前の株主、株式の譲渡人または登録質権者にも準用することとして、実際の便宜を図った[258]（二二四条）。

無記名株の発行に関しては、無記名株は定款に定めがある場合に限って発行しうべきものとした[259]（二二七条一項）。

株券の除権判決に関して、以下のような改正がなされた。すなわち、各種の株券に通じる規定として、公示催告による無効宣言を認め、喪失者は除権判決を得たうえでなければ株券の再発行を請求できないものとした[260]（二三〇条）。

(5)　会社関係の訴

会社法上の訴に関しては、大森洪太が解説している。[261]株式会社に関するものを概観しておこう。

株主総会の決議の取消しの訴に関する主たる改正点は以下のとおりである。この訴に関しては、従来、いわゆる形式上の決議無効の訴と称されていたものを、正確に、決議取消しの訴という名称にした（二四七条一項）。訴の請求事由に、決議がいちじるしく不公正なことおよび特別決議の要件の欠缺の場合を加え、解釈上の疑義を一掃した（二四七条一項）。取消しの訴の原因となった瑕疵が補完されているときまたは会社の現状その他一切の事情を斟酌して取消しを不適当と認めるときは、裁判所は原告の請求を棄却しうるものとした[262]（二四七条二項）。

株主総会の実質上の決議無効の確認の訴に関する特則を設けた。すなわち、株主総会の決議がその内容が法令または定款に反するために当然に無効である場合、その無効の確認を請求する訴に関する特則を新設した[263]（二五二条）。

議決権を行使できなかった株主による決議の取消しまたは変更の訴を新設した。すなわち、株主が決議事項につき特別の利害関係を有するためにその議決権を行使できなかったとき、その決議がいちじるしく不当で、もしこの株主がその議決権を行使できたならそのような不当な決議を防止しえたであろうという事情のあるとき、その株主は、その決議の取消しまたは変更の訴ができるものとした[264]（二五三条一項）。

社債権者に対してなした詐害的弁済等の取消しの訴を新設した。すなわち、会社が社債権者全般に対する公平弁済の原則をやぶって特定の社債権者に対していちじるしく不公正な弁済、和解等をなした場合に、社債募集の委託を受けた会社はその行為の取消しの訴を提起できるものとした[265]（三四〇条）。

設立無効の訴が現に認められる以上、増資無効の訴および減資無効の訴について規定を掲げる必要があるから、資本増加無効の訴（三七一条ないし三七四条）および資本減少無効の訴（三八〇条）に関する規定が新設された[266]。

合併無効の訴もまた新設された。合併の無効は訴によってのみ主張しうるものとし（四一六条・一〇四条一項）、訴を提起しうる者も法律上規定され（四一五条）、訴の提起の期間も制限された（四一六条・一〇五条一項）。裁判所による裁量棄却の定めを設け（四一六条・一〇七条）、合併無効の判決は対世的効力を持つものとし（四一六条・一〇八条）、合併無効の判決は、存続会社または新設会社、その他社員および第三者の間に生じた権利義務に影響を及ぼさないものとした[267]（四一六条・一一〇条）。

設立無効の訴に関しては、提訴の期間を会社成立の日から二年と限定し（四二八条一項）、裁判所による裁量棄却を認めた[268]（四二八条三項・一三六条三項・一〇七条）。

整理における発起人、取締役または監査役の責任に基づく損害賠償請求権の査定に対する異議の訴が新設された[269]（三九四条）。

(6) 社債

社債に関する規定は、鈴木竹雄が解説している[270]。

社債の発行制限に関して、制限の基準に関する文言の明瞭化を図り（二九七条二項）、旧債借換えのための一時的な制限超過を認めた（二九七条三項）。同一種類の社債権者がひとつの社債権者集会を構成し、その議決権の量を算出する便宜上、同一種類の社債においては、各社債金額は均一であるか、最低額をもって整除できるものであることを要求した[271]（二九九条二項）。

社債募集の方法に関して、社債申込証の記載事項を詳密にし（三〇一条二項）、社債の払込みがあったときの登記期間を延長し、登記事項を追加した[272]（三〇五条）。

社債券に関して、記載事項を追加し、かつ株券と同様に番号の記載を要求した（三一七条）。発行する債券を記名式または無記名式に限る旨の定めを許し、この場合にはこれを社債申込証および債券に記載すべきものとした[273]（三〇一条一号、三〇六条二項）。

社債原簿に関し、従来、取締役の節に規定されていたものを社債の節に移植するとともに、その記載事項を追加した[274]（三一七条）。

利払いおよび償還に関し、以下のように改正された。

社債の利払いは、無記名社債では利札と引換えになされ、一方で、利札は各利払期における利息支払請求権を表章する独立の無記名証券として転展流通する事情にあることが、償還において顧慮された。すなわち、無記名社債を償還する場合において、期限未到来の利札が欠缺しているときは、償還額からこれに相当する額を控除して支払いうる旨の定めを設けた（三一五条一項）。この場合には、かかる利札の所持人は、もはや利息ではなく償還額の一部の支払いを求めうることとなり、いつでも利札と引換えに控除金額の支払いを求めることができるという構成となるため、その旨の規定が設けられた[275]（三一五条二項）。

社債募集の受託会社は、社債の償還を受けるのに必要な行為を社債権者のためになしうるという権限を法律上当然に有するものであるとし（三〇九条）また、社債権者集会の決議を執行する場合にも、代表者または執行者が同様の権限を有するものであるとした（三三二条）。したがって、これらの者が償還を受けるときは、発行会社の債務は社債券の受戻しがなくても当然に消滅し、以後、社債権者は単に受託会社、代表者または執行者に対してその所持する債券と引換えに償還額の支払いを求めうるにすぎなくなる(276)。

社債についての時効期間は、発行会社に対する償還請求権および受託会社、代表者または執行者に対する償還額の支払請求権については公衆保護の立場から一〇年とし（三一六条一項、二項、三三二条）、利息請求権および欠缺利札による請求権については五年とした(277)（三一六条三項）。

会社が利息の支払いを怠ったときに社債権者が執りうべき処置につき、社債権者集会制度と結んで救済規定が設けられた(278)（三三四・三三五条）。

社債募集の受託会社に関しては、以下が主要な改正点である。すなわち、これに関しては、以下の規定が新設された。まず、受託会社の重大な権限に鑑みて、社債募集の受託会社があるときは、その商号を社債申込証、社債の登記、債券、社債原簿に記載しなければならないものとした（三〇一条一四号、三〇五条一号、三〇六条二項、三一七条三号）。なお、いわゆる請負募集の場合には、社債申込証にその旨の記載を要するものとした(279)（三〇一条一五号）。

社債権者の利益保護のため、受託会社に認められる権限として、社債の償還を受けるのに必要な行為をなしうること（三〇九条）、社債権者集会を招集しうること（三二〇条）、社債権者集会に出席して意見を述べうること（三二二条）、社債権者集会の決議を執行しうること（三三〇条）、不公正な行為を取り消すために訴を提起しうること（三〇四条）が定めれた。受託会社が二社以上あるときは、その権限に属する行為を共同してなすことを要するものとし（三一〇条）、また償還を得た額の支払いについては連帯責任を負担するものとした(280)（三一一条）。

受託会社に任意の辞任を許さないこととし（三一二条）、他方でこれを解任する途をひらいている(281)（三一二、三一三条）。

社債権者集会に関する主たる改正点は以下のとおりである。従来、この制度は担保付社債にのみ認められていたものであるが（担信法四八条以下）、無担保社債においても、社債権者が共同の利益擁護のために必要な処置を執りうるとともに、会社も確固たる交渉の相手方を得ることとなるといった便宜に鑑み、この制度を新設した。社債権者集会の権限すなわち議決できる事項に関する定め（三三四条、三四一条、三七六条三項、四一六条二項、三一一条ないし三一四条一項、三一九条、三三三条、三一九条）、招集に関する定め（三二〇条）、決議に関する定め（三二一条、三二四条、三二五条、三二七条、三二八条）、代表者に関する定め（三二九条、三三一条、三三三条）、決議の執行に関する定め（三三〇条ないし三三三条）、費用に関する定め（三三七条）などが設けられた。[282]

以上が改正法律案の主たる概要であるが、ほかにも実務家向けの法務雑誌にいくつかの改正法律案解説が掲載されるなど[283]、法律案公表後の改正気運の高まりがうかがえる。

4　改正法律案をめぐる学界の議論状況

(1)　昭和一一年　①

この年における改正法律案をめぐる議論の大きな成果としては、烏賀陽然良を中心に、大橋光雄、大森忠夫によって開始され、後に八木弘も参加した商法改正法律案の遂条概評がある。[284]この概評は、法学論叢に足掛け二年にわたって連載されたものであり、法律案一条から二七二条まで、すなわち第一編総則から第二編会社における株式会社取締役の規定に至るまでの詳細な検討がなされたものである。

このうち、会社編とりわけ株式会社法に関する部分の研究は、当時の社会情勢をふまえて以下のような視座からなされている。すなわち、現時は、統制経済が漸次に浸潤して世界的傾向になろうとしていることは否定しがたいところであるし、「二・二六事件を契機として庶政一新の声高くことに電力国営論等行われ、ナチス的思想あるいは若干相似たるものなきにしもあらざるやに思われる」[285]。しかし、改正法律案は、その成立経過を見る限り、資本主義を離れず、右のような政治思想の影響が少ないことは明らかである。また、わが国の事情は、ナチス・ドイツほど急迫した事情にはないと信じるので、従来の資本主義の立場において、かりに若干修正するにしても、「きわめて微温的な修正主義の立場において」[286]

批判するという姿勢をとる。

烏賀陽然良らの研究は、詳細をきわめるものであり、法律案の術語、字句についての修正提案や条文の配置についての修正提案をも含むものである（たとえば、商法は商法学者だけのものではないのであるから、「現物出資」といった術語をいきなり法律中に使用するのでは、普通人にはその何たるかを知り難いのではないかといった趣旨の記述もみうけられる）(287)。したがって、多面にわたる指摘、提案等をここで網羅的に概観することは必ずしも適当ではない。以下では、株式会社法案における主要な意見のみを概観しておこう。

株式会社の設立に関しては、まず、現物出資をなしうる者を発起人に限るとした一六八条二項について、これを発起人に限る必要はないとしている。すなわち、現物出資があるときは検査役の活動に信頼して十分な調査をさせればよいわけであり、増資の場合に現物出資者を特殊な者に限る必要がないのであれば、設立の場合にもこれを発起人に限る必要はない。財産引受が発起人に限られるものではないことも勘案すれば、現物出資者を発起人に限るという政策はきわめて窮屈であるとしている(288)。

株金払込みの取扱いをなす銀行または信託会社を株式申込証の記載事項とした一七五条一項六号に関連して、次のような提案がなされている。すなわち、銀行または信託会社でなければ払込事務を取り扱えないとすることは、あまりに窮屈である。たとえば、証券会社（株式店）などに取り扱わせても差し支えないであろうし、その方が手数料等でかえって便利なこともあろう(289)。

権利株の譲渡について、発起人がこれをなすことができないとする一九一条二項につき以下のように述べている。同条同項の政策は、潜脱方法もあり、十分な実効性をともなうか否かきわめて疑わしい。同条同項違反の譲渡を無効とし、それを善意取得者に対しても主張しうるとするならば、あまりに善意取得者に酷な結果になる。したがって、同条同項は削除されるべきである(290)。

株式に関しては、以下が主要な主張である。まず、例外的に自己株式の取得を認める事由を列挙した二一〇条について、この事由のうち、消却のためにする自己株式の取得は、これに名を借りた脱法行為の危険もあり、無制限に許容することは適当ではなく、数量的な制限が必要であるとしている(291)。また、証券会社がそうであるように、会社が他人の計算において自己株式を取得する場合についても列挙すべきであるし、この機会に、子会社による親会社の株式取得についても顧慮すべきであるとする(292)。本条違反の効果についても、法案がこの点に沈黙を守り、議論の余地を放任するのは適当でないと述べている(293)。

株券の発行時期に関する二二六条に関連させて、原始定款または全員一致による変更定款をもって株券不発行を定めうる旨を法によって明定するのがのぞましいとの提案がなされている(294)。

株券の善意取得を例外的に制限する政策を採用した二二九条二項については、以下のように主張されている。すなわち、このような例外の設定は、せっかく認められた株券裏書および善意取得の意義をはなはだしく制限することになるのではなかろうか。株券の取得者は、裏書人が株主名簿に記載されているか否か、記載されている場合にはその名義印章と裏書署名との一致を調査しなければ安心して株券を取得できないことになろう(295)。

株式会社の機関ごとに株主総会に関して以下のような主張がみられる。まず、株主総会が取締役の提出書類および監査役の報告書類を調査するために検査役の選任をなしうる旨を規定した二三八条に関連して、次のような提案がなされている。すなわち、わが国の監査制度がその機能を果たしていないという一半の原因が監査役の会計監査の専門的知識の欠如に基づくことは、識者の認めるところである。したがって、計算書類はとくに特別の検査役による調査を要するものとし、かつ、この特別の検査役の資格を制限し、その権限および責任についても規定を設け、株主総会には単にかかる検査役の選任権を与えれば足りるとすべきである(296)。

株主総会の特別決議を要する事由を列挙した二四五条一項二号に掲げられた事項に関連して述べられた以下のような感想も興味深いものである。すなわち、同号は、営業全部の賃貸、その経営の委任、他人と営業上の損益全部を共通にする契約に加えて、その他これに準ずる契約の締結、変更、または解約を掲げているわけであるが、これに準ずる契約とは、前三者の契約から推せば、経済上単一体に結合し統一的な管理の下に服するに至るところの各種のトラスト、コンシェルンないしは利益共同関係形成のための契約を指すものと解せられる。これら各種の契約につき特別決議を必要とすること自体は首肯しうるが、二四五条が、この種の新たな経済現象につき立法当局が関心を示した改正法案中唯一の規定であることは遺憾に堪えない(297)。

以上のように、この論稿は、随所に先進的な内容を含むものであったと評価しえよう。

(2) 昭和一一年 ②

改正法律案の公表は、その内容に関する細かな議論や新たな提案等を喚起する契機となったようである。学界だけでなく、実務家からの発言も目だつようになる。もっとも、この年に公表された論稿のなかには、もちろん改正法律案の解説の域を出ていないものも少なくない(298)。

細かな議論の一端を挙げるなら、たとえば、株式会社の取締役の資格を株主に限らないとした政策に関して、無責任な役員が多いという現状に鑑みて、取締役を株主に限らないとすることは行き過ぎであり、取締役が株主の一員として業務を担当することはあたり前と言うべきであるから、取締役は、その選任後、登記されるまでに株主たる資格を備えるべきことにすればどうか、といった意見表明がある(299)。このような意見に対して、かかる見解は時代を知らないものである、という痛烈な批判も見うけられる(300)。

法律案中、社債規定に関しては、とくに実務家が中心に法条の技術的側面について意見を述べるほか(301)、実務家から社債発行総額制限規定についての疑問が提示されている。すなわち、社債発行総額を制限する規定の目的は、社債の確実性を保持させるためであり、償還に支障がないよう顧慮したものであると考えられる。しかし、発行限度に関するこの制限がどの時点の制限であるのか、必ずしも明らかではない。したがって、無担保社債を発行しながら、その後に発行会社が社債という形式によらずに無制限に、しかも担保付で借入金を増大させるといった場合に法律案は沈黙している。そうとすれば、社債償還の確実性を期するという発行総額制限規定は、その意義を減殺されることになるのではないか、という趣旨が示唆されている(302)。さらに、社債の流通性を確保する意味で社債総額引受者の立場を社債募集の受託会社のそれと同様にすべきであるとの意見が見られる(303)。すなわち、総額引受者を、社債権者集会に際しても、受託会社と同様の地位に置いて、これに社債権者の利益を継続的に保護する任務を負わせることを明確にすべきであると説いている(304)。

株式会社の財産評価に関して、株式会社において固定資産に限って取得価額または製作価額以上の価額を付することを禁じた二八五条の政策について、要綱の段階において会計学者からの批判があったことはすでに紹介した（本書三三五頁参照）。改正法律案は、この点につき要綱の政策をそのまま踏襲したわけであるが、今回は別の会計学者がこの政策を支持している。すなわち、会社が評価益を計上してもこれを損失の塡補のみに充当すれば問題ないのであるが、会社がこれを配当に充当しないという保証はない。評価益の配当充当を立法によって制限するのも一方法であろうが、評価益の計上自体を禁止するほうが優れており、改正法律案が評価益の計上禁止を固定資産に限定した点にも苦心の跡がみられる、と述べている(305)。

改正法律案に関する総合的な批判として、この年に公表された論稿のなかで重要であると思われるものは、西原寛一のそれである(306)。

西原寛一は、改正法律案の全体的な基調を次のように評している。すなわち、改正法律案は、企業の私的発意と企業的活動量の増大による各人の経済生活の向上とを尊重し、これらが国民経済の進歩発展と調和し、かつこれを促進しうるという楽観的立場を前提としている。したがって、たとえば会社組織に関しても、従来のデモクラシー思想および権力分立主義を基礎としており、株主総会の機能についても楽観的立場が継続され、その権限の拡張が意図されている(307)。

また西原寛一は、株式会社法各論に関しても、以下のような興味深い提言をしている。

設立に関しては、以下が主たる提言である。株式会社制度自体の濫用防止のため、最低資本金額を法定する必要はないか。未払込みのある株式の流通は債権者・株主にとって必ずしも安全ではなく、また投機の激化を招く一因でもあるから、未払込制度の原則的撤廃ないしはその制度の強化という方向を考えてはどうか。企業の過剰による資本浪費等の私経済的弊害と国家任務拡大の現状に鑑みて、設立免許主義を再び検討する必要はないか。[308]

株式に関して、次のように述べる。有限責任会社制度の新設を予想しつつ、同族会社を前提として、定款の別段の定めによって株式の譲渡および裏書譲渡方法の禁止の制限を許すのは、株式会社の経済性に徹していない嫌いがあるのではないか。[309]

機関に関しては、これまでのわが国の商法の基調であり、改正法律案においても踏襲された株主総会中心主義に対して、以下のような、当時としては革新的な姿勢が表明されている点で注目される。すなわち、株式会社法においては、根本的に株主総会の現状を直視し、取締役中心の実践という方向に順応することが妥当ではないか。経営と所有との連係として株主総会の存在価値は没却しえないものであるが、その名目的権限を徹底的に縮小し、主として理事機関の選任とその定期的信任不信任に限定し、増資減資など定款の基本的重要事項に関する場合にのみ、臨時に信任の有無を決する程度にするのが合理的であろう。[310]

会社の計算に関しては、監査役その他による内部監査に加えて、会計専門家および国家公権による外部的検査の方法を講じるべきであると唱え、[311]社債に関して、社債総額の限度を払込株金額とする原則は、ぼう大な内部留保を有する優良会社については緩和すべきであると説いている。[312]

また、株式会社全般にわたって公権干渉すなわち司法裁判所の関与の拡大を図った点につき、改正法律案が公権発動者として行政官庁を考慮に入れず司法裁判所に固執したのは、株式会社法の私法的性質の維持に対する強固な伝統の無意識の発露であろうと評価しつつ、実務処理の急速を尊ぶ経済的事情において、加えて判定の内容がいちじるしく経済的合目的性に関するものであるという点において、はたして裁判所にこの複雑多端かつ重大な任務のいっさいを負担させることが適当であろうかと述べている。[313]

以上の論稿のほかに、この年にも欧州の会社法改正に関する比較法的研究が見られるが、[314]わが国の会社法改正論議に対して直接的な提言をなすものではない。

(3)　昭和一二年

この年に公表された論稿には、法律案の全部または一部に関する簡単な解説[315]を除いて、法律案全体に関して総合的な評価、検討を試みたものはなさそうである。なお、この年には、改正法律案に関する質疑応答集が法学志林に収録を開始されている[316]。この質疑応答集は、改正法律案全体についての実務的な詳細な解説となっており、その収録は、改正法成立後も昭和一四年に至るまで続けられている。

この年の論稿で注目されるのは、学界よりもむしろ法曹家や企業実務家からの、改正法律案の政策に関するいくつかの評価であろう。

そのうち、とりわけ顕著なものは、株金分割払込制の存続に対する不満である。すなわち、今日の株式を中心とする現実の係争問題の多くは未払込株式をめぐるものであり、未払込制度の撤廃こそがのぞましい。今日の貨幣価値および投資家の株式引受申込の現状を勘案すれば、全額払込制度を採用しても投資家に苦痛を与えるようなことはないはずである、と述べるものがある[317]。別にも、現実に第二回以降の払込みがいちじるしい不成績に終わって、これがために会社の事業に大打撃を与えた例は決して少なくはないのであるから、株式会社を設立するには株金全額の払込みを要するとするのが時宜に適することを確信する、と述べるものがある[318]。

概して、かかる実務家からの意見表明は、自由主義的、不干渉主義的側面が強いものが多いようである。たとえば、次のような斬新な意見はその代表的なものと言えよう。すなわち、今日のように進歩した商業社会においては、定款の自由制定、不干渉こそが商業自治の精神に適するのであるから、定款の効力を公証人の認証にかからしめることを止め、これを商工会議所のような民間施設に委ねてこそ、民間自治や民力の培養になるのではないか[319]。また、検査役の選任等についても、公権たる司法裁判所に過度に依存することなく、ここでも民間施設、たとえば商工会議所のような斯業に適する機関を利用すべきではないか[320]。社債発行限度の制限規定に関しても、いたずらに制限規定によって企業の自由、活発を阻止して、これが企業を保護するものと考えるのは時代に遅れるものである。現に、特殊銀行会社は払込資本金額の一〇倍を超えて社債発行限度の拡張が許されているのであり、民間の大事業会社についてこれが許されないのは合理性がない、と述べられている。[321]加えて、社債の発行に株主総会の特別決議を要するような政策は撤廃されるべきである、とも述べられている。[322]

実務家からは、株式に関しても、以下のような指摘がなされている。まず、株券の裏書制度の採用は大きな英断であり進歩であるが、二二九条二項の制限は、せっかく設けられた裏書制度の効用を根本から破壊するものである、との指摘がある。[323]また、群小資本家のために別に有限責任会社を新設するのであれば、株式の譲渡性を否定するような旧規定を存置させる必要はないのであるから、定款の定めによって株式譲渡制限を許す政策を撤廃して、株式の譲渡性を徹底すべきである。との意見も述べられている。[324]

この年の改正法律案に関連する学界の論稿としては、会社設立無効の訴に関して、この訴は取引安全の保護をその本来の趣旨とするから、この趣旨からすれば、設立無効となるべき場合をなるべく少なくするような理論を構成すべきであるという視座から、改正法律案に則してこの訴の制度を検討したものがある。[325]また、改正法律案の認めた事後設立に関して、事後設立に裁判所の選任にかかる検査役の調査を必要としなかった点およびその対象となる財産を会社成立前または増資前に現存する財産に限定して将来設けられるべき設備等を包含させなかった点が遺憾であると指摘したものがある。[326]その他、比較法的研究として、一九三七年ドイツ新株式法の紹介がなされているが、[327]わが国の改正論議に直接関連するものではないようである。

(187) この委員会の構成員は、原嘉道委員長、松本烝治委員、岩田宙造委員、池田寅二郎委員、大森洪太委員の五名である。これに田中耕太郎博士が加わって、起草作業が行われた。
(188) 田中耕太郎「商法の改正に就て」司法協会雑誌一二巻一号（昭和八年）四頁。
(189) 松本烝治「商法の改正に就て」法の友二号（昭和一一年）二頁。
(190) 日銀金融研究所・注（5）前掲一六三頁参照。
(191) 無記名記事「商法中改正法律案要領概説㈦」信託協会会報一〇巻三号（昭和一一年）六五頁。

(192)　松本烝治「商法改正問題(1)・緒言竝に総則編に就て」法律時報八巻二号（昭和一一年）四頁。
(193)　同前。
(194)　同前。
(195)　大森洪太「商法中改正法律案に於ける会社の設立」法律時報八巻二号（昭和一一年）六頁以下。
(196)　同前六頁。
(197)　同前。
(198)　同前。
(199)　同前。
(200)　同前七頁。
(201)　同前。
(202)　同前。
(203)　同前。
(204)　同前。
(205)　同前。
(206)　同前七―八頁。
(207)　同前八頁。
(208)　同前。
(209)　同前。
(210)　同前。
(211)　鈴木竹雄「改正法に於ける株式会社の計算及び定款変更に関する規定に付て」法律時報八巻二号（昭和一一年）九頁以下。
(212)　同前九頁。
(213)　同前。
(214)　同前。
(215)　同前。
(216)　同前九―一〇頁。

(217) 同前一〇頁。
(218) 同前。
(219) 同前。
(220) 同前。
(221) 同前。
(222) 同前。
(223) 同前。
(224) 同前。
(225) 同前。
(226) 同前。
(227) 同前一〇―一一頁。
(228) 同前一一頁。
(229) 同前一一頁以下。
(230) 同前一一頁。
(231) 同前。
(232) 同前。
(233) 同前。
(234) 同前。
(235) 同前。
(236) 同前一二頁。
(237) 同前。
(238) 同前。
(239) 同前。
(240) 同前一三頁。
(241) 同前。

(242) 同前。
(243) 同前。
(244) 松本烝治「改正法案に於ける株式に関する規定に付て」法律時報八巻三号（昭和一一年）三頁以下。
(245) 同前三頁。
(246) 同前。
(247) 同前三―四頁。
(248) 同前四頁。
(249) 同前。
(250) 同前。
(251) 同前五頁。
(252) 同前。
(253) 同前。
(254) 同前。
(255) 同前。
(256) 同前。
(257) 同前五―六頁。
(258) 同前六頁。
(259) 同前。
(260) 同前。
(261) 大森洪太「商法中改正法律案に於ける会社関係の訴」法律時報八巻三号（昭和一一年）六頁以下。
(262) 同前八―九頁。
(263) 同前九頁。
(264) 同前。
(265) 同前。
(266) 同前。

(267) 同前七頁参照。
(268) 同前九頁。
(269) 同前。
(270) 鈴木竹雄「改正法案に於ける社債の規定に付て」法律時報八巻三号（昭和一一年）一〇頁以下。
(271) 同前一〇—一一頁。
(272) 同前一一頁。
(273) 同前。
(274) 同前。
(275) 同前一二頁。
(276) 同前。
(277) 同前。
(278) 同前。
(279) 同前一三頁。
(280) 同前。
(281) 同前。
(282) 同前一三—一四頁。
(283) 無記名記事「商法中改正法律案要領概説(上)(下)」信託協会会報一〇巻三号（昭和一一年）六五頁以下、一〇巻四号六〇頁以下、無記名記事「商法改正案の重点(1)—(10)」銀行判例一五巻三号（昭和一一年）一頁以下、一五巻四号一頁以下、一五巻五号一九頁以下、一五巻六号一頁以下、一六巻一号二頁以下、一六巻二号二頁以下、一六巻三号二頁以下、一六巻四号二頁以下、一六号五号二頁以下、一六巻六号二頁以下、無記名記事「商法中改正法律概説(1)—(5)」大阪商工会議所月報三五五号（昭和一一年）五七頁以下、三五六号（昭和一一年）八頁以下、三五七号八〇頁以下、三五八号四頁以下、三六〇号四九頁以下など。
(284) 烏賀陽然良＝大橋光雄＝大森忠夫＝八木弘「商法改正法案を評す(1)—(14)」法学論叢三四巻一号（昭和一一年）一三一頁以下、三四巻二号七二頁以下、三四巻三号八二頁以下、三四巻四号一〇七頁以下、三四巻五号八一頁以下、三四巻六号九九頁以下、三五巻一号（昭和一一年）一頁以下、三五巻三号九九頁以下、三五巻四号一二六頁以下、三五巻五号一頁以下、三五

巻六号一六一頁以下、三六巻一号（昭和一二年）一二三頁以下、三六巻二号一三二頁以下、三六巻三号九三頁以下。ただし、(1)のみ「商法改正要綱概評」という表題である。八木弘の参加は、(3)以降である。
(285) 同前・三五巻三号九九―一〇〇頁。
(286) 同前一〇〇頁。
(287) 同前一〇九頁参照。
(288) 同前一一一頁参照。
(289) 同前一二四頁参照。
(290) 同前・三五巻四号一四八―一四九頁参照。
(291) 同前・三五巻五号一三七頁参照。
(292) 同前一三八―一三九頁参照。
(293) 同前一三九頁。
(294) 同前・三五巻六号一八一頁参照。
(295) 同前一八八頁参照。
(296) 同前・三六巻一号一四二―一四三頁参照。
(297) 同前・三六巻二号一四九頁参照。
(298) たとえば、花岡敏夫「商法改正法律案論評(1)―(3)」法律時報八巻五号（昭和一一年）八頁以下、八巻八号一六頁以下、八巻一〇号二〇頁以下、岡野哲二「商法改正案の銀行業務に及ぼす影響」銀行研究三〇巻四号（昭和一一年）一頁以下など。
(299) 長岡治男「商法改正法案を評す」法律時報八巻五号（昭和一一年）一七―一八頁参照。
(300) 長谷川安兵衛「株式会社重役論」早稲田商学一二巻三号（昭和一一年）七頁。
(301) 山本淳一「商法改正法律案中社債規定に就いて」法律新聞四〇一一号（昭和一一年）三―五頁参照。
(302) 佐藤七郎「商法改正法案に於ける社債規定に対する修正希望」銀行研究三〇巻五号（昭和一一年）六八頁参照。
(303) 同前六九―七〇頁。なお、山本・注（301）前掲四頁参照。
(304) 同前七〇頁。
(305) 但馬弘衛「商法改正要綱の会計学的修正案」会計三八巻二号（昭和一一年）二三二頁。
(306) 西原寛一「商法改正法案管見」法律時報八巻五号（昭和一一年）三頁以下。

(307) 同前三頁。
(308) 同前六―七頁参照。
(309) 同前七頁。
(310) 同前参照。
(311) 同前。
(312) 同前。
(313) 同前五頁参照。
(314) 大隅健一郎「仏蘭西に於ける株式会社法の改正」法学論叢三五巻二号（昭和一一年）一〇九頁以下、大森忠夫「ナチスの株式法改正論」法学論叢三五巻二号（昭和一一年）二三四頁以下、西原寛一「株式会社法に於けるナチス思想(1)―(3)」法学協会雑誌五四巻八号（昭和一一年）一一〇頁以下、五四巻九号九九頁以下、五四巻一〇号一二三頁以下。
(315) 大森洪太「商法中改正法律案の概要」法曹会雑誌一五巻六号（昭和一二年）四一頁以下、佐々穆「商法改正に於ける民商二法の調和(1)―(2)」法学新報四七巻九号（昭和一二年）一頁以下、四七巻一〇号七六頁以下、横田正俊「商法改正案と株式会社」財政二巻一号（昭和一二年）二四二頁以下、栗栖赳夫「商法中改正法律案と新社債制度」法学新報四七巻五号（昭和一二年）一七頁以下。
(316) 関宏二郎他「商法中改正法律案の質疑応答(1)―(21)」法学志林三九巻一〇号（昭和一二年）一一七頁以下、三九巻一一号一一一頁以下、三九巻一二号一〇七頁以下、四〇巻一号（昭和一三年）九四頁以下、四〇巻二号七三頁以下、四〇巻三号八五頁以下、四〇巻四号九七頁以下、四〇巻五号九五頁以下、四〇巻六号七九頁以下、四〇巻七号五二頁以下、四〇巻八号四一頁以下、四〇巻九号八七頁以下、四〇巻一〇号九〇頁以下、四〇巻一一号八二頁以下、四〇巻一二号一〇五頁以下、四一巻一号（昭和一四年）一一〇頁以下、四一巻二号一一一頁以下、四一巻三号一〇九頁以下、四一巻四号一一一頁以下、四一巻五号九九頁以下、四一巻六号九七頁以下。ただし、四〇巻四号より表題を「商法中改正法律の質疑応答」と改めている。
(317) 妹尾一雄「商法改正案に於ける株式法を評す」信託協会会報一〇巻三号（昭和一二年）四三―四四頁参照。
(318) 吉田市郎「株式払込財産の法定信託」法曹公論四一巻六号（昭和一二年）五頁参照。
(319) 原田鹿太郎「実際家より見たる新株式会社法(1)」法律新報四八一号（昭和一二年）二―三頁参照。
(320) 同前三頁。
(321) 同「実際家より見たる新株式会社法(4)」法律新報四八七号（昭和一二年）四―五頁参照。

(322) 同前五頁。
(323) 妹尾・注(317)前掲五〇―五一頁。
(324) 原田鹿太郎「実際家より見たる新株式会社法(3)」法律新報四八三号（昭和一三年）四―五頁。
(325) 野津務「会社設立無効の訴(1)―(2)」民商法雑誌六巻五号（昭和一二年）一頁以下、六巻六号五〇頁以下。
(326) 佐々穆「商法改正法案に於ける変態設立及び事後設立」法学新報四七巻三号（昭和一二年）一一―一二頁参照。
(327) 長岡富三「独逸新株式会社法概観(1)―(2)」法と経済八巻一号（昭和一二年）八〇頁以下、八巻三号八五頁以下、八木弘「独逸新株式法」国民経済雑誌六二巻四号（昭和一二年）一〇一頁以下。

五　昭和一三年改正商法の成立とこれをめぐる議論

1　改正商法の成立と施行

政府は、先に公表した商法改正法律案に若干の修正を施し、これを商法中改正法律案として、昭和一二年（一九三七年）二月、第七〇回帝国議会に提出した(328)。このとき提出された法律案と、昭和一〇年公表の法律案との相違点は、およそ以下のようなものである（送り仮名などの些細な点は除く）。

①接続詞の変更。昭和一〇年改正法律案の一七三条一項は、「取締役ハ其ノ選任後遅滞ナク第百六十八条第一項第四号乃至第七号ニ掲グル事項及前三条ノ規定ニ依ル払込並ニ現物出資ノ給付アリタルヤ否ヤヲ調査セシムル為……」となっていたが、昭和一二年改正法律案の同条同条は、「……第百六十八条第一項第四号乃至第七号ニ掲グル事項並ニ前三条ノ規定ニ依ル払込及現物出資ノ給付アリタルヤ否ヤヲ……」に修正されている。②字句・表現の変更。昭和一〇年改正法律案の一八四条一項、二一〇条、三四八条および三五四条一項の「左ニ掲グル事項」が、昭和一二年改正法律案の同条または同条同項では、それぞれ「左ノ事項」に修正されている。また、昭和一〇年改正法律案三六六条二項の「前項ノ事項」が、昭和一二年改正法律案同条同項では「前項ニ掲グル事項」へと修正されている。昭和一〇年改正法律案二〇六条二項の「前項ノ場合ノ外」が、昭和一二年改正法律案同条同項では「前項ノ場合ヲ除クノ外」へと修正されている。昭和一〇年

改正法律案三九四条一項では「第三百八十六条第一項第八号ノ規定ニ依リテ為シタル査定ニ不服アル者ハ……」となっているが、昭和一二年改正法律案の同条同項は「第三百八十六条第一項第八号ノ査定ニ不服アル者ハ……」に修正されている。③準用規定の整備。昭和一〇年改正法律案にみられなかった準用規定が、昭和一二年改正法律案において加えられている。三一八条二項が新設され「第二百三条ノ規定ハ社債ガ数人ノ共有ニ属スル場合ニ之ヲ準用ス」とされた。三二〇条四項が新設され「無記名式ノ債券ヲ有スル者ハ其ノ債券ヲ供託スルニ非ザレバ前二項ノ権利ヲ行使スルコトヲ得ズ」とされた。三二二条三項が新設され「第二百三十二条第一項及第二項ノ規定ハ前項ノ通知ニ之ヲ準用ス」とされた。これにともない昭和一〇年改正法律案三三九条二項「第二百三十二条第一項及第二項ノ規定ハ第三百二十二条第二項ノ通知ニ之ヲ準用ス」が削除され、昭和一二年改正法律案において同条二項は「社債権者集会ノ議事録ハ社債ヲ発行シタル会社其ノ本店ニ之ヲ備置クコトヲ要ス」と規定され、同条三項が新設され「社債募集ノ委託ヲ受ケタル会社及社債権者ハ営業時間内何時ニテモ前項ノ議事録ノ閲覧ヲ求ムルコトヲ得」と規定された。三五六条二項が新設され「第百九十二条第二項ノ規定ハ前項ノ場合ニ之ヲ準用ス」とされた。④条文の配置の変更。昭和一〇年改正法律案一八六条「引受ナキ株式又ハ第百七十七条ノ規定ニ依ル払込ノ未済ナル株式アルトキハ発起人ハ連帯シテ其ノ株式ノ引受又ハ払込ヲ為ス義務ヲ負フ株式ノ申込ガ取消サレタルトキ亦同ジ」は、昭和一二年改正法律案においては、一九二条に回され、同条一項は、「引受ナキ株式又ハ第百七十条、第百七十一条若ハ第百七十七条ノ規定ニ依ル払込ノ未済ナル株式アルトキハ発起人ハ連帯シテ其ノ株式ノ引受又ハ払込ヲ為ス義務ヲ負フ株式ノ申込ガ取消サレタルトキ亦同ジ」と修正され、同条二項が新設されて「発起人ニ悪意又ハ重大ナル過失アリタルトキハ其ノ発起人ハ第三者ニ対シテモ亦連帯シテ損害賠償ノ責ニ任ズ」と規定された。これにともない、昭和一〇年改正法律案一八七条の、「前二条ノ規定ハ……」は「前条ノ規定ハ……」と修正されたうえで、昭和一二年改正法律案において、一八六条に繰り上げられた。以下、同様に、昭和一〇年改正法律案の一八八条、一八九条、一九〇条、一九一条および一九二条は、昭和一二年改正法律案において、そのまま一八七条、一八八条、一八九条、一九〇条および一九一条に繰り上げられた。⑤上述の④の措置にともなう形式的変更。昭和一〇年改正法律案三七〇条一項、同条二項、三八九条二号、四一三条三項、四一四条一項、四五三条一号および四六五条一号のなかで規定された「一八六条」「一八七条」「一八八条」「一八九条」「一九〇条」「一九一条」および「一九二条」は、それぞれ「一九二条」「一八六条」「一八七条」「一八八条」「一八九条」「一九〇条」および「一九一条」に修正された。

第七〇回帝国議会において、右の改正法律案は、貴族院では些少の修正を受けたのみにて可決せられ、衆議院においても本案自体について、これを否決または全面的修正を求めるような空気は毫も存在しなかったにもかかわらず、昭和一二年三月三一日に衆議院が解散されたため、またも法律として成立する運びに至らなかった。[329]

ついで、昭和一三年（一九三八年）一月、政府は、第七三回帝国議会に、第七〇回議会で貴族院において修正されたものとほぼ同様のものを商法中改正法律案として通算三度目の提出をなした。[330] 昭和一二年法律案と昭和一三年法律案との相違はおよそ以下のようなものである。

①第七〇回帝国議会の貴族院の修正に従うもの。昭和一二年改正法律案一九八条は「発起人ニ非ズシテ株式申込証、目論見書、株式募集ノ広告其ノ他株式募集ニ関スル文書ニ自己ノ氏名及会社ノ設立ヲ賛助スル旨ノ記載ヲ為スコトヲ承諾シタル者ハ発起人ト同一ノ責任ヲ負フ」と規定されていたが、昭和一三年改正法律案の同条は、「記載ヲ為スコトヲ承諾シタル者ハ」の後に、「自己ヲ発起人ナリト誤認シテ株式ノ申込ヲ為シタル者ニ対シ」という文言が挿入されている。昭和一二年改正法律案三一九条の「社債権者集会ハ本法ニ別段ノ定アル場合ヲ除クノ外」が、昭和一三年改正法律案の同条では、「社債権者集会ハ本法ニ規定アル場合ヲ除クノ外」に修正された。昭和一二年改正法律案四四二条一項の「第二百三十二条第一項第二項、第二百三十九条第三項、第二百四十三条、第二百四十四条及破産法第百七十九条ノ規定ハ」が、昭和一三年改正法律案同条同項では、「第二百三十二条第一項第二項、第二百三十九条第三項、第二百四十三条、第二百四十四条、第三百二十一条第二項及破産法第百七十九条ノ規定ハ」に修正された。昭和一二年改正法律案四九三条一項および四九四条一項で「賄賂ヲ収受シ」とされていた文言が昭和一三年改正法律案の同条同項では各々「不正ノ請託ヲ受ケ財産上ノ利益ヲ収受シ」に修正され、昭和一二年改正法律案の各々の同条同項にあった「他人ニ賄賂ヲ供与セシメ」の文言

が昭和一三年改正法律案の同条同項から各々削除された。昭和一二年改正法律案四九三条二項および四九四条二項で「賄賂ヲ供与シ」とされていた文言が昭和一三年改正法律案の同条同項では各々「前項ノ利益ヲ供与シ」に修正された。同様に、昭和一二年改正法律案四九五条で「賄賂」とあるのを、昭和一三年改正法律案同条では「利益」と修正している。②第七〇回帝国議会の衆議院委員会の意見を尊重したもの。昭和一二年改正法律案二〇四条一項但書において「但シ定款ヲ以テ其ノ譲渡ノ禁止又ハ制限ヲ定ムルコトヲ防ゲズ」とされていた文言が、昭和一三年改正法律案同条同項但書において「但シ定款ヲ以テ其ノ譲渡ノ制限ヲ定ムルコトヲ防ゲズ」と修正された。同様に、昭和一二年改正法律案一七五条二項五号、一八八条二項六号および二二五条一項六号における「株式ノ譲渡ノ禁止若ハ制限」という文言が、昭和一三年改正法律案の各々の同条同項同号においては「株式ノ譲渡ノ制限」に修正された。③政府が独自に修正したもの。昭和一二年改正法律案三八〇条二項は「前項ノ訴ハ株主、取締役、監査役又ハ資本ノ減少ヲ承認セザル債権者ニ限リ之ヲ提起スルコトヲ得」とされていたが、昭和一三年改正法律案同条同項では「前項ノ訴ハ株主、取締役、監査役、清算人、破産管財人又ハ資本ノ減少ヲ承認セザル債権者ニ限リ……」と修正されている。[331]

右の法律案は、貴族院においては二月一四日、衆議院においては三月二二日、いずれも無修正で可決され、かくして新法は、同年四月五日の官報をもって公布されるに至ったのである[332]（昭和一三年四月五日法律第七二号）。こうして新法は、昭和四年（一九二九年）以来の長い道程を経て、ようやく成立したのである。その施行は、昭和一五年（一九四〇年）一月一日であった。

2　康徳四年満州帝国会社法の成立——昭和一三年会社法の双生児

大日本帝国の終焉とともに、わが国の植民地経営にもまた終止符が打たれたわけであるが、過去のわが国の植民地経営にとって、会社法制が占めていた地位はきわめて重要であったと評価しえよう。第一に、わが国の植民地は、いわゆる国策会社を中心に経営されていたからである。第二に、植民地への資本の導入のために、株式会社の利用が不可欠であったからである。

傀儡国家とはいえ、体裁上は主権国家として成立せしめられた満州国については、わが国の会社法との整合性に配慮した一般法としての会社法が必要であった。康徳四年（昭和一二年、一九三七年）に成立した満州国会社法は、この時期のわが国の会社法改正作業の投影であると評価しえるので、これを概観しておこう。

周知のように、満州国の建国は、昭和七年（一九三二年）のことである。建国直後の満州国においては、臨時の便法として、建国前の制度・法令が援用されたようである。会社法については、大同元年（昭和七年）一二月九日教令三号によって、中華民国の公司法（民国一八年（一九二九年）一二月二八日公布、同二〇年（一九三一年）七月一日施行）が一時的に援用された(333)。同法の内容は、実質的にわが国会社法が移植されたものであったようであるが、同法は明治四四年改正を顧慮しておらず、加えて、単純な錯誤または疎漏が多かったと評価されている(334)。

康徳元年（昭和九年、一九三四年）、満州国は帝政に移行した。同年一〇月、満州国政府は、司法部参事官、法典起草委員会（民事・刑事に分かれる）、法典制定委員会、漢文整理委員会を設置した。そして、各々の委員会の分担を定めて、康徳四年（昭和一二年、一九三七年）一二月までに主要司法法規を完成させることになった(335)。

商法に関しては、康徳四年五月一三日に、まず手形法（票拠法）・小切手法（支票法）が公布され(336)、同年一〇月一日に施行されている(337)。各々、ジュネーブ統一条約に基づくものである(338)。満州国商法の特色は、商法典を編纂しなかったことである。商法は、それぞれ単行法として、康徳四年六月二四日に、商人通法（わが国の商法総則および商行為法の一部）、会社法、運送法、倉庫法、海商法が公布されている。

右のうち、会社法は、康徳四年六月二四日勅令第一三二号として公布され、同年一二月一日より施行された全五章四四八か条にわたる法典である(339)。同法は、一言で表現するならば、わが国の昭和一三年改正会社法の双生児であると評価しえよう。すなわち、「条項の配列、立言の方法ならびに字句用語の選択に至るまで、まったく符節を合するがごとく、両法の間に均整のとれてあることほとんど理想に近い(340)」との評価が加えられている。

ところで、本書においてしばしば指摘しているように、わが国の昭和一三年会社法の改正作業は、あくまでも自由主義、資本主義をその基調とするものであった。このような基調を持ったわが国の会社法が、そのまま国防国家体制下の満州国に移植されたのはどのような理由に基づくものであろう。これについては、以下のような理由が考えられよう。

第一に、満州国の経済開発に必要な資本を導入するために一般会社法が必要であったことである。[341] 第二に、建国前から同国領域内に若干の会社組織が存在し、これを既得権として認める必要があったことである。[342] そして、第三に、おそらくこれが最も重要な理由であると思われるが、わが国自体がいまだ自由主義、個人主義的な経済組織を維持することに固執していたことである。[343]「わが国自体が」と言うよりも、「わが国の商法学界が」と言い換えるほうがより正確であるかもしれない。

満州国会社法の形式上の特異点はその配列に見うけられる。すなわち、第一章総則、第二章株式会社、第三章合名会社、第四章合資会社とされており、株式会社が先頭に配列されている。同法では、株式合資会社が認められていない。これは、建国前から同領域に株式合資会社（股份両合公司）がそもそも存在しなかったためであるとされている。[344] さらに同法は、わが国で導入された有限会社を認めていない。その理由は必ずしも明らかではないが、わが国における有限会社法の施行（昭和一五年一月一日）が満州国会社法の施行（昭和一二年一二月一日）より遅かったため、わが国に先んじてこの制度を施行することを不可としたのではないかとの示唆がなされている。[345] 満法に有限会社に関する規定がないことについては、「立法者の短見が惜しまれる」[346]とか、「満法がこの制度を採用しなかったことは意外である」[347]といった批判がなされている。

満法には、外国会社に関する規定が置かれていない。したがって、外国法に準拠して設立され、満州国内で事業を営むことを主たる目的とする会社は、すべて満法に準拠する会社に改組せざるをえないという構成になる。[348] ただし、日本法に準拠して設立された会社で満州国において事業を営むことを主たる目的とするものについては、「治外法権撤廃及付属施行政権移譲に関する日満両国条約（康徳四年一一月五日条約第二号、同年一二月一日実施）」四条一項に基づき、この条約の実施と同時に「満州国法令により成立する同種の会社其の他の法人又は最も之と類似する法人」として認められた。[349] 右は、満州国内におけるわが国資本の独占的権益を保護するための政策的な配慮であるといえよう。

わが国の昭和一三年改正会社法と満州国会社法との具体的な条文における相違点のいくつかを概観しておこう。

満法は、株金払込事務の取扱者および取扱場所を銀行に限っている（一二三条二項六号）。おそらく満州国における信託会社の発達の不十分さに起因するものである。[350]

満法は、心裡留保による株式申込みの有効性を明らかにすることに加えて、発起人と通じてなした虚偽表示による株式申込の有効性をも明定している（一二三条――対照日法一七五条三項）。

満法は、設立時における株式払込仮装を防止する一環として、銀行の払込株金保管証明書自体を創立総会に提出しなければならないものとしている（三一条二項――日法に対照規定なし）。

会社が例外的に自己株式の取得を許される場合に関して、満法においては、日法二一〇条に掲げる事由に加えて「問屋タル会社ガ買入ノ委託ノ履行ノ為ニスルトキ」および「信託業ヲ目的トスル会社ガ信託ノ引受ニ因ルトキ」を掲げている（六四条四号、五号）。

株主が払込期日までに払込みをなさなかったときに会社が執りうる失権手続に関して、会社は滞納株式の競売その他の処分に先立ち、株式譲渡人に買受けの機会を与えるために処分をなすべき旨の通知をしなければならないが、処分に先立ち、所定の申出期間内に株式買受けの申出をした譲渡人が複数あるときにどの者に株式を売却すべきか、わが国の商法は明定していないが、満法は最初に申出をなした譲渡人に対してなす旨を明定して、最先主義を採用している（六九条）。

株式譲渡人の払込担保責任の限度に関して、わが国の商法（二一九条一項）が、株主名簿に株式の譲渡を記載した後二年内に法定の方式に従って払込みの催告が発せられた株金に関してのみ株式譲渡人が担保責任を負うとしているのに対し、満法では、かかる株金にしてかつ払込期日が右の期間内に存するものに関してのみ担保責任を負うとしている（七三条一項）。

満法は、とくに取締役の義務、責任に関する直接の規定を会社法中に設けている。すなわち、その一二一条において、会社は「取締役ガ其ノ職務ヲ行フニ付他人ニ加ヘタル損害ヲ賠償スル責ニ任ズ」る旨を直接に規定するとともに「但シ其ノ取締役ハ之ガ為ニ自己ノ損害賠償ノ責任ヲ免ルルコトナシ」との明文を設けている（対照日法二六一条三項→七八条二項→民法四四条一項）。さらに、取締役の受任者としての善管注意義務を、民法に委ねることなく、直接に会社法中に規定を設けて（一一七条）、「取締役ハ善良ナル管理者ノ注意ヲ以テ其ノ職務ヲ行フコトヲ要ス」と定めている。この政策は、取締役に積極的に職務遂行の義務を負わせるという観点から、[351] あるいは、その職務に無関心、怠慢である取締役に対し、直截簡明に職務懈怠が義務違反であることを規定して厳重な戒心を要求したという点で、[352] 高く評価されている。

株式会社の貸借対照表の要式に関し、満法は、「資本総額ハ之ヲ貸借対照表ノ負債ノ部ニ計上スルコトヲ要ス」ととくに明定している（一四七条一項――日法に対照規定はなく、貸借対照表の要式は、商法中改正法律施行法四九条によってすべて命令に委ねられている）。

満法は、自己株式について、会社が自己株を質権の目的として受けたときまたはこれを処分したときはその種類および金額を営業報告書に記載すべきことを要求している（一四八条――日法に対照規定なし）。

満法は、定款をもって利益または利息の配当請求権の消滅期間を定めうることを明定し、その最短期間を三年と定めている（一五五条――日法に対照規定なし）。

転換社債に関し、転換によって発行すべき株式は日満両法ともに全額払込済みのものに限っているが、かかる株式の金額については、わが国の商法三六五条二項が「転換スベキ社債ノ発行価額ヲ超ユルコトヲ得」ないとしているのに対し、満法二三二条二項は「転換スベキ社債ノ発行ニ因リテ得タル実額ヲ超ユルコトヲ得」ないとしている。

以上のほかにも、日満両国の会社法には細部で相違点がみうけられるが、右に掲げたものは、その代表例である。また、日満両国の民法規定の相違が、会社立法にも少なからぬ影響を与えている。たとえば、意思表示の要素に錯誤があれば、満州国民法はこれを取消事由としている（満民一〇五条一項）。満州国民法は、物権の得喪変更につき登記または引渡しを効力要件としている（満民一七七条および一八一条）。満州国民法は、先取特権に関する規定を欠く、等である。

表Ⅵ　満洲国会社資本移動（満洲国法人のみ）

年度（昭和）	新設		増資		払込	
	社	金額（円）	件	金額（円）	件	金額（円）
康徳4（12）	320	77,007,600	14	220,056,700	22	11,800,500
5（13）	914	180,027,352	150	110,463,250	123	185,625,300
6（14）	741	164,580,305	393	291,231,695	165	428,958,500
7（15）上期	200	62,175,700	161	89,033,250	47	140,871,000
7（15）下期	238	61,399,650	79	76,839,700	86	147,799,950
8（16）上期	307	125,530,030	84	40,304,700	89	164,911,000
8（16）下期	211	86,351,552	61	60,262,503	64	71,603,520
9（17）上期	330	78,403,550	102	140,119,050	119	83,093,316

年度（昭和）	減資		解散		現在高	
	件	金額（円）	社	金額（円）	社	金額（千円）
康徳4（12）	5	—	11	29,106,800	2,292	1,325,142
5（13）	3	260,085	114	7,356,400	3,092	1,773,642
6（14）	1	2,000	115	7,991,707	3,718	2,578,419
7（15）上期	2	415,000	143	3,229,850	3,809	2,886,854
7（15）下期	7	397,000	141	12,927,299	4,100	3,361,973
8（16）上期	6	90,000	121	8,089,500	4,419	3,921,138
8（16）下期	4	5,554,500	69	57,652,500	4,561	4,076,148
9（17）上期	9	365,900	114	41,330,940	5,023	4,640,452

東洋経済編　経済年報昭和19年版236頁を基に作成

いずれにせよ、日満の経済的な一体化は、昭和一三年改正商法および康徳四年会社法という、双生児会社法を軸として遂行された。**表Ⅵ**は、康徳四年以降の全満州における会社資本の移動を示したものである。満州国会社法は、昭和一三年改正会社法よりも約二年先行して施行されている。自由経済から戦時経済すなわち統制経済へ移行しつつあったこの時代において、この二年の差は重要であるかもしれない。自由主義を基調とする日満会社法の「実力」は、自由経済体制下の社会においてこそ、その実効性が客観的に評価されうるからである。その意味で、先行して施行された満州国会社法の下での会社統計は、不幸な時代に施行された昭和一三年会社法の「隠れた実力」を推し測るひとつの資料と言いうるかもしれない。

3　改正法をめぐる学界の議論状況

(1)　昭和一三年

この年における会社法改正論議でもっとも注目すべきは、商法学界よりもむしろ会計学界における議論であろう。この年、わが国の会計学者は、第一回日本会計研究学会大会を開催している。改正商法が公布されて間もない、同年五月二〇、二一日のことである（一橋如水会館にて開催）。この大会における議論を契機として[353]、会計学者が、主として商法二八五条の財産評価に関する論稿を公表している。

すなわち、同条の営業用固定資産の評価に関して、減損額控除＝減価償却に同条がふれていないのは不十分であるとして、これを規定すべきであるとの意見が多い[354]。また、同条の有価証券の評価に関しても、会計学の見地からして、有価証券は、恒久的利殖または他社支配のために所有するものと一時的な投資のために所有するものとに分けてその評価を考えるべきであり、前者は営業の用に供する有価証券として取得原価主義を採り、後者は時価主義を採るべきではなかったか、との批判も目立っている[355]。とりわけ、親会社が所有する子会社発行の有価証券につき、原価を尊重して評価すべきことを要求する規定がないのは遺憾であるとの指摘がある[356]。

その他、会計学者の意見として、二八二条二項の計算書類の閲覧権に関して、会社を国民的監督の下に置くためには、株主または会社債権者でなくても、一定の費用を支払いさえすれば、これを取得できるようにすべきであるとの意見がある[357]。また、二八八条の利益準備金に関して、改正商法は会社自体の健全な発展のための会社保護に対する配慮が不十分であって、利益準備金の限度を資本の四分の一程度にとどめるので足りるのか、利益から留保するのも二〇分の一以上の程度で十分なのかという指摘がある[358]。

法律学者の議論としては、設立に関連するものとして、原始定款の公正証書化に加えて、創立総会および株主総会の議事録または決議録の公正証書化が至当であったと示唆する意見がある[359]。二四六条の事後設立につき、かかる規定を設けたこと自体は評価できるが、これに株主総会の特別決議を要求しても総会が概して無力であるし、会社設立当初においては、発起人またはその一味が取締役や監査役として会社を事実上支配することが多いのであるから、事後設立の具体的当否、とりわけその価額の当否を株主総会が適切に判断しうるとは考えがたく、この場合にも、総会に先立ち、官選検査役の調査をなさしめることとすべきであったとの見解がある。(360) また、預合防止策につき、株金払込取扱人の変更や保管替えに関して、株式申込人に対する通知公告等につき規定しなかったのは不備である旨が述べられている。(361)

取締役の株券供託を定めた二五九条に関しては、供託された株式上に会社が有する権利または供託された株式を取締役が任意に処分した場合の効果など、解釈上問題点が多い旨を指摘するものがある。(362) 同条については実務家からも、取締役を株主中から選出したときに取締役が定款に定めた員数の株券を監査役に供託するのは、取締役が業務執行その他につき会社に損害を及ぼした場合、その賠償の担保としてこれをなさしめることにあるのは明らかであるにもかかわらず、同条が定款をもってその供託義務を免除しうるかのように規定した点は問題であるとの指摘がある。(363)

自己株式の取得の緩和に関しても、はやくもこの時期に、たとえば従業員持株制度を採用するなど、経営上の必要に基づく場合には会社が自己株式を取得することを認めるべきであるとの意見表明がみられる。(364)

銀行実務家からの指摘として、二〇九条一項の登録質について、登録質の要件として、株券にも質権者の氏名を記載するということになっているが、転々として何人の手に渡るかもしれない株券に質入れの履歴がつくのは、ことに銀行等では取引関係が第三者にわかるということもあり、好ましいことではないので、せっかくの立法であるが、おそらくこれを利用する者はあまりいないであろうという指摘がある。(365)

当然のことながら、この年には、改正商法の解説論稿が数多く公表されている。(366) また、スイス(367)およびドイツ(368)の会社法の紹介論稿も見うけられるが、わが国の会社法に対する具体的提言を含むものではない。

(2)　昭和一四年

この年における興味深い論稿として、昭和一三年改正商法がどのような思想的背景の下に成立したかを考察した大橋光雄のそれ[369]を挙げることができる。

大橋光雄は、日華事変以降のわが国の立法状況を、従来の自由主義下の法制が行きつく所まで行きついた転換期にあり、その新事態に対応すべくさまざまな法案が議会を通過していると評価しつつ、それらのうち、商法改正法案のみが「何かしら法制の安定期における法律のごとくであり、何か周囲の雰囲気にそぐわないような気持ちが感ぜられないでもない。かかる法律を事変中にもかかわらず制定しうることは大国の余裕であるという見方もあるが……なぜかかる印象を与えるのであるか[370]」と述べ、それに答えるべく改正法の総合的考察をしようとする。そして、いわゆる民主主義陣営の会社法と全体主義陣営の会社法の立法動向を分析し、それらとわが国の改正会社法の姿勢とを比較している。

そのうえで、改正法につき、この会社法は現時の法制激動期における立法であるにもかかわらず、従来の資本主義的民主主義的思想をいっそう発展ならしめたるにとどまり、改正手段のひとつとして諸国の法制の研究を世界的ならしめたというにすぎないものであると小括する[371]。

具体的に述べれば、改正法の根本思想、指導精神は純資本主義的であり、たとえば株式の無名性の排撃、会社機関の編成替え、権威による政治の思想、企業の行政的監督等の全体主義的会社法にみられる問題はほとんど考慮されておらず、この法律は、自由競争の基盤に立った法制安定期のみに与えられる法律であるとしている[372]。大橋光雄は、このような改正法を評して、一九二九年英国会社法を連想させる面すらあると評価している[373]。

比較法的見地において広く知識を世界に求めているという点に関しては、明治二三年商法が仏法系であり、明治三二年商法が独法系であるのに対し、今回は世界諸国法的になったとし、とりわけ英米法の諸制度がいずれも立法に有力な資料を提供したと評価する[374]。そして、民主主義陣営に属する英米法の法制が多くとり入れられたことは、純資本主義的立場をとるわが商法の発展的手段として、必然的なことであった旨、述べている[375]。

右のような姿勢で立法された改正法は、現時の経済情勢にとって不十分であるというのが、大橋光雄の評価である[376]。第一に、従来の資本主義的立場から観た場合、現代企業の特色は複合企業たる点に特徴があるが、すでに会社法典に収めるに機が熟していると思われるカルテル、トラスト、コンシェルン関係について、新法は規定していない[377]。第二に、全体主義的立場から観た場合、新法はあまりに時流と隔絶している。すなわち、「新しい経済秩序」の建設という情勢を戦時経済の一時的現象とみるか、人類史の大きな思想的うねりの現象とみるかは見る人の認識によるとしつつも、大橋光雄は、後者の立場に賛成する[378]。その観点から、新法ははなはだ時流に超然としていると指摘し、次のように述べる。商法は自由主義の立場に立つのが本来的性格であり、全体主義的動向は別個の法領域で考察すべきであるという見解も一理ないではないが、それはむしろ商法自らが自らの廃滅を自認することに外ならないのであって、かりに自由主義の商法は廃滅するにしても、経済現象は人の生活のあるところに必ず存立するのであるから、時代に適応した構想の下に、商法の特色である柔軟性、慣習性、時代適応性を発揮して、将来の商法の活くべき道を見出すべきである[379]。

今日的見地からは、必ずしも妥当とは言い難い側面もあるが、改正当時の時代背景、経済情勢と会社法との乖離を知る上で象徴的な論稿である。なお、大橋光雄は、新法について「資本主義の立場においても一〇年遅れている[380]」と小括していることを付言しておきたい。

この年の各論的論稿としては、記名株券の指図証券化にともなう問題点を指摘したものがある[381]。記名株券の善意取得制限を規定した二二九条二項につき、記名株券に裏書移転の方法を認めながら、証券の外観に信頼しえないような非証券法的規定を設けたことは、証券法的見地からその失当を批判せざるをえないとしている[382]。しかし、国民経済に直接かつ大きな関係を持つ株式制度のようなものは、証券理論の理想にかかわらず、立法者が株式所有者に衝動を与えないよう配慮してかかる制限を設けた以上、その当否を即断すべきでないとする[383]。また、裏書譲渡をうけて記名株券の所持人となった者からする名義書替請求につき、小切手法一九条を準用する規定を設けるべきであると指摘している[384]。

その他、この年には若干の各論的解説論稿がみうけられる[385]。施行を控えて、定款の認証等の公証人実務に関する解説等もみうけられる[386]。

(3)　昭和一五年

改正会社法は、この年に施行された。しかし、すでに多くの特殊会社法、特殊事業法が制定され、国家総動員法（昭和一三年法律第五五号）、会社利益配当及資金融通令（昭和一四年勅令第一七九号）、臨時資金調整法（昭和一二年法律第八六号）等の各種統制法令の氾濫によって、商法典が予想する改正会社法下の株式会社の姿は、必ずしも十分な具現化が可能であるとは言い難い状況となっていた。

このように、戦時経済体制または国防国家体制への移行が顕著となる中で、自由主義を基調としたさらなる会社法改正に繋がる議論状況は、急速に下火になってゆく。

たとえば、この年には、いわゆる制度理論の立場から株式会社の構造を再構成するといった主旨の論稿も現れている(387)。株式会社は、個人と国家の間における中間的利益の追求を目的とする組織体を生ぜしめる契約によって成立する(388)、といった具合である。

しかし、一般的には、この時代の特別法による商法の変更は、以下のように捉えられている。すなわち、企業の複雑性にもかかわらず、基本的な機構としては、そこに共通な定型を定めることは必要であり、可能である。これが一般法としての商法の役割である。しかし第一に、この基本的機構のもとに構成せられる種々の技術的、派生的な部分については、商法の画一的定型は必ずしもあらゆる企業に適合しうるとは限らない。第二に、特定企業の持つ経済的、社会的ないし国家的意義の重要性については、これを国家的に監督統制する必要もあり、またこれに特殊の特権を付与する必要もある(389)。

右のように、商法学者は、統制法令の氾濫という現実を直視しつつも、一般法としての商法に関しては、その自由主義的な立場を崩していない。逆に、特別法による商法の変更はきわめて例外的でなければならないと説いている(390)。

統制法令による商法の変更については、たとえば会社の設立や機関といった側面において、次のような批判的意見が表明されている。設立に関して、実質的には多数の特殊会社法、特殊事業法の制定によって重要な企業の多くにつき、準則主義は大きな歪曲を受けつつあるから、現在のわが株式会社法は「広い意味での免許主義」に支配されていると言っても過言ではない。しかし、かかる「免許主義」は、複雑多様な企業の全般に対する行政官庁の評価能力の万能、明徹な洞察、誠意を前提としなければならない以上、そこに一沫の不安がある[391]。また、機関に関して、これに関する特殊的法規整は、結局は企業経営についての国家的干渉ないし関与の表現に尽きる[392]。とりわけ特殊会社において株主総会の専決事項について認可主義を採用するという政策は、株主総会の専決権自体こそ奪われていないものの、その効力発生要件として政府の認可が要求せられる限りにおいて、株主総会を通じての会社の私的自治が大きな制約を受けている点に注目すべきである[393]。

右のような状況を反映してか、改正商法に関するこの年の論稿としては、株式の質入れ等について総合的に論じたものが目立つ程度である[394]。

総論的解説として、立法者の一人であった松本烝治の講演録が公表されている[395]。また、若干の各論的解説がある[396]。その他に、ナチス株式会社法の紹介[397]、スイス会社法の紹介論稿が公表されている[398]。

(4)　昭和一六年

周知のように、この年の一二月八日に、わが国は米英に対して戦端をひらき、中国戦線をも含めて、「戦争」状態にはいった（中国戦線はこのときまで「事変」と称されていたが、昭和一六年一二月一〇日の大本営政府連絡会議は、この戦争を一二月八日以降の中国戦線を含めて「大東亜戦争」と呼称すると決定し、この呼称は同月一二日に閣議決定された）。この戦争の遂行は、わが国の国力をはるかに超えるものであったため、開戦を境に、わが国の諸分野の学問的成果にも少なからぬ影響（停滞）をもたらすこととなった。したがって、本章では、会社法をめぐる「戦前」の議論状況を整理するという意味で、この年に公表された論稿をもって昭和一三年改正商法をめぐる議論の終着点とする。

この年には、わが国の過去の資本主義経済の発展とその質的変化を背景に、昭和一三年会社法の性格を総合的に考察した三藤正の論稿が公表されている[399]。

三藤正は「元来民商法のような大法典は、一面その経済生活への指導力を云々されているけれども、何としてもその過去の時期における経済生活の要求の、そしてその発現たる諸特別法で展開せられた法理論の沈澱である[400]」と捉える。そして、この前提が是認されるならば、今回の商法改正の基盤となった経済は、産業資本主義から金融資本主義への転化過程におけるそれであったわけであるから、今回の改正法は、このような経済的要請を反映したものでなければならなかったはずであると小括する[401]。その要請とは、第一に、産業資本主義の正常な進行過程の諸要求に合致する株式会社の型の構想であり、第二に金融資本主義への転化過程における諸要求の立法化である[402]。

三藤正は、右のうち、とりわけ金融資本主義への転化過程における諸要求が、どのように会社法に取り入れられているかを考察している。少数の者の手中に企業が握られる独占的金融資本主義下にあっては、自己資本をもって新企業を創設するよりもむしろ多数者を獲得することによって既存企業を支配することが努力されるようになるが、三藤正は、株式会社法もまた、このような企業集中による独占を可能ならしめ金融資本の独裁を擁護する方向に構成されると説く[403]。

すなわち、金融資本型の株式会社法においては、資本形成の自由性という側面は、次のように発展する。第一に、金融資本化を促進させるため、会社金融の方法が多様化される。具体的には、株式の種類の増加、転換株式・転換社債・議決権なき株式の許容、増資の制限の緩和、社債法規の補正、株式担保化の方法の明確化等が改正法において実現された。第二に、投下資本の安定化が図られる。具体的には、設立に関する発起人の責任強化、増資における取締役・監査役の責任強化等が改正法において実現された。第三に、投下資本の回収の容易迅速化が図られる。具体的には、株式の指図証券化等が改正法において実現された。また、金融資本型の株式会社法においては、会社機構の側面も次のように変容する。形式的には株主総会中心の当事者自治の原則を維持しつつ、企業の支配権は事実上企業者株主（すなわち金融資本家）に移動し、その代表者たる取締役等が経営方針を決定するようになる。具体的には、議決権なき株式・転換株式の許容を通じた株主の無機能化への前進、取締役・監査役の株主資格からの解放等が改正法において実現された[404]。

三藤正は、金融資本主義的性格を強めた改正法に一定の評価を与えつつも、「現行法上の株式会社の金融資本的性格はなおその理念型と称するにはほど遠い[405]」と述べる。その理由として、改正法は、たとえば企業合同現象における自己株式、議決権、貸借対照表の項目および評価、役員の責任、会社債権者関係等についてなお十分な規定を欠くからであるとして

いる。(406)

さらに三藤正は、資本主義はさらに独占的金融資本主義の行詰まりから計画資本主義へ発展すると説き、わが国はすでに金融資本主義が未完成のうちに世界的政治不安にうながされて計画資本主義への本質過程にはいっていると現状を分析する。(407)そして、この段階にあって会社法は、株主・会社役員・会社債権者という利害が衝突する者の間の利己的自由競争の調整・調和に資するものとしての役目を果たさなければならず、かかる段階においてもなお、会社がもつ資本集中機構としての優秀性と経営機構としての優秀性が再認識されるべきであると説いている。(408)

時代的背景もあってか、三藤正は、国家総動員法や営団法が株式会社の機構的優秀性を発揮することに寄与するという主旨を述べているが、(409)今日的視点からは、三藤正が説いた計画資本主義下の会社法への指摘は、会社法学の経済法分野への発展を示唆するものであったとも捉えられよう。

この年、大隅健一郎もまた、資本主義経済の大きな基本的構造の変革の結果として、株式会社制度にどのような構造的変革がもたられたのかという視座から、一編の論稿を公表している。(410)この論稿は、昭和二八年（一九五三年）の「株式会社法変遷論」という彼の著名な著書に繋がるものであった。株式会社法理論の変革の鳥瞰を企図したという意味で三藤正の論稿の主旨と共通しているが、その視野は大隅健一郎の論稿のほうが広く、世界的な経済の基本構造の変遷の流れを捉え、その間の各国株式会社法理論の変遷に言及しつつ、わが国特有の現象をも分析するという手法が用いられている。

大隅健一郎は、株式会社企業の大企業化、企業集中の発展そして資本主義経済から統制経済への移行といったものを、経済の基本構造の変革の中核に据えて、会社法の構造の変革史を描き出すことを意図したと思われる。(411)

しかし、右の視座から、当時における会社法理論の到達点を各論的に分析する作業は、会社の設立および会社の内部機構に関する部分を除いて未完に終わっている。

大隅健一郎の各論的分析のうち、昭和一三年改正法に対する評価として重要な指摘であると思われるのは、近代における株式会社の内部構造の変革に関連した指摘であろう。すなわち、資本主義の発展にともなう株式会社の大企業化と企業集中により、株式会社の内部構造は、自由株主の共同管理権ことに議決権の限縮ないし喪失と取締役の企業支配権の拡大強化という過程をたどる。加えて、これをもたらした経済的発展は、他面、従来の株主中心的な株式会社観に対し、新たな企業中心的な株式会社本質観を展開せしめる。そこから、株式会社に結合する各個の株主の利益またはその単なる集計を越えた、より高次元の企業の利益という概念を認めることになる。そして、このような企業の利益の昂揚は、企業経営の安定と企業の継続的な維持発展を最高の指標とするから、会社の経営を株主総会の変動的多数と株式投機の陰謀から解放することを要求し、また多数者株主の横暴に対してのみならず、少数者ないし個々の株主の放恣に対しても取締役等の立場を弁明する根拠を与えることになる。この流れの帰結するところは、取締役がもはや株主総会の下位に立つ機関ではなく、自己の権限と責任で会社の業務執行を指導的に指揮する立場に立つこと、株主総会が主として会社の法律的および経済的基礎に関してのみ決議をなしえ、業務執行に関してはもはや大きな権限を有さないこと、かかる取締役の権限強化と関連して、その責任もまた強化されること、監査役の監督機関としての職分が明確化されること等である[412]。

大隅健一郎は、右のような変化をふまえて、昭和一三年改正法を次のように評している。「この改正に当たっては、前述の近代における株式会社の内的構造の変革に対し格別の考慮が払われたと認むべき跡を見出しえない。それは依然として従来の民主主義思想に胚胎する機関構造を維持するのみならず、株主総会の権限を拡張することによって（商法二四五条）、むしろこれを強化する態度に出ているかさえに見える[413]」。

明治期の会社法制定以降、連綿と続けられ、会社法学の発展に寄与してきた戦前のわが国の会社法改正議論は、この年に公表された以上の昭和一三年改正法の総論的小括をもって、戦時における長い休眠状態にはいることになる。

(328) 島本英夫「商法改正要点(1)」和歌山高商内外研究一一巻五号（昭和一三年）五〇頁。
(329) 同前。
(330) 根本松男「改正商法に付て(1)」鉄道軌道経営資料一二巻一〇号（昭和一三年）三頁。
(331) 昭和一二年改正法律案と昭和一三年改正法律案との異同については、三枝一雄・明治商法の成立と変遷（平成四年）三五

○―三五一頁を参考として整理した。
(332) 島本・注(328)五〇頁。
(333) 佐藤義雄「満州国会社法の特質(1)」同志社論叢七〇号（昭和一五年）七八頁。
(334) 同前。
(335) 同前七六頁。
(336) 佐藤義雄「満州帝国商人通法論評(1)」同志社論叢五八号（昭和一三年）九三頁。
(337) 同前九五頁。
(338) 同前参照。
(339) 大本利一「日満新会社法の比較(1)」東亜経済研究二二巻四号（昭和一三年）七七―七八頁。
(340) 同前七八頁。
(341) 佐藤・注(333)前掲八〇頁。
(342) 同前。
(343) 同前。
(344) 同前八六頁。
(345) 同前八七頁参照。
(346) 同前。
(347) 大本・注(329)前掲八六頁。
(348) 佐藤・注(333)前掲八七頁。
(349) 同前八七―八八頁。
(350) 大本・注(339)前掲八九頁。
(351) 佐藤義雄「満州国会社法の特質(2)」同志社論叢七一号（昭和一六年）八九頁。
(352) 大森利一「日満新会社法の比較(2)」東亜経済研究二三巻一号（昭和一四年）九二―九三頁。
(353) この大会において論じられた商法上の会計問題に関する討論については、日本会計研究学会「改正商法上の会計問題」会計四三巻一号（昭和一三年）一三七頁以下に、その速記録が掲載されている。
(354) 野本悌之助「改正商法と会計問題」名古屋高商商業経済論叢一六巻一号（昭和一三年）七二頁、長谷川安兵衛「商法改正

に伴う会社計算の諸問題」会計四二巻三号（昭和一三年）一二一―一三三頁、吉田良三「改正商法に於ける評価規定の細吟味」経済商業論纂一八号（昭和一三年）一三頁。

(355) 山下勝治「新商法評価規定の会計学的吟味」彦根高商論叢二四号（昭和一三年）四一―四二頁、野本・注(354)前掲七三頁、長谷川・注(354)前掲一四―一五頁、吉田・注(354)前掲一五頁。

(356) 野本・注(354)前掲七三頁。

(357) 長谷川・注(354)前掲一九―二〇頁。

(358) 同前三〇―三一頁。

(359) 升本重夫「新会社法雑考(1)」法学新報四八巻九号（昭和一三年）四一―四二頁。

(360) 同前四八―四九頁。

(361) 同前五五―五六頁。

(362) 大原順葵「取締役の株券供託」法律新聞四二六四号（昭和一三年）三頁以下。

(363) 大金西蔵「商法改正案と取締役の資格」鉄道軌道経営資料二一巻一号（昭和一三年）五七―五八頁。

(364) 碓氷厚次「改正商法と特殊株式」大分高商研究資料彙報一三巻三号（昭和一三年）九頁。

(365) 無記名記事「改正商法に於ける記名株式の質入方法について」銀行判例二〇巻三号（昭和一三年）六一頁。

(366) 主たる解説論稿として、大森洪太「改正商法講座」財政三巻四号（昭和一三年）二一五頁以下、堀部靖雄「改正商法中株式会社法解説(1)―(6)」長崎高商研究館彙報二六巻六号（昭和一三年）一頁以下、二六巻七号一三頁以下、二六巻八号二八頁以下、二六巻九号一八頁以下、二七巻一号（昭和一四年）四一頁以下、二七巻二号三一頁以下、永田菊四郎「改正商法の概要」日本法学四巻六号（昭和一四年）六五頁以下。

(367) 福地俊雄「瑞西新株式会社法(1)―(7)」法学七巻六号（昭和一三年）八七頁以下、七巻七号一〇三頁以下、七巻九号一〇一頁以下、七巻一〇号七八頁以下、八巻五号（昭和一四年）五三頁以下、八巻六号八〇頁以下、八巻七号七三頁以下。

(368) 後藤幸之助「ナチス新株式法における損益計算」商業経済論叢一五ノ下（昭和一三年）一八三頁以下。

(369) 大橋光雄「新改正会社法の思想的立場」法学志林四一巻四号（昭和一四年）三八頁以下。

(370) 同前三九頁。

(371) 同前六二頁。

(372) 同前。

(373) 同前。
(374) 同前六三頁。
(375) 同前六四頁。
(376) 同前六五—六六頁。
(377) 同前六六頁。
(378) 同前。
(379) 同前。
(380) 同前七三頁。
(381) 升本重夫「記名株券の指図証券化と其特異性」法学新報四九巻一号（昭和一四）年二九頁以下。
(382) 同前四六頁。
(383) 同前。
(384) 同前五〇頁。
(385) 但馬弘衛「改正商法に於ける計算規定」会計四四巻一号（昭和一四年）七一頁以下、碓氷厚夫「改正商法第二百十条と金庫株」大分高商商業論集一四巻一号（昭和一四年）一〇三頁以下、平岡市三「改正商法によりて認められたる後配株に就て」日大経済集志一二巻一号（昭和一四年）四九頁以下、奏亘「改正商法に於ける財産引受」司法協会雑誌一八巻八号（昭和一四年）一頁以下、武市春男「改正商法に於ける株式会社の計算規定について」中央銀行会通信録四三七号（昭和一四年）二頁以下、小林徳三郎「新会社法に於ける株式の譲渡と譲渡人の担保責任並に裏書の抹消」信託協会会報一三巻二号（昭和一四年）二七頁以下、元吉重成「改正商法第百二十五条第二項及第三項」会計四四巻四号（昭和一四年）九七頁以下、古谷敬二「商法改正に伴う定款変更竝商業登記株券記載事項変更に関する注意」無尽通信二二巻六号（昭和一四年）一四頁以下。
(386) 山崎敬義「改正会社法における定款認証の諸問題」日本公証人協会雑誌二五号（昭和一四年）二五頁以下。
(387) 片山謙二「株式会社の全体主義的構造」銀行論叢三五巻五号（昭和一五年）一頁以下。
(388) 同前七頁。
(389) 石井照久「特別法を中心とする株式会社法の考察(1)」法学協会雑誌五八巻五号（昭和一五年）五七頁。
(390) 同前。
(391) 同前六九頁。

(392) 石井照久「特別法を中心とする株式会社法の考察(2)」法学協会雑誌五八巻六号（昭和一五年）八三頁。
(393) 同前八五頁。
(394) 村上秀三郎「新商法株式二題」法学新報五〇巻七号（昭和一五年）一頁以下。
(395) 松本烝治「株式会社に関する商法の改正に就て」正義一六巻二号（昭和一五年）一頁以下。
(396) 大川博「改正商法と会計上の問題」鉄道軌道経営資料二三巻三号（昭和一五年）六頁以下、橋本良平「改正商法と株式会社定款」明大商学論叢一九巻一・二号（昭和一五年）一頁以下、井上勝馬「新商法と取引者保護に就て(1)—(10)」銀行研究三八巻一号（昭和一五年）五五頁以下、三八巻二号八九頁以下、三八巻三号九五頁以下、三八巻五号五五頁以下、三八巻六号九三頁以下、三九巻一号一〇七頁以下、三九巻二号一〇五頁以下、三九巻三号一一三頁以下、三九巻五号一三五頁以下、三九巻七号八七頁以下、久万俊喜「商法中改正法律施行法第十二条の登記事項(1)—(2)」民商法雑誌一一巻四号（昭和一五年）一六五頁以下、一一巻五号一六七頁以下、吉川大二郎「改正商法における職務執行停止・代行者選任の仮処分(1)—(2)」民商法雑誌一一巻三号（昭和一五年）一頁以下、一一巻四号一九頁以下。
(397) 中川正「株式会社共同体論」台北帝大政治科研究年報六号（昭和一五年）三頁以下。
(398) 西島彌太郎「瑞西新株式会社法の梗概」大阪商科大学経済学雑誌七巻二号（昭和一五年）五三頁以下。
(399) 三藤正「わが株式会社法の性格とその変質(1)—(2)」民商法雑誌一四巻五号（昭和一六年）一頁以下、一四巻六号一六頁以下。
(400) 同前・一四巻五号六—七頁。
(401) 同前参照。
(402) 同前七頁参照。
(403) 同前・一四巻六号一七頁。
(404) 同前一八頁。
(405) 同前一九頁。
(406) 同前。
(407) 同前二〇頁。
(408) 同前二一—二三頁参照。
(409) 同前二五頁以下。
(410) 大隅健一郎「株式会社の構造変革と株式会社法理論の変遷(1)—(4)」法学論叢四四巻一号（昭和一六年）五〇頁以下、四四巻二号八一頁以下、四四巻三号五七頁以下、四五巻二号六五頁以下。

(411) 同前・四四巻一号六七頁。

(412) 同前・四五巻二号七七—八九頁参照。

(413) 同前八九—九〇頁。

六　小括

本章においては、昭和一三年会社法改正に関して、その社会的経済的背景については大正期から、実際の改正作業におよびこれに関連する学界の議論状況については昭和初期から、それぞれ戦前の動向を概観してきた。

改正法の背景には、第一次大戦後の異常とも思える経済の活況とその反動としての大不況そして未曾有の恐慌という事実が存在した。今日的表現をすれば、それは大正期のバブル経済の破綻にともなう経済的矛盾の噴出という現象であったと言えようか。したがって、昭和一三年会社法改正の目的とするところは、もっぱらかかる事態に対応しきれなかった従来の法制の不備を補正し、新たな経済上の需要に対応することであった。このような目的は、その後から今日に至るまでの会社法改正作業の目的と軌を一にするものであったと言いうるであろう。

ところで、この当時と今日（バブル経済崩壊後の、いわゆる失われた一〇年）の世相との類似性は、確かに容易に指摘しうるところであるが、決定的に異なる点は、わが国における（あるいはわが国を含めた）資本主義経済自体の成熟度である。今日の資本主義経済体制は、周知のように、いわゆる東西冷戦に勝利するまでに成熟し、いわば進化の極地にある。しかし、この当時のわが国の資本主義経済は、いまだ進化の過程にあったわけであり、ようやく産業資本主義が曲がりなりにも成熟し、金融資本主義への転換期にあるという段階にあった。

したがって、かかる背景を基盤に立案された昭和一三年改正会社法は、産業資本主義の最終段階における会社法の完成された姿、すなわち株主総会中心主義をとる近代株式会社法としての一応の完成型であったと評価しえるであろう。

昭和一三年改正会社法は、株主総会中心主義の最後の系譜に属する会社法であったが、その施行時には、すでにその周辺に多くの統制法令が制定されており、ついにこの会社法自体が純粋な形で機能することはなかった。

しかしかりに、わが国があの不幸な戦争を体験することなく、昭和一三年会社法が十分な形で機能していたとしても、すでに企業の所有と経営支配との分離がいよいよ顕著となっていたという事実、そして財閥を中心とした過度の経済力集中にともなう矛盾の露呈といった事実が、早晩、次の会社法改正論議を産み出す要因となったであろうことは想像に難くない。すなわち、企業の所有と経営支配との分離に即応した会社の運営機構（それは取締役会を中心としたものにならざるをえなかったであろう）の必要性が高まったであろうし、過度の企業集中にともなう弊害は、経済法の必要性を惹起することになったであろう。したがって、たとえ敗戦による連合国（米国）の占領と、占領政策に基づく会社法改正の指示がなかったとしても、おそらくその後のわが国の会社法は、今日とあまり変わらない姿へと進化したのではなかろうか（もちろん、個々には、たとえば株主代表訴訟といった制度があれほど早くわが法制に導入されたかというような問題はあるであろうが）。すでに概観したように、戦前の学界の議論状況も企業の所有と経営支配との分離の進展および株主総会中心主義の限界を十分に認識したものであったし、昭和一三年改正においては、英米法の諸制度にも視野を広げて、これらの移植に取り組む姿勢が見えていたという事実も、右の想像を裏づけることになるであろう。

さらに、昭和一三年会社法に続く改正作業が、わが国独自の力でなされていたとすれば、おそらく、わが会社法典は、今日の独占禁止法、証券取引法といった経済法をも含めた大法典に進化していたのではなかろうか。経済法分野における法規整の必要性は、戦前においては、会社法改正論議の文脈の中で説かれていたからである。

いずれにせよ、昭和一三年会社法改正が、純粋に経済的な見地から、しかも自由主義的な見地から遂行され、戦前の政治理念と無縁のものであったという事実は、戦後の会社法改正作業にとって、幸運なことであったと言いうるであろう。

○資料1　東京商工会議所商事関係法規改正準備委員会決定による株式会社法改正に関する内部的確定事項*

(1)　商行為を為すを業とする否とを問はず一般に営利を目的とする社団法人を会社とすること
(2)　第四十八条の解散命令に関する規定は実用に適せざるの感あるを以って相当之を拡張すること
(3)　登記を会社成立の要件とすること
(4)　現物出資其の他会社の創立に関する調査に付き、其の明確を期する為め相当の改正を為すこと（併せて一般に会社関係の非訟事件の徹底を期する為め関係法規の改正を為すこと）
(5)　現物出資に関する規定の適用を回避する目的を以って行はるる財産の買入を防圧する為め新たに規定を設くること
(6)　検査役の職責の貫徹を期する為め之に関する規定を改正すること
(7)　株式譲渡の禁止及び制限並びに利益を以ってする株式の消却を登記事項となすこと
(8)　株式に対する質権の設定に付き、其の効果が当然株主の会社に対して有する財産上の権利に及ぶもの（新設）と然らざるもの（現時行はるるもの）とを併せ規定すること
(9)　株券喪失の場合に於て公示催告の手続に関する規定を適用すること（但し除権判決手続に付ては民事訴訟法関係法規の改正に関連して研究すること）
(10)　株式譲渡の禁止及び制限の定めを株券の記載事項と為すこと
(11)　定時株主総会招集の懈怠に対する罰則を設くること（研究事項(20)(25)及び(26)参照）
(12)　第百六十三条の決議無効の判決以外の決議無効の判決（実質的決議無効の判決）及び第二百三十二条の設立無効の判決以外の設立無効の判決其の他之に準ずる会社関係の判決の効力は、当事者に非ざる株主に対しても其の効力を生ずるものとすること
(13)　決議無効の訴及び設立無効の訴等に付き、濫訴防止の為めにする罰則其の他適当の規定を設くること
(14)　取締役の破産宣告請求（第百七十四条第二項）の懈怠に付き、其の制裁を厳にすること
(15)　株主総会に提出すべき書類に関する規定を詳密にすること
(16)　財産評価に関する規定を設くること

(17) 第百九十四条第一項の「利益ヲ配当スル毎ニ其ノ利益」とあるを適当に改正すること
(18) 建設利息の配当期間に関し規定を設くること
(19) 債券を無記名式又は記名式に限るときは其の旨を社債申込証に記載するを要するものとすること
(20) 無担保社債の場合に於ても社債権者集会の制度を設くること
(21) 定款を以って第二百九条の特別決議の条件を相当の限度に於て厳重にすることを得るものとすること
(22) 会社の設立の場合に於ても亦優先株の発行を認むること
(23) 特別の利益(個別的優先株)を資本増加の場合に於ても亦認むること
(24) 後配株を認むること
(25) 各種異種類の株主総会を認むること
(26) 登記を以って資本増加の成立要件とすること(確定事項(3)参照)。而して第二百十四条の株主総会に付き新株式の引受人も決議に参加し得るものとすること
(27) 株式の併合に当たり(第二百二十条ノ三、第二百二十五条第二項)失権となるべき端株を少くする趣旨の下に規定を改正すること
(28) 事業の成功、成功の不能及び株主が七人未満に減じたることを解散事由より除くこと
(29) 株式会社と合名会社又は合資会社との合併を認めざること
(30) 合併手続に付き、明確なる規定を設くること(特に合併の成立時期を明らかにすること)(確定事項(3)及び(26)参照)
(31) 設立を無効とする事由を明確にすること

＊佐々穆「株式会社法改正に関する内定事項(1)―(2)」法律学研究二七巻二号(昭和五年)一二一頁以下、同三号一一〇頁以下を底本とする。カタカナをひらがなとし、旧漢字を新漢字とした。適宜、句読点を付し、促音、濁音を表記した。一部送りがな表記を変更した。

○資料2　東京商工会議所商事関係法規改正準備委員会決定による株式会社法改正に関する研究事項*

(1)　会社の種類に付き、株式合資会社を廃止するの可否及び小規模の株式会社（有限責任会社又は之に類似するもの）を設定するの可否を研究すること（発問事項（12）参照）
(2)　株式会社の設立に付き、現行制度の如く準則主義に委するの可否を研究すること
(3)　設立手続に付き、目論見書主義を参酌して規定するの可否を研究すること
(4)　発起人にして株式の引受を為さず又は其の引受けたる株式を譲渡するの弊其の他一般に発起人の責任回避の弊を除去する方法を研究すると共に、発起人の責任を一層明確にする方法を研究すること
(5)　会社の設立を名として行はるる詐欺の予防方法（特に民事上の責任に関し）を研究すること
(6)　株式会社の為す公告に付き、一層其の効果を挙ぐる方法を研究すること（発問事項（13）参照）
(7)　発起人の受くべき報酬の額に付き、之を明確にする規定を設けて制限するの可否を研究すること
(8)　定款の絶対的及び相対的記載事項に付き、現行規定に追加すべきものの有無を研究すること（確定事項（7）及び（10）に関連）
(9)　株式の引受及び株金の払込なきに拘らず之有るものとして会社を成立せしむるの弊を除去する方法及び第百三十六条の規定を改正する具体案を研究すること
(10)　会社に関する調査一般に付き、裁判所の権能を拡張する方法を研究すること（確定事項（5）及び（6）に関連）
(11)　虚無人又は無能力者の名義を以ってする株式の申込に対する措置及び斯かる株式に付き株金の払込を為さしむる方法を研究すること
(12)　譲渡を禁止しまたは之を制限したる株式（第百四十九条）の競売に付き、強制執行法の改正と関連して研究すること
(13)　権利株の譲渡（発起人を除く）を認むるの可否を研究すること（研究事項（4）参照）
(14)　株券発行の義務を法文上明確にするの可否を研究すること
(15)　会社が自己の株式を譲受け又は質権の目的として受け得ることを或る限度に於て認むるの可否を研究すること
(16)　失権手続に於ける譲渡人の責任の消滅期間（第百五十四条）を延長する可否を研究すること

(17) 株主名簿の記載に或る程度の公信力を認むるの可否を研究すること
(18) 株主総会の招集の場所及び会議の延期に付き、規定を設くるの可否を研究すること
(19) 同時に数個の株主総会の成立することを防止する方法を研究すること
(20) 定時株主総会の招集解怠の場合に於て株主の招集請求権を認むるの可否を研究すること
(21) 株主総会に於て議決権を行使することを得ざる事由、即ち所謂特別の利害関係の範囲を明確に規定するの可否を研究すること
(22) 株主総会の議事方法及び議事書類に付き、詳細に之を規定するの可否を研究すること
(23) 取締役又は監査役は株主たることを要せざるものとするの可否を研究すること（但し取締役又は監査役の責任問題に関し再考すること）
(24) 取締役が会社と取引を為すことを得る場合に付き、商法第百七十六条の規定を改正するの可否を研究すること
(25) 取締役及び監査役の責任に付き研究すること、特に株主及び会社債権者の保護を全くする趣旨の下に具体的に明確なる規定を設くることを研究すること
(26) 任務解怠に因る取締役及び監査役の責任を取締役及び監査役全員に課するの可否を研究すること
(27) 取締役及び監査役の報酬に付き研究すること（発問事項（9）参照）
(28) 保証債務、手形裏書に因る債務、其の他貸借対照表に計上すべき項目に付き、特に規定を設くるの可否を研究すること（確定事項（16）に関連）
(29) 貸借対照表上、未払込株金の評価に関する規定を設くることの可否を研究すること
(30) 株主及び会社債権者は費用を支払ひて一定の書類の謄本又は抄本の請求を為し得るものとするの可否を研究すること（発問事項（7）参照）
(31) 従業員、其の他使用人の利益の為めにする積立金の処分の制限及び使用人より受入れたる預金の保護に関し規定するの可否を研究すること
(32) 資本増加の場合及び会社合併の場合に於ても建設利息の配当の定めを為し得ることの可否を研究すること
(33) 利益及び建設利息の配当請求権に付き、法定消滅期間又は時効期間を定むるの可否を研究すること
(34) 社債其の他之と同視すべき債務に付き、特別の法律を制定するの可否を研究すること

(35) 社債の発行に関し其の確実を期する為め特に左の事項に付き研究すること
（イ）社債発行の監督に関する機関を設立すべきか
（ロ）社債発行の原因及び社債の使途を公にし、之に基づき責任を負はしむべきか
（ハ）社債を担保付のものに限るべきか、又は担保付及び無担保のものを認め両者に対する規定を異にすべきか
（ニ）社債募集の決議（第百九十九条）の内容を明らかにするを要するものとすべきか
（ホ）「現存スル財産」（第二百条第二項）の意義を明らかにすべきか
(36) 社債借替の場合に於ては第二百条の制限に依ることを要せざるものとするの可否を研究すること
(37) 社債募集の目的を社債申込証の記載要件とするの可否を研究すること（研究事項（35）ノ（ロ）参照）
(38) 第二百四条ノ二の規定を明確にするの可否を研究すること（「自己ノ名ヲ以テ」の点）
(39) 無担保社債権者は一般的優先弁済を受くるの利益を有するものとするの可否を研究すること（研究事項（35）ノ（ハ）参照）
(40) 資本増加の条件に関する第二百十条の制限を適当に緩和するの可否を研究すること
(41) 現行法上、取締役の権限に属する行為にして総会の決議を経るを要することを妥当とする事項（例へば支店の営業譲渡に付き研究すること
(42) 強制清算の制度を認むるの可否を研究すること
(43) 株式会社の解散後に於ける継続を認むるの可否を研究すること
(44) 株式会社と株式合資会社との合併を認むることの可否を研究すること（確定事項（29）参照）
(45) 吸収合併のみを認むる（新設合併を認めざる趣旨）の可否を研究すること
(46) 残余財産の分配に当たり会社の損益を株式の数に応じて株主に帰するの可否を研究すること。尚残余財産の分配率と利益又は建設利息の配当率とを異にし、前者に付いては「プレミヤム」として払込みたる金額を分配率に加算するの可否をも併せ研究すること。尚右に関連し、配当全般に付き、配当率に関する規定を改むるの可否をも併せ研究すること

＊佐々穆「株式会社法改正に関する研究事項(1)—(4)」法律学研究二六巻一〇号（昭和四年）七一頁以下、同一一号一一八頁以下、同一二号一四〇頁以下、同二七巻一号（昭和五年）一四二頁以下を底本とする。カタカナをひらがなとし、旧漢字を新漢字とした。適宜、句読点を付し、促音、濁音を表記した。一部送りがな表記を変更した。

○資料3　東京商工会議所商事関係法規改正準備委員会決定による株式会社法改正に関する発問事項*

（1）株式の金額の最低限度（商法第百四十五条第二項）の増減に関する貴見如何

（2）記名株式の移転の対抗要件に関する商法第百五十条の規定及び所謂白紙委任状付株式譲渡の商慣習法は株式の流通、其の善意取得者の保護の為めに欠く所なしと云うべからず。寧ろ独逸商法の如く株券を指図式と為し、譲渡人譲受人相互間に於ては手形の如く裏書に依りて之を譲渡することを得るものとし、且つ商法第四百四十一条を株券にも準用するを可とするが如し（商法第二百八十二条参照）。之れに関する貴見如何（譲渡を以って会社に対抗する為めには名義書換を要するは勿論なり）

（3）株金払込の滞納に因る失権手続に関する現行規定（商法第百三十条、第百五十二条乃至第百五十四条）の運用上実際に生ずる不便の点及び右規定に付き改正を必要とするものありとせば之に関する貴見如何

（4）（イ）少数株主権に関する規定（商法第百六十条、第百七十八条、第百八十五条、第百八十七条、第百九十八条、第二百二十八条）は株式会社の本質上之を存置するの要あるは言を俟たざるところなるべきも、現行法上其の権利行使の要件たる資本の十分の一の限度は果して適当のものなりや。之に関する貴見、其の他一般に少数株主権の行使に関する貴見如何

（ロ）少数株主権の濫用等に依る妨害其の他株主総会を撹乱する行為の事例は実際上必ずしも少なからざるものと思考せらるる処、右の実例（此の点に付いては相成るべくは具体的事例を挙示せられ度し）及び斯かる行為を防圧する適当の方法に関する貴見如何

（5）取締役の任期は商法上三年以内と定められたるも（商法第百六十六条）右は果して適当のものなりや。監査役の任期に関する規定（商法第百八十条）と相俟ちて共に之を改正するの要なきか。之に関する貴見如何

（6）商法は取締役に付き代表取締役と代表権なき取締役との二種を認むるに過ぎざるも実際に於ては取締役に種別を設け、会長、副会長、社長、副社長、頭取、副頭取、専務、常務等の名称を用ひ、然も是等の取締役にして会社を代表する権限を有せざる者あり。此の点に於て法律と実際とに齟齬を生ず。依って之等の取締役の権限に付て商法中に規定を設け第三者の保護を計るを可とするものと思考せらるる処、之に関する貴見如何

（7）株式会社に備付くべき書類に付き、商法の規定するところ必ずしも充分ならず（商法第百七十一条第一項、第百九十一条

第一項、第百九十条）。之に関する規定を相当周到にするの必要ありと思料せらるる処、右書類の種類其の他之に牽連する事項に関する貴見如何

（8）株主及び会社の債権者が会社の一定の書類の閲覧を請求し得ることは商法第百七十一条第二項及び第百九十一条第二項の規定するところなりと雖も、相当程度に於て之等以外の者にも会社の重要書類中或る種のものに付き閲覧の請求を為すことを得せしむるは、公示主義の本旨に適応するものと思料せらるる処、之に関する貴見如何。又若し之を可とするものとせば、閲覧請求権者の限度及び閲覧するを得せしむべき書類の種類如何

（9）賞与、手当其の他如何なる名義に依るを問はず凡そ取締役又は監査役の受くべき報酬に法律上一定の限度を設くべしとの主張を為す者少なからず、之に関する貴見如何。又若し之を可とするものとせば右制限の具体的方法如何

（10）法定準備金積立の限度（利益に対する積立の割合及び積立の最高限度）に関する貴見如何

（11）資本増加の場合に於ける報告総会（商法第二百十三条、第二百十四条）に付ては、一面に於て実際上其の効果なしとの意見あるも、他面に於て会社設立の場合に於ける創立総会と対応し其の必要あるものの如く思料せらるる処、之に関する貴見如何

（12）会社の種類に付き、株式合資会社は寧ろ之を廃止すべしとの意見及び新たに独仏等に於くる有限責任会社又は之に類似するもの（小規模の事業を目的とするか又は比較的少数の社員より成る有限責任の会社）を設定すべしとの意見あり。之に関する貴見如何

（13）会社が公告を為す方法は実際上区々なるも充分に其の効果を挙ぐることを得ざるの感なしとせず。之に関する貴見如何
（尚貴社に於て現に採用せらるる公告方法を開示せられ度し）

＊佐々穆「株式会社法改正に関する東京商工会議所の発問事項を読む」法律学研究二六巻九号（昭和四年）九一頁以下を底本とする。カタカナをひらがなとし、旧漢字を新漢字とした。適宜、句読点を付し、促音、濁音を表記した。一部送りがな表記を変更した。

○資料4　東京弁護士会商法改正調査委員会「商法第二編に対する諮問答申書」*

（昭和五年三月三日決定、同二四日提出）

第一、有限責任会社制度を採用すべし

第二、労働者参加株式会社の制度を採用すべし

第三、民法第四十三条は之を会社には適用せざること

第四、会社の定款は凡て公正証書を以って作成すること

第五、会社の成立の時機（ママ）を「設立登記ヲ為シタルトキ」と改正明定すること

第六、会社を代表すべき理事者と単に内部的に業務を執行するに過ぎざる理事者とを名称に於て区別すること

第七、債権者を害する目的を以って設立したる会社は債権者より訴を以って簡易に其取消を請求することを得る規定を設くること

第八、清算財産目録には時価に依る処分価額を付すべき旨の規定を設くること

第九、無限責任社員は会社と連帯して責任あるものとすること。但し社員が会社に資力ありて且執行の容易なることを証明したるときは先ず会社財産に付き執行を為すを要するものとすること

第十、有限責任社員に付ても其出資額の限度に於て前「第九」項と同趣意の規定を設くること

第十一、発起人は会社の事業に付、目論見書を作成して之を公告し之に対し其責に任ぜしむること

第十二、株式会社募集成立（ママ）に際し株式申込証其他株式の募集に関する文書に其氏名を表示する事を承諾したる者は発起人に準じて其責に任ぜしむること

第十三、株式の金額は二十円以上とし株式額中未払込を存すべきときは五十円を下るを得ざるものとすること

第十四、株式申込証の要件として株金払込取扱銀行を記載せしめ設立及び資本増加の登記には其株金取扱銀行の払込証明書を登記申請書に添付すべきものとし、且つ株金の払込を取扱ひたる銀行は、其証明したる払込金を現実に会社に引渡す責に任ずべき趣旨に商法及び非訟事件手続法を改正すること

第十五、株式会社の設立に関し設立登記申請を受けたる裁判所は職権を以って百三十四条第一項所定事項調査の為め検査役を任命すべし。裁判所は検査役の調査に基づき百三十五条の規定に準拠して相当の処分を為すことを得る趣旨の規定を設くること

第十六、本店所在地に於て会社が設立登記を為したる後は株式引受人は要素の錯誤の場合を除き株式申込証の要件欠缺を理由として引受の無効を主張することを得ざる旨の規定を設くること

第十七、株主が無能力者なる場合と雖も会社に知れざる場合に於て之に対して為したる通知及び催告を有効ならしむる規定を設くること

第十八、記名株の譲渡に裏書の途を開くと同時に吾国旧来の慣習たる白紙委任状に依る流通の結果善意に記名株を取得したる者を保護する規定を設くること

第十九、会社より株式払込の通知を為したる後に株式の譲渡ありたるときは譲渡人は譲受人と連帯して其株金払込の義務ある旨を明定すること

第二十、会社は第百五十三条一項により失権したる株主が株式譲渡人の滞納株金払込以前又は失権株式の競売前に滞納株金及び其の費用の全部を支払ひたる場合は失権を取消すことを得。但し第三者の権利を害せざるときに限る。此の場合会社は遅滞なく前条と同一の方法に依り失権取消しの公告をなすことを要する旨の規定を設くること

第二十一、株主総会は定款に別段の定めなき場合は本店所在地に於て開会すべきのものと為すこと

第二十二、株主の提起する株主総会決議無効宣言及び設立無効宣言訴訟及株主総会決議の実質的無効の確認訴訟に関し、原告たる資格を（一）資本の百分の一以上に当たる株主たらざること（二）設立後一年以上を経過したる会社に在りては一年以上株主たらざることの範囲内に於て定款の規定を以って制限し得ること。又債権者の提起する株主総会決議無効確認及び設立無効確認訴訟に付き、会社が担当の担保を供したるときは訴を却下する規定を設くること

第二十三、株主総会決議の実質的無効は其無効原因が重大なるとき又は公序良俗に反する場合を除き決議後一年を経過するときは最早之を主張し得ざることとし且つ右無効確認訴訟の判決の効力に付き大体に於て無効宣言訴訟の場合に準じ規定を設くること

第二十四、取締役及監査役は株主に限るとの資格制限を撤廃すること

第二十五、取締役及監査役の任期及員数に関する規定を削除すること

第二十六、監査役の業務執行を厳格ならしむる為め銀行法定の監査役の責任と同等以上の責任を負はしむこと

第二十七、取締役監査役が受くべき報酬の額は定款に別段の定めなき場合は創立総会又は株主総会の決議を以って之を定むる旨改むること

第二十八、株式会社の借貸《ママ》対照表上に掲載する財産評価の標準に関し第二十六条の一般規定の外更に左の趣旨の規定を設くること
（A）取引所又は市場相場ある有価証券又は商品は取引所又は市場相場と買入又は製作価格との内低きもの以上に評価するを得ず
（B）前項以外の財産は買入又は製作価格以上に評価するを得ず
（C）設備其他企業経営に供せらるるものは相当なる標準による一定率の使用減価を見積る以上時価に拘らず買入又は製作価格によることを得
（D）尚、企業全般の上に存する無形価値の評価に関し具体的規定を設くること
第二十九、第二百九条の定足数を欠ける総会決議も第百六十三条の訴に依るにあらざれば無効となさざる規定を設くること
第三十、資本増加に付、株金全額払込の制限撤廃のこと
第三十一、資本を増加し新に着手する事業の性質に依り第二百十七条第一項の規定に従ひ本店の所在地に於て登記を為したる後二年以上其新事業の開業を為す能はざるものと認むるときは第九十六条に準じ新株に対し利息の配当を為し得べき旨の規定並に此利息配当を受くべき新株主の利息を保護する為め第二百十二条の優先株主に準じたる新株主総会に関する規定を設くること
第三十二、合併に因り存続又は新設する会社が株式会社なる場合には其報告総会又は設立総会に於ける引継財産の評価と之に対し発行する株式との調査報告に関し現物出資に準じる厳重なる規定を設くること
第三十三、従来の社債の償還又は其借替の為め其償還又は借替ふべき金額の社債を募集する場合には其目的を明示せしめ且つ其社債の払込金は其目的以外に流用することを禁じ此違反に対しては第二百六十一条の如き厳重なる制裁を課するものとしたる上第二百条の制限を適用せざる趣旨の規定を設くること
第三十四、株式合資会社制度を廃止すること
第三十五、会社編の罰則規定を相当過重すること

＊東京弁護士会会報八巻二号（昭和五年）五二頁以下を底本とする。カタカナをひらがなとし、旧漢字を新漢字とした。適宜、句読点を付し、促音、濁音を表記した。

○資料5　商法改正に関する東京商工会議所の意見*（抄）（昭和四年一二月二六日提出）

一、会社の種類に付き新に小規模の事業を目的とするか又は比較的少数の社員より成る有限責任の特別会社制度（独仏諸国に所謂「有限責任会社」）を設けられ度し

一、会社の合併に関する規定中殊に左の諸点に付き補充若くは改正せられ度し

（イ）合併の成立時期を合併登記の日とすること

（ロ）解散会社の登記は之を行はざることとし、合併登記を為すときに於て解散を証する書面を添付するを以て足るものとすること

（ハ）会社合併の場合に於ける併合不適の様式を失権手続に依る失権に附せずして適宜の方法に依て処分し得る様規定を改正せられ度し

（ニ）会社合併の際其の結果として合併に依りて存続する会社が自己の株式を所有することとなる場合あり。此の場合に商法第百五十一条第一項の規定の存するは甚だ不合理なるに依り、此の規定を適当に緩和せられ度し

一、株式会社創立に際し発起人となりたる者会社設立登記後に於て株式の未払込のありたること発見せられたる場合に発起人たるの故を以て其の未払込の金額を負担し居るも既に会社設立登記後なる以上其の責任期間を登記後二箇年に限られ度し

一、優先株の議決権を制限することを得る規定を設けられ度し

一、電気、瓦斯等の諸事業其の他公益的事業に於ては商法第百二十八条に定むる払込金額の限度を適当に低下せしめられ度し

一、商法第二百十条の増資に関する制限を適当の条件の下に緩和せられ度し

一、総会決議無効訴訟を提起し得べき株主に資本的制限を加ふることを得る様規定を改正せられ度し

一、担保付社債権者集会の特別決議方法を緩和せられ度し

一、電気事業法第十六条の二に定むる払込資本金超過社債の担保付たることを要する条件を撤廃せられ度し

一、旧債償還の為にする社債の発行に際しては償還せらるべき旧債務の額は会社の債務中に之を算入せざることに規定を改正せられ度し

一、同一信託証書に依り同時又は順次に発行する数個の社債を同順位に置くことを得る様民法第三百七十三条に対する例外規定を

担保付社債信託法中に設けられ度し

＊商工月報六巻一号（昭和五年）一二八頁以下を底本とする。旧漢字を新漢字とした。

○資料6　法制審議会商法改正要綱*（抄）

第二十三　外国法上の有限責任会社又は英国法上の私会社に該当する特別の会社を認め之に付き特別法を以て規定を設くること

第二編　会　社

第一章　総　則

第二十四　株式会社又は株式合資会社を当事者の一方とする合併に於ては合併後存続する会社又は合併に因りて設立する会社は株式会社又は株式合資会社たることを要するものとすること

第二十五　第四十五条の規定を改め会社の設立は本店の所在地に於て登記を為すに因りて其効力を生ずるものとすること

第二十六　第四十六条乃至第四十八条の規定を削除し会社が正当の理由なくして成立後一定期間内に開業を為さず又は一定期間以上其営業を休止したるとき及び会社又は会社の業務を執行する社員、取締役若くは監査役が法令又は公序良俗に反する行為を為したる場合に於て裁判所が相当と認めたるときは会社の解散を命ずることを得る旨の規定を設くること

第二章　合名会社

第一節　設　立

第二十七　第五十条第五号及び第五十一条第一項第五号中「出資の種類」を「出資」に改め且第五十一条第一項規定の登記事項中に財産を目的とする出資の価格以外に其履行を為したる部分の価格を加ふること

第二十八　本店及び支店の所在地に於て登記すべき事項に付ては支店の所在地に於て登記を為すべき期間を三週間とすること

第二節　会社の内部の関係

第二十九　已むことを得ざる事由あるときは会社は総社員の過半数の決議を以て或社員の業務執行権の剥奪を裁判所に請求するこ

とを得るものとすること

第三十　第五十九条の規定を改め社員が他の社員の承諾を得ずして其持分の全部又は一部を他人に譲渡したるときは其譲渡は之を以て会社其他の第三者に対抗することを得ざるものとすること

第三十一　第六十条第一項の規定を改め社員は他の社員の承諾あるに非ざれば会社と同種の営業を目的とする会社の取締役たることをも得ざるものとすること

第三十二　社員は他の社員の過半数の決議あるときに限り自己又は第三者の為めに会社と取引を為すことを得べき旨及び此場合に於ては民法第百八条の規定を適用せざる旨の規定を設くること

第三節　会社の外部の関係

第三十三　已むことを得ざる事由あるときは会社は総社員の過半数の決議を以て或社員の会社代表権の剥奪を裁判所に請求することを得るものとすること

第三十四　第六十三条の規定を改め会社債権者が会社財産に対する強制執行に因りて弁済を得ること能はざりし場合に於ても亦各社員は会社債権者に対し連帯して会社債務の弁済の責に任ずるものとすること但社員が会社に弁済の資力ありて且執行の容易なることを証明したる場合には先づ会社財産より弁済を受くるを要するものとすること

第三十五　社員が会社債権者の請求を受けたる場合に於て会社に相殺権、取消権、解除権等あるときは社員は給付拒絶の抗弁権を有する旨の規定を設くること

第三十六　第六十五条の規定を改め自己を社員なりと信ぜしむべき行為ありたる者は自己を社員と誤認して会社と取引を為したる者に対して社員と同一の責任を負ふ旨を明かにすること

第三十七　第六十六条但書の規定を改め本店の所在地に於て出資減少の登記を為したる後二年間に異議を述べたる債権者に限り之に対抗することを得ざる旨を明かにすること

第四節　社員の退社

第三十八　社員が強制執行の容易なる財産を有せざる場合に於て社員の債権者が其持分の差押を為したるときは会社に対し六か月前に予告を為し営業年度の終に於て其社員を退社せしむることを得るものとすること

第三十九　第七十三条第一項の規定を改め退社員の責任は退社の登記後二年内に請求又は請求の予告を為さざる会社債権者に対しては二年を経過したるとき消滅するものとすること

第五節　解　散

第四十　会社の目的たる事業の成功及び其成功の不能を会社解散事由より除くこと

第四十一　会社が総社員の同意に因りて解散したる場合に付ても第七十五条の規定に依りて会社を継続することを得るものとすること

第四十二　会社が社員の一人と為りたることに因りて解散したる場合に於て新社員の入社あるときは会社を継続することを得るものとすること

第四十三　解散後の会社と雖も他の会社を存続会社とする合併を為すことを得るものとすること

第四十四　第七十九条第二項、第三項及び第八十条の規定に代へ合併に対して異議を述べたる債権者の債権額が会社債務総額の四分の一を超えたるときは合併を為すことを得ざるものとすること

第四十五　合併後存続する会社又は合併に因りて設立する会社が株式会社又は株式合資会社なるときは合名会社に付ても大体に於て株式会社の合併に関する規定を準用するものとすること

第四十六　合併後存続する会社又は合併に因りて設立する会社が株式会社又は株式合資会社なるときは其合併に付ては第百二十四条の規定に準じて検査を為すことを要するものとすること

第四十七　合併の無効を主張することを得べき事由を限定し且其主張は社員、清算人又は会社債権者が第九十九条の二以下の設立無効の訴に準ずる訴を六か月内に提起するに依りてのみ之を為すことを得るものとすること

合併を無効とする判決は存続会社又は新設会社が合併後為したる行為の効力に影響を及ぼさざるものとすること

合併後の行為に因りて生じたる債務は従前の会社の連帯とし之に因りて生じたる権利義務は協議を以て其帰属を定むること

前項の協議成らざるときは裁判所は合併当時の各会社の財産額に応じ其帰属を定むること

第四十八　第八十三条の二第二項の規定を削除し有限責任社員に変更したる社員は退社員に準じて従前の債務に付き無限責任を負ふものとすること

第四十九　会社継続の場合に於て従来の社員中の或者が有限責任社員と為り又は新に有限責任社員を加入せしめて合資会社に変更

することを得るものとすること

第五十　第八十五条の会社財産の処分方法を定むる場合に於て社員の持分を差押へたる者あるときは其者の同意を得るを要するものとすること

同条第二項の規定を改め第七十八条第二項及び第七十九条第一項、第二項の規定を準用すると同時に会社が其規定に違反したる場合に於ては会社の債権者は会社が善意なるときと雖も民法第四百二十四条以下の規定に依り会社の為したる財産の処分を取消すことを得べきものとすること

第一項に違反したるときは持分の差押を為したる債権者は前項に準じ取消権を有するものとすること

第六節　清　算

第五十一　裁判所が利害関係人又は検事の請求に因り清算人を選任する場合に於ては第八十五条の財産処分方法に依ることを得ざるものとすること

第五十二　会社が第八十三条の判決に因りて解散したるときは裁判所は利害関係人の請求に因り清算人を選任するものとすること

第五十三　会社財産の換価方法として営業の全部又は一部の譲渡を為すには社員の過半数の決議を要するものとすること

第五十四　破産法第十八条乃至第二十三条の規定を参酌して第九十一条の二の規定を補完すること

第五十五　清算人に関し民法第四十四条第一項、商法第百六十四条第二項、第百七十七条及び決議第三十二と同趣旨の規定を設くること

第五十六　第九十五条の規定に例外を設け争ある債権の弁済に必要なる財産を供託して残余財産の分配を為すことを得べきものとすること

第五十七　第九十九条の規定を改め清算人は第九十八条の規定に依り計算の承認ありたるときは二週間内に清算結了の登記を為すことを要するものとすること

第五十八　第九十九条の二の規定を改め会社の設立無効は社員に限り設立無効の訴を以てのみ之を主張することを得る旨を明かにすること

第五十九　会社設立無効の訴は会社成立の日より六か月内に之を提起することを要するものとし第百六十三条の二第二項、第百六十三条の三及び決議第百六十二第二項と同趣旨の規定を加ふるものとすること

第六十　第九十九条の六第二項の規定を改め設立を無効とする判決は会社、社員及び第三者の間に生じたる権利義務に影響を及ぼさざる旨を明かにすること
第六十一　会社の設立の取消は訴を以てすることを要するものとし裁判所は会社の請求に因り設立の取消に代へ訴を提起したる社員を社員たらざりしものと看做すことを得るものとすること
第六十二　社員の債権者は債務者が其債権者を害することを知りて会社を設立したる場合に於て会社及び其社員に対し訴を以て設立の取消を請求することを得るものとし且裁判所は会社の請求に因り設立の取消に代へて其社員を除名することを得るものとすること
第六十三　第百一条中「其営業に関する信書及び清算に関する一切の書類」を「其営業及び清算に関する重要書類」に改むること
第六十四　第百三条第一項の規定を改め社員の責任は解散の登記後五年内に請求又は請求の予告を為さざる会社債権者に対しては五年を経過したるとき消滅するものとすること

第三章　合資会社

第六十五　第百十二条の規定を改め有限責任社員が無限責任社員全員の承諾を得ずして其持分の全部又は一部を他人に譲渡したるときは其譲渡は之を以て会社其他の第三者に対抗することを得ざるものとし且持分の譲渡に伴ひて生ずる定款の変更は無限責任社員全員の同意を以て之を為すことを得る旨を明かにすること
第六十六　第百十三条の規定を改め有限責任社員には第六十条の規定の適用なき旨を定むること
第六十七　各有限責任社員は其出資の価格を限度とし他の社員と連帯して会社債務を弁済する責に任ずべき旨及び会社に対して履行を終はりたる出資の価格又は会社債権者に対して弁済を為したる金額に付ては其責を免るべき旨を定むること
第六十八　第百十六条の規定に対し決議第三十六と同趣旨の改正を加へ且別に有限責任社員に其出資の金額又は価格を誤信せしむべき行為ありたるときは其社員は之を誤信して会社と取引を為したる者に対して其誤信せしめたる金額又は価格に付き社員たる責任を負ふ旨の規定を設くること
第六十九　有限責任社員が無限責任社員に変更したる場合には第六十四条、無限責任社員が有限責任社員に変更したる場合には第七十三条の規定の準用ある旨を定むること
第七十　第百十七条第一項に追加して相続人数人ある場合に付き第百四十六条と同趣旨の規定を設くること

第七十一　無限責任社員又は有限責任社員の全員の退社に因り会社が解散したる場合に於ては新に無限責任社員又は有限責任社員を加入せしめて会社を継続することを得るものとすること

第四章　株式会社

第一節　設立

第七十二　株式会社の定款は公正証書を以て之を作成すべきものとすること

第七十三　第百二十条規定の事項より取締役が有すべき株式の数を削除すること

第七十四　会社の公告は官報又は時事に関する事項を掲載する日刊新聞紙に之を掲載することを要するものとすること

第七十五　第百二十一条の規定を削除すること

第七十六　第百二十二条第四号中「其財産の種類」を「其目的たる財産」に改むること

第七十七　第百二十二条規定の事項中に会社の成立後に取得することを約したる財産、其価格及び之を譲渡すべき者の氏名を加ふること

第七十八　現物出資者は発起人と同一の責任を負ふべき旨の規定を設くること

第七十九　会社の成立後二年内に継続して会社経営の用に供すべき財産にして会社成立前より存在し且払込株金額の五分の一以上の価格あるものを有償に取得すべき旨の契約を為すには株主総会の特別決議を要するものとすること

第八十　第百二十三条中会社が株式総数の引受に因りて成立すべき旨の規定及び第百三十九条の規定を削除すること

第八十一　第百二十六条第二項規定中に株式譲渡の制限に関する事項、株券裏書の禁止に関する事項及び議決権の制限に関する事項を加へ且同項第五号中「会社が成立せざるとき」を「創立総会が終結せざるとき」に改むること

第八十二　株式申込証の要件として株金の払込を取扱ふ銀行又は信託会社を記載せしめ且設立の登記の申請に当たり申請書に右銀行又は信託会社の払込金保管に関する証明書を添付せしむべきものとし其銀行又は信託会社は其証明したる払込金額に付ては払込なかりしこと又は払戻に関する制限を以て会社に対抗することを得ざるものとすること

第八十三　発起人に非ずして株式申込証又は目論見書、株式募集の広告其他株式募集に関する文書に其氏名及び会社の設立を賛助する趣旨の記載を為すことを承諾したる者は発起人と同一の責任を負ふべき旨の規定を設くること

第八十四　株式の申込は表意者が其真意に非ざることを知りて之を為したる為め其効力を妨げらるることなき旨の規定を設くること

第八十五　現物出資者は株金の第一回払込を為すべき時期に於て発起人に対し其出資の目的たる財産の全部を給付することを要するものとすること但登記又は登録を要する財産に付ては其手続は会社成立後に之を為すことを妨げざるものとすること

第八十六　第百二十四条第一項、第百三十四条第一項第三号及び第百三十五条中「第百二十二条第三号乃至第五号に掲げたる事項」に会社の成立後に取得することを約したる財産に関する事項を加ふること

第八十七　定款に第百二十二条第三号乃至第五号の事項又は会社の成立後に取得することを約したる財産に関する事項の記載あるときは発起人は創立総会招集前に裁判所に検査役の選任を請求し其調査報告書を創立総会に提出することを要するものとすること

第八十八　第百三十五条に定めたる変更の決議に付ては発起人の全員其議決権を行ふことを得ざるものとすること決議第百二十三条は前項の場合に之を準用すること

第八十九　第百三十八条の定款の変更又は設立の廃止の決議に付ては第百五十六条第二項の規定は準用なきものとすること

第九十　第百四十一条第一項の登記事項中に株式譲渡の制限に関する事項及び株主に配当すべき利益を以てする株式消却に関する事項を加ふること

第九十一　株式引受の無効は株式引受人が創立総会に出席し其権利を行使したるとき又は会社成立後に於て株主としての権利を行使し若くは義務を履行したるときは之を主張することを得ざるものとすること

第九十二　他人又は存在せざる者の名義を用ゐて株式を引受け又は譲受けたる者は株主たる責任を負ふものとすること

第九十三　会社の設立に関し発起人、取締役又は監査役が会社に対して負担する損害賠償の責任は会社成立の日より三年以後に於て株主総会の特別決議を以てするに非ざれば之を免除することを得ざる旨の設定を設くること

第九十四　発起人に対する訴の提起に付き第百八十七条に準ずる規定を設くること

第二節　株　式

第九十五　第百四十八条第一項規定の事項中に株式譲渡の制限及び株券裏書の禁止に関する事項を加ふること
株券発行後前項追加の事項を定めたる場合に於ては株券の引換を為すに付き第二百二十条の二乃至第二百二十条の五に準ずる規

定に依るものとすること

第九十六　第百四十九条但書及び第二百十七条第三項の規定を改め権利株の譲渡又は其予約は之を以て会社に対抗することを得ざるものとし且発起人、取締役及び監査役は権利株の譲渡又は其予約を為すことを得ざるものとすること

第九十七　記名株式は定款に別段の定なき限り株券の裏書に依りて譲渡することを得べきものとし大体に於て第四百五十七条、第四百六十一条及び第四百六十四条に準ずる規定を之に適用するものとすること

第九十八　第百五十条第二項として記名株式の株券裏書に依る譲渡は取得者の氏名、住所を株主名簿に記載するに非ざれば之を以て会社に対抗することを得ざる旨の規定を設くること

第九十九　裏書禁止のものを除き其他の株券には第四百四十一条の規定の準用あるものとすること但株主名簿上の株主の為したる裏書が真正ならざる場合に於ける第四百四十一条の規定の準用は会社に就き調査を為すも其署名の真偽を判別すること能はざるときに限るものとすること

第百　記名株式の質入は株券の交付に依りて之を為すことを得るものとすると同時に質権の設定を株主名簿に記載せしむることを得るものとし此後の場合に於ては質権者は会社より利益の配当又は残余財産の分配を受けて自己の債権の弁済に充当することを得べきものとすること

第百一　第百五十一条第一項の規定の例外として左の場合に限り会社は一時自己の株式又は其上の質権を取得することを得る旨を規定すること

一　株主失権の場合

二　株式消却の場合

三　合併又は営業全部の譲受の場合

四　強制執行、訴訟上の和解其他会社の権利実行の為めに必要なる類似の場合

前項例外の場合に付き左の趣旨の規定を設くること

一　前項第二号の場合に於ては取得したる株式を遅滞なく失効せしむることを要し其他の場合に於ては株式を成るべく速に処分することを要すること

二　自己株式又は其上の質権の取得又は処分は営業報告書に記載することを要すること

三　会社は自己株式に付き議決権を有せず且第二百九条第一項の適用に付ては自己株式の金額を資本の総額に、会社を総株主

の数に算入せざること

第百二　株式強制消却に付き第二百二十条の二乃至第二百二十条の五に準ずる規定を設くること

第百三　第百五十三条第三項及び第二百二十条の三第二項の規定に依る株式の競売に代へ裁判所の許可を得て他の方法に依りて之を売却することを得べき旨の規定を設くること

第百四　株式譲渡人が第百五十三条第三項の規定に依りて不足額を弁済したるときは株券又は株主名簿の記載に依りて自己の後者たるものの全員に対し償還の請求を為すことを得べく且其償還を為したる者は更に自己の後者全員に対し償還の請求を為すことを得べき旨を定むること

第百五　第百五十三条の失権株式に関し左の趣旨の規定を設くること

一　会社は資本減少の規定に従ひ第百五十三条第三項の競売に代へて失権株式を消却することを得るものとすること

二　前項の場合に於ては従前の株主又は各譲渡人は一定の価額を提供して株式を買受くべき旨を申出づることを得るものとし会社が其申出に応ぜずして消却を為したるときは滞納金額より其申出の価額を控除したる金額を以て第百五十三条第三項の不足額とすること

三　第百五十三条第三項の競売を為したる場合に於て競落人なきときは前項の申出を為さしめずして第一項の消却を為すことを得るものとすること

第百六　第百七十二条の二の規定を第百五十三条第二項の株式譲渡人及び第三項の従前の株主に対する通知及び催告に準用することと

第百七　第百五十四条の規定を改め第百五十三条に定めたる譲渡人の責任は譲渡を株主名簿に記載したる後二年内に第百五十二条第一項の規定に依る払込の催告を発したる株金額に関するものに限るべき旨を定むること

第百八　発起人が会社の設立に際して引受けたる株式に付き会社成立の後五年内に第百五十二条第一項の規定に依る払込の催告を発したる株金額に関しては其発起人は第百五十四条に定めたる期間経過後と雖も第百五十三条に定めたる責任を負ふものとすること

第百九　第百五十五条第一項の規定を改め無記名株は定款を以て之を認めたる場合に限り株金全額の払込ありたる株式に付き之を発行することを得べきものとすること

第百十　第二百十一条の規定を改め優先株は資本増加以外の場合に於ても之を発行することを得べきものとし之に応じて登記事項

及び株式申込証、株券、株主名簿の記載事項等に関する規定を改むること
第百十一　定款の規定を以て後配株を認むることを得べきものとし之に応じて登記事項及び株式申込証、株券、株主名簿の記載事項等に関する規定を改むること
第百十二　各種優先株、各種後配株及び普通株の間に於ては単に利益の配当及び残余財産の分配に付てのみならず資本増加の場合に於ける新株引受の権利、資本減少の場合に於ける株式の併合又は消却等に付ても差等を設くることを得るものとすること
第百十三　第二百十二条の規定を改め優先株又は後配株を発行したる場合に於て定款の変更が一種の株主に損害を及ぼすべきときは株主総会の決議の外其一種の株主の総会の決議あることを要するものとすること
右一種の株主の総会の決議は第二百九条第一項に準ずる定足数の株主出席し其議決権の三分の二以上の同意を要するものとすること

第三節　会社の機関

第一款　株主総会

第百十四　総会招集の場所は定款に別段の規定なき限り本店の所在地又は之に隣接する地に在ることを要する旨の規定を設くること
第百十五　取締役又は監査役が総会を招集するには各其過半数の同意を以てすることを要するものとすること
第百十六　第百六十条の規定に依りて招集せられたる総会の費用は其総会の決議を以て請求者の負担とすることを得る旨の規定を設くること
第百十七　第百六十二条の規定を改め定款を以て株式譲受後六か月を超えざる株主の議決権の行使を制限することを得べきものとすること
第百十八　総会決議録を議事録に改め之に議事の経過の要領及び結果を記載し議長及び出席したる取締役、監査役之に署名すべき旨の規定を設くること
第百十九　法律又は定款の規定に依る定足数の株主の出席なくして為されたる決議の無効に付ても亦第百六十三条の規定の適用あるものとすること
第百二十　総会決議内容の違法を理由とする株主と会社との間の決議無効確認の訴に付て第九十九条の三、第九十九条の四、第百六十三条の二第三項、第百六十三条の三及び第百六十三条の四に準ずる規定を適用するものとすること

第百二十一　会社が左の行為を為すには株主総会の特別決議を要するものとし且第四号の決議は第百七十八条及び第百八十七条の適用を妨げざるものとすること
一　営業の全部又は一部の譲渡
二　営業全部の賃貸又は経営の委任、他人と営業上の損益全部を共通にする契約其他之に準ずる契約の締結、変更又は解約
三　他の会社の営業全部の譲受
四　第百七十七条の規定に依る取締役又は監査役の責任の免除
第百二十二　第百九十三条の規定は之を削除すること
第百二十三　第百六十一条第四項の規定に依り議決権を行ふことを得ざる株主が決議に参加したる株主の議決権の半数以上の議決権を有する場合に於て決議が著しく不当なるときは其株主は決議の日より一か月内に決議の変更を裁判所に請求することを得べき旨の規定を設くること

第二款　取締役

第百二十四　第百六十四条第一項の規定を改め取締役又は監査役は株主中より之を選任することを要せざるものとし第百六十八条の規定を削除すること
第百二十五　第百六十六条但書中「配当期」を「決算期」に改むること
第百二十六　第百七十条の規定を改め会社を代表すべき取締役は定款又は株主総会の決議に依り取締役の互選を以て之を定むることをも得るものとすること
第百二十七　会社は社長、副社長、専務取締役、常務取締役其他会社を代表する権限を有するものと認むべき名称を附したる取締役の為したる行為に付き其者が会社を代表する権限を有せざる場合と雖も尚ほ善意の第三者に対して責に任ずるものとすること
第百二十八　第百七十四条の規定は之を削除すること
第百二十九　第百七十五条第一項の規定を改め取締役は株主総会の認許あるに非ざれば会社と同種の営業を目的とする他の会社の取締役たることをも得ざるものとすること
第百三十　第百七十八条の規定に依りて少数株主権を行使することを得る株主は訴の提起を否決したる株主総会前三か月以上引続き株主たりし者たることを要するものとすること
右の規定に依り提起したる訴の取下、和解又は請求の抛棄を為すには少数株主の議決権の過半数の同意あることを要するものと

し但之に反対の株主が資本の十分の一以上に当たるときは取下等を為すことを得ざるものとすること

第三款　監　査　役

第百三十一　第百八十四条の規定に依り一時取締役の職務を行ふ監査役の氏名の登記を為すことを要するものとすること
第百三十二　第百八十七条の規定に付き決議第百三十と同趣旨の改正を為すこと

第四節　会社の計算

第百三十三　第百九十条中「一週間前」を「二週間前」に改め且財産目録、貸借対照表及び損益計算書は命令を以て定むる様式に準拠して之を作成すべき旨の規定を施行法中に設くること
第百三十四　営業用の固定財産には其取得価額又は製作価額以上の価額を附することを得ざる旨の規定を設くること
第百三十五　取引所の相場ある有価証券に付ては決算期の属する月に於ける平均価格に超えざる価格を記載することを要するものとすること
第百三十六　第百二十二条第五号の規定に依り会社の負担に帰したる金額及び会社設立の為めに支出したる税額を貸借対照表上の資産に計上したる場合に於ては会社設立の後、若し建設利息の定あるときは其配当を止めたる後五年内に毎決算期に於て均等額以上の償却を為すことを要するものとすること
第百三十七　社債発行の場合に於ては社債総額と会社の手取額との差額は之を貸借対照表上の資産に計上し社債償還の期限内に毎決算期に於て均等額以上の償却を為すことを得るものとすること
第百三十八　第百九十一条第一項中「会日前」を「会日の一週間前」に改め且同条第三項として株主及び会社の債権者は費用を支払ひて第百九十条の書類の謄本又は抄本の交付を請求することを得べき旨の規定を設くること
第百三十九　第百九十四条第一項の規定を改め「利益を配当する毎に」とあるは「配当期毎に」の意味なること及び「其利益」とあるは「其決算期の利益」の意味なることを明かにすること
第百四十　第百九十四条第二項の規定中「其額面を超ゆる金額」とあるを「其額面を超ゆる金額より発行の為めに必要なる費用を控除したる金額」の意味に改むること
第百四十一　第百九十四条の準備金は損失を塡補する為めにのみ支出することを得べき旨の規定を設くること
第百四十二　第百九十六条の利息を配当すべき期間に付き定款を以て其最長期を定むることを要するものとし且利息として配当し

たる金額は之を資産に計上することを得るも年六分に超ゆる利益を配当する場合に於ては少くとも其六分を超過して配当する金額と同額を其償却に充当することを要するものとすること

第百四十三　現に第百九十六条の配当を為す会社は資本増加の場合に於ては第百九十六条の規定に準じて新株に対しても利息の配当を為すことを得べきものとし且此場合に於ては最長期に関する定款の規定の変更を認むるものとすること

第百四十四　第百九十八条の規定に依りて検査役の選任を請求することを得る株主は其請求前三か月前以上引続き株主たりし者たることを要するものとし且其請求を為すには業務執行に不正行為あること又は法令定款に対する重大なる違反あることを疏明することを要するものとすること

第百四十五　株式会社の使用人の身元保証金其他雇用関係に基き会社に対して有する債権に付ては其者は会社の財産の上に一般の先取特権を有するものとすること

第五節　社　債

第百四十六　第二百条の適用に関し旧社債償還の為めに社債を募集する場合に於ては社債の総額中に其旧社債の額を算入せざる旨の規定を設け且同条第二項及び第二百三条第二項第五号中「現存する財産」とあるは「現存する純財産額」の意味なることを明かにすること

第百四十七　第二百三条第二項及び第二百五条第二項規定の事項中に「債券を記名式又は無記名式に限りたる場合に於ては其旨」を加へ且第二百三条第二項規定の事項中に「旧社債償還の為めに払込株金額又は現存純財産額に超えて社債を発行する場合に於ては其旨」を加ふること

第百四十八　社債権者集会の制度を認め之に付き大体左の如き趣旨の規定を設くること

一　数種の社債を発行したるときは各一種の社債毎に其社債権者集会を開くべきものとすること

二　社債権者集会は会社の取締役、清算人又は破産管財人之を招集すべきものとし社債総額の十分の一以上に当たる社債権者が会議の目的たる事項及び其招集の理由を記載したる書面を提出して招集を請求したる場合に於て招集権者が其手続を為さざるときは請求者は裁判所の許可を得て社債権者集会を招集することを得べきものとすること

三　社債権者集会の招集、社債権者の議決権、社債権者集会の議事、其決議の方法及び決議無効の訴等に付ては株主総会に関する商法の規定及び社債権者集会に関する担保附社債信託法の規定に準じて適当に規定すること

四　社債権者集会に於ては社債元利金の支払の猶予、不履行に因りて生じたる責任の免除、和解、和議、強制和議、資本減少又は合併の承認又は之に対する異議の申述等に付き決議を為すことを得べきものとし且其決議の効力は総社債権者を羈束するものとすること

五　社債権者集会の費用は会社の負担とすること

第百四十九　社債権者集会は一人又は数人の代表者を選任し其決議事項の決定及び其決議の執行を委任することを得べきものとし之に付き大体左の如き趣旨の規定を設くること

一　代表者の選任、解任及び其公告並に通知に付ては担保附社債信託法の規定に準じて適当に規定すること

二　数人の代表者は社債権者集会の決議を以て別段の定を為さざるときは過半数を以て其権限に属する事項を決定し且執行するものとすること

三　代表者は総社債権者に代はりて裁判上及び裁判外の行為を為すことを得べきものとし此場合に於て各別に社債権者を表示することを要せざるものとすること

四　代表者の事務処理の費用及び報酬は裁判所の許可を得て会社をして之を負担せしむることを得るものとすること

第百五十　会社が社債の利息の支払を怠り又は定期に社債の一部を償還すべき場合に於て其償還を怠りたるときは担保附社債信託法第七十九条乃至第八十一条の規定に準じ社債権者集会の決議を以て会社をして社債総額に付き期限の利益を失はしむることを得るものとすること

第百五十一　第二百七条の規定は社債申込証及び債券に債券を記名式又は無記名式に限る旨の記載なき場合に限り適用せらるべきものとすること

第六節　定款の変更

第百五十二　第二百十条の規定を削除すること

第百五十三　設立後二年内に為されたる決議に依る資本増加又は資本総額を倍額に超ゆる額とする資本増加に関して左の趣旨の特別規定を設くること

一　現物出資又は財産引受の決議ありたるときは裁判所選任の検査役をして調査を為さしめ其決議を不当と認めたる場合に於て裁判所は第百三十五条の規定に準拠し相当の処分を為すことを得るものとすること

二　資本増加後二年内の財産取得に付ては決議第七十九に準ずること
三　株式申込証に付ては決議第八十二に準ずること
四　資本増加に関する取締役又は監査役の責任免除に付ては決議第九十三に準ずること
第百五十四　左の事項は資本増加の決議と同時に之を決議することを要するものとすること
一　新株の額面以上の発行
二　新株の申込人に対し資本増加の後其財産を有償に譲受くべき旨を約したるときは其者、其目的たる財産及び価格
三　或者に新株引受権を与へむとするときは其者及び其引受権
第百五十五　将来の資本増加の場合に於て或者に新株引受権を与ふべき旨の契約は株主総会の特別決議に依り之を締結することを得べき旨の規定を設くること
第百五十六　資本増加の場合に於ける現物出資に付き決議第八十五に準ずる規定を設くること
第百五十七　第二百十二条の三第一項の規定事項中に優先株又は後配株あるときは其種類及び其各種の株式の数、株式譲渡の制限、株券裏書の禁止又は議決権の制限に関する事項並に新株申込人に対し資本増加の後其財産を有償に譲受くべき旨を約したるときは其者、其目的たる財産及び価格を加ふること
第百五十八　資本増加の場合に於て新株の所有者たる普通株主又は優先株主に其株式を優先株又は普通株に転換する請求権を与ふることを得るものとし之に関して左の趣旨の規定を設くること
一　転換を請求し得べき期間は資本増加の決議を以て之を定め定款に其旨を記載し且之を登記すべきものとすること
二　普通株を優先株に転換する場合に於ては其優先株の種類は資本増加の決議を以て之を定め定款に其旨を記載し且之を登記すべきものとすること
三　株式の転換の請求は法定の事項を記載したる書面を以て之を為さしむるものとすること
四　株式の転換は株券の引換に依りて之を為すものとすること
五　転換請求権を有する普通株主に関しては第二百十二条の規定を準用すること
六　取締役は毎営業年度末より法定の期間内に其営業年度中に為したる転換の結果生じたる優先株の数の増減を登記すべきものとすること
第百五十九　資本増加の一方法として社債権者に社債を株式に転換する請求権を与へ其転換ありたる部分に付き資本の増加を生ず

ることを認むるものとし之に関して左の趣旨の規定を設くること

一　増加すべき資本の総額、転換せらるべき社債及び其転換を請求し得べき期間は資本増加の決議を以て之を定め定款に其旨を記載し且之を登記すべきものとすること

二　社債転換の条件は資本増加の決議を以て之を定め且如何なる場合に於ても株式の額面以下の発行と同一結果を生ぜしめず又額面超過額を法定準備金に組入るべき旨の規定を潜脱することを得せしめざる様適当に規定すること

三　社債の転換の請求は法定の事項を記載したる書面を以て之を為さしむるものとすること

四　社債の転換は債券と引換に株券を交付するに因りて之を為すものとすること

五　取締役は毎営業年度末より法定の期間内に其営業年度内に為したる転換の結果生じたる資本増加を登記すべきものとすること

第百六十　資本の増加は第二百十七条の登記に因りて其効力を生ずるものとすること但第二百十三条の総会に於ては新株引受人をして株主と同様の権利を行使せしむることとし且其株金払込の期日より利益又は利息の配当を受くることを得るものとすること

第百六十一　資本増加の場合に於ける株式引受無効の主張の制限に付き設立の場合に準ずる規定を設くること

第百六十二　資本増加の無効は株主、取締役又は監査役より訴を以てのみ之を主張することを得るものとすること

資本増加無効の訴の提起ありたる場合に於て其無効の原因たる瑕疵が補完せられたるとき其他会社の現況が資本増加を有効ならしむるに支障なきときは裁判所は資本増加無効の請求を棄却することを得る旨の規定を設くること

資本増加無効の訴は資本増加の登記の日より六か月内に之を提起することを要するものとし第九十九条の三乃至第九十九条の五、第百六十三条の二第二項、第三項及び第百六十三条の三の規定を準用するものとすること

資本増加無効の判決が確定したるときは株式の強制消却に準ずる規定に依り将来に向て新株を無効とし判決確定当時の会社財産の状況に応じ株金の払戻又は未払込株金の徴収を為すことを要するものとすること

第百六十三　第二百二十条第二項の準用規定中第七十九条第三項及び第八十条を削除すること

第百六十四　異議を述べたる債権者に弁済を為し又は相当の担保を供するに代へ之を受益者として信託会社に信託を為すことを得る旨の規定を設くること

第百六十五　会社に株金払込額を異にする株式ある場合に於て其株式間に於て株式の併合又は消却の割合を異にするには株主総会の決議の外其各種の株主の総会の決議あることを要するものとすること

第百六十六　第二百二十条の二の規定に追加し無記名株を発行したる場合に於て同条の通知に代へ公告を為すことを要するものとすること
第百六十七　第二百二十条の三第一項の規定を改め株主が株券を提供したる場合に於て併合に適せざる株あるときは其併合に適せざる部分のみに付き失権すべきものとし之に応じて第二百二十条の四準用の第百五十三条の二の規定を改むること
第百六十八　資本減少の無効は株主、取締役、監査役、清算人、破産管財人及び資本減少の登記前の会社債権者に限り訴を以てのみ之を主張することを得るものとし決議第百六十二第二項及び第三項と同趣旨の規定を設くること

第六節の二　会社の整理

第百六十九　第四章第六節の次に「会社の整理」の一節を加へ左の趣旨の規定を設くること
一　会社が支払不能若くは債務超過に陥るの虞あるとき又は支払不能若くは債務超過の疑あるときは裁判所は取締役、監査役、資本の十分の一以上に当たる株主又は払込たる株金額の十分の一以上に当たる債権者の申立に因り会社に対し整理命令を発することを得るものとすること
二　会社の業務に付き監督権を有する官庁は裁判所に整理命令の請求を為すことを得るものとすること
三　裁判所整理命令を発したるときは左の処分を為すことを得るものとすること
(イ)　会社に対し発起人、取締役又は監査役の責任の免除を禁止すること
(ロ)　整理命令前一年内に為したる責任の免除を取消すこと
(ハ)　取締役又は監査役の解任を命ずること
(ニ)　会社財産の処分の禁止、業務の制限其他必要なる保全処分を為すこと
(ホ)　会社の業務及び財産の全般に渉り監督命令を発し重要なる行為に付き裁判所の選任したる監督者の同意を要する旨を命ずること
(ヘ)　会社の業務及び財産の全般に渉り管理命令を発すること
(ト)　会社に対し整理又は和議に関する立案及び実行を命ずること
(チ)　発起人、取締役又は監査役の責任に属する損害賠償額を査定すること但当事者異議あるときは法定期間内に訴を提起することを妨げざること

四（イ）　前号（ト）の命令ありたる場合に於て取締役は株主をして株金払込を為さしむる必要ありと認むるときは各株主に対し其有する株式の数及び未払込額を通知し異議あらば一か月を下らざる一定の期間内に之を申出づべき旨を催告することを要するものとし此場合に於て株主が異議を述べざるときは其数額は確定し異議を述べたるときは取締役は意見を附して之を裁判所に報告し裁判所は非訟事件手続法の規定に依りて裁判を為すものとすること

（ロ）　取締役は右の手続に依り確定したるところに基き各株主の有する株式の数及び未払込額を記載したる株主表を作成して裁判所の認可を受くべきものとし且払込の催告を為す際予め其金額に付き裁判所の認可を受くべきものとすること

（ハ）　右認可ありたるときは其株主表は各株主の払込むべき金額に付き債務名義たるの効力を有するものとすること

五　強制執行、仮差押、仮処分及び破産との関係に付き和議法第十五条、第十七条、第四十条及び第五十八条に準ずる規定を設くること

六　会社に破産原因を生ずべき虞ある場合に於て裁判所必要と認むるときは和議の申出を為すことを認可することを得るものとし此場合に於ては和議法の規定に準じて和議を為すことを得るものとすること

七　会社に破産原因あること分明なるに至りたる場合に於て裁判所必要と認むるときは職権を以て破産の宣告を為すことを得るものとすること

八　整理命令の申立ありたる場合に於て必要ありと認むるときは裁判所は申立に因り又は職権を以て第三号（ニ）乃至（ヘ）の処分を為すことを得るものとすること

九　会社債権の相殺に付き大体に於て破産法第百四条と同趣旨の規定を設くること

十　管理命令は裁判所の選任したる管理者をして之を執行せしむるものとすること

十一　裁判所は会社に対し整理又は和議に関する立案及び実行を命ずる場合に於て必要ありと認むるときは整理委員を選任し其立案及び実行に当たらしめ又は之に協力せしむることを得るものとすること

十二　会社財産の状況に因り必要ありと認むるときは裁判所は第一号に掲げたる者の申立に因り又は職権を以て検査命令を発することを得るものとすること

十三　検査命令は裁判所に於て選任したる検査役をして之を執行せしむるものとすること

十四　検査役は会社の業務及び財産の状況を調査し若し業績不良なるときは其原因を明かにし会社の設立、業務の執行に関し発起人、取締役等に不正又は懈怠の行為なかりしや否やを究明することを要するものとすること

十五　検査役は会社の取締役、監査役、支配人等に対し会社の業務及び財産の状況に付き報告を求め会社の書類、帳簿、金銭、物品等を検閲し其他前項の目的を達するに必要なる一切の事情を調査することを得るものとすること
検査役は裁判所の許可を得て執達吏又は警察官の援助を求むることを得るものとすること
十六　検査役は検査の結果を裁判所に報告すべきものとすること
殊に
（イ）発起人又は取締役に第百三十六条又は第二百十六条の規定に依る義務ありと思料するときは意見を附して之を報告すべきものとすること
（ロ）発起人、取締役又は監査役に第百四十二条の二、第百七十七条又は第百八十九条の規定に依り責任を負ふべき事実ありと思料するときは意見を附して之を報告すべきものとすること
（ハ）財産の保全に関し応急の処分を為す必要ありと思料するときは意見を附して之を報告すべきものとすること
（ニ）業務及び財産に関し監督又は管理を為す必要ありと思料するときは意見を附して之を報告すべきものとすること
（ホ）整理の方針及び能否に付き意見を附して之を報告すべきものとすること
十七　本節の管轄裁判所は地方裁判所とすること

第七節　解　散

第百七十　第二百二十一条規定の事項中会社の目的たる事業の成功又は其成功の不能及び株主が七人未満に減じたることを削除すること
第百七十一　会社が其営業全部の譲渡を決議したるときは解散するものとすること
第百七十二　会社が第七十四条第一号又は第二百二十一条第二号所定の事由に因りて解散したるときは株主総会の特別決議を以て会社を継続することを得るものとすること
第百七十三　解散後の会社と雖も他の会社を存続会社とする合併を為すことを得るものとすること
第百七十四　合併を為すには合併契約書を作成し之を株主総会に提出して合併の決議を為すことを要するものとすること
合併契約書の要領は第百五十六条に定めたる通知及び公告に之を記載することを要するものとすること
第百七十五　吸収合併の契約書には左の事項を定むることを要するものとすること

一　合併後存続する会社の増加すべき資本の総額

二　合併後存続する会社の発行すべき新株の数並に払込金額及び之を合併に因りて消滅する会社の株主に割当て交付する割合に関する事項

三　合併に因りて消滅する会社の株主に支払ふべき金額を定めたるときは其金額

四　各会社に於て合併の決議を為すべき株主総会の期日

五　合併を為すべき期日に関する定を為したるときは其規定

第百七十六　新設合併の契約書には左の事項を定むることを要するものとすること

一　合併に因りて設立する会社の目的、商号、資本の総額及び一株の金額

二　合併に因りて設立する会社の発行すべき株式の数並に払込金額及び之を合併に因りて消滅する会社の株主に割当て交付する割合に関する事項

三　合併に因りて消滅する会社の株主に支払ふべき金額を定めたるときは其金額

四　各会社に於て合併の決議を為すべき株主総会の期日

五　合併に因りて設立する会社の創立総会の期日に関する定を為したるときは其規定

第百七十七　第二百二十五条第一項の準用規定中第七十九条第三項及び第八十条を削除すること

第百七十八　合併の場合に付き決議第百六十四乃至第百六十七に準ずる規定を設くること

第百七十九　吸収合併の場合に於て合併に因りて消滅する会社に株式併合の為めに失権したる株式ありたるときは合併後存続する会社は其新に発行すべき株式を売却したる後第二百十三条の規定に準じ株主総会を招集すべき旨の規定を設くること

第百八十　新設合併の場合に於ては各会社に於て選任したる者が公正証書を以て定款を作成し若し合併に因りて消滅する会社に株式併合の為めに失権したる株式ありたるときは新に発行すべき株式を売却したる後第百三十一条の規定に準じ創立総会を招集すべき旨の規定を設くること

第百八十一　合併に因りて設立する会社の創立総会には大体に於て第百三十二条乃至第百三十四条の規定の準用あるものとし且其創立総会に於ては合併契約に反せざる範囲内に於てのみ定款変更の決議を為すことを得べき旨の規定を設くること

第百八十二　合併に関する第八十一条の登記は吸収合併の場合に於ては合併後存続する会社の第二百十三条の規定に準ずる株主総会、新設合併の場合に於ては其創立総会終結の後二週間内に之を為すことを要するものとすること

第百八十三　合併の無効は各会社の株主、取締役、監査役、清算人、破産管財人及び合併の登記前の会社債権者に限り訴を以てのみ之を主張することを得るものとし決議第百六十二第二項、第三項及び決議第四十七第二項乃至第四項と同趣旨の規定を設くること

第八節　清　算

第百八十四　第四章第八節を二款に分ち現在の規定を第一款総則とすること

第一款　総　則

第百八十五　清算人は選任の後二週間内に其氏名、住所及び解散の事由、年月日を裁判所に届出づることを要する旨の規定を設くること

第百八十六　清算人は債権届出期間内には会社債権者に対し弁済を為すことを得ざる旨の規定を設くること但少額の債権又は担保ある債権等の弁済に付き裁判所の許可を得たる場合は此限に在らざるものとすること

第百八十七　第二百三十条の承認ありたるときは清算人の責任は不正の行為ありたる場合を除くの外当然解除せられたるものと看做すべき旨の規定を設くること

第百八十八　第二百三十二条の規定を決議第五十八に準じて改め且決議第五十四、第五十六、第五十九及び第六十に準ずる規定を設くること

第百八十九　第二百三十三条に決議第六十三に準ずる改正を加ふること

第二款　特別清算

第百九十　第一款総則の次に「特別清算」の一款を加へ左の趣旨の規定を設くること

一　会社が債務超過に陥るの虞あるとき又は債務超過の疑あるとき其他清算の遂行に付き著しき困難ありと認むるときは裁判所は会社の債権者、監査役、株主若くは清算人の申立に因り又は職権を以て特別清算の開始を命ずることを得るものとすること

二　会社の業務に付き監督権を有する官庁は裁判所に特別清算の開始の請求を為すことを得るものとすること

三　清算人は会社、株主及び会社の債権者に対し公平に其利益の保護を図る義務を負ふものとすること

四　清算人は会社に現存する金銭が会社の債務の金額を弁済するに足らざるときは其債権者に対し債権額の割合に応じて弁済を為すことを要するものとすること但少額の債権又は担保ある債権等の弁済に付き裁判所の許可を得たる場合は此限に在ら

ざるものとすること

五　清算人は清算実行の為め必要あるときは債権者集会を招集することを得るものとすること
届出を為したる債権者の債権額の十分の一以上に当たる債権者の申出あるときは清算人は債権者集会を招集することを要するものとすること
前項の申出ありたる場合に於て清算人が債権者集会を招集せざるときは申出を為したる債権者は裁判所の許可を得て其招集を為すことを得るものとすること

六　届出ありたる各債権に付き債権者集会に於て議決権を行はしむべきや否や及び如何なる金額に付き之を行はしむべきやは清算人之を定むるものとし異議あるときは裁判所之を定むるものとすること

七　清算人は会社の業務及び財産の現況調査書、財産目録及び貸借対照表を債権者集会に提出し清算の実行に付ての方針及び見込を報告することを要するものとすること

八　(イ)　債権者集会に於ては監査委員を選任することを得るものとすること
(ロ)　監査委員は三人以上とし其選任は裁判所の認可を要するものとすること
(ハ)　監査委員は何時にても清算人に対して清算事務及び財産の状況の報告を求め且自ら之を調査することを得るものとすること
(ニ)　破産法第百七十二条、第百七十四条及び第百七十五条に準ずる規定を設くること

九　重要財産の処分、訴の提起、和解、仲裁契約等に付ては監査委員の同意、監査委員の選任なきときは債権者集会の決議を要するものとすること
急迫なる事情あるときは債権者集会の決議に代へ裁判所の許可を得べきものとすること
善意の第三者を保護する為め破産法第二百一条に準ずる規定を設くること

十　第二百二十六条第一項の清算人は債権者集会の決議を以て之を解任することを得るものとし且此場合に於て後任清算人は裁判所之を選任するものとすること

十一　裁判所は何時にても清算人に対し清算事務及び財産の状況の報告を命じ其他清算の監督上必要なる調査を為すことを得るものとすること

十二　裁判所は清算の監督上必要と認むるときは会社財産の処分の禁止、業務の制限其他の保全処分を為すことを得るものと

することと

十三　裁判所は重要なる事由あるときは職権を以て清算人を改任《ママ》することを得るものとすること

十四　債権者集会に於ては会社の申出に係る和議の条件に付き決議を為すことを得るものとし和議条件承認の決議は出席したる債権者の過半数にして其債権額が届出を為したる債権総額の四分の三以上に当たるものの同意を以て之を為し且裁判所の認可を要するものとすること

前項の和議に付ては破産法第三百四条、第三百二十六条等に準じ相当の規定を設くること

十五　会社財産の状況に依り必要ありと認むるときは裁判所は清算人、監査役、監査委員、届出を為したる債権者の債権額の十分の一以上に当たる債権者若くは資本の十分の一以上に当たる株主の申立に困り又は職権を以て会社に対し検査命令を発することを得るものとすること

十六　検査役は検査の結果を裁判所に報告すべきものとし殊に決議第百六十九第十六号（イ）乃至（ハ）に準ずる報告を為すべきものとすること

十七　裁判所前項の報告を受けたるときは決議第百六十九第三号（イ）乃至（ニ）及び（チ）に準ずる処分を為すの外会社の財産が債務を完済するに不足なること分明なるに至りたる場合に於て第十四号に依る和議の見込なきときは職権を以て破産の宣告を為すことを得るものとすること

十八　決議第百六十九第四号、第五号、第八号、第九号及び第十七号に準ずる定を為すこと但決議第百六十九第八号中に引用せる第三号（へ）の処分は之を除く

十九　会社が債務超過に陥るの虞あるとき又は債務超過の疑あるときは清算人は特別清算開始の申立を為すことを要するものとすること

第五章　株式合資会社

第百九十一　第二百三十六条第一項規定の事項中に無限責任社員と会社との関係を加ふること

第百九十二　創立総会に於て定款の変更を決議したる場合に於て無限責任社員の一致なきときは会社の設立は廃止せらるべき旨の規定を設くること

第百九十三　株式会社に於て特別決議を要する事項に付ては株主総会の特別決議の外無限責任社員の一致あることを要する旨の規

定を設くること
第百九十四　株主一人も無きに至りたるときは無限責任社員の一致を以て合名会社として会社を継続することを得る旨の規定を設くること
第百九十五　第二百五十三条第二項準用の第七十八条、第七十九条第一項、第二項を削除し無限責任社員は会社組織変更前の会社債務に付き退社員に準ずる責任を負ふ旨の規定を設くること

第七章　罰　則

第百九十六　発起人、取締役、株式合資会社の業務を執行する社員、監査役、管理者、整理委員、監督者又は株式会社若くは株式合資会社の清算人若くは支配人其他会社の営業に関する或種若くは特定の事項の委任を受けたる使用人其任務に背きたる行為を為し会社に財産上の損害を加へたるときは十年以下の懲役又は一万円以下の罰金に処するものとすること
第百九十七　社債権者集会の代表者其任務に背きたる行為を為し社債権者に財産上の損害を加へたるときは五年以下の懲役又は五千円以下の罰金に処するものとすること
第百九十八　第二百六十一条の規定を改め左の場合に於て発起人、取締役、株式合資会社の業務を執行する社員、監査役、検査役又は株式会社若くは株式合資会社の支配人其他会社の営業に関する或種類若くは特定の事項の委任を受けたる使用人を五年以下の懲役又は五千円以下の罰金に処するものとすること
一　会社の設立又は資本増加の場合に於て株式総数の引受若くは株金の払込額に付き又は第百二十二条（第一号及び第二号を除く）、第二百十二条の二若くは決議第百五十四第二号に掲ぐる事実に付き裁判所又は総会に対し不実の申述を為し又は事実を隠蔽したるとき
二　何人の名義を以てするを問はず会社の計算に於て不正に其株式を取得し又は質権の目的として之を受けたるとき
三　法令又は定款の規定に違反して利益又は利息の配当を為したるとき
四　会社の営業の範囲外に於て貸付若くは手形の割引を為し又は投機取引の為めに会社財産を処分したるとき
第百九十九　左の場合に於ては五年以下の懲役又は五千円以下の罰金に処するものとすること
一　発起人、取締役、株式合資会社の業務を執行する社員、外国会社の代表者、株式会社若くは株式合資会社の支配人又は第二百四条の二に規定する者会社を設立し、資本を増加し又は社債を募集する場合に於て人を欺罔する目的を以て株式申込証、

社債申込証、目論見書、株式又は社債の募集の広告其他株式又は社債の募集に関する文書に虚偽の記載を為し之を行使したるとき

二　社債を引受けたる者其引受けたる社債の売出を為す場合に於て人を欺罔する目的を以て社債の募集広告其他募集に関する文書に虚偽の記載を為し之を行使したるとき

第二百四条の二に規定する者又は社債を引受けたる者会社なるときは其取締役、業務を執行する社員又は支配人にして前項の行為を為したるものを処罰するものとすること

第二百　発起人、取締役、株式合資会社の業務を執行する社員、株式会社若くは株式合資会社の清算人又は支配人株金の払込若くは会社財産の状況を仮装する為め其他不正の目的を以て預合を為したるときは三年以下の懲役又は三千円以下の罰金に処し相通じて預合に応じたる者亦三年以下の懲役又は三千円以下の罰金に処するものとすること

第二百一　発起人、取締役、株式合資会社の業務を執行する社員、監査役、検査役、管理者、監査委員、整理委員、監督者、社債権者集会の代表者又は株式会社若くは株式合資会社の清算人若くは支配人其他会社の営業に関する或種類若くは特定の事項の委任を受けたる使用人其職務に関し不正の利益を収受し又は之を要求若くは約束したるときは三年以下の懲役又は三千円以下の罰金に処し不正の利益を交付、提供又は約束したる者亦三年以下の懲役又は三千円以下の罰金に処するものとすること不正の利益を交付、提供又は約束したる者自首したるときは其刑を減軽又は免除することを得るものとすること

第二百二　左に掲げたる事項に関し何等の名義を以てするを問はず金銭其他の財産上の利益を収受又は要求したる者を一年以下の懲役又は千円以下の罰金に処するものとすること

一　総会又は債権者集会に於ける発言若くは不発言又は議決権の行使若くは不行使

二　総会の決議無効の訴其他本編に規定する訴の提起若くは不提起又は資本の十分の一以上に当たる株主の権利の行使若くは不行使

三　社債権者集会に於ける発言若くは不発言、議決権の行使若くは不行使、社債権者集会の決議無効の訴の提起若くは不提起又は社債総額の十分の一以上に当たる社債権者の権利の行使若くは不行使

第二百三　決議第二百一及び第二百二の場合に於て収受したる利益は之を没収す若し其全部又は一部を没収すること能はざるときは其価格を追徴するものとすること

第二百四　決議二百二に掲げたる事項に関し不正の目的を以て金銭其他財産上の利益を交付又は提供したる者を一年以下の懲役若

くは千円以下の罰金に処するものとすること

第二百五　株金払込の責任を免るる目的を以て他人又は存在せざる者の名義を用ゐて株式を引受若くは譲受たる者又は株式の譲渡を仮装したる者を一年以下の懲役又は千円以下の罰金に処するものとすること

第二百六　第二百六十二条及び第二百六十二条の二の規定を改め左の場合に於て発起人、会社の業務を執行する社員、取締役、外国会社の代表者、監査役、検査役、管理者、監査委員、整理委員、清算人、社債権者集会の代表者又は株式会社若くは株式合資会社の支配人を五千円以下の過料に処するものとすること

一　本編に定めたる登記を為すことを怠りたるとき

二　本編に定めたる公告若くは通知を為すことを怠り又は不正の公告若くは通知を為したるとき

三　本編の規定により閲覧又は謄本若くは抄本の交付を許すべき書類を正当の理由なくして閲覧せしめず又は其謄本若くは抄本の交付を為さざるとき

四　本編の規定に依る検査又は調査を妨げたるとき

五　官庁、総会、社債権者集会又は債権者集会に対し不実の申述を為し又は事実を隠蔽したるとき

六　第百二十六条第二項、第二百三条第二項、第二百十二条の三第一項及び第二百三十八条第二項の規定に違反し株式申込証又は社債申込証を作らず之に記載すべき事項を記載せず又は不正の記載を為したるとき

七　決議第九十六の規定に違反して権利株の譲渡又は其予約を為したるとき

八　第百四十七条第一項又は第二百十七条第三項の規定に違反して株券を発行したるとき

九　株券又は債券に記載すべき事項を記載せず又は不正の記載を為したるとき

十　第百五十一条第二項の規定に違反して株式の消却を為したるとき

十一　正当の理由なくして株券の名義書換を為さざるとき

十二　決議第百九の規定に違反して株券を無記名式と為したるとき

十三　定款、株主名簿、社債原簿、議事録、財産目録、貸借対照表、営業報告書、事務報告書、損益計算書、準備金並に利息の配当に関する議案、第二十五条の帳簿及び決議第百九十第七号の現況調査書に記載すべき事項を記載せず又は不正の記載を為したるとき

十四　第百七十一条第一項又は第百九十一条第一項の規定に依り会社に備へ置くべき帳簿又は書類を本店又は支店に備へ置か

ざるとき
十五　第百五十七条、第百九十八条第二項又は第二百三十四条に於て準用する第百五十七条の規定に違反して株主総会を招集せざるとき又は定款に定めたる地以外の地に於て若くは決議第百十四の規定に違反して株主総会を招集したるとき
十六　法令又は定款の規定に依る取締役又は監査役の定員に不足を生じたる場合に於て其選任手続を為すことを怠りたるとき
十七　決議第百九十第十九号の規定に違反して特別清算開始の申立を為すことを怠り又は民法第八十一条の規定に違反して破産宣告の請求を為すことを怠りたるとき
十八　第百九十四条の規定に違反して準備金を積立てず又は決議第百四十一条の規定に違反して準備金を支出したるとき
十九　第二百条の規定に違反して社債を募集し又は第二百五条第一項の規定に違反して債券を発行したるとき
二十　旧社債償還の為めに払込金額又は現存純財産額を超えて社債を発行したる場合に於て旧社債の償還を為さざるとき
二十一　第七十八条又は第七十九条の規定に違反して合併、会社財産の処分、資本の減少又は組織の変更を為したるとき
二十二　第二百六十条の規定に依る裁判所の命令に違反したるとき
二十三　裁判所の選任したる管理者又は清算人に事務の引渡を為さざるとき
二十四　清算の結了を遅延せしむる目的を以て民法第七十九条の期間を不当に定めたるとき
二十五　民法第七十九条の期間内に或債権者に弁済を為し又は決議第百九十第四号の規定に違反して弁済を為したるとき
二十六　第九十五条の規定に違反して会社財産を分配したるとき
二十七　決議第百六十九第七号（ニ）（ホ）又は決議第百九十第十二号の規定に依る裁判所の命令に違反したるとき
二十八　決議第百九十第九号の規定に違反したるとき
前項に掲ぐる者自己若くは他人に利益を与へ又は他人に損害を加ふることを知りて前項の行為を為したるときは一年以下の懲役若くは禁錮又は千円以下の罰金に処するものとすること
　希望決議
本条の罰則に付ては大体要綱に基くも起草の際一般刑事法との関係を審究し要綱の本旨に反せざる範囲内に於て適当なる変更追加を為すを妨げざるべし

＊法律時報第三巻第一〇号（昭和七年）七二頁以下を底本とする。旧漢字を新漢字とした。

○資料7　商法中改正法律案・第二編*（昭和一〇年案）

第二編　会　社

第一章　総　則

第五十二条　本法ニ於テ会社トハ商行為ヲ為スヲ業トスル目的ヲ以テ設立シタル社団ヲ謂フ
営利ヲ目的トスル社団ニシテ本編ノ規定ニ依リ設立シタルモノハ商行為ヲ為スヲ業トセザルモ之ヲ会社ト看做ス
第五十三条　会社ハ合名会社、合資会社、株式会社及株式合資会社ノ四種トス
第五十四条　会社ハ之ヲ法人トス
会社ノ住所ハ其ノ本店ノ所在地ニ在ルモノトス
第五十五条　会社ハ他ノ会社ノ無限責任社員ト為ルコトヲ得ズ
第五十六条　会社ハ合併ヲ為スコトヲ得
合併ヲ為ス会社ノ一方又ハ双方ガ株式会社又ハ株式合資会社ナルトキハ合併後存続スル会社又ハ合併ニ因リテ設立スル会社ハ株式会社又ハ株式合資会社ナルコトヲ要ス
合併ニ因リテ会社ヲ設立スル場合ニ於テハ定款ノ作成其ノ他設立ニ関スル行為ハ各会社ニ於テ選任シタル設立委員共同シテ之ヲ為スコトヲ要ス
第九十八条第一項、第三百四十三条及第四百六十七条ノ規定ハ前項ノ選任ニ之ヲ準用ス
第五十七条　会社ハ本店ノ所在地ニ於テ設立ノ登記ヲ為スニ因リテ成立ス
第五十八条　会社ガ正当ノ事由ナクシテ其ノ成立後一年内ニ開業ヲ為サズ又ハ一年以上営業ヲ休止シタルトキハ裁判所ハ利害関係人若ハ検事ノ請求ニ因リ又ハ職権ヲ以テ其ノ解散ヲ命ズルコトヲ得
会社ノ業務ヲ執行スル社員、取締役又ハ監査役ガ法令又ハ公ノ秩序若ハ善良ノ風俗ニ反スル行為ヲ為シタル場合ニ於テ会社ノ存立ヲ許スベカラザル事由アルトキ亦前項ニ同ジ

前二項ノ場合ニ於テハ裁判所ハ解散ノ命令前ト雖モ利害関係人若ハ検事ノ請求ニ因リ又ハ職権ヲ以テ管理人ノ選任其ノ他会社財産ノ保全ニ必要ナル処分ヲ為スコトヲ得

第五十九条　利害関係人ガ前条第一項又ハ第二項ノ請求ヲ為シタルトキハ会社ノ請求ニ因リ相当ノ担保ヲ供スルコトヲ要ス

第六十条　利害関係人ノ為シタル第五十八条第一項又ハ第二項ノ請求ガ却下セラレタル場合ニ於テ其ノ者ニ悪意又ハ重大ナル過失アリタルトキハ会社ニ対シ連帯シテ損害賠償ノ責ニ任ズ

第六十一条　本編ノ規定ニ依リ登記スベキ事項ニシテ官庁ノ許可ヲ要スルモノハ其ノ許可書ノ到達シタル時ヨリ登記ノ期間ヲ起算ス

第二章　合名会社

第一節　設立

第六十二条　合名会社ヲ設立スルニハ定款ヲ作ルコトヲ要ス

第六十三条　合名会社ノ定款ニハ左ノ事項ヲ記載シ各社員之ニ署名スルコトヲ要ス

一　目的
二　商号
三　社員ノ氏名及住所
四　本店及支店ノ所在地
五　社員ノ出資ノ目的及其ノ価格又ハ評価ノ標準

第六十四条　合名会社ノ設立ノ登記ニ在リテハ左ノ事項ヲ登記スルコトヲ要ス

一　前条第一号乃至第三号ニ掲グル事項
二　本店及支店
三　存立時期又ハ解散ノ事由ヲ定メタルトキハ其ノ時期又ハ事由
四　社員ノ出資ノ目的、財産ヲ目的トスル出資ニ付テハ其ノ価格及履行ヲ為シタル部分
五　社員ニシテ会社ヲ代表セザルモノアルトキハ会社ヲ代表スベキモノノ氏名

六　数人ノ社員ガ共同シ又ハ社員ガ支配人ト共同シテ会社ヲ代表スベキコトヲ定メタルトキハ其ノ規定

会社ハ設立ノ登記ヲ為シタル後二週間内ニ支店ノ所在地ニ於テ前項ニ掲グル事項ヲ登記スルコトヲ要ス

第六十五条　会社ノ成立後支店ヲ設ケタルトキハ本店ノ所在地ニ於テハ二週間内ニ支店ヲ設ケタルコトヲ登記シ其ノ支店ノ所在地ニ於テハ三週間内ニ前条第一項ニ掲グル事項ヲ登記シ他ノ支店ノ所在地ニ於テハ同期間内ニ其ノ支店ヲ設ケタルコトヲ登記スルコトヲ要ス

本店又ハ支店ノ所在地ヲ管轄スル登記所ノ管轄区域内ニ於テ新ニ支店ヲ設ケタルトキハ其ノ支店ヲ設ケタルコトヲ登記スルヲ以テ足ル

第六十六条　会社ガ其ノ本店ヲ移転シタルトキハ旧所在地ニ於テハ二週間内ニ移転ノ登記ヲ為シ新所在地ニ於テハ三週間内ニ第六十四条第一項ニ掲グル事項ヲ登記シ其ノ支店ヲ移転シタルトキハ旧所在地ニ於テハ三週間内ニ移転ノ登記ヲ為シ新所在地ニ於テハ四週間内ニ第六十四条第一項ニ掲グル事項ヲ登記スルコトヲ要ス

同一ノ登記所ノ管轄区域内ニ於テ本店又ハ支店ヲ移転シタルトキハ其ノ移転ノ登記ヲ為スヲ以テ足ル

第六十七条　第六十四条第一項ニ掲グル事項中ニ変更ヲ生ジタルトキハ本店ノ所在地ニ於テハ二週間、支店ノ所在地ニ於テハ三週間内ニ変更ノ登記ヲ為スコトヲ要ス

第二節　会社ノ内部ノ関係

第六十八条　会社ノ内部ノ関係ニ付テハ定款又ハ本法ニ別段ノ定ナキトキハ組合ニ関スル民法ノ規定ヲ準用ス

第六十九条　社員ガ債権ヲ以テ出資ノ目的ト為シタル場合ニ於テ債務者ガ弁済期ニ弁済ヲ為サザリシトキハ社員ハ其ノ弁済ノ責ニ任ズ此ノ場合ニ於テハ其ノ利息ヲ支払フ外尚損害ノ賠償ヲ為スコトヲ要ス

第七十条　各社員ハ定款ニ別段ノ定ナキトキハ会社ノ業務ヲ執行スル権利ヲ有シ義務ヲ負フ

第七十一条　支配人ノ選任及解任ハ特ニ業務執行社員ヲ定メタルトキト雖モ社員ノ過半数ヲ以テ之ヲ決ス

第七十二条　定款ノ変更其ノ他会社ノ目的ノ範囲内ニ在ラザル行為ヲ為スニハ総社員ノ同意アルコトヲ要ス

第七十三条　社員ハ他ノ社員ノ承諾アルニ非ザレバ其ノ持分ノ全部又ハ一部ヲ他人ニ譲渡スコトヲ得ズ

第七十四条　社員ハ他ノ社員ノ承諾アルニ非ザレバ自己若ハ第三者ノ為ニ会社ノ営業ノ部類ニ属スル取引ヲ為シ又ハ同種ノ営業ヲ目的トスル他ノ会社ノ無限責任社員若ハ取締役ト為ルコトヲ得ズ

社員ガ前項ノ規定ニ違反シテ自己ノ為ニ取引ヲ為シタルトキハ他ノ社員ハ過半数ノ決議ニ依リ之ヲ以テ会社ノ為ニ為シタルモノト看做スコトヲ得

前項ニ定ムル権利ハ他ノ社員ノ一人ガ其ノ取引ヲ知リタル時ヨリ二週間之ヲ行使セザルトキハ消滅ス取引ノ時ヨリ一年ヲ経過シタルトキ亦同ジ

第七十五条　社員ハ他ノ社員ノ過半数ノ決議アリタルトキニ限リ自己又ハ第三者ノ為ニ会社ト取引ヲ為スコトヲ得此ノ場合ニ於テハ民法第百八条ノ規定ヲ適用セズ

第三節　会社ノ外部ノ関係

第七十六条　業務ヲ執行スル社員ハ各自会社ヲ代表ス但シ定款又ハ総社員ノ同意ヲ以テ業務執行社員中特ニ会社ヲ代表スベキ者ヲ定ムルコトヲ妨ゲズ

第七十七条　会社ハ定款又ハ総社員ノ同意ヲ以テ数人ノ社員ガ共同シ又ハ社員ガ支配人ト共同シテ会社ヲ代表スベキ旨ヲ定ムルコトヲ得

第三十九条第二項ノ規定ハ前項ノ場合ニ之ヲ準用ス

第七十八条　会社ヲ代表スベキ社員ハ会社ノ営業ニ関スル一切ノ裁判上又ハ裁判外ノ行為ヲ為ス権限ヲ有ス

民法第四十四条第一項及第五十四条ノ規定ハ合名会社ニ之ヲ準用ス

第七十九条　会社ガ社員ニ対シ又ハ社員ガ会社ニ対シ訴ヲ提起スル場合ニ於テ其ノ訴ニ付会社ヲ代表スベキ社員ナキトキハ他ノ社員ノ過半数ノ決議ヲ以テ之ヲ定ムルコトヲ要ス

第八十条　会社財産ヲ以テ会社ノ債務ヲ完済スルコト能ハザルトキハ各社員連帯シテ其ノ弁済ノ責ニ任ズ

会社財産ニ対スル強制執行ガ其ノ効ヲ奏セザルトキ亦前項ニ同ジ

前項ノ規定ハ社員ガ会社ニ弁済ノ資力アリ且執行ノ容易ナルコトヲ証明シタルトキハ之ヲ適用セズ

第八十一条　社員ハ会社ニ属スル抗弁ヲ以テ会社ノ債権者ニ対抗スルコトヲ得

会社ガ其ノ債権者ニ対シ相殺権、取消権又ハ解除権ヲ有スル場合ニ於テハ社員ハ其ノ者ニ対シ債務ノ履行ヲ拒ムコトヲ得

第八十二条　会社ノ成立後加入シタル社員ハ其ノ加入前ニ生ジタル会社ノ債務ニ付テモ亦責任ヲ負フ

第八十三条　社員ニ非ザル者ニ自己ヲ社員ナリト誤認セシムベキ行為アリタルトキハ其ノ者ハ誤認ニ基キテ会社ト取引ヲ為シタル

者ニ対シ社員ト同一ノ責任ヲ負フ

第四節　社員ノ退社

第八十四条　定款ヲ以テ会社ノ存立時期ヲ定メザリシトキ又ハ或社員ノ終身間会社ノ存続スベキコトヲ定メタルトキハ各社員ハ営業年度ノ終ニ於テ退社ヲ為スコトヲ得但シ六月前ニ其ノ予告ヲ為スコトヲ要ス

会社ノ存立時期ヲ定メタルト否トヲ問ハズ已ムコトヲ得ザル事由アルトキハ各社員ハ何時ニテモ退社ヲ為スコトヲ得

第八十五条　前条及第九十一条第一項ニ掲グル場合ノ外社員ハ左ノ事由ニ因リテ退社ス

一　定款ニ定メタル事由ノ発生

二　総社員ノ同意

三　死亡

四　破産

五　禁治産

六　除名

第八十六条　社員ニ付左ノ事由アルトキハ会社ハ他ノ社員ノ過半数ノ決議ヲ以テ其ノ社員ノ除名又ハ業務執行権若ハ代表権ノ喪失ノ宣告ヲ裁判所ニ請求スルコトヲ得

一　出資ノ義務ヲ履行セザルコト

二　第七十四条第一項ノ規定ニ違反シタルコト

三　業務ヲ執行スルニ当リ不正ノ行為ヲ為シ又ハ権利ナクシテ業務ノ執行ニ干与シタルコト

四　会社ヲ代表スルニ当リ不正ノ行為ヲ為シ又ハ権利ナクシテ会社ヲ代表シタルコト

五　其ノ他重要ナル業務ヲ尽サザルコト

社員ガ業務ヲ執行シ又ハ会社ヲ代表スルニ著シク不適任ナルトキハ会社ハ前項ノ規定ニ従ヒ其ノ社員ノ業務執行権又ハ代表権ノ喪失ノ宣告ヲ請求スルコトヲ得

社員ノ除名ハ業務執行権若ハ代表権ノ喪失ノ判決確定シタルトキハ本店及支店ノ所在地ニ於テ其ノ登記ヲ為スコトヲ要ス

第八十七条　除名セラレタル社員ト会社トノ間ノ計算ハ除名ノ訴ヲ提起シタル時ニ於ケル会社財産ノ状況ニ従ヒテ之ヲ為シ且其ノ

時ヨリ法定利息ヲ附スルコトヲ要ス
第八十八条　第八十六条ノ訴ハ本店ノ所在地ノ地方裁判所ノ管轄ニ専属ス
第八十九条　退社員ハ労務又ハ信用ヲ以テ出資ノ目的ト為シタルトキト雖モ其ノ持分ノ払戻ヲ受クルコトヲ得但シ定款ニ別段ノ定アルトキハ此ノ限ニ在ラズ
第九十条　社員ノ持分ノ差押ハ社員ガ将来利益ノ配当及持分ノ払戻ヲ請求スル権利ニ対シテモ亦其ノ効力ヲ有ス
第九十一条　社員ノ持分ヲ差押ヘタル債権者ハ営業年度ノ終ニ於テ其ノ社員ヲ退社セシムルコトヲ得但シ会社及其ノ社員ニ対シ六月前ニ其ノ予告ヲ為スコトヲ要ス
前項但書ノ予告ハ社員ガ弁済ヲ為シ又ハ相当ノ担保ヲ供シタルトキハ其ノ効力ヲ失フ
第九十二条　会社ノ商号中ニ退社員ノ氏又ハ氏名ヲ用ヒタルトキハ退社員ハ其ノ氏又ハ氏名ノ使用ヲ止ムベキコトヲ請求スルコトヲ得
第九十三条　退社員ハ本店ノ所在地ニ於テ退社ノ登記ヲ為ス前ニ生ジタル会社ノ債務ニ付責任ヲ負フ
前項ノ責任ハ前項ノ登記後二年内ニ請求又ハ請求ノ予告ヲ為サザル会社ノ債権者ニ対シテハ登記後二年ヲ経過シタトキ消滅ス
前二項ノ規定ハ持分ヲ譲渡シタル社員ニ之ヲ準用ス

第五節　解　散

第九十四条　会社ハ左ノ事由ニ因リテ解散ス
一　存立時期ノ満了其ノ他定款ニ定メタル事由ノ発生
二　総社員ノ同意
三　会社ノ合併
四　社員ガ一人ト為リタルコト
五　会社ノ破産
六　解放ヲ命ズル裁判
第九十五条　前条第一号又ハ第二号ノ場合ニ於テハ社員ノ全部又ハ一部ノ同意ヲ以テ会社ヲ継続スルコトヲ得但シ同意ヲ為サザリシ社員ハ退社シタルモノト看做ス

前条第四号ノ場合ニ於テハ新ニ社員ヲ加入セシメテ会社ヲ継続スルコトヲ得
第九十六条　会社ガ解散シタルトキハ合併及破産ノ場合ヲ除クノ外本店ノ所在地ニ於テハ二週間、支店ノ所在地ニ於テハ三週間内ニ解散ノ登記ヲ為スコトヲ要ス
第九十七条　会社ハ本店ノ所在地ニ於テ解散ノ登記ヲ為シタル後ト雖モ第九十五条ノ規定ニ従ヒテ会社ヲ継続スルコトヲ妨ゲズ此ノ場合ニ於テハ本店ノ所在地ニ於テハ二週間、支店ノ所在地ニ於テハ三週間内ニ継続ノ登記ヲ為スコトヲ要ス
第九十八条　会社ガ合併ヲ為スニハ総社員ノ同意アルコトヲ要ス
解散後ノ会社ハ存立中ノ会社ヲ存続スル会社トスル場合ニ限リ合併ヲ為スコトヲ得
第九十九条　会社ガ合併ノ決議ヲ為シタルトキハ其ノ決議ノ日ヨリ二週間内ニ財産目録及貸借対照表ヲ作ルコトヲ要ス
第百条　会社ハ前条ノ期間内ニ其ノ債権者ニ対シ合併ニ異議アラバ一定ノ期間内ニ之ヲ述ブベキ旨ヲ公告シ且知レタル債権者ニハ各別ニ之ヲ催告スルコトヲ要ス但シ其ノ期間ハ二月ヲ下ルコトヲ得ズ
債権者ガ前項ノ期間内ニ異議ヲ述ベザリシトキハ合併ヲ承認シタルモノト看做ス
債権者ガ異議ヲ述ベタルトキハ会社ハ弁済ヲ為シ若ハ相当ノ担保ヲ供シ又ハ債権者ニ弁済ヲ受ケシムルコトヲ目的トシテ信託会社ニ相当ノ財産ヲ信託スルコトヲ要ス
第百一条　会社ガ合併ヲ為シタルトキハ本店ノ所在地ニ於テハ二週間、支店ノ所在地ニ於テハ三週間内ニ合併後存続スル会社ニ付テハ変更ノ登記、合併ニ因リテ消滅スル会社ニ付テハ解散ノ登記、合併ニ因リテ設立シタル会社ニ付テハ第六十四条ニ定ムル登記ヲ為スコトヲ要ス
第百二条　会社ノ合併ハ合併後存続スル会社又ハ合併ニ因リテ設立シタル会社ガ其ノ本店ノ所在地ニ於テ前条ノ登記ヲ為スニ因リテ其ノ効力ヲ生ズ
第百三条　合併後存続スル会社又ハ合併ニ因リテ設立シタル会社ハ合併ニ因リテ消滅シタル会社ノ権利義務ヲ承継ス
第百四条　会社ノ合併ノ無効ハ訴ヲ以テノミ之ヲ主張スルコトヲ得
前項ノ訴ハ各会社ノ社員、清算人、破産管財人又ハ合併ヲ承認セザル債権者ニ限リ之ヲ提起スルコトヲ得
第八十八条ノ規定ハ第一項ノ訴ニ之ヲ準用ス
第百五条　前条第一項ノ訴ハ合併ノ日ヨリ六月内ニ之ヲ提起スルコトヲ要ス
口頭弁論ハ前項ノ期間ヲ経過シタル後ニ非ザレバ之ヲ開始スルコトヲ得ズ

数個ノ訴ガ同時ニ繫属スルトキハ弁論及裁判ハ併合シテ之ヲ為スコトヲ要ス
訴ノ提起アリタルトキハ会社ハ遅滞ナク其ノ旨ヲ公告スルコトヲ要ス
第百六条　債権者ガ第百四条第一項ノ訴ヲ提起シタルトキハ会社ノ請求ニ因リ相当ノ担保ヲ供スルコトヲ要ス
第百七条　第百四条第一項ノ訴ノ提起アリタル場合ニ於テ合併ノ無効ノ原因タル瑕疵ガ補完セラレタルトキ又ハ会社ノ現況其ノ他一切ノ事情ヲ斟酌シテ合併ヲ無効トスルコトヲ不適当ト認ムルトキハ裁判所ハ請求ヲ棄却スルコトヲ得
第百八条　合併ヲ無効トスル判決ガ確定シタルトキハ本店及支店ノ所在地ニ於テ合併後存続スル会社ニ付テハ変更ノ登記、合併ニ因リテ設立シタル会社ニ付テハ解散ノ登記、合併ニ因リテ消滅シタル会社ニ付テハ回復ノ登記ヲ為スコトヲ要ス
第百九条　合併ヲ無効トスル判決ハ第三者ニ対シテモ其ノ効力ヲ有ス
原告ガ敗訴シタル場合ニ於テ悪意又ハ重大ナル過失アリタルトキハ会社ニ対シ連帯シテ損害賠償ノ責ニ任ズ
第百十条　合併ヲ無効トスル判決ハ合併後存続スル会社又ハ合併ニ因リテ設立シタル会社、其ノ社員及第三者ノ間ニ生ジタル権利義務ニ影響ヲ及ボサズ
第百十一条　合併ヲ無効トスル判決ガ確定シタルトキハ合併ヲ為シタル会社ハ合併後存続スル会社又ハ合併ニ因リテ設立シタル会社ガ合併後負担シタル債務ニ付連帯シテ弁済ノ責ニ任ズ
合併後存続スル会社又ハ合併ニ因リテ設立シタル会社ガ合併後取得シタル財産ハ合併ヲ為シタル会社ノ共有ニ属ス
前二項ノ場合ニ於テハ各会社ノ負担部分又ハ持分ハ其ノ協議ヲ以テ之ヲ定ム協議調ハザルトキハ裁判所ハ請求ニ因リ合併ノ時ニ於ケル各会社ノ財産ノ額其ノ他一切ノ事情ヲ斟酌シテ之ヲ定ム
第百十二条　已ムコトヲ得ザル事由アルトキハ各社員ハ会社ノ解散ヲ裁判所ニ請求スルコトヲ得
第八十八条及第百九条第二項ノ規定ハ前項ノ場合ニ之ヲ準用ス
第百十三条　合名会社ハ総社員ノ同意ヲ以テ或社員ヲ有限責任社員ト為シ又ハ新ニ有限責任社員ヲ加入セシメテ之ヲ合資会社ト為スコトヲ得
前項ノ規定ハ第九十五条第二項ノ規定ニ依リ会社ヲ継続スル場合ニ之ヲ準用ス
第百十四条　合名会社ガ前条ノ規定ニ依リ其ノ組織ヲ変更シタルトキハ本店ノ所在地ニ於テハ二週間、支店ノ所在地ニ於テハ三週間内ニ合名会社ニ付テハ解散ノ登記、合資会社ニ付テハ第百四十九条第一項ニ定ムル登記ヲ為スコトヲ要ス
第百十五条　第百十三条第一項ノ場合ニ於テ従前ノ社員ニシテ有限責任社員ト為リタルモノハ本店ノ所在地ニ於テ前条ノ登記ヲ為

ス前ニ生ジタル会社ノ債務ニ付テハ無限責任社員ノ責任ヲ免ルルコトナシ
第九十三条第二項ノ規定ハ前項ノ場合ニ之ヲ準用ス

第六節　清　算

第百十六条　会社ハ解散ノ後ト雖モ清算ノ目的ノ範囲内ニ於テハ仍存続スルモノト看做ス
第百十七条　解散ノ場合ニ於ケル会社財産ノ処分方法ハ定款又ハ総社員ノ同意ヲ以テ之ヲ定ムルコトヲ得此ノ場合ニ於テハ解散ノ日ヨリ二週間内ニ財産目録及貸借対照表ヲ作ルコトヲ要ス
前項ノ規定ハ会社ガ第九十四条第四号又ハ第六号ノ規定ニ依リテ解散シタル場合ニハ之ヲ適用セズ
第百条ノ規定ハ第一項ノ場合ニ之ヲ準用ス
第一項ノ場合ニ於テ社員ノ持分ヲ差押ヘタル者アルトキハ其ノ者ノ同意ヲ得ルコトヲ要ス
第百十八条　会社ガ前条第三項ノ規定ニ違反シテ其ノ財産ヲ処分シタルトキハ会社ノ債権者ハ其ノ処分ノ取消ヲ裁判所ニ請求スルコトヲ得但シ其ノ処分ガ会社ノ債権者ヲ害セザルモノナルトキハ此ノ限ニ在ラズ
民法第四百二十四条第一項但書、第四百二十五条及第四百二十六条ノ規定ハ前項ノ場合ニ之ヲ準用ス
第百十九条　会社ガ第百十七条第四項ノ規定ニ違反シテ其ノ財産ヲ処分シタルトキハ社員ノ持分ヲ差押ヘタル者ハ会社ニ対シ其ノ持分ニ相当スル金額ノ支払ヲ請求スルコトヲ得此ノ場合ニ於テハ前条ノ規定ヲ準用ス
第百二十条　第百十七条第一項ノ規定ニ依リテ会社財産ノ処分方法ヲ定メザリシトキハ合併及破産ノ場合ヲ除クノ外第百二十一条乃至第百三十五条ノ規定ニ従ヒテ清算ヲ為スコトヲ要ス
第百二十一条　清算ハ業務執行社員之ヲ為ス但シ社員ノ過半数ヲ以テ別ニ清算人ヲ選任シタルトキハ此ノ限ニ在ラズ
第百二十二条　会社ガ第九十四条第四号又ハ第六号ノ規定ニ依リテ解散シタルトキハ裁判所ハ利害関係人若ハ検事ノ請求ニ因リ又ハ職権ヲ以テ清算人ヲ選任ス
第百二十三条　業務執行社員ガ清算人ト為リタルトキハ解散ノ日ヨリ本店ノ所在地ニ於テハ三週間、支店ノ所在地ニ於テハ四週間内ニ左ノ事項ヲ登記スルコトヲ要ス
一　清算人ノ氏名及住所
二　清算人ニシテ会社ヲ代表セザルモノアルトキハ会社ヲ代表スベキモノノ氏名

三　数人ノ清算人ガ共同シテ会社ヲ代表スベキ定アルトキハ其ノ規定

清算人ノ選任アリタルトキハ其ノ清算人ハ本店ノ所在地ニ於テハ二週間、支店ノ所在地ニ於テハ三週間内ニ前項ニ掲グル事項ヲ登記スルコトヲ要ス

第六十七条ノ規定ハ前二項ノ登記ニ之ヲ準用ス

第百二十四条　清算人ノ職務左ノ如シ

一　現務ノ結了

二　債権ノ取立及債務ノ弁済

三　残余財産ノ分配

会社ヲ代表スベキ清算人ハ前項ノ職務ニ関スル一切ノ裁判上又ハ裁判外ノ行為ヲ為ス権限ヲ有ス

民法第八十一条ノ規定ハ合名会社ニ之ヲ準用ス

第百二十五条　会社ハ弁済期ニ至ラザル債権ト雖モ之ヲ弁済スルコトヲ得

前項ノ場合ニ於テハ無利息債権ニ付テハ弁済期ニ至ル迄ノ法定利息ヲ加算シテ其ノ債権額ニ達スベキ金額ヲ弁済スルコトヲ要ス

前項ノ規定ハ利息付債権ニシテ其ノ利率ガ法定利率ニ達セザルモノニ之ヲ準用ス

第一項ノ場合ニ於テハ条件付債権、存続期間ノ不確定ナル債権其ノ他価額ノ不確定ナル債権ニ付テハ裁判所ノ選任シタル鑑定人ノ評価ニ従ヒテ之ヲ弁済スルコトヲ要ス

第百二十六条　会社ニ現存スル財産ガ其ノ債務ヲ完済スルニ不足ナルトキハ清算人ハ弁済期ニ拘ラズ社員ヲシテ出資ヲ為サシムルコトヲ得

第百二十七条　清算人ガ会社ノ営業ノ全部又ハ一部ヲ譲渡スニハ社員ノ過半数ノ決議アルコトヲ要ス

第百二十八条　清算人数人アルトキハ清算ニ関スル行為ハ其ノ過半数ヲ以テ之ヲ決ス

第百二十九条　第七十六条及第七十七条ノ規定ハ清算人ニ之ヲ準用ス

業務執行社員ガ清算人ト為リタル場合ニ於テハ従前ノ定ニ従ヒテ会社ヲ代表ス

裁判所ガ数人ノ清算人ヲ選任スル場合ニ於テハ会社ヲ代表スベキ者ヲ定メ又ハ数人ガ共同シテ会社ヲ代表スベキ旨ヲ定ムルコトヲ得

第百三十条　清算人ハ就職ノ後遅滞ナク会社財産ノ現況ヲ調査シ財産目録及貸借対照表ヲ作リ之ヲ社員ニ交付スルコトヲ要ス

清算人ハ社員ノ請求ニ因リ毎月清算ノ状況ヲ報告スルコトヲ要ス

第百三十一条　清算人ハ会社ノ債務ヲ弁済シタル後ニ非ザレバ会社財産ヲ社員ニ分配スルコトヲ得ズ但シ争アル債務ニ付其ノ弁済ニ必要ト認ムル財産ヲ留保シテ残余ノ財産ヲ分配スルコトヲ妨ゲズ

第百三十二条　社員ガ選任シタル清算人ハ何時ニテモ之ヲ解任スルコトヲ得此ノ解任ハ社員ノ過半数ヲ以テ之ヲ決ス

重要ナル事由アルトキハ裁判所ハ利害関係人ノ請求ニ因リ清算人ヲ解任スルコトヲ得

第百三十三条　清算人ノ任務ガ終了シタルトキハ清算人ハ遅滞ナク計算ヲ為シテ各社員ノ承認ヲ求ムルコトヲ要ス

前項ノ計算ニ対シ社員ガ一月内ニ異議ヲ述べザリシトキハ之ヲ承認シタルモノト看做ス但シ清算人ニ不正ノ行為アリタルトキハ此ノ限ニ在ラズ

第百三十四条　清算ガ結了シタルトキハ清算人ハ前条ノ承認アリタル後本店ノ所在地ニ於テハ二週間、支店ノ所在地ニ於テハ三週間内ニ清算結了ノ登記ヲ為スコトヲ要ス

第百三十五条　第七十五条、第七十八条第二項、第二百五十四条第二項及第二百六十六条ノ規定ハ清算人ニ之ヲ準用ス

第百三十六条　会社ノ設立ノ無効ハ其ノ成立ノ日ヨリ二年内ニ訴ヲ以テノミ之ヲ主張スルコトヲ得

前項ノ訴ハ社員ニ限リ之ヲ提起スルコトヲ得

第百三十七条　設立ヲ無効トスル判決ガ確定シタルトキハ本店及支店ノ所在地ニ於テ其ノ登記ヲ為スコトヲ要ス

第八十八条、第百五条第三項第四項、第百七条、第百九条及第百十条ノ規定ハ第一項ノ訴ニ之ヲ準用ス

第百三十八条　設立ヲ無効トスル判決ガ確定シタルトキハ解散ノ場合ニ準ジテ清算ヲ為スコトヲ要ス此ノ場合ニ於テハ裁判所ハ利害関係人ノ請求ニ因リ清算人ヲ選任ス

第百三十九条　設立ヲ無効トスル判決ガ確定シタル場合ニ於テ其ノ無効ノ原因ガ或社員ノミニ付存スルトキハ前条ノ規定ニ拘ラズ他ノ社員ノ一致ヲ以テ会社ヲ継続スルコトヲ得此ノ場合ニ於テハ無効ノ原因ノ存スル社員ハ退社ヲ為シタルモノト看做ス

第九十五条第二項及第九十七条ノ規定ハ前項ノ場合ニ之ヲ準用ス

第百四十条　会ノ設立ノ取消ハ訴ヲ以テノミ之ヲ請求スルコトヲ得

第百四十一条　社員ガ其ノ債権者ヲ害スルコトヲ知リテ会社ヲ設立シタルトキハ債権者ハ其ノ社員及会社ニ対スル訴ヲ以テ会社ノ設立ノ取消ヲ請求スルコトヲ得

第百四十二条　第八十八条、第百五条第三項第四項、第百九条、第百十条、第百三十六条第一項及第百三十七条乃至第百三十九条

ノ規定ハ前二条ノ場合ニ之ヲ準用ス
第百四十三条　会社ノ帳簿竝ニ其ノ営業及清算ニ関スル重要書類ハ第百十七条ノ場合ニ在リテハ本店ノ所在地ニ於テ解散ノ登記ヲ為シタル後、其ノ他ノ場合ニ在リテハ清算結了ノ登記ヲ為シタル後十年間之ヲ保存スルコトヲ要ス其ノ保存者ハ社員ノ過半数ヲ以テ之ヲ定ム
第百四十四条　社員ガ死亡シタル場合ニ於テ其ノ相続人数人アルトキハ清算ニ関シテ社員ノ権利ヲ行使スベキ者一人ヲ定ムルコトヲ要ス
第百四十五条　第八十条ニ定ムル社員ノ責任ハ本店ノ所在地ニ於テ解散ノ登記ヲ為シタル後五年内ニ請求又ハ請求ノ予告ヲ為サザル会社ノ債権者ニ対シテハ登記後五年ヲ経過シタルトキ消滅ス
前項ノ期間経過ノ後ト雖モ分配セザル残余財産仍存スルトキハ会社ノ債権者ハ之ニ対シテ弁済ヲ請求スルコトヲ得

第三章　合資会社

第百四十六条　合資会社ハ有限責任社員ト無限責任社員トヲ以テ之ヲ組織ス
第百四十七条　合資会社ニハ本章ニ別段ノ定アル場合ヲ除クノ外合名会社ニ関スル規定ヲ準用ス
第百四十八条　合資会社ノ定款ニハ第六十三条ニ掲グル事項ノ外各社員ノ責任ノ有限又ハ無限ナルコトヲ記載スルコトヲ要ス
第百四十九条　合資会社ノ設立ノ登記ニ在リテハ第六十四条第一項ニ掲グル事項ノ外各社員ノ責任ノ有限又ハ無限ナルコトヲ登記スルコトヲ要ス
有限責任社員ニ付テハ登記シタル事項ノ公告ニハ其ノ員数及出資ノ総額ヲ掲グルヲ以テ足ル変更ノ登記アリタルトキ亦同ジ
第百五十条　有限責任社員ハ金銭其ノ他ノ財産ノミヲ以テ其ノ出資ノ目的ト為スコトヲ得
第百五十一条　各無限責任社員ハ定款ニ別段ノ定ナキトキハ会社ノ業務ヲ執行スル権利ヲ有シ義務ヲ負フ
無限責任社員数人アルトキハ会社ノ業務執行ハ其ノ過半数ヲ以テ之ヲ決ス
第百五十二条　支配人ノ選任及解任ハ特ニ業務執行社員ヲ定メタルトキト雖モ無限責任社員ノ過半数ヲ以テ之ヲ決ス
第百五十三条　有限責任社員ハ営業年度ノ終ニ於テ営業時間内ニ限リ会社ノ財産目録及貸借対照表ノ閲覧ヲ求メ且会社ノ業務及財産ノ状況ヲ検査スルコトヲ得
重要ナル事由アルトキハ有限責任社員ハ何時ニテモ裁判所ノ許可ヲ得テ会社ノ業務及財産ノ状況ヲ検査スルコトヲ得

第百五十四条　有限責任社員ハ無限責任社員全員ノ承諾アルトキハ其ノ持分ノ全部又ハ一部ヲ他人ニ譲渡スコトヲ得持分ノ譲渡ニ伴ヒ定款ノ変更ヲ生ズルトキト雖モ亦同ジ

第百五十五条　有限責任社員ガ自己若ハ第三者ノ為ニ会社ノ営業ノ部類ニ属スル取引ヲ為シ又ハ同種ノ営業ヲ目的トスル他ノ会社ノ無限責任社員若ハ取締役ト為ルニハ他ノ社員ノ承諾アルコトヲ要セズ

第百五十六条　有限責任社員ハ会社ノ業務ヲ執行シ又ハ会社ヲ代表スルコトヲ得ズ

第百五十七条　有限責任社員ハ其ノ出資ノ価額ヲ限度トシテ会社ノ債務ヲ弁済スル責ニ任ズ但シ既ニ会社ニ対シ履行ヲ為シタル出資ノ価額ニ付テハ此ノ限ニ在ラズ

前項但書ノ規定ノ適用ニ付テハ会社ニ利益ナキニ拘ラズ配当ヲ受ケタル金額ハ之ヲ控除シテ其ノ出資ノ価額ヲ定ム

第百五十八条　有限責任社員ハ出資ノ減少後ト雖モ本店ノ所在地ニ於テ其ノ登記ヲ為ス前ニ生ジタル会社ノ債務ニ付テハ従前ノ責任ヲ免ルルコトナシ

第九十三条第二項ノ規定ハ前項ノ場合ニ之ヲ準用ス

第百五十九条　有限責任社員ニ自己ヲ無限責任社員ナリト誤認セシムベキ行為アリタルトキハ其ノ社員ハ誤認ニ基キテ会社ト取引ヲ為シタル者ニ対シ無限責任社員ト同一ノ責任ヲ負フ

前項ノ規定ハ有限責任社員ニ其ノ責任ノ限度ヲ誤認セシムベキ行為アリタル場合ニ之ヲ準用ス

第百六十条　第八十二条ノ規定ハ有限責任社員ガ無限責任社員ト為リタル場合、第九十三条ノ規定ハ無限責任社員ガ有限責任社員ト為リタル場合ニ之ヲ準用ス

第百六十一条　有限責任社員ガ死亡シタルトキハ其ノ相続人之ニ代リテ社員ト為ル

第二百三条ノ規定ハ死亡シタル有限責任社員ノ相続人数人アル場合ニ之ヲ準用ス

有限責任社員ハ禁治産ノ宣告ヲ受クルモ之ニ因リテ退社セズ

第百六十二条　合資会社ハ無限責任社員又ハ有限責任社員ノ全員ガ退社シタルトキハ解散ス但シ残存スル社員ノ一致ヲ以テ新ニ無限責任社員又ハ有限責任社員ヲ加入セシメテ会社ヲ継続スルコトヲ妨ゲズ

有限責任社員ノ全員ガ退社シタル場合ニ於テハ無限責任社員ノ一致ヲ以テ合名会社トシテ会社ヲ継続スルコトヲ得

前項ノ場合ニ於テハ本店ノ所在地ニ於テハ二週間、支店ノ所在地ニ於テハ三週間内ニ合資会社ニ付テハ解散ノ登記、合名会社ニ付テハ第六十四条ニ定ムル登記ヲ為スコトヲ要ス

第百六十三条　合資会社ハ総社員ノ同意ヲ以テ其ノ組織ヲ変更シテ之ヲ合名会社ト為スコトヲ得此ノ場合ニ於テハ前条第三項ノ規定ヲ準用ス
第百六十四条　清算ハ業務執行社員之ヲ為ス但シ無限責任社員ノ過半数ヲ以テ別ニ清算人ヲ選任シタルトキハ此ノ限ニ在ラズ

第四章　株式会社

第一節　設立

第百六十五条　株式会社ノ設立ニハ七人以上ノ発起人アルコトヲ要ス
第百六十六条　発起人ハ定款ヲ作リ之ニ左ノ事項ヲ記載シテ署名スルコトヲ要ス
一　目的
二　商号
三　資本ノ総額
四　一株ノ金額
五　本店及支店ノ所在地
六　会社ガ公告ヲ為ス方法
七　発起人ノ氏名及住所
会社ノ公告ハ官報又ハ時事ニ関スル事項ヲ掲載スル日刊新聞紙ニ掲ゲテ之ヲ為スコトヲ要ス
第百六十七条　定款ハ公証人ノ認証ヲ受クルニ非ザレバ其ノ効力ヲ有セズ
第百六十八条　左ニ掲グル事項ハ之ヲ定款ニ記載スルニ非ザレバ其ノ効力ヲ有セズ
一　存立時期又ハ解散ノ事由
二　数種ノ株式ノ発行竝ニ其ノ各種ノ株式ノ内容及数
三　株式ノ額面以上ノ発行
四　発起人ガ受クベキ特別ノ利益及之ヲ受クベキ者ノ氏名
五　現物出資ヲ為ス者ノ氏名、出資ノ目的タル財産、其ノ価格及之ニ対シテ与フル株式ノ種類及数

六　会社ノ成立後ニ譲受クルコトヲ約シタル財産、其ノ価格及譲渡人ノ氏名
七　会社ノ負担ニ帰スベキ設立費用及発起人ガ受クベキ報酬ノ額
現物出資ハ発起人ニ限リ之ヲ為スコトヲ得
第百六十九条　各発起人ハ書面ニ依リテ株式ノ引受ヲ為スコトヲ要ス
第百七十条　発起人ガ株式ノ総数ヲ引受ケタルトキハ遅滞ナク各株ニ付第一回ノ払込ヲ為シ且取締役及監査役ヲ選任スルコトヲ要ス
前項ノ選任ハ発起人ノ議決権ノ過半数ヲ以テ之ヲ決ス此ノ場合ニ於テハ第二百四十一条第一項ノ規定ヲ準用ス
第百七十一条　株式発行ノ価額ハ券面額ヲ下ルコトヲ得ズ
第一回払込ノ金額ハ株金ノ四分ノ一ヲ下ルコトヲ得ズ
額面以上ノ価額ヲ以テ株式ヲ発行シタルトキハ其ノ額面ヲ超ユル金額ハ第一回ノ払込ト同時ニ之ヲ払込ムコトヲ要ス
第百七十二条　現物出資者ハ第一回ノ払込ノ期日ニ出資ノ目的タル財産ノ全部ヲ給付スルコトヲ要ス但シ登記、登録其ノ他権利ノ設定又ハ移転ヲ以テ第三者ニ対抗スル為必要ナル行為ハ会社成立後ニ之ヲ為スコトヲ妨ゲズ
第百七十三条　取締役ハ其ノ選任後遅滞ナク第百六十八条第一項第四号乃至第七号ニ掲グル事項及前三条ノ規定ニ依ル払込並ニ現物出資ノ給付アリタルヤ否ヤヲ調査セシムル為検査役ノ選任ヲ裁判所ニ請求スルコトヲ要ス
裁判所ハ検査役ノ報告ヲ聴キ第百六十八条第一項第四号乃至第七号ニ掲グル事項ヲ不当ト認メタルトキハ之ニ変更ヲ加ヘテ各発起人ニ通告スルコトヲ得
前項ノ変更ニ服セザル発起人ハ其ノ株式ノ引受ヲ取消スコトヲ得此ノ場合ニ於テハ定款ヲ変更シテ設立ニ関スル手続ヲ続行スルコトヲ妨ゲズ
通告後二週間内ニ株式ノ引受ヲ取消シタル者ナキトキハ定款ハ通告ニ従ヒ変更セラレタルモノト看做ス
第百七十四条　発起人ガ株式ノ総数ヲ引受ケザルトキハ株主ヲ募集スルコトヲ要ス
第百七十五条　株式ノ申込ヲ為サントスル者ハ株式申込証二通ニ其ノ引受クベキ株式ノ数及住所ヲ記載シ之ニ署名スルコトヲ要ス
株式申込証ハ発起人之ヲ作リ之ニ左ノ事項ヲ記載スルコトヲ要ス
一　定款ノ認証ノ年月日及其ノ認証ヲ為シタル公証人ノ氏名
二　第百六十六条第一項及第百六十八条第一項ニ掲グル事項

三　各発起人ガ引受ケタル株式ノ数
四　第一回払込ノ金額
五　株式ノ譲渡ノ禁止若ハ制限、株券ノ裏書ノ禁止又ハ株主ノ議決権ノ制限ヲ定メタルトキハ其ノ規定
六　株金ノ払込ヲ取扱フベキ銀行又ハ信託会社及其ノ取扱ノ場所
七　一定ノ時期迄ニ創立総会ガ終結セザルトキハ株式ノ申込ヲ取消スコトヲ得べキコト
数種ノ株式ヲ発行スル場合ニ於テハ株式申込人ハ株式申込証ニ其ノ引受クべキ株式ノ種類ヲ記載シ額面以上ノ価額ヲ以テ株式ヲ発行スル場合ニ於テハ其ノ引受価額ヲ記載スルコトヲ要ス
民法第九十三条但書ノ規定ハ株式ノ申込ニハ之ヲ適用セズ
第百七十六条　株式ノ申込ヲ為シタル者ハ発起人ノ割当テタル株式ノ数ニ応ジテ払込ヲ為ス義務ヲ負フ
第百七十七条　株式総数ノ引受アリタルトキハ発起人ハ遅滞ナク各株ニ付第一回ノ払込ヲ為サシムルコトヲ要ス
前項ノ払込ハ株式申込証ニ記載シタル株金払込ノ取扱場所ニ於テ之ヲ為スコトヲ要ス
第百七十一条及第百七十二条ノ規定ハ第一項ノ場合ニ之ヲ準用ス
第百七十八条　株金ノ払込ヲ取扱フ銀行若ハ信託会社ヲ変更シ又ハ払込金ノ保管替ヲ為スニハ裁判所ノ許可ヲ得ルコトヲ要ス
第百七十九条　株式引受人ガ第百七十七条ノ規定ニ依ル払込ヲ為サザルトキハ発起人ハ期日ヲ定メ其ノ期日迄ニ払込ヲ為サザルトキハ其ノ権利ヲ失フベキ旨ヲ其ノ株式引受人ニ通知スルコトヲ得但シ其ノ通知ハ期日ノ二週間前ニ之ヲ為スコトヲ要ス
発起人ガ前項ノ通知ヲ為シタルモ株式引受人ガ払込ヲ為サザルトキハ其ノ権利ヲ失フ此ノ場合ニ於テ発起人ハ其ノ者ガ引受ケタル株式ニ付更ニ株主ヲ募集スルコトヲ得
前二項ノ規定ハ株式引受人ニ対スル損害賠償ノ請求ヲ妨ゲズ
第百八十条　第百七十七条ノ規定ニ依ル払込及現物出資ノ給付アリタルトキハ発起人ハ遅滞ナク創立総会ヲ招集スルコトヲ要ス
創立総会ニハ株式引受人ノ半数以上ニシテ資本ノ半額以上ヲ引受ケタルモノ出席シ其ノ議決権ノ過半数ヲ以テ一切ノ決議ヲ為ス
第二百三十二条第一項第二項、第二百三十三条、第二百三十九条第三項第四項、第二百四十条、第二百四十一条第一項、第二百四十三条、第二百四十四条及第二百四十七条乃至第二百五十三条ノ規定ハ創立総会ニ之ヲ準用ス
第百八十一条　定款ヲ以テ第百六十八条第一項第四号乃至第七号ニ掲グル事項ヲ定メタルトキハ発起人ハ之ニ関スル調査ヲ為サシムル為検査役ノ選任ヲ裁判所ニ請求スルコトヲ要ス

前項ノ検査役ノ報告書ハ之ヲ創立総会ニ提出スルコトヲ要ス
第百八十二条　発起人ハ会社ノ創立ニ関スル事項ヲ創立総会ニ報告スルコトヲ要ス
第百八十三条　創立総会ニ於テハ取締役及監査役ヲ選任スルコトヲ要ス
第百八十四条　取締役及監査役ハ左ニ掲グル事項ヲ調査シ之ヲ創立総会ニ報告スルコトヲ要ス
一　株式総数ノ引受アリタルヤ否ヤ
二　第百七十七条ノ規定ニ依ル払込及現物出資ノ給付アリタルヤ否ヤ
取締役及監査役ハ第百八十一条第二項ノ報告書ヲ調査シ創立総会ニ其ノ意見ヲ報告スルコトヲ要ス
取締役及監査役中発起人ヨリ選任セラレタル者アルトキハ創立総会ハ特ニ検査役ヲ選任シ前二項ノ調査及報告ヲ為サシムルコトヲ得
第百八十五条　創立総会ニ於テ第百六十八条第一項第四号乃至第七号ニ掲グル事項ヲ不当ト認メタルトキハ之ヲ変更スルコトヲ得
第百七十三条第三項及第四項ノ規定ハ前項ノ場合ニ之ヲ準用ス
第百八十六条　引受ナキ株式又ハ第百七十七条ノ規定ニ依ル払込ノ未済ナル株式アルトキハ発起人ハ連帯シテ其ノ株式ノ引受又ハ払込ヲ為ス義務ヲ負フ株式ノ申込ガ取消サレタルトキ亦同ジ
第百八十七条　前二条ノ規定ハ発起人ニ対スル損害賠償ノ請求ヲ妨ゲズ
第百八十八条　創立総会ニ於テハ定款ノ変更又ハ設立ノ廃止ノ決議ヲモ為スコトヲ得
前項ノ決議ハ招集ノ通知ニ其ノ旨ノ記載ナカリシトキト雖モ之ヲ為スコトヲ妨ゲズ
第百八十九条　株式会社ノ設立ノ登記ハ発起人ガ株式ノ総数ヲ引受ケタルトキハ第百七十三条ノ手続終了ノ日、発起人ガ株式ノ総数ヲ引受ケザリシトキハ創立総会終結ノ日又ハ第百八十五条ノ手続終了ノ日ヨリ二週間内ニ之ヲ為スコトヲ要ス
前項ノ登記ニ在リテハ左ノ事項ヲ登記スルコトヲ要ス
一　第百六十六条第一項第一号乃至第四号及第六号ニ掲グル事項
二　本店及支店
三　存立時期又ハ解散ノ事由ヲ定メタルトキハ其ノ時期又ハ事由
四　数種ノ株式ヲ発行シタルトキハ其ノ各種ノ株式ノ内容及数
五　各株ニ付払込ミタル株金額

六　株式ノ譲渡ノ禁止若ハ制限又ハ株券ノ裏書ノ禁止ヲ定メタルトキハ其ノ規定
七　開業前ニ利息ヲ配当スベキコトヲ定メタルトキハ其ノ規定
八　株主ニ配当スベキ利益ヲ以テ株式ヲ消却スベキコトヲ定メタルトキハ其ノ規定
九　取締役及監査役ノ氏名及住所
十　取締役ニシテ会社ヲ代表セザルモノアルトキハ会社ヲ代表スベキモノノ氏名
十一　数人ノ取締役ガ共同シ又ハ取締役ガ支配人ト共同シテ会社ヲ代表スベキコトヲ定メタルトキハ其ノ規定
第六十四条第二項及第六十五条乃至第六十七条ノ規定ハ株式会社ニ之ヲ準用ス
第百九十条　株金ノ払込ヲ取扱ヒタル銀行又ハ信託会社ハ発起人又ハ取締役ノ請求ニ因リ払込金ノ保管ニ関シ証明ヲ為スコトヲ要ス
前項ノ銀行又ハ信託会社ハ其ノ証明シタル払込金額ニ付払込ナカリシコト又ハ其ノ返還ニ関スル制限ヲ以テ会社ニ対抗スルコトヲ得ズ
第百九十一条　株式ノ引受ニ因ル権利ノ譲渡ハ会社ニ対シ其ノ効力ヲ生ゼズ
発起人ハ前項ノ権利ヲ譲渡スコトヲ得ズ
第百九十二条　株式ヲ引受ケタル者ハ会社ノ成立後ハ錯誤若ハ株式申込証ノ要件ノ欠缺ヲ理由トシテ其ノ引受ノ無効ヲ主張シ又ハ詐欺若ハ強迫ヲ理由トシテ其ノ引受ヲ取消スコトヲ得ズ創立総会ニ出席シテ其ノ権利ヲ行使シタルトキ亦同ジ
第百九十三条　発起人ガ会社ノ設立ニ関シ其ノ任務ヲ怠リタルトキハ其ノ発起人ハ会社ニ対シ連帯シテ損害賠償ノ責ニ任ズ
発起人ニ悪意又ハ重大ナル過失アリタルトキハ其ノ発起人ハ第三者ニ対シテモ亦連帯シテ損害賠償ノ責ニ任ズ
第百九十四条　会社ガ成立セザル場合ニ於テハ発起人ハ会社ノ設立ニ関シテ為シタル行為ニ付連帯シテ其ノ責ニ任ズ
前項ノ場合ニ於テ会社ノ設立ニ関シテ支出シタル費用ハ発起人ノ負担トス
第百九十五条　取締役又ハ監査役ガ第百八十四条第一項及第二項ニ定ムル任務ヲ怠リタルニ因リ会社又ハ第三者ニ対シテ損害賠償ノ責ニ任ズベキ場合ニ於テ発起人モ亦其ノ責ニ任ズベキトキハ其ノ取締役、監査役及発起人ハ之ヲ連帯債務者トス
第百九十六条　発起人、取締役又ハ監査役ガ会社ノ設立ニ関シ会社ニ対シテ損害賠償ノ責ニ任ズベキ場合ニ於テハ其ノ責任ハ会社成立ノ日ヨリ三年ヲ経過シタル後ニ於テ第三百四十三条ニ定ムル決議ニ依ルニ非ザレバ之ヲ免除スルコトヲ得ズ
第百九十七条　株主総会ニ於テ発起人ニ対シテ訴ヲ提起スルコトヲ決議シタルトキ又ハ之ヲ否決シタル場合ニ於テ会日ノ三月前ヨ

リ引続キ資本ノ十分ノ一以上ニ当ル株式ヲ有スル株主ガ訴ノ提起ヲ取締役ニ請求シタルトキハ会社ハ決議又ハ請求ノ日ヨリ一月内ニ之ヲ提起スルコトヲ要ス

第二百六十七条第二項、第二百六十八条第二項乃至第五項及第二百七十七条第一項但書第二項ノ規定ハ前項ノ場合ニ之ヲ準用ス

第百九十八条　発起人ニ非ズシテ株式申込証、目論見書、株式募集ノ広告其ノ他株式募集ニ関スル文書ニ自己ノ氏名及会社ノ設立ヲ賛助スル旨ノ記載ヲ為スコトヲ承諾シタル者ハ発起人ト同一ノ責任ヲ負フ

第二節　株　式

第百九十九条　株式会社ノ資本ハ之ヲ株式ニ分ツコトヲ要ス

第二百条　株主ノ責任ハ其ノ引受ケ又ハ譲受ケタル株式ノ金額、額面以上ノ価額ヲ以テ株式ヲ発行シタル場合ニ於テハ引受価額ヲ限度トス

株主ハ株金ノ払込ニ付相殺ヲ以テ会社ニ対抗スルコトヲ得ズ

第二百一条　仮設人ノ名義ヲ以テ株式ヲ引受ケ又ハ譲受ケタル者ハ株式引受人又ハ株主タル責任ヲ負フ他人ノ承諾ヲ得ズシテ其ノ名義ヲ以テ株式ヲ引受ケ又ハ譲受ケタル者亦同ジ

他人ト通ジテ其ノ名義ヲ以テ株式ヲ引受ケ又ハ譲受ケタル者ハ其ノ他人ト連帯シテ株金ノ払込ヲ為ス義務ヲ負フ

第二百二条　株式ノ金額ハ均一ナルコトヲ要ス

株式ノ金額ハ五十円ヲ下ルコトヲ得ズ但シ一時ニ株金ノ全額ヲ払込ムベキ場合ニ限リ之ヲ二十円迄ニ下スコトヲ得

第二百三条　株式ガ数人ノ共有ニ属スルトキハ共有者ハ株主ノ権利ヲ行使スベキ者一人ヲ定ムルコトヲ要ス

株主ノ権利ヲ行使スベキ者ナキトキハ共有者ニ対スル会社ノ通知又ハ催告ハ其ノ一人ニ対シテ之ヲ為スヲ以テ足ル

共有者ハ会社ニ対シ連帯シテ株金ノ払込ヲ為ス義務ヲ負フ

第二百四条　株式ハ之ヲ他人ニ譲渡スコトヲ得但シ定款ヲ以テ其ノ譲渡ノ禁止又ハ制限ヲ定ムルコトヲ妨ゲズ

株券ノ発行前ニ為シタル株式ノ譲渡ハ会社ニ対シ其ノ効力ヲ生ゼズ

第二百五条　記名株式ノ譲渡ハ株券ノ裏書ニ依リテ之ヲ為スコトヲ得但シ定款ニ別段ノ定アルトキハ此ノ限ニ在ラズ

手形法第十二条、第十三条及第十四条第二項ノ規定ハ株券ノ裏書ニ之ヲ準用ス

第二百六条　株券ノ裏書ニ依ル記名株式ノ移転ハ取得者ノ氏名及住所ヲ株主名簿ニ記載スルニ非ザレバ之ヲ以テ会社ニ対抗スルコ

トヲ得ズ
前項ノ場合ノ外記名株式ノ移転ハ取得者ノ氏名及住所ヲ株主名簿ニ記載シ且其ノ氏名ヲ株券ニ記載スルニ非ザレバ之ヲ以テ会社其ノ他ノ第三者ニ対抗スルコトヲ得ズ
株金ノ滞納アル株式ニ付テハ会社ハ前二項ノ名義書換ヲ拒ムコトヲ得
第二百七条　記名株式ヲ以テ質権ノ目的ト為スニハ株券ヲ交付スルコトヲ要ス
質権者ハ継続シテ株券ヲ占有スルニ非ザレバ其ノ質権ヲ以テ第三者ニ対抗スルコトヲ得ズ
第二百八条　株式ノ消却、併合又ハ転換アリタルトキハ従前ノ株式ヲ目的トスル質権ハ消却、併合又ハ転換ニ因リテ株主ガ受クベキ金銭又ハ株式ノ上ニ存在ス
第二百十四条第一項又ハ第二百十五条第二項ノ規定ニ依ル株式ノ処分アリタルトキハ其ノ株式ヲ目的トスル質権ハ従前ノ株主ガ第二百十四条第二項ノ規定ニ依リテ払戻ヲ受クベキ金銭ノ上ニ存在ス
第二百九条　記名株式ヲ以テ質権ノ目的ト為シタル場合ニ於テ会社ガ質権設定者ノ請求ニ因リ質権者ノ氏名及住所ヲ株主名簿ニ記載シ且其ノ氏名ヲ株券ニ記載シタルトキハ質権者ハ会社ヨリ利益若ハ利息ノ配当、残余財産ノ分配又ハ前条ノ金銭ノ支払ヲ受ケ他ノ債権者ニ先チテ自己ノ債権ノ弁済ニ充ツルコトヲ得
民法第三百六十七条第三項ノ規定ハ前項ノ場合ニ之ヲ準用ス
第一項ノ質権者ハ会社ニ対シ前条第一項ノ株主ノ受クベキ株券ノ引渡ヲ請求スルコトヲ得
第二百十条　会社ハ左ニ掲グル場合ヲ除クノ外自己ノ株式ヲ取得シ又ハ質権ノ目的トシテ之ヲ受クルコトヲ得ズ
一　株式ノ消却ノ為ニスルトキ
二　合併又ハ他ノ会社ノ営業全部ノ譲受ニ因ルトキ
三　会社ノ権利ノ実行ニ当リ其ノ目的ヲ達スル為必要ナルトキ
第二百十一条　前条第一号ノ場合ニ於テハ会社ハ遅滞ナク株式失効ノ手続ヲ為シ第二号及第三号ノ場合ニ於テハ相当ノ時期ニ株式又ハ質権ノ処分ヲ為スコトヲ要ス
第二百十二条　株式ハ資本減少ノ規定ニ従フニ非ザレバ之ヲ消却スルコトヲ得ズ但シ定款ノ規定ニ基キ株主ニ配当スベキ利益ヲ以テスル場合ハ此ノ限ニ在ラズ
第三百七十七条ノ規定ハ株式ヲ消却スル場合ニ之ヲ準用ス

第二百十三条　株金ノ払込ハ其ノ期日ノ二週間前ニ之ヲ各株主ニ催告スルコトヲ要ス
株主ガ払込ヲ為サザルトキハ会社ハ更ニ期日ヲ定メ其ノ期日迄ニ払込ヲ為サザルトキハ会社ニ於テ株式ヲ処分スベキ旨ヲ其ノ株主及株主名簿ニ記載アル質権者ニ通知スルコトヲ得但シ其ノ通知ハ期日ノ二週間前ニ之ヲ為スコトヲ要ス
前項ノ場合ニ於テハ会社ハ其ノ株主ノ氏名及住所、株券ノ番号並ニ通知事項ヲ公告スルコトヲ要ス
第二百十四条　会社ガ前条第一項及第二項ニ定ムル手続ヲ践ミタルモ株主ガ払込ヲ為サザルトキハ会社ハ株式ヲ競売スルコトヲ要ス但シ裁判所ノ許可ヲ得テ他ノ方法ニ依リ之ヲ売却スルコトヲ妨ゲズ
会社ハ株式ノ処分ニ因リテ得タル金額ヨリ滞納金額及定款ヲ以テ定メタル違約金ノ額ヲ控除シタル金額ヲ従前ノ株主ニ払戻スコトヲ要ス
株式ノ処分ニ因リテ得タル金額ガ滞納金額ニ満タザル場合ニ於テハ会社ハ従前ノ株主ニ対シ不足額ノ弁済ヲ請求シ若従前ノ株主ガ二週間内ニ之ヲ弁済セザルトキハ譲渡人ニ対シテ其ノ弁済ヲ請求スルコトヲ得
第二百十五条　会社ハ前条第一項ノ処分ニ著手スル日ノ二週間前ニ株式ノ譲渡人ニシテ第二百十九条ノ規定ニ依リテ責任ヲ負フモノニ対シ其ノ処分ヲ為スベキ旨ノ通知ヲ発スルコトヲ要ス
譲渡人ガ株式ノ処分ニ先チ滞納金額及定款ヲ以テ定メタル違約金ノ額以上ノ金額ヲ提供シテ株式ノ買受ヲ申出デタルトキハ会社ハ其ノ譲渡人ニ対シ申出価額ヲ以テ株式ヲ譲渡スコトヲ要ス
前条第二項ノ規定ハ前項ノ場合ニ之ヲ準用ス
第二百十六条　第二百十四条第一項ノ規定ニ依リ株式ノ競売ヲ為シタルモ其ノ結果ヲ得ザルトキハ会社ハ資本減少ノ規定ニ従ヒテ其ノ株式ヲ消却スルコトヲ得此ノ場合ニ於テハ第二百十四条第三項ノ規定ヲ準用ス
第二百十七条　前三条ノ規定ハ会社ガ損害賠償及定款ヲ以テ定メタル違約金ノ請求ヲ為スコトヲ妨ゲズ
第二百十八条　株主ガ第二百十三条第二項ノ期日迄ニ株金ノ払込ヲ為サザルトキハ会社ハ其ノ株主及株主名簿ニ記載アル質権者ニ対シ二週間内ニ株券ヲ会社ニ提出スベキ旨ヲ通知スルコトヲ要ス此ノ場合ニ於テ提出ナキ株券ハ其ノ効力ヲ失フ
前項ノ場合ニ於テハ会社ハ遅滞ナク失効シタル株券ノ番号並ニ其ノ株主ノ氏名及住所ヲ公告スルコトヲ要ス
第二百十九条　第二百十四条第三項ニ定ムル譲渡人ノ責任ハ株式ノ譲渡ヲ株主名簿ニ記載シタル後二年内ニ会社ガ第二百十三条第一項ノ規定ニ依リ払込ノ催告ヲ発シタル株金ニ関スルモノニ限ル
発起人ガ会社ノ設立ニ際シテ引受ケタル株式ニ付会社ノ成立後五年内ニ払込ノ催告ヲ発シタル株金ニ関シテハ発起人ハ前項ノ規

定ニ拘ラズ第二百十四条第三項ニ定ムル譲渡人ノ責任ヲ負フ

第二百二十条　株式ノ譲渡人ガ第二百十四条第三項ノ不足額ヲ弁済シタルトキハ株券又ハ株主名簿ニ記載アル後者全員ニ対シ償還ノ請求ヲ為スコトヲ得

発起人ガ前条第二項ノ規定ニ依リテ不足額ヲ弁済シタルトキハ其ノ後者中前条第一項ノ規定ニ依リテ責任ヲ負フ者及其ノ後者全員ニ対シテノミ前項ノ請求ヲ為スコトヲ得

償還ヲ為シタル譲渡人ハ更ニ自己ノ後者全員ニ対シ償還ノ請求ヲ為スコトヲ得

第二百二十一条　株金ノ払込期日後ニ株式ヲ譲渡シタル者ハ会社ニ対シ株主ト連帯シテ其ノ株金ノ払込ヲ為ス義務ヲ負フ

第二百二十二条　会社ガ数種ノ株式ヲ発行スル場合ニ於テハ利益若ハ利息ノ配当又ハ残余財産ノ分配ニ付株式ノ種類ニ従ヒ格別ノ定ヲ為スコトヲ得

前項ノ場合ニ於テハ定款ニ定ナキトキト雖モ資本ノ増加若ハ減少又ハ会社ノ合併ノ決議ニ於テ新株ノ引受、株式ノ併合若ハ消却又ハ合併ニ因ル株式ノ割当ニ関シ株式ノ種類ニ従ヒ格別ノ定ヲ為スコトヲ得

第二百二十三条　株主名簿ニハ左ノ事項ヲ記載スルコトヲ要ス

一　株主ノ氏名及住所

二　各株主ノ有スル株式ノ種類及数並ニ株券ノ番号

三　各株ニ付払込ミタル株金額及払込ノ年月日

四　各株式ノ取得ノ年月日

五　無記名式ノ株券ヲ発行シタルトキハ其ノ数、番号及発行ノ年月日

第二百二十四条　会社ノ株主ニ対スル通知又ハ催告ハ株主名簿ニ記載シタル株主ノ住所又ハ其ノ者ガ会社ニ通知シタル住所ニ宛ツルヲ以テ足ル

前項ノ通知又ハ催告ハ通常其ノ到達スベカリシ時ニ到達シタルモノト看做ス

前二項ノ規定ハ株式申込人、株式引受人、従前ノ株主、株式ノ譲渡人又ハ質権者ニ対スル通知又ハ催告ニ之ヲ準用ス

第二百二十五条　株券ニハ左ノ事項及番号ヲ記載シ取締役之ニ署名スルコトヲ要ス

一　会社ノ商号

二　会社成立ノ年月日

三　資本ノ総額
四　一株ノ金額
五　数種ノ株式アルトキハ其ノ株式ノ内容
六　株式ノ譲渡ノ禁止若ハ制限又ハ株券ノ裏書ノ禁止ヲ定メタルトキハ其ノ規定
一時ニ株金ノ全額ヲ払込マシメザル場合ニ於テハ払込アル毎ニ其ノ金額ヲ株券ニ記載スルコトヲ要ス

第二百二十六条　株券ハ会社ノ成立後ニ非ザレバ之ヲ発行スルコトヲ得ズ
前項ノ規定ニ違反シテ発行シタル株券ハ無効トス但シ株券ヲ発行シタル者ニ対スル損害賠償ノ請求ヲ妨ゲズ

第二百二十七条　無記名式ノ株券ハ定款ニ定アル場合ニ限リ株金全額ノ払込アリタル株式ニ付之ヲ発行スルコトヲ得
株主ハ何時ニテモ其ノ無記名式ノ株券ヲ記名式ト為スコトヲ請求スルコトヲ得

第二百二十八条　無記名式ノ株券ヲ有スル者ハ株券ヲ会社ニ供託スルニ非ザレバ株主ノ権利ヲ行使スルコトヲ得ズ

第二百二十九条　小切手法第二十一条ノ規定ハ株券ニ之ヲ準用ス
株主名簿ニ記載アル株主ノ為シタル裏書ガ真正ナラザル場合ニ於テ会社ニ就キ調査ヲ為サバ其ノ真偽ヲ判別スルコトヲ得ベカリシモノナルトキハ前項ノ規定ヲ適用セズ

第二百三十条　株券ハ公示催告ノ手続ニ依リテ之ヲ無効ト為スコトヲ得
株券ヲ喪失シタル者ハ除権判決ヲ得ルニ非ザレバ其ノ再発行ヲ請求スルコトヲ得ズ

第三節　会社ノ機関

第一款　株主総会

第二百三十一条　総会ハ本法ニ別段ノ定アル場合ヲ除クノ外取締役之ヲ招集ス

第二百三十二条　総会ヲ招集スルニハ会日ヨリ二週間前ニ各株主ニ対シテ其ノ通知ヲ発スルコトヲ要ス
前項ノ通知ニハ会議ノ目的タル事項ヲ記載スルコトヲ要ス
会社ガ無記名式ノ株券ヲ発行シタル場合ニ於テハ会日ヨリ三週間前ニ総会ヲ開クベキ旨及会議ノ目的タル事項ヲ公告スルコトヲ要ス
前三項ノ規定ハ議決権ナキ株主ニ付テハ之ヲ適用セズ

第二百三十三条　総会ハ定款ニ別段ノ定アル場合ヲ除クノ外本店ノ所在地又ハ之ニ隣接スル地ニ之ヲ招集スルコトヲ要ス
第二百三十四条　定時総会ハ毎年一回一定ノ時期ニ之ヲ招集スルコトヲ要ス
年二回以上利益ノ配当ヲ為ス会社ニ在リテハ毎決算期ニ総会ヲ招集スルコトヲ要ス
第二百三十五条　臨時総会ハ必要アル場合ニ随時之ヲ招集ス
臨時総会ハ監査役モ亦之ヲ招集スルコトヲ得此ノ総会ニ於テハ会社ノ業務及財産ノ状況ヲ調査セシムル為特ニ検査役ヲ選任スルコトヲ得
第二百三十六条　取締役又ハ監査役ガ総会ヲ招集スルニハ各其ノ過半数ノ決議アルコトヲ要ス
第二百三十七条　資本ノ十分ノ一以上ニ当ル株主ハ会議ノ目的タル事項及招集ノ理由ヲ記載シタル書面ヲ取締役ニ提出シテ総会ノ招集ヲ請求スルコトヲ得
前項ノ請求アリタル後二週間内ニ取締役ガ総会招集ノ手続ヲ為サザルトキハ請求ヲ為シタル株主ハ裁判所ノ許可ヲ得テ其ノ招集ヲ為スコトヲ得
前二項ノ規定ニ依リテ招集シタル総会ニ於テハ招集ノ費用ハ請求ヲ為シタル株主ノ負担トスル旨ヲ定ムルコトヲ得
第二百三十八条　総会ハ取締役ノ提出シタル書類及監査役ノ報告書ヲ調査セシムル為特ニ検査役ヲ選任スルコトヲ得
第二百三十九条　総会ノ決議ハ本法又ハ定款ニ別段ノ定アル場合ヲ除クノ外出席シタル株主ノ議決権ノ過半数ヲ以テ之ヲ為ス
無記名式ノ株券ヲ有スル者ハ会日ヨリ一週間前ニ株券ヲ会社ニ供託スルコトヲ要ス
株主ハ代理人ヲ以テ其ノ議決権ヲ行使スルコトヲ得但シ代理人ハ代理権ヲ証スル書面ヲ会社ニ差出ダスコトヲ要ス
総会ノ決議ニ付特別ノ利害関係ヲ有スル者ハ議決権ヲ行使スルコトヲ得ズ
第二百四十条　前条第四項ノ規定ニ依リテ行使スルコトヲ得ザル議決権ノ数ハ同条第一項ノ議決権ノ数ニ之ヲ算入セズ
第二百四十一条　各株主ハ一株ニ付一個ノ議決権ヲ有ス但シ定款ヲ以テ十一株以上ヲ有スル株主ノ議決権ヲ制限シ又ハ株式ノ譲受ヲ株主名簿ニ記載シタル後六月ヲ超エザル株主ニ議決権ナキモノトスルコトヲ得
会社ハ其ノ有スル自己ノ株式ニ付テハ議決権ヲ有セズ
第二百四十二条　会社ガ数種ノ株式ヲ発行スル場合ニ於テハ定款ヲ以テ其ノ或種類ノ株式ニ付株主ニ議決権ナキモノトスルコトヲ得此ノ場合ニ於テハ定款ヲ以テ其ノ種類ノ株式ヲ有スル株主ニ第百九十七条第一項、第二百三十七条第一項第二項、第二百四十五条第二項、第二百六十八条第一項、第二百七十九条第一項、第二百九十四条第一項、第四百二十六条第二項及第四百三十条第

二項ノ権利ナキモノトスルコトヲ妨ゲズ
前項ノ株式ノ株金総額ハ資本ノ四分ノ一ヲ超ユルコトヲ得ズ
第二百四十三条　総会ニ於テハ延期又ハ続行ノ決議ヲ為スコトヲ得此ノ場合ニ於テハ第二百三十二条ノ規定ヲ適用セズ
第二百四十四条　総会ノ議事ニ付テハ議事録ヲ作ルコトヲ要ス
議事録ニハ議事ノ経過ノ要領及其ノ結果ヲ記載シ議長並ニ出席シタル取締役及監査役之ニ署名スルコトヲ要ス
第二百四十五条　会社ガ左ノ行為ヲ為スニハ第三百四十三条ニ定ムル決議ニ依ルコトヲ要ス
一　営業ノ全部又ハ一部ノ譲渡
二　営業全部ノ賃貸、其ノ経営ノ委任、他人ト営業上ノ損益全部ヲ共通ニスル契約其ノ他之ニ準ズル契約ノ締結、変更又ハ解約
三　他ノ会社ノ営業全部ノ譲受
四　第二百六十六条又ハ第二百八十条ノ規定ニ依ル取締役又ハ監査役ノ責任ノ免除
第二百六十八条又ハ第二百七十九条ノ規定ハ前項第四号ノ決議アリタル場合ニ之ヲ準用ス
第二百四十六条　前条第一項ノ規定ハ会社ガ其ノ成立後二年内ニ其ノ成立前ヨリ存在スル財産ニシテ営業ノ為ニ継続シテ使用スベキモノヲ資本ノ二十分ノ一以上ニ当ル対価ヲ以テ取得スル契約ヲ為ス場合ニ之ヲ準用ス
第二百四十七条　総会招集ノ手続又ハ其ノ決議ノ方法ガ法令若ハ定款ニ違反シ又ハ著シク不公正ナルトキハ株主、取締役又ハ監査役ハ訴ヲ以テ決議ノ取消ヲ請求スルコトヲ得決議ガ第三百四十三条ノ規定ニ違反シテ為サレタルトキ亦同ジ
第八十八条、第百五条第三項第四項及第百九条ノ規定ハ前項ノ訴ニ之ヲ準用ス
第二百四十八条　決議取消ノ訴ハ決議ノ日ヨリ一月内ニ之ヲ提起スルコトヲ要ス
口頭弁論ハ前項ノ期間ヲ経過シタル後ニ非ザレバ之ヲ開始スルコトヲ得ズ
第二百四十九条　株主ガ決議取消ノ訴ヲ提起シタルトキハ会社ノ請求ニ因リ相当ノ担保ヲ供スルコトヲ要ス但シ其ノ株主ガ取締役又ハ監査役ナルトキハ此ノ限ニ在ラズ
第二百五十条　決議シタル事項ノ登記アリタル場合ニ於テ決議取消ノ判決ガ確定シタルトキハ本店及支店ノ所在地ニ於テ其ノ登記ヲ為スコトヲ要ス
第二百五十一条　決議取消ノ訴ノ提起アリタル場合ニ於テ決議ノ内容、会社ノ現況其ノ他一切ノ事情ヲ斟酌シテ其ノ取消ヲ不適当テ認ムルトキハ裁判所ハ請求ヲ棄却スルコトヲ得

第二百五十二条　第八十八条、第百五条第三項第四項、第百九条、第二百四十九条及第二百五十条ノ規定ハ総会ノ決議ノ内容ガ法令又ハ定款ニ違反スルコトヲ理由トシテ決議ノ無効ノ確認ヲ請求スル訴ニ之ヲ準用ス

第二百五十三条　株主ガ第二百三十九条第四項ノ規定ニ依リ議決権ヲ行使スルコトヲ得ザリシ場合ニ於テ決議ガ著シク不当ニシテ其ノ株主ガ議決権ヲ行使シタルトキハ之ヲ阻止スルコトヲ得ベカリシモノナルニ於テハ其ノ株主ハ訴ヲ以テ決議ノ取消又ハ変更ヲ請求スルコトヲ得

第八十八条、第百五条第三項第四項、第百九条及第二百四十八条乃至第二百五十条ノ規定ハ前項ノ訴ニ之ヲ準用ス

第二款　取締役

第二百五十四条　取締役ハ株主総会ニ於テ之ヲ選任ス

会社ト取締役トノ間ノ関係ハ委任ニ関スル規定ニ従フ

第二百五十五条　取締役ハ三人以上タルコトヲ要ス

第二百五十六条　取締役ノ任期ハ三年ヲ超ユルコトヲ得ズ但シ定款ヲ以テ任期中ノ最終ノ決算期ニ関スル定時総会ノ終結ニ至ル迄其ノ任期ヲ伸長スルコトヲ妨ゲズ

第二百五十七条　取締役ハ何時ニテモ株主総会ノ決議ヲ以テ之ヲ解任スルコトヲ得但シ任期ノ定アル場合ニ於テ正当ノ事由ナクシテ其ノ任期ノ満了前ニ之ヲ解任シタルトキハ其ノ取締役ハ会社ニ対シ解任ニ因リテ生ジタル損害ノ賠償ヲ請求スルコトヲ得

第二百五十八条　法律又ハ定款ニ定メタル取締役ノ員数ヲ欠クニ至リタル場合ニ於テハ任期ノ満了又ハ辞任ニ因リテ退任シタル取締役ハ新ニ選任セラレタル取締役ノ就職スル迄仍取締役ノ権利義務ヲ有ス

前項ノ場合ニ於テ必要アリト認ムルトキハ裁判所ハ監査役其ノ他利害関係人ノ請求ニ因リ一時取締役ノ職務ヲ行フベキ者ヲ選任スルコトヲ得此ノ場合ニ於テハ本店及支店ノ所在地ニ於テ其ノ登記ヲ為スコトヲ要ス

第二百五十九条　定款ヲ以テ取締役ノ有スベキ株式ノ数ヲ定メタル場合ニ於テ別段ノ定ナキトキハ取締役ハ其ノ員数ノ株券ヲ監査役ニ供託スルコトヲ要ス

第二百六十条　会社ノ業務執行ハ定款ニ別段ノ定ナキトキハ取締役ノ過半数ヲ以テ之ヲ決ス支配人ノ選任及解任亦同ジ

第二百六十一条　取締役ハ各自会社ヲ代表ス

前項ノ規定ハ定款若ハ株主総会ノ決議ヲ以テ会社ヲ代表スベキ取締役ヲ定メ、数人ノ取締役ガ共同シ若ハ取締役ガ支配人ト共同シテ会社ヲ代表スベキコトヲ定メ又ハ定款ノ規定ニ基キ取締役ノ互選ヲ以テ会社ヲ代表スベキ取締役ヲ定ムルコトヲ妨ゲズ

第三十九条第二項及第七十八条ノ規定ハ取締役ニ之ヲ準用ス

第二百六十二条　社長、副社長、専務取締役、常務取締役其ノ他会社ヲ代表スル権限ヲ有スルモノト認ムベキ名称ヲ付シタル取締役ノ為シタル行為ニ付テハ会社ハ其ノ者ガ代表権ヲ有セザル場合ト雖モ善意ノ第三者ニ対シテ其ノ責ニ任ズ

第二百六十三条　取締役ハ定款及総会ノ議事録ヲ本店及支店ニ、株主名簿及社債原簿ヲ本店ニ備置クコトヲ要ス

株主及会社ノ債権者ハ営業時間内何時ニテモ前項ニ掲グル書類ノ閲覧ヲ求ムルコトヲ得

第二百六十四条　取締役ハ株主総会ノ認許アルニ非ザレバ自己若ハ第三者ノ為ニ会社ノ営業ノ部類ニ属スル取引ヲ為シ又ハ同種ノ営業ヲ目的トスル他ノ会社ノ無限責任社員若ハ取締役ト為ルコトヲ得ズ

取締役ガ前項ノ規定ニ違反シテ自己ノ為ニ取引ヲ為シタルトキハ株主総会ハ之ヲ以テ会社ノ為ニ為シタルモノト看做スコトヲ得

前項ニ定ムル権利ハ監査役ノ一人ガ其ノ取引ヲ知リタル時ヨリ二月間之ヲ行使セザルトキハ消滅ス取引ノ時ヨリ一年ヲ経過シタルトキ亦同ジ

第二百六十五条　取締役ハ監査役ノ承認ヲ得タルトキニ限リ自己又ハ第三者ノ為ニ会社ト取引ヲ為スコトヲ得此ノ場合ニ於テハ民法第百八条ノ規定ヲ適用セズ

第二百六十六条　取締役ガ其ノ任務ヲ怠リタルトキハ其ノ取締役ハ会社ニ対シ連帯シテ損害賠償ノ責ニ任ズ

取締役ガ法令又ハ定款ニ違反スル行為ヲ為シタルトキハ株主総会ノ決議ニ依リタル場合ト雖モ其ノ取締役ハ第三者ニ対シ連帯シテ損害賠償ノ責ニ任ズ

第二百六十七条　株主総会ニ於テ取締役ニ対シテ訴ヲ提起スルコトヲ決議シタルトキハ会社ハ決議ノ日ヨリ一月内ニ之ヲ提起スルコトヲ要ス

前項ノ訴ニ付テハ株主総会ノ決議ニ依ルニ非ザレバ取下、和解又ハ請求ノ放棄ヲ為スコトヲ得ズ

第二百六十八条　株主総会ニ於テ取締役ニ対シテ訴ヲ提起スルコトヲ否決シタル場合ニ於テ会日ノ三月前ヨリ引続キ資本ノ十分ノ一以上ニ当ル株式ヲ有スル株主ガ訴ノ提起ヲ監査役ニ請求シタルトキハ会社ハ請求ノ日ヨリ一月内ニ之ヲ提起スルコトヲ要ス

前項ノ請求ハ総会終結ノ日ヨリ三月内ニ之ヲ為スコトヲ要ス

第一項ノ訴ニ付テハ訴提起ノ請求ヲ為シタル株主ノ議決権ノ過半数ノ同意アルニ非ザレバ取下、和解又ハ請求ノ放棄ヲ為スコトヲ得ズ

第一項ノ請求ヲ為シタル株主ハ監査役ノ請求ニ因リ相当ノ担保ヲ供スルコトヲ要ス

会社ガ敗訴シタルトキハ請求ヲ為シタル株主ハ会社ニ対シテノミ損害賠償ノ責ニ任ズ

第二百六十九条　取締役ガ受クベキ報酬ハ定款ニ其ノ額ヲ定メザリシトキハ株主総会ノ決議ヲ以テ之ヲ定ム

第二百七十条　取締役ノ選任決議ノ無効又ハ取消ノ訴ノ提起アリタル場合ニ於テハ本案ノ管轄裁判所ハ当事者ノ申立ニ因リ仮処分ヲ以テ取締役ノ職務ノ執行ヲ停止シ又ハ之ヲ代行スル者ヲ選任スルコトヲ得本案ノ繋属前ト雖モ急迫ナル事情アルトキ亦同ジ

裁判所ハ当事者ノ申立ニ因リ前項ノ仮処分ヲ変更シ又ハ之ヲ取消スコトヲ得

前二項ノ処分アリタルトキハ本店及支店ノ所在地ニ於テ其ノ登記ヲ為スコトヲ要ス

第二百七十一条　前条ノ職務代行者ハ仮処分命令ニ別段ノ定アル場合ヲ除クノ外会社ノ常務ニ属セザル行為ヲ為スコトヲ得ズ但シ特ニ本案ノ管轄裁判所ノ許可ヲ得タル場合ハ此ノ限ニ在ラズ

職務代行者前項ノ規定ニ違反シタルトキト雖モ会社ハ善意ノ第三者ニ対シテ其ノ責ニ任ズ

第二百七十二条　急迫ナル事情アルトキハ第二百三十七条ノ規定ニ依リテ取締役ノ解任ヲ目的トスル総会ノ招集ヲ請求シタル者ハ其ノ取締役ノ職務ノ執行ノ停止又ハ職務代行者ノ選任ヲ裁判所ニ請求スルコトヲ得取締役ノ解任ヲ目的トスル総会ヲ招集シタル取締役又ハ監査役亦同ジ

第二百七十条第二項第三項及前条ノ規定ハ前項ノ場合ニ之ヲ準用ス

第三款　監　査　役

第二百七十三条　監査役ノ任期ハ二年ヲ超ユルコトヲ得ズ

第二百七十四条　監査役ハ何時ニテモ取締役ニ対シテ営業ノ報告ヲ求メ又ハ会社ノ業務及財産ノ状況ヲ調査スルコトヲ得

第二百七十五条　監査役ハ取締役ガ株主総会ニ提出セントスル書類ヲ調査シ株主総会ニ其ノ意見ヲ報告スルコトヲ要ス

第二百七十六条　監査役ハ取締役又ハ支配人ヲ兼ヌルコトヲ得ズ但シ取締役中ニ欠員アルトキハ取締役及監査役ノ協議ヲ以テ監査役中ヨリ一時取締役ノ職務ヲ行フベキ者ヲ定ムルコトヲ得

前項但書ノ場合ニ於テハ其ノ定ヲ為シタル日ヨリ本店ノ所在地ニ於テハ二週間、支店ノ所在地ニ於テハ三週間内ニ其ノ登記ヲ為スコトヲ要ス

第一項ノ規定ニ依リテ取締役ノ職務ヲ行フ監査役ハ第二百八十三条第一項ノ規定ニ従ヒ株主総会ノ承認ヲ得ル迄ハ監査役ノ職務ヲ行フコトヲ得ズ

第二百七十七条　会社ガ取締役ニ対シ又ハ取締役ガ会社ニ対シ訴ヲ提起スル場合ニ於テハ其ノ訴ニ付テハ監査役会社ヲ代表ス但シ

株主総会ハ他人ヲシテ之ヲ代表セシムルコトヲ得

第二百六十八条第一項ノ規定ニ依リ株主ガ取締役ニ対シテ訴ヲ提起スルコトヲ請求シタルトキハ特ニ代表者ヲ指定スルコトヲ得

第二百七十八条　監査役ガ会社又ハ第三者ニ対シテ損害賠償ノ責ニ任ズベキ場合ニ於テ取締役モ亦其ノ責ニ任ズベキトキハ其ノ監査役及取締役ハ之ヲ連帯債務者トス

第二百七十九条　株主総会ニ於テ監査役ニ対シテ訴ヲ提起スルコトヲ決議シタルトキ又ハ之ヲ否決シタル場合ニ於テ会日ノ三月前ヨリ引続キ資本ノ十分ノ一以上ニ当ル株式ヲ有スル株主ガ訴ノ提起ヲ取締役ニ請求シタルトキハ会社ハ決議又ハ請求ノ日ヨリ一月内ニ之ヲ提起スルコトヲ要ス

第二百六十七条第二項、第二百六十八条第二項乃至第五項及第二百七十七条第一項但書第二項ノ規定ハ前項ノ場合ニ之ヲ準用ス

第二百八十条　第二百五十四条、第二百五十六条但書、第二百五十七条、第二百五十八条、第二百六十六条　第二百六十九条、第二百七十条及第二百七十二条ノ規定ハ監査役ニ之ヲ準用ス

第四節　会社ノ計算

第二百八十一条　取締役ハ定時総会ノ会日ヨリ二週間前ニ左ノ書類ヲ監査役ニ提出スルコトヲ要ス

一　財産目録

二　貸借対照表

三　営業報告書

四　損益計算書

五　準備金及利益又ハ利息ノ配当ニ関スル議案

第二百八十二条　取締役ハ定時総会ノ会日ノ一週間前ヨリ前条ニ掲グル書類及監査役ノ報告ヲ本店ニ備置クコトヲ要ス

株主及会社ノ債権者ハ営業時間内何時ニテモ前項ニ掲グル書類ノ閲覧ヲ求メ又ハ会社ノ定メタル費用ヲ支払ヒテ其ノ謄本若ハ抄本ノ交付ヲ求ムルコトヲ得

第二百八十三条　取締役ハ第二百八十一条ニ掲グル書類ヲ定時総会ニ提出シテ其ノ承認ヲ求ムルコトヲ要ス

取締役ハ前項ノ承認ヲ得タル後遅滞ナク貸借対照表ヲ公告スルコトヲ要ス

第二百八十四条　定時総会ニ於テ前条第一項ノ承認ヲ為シタル後二年内ニ別段ノ決議ナキトキハ会社ハ取締役又ハ監査役ニ対シテ

其ノ責任ヲ解除シタルモノト看做ス但シ取締役又ハ監査役ニ不正ノ行為アリタルトキハ此ノ限ニ在ラズ
第二百八十五条　財産目録ニ記載スル営業用ノ固定財産ニ付テハ其ノ取得価額又ハ製作価額ヲ超ユル価額、取引所ノ相場アル有価証券ニ付テハ其ノ決算期前一月ノ平均価格ヲ超ユル価額ヲ付スルコトヲ得ズ
第二百八十六条　第百六十八条第一項第七号ノ規定ニ依リ支出シタル金額及設立登記ノ為ニ支出シタル税額ハ之ヲ貸借対照表ノ資産ノ部ニ計上スルコトヲ得此ノ場合ニ於テハ会社成立ノ後、若開業前ニ利息ヲ配当スベキコトヲ定メタルトキハ其ノ配当ヲ止メタル後五年内ニ毎決算期ニ於テ均等額以上ノ償却ヲ為スコトヲ要ス
第二百八十七条　社債権者ニ償還スベキ金額ノ総額ガ社債ノ募集ニ因リテ得タル実額ヲ超ユルトキハ其ノ差額ハ之ヲ貸借対照表ノ資産ノ部ニ計上スルコトヲ得此ノ場合ニ於テハ社債償還ノ期限内ニ毎決算期ニ於テ均等額以上ノ償却ヲ為スコトヲ要ス
第二百八十八条　会社ハ其ノ資本ノ四分ノ一ニ達スル迄ハ毎決算期ノ利益ノ二十分ノ一以上ヲ準備金トシテ積立ツルコトヲ要ス
額面以上ノ価額ヲ以テ株式ヲ発行シタルトキハ其ノ額面ヲ超ユル金額ヨリ発行ノ為ニ必要ナル費用ヲ控除シタル金額ハ前項ノ額ニ達スル迄之ヲ準備金ニ組入ルルコトヲ要ス
第二百八十九条　前条ノ準備金ハ資本ノ欠損ノ塡補ニ充ツル場合ヲ除クノ外之ヲ使用スルコトヲ得ズ
第二百九十条　会社ハ損失ヲ塡補シ且第二百八十八条第一項ノ準備金ヲ控除シタル後ニ非ザレバ利益ノ配当ヲ為スコトヲ得ズ
前項ノ規定ニ違反シテ配当ヲ為シタルトキハ会社ノ債権者ハ之ヲ返還セシムルコトヲ得
第二百九十一条　会社ノ目的タル事業ノ性質ニ依リ会社ノ成立後二年以上其ノ営業全部ノ開業ヲ為スコト能ハザルモノト認ムルトキハ会社ハ定款ヲ以テ其ノ開業前一定ノ期間内一定ノ利息ヲ株主ニ配当スベキ旨ヲ定ムルコトヲ得但シ其ノ利率ハ年五分ヲ超ユルコトヲ得ズ
前項ノ定款ノ規定ハ裁判所ノ認可ヲ得ルコトヲ要ス
第一項ノ規定ニ依リテ配当シタル金額ハ之ヲ貸借対照表ノ資産ノ部ニ計上スルコトヲ得此ノ場合ニ於テハ年六分ヲ超ユル利益ヲ配当スル毎ニ其ノ超過額ト同額以上ノ金額ヲ償却スルコトヲ要ス
第二百九十二条　前条第一項ノ規定ニ依リテ利息ヲ配当スル会社ガ其ノ資本ヲ増加スル場合ニ於テハ新株ニ対シテモ亦利息ヲ配当スルコトヲ要ス但シ定款ニ別段ノ定アルトキハ此ノ限ニ在ラズ
前項ノ配当ヲ為ス場合ニ於テハ配当期間ヲ伸長スルコトヲ得
前条ノ規定ハ前項ノ場合ニ之ヲ準用ス

第二百九十三条　利益又ハ利息ノ配当ハ定款ニ依リテ払込ミタル株金額ノ割合ニ応ジテ之ヲ為ス但シ第二百二十二条第一項ノ規定ノ適用ヲ妨ゲズ

第二百九十四条　会社ノ業務ノ執行ニ関シ不正ノ行為又ハ法令若ハ定款ニ違反スル重大ナル事実アルコトヲ疑フベキ事由アルトキハ三月前ヨリ引続キ資本ノ十分ノ一以上ニ当ル株式ヲ有スル株主ハ会社ノ業務及財産ノ状況ヲ調査セシムル為裁判所ニ検査役ノ選任ヲ請求スルコトヲ得

検査役ハ其ノ調査ノ結果ヲ裁判所ニ報告スルコトヲ要ス

前項ノ場合ニ於テ必要アリト認ムルトキハ裁判所ハ監査役ヲシテ株主総会ヲ招集セシムルコトヲ得此ノ場合ニ於テハ第百八十一条第二項及第百八十四条第二項ノ規定ヲ準用ス

第二百九十五条　身元保証金ノ返還ヲ目的トスル債権其ノ他会社ノ使用人トノ間ノ雇傭関係ニ基キ生ジタル債権ヲ有スル者ハ会社ノ総財産ノ上ニ先取特権ヲ有ス

前項ノ先取特権ノ順位ハ民法第三百六条第一号ニ掲グル先取特権ニ次グ

第五節　社　債

第一款　総　則

第二百九十六条　社債ハ第三百四十三条ニ定ムル決議ニ依ルニ非ザレバ之ヲ募集スルコトヲ得ズ

第二百九十七条　社債ノ総額ハ払込ミタル株金額ヲ超ユルコトヲ得ズ

最終ノ貸借対照表ニ依リ会社ニ現存スル純財産額ガ払込ミタル株金額ニ満タザルトキハ社債ノ総額ハ其ノ財産額ヲ超ユルコトヲ得ズ

旧社債償還ノ為ニスル社債ノ募集ニ付テハ其ノ旧社債ノ額ハ社債ノ総額中ニ之ヲ参入セズ此ノ場合ニ於テハ払込ノ期日、若数回ニ分チテ払込ヲ為サシムルトキハ第一回払込ノ期日ヨリ六月内ニ旧社債ヲ償還スルコトヲ要ス

第二百九十八条　会社ハ前ニ募集シタル社債総額ノ払込ヲ為サシメタル後ニ非ザレバ更ニ社債ヲ募集スルコトヲ得ズ

第二百九十九条　各社債ノ金額ハ二十円ヲ下ルコトヲ得ズ

同一種類ノ社債ニ在リテハ各社債ノ金額ハ均一ナルカ又ハ最低額ヲ以テ整除シ得ベキモノナルコトヲ要ス

第三百条　社債権者ニ償還スベキ金額ガ券面額ヲ超ユベキコトヲ定メタルトキハ其ノ超過額ハ各社債ニ付同率ナルコトヲ要ス

第三百一条　社債ノ募集ニ応ゼントスル者ハ社債申込証二通ニ其ノ引受クベキ社債ノ数及住所ヲ記載シ之ニ署名スルコトヲ要ス
社債申込証ハ取締役之ヲ作リ之ニ左ノ事項ヲ記載スルコトヲ要ス
一　会社ノ商号
二　社債ノ総額
三　各社債ノ金額
四　社債ノ利率
五　社債償還ノ方法及期限
六　利息支払ノ方法及期限
七　数回ニ分チテ社債ノ払込ヲ為サシムルトキハ其ノ払込ノ金額及時期
八　社債発行ノ価額又ハ其ノ最低価額
九　債券ヲ記名式又ハ無記名式ニ限リタルトキハ其ノ旨
十　会社ノ資本及払込ミタル株金ノ総額
十一　最終ノ貸借対照表ニ依リ会社ニ現存スル純財産額
十二　旧社債ノ償還ノ為第二百九十七条第一項及第二項ノ制限ヲ超エテ社債ヲ募集スルトキハ其ノ旨
十三　前ニ社債ヲ募集シタルトキハ其ノ償還ヲ了ヘザル総額
十四　社債募集ノ委託ヲ受ケタル会社アルトキハ其ノ商号
十五　社債ノ応募額ガ総額ニ達セザル場合ニ於テ前号ノ会社ガ其ノ残額ヲ引受クベキコトヲ約シタルトキハ其ノ旨
社債発行ノ最低価額ヲ定メタル場合ニ於テハ社債応募者ハ社債申込証ニ応募価額ヲ記載スルコトヲ要ス
第三百二条　前条ノ規定ハ契約ニ依リ社債ノ総額ヲ引受クル場合ニハ之ヲ適用セズ社債募集ノ委託ヲ受ケタル会社カ自ラ社債ノ一部ヲ引受クル場合ニ於テ其ノ一部ニ付亦同ジ
第三百三条　社債ノ募集ガ完了シタルトキハ取締役ハ遅滞ナク各社債ニ付其ノ全額又ハ第一回ノ払込ヲ為サシムルコトヲ要ス
第三百四条　社債募集ノ委託ヲ受ケタル会社ハ自己ノ名ヲ以テ会社ノ為ニ第三百一条第二項及前条ニ定ムル行為ヲ為スコトヲ得
第三百五条　会社ハ第三百三条ノ払込アリタル日ヨリ本店ノ所在地ニ於テハ二週間、支店ノ所在地ニ於テハ三週間内ニ社債ノ登記ヲ為スコトヲ要ス

前項ノ登記ニ在リテハ左ノ事項ヲ登記スルコトヲ要ス
一　第三百一条第二項第二号乃至第六号及第十四号ニ掲グル事項
二　各社債ニ付払込ミタル金額
第六十七条ノ規定ハ第一項ノ登記ニ之ヲ準用ス
外国ニ於テ社債ヲ募集シタル場合ニ於テ登記スベキ事項ガ外国ニ於テ生ジタルトキハ登記ノ期間ハ其ノ通知ノ到達シタル時ヨリ之ヲ起算ス
第三百六条　債券ハ社債全額ノ払込アリタル後ニ非ザレバ之ヲ発行スルコトヲ得ズ
債券ニハ第三百一条第二項第一号乃至第六号、第九号及第十四号ニ掲グル事項並ニ番号ヲ記載シ取締役之ニ署名スルコトヲ要ス
第三百七条　記名社債ノ移転ハ取得者ノ氏名及住所ヲ社債原簿ニ記載シ且其ノ氏名ヲ債券ニ記載スルニ非ザレバ之ヲ以テ会社其ノ他ノ第三者ニ対抗スルコトヲ得ズ
第三百八条　社債権者ハ何時ニテモ其ノ記名式ノ債券ヲ無記名式ト為シ又ハ其ノ無記名式ノ債券ヲ記名式ト為スコトヲ請求スルコトヲ得但シ債券ヲ記名式又ハ無記名式ニ限ル旨ノ定アルトキハ此ノ限ニ在ラズ
第三百九条　社債募集ノ委託ヲ受ケタル会社ハ社債権者ノ為ニ社債ノ償還ヲ受クルニ必要ナル一切ノ裁判上又ハ裁判外ノ行為ヲ為ス権限ヲ有ス
前項ノ会社ガ社債ノ償還ヲ受ケタルトキハ遅滞ナク其ノ旨ヲ公告シ但知レタル社債権者ニハ各別ニ之ヲ通知スルコトヲ要ス
前項ノ場合ニ於テ社債権者ハ債券ト引換ニ償還額ノ支払ヲ請求スルコトヲ得
第三百十条　社債募集ノ委託ヲ受ケタル会社二以上アルトキハ其ノ権限ニ属スル行為ハ共同シテ之ヲ為スコトヲ要ス
第三百十一条　社債募集ノ委託ヲ受ケタル会社二以上アルトキハ社債権者ニ対シ連帯シテ償還額ノ支払ヲ為ス義務ヲ負フ
第三百十二条　社債募集ノ委託ヲ受ケタル会社ハ社債ヲ発行シタル会社及社債権者集会ノ同意ヲ得テ辞任スルコトヲ得已ムコトヲ得ザル事由アル場合ニ於テ裁判所ノ許可ヲ得タルトキ亦同ジ
第三百十三条　社債募集ノ委託ヲ受ケタル会社ガ其ノ事務ヲ処理スルニ不適任ナルトキ其ノ他正当ノ事由アルトキハ裁判所ハ社債ヲ発行シタル会社又ハ社債権者集会ノ請求ニ因リ之ヲ解任スルコトヲ得
第三百十四条　前二条ノ場合ニ於テ社債募集ノ委託ヲ受ケタル会社ナキニ至リタルトキハ社債ヲ発行シタル会社及社債権者集会ノ一致ヲ以テ其ノ事務ノ承継者ヲ定ムルコトヲ得

已ムコトヲ得ザル事由アルトキハ利害関係人ハ事務承継者ノ選任ヲ裁判所ニ請求スルコトヲ得
第三百十五条　無記名社債ヲ償還スル場合ニ於テ欠缺セル利札アルトキハ之ニ相当スル金額ヲ償還額ヨリ控除ス但シ既ニ支払期ノ到来シタル利札ニ付テハ此ノ限ニ在ラズ
前項ノ利札ノ所持人ハ何時ニテモ之ト引換ニ控除金額ノ支払ヲ請求スルコトヲ得
第三百十六条　社債ノ償還請求権ハ十年ヲ経過シタルトキハ時効ニ因リテ消滅ス
第三百九条第三項ノ請求権亦前項ニ同ジ
利息及前条第二項ノ請求権ハ五年ヲ経過シタルトキハ時効ニ因リテ消滅ス
第三百十七条　社債原簿ニハ左ノ事項ヲ記載スルコトヲ要ス
一　社債権者ノ氏名及住所
二　債券ノ番号
三　第三百一条第二項第二号乃至第七号及第十四号ニ掲グル事項
四　各社債ニ付払込ミタル金額及払込ノ年月日
五　債券発行ノ年月日
六　各社債ノ取得ノ年月日
七　無記名式ノ債券ヲ発行シタルトキハ其ノ数、番号及発行ノ年月日
第三百十八条　第二百二十四条第一項及第二項ノ規定ハ社債応募者又ハ社債権者ニ対スル通知及催告ニ之ヲ準用ス

第二款　社債権者集会

第三百十九条　社債権者集会ハ本法ニ別段ノ定アル場合ヲ除クノ外裁判所ノ許可ヲ得テ社債権者ノ利害ニ重大ナル関係ヲ有スル事項ニ付決議ヲ為スコトヲ得
第三百二十条　社債権者集会ハ社債ヲ発行シタル会社又ハ社債募集ノ委託ヲ受ケタル会社之ヲ招集ス
社債総額ノ十分ノ一以上ニ当ル社債権者ハ会議ノ目的タル事項及招集ノ理由ヲ記載シタル書面ヲ前項ノ会社ニ提出シテ社債権者集会ノ招集ヲ請求スルコトヲ得
第二百三十七条第二項ノ規定ハ前項ノ場合ニ之ヲ準用ス
第三百二十一条　各社債権者ハ社債ノ最低額毎ニ一個ノ議決権ヲ有ス

無記名式ノ債券ヲ有スル者ハ会日ヨリ一週間前ニ債券ヲ供託スルニ非ザレバ其ノ議決権ヲ行使スルコトヲ得ズ

第三百二十二条　社債ヲ発行シタル会社又ハ社債募集ノ委託ヲ受ケタル会社ハ其ノ代表者ヲ社債権者集会ニ出席セシメ又ハ書面ヲ以テ意見ヲ述ブルコトヲ得

社債権者集会ノ招集ハ前項ノ会社ニ之ヲ通知スルコトヲ要ス

第三百二十三条　社債権者集会又ハ其ノ招集者ハ必要アリト認ムルトキハ社債ヲ発行シタル会社ニ対シ其ノ代表者ノ出席ヲ求ムルコトヲ得

第三百二十四条　第三百四十三条第一項乃至第三項及第三百四十四条第二項第三項ノ規定ハ社債権者集会ノ決議ニ之ヲ準用ス

第三百十二条乃至第三百十四条及前条ノ同意又ハ請求ハ前項ノ規定ニ拘ラズ出席シタル社債権者ノ議決権ノ過半数ヲ以テ之ヲ決スルコトヲ得

第三百二十五条　社債権者集会ノ招集者ハ決議ノ日ヨリ一週間内ニ決議ノ認可ヲ裁判所ニ請求スルコトヲ要ス

第三百二十六条　裁判所ハ左ノ場合ニ於テハ社債権者集会ノ決議ヲ認可スルコトヲ得ズ

一　社債権者集会招集ノ手続又ハ其ノ決議ノ方法ガ法令又ハ社債募集ノ目論見書ノ記載ニ違反スルトキ

二　決議ガ不当ノ方法ニ依リテ成立スルニ至リタルトキ

三　決議ガ著シク不公正ナルトキ

四　決議ガ社債権者ノ一般ノ利益ニ反スルトキ

前項第一号及第二号ノ場合ニ於テハ裁判所ハ決議ノ内容其ノ他一切ノ事情ヲ斟酌シテ決議ヲ認可スルコトヲ妨ゲズ

第三百二十七条　社債権者集会ノ決議ハ裁判所ノ認可ニ因リテ其ノ効力ヲ生ズ

社債権者集会ノ決議ハ総社債権者ニ対シ其ノ効力ヲ有ス

第三百二十八条　社債権者集会ノ決議ニ対シ認可又ハ不認可ノ決定アリタルトキハ社債ヲ発行シタル会社ハ遅滞ナク其ノ旨ヲ公告スルコトヲ要ス

第三百二十九条　社債権者集会ハ社債総額ノ五百分ノ一以上ヲ有スル社債権者ノ中ヨリ一人又ハ数人ノ代表者ヲ選任シ其ノ決議スベキ事項ノ決定ヲ之ニ委任スルコトヲ得

代表者数人アルトキハ前項ノ決定ハ其ノ過半数ヲ以テ之ヲ為ス

第三百三十条　社債権者集会ノ決議ハ社債募集ノ委託ヲ受ケタル会社、若社債募集ノ委託ヲ受ケタル会社ナキトキハ前条ノ代表者

之ヲ執行ス但シ社債権者集会ノ決議ヲ以テ別ニ執行者ヲ定メタルトキハ此ノ限ニ在ラズ
第三百三十一条　第三百十条ノ規定ハ代表者又ハ執行者数人アル場合ニ之ヲ準用ス
第三百三十二条　第三百九条、第三百十一条及第三百十六条第二項ノ規定ハ代表者又ハ執行者ガ社債ノ償還ニ関スル決議ヲ執行スル場合ニ之ヲ準用ス
第三百三十三条　社債権者集会ハ何時ニテモ代表者若ハ執行者ヲ解任シ又ハ委任シタル事項ヲ変更スルコトヲ得
第三百三十四条　会社ガ社債ノ利息ノ支払ヲ怠リタルトキ又ハ定期ニ社債ノ一部ヲ償還スベキ場合ニ於テ其ノ償還ヲ怠リタルトキハ社債権者集会ノ決議ニ依リ会社ニ対シ一定ノ期間内ニ其ノ弁済ヲ為スベキ旨及其ノ期間内ニ之ヲ為サザルトキハ社債ノ総額ニ付期限ノ利益ヲ失フベキ旨ヲ通知スルコトヲ得但シ其ノ期間ハ二月ヲ下ルコトヲ得ズ
前項ノ通知ハ書面ニ依リテ之ヲ為スコトヲ要ス
会社ガ第一項ノ期間内ニ弁済ヲ為サザルトキハ社債ノ総額ニ付期限ノ利益ヲ失フ
第三百三十五条　前条ノ規定ニ依リ会社ガ期限ノ利益ヲ失ヒタルトキハ前条第一項ノ決議ヲ執行スル者ハ遅滞ナク其ノ旨ヲ公告シ且知レタル社債権者ニハ各別ニ之ヲ通知スルコトヲ要ス
第三百三十六条　社債募集ノ委託ヲ受ケタル会社、代表者又ハ執行者ニ対シテ与フベキ報酬及其ノ事務処理ノ為ニ要スル費用ハ社債ヲ発行シタル会社トノ契約ニ其ノ定アル場合ヲ除クノ外裁判所ノ許可ヲ得テ会社ヲシテ之ヲ負担セシムルコトヲ得
社債募集ノ委託ヲ受ケタル会社、代表者又ハ執行者ハ償還ヲ受ケタル金額ヨリ社債権者ニ先チテ前項ノ報酬及費用ノ弁済ヲ受クルコトヲ得
第三百三十七条　社債権者集会ニ関スル費用ハ社債ヲ発行シタル会社ノ負担トス
第二百三十七条第三項ノ規定ハ第三百二十条第二項又ハ第三項ノ規定ニ依リテ社債権者集会ヲ招集シタル場合ニ之ヲ準用ス
第三百二十五条ノ請求ニ関スル費用ハ会社ノ負担トス但シ裁判所ハ利害関係人ノ申立ニ因リ又ハ職権ヲ以テ其ノ全部又ハ一部ニ付別ニ負担者ヲ定ムルコトヲ得
第三百三十八条　数種ノ社債ヲ発行シタル場合ニ於テハ社債権者集会ハ其ノ各種類ノ社債ニ付之ヲ招集スルコトヲ要ス
第三百三十九条　第二百三十二条、第二百三十九条第三項第四項、第二百四十条、第二百四十一条第二項、第二百四十三条及第二百四十四条ノ規定ハ社債権者集会ニ之ヲ準用ス
第二百三十二条第一項及第二項ノ規定ハ第三百二十二条第二項ノ通知ニ之ヲ準用ス

第三百四十条　会社ガ或社債権者ニ対シテ為シタル弁済、和解其ノ他ノ行為ガ著シク不公正ナルトキハ社債募集ノ委託ヲ受ケタル会社ハ訴ヲ以テ其ノ行為ノ取消ヲ請求スルコトヲ得

前項ノ訴ハ社債募集ノ委託ヲ受ケタル会社ガ取消ノ原因タル事実ヲ知リタル時ヨリ六月、行為ノ時ヨリ一年内ニ之ヲ提起スルコトヲ要ス

第八十八条及民法第四百二十四条第一項但書、第四百二十五条ノ規定ハ第一項ノ訴ニ之ヲ準用ス

第三百四十一条　社債権者集会ノ決議アルトキハ代表者又ハ執行者モ亦前条第一項ノ訴ヲ提起スルコトヲ得但シ行為ノ時ヨリ一年内ニ限ル

第六節　定款ノ変更

第三百四十二条　定款ノ変更ヲ為スニハ株主総会ノ決議アルコトヲ要ス

定款ノ変更ニ関スル議案ノ要領ハ第二百三十二条ニ定ムル通知及公告ニ之ヲ記載スルコトヲ要ス

第三百四十三条　前条第一項ノ決議ハ総株主ノ半数以上ニシテ資本ノ半額以上ニ当ル株主出席シ其ノ議決権ノ過半数ヲ以テ之ヲ為ス

前項ニ定ムル員数ノ株主ガ出席セザルトキハ出席シタル株主ノ議決権ノ過半数ヲ以テ仮決議ヲ為スコトヲ得此ノ場合ニ於テハ各株主ニ対シテ其ノ仮決議ノ趣旨ノ通知ヲ発シ且無記名式ノ株券ヲ発行シタルトキハ其ノ趣旨ヲ公告シ更ニ一月内ニ第二回ノ株主総会ヲ招集スルコトヲ要ス

第二回ノ株主総会ニ於テハ出席シタル株主ノ議決権ノ過半数ヲ以テ仮決議ノ認否ヲ決ス

前二項ノ規定ハ会社ノ目的タル事業ヲ変更スル場合ニハ之ヲ適用セズ

第三百四十四条　前条第一項ノ規定ノ適用ニ付テハ議決権ナキ株主ハ之ヲ総株主ノ員数ニ、其ノ有スル株式ノ金額ハ之ヲ資本ノ額ニ算入セズ

第二百三十九条第二項ノ規定ニ依リテ株券ヲ供託セザル者ハ之ヲ総株主ノ員数ニ算入セズ

第二百四十条ノ規定ハ前条第一項乃至第三項ノ議決権ニ之ヲ準用ス

第三百四十五条　会社ガ数種ノ株式ヲ発行シタル場合ニ於テ定款ノ変更ガ或種類ノ株主ニ損害ヲ及ボスベキトキハ株主総会ノ決議ノ外其ノ種類ノ株主ノ総会ノ決議アルコトヲ要ス

或種類ノ株主ノ総会ノ決議ハ其ノ種類ノ半数以上ニシテ株金総額ノ半額以上ニ当ル株主出席シ其ノ議決権ノ三分ノ二以上ノ多数ヲ以テ之ヲ為ス

株主総会ニ関スル規定ハ議決権ナキ種類ノ株主ニ関スルモノヲ除クノ外第一項ノ総会ニ之ヲ準用ス

第三百四十六条　前条ノ規定ハ第二百二十二条第二項ノ決議ヲ為ス場合及会社ノ合併ニ因リテ或種類ノ株主ニ損害ヲ及ボスベキ場合ニ之ヲ準用ス

第三百四十七条　第二百二十二条第二項及前二条ノ規定ハ同種類ノ株式中ニ払込額ヲ異ニスル二種以上ノモノアル場合ニ之ヲ準用ス

第三百四十八条　左ニ掲グル事項ハ定款ニ定ナキトキト雖モ資本増加ノ決議ニ於テ之ヲ定ムルコトヲ得

一　新株ノ額面以上ノ発行

二　現物出資ヲ為ス者ノ氏名、出資ノ目的タル財産、其ノ価格及之ニ対シテ与フル株式ノ種類及数

三　資本ノ増加後ニ譲受クルコトヲ約シタル財産、其ノ価格及譲渡人ノ氏名

四　新株ノ引受権ヲ与フベキ者及其ノ権利ノ内容

第三百四十九条　会社ガ特定ノ者ニ対シ将来其ノ資本ヲ増加スル場合ニ於テ新株ノ引受権ヲ与フベキコトヲ約スルニハ第三百四十三条ニ定ムル決議ニ依ルコトヲ要ス

第三百五十条　株式申込証ハ取締役之ヲ作リ之ニ左ノ事項ヲ記載スルコトヲ要ス

一　会社ノ商号

二　増加スベキ資本ノ額

三　資本増加ノ決議ノ年月日

四　第一回払込ノ金額

五　第百七十五条第二項第五号第六号及第三百四十八条第一号乃至第三号ニ掲グル事項

六　数種ノ株式アルトキ又ハ異種類ノ株式ヲ発行スルトキハ新ニ発行スル株式ノ内容及数

七　一定ノ時期迄ニ第三百五十一条ノ総会ガ終結セザルトキハ株式ノ申込ヲ取消スコトヲ得ベキコト

第三百五十一条　資本増加ノ場合ニ於テ各新株ニ付第百七十七条ノ規定ニ依ル払込及現物出資ノ給付アリタルトキハ取締役ハ遅滞ナク株主総会ヲ招集シテ之ニ新株ノ募集ニ関スル事項ヲ報告スルコトヲ要ス

新株ノ引受人ハ前項ノ総会ニ於テ株主ト同一ノ権利ヲ有ス

第三百五十二条　新株ノ引受人ハ株金ノ払込期日ヨリ利益又ハ利息ノ配当ニ付株主ト同一ノ権利ヲ有ス

第三百五十三条　会社ノ成立後二年内ニ其ノ資本ヲ増加スル決議ヲ為シ又ハ資本ヲ倍額以上ニ増加スル場合ニ於テ第三百四十八条第二号又ハ第三号ニ掲グル事項ヲ定メタルトキハ取締役ハ之ニ関スル調査ヲ為サシムル為検査役ノ選任ヲ裁判所ニ請求スルコトヲ要ス

第百八十一条第二項ノ規定ハ前項ノ場合ニ之ヲ準用ス

第三百五十四条　監査役ハ左ニ掲グル事項ヲ調査シ之ヲ株主総会ニ報告スルコトヲ要ス

一　新株総数ノ引受アリタリヤ否ヤ

二　第百七十七条ノ規定ニ依ル払込及現物出資ノ給付アリタルヤ否ヤ

監査役ハ前条第一項ノ検査役ノ報告書ヲ調査シ株主総会ニ其ノ意見ヲ報告スルコトヲ要ス

株主総会ハ第一項ノ調査及報告ヲ為サシムル為特ニ検査役ヲ選任スルコトヲ得

第三百五十五条　第三百五十三条第一項ノ場合ニ於テハ第三百五十一条ノ株主総会ノ決議ハ第三百四十三条ノ規定ニ依ルニ非ザレバ之ヲ為スコトヲ得ズ

第百八十五条ノ規定ハ前項ノ場合ニ之ヲ準用ス

第三百五十六条　引受ナキ株式又ハ第百七十七条ノ規定ニ依ル払込ノ未済ナル株式アルトキハ取締役ハ連帯シテ其ノ株式ノ引受又ハ払込ヲ為ス義務ヲ負フ株式ノ申込ガ取消サレタルトキ亦同ジ

第三百五十七条　会社ハ第三百五十一条ノ株主総会終結ノ日又ハ第三百五十五条第二項ノ手続終了ノ日ヨリ本店ノ所在地ニ於テハ二週間、支店ノ所在地ニ於テハ三週間内ニ資本増加ノ登記ヲ為スコトヲ要ス

前項ノ登記ニ在リテハ左ノ事項ヲ登記スルコトヲ要ス

一　増加シタル資本ノ額

二　資本増加ノ決議ノ年月日

三　各新株ニ付払込ミタル株金額

四　数種ノ株式アルトキ又ハ異種類ノ株式ヲ発行スルトキハ新ニ発行スル株式ノ内容及数

第六十七条ノ規定ハ第一項ノ登記ニ之ヲ準用ス

第三百五十八条　資本ノ増加ハ本店ノ所在地ニ於テ前条第一項ノ登記ヲ為スニ因リテ其ノ効力ヲ生ズ
資本増加ノ年月日ハ之ヲ新株券ニ記載スルコトヲ要ス
第三百五十九条　資本増加ノ場合ニ於テハ定款ヲ以テ株主ガ其ノ引受ケタル新株ヲ他ノ種類ノ株式ニ転換スルコトヲ請求シ得ベキ旨ヲ定ムルコトヲ得此ノ場合ニ於テハ転換ヲ請求シ得ベキ期間及転換ニ因リテ受クベキ株式ノ内容ヲ定ムルコトヲ要ス
第三百六十条　前条ノ場合ニ於テハ株式申込証、株券及株主名簿ニ左ノ事項ヲ記載スルコトヲ要ス
一　株式ヲ他ノ種類ノ株式ニ転換スルコトヲ得ベキコト
一　転換ニ因リテ発行スベキ株式ノ内容
三　転換ノ請求ヲ為スコトヲ得ベキ期間
資本増加ノ登記ニ在リテハ前項ノ事項ヲ登記スルコトヲ要ス
第三百六十一条　転換ヲ請求スル者ハ請求書二通ニ株券ヲ添付シテ之ヲ会社ニ提出スルコトヲ要ス
前項ノ請求書ニハ転換セントスル株式ノ数及請求ノ年月日ヲ記載シ之ニ署名スルコトヲ要ス
第三百六十二条　転換ハ其ノ請求ヲ為シタル時ノ属スル営業年度ノ終ニ於テ其ノ効力ヲ生ズ
第三百六十三条　転換ニ因リテ生ジタル各種類ノ株式ノ数ノ増減ハ毎営業年度ノ終ヨリ一月内ニ本店ノ所在地ニ於テ之ヲ登記スルコトヲ要ス
第六十四条第二項ノ規定ハ前項ノ登記ニ之ヲ準用ス
第三百六十四条　社債募集ノ場合ニ於テハ社債権者ガ社債ヲ株式ニ転換スルコトヲ請求シ得ベキ旨且転換ノ限度ニ於テ資本ヲ増加スベキ旨ヲ決議スルコトヲ得
前項ノ決議ニ於テハ転換ノ条件、転換ニ因リテ発行スベキ株式ノ内容及転換ヲ請求シ得ベキ期間ヲ定ムルコトヲ要ス
第三百六十五条　転換ニ因リテ発行スベキ株式ハ全額払込済ノモノトス
転換ニ因リテ発行スベキ株式ノ金額ハ転換スベキ社債ノ発行価額ヲ超ユルコトヲ得ズ
第二百八十八条第二項ノ規定ハ社債ノ転換ノ場合ニ之ヲ準用ス
第三百六十六条　転換社債ニ付テハ社債申込証、債券及社債原簿ニ左ノ事項ヲ記載スルコトヲ要ス
一　社債ヲ株式ニ転換スルコトヲ得ベキコト
二　転換ノ条件

三　転換ニ因リテ発行スベキ株式ノ内容
四　転換ノ請求ヲ為スコトヲ得ベキ期間
社債ノ登記ニ在リテハ前項ノ事項ヲ登記スルコトヲ要ス
第三百六十七条　転換ヲ請求スル者ハ請求書二通ニ債券ヲ添付シテ之ヲ会社ニ提出スルコトヲ要ス
前項ノ請求書ニハ転換セントスル社債ヲ表示シ請求ノ年月日ヲ記載シテ之ニ署名スルコトヲ要ス
第三百六十八条　第二百八条第一項及第三百六十二條ノ規定ハ社債ノ転換ノ場合ニ之ヲ準用ス
第三百六十九条　転換ニ因リテ生ジタル資本ノ増加及社債ノ減少ハ毎営業年度ノ終ヨリ一月内ニ本店ノ所在地ニ於テ之ヲ登記スルコトヲ要ス
第六十四条第二項ノ規定ハ前項ノ登記ニ之ヲ準用ス
第三百七十条　第百七十五条第一項第三項第四項、第百七十六条乃至第百七十九条、第百八十七条、第百九十条、第百九十一条第一項及第百九十二条ノ規定ハ資本増加ノ場合ニ之ヲ準用ス
第百九十一条第二項ノ規定ハ取締役及監査役ニ之ヲ準用ス
第二百二十六条ノ規定ハ新株ノ発行ニ之ヲ準用ス
第三百七十一条　資本増加ノ無効ハ第三百五十七条又ハ第三百六十九条ノ規定ニ依リ本店ノ所在地ニ於テ登記ヲ為シタル日ヨリ六月内ニ訴ヲ以テノミ之ヲ主張スルコトヲ得
前項ノ訴ハ株主、取締役又ハ監査役ニ限リ之ヲ提起スルコトヲ得
第三百七十二条　第八十八条、第百五条第二項乃至第四項、第百七条、第百九条、第百三十七条及第二百四十九条ノ規定ハ前条ノ訴ニ之ヲ準用ス
第三百七十三条　資本ノ増加ヲ無効トスル判決ガ確定シタルトキハ資本ノ増加ニ因リテ発行シタル新株ハ将来ニ向テ其ノ効力ヲ失フ
前項ノ場合ニ於テハ会社ハ遅滞ナク其ノ旨及一定ノ期間内ニ株券ヲ会社ニ提出スベキ旨ヲ公告シ且株主及株主名簿ニ記載アル質権者ニハ各別ニ之ヲ通知スルコトヲ要ス但シ其ノ期間ハ三月ヲ下ルコトヲ得ズ
第三百七十四条　前条第一項ノ場合ニ於テハ会社ハ新株ノ株主ニ対シ其ノ払込ミタル株金ニ相当スル金額ノ支払ヲ為スコトヲ要ス
前項ノ金額ガ前条第一項ノ判決確定ノ時ニ於ケル会社財産ノ状況ニ照シ著シク不相当ナルトキハ裁判所ハ会社又ハ前項ノ株主ノ

請求ニ因リ前項ノ金額ノ増減又ハ未払込株金額ノ払込ヲ命ズルコトヲ得
第二百八条第一項及第二百九条第一項第二項ノ規定ハ第一項ノ場合ニ之ヲ準用ス
第三百七十五条　第二百四十五条第一項ノ規定ハ会社ガ資本ノ増加後二年内ニ其ノ増加前ヨリ存在スル財産ニシテ営業ノ為ニ継続シテ使用スベキモノヲ増加資本ノ二十分ノ一以上ニ当ル対価ヲ以テ取得スル契約ヲ為ス場合ニ之ヲ準用ス
第三百七十六条　資本減少ノ場合ニ於テハ其ノ決議ニ於テ減少ノ方法ヲ定ムルコトヲ要ス
第九十九条及第百条ノ規定ハ資本減少ノ場合ニ之ヲ準用ス
社債権者ガ異議ヲ述ブルニハ社債権者集会ノ決議ニ依ルコトヲ要ス此ノ場合ニ於テハ裁判所ハ利害関係人ノ請求ニ因リ社債権者ノ為ニ異議ノ期間ヲ伸長スルコトヲ得
第三百七十七条　株式ノ併合ヲ為サントスルトキハ会社ハ其ノ旨及一定ノ期間内ニ株券ヲ会社ニ提出スベキ旨ヲ公告シ且株主及株主名簿ニ記載アル質権者ニハ各別ニ之ヲ通知スルコトヲ要ス但シ其ノ期間ハ三月ヲ下ルコトヲ得ズ
株式ノ併合ハ前項ノ期間満了ノ時、若第百条ノ手続ガ未ダ終了セザルトキハ其ノ終了ノ時ニ於テ其ノ効力ヲ生ズ
第三百七十八条　株式ノ併合アリタル場合ニ於テ旧株券ヲ提出スルコト能ハザル者アルトキハ会社ハ其ノ者ノ請求ニ因リ利害関係人ニ対シ異議アラバ一定ノ期間内ニ之ヲ述ブベキ旨ヲ公告シ其ノ期間経過後ニ於テ新株券ヲ交付スルコトヲ得但シ其ノ期間ハ三月ヲ下ルコトヲ得ズ
前項ノ公告ノ費用ハ之ヲ請求者ノ負担トス
第三百七十九条　併合ニ適セザル数ノ株式アルトキハ其ノ併合ニ適セザル部分ニ付新ニ発行シタル株式ヲ競売シ且株数ニ応ジテ其ノ代金ヲ従前ノ株主ニ交付スルコトヲ要ス
第二百十四条第一項但書及前条ノ規定ハ前項ノ場合ニ之ヲ準用ス
前二項ノ規定ハ無記名式ノ株券ニシテ第三百七十七条第一項ノ規定ニ依ル提出ナカリシモノニ之ヲ準用ス
第三百八十条　資本減少ノ無効ハ本店ノ所在地ニ於テ資本減少ノ登記ヲ為シタル日ヨリ六月内ニ訴ヲ以テノミ之ヲ主張スルコトヲ得
前項ノ訴ハ株主、取締役、監査役又ハ資本ノ減少ヲ承認セザル債権者ニ限リ之ヲ提起スルコトヲ得
第八十八条、第百五条第二項乃至第四項、第百六条、第百七条、第百九条、第百三十七条及第二百四十九条ノ規定ハ第一項ノ訴ニ之ヲ準用ス

第七節　会社ノ整理

第三百八十一条　会社ノ現況其ノ他ノ事情ニ依リ支払不能又ハ債務超過ニ陥ルノ虞アリト認ムルトキハ裁判所ハ取締役、監査役、三月前ヨリ引続キ資本ノ十分ノ一以上ニ当ル株式ヲ有スル株主又ハ払込株金額ノ十分ノ一以上ニ当ル債権者ノ申立ニ因リ会社ニ対シ整理ノ開始ヲ命ズルコトヲ得会社ニ支払不能又ハ債務超過ノ疑アリト認ムルトキ亦同ジ

会社ノ業務ヲ監督スル官庁ハ会社ニ前項ニ掲グル事由アリト認ムルトキハ裁判所ニ其ノ旨ヲ通告スルコトヲ得此ノ場合ニ於テハ裁判所ハ職権ヲ以テ整理ノ開始ヲ命ズルコトヲ得

整理開始ノ申立ガ権利ノ濫用其ノ他不当ノ目的ニ出ヅルモノト認ムルトキハ裁判所ハ其ノ申立ヲ却下スルコトヲ得

第三百八十二条　裁判所整理ノ開始ヲ命ジタルトキハ直ニ会社ノ本店及支店ノ所在地ノ登記所ニ整理開始ノ登記ヲ嘱託スルコトヲ要ス

第三百八十三条　整理開始ノ申立又ハ通告アリタル場合ニ於テ必要アリト認ムルトキハ裁判所ハ破産手続及和議手続ノ中止ヲ命ズルコトヲ得

整理開始ノ命令アリタルトキハ破産若ハ和議ノ申立又ハ会社財産ニ対スル強制執行、仮差押若ハ仮処分ヲ為スコトヲ得ズ破産手続、和議手続並ニ既ニ為シタル強制執行、仮差押及仮処分ハ之ヲ中止ス

整理開始ノ命令ガ確定シタルトキハ前二項ノ規定ニ依リテ中止シタル手続ハ整理ノ関係ニ於テハ其ノ効力ヲ失フ

第三百八十四条　整理開始ノ命令アリタル場合ニ於テ債権者ノ一般ノ利益ニ適応シ且競売申立人ニ不当ノ損害ヲ及ボスノ虞ナキモノト認ムルトキハ裁判所ハ相当ノ期間ヲ定メ競売法ニ依ル競売手続ノ中止ヲ命ズルコトヲ得

第三百八十五条　整理開始ノ命令アリタルトキハ会社ノ債権者ノ債権ニ付テハ整理開始ノ取消ノ登記又ハ整理終結ノ登記ノ日ヨリ二月内ハ時効完成セズ

第三百八十六条　整理開始ノ命令アリタル場合ニ於テ必要アリト認ムルトキハ裁判所ハ左ノ処分ヲ為スコトヲ得

一　会社ノ業務ノ制限其ノ他会社財産ノ保全処分
二　株主ノ名義書換ノ禁止
三　会社ノ業務及財産ニ対スル検査ノ命令
四　整理又ハ和議ニ関スル立案及実行ノ命令

五　取締役又ハ監査役ノ解任
六　発起人、取締役又ハ監査役ノ責任ノ免除ノ禁止
七　発起人、取締役又ハ監査役ノ責任ノ免除ノ取消但シ整理ノ開始ヨリ一年前ニ為シタル免除ニ付テハ不正ノ目的ニ出デタルモノニ限ル
八　発起人、取締役又ハ監査役ノ責任ニ基ク損害賠償請求権ノ査定
九　前号ノ損害賠償請求権ニ付発起人、取締役又ハ監査役ノ財産ニ対シテ為ス保全処分
十　会社ノ業務及財産ニ関スル監督ノ命令
十一　会社ノ業務及財産ニ関スル管理ノ命令
整理開始ノ申立又ハ通告アリタルトキハ裁判所ハ其ノ開始前ト雖モ第三百八十一条第一項ニ掲グル者ノ申立ニ因リ又ハ職権ヲ以テ前項第一号乃至第三号、第九号又ハ第十号ノ処分ヲ為スコトヲ得
第三百八十七条　裁判所前条第一項第五号、第十号又ハ第十一号ノ処分ヲ為シタルトキハ直ニ会社ノ本店及支店所在地ノ登記所ニ其ノ登記ヲ嘱託スルコトヲ要ス前条第一項第一号ノ業務ノ制限ノ処分ヲ為シタルトキ亦同ジ
前条第一項第一号又ハ第九号ノ処分ニシテ登記又ハ登録ヲ為スベキ財産ニ関スルモノニ付テハ裁判所ハ直ニ其ノ登記又ハ登録ヲ嘱託スルコトヲ要ス
第三百八十八条　第三百八十六条第一項第三号ノ検査ハ会社ノ業務及財産ノ状況其ノ他会社ノ整理ニ必要ナル事項ニ付裁判所ノ選任シタル検査役之ヲ為ス
検査役ハ会社ノ業績ガ不良ト為リタル事情及発起人、取締役又ハ監査役ニ不正又ハ懈怠ナカリシヤ否ヤヲモ調査スルコトヲ要ス
第三百八十九条　検査役ハ調査ノ結果殊ニ左ノ事項ヲ裁判所ニ報告スルコトヲ要ス
一　整理ノ見込アルヤ否ヤ
二　発起人、取締役又ハ監査役ニ第百八十六条、第百九十三条、第二百六十六条、第二百八十条又ハ第三百五十六条ノ規定ニ依リテ責ニ任ズベキ事実アルヤ否ヤ
三　会社ノ業務及財産ニ付監督又ハ管理ヲ為ス必要アルヤ否ヤ
四　会社財産ノ保全処分ヲ為ス必要アルヤ否ヤ
五　会社ノ損害賠償請求権ニ付発起人、取締役又ハ監査役ノ財産ニ対シ保全処分ヲ為ス必要アルヤ否ヤ

第三百九十条　検査役ハ発起人、取締役、監査役及支配人其ノ他ノ使用人ニ対シ会社ノ業務及財産ノ状況ニ付報告ヲ求メ会社ノ帳簿、書類、金銭其ノ他ノ物件ヲ検査スルコトヲ得

検査役ハ其ノ調査ヲ為スニ当リ裁判所ノ許可ヲ得テ執達吏又ハ警察官吏ノ援助ヲ求ムルコトヲ得

第三百九十一条　第三百八十六条第一項第四号ノ処分ヲ為シタル場合ニ於テ必要アリト認ムルトキハ裁判所ハ整理委員ヲ選任スルコトヲ得

整理委員ハ整理又ハ和議ニ関スル立案ノ任ニ当リ且取締役ガ其ノ実行ヲ為スニ付之ト協力ス

前条第一項ノ規定ハ整理委員ニ之ヲ準用ス

第三百九十二条　整理ノ実行上又ハ和議ノ為株金ノ払込ヲ為サシムル必要アリト認ムルトキハ取締役ハ各株主ニ対シ其ノ有スル株式ノ数及未払込株金額ヲ通知シ異議アラバ一定ノ期間内ニ之ヲ述ブベキ旨ヲ催告スルコトヲ得但シ其ノ期間ハ一月ヲ下ルコトヲ得ズ

株主ガ前項ノ期間内ニ異議ヲ述ベザリシトキハ通知シタル事項ヲ承認シタルモノト看做ス

株主ガ異議ヲ述ベタルトキハ取締役ハ其ノ確定ヲ裁判所ニ請求スルコトヲ要ス

第三百九十三条　取締役ハ前条ノ承認又ハ確定アリタル事項ニ基キ株主表ヲ作ルコトヲ要ス

取締役株金ノ払込ヲ為サシメントスルトキハ其ノ払込金額ニ付裁判所ノ認可ヲ得ルコトヲ要ス

会社ハ株主ニ対シ前項ノ認可ノ記載アル株主表ノ抄本ニ基キテ強制執行ヲ為スコトヲ得

第三百九十四条　第三百八十六条第一項第八号ノ規定ニ依リテ為シタル査定ニ不服アル者ハ査定ノ告知ヲ受ケタル日ヨリ一月内ニ異議ノ訴ヲ提起スルコトヲ得

査定ヲ認可シ又ハ之ヲ変更シタル判決ハ強制執行ニ関シテハ給付ヲ命ズル判決ト同一ノ効力ヲ有ス

第八十八条及第百五条第二項第三項ノ規定ハ第一項ノ訴ニ之ヲ準用ス

第三百九十五条　前条第一項ノ期間内ニ訴ノ提起ナキトキハ査定ハ給付ヲ命ズル確定判決ト同一ノ効力ヲ有ス訴ガ却下セラレタルトキ亦同ジ

第三百九十六条　査定ノ申立ハ時効ノ中断ニ関シテハ之ヲ裁判上ノ請求ト看做ス職権ニ依ル査定手続ノ開始亦同ジ

第三百九十七条　第三百八十六条第一項第十号ノ監督ハ裁判所ノ選任シタル監督員之ヲ為ス

取締役ガ裁判所ノ指定シタル行為ヲ為スニハ監督員ノ同意ヲ得ルコトヲ要ス

第三百九十条第一項ノ規定ハ監督員ニ之ヲ準用ス

第三百九十八条　第三百八十六条第一項第十一号ノ管理ハ裁判所ノ選任シタル管理人之ヲ為ス

会社ノ代表、業務ノ執行並ニ財産ノ管理及処分ヲ為ス権利ハ管理人ニ専属ス第二百四十七条、第三百七十一条、第三百八十条、第四百十五条及第四百二十八条ノ規定ニ依ル取締役ノ権利亦同ジ

第三百九十条ノ規定ハ管理人ニ之ヲ準用ス

第三百九十九条　整理ガ結了シ又ハ整理ノ必要ナキニ至リタルトキハ裁判所ハ第三百八十一条第一項ニ掲グル者、検査役、整理委員、監督員又ハ管理人ノ申立ニ因リ整理終結ノ決定ヲ為スコトヲ得

第四百条　第三百八十二条及第三百八十七条ノ規定ハ整理終結ノ決定又ハ整理開始ノ命令ヲ取消ス決定ガ確定シタル場合ニ之ヲ準用ス

第四百一条　整理開始ノ命令アリタル場合ニ於テ債権者ノ一般ノ利益ノ為必要アリト認ムルトキハ裁判所ハ和議ノ申立ヲ為スコトヲ認可スルコトヲ得

裁判所前項ノ認可ヲ為シタルトキハ和議法ニ従ヒ和議手続ヲ為スコトヲ要ス

第四百二条　整理開始ノ命令アリタル場合ニ於テ整理ノ見込ナキトキハ裁判所ハ職権ヲ以テ破産法ニ従ヒ破産ノ宣告ヲ為スコトヲ要ス

第四百三条　破産法第百四条ノ規定ハ整理ノ場合ニ之ヲ準用ス

破産法第百六十三条乃至第百六十六条ノ規定ハ検査役、整理委員、監督員及管理人ニ之ヲ準用ス

第八節　解　散

第四百四条　会社ハ左ノ事由ニ因リテ解散ス

一　第九十四条第一号、第三号、第五号及第六号ニ掲グル事由

二　株主総会ノ決議

三　営業全部ノ譲渡

第四百五条　解散ノ決議ハ第三百四十三条ノ規定ニ依ルニ非ザレバ之ヲ為スコトヲ得ズ

第四百六条　会社ガ存立時期ノ満了其ノ他定款ニ定メタル事由ノ発生又ハ株主総会ノ決議ニ因リテ解散シタル場合ニ於テハ第三百

四十三条ニ定ムル決議ニ依リテ会社ヲ継続スルコトヲ得

第四百七条　会社ガ解散シタルトキハ破産ノ場合ヲ除クノ外取締役ハ遅滞ナク株主ニ対シテ其ノ旨ノ通知ヲ発シ且無記名式ノ株券ヲ発行シタル場合ニ於テハ之ヲ公告スルコトヲ要ス

第四百八条　会社ガ合併ヲ為スニハ合併契約書ヲ作リ株主総会ノ承認ヲ得ルコトヲ要ス

合併契約書ノ要領ハ第二百三十二条ニ定ムル通知及公告ニ之ヲ記載スルコトヲ要ス

第一項ノ決議ハ第三百四十三条ノ規定ニ依ルニ非ザレバ之ヲ為スコトヲ得ズ

第四百九条　合併ヲ為ス会社ノ一方ガ合併後存続スル場合ニ於テハ合併契約書ニ左ノ事項ヲ掲グルコトヲ要ス

一　存続スル会社ノ増加スベキ資本ノ額

二　存続スル会社ノ発行スベキ新株ノ種類、数及払込金額並ニ合併ニ因リテ消滅スル会社ノ株主ニ対スル新株ノ割当ニ関スル事項

三　合併ニ因リテ消滅スル会社ノ株主ニ支払ヲ為スベキ金額ヲ定メタルトキハ其ノ規定

四　各会社ニ於テ前条第一項ノ決議ヲ為スベキ株主総会ノ期日

五　合併ヲ為スベキ時期ヲ定メタルトキハ其ノ規定

第四百十条　合併ニ因リテ会社ヲ設立スル場合ニ於テハ合併契約書ニ左ノ事項ヲ掲グルコトヲ要ス

一　合併ニ因リテ設立スル会社ノ目的、商号、資本ノ総額、一株ノ金額及本店ノ所在地

二　合併ニ因リテ設立スル会社ノ発行スベキ株式ノ種類、数及払込金額並ニ各会社ノ株主ニ対スル株式ノ割当ニ関スル事項

三　各会社ノ株主ニ支払ヲ為スベキ金額ヲ定メタルトキハ其ノ規定

四　前条第四号及第五号ニ掲グル事項

第四百十一条　合併後存続スル会社又ハ合併ニ因リテ設立スル会社ガ株式会社ナル場合ニ於テ合併ヲ為ス会社ノ一方又ハ双方ガ合名会社又ハ合資会社ナルトキハ総社員ノ同意ヲ得テ合併契約書ヲ作ルコトヲ要ス

前二条ノ規定ハ前項ノ合併契約書ニ之ヲ準用ス

第四百十二条　合併ヲ為ス会社ノ一方ガ合併後存続スル場合ニ於テハ其ノ取締役ハ第百条ノ手続ノ終了後、合併ニ因ル株式ノ併合アリタルトキハ其ノ効力ヲ生ジタル後、併合ニ適セザル様式アリタルトキハ合併後存続スル会社ニ於テ第三百七十九条ノ処分ヲ為シタル後遅滞ナク株主総会ヲ招集シテ之ニ合併ニ関スル事項ヲ報告スルコトヲ要ス

第三百五十一条第二項ノ規定ハ前項ノ株主総会ニ関シ之ヲ準用ス

第四百十三条　合併ニ因リテ会社ヲ設立スル場合ニ於テハ設立委員ハ第百条ノ手続ノ終了後、合併ニ因ル株式ノ併合アリタルトキハ其ノ効力ヲ生ジタル後、併合ニ適セザル株式アリタルトキハ第三百七十九条ノ処分ヲ為シタル後遅滞ナク創立総会ヲ招集スルコトヲ要ス

創立総会ニ於テハ定款変更ノ決議ヲモ為スコトヲ得但シ合併契約ノ趣旨ニ反スルコトヲ得ズ

第百八十条第二項第三項、第百八十二条、第百八十三条及第百八十八条第二項ノ規定ハ第一項ノ創立総会ニ之ヲ準用ス

第四百十四条　会社ガ合併ヲ為シタルトキハ第四百十二条ノ株主総会又ハ前条ノ創立総会ノ終結ノ日ヨリ本店ノ所在地ニ於テハ二週間、支店ノ所在地ニ於テハ三週間内ニ合併後存続スル会社ニ付テハ変更ノ登記、合併ニ因リテ消滅スル会社ニ付テハ解散ノ登記、合併ニ因リテ設立シタル会社ニ付テハ第百八十九条ニ定ムル登記ヲ為スコトヲ要ス

合併後存続スル会社又ハ合併ニ因リテ設立シタル会社ガ合併ニ因リテ社債ヲ承継シタルトキハ前項ノ登記ト同時ニ社債ノ登記ヲ為スコトヲ要ス

第四百十五条　合併ノ無効ノ訴ハ各会社ノ株主、取締役、監査役、清算人、破産管財人又ハ合併ヲ承認セザル債権者ニ限リ之ヲ提起スルコトヲ得

第四百十六条　第九十六条、第九十七条、第九十八条第二項、第九十九条、第百条、第百二条、第百三条、第百四条第一項第三項及第百五条乃至第百十一条ノ規定ハ株式会社ニ之ヲ準用ス

第三百七十六条第三項ノ規定ハ合併ノ場合ニ之ヲ準用ス

第三百七十七条乃至第三百七十九条ノ規定ハ会社ノ合併ニ因ル株式併合ノ場合ニ之ヲ準用ス

第二百八条第一項及第二百九条第三項ノ規定ハ株式ヲ併合セザル場合ニ於テ合併ニ因リテ消滅スル会社ノ株式ヲ目的トスル質権ニ之ヲ準用ス

第九節　清　算

第一款　総　則

第四百十七条　会社ガ解散シタルトキハ合併及破産ノ場合ヲ除クノ外取締役其ノ清算人ト為ル但シ定款ニ別段ノ定アルトキ又ハ株主総会ニ於テ他人ヲ選任シタルトキハ此ノ限ニ在ラズ

前項ノ規定ニ依リテ清算人タル者ナキトキハ裁判所ハ利害関係人ノ請求ニ因リ清算人ヲ選任ス

第四百十八条　清算人ハ其ノ就職ノ日ヨリ二週間内ニ左ノ事項ヲ裁判所ニ届出ヅルコトヲ要ス

一　解散ノ事由及其ノ年月日

二　清算人ノ氏名及住所

第四百十九条　清算人ハ就職ノ後遅滞ナク会社財産ノ現況ヲ調査シ財産目録及貸借対照表ヲ作リ之ヲ株主総会ニ提出シテ其ノ承認ヲ求ムルコトヲ要ス

清算人ハ前項ノ承認ヲ得タル後遅滞ナク財産目録及貸借対照表ヲ裁判所ニ提出スルコトヲ要ス

第四百二十条　清算人ハ財産目録、貸借対照表及事務報告書ヲ作リ定時総会ノ会日ヨリ二週間前ニ之ヲ監査役ニ提出スルコトヲ要ス

第四百二十一条　清算人ハ其ノ就職ノ日ヨリ二月内ニ少クトモ三回ノ公告ヲ以テ債権者ニ対シ一定ノ期間内ニ其ノ債権ヲ申出ヅベキ旨ヲ催告スルコトヲ要ス但シ其ノ期間ハ二月ヲ下ルコトヲ得ズ

前項ノ公告ニハ債権者ガ期間内ニ申出ヲ為サザルトキハ清算ヨリ除斥セラルベキ旨ヲ付記スルコトヲ要ス

第四百二十二条　清算人ハ知レタル債権者ニハ各別ニ其ノ債権ノ申出ヲ催告スルコトヲ要ス

知レタル債権者ハ之ヲ清算ヨリ除斥スルコトヲ得ズ

第四百二十三条　清算人ハ第四百二十一条第一項ノ債権申出ノ期間内ハ債権者ニ対シテ弁済ヲ為スコトヲ得ズ但シ会社ハ之ガ為ニ遅延ニ因ル損害賠償ノ責任ヲ免ルルコトナシ

清算人ハ前項ノ規定ニ拘ラズ裁判所ノ許可ヲ得テ少額ノ債権及担保アル債権其ノ他之ヲ弁済スルモ他ノ債権者ヲ害スルノ虞ナキ債権ニ付弁済ヲ為スコトヲ得

第四百二十四条　清算ヨリ除斥セラレタル債権者ハ未ダ分配セザル残余財産ニ対シテノミ弁済ヲ請求スルコトヲ得

一部ノ株主ニ対シ既ニ分配ヲ為シタル場合ニ於テハ他ノ株主ニ対シ之ト同一ノ割合ヲ以テ分配ヲ為スニ要スル財産ハ之ヲ前項ノ残余財産ヨリ控除ス

第四百二十五条　残余財産ハ定款ニ依リテ払込ミタル株金額ノ割合ニ応ジテ之ヲ株主ニ分配スルコトヲ要ス但シ第二百二十二条第一項ノ規定ノ適用ヲ妨ゲズ

第四百二十六条　清算人ハ裁判所ノ選任シタルモノヲ除クノ外何時ニテモ株主総会ノ決議ヲ以テ之ヲ解任スルコトヲ得

重要ナル事由アルトキハ裁判所ハ監査役又ハ三月前ヨリ引続キ資本ノ十分ノ一以上ニ当ル株式ヲ有スル株主ノ請求ニ因リ清算人ヲ解任スルコトヲ得

第四百二十七条　清算事務ガ終リタルトキハ清算人ハ遅滞ナク決算報告書ヲ作リ之ヲ株主総会ニ提出シテ其ノ承認ヲ求ムルコトヲ要ス

前項ノ承認アリタルトキハ会社ハ清算人ニ対シテ其ノ責任ヲ解除シタルモノト看做ス但シ清算人ニ不正ノ行為アリタルトキハ此ノ限ニ在ラズ

第四百二十八条　会社ノ設立ノ無効ハ其ノ成立ノ日ヨリ二年内ニ訴ヲ以テノミ之ヲ主張スルコトヲ得

前項ノ訴ハ株主、取締役又ハ監査役ニ限リ之ヲ提起スルコトヲ得

第百三十六条第三項、第百三十七条及第百三十八条ノ規定ハ第一項ノ訴ニ之ヲ準用ス

第四百二十九条　会社ノ帳簿並ニ其ノ営業及清算ニ関スル重要書類ハ本店ノ所在地ニ於テ清算結了ノ登記ヲ為シタル後十年間之ヲ保存スルコトヲ要ス其ノ保存者ハ清算人其ノ他ノ利害関係人ノ請求ニ因リ裁判所之ヲ選任ス

第四百三十条　第百十六条、第百二十二条乃至第百二十六条、第百二十八条、第百二十九条第二項第三項、第百三十一条及第百三十四条ノ規定ハ株式会社ニ之ヲ準用ス

第二百三十一条、第二百三十六条乃至第二百三十八条、第二百四十四条第二項、第二百四十五条第一項第四号第二項、第二百四十七条、第二百四十九条、第二百五十四条第二項、第二百五十八条、第二百六十一条、第二百六十三条、第二百六十五条乃至第二百七十二条、第二百七十四条乃至第二百七十九条及第二百八十二条乃至第二百八十四条ノ規定ハ清算人ニ之ヲ準用ス

第二款　特別清算

第四百三十一条　清算ノ遂行ニ著シキ支障ヲ来スベキ事情アリト認ムルトキハ裁判所ハ債権者、清算人、監査役若ハ株主ノ申立ニ因リ又ハ職権ヲ以テ会社ニ対シ特別清算ノ開始ヲ命ズルコトヲ得会社ニ債務超過ノ疑アリト認ムルトキ亦同ジ

会社ニ債務超過ノ疑アルトキハ清算人ハ前項ノ申立ヲ為スコトヲ要ス

第三百八十一条第二項及第三項ノ規定ハ第一項ノ場合ニ之ヲ準用ス

第四百三十二条　特別清算開始ノ申立又ハ通告アリタルトキハ裁判所ハ其ノ開始前ト雖モ前条第一項ニ掲グル者ノ申立ニ因リ又ハ職権ヲ以テ第四百五十四条第一項第一号、第二号又ハ第六号ノ処分ヲ為スコトヲ得

第四百三十三条　第三百八十二条乃至第三百八十五条ノ規定ハ特別清算ノ場合ニ之ヲ準用ス

第四百三十四条　特別清算ノ場合ニ於テハ清算人ハ会社、株主及債権者ニ対シ公平且誠実ニ清算事務ヲ処理スル義務ヲ負フ

第四百三十五条　重要ナル事由アルトキハ裁判所ハ清算人ヲ解任スルコトヲ得

清算人ガ欠タケルトキ又ハ其ノ増員ノ必要アルトキハ裁判所之ヲ選任ス

第四百三十六条　裁判所ハ何時ニテモ清算事務及財産ノ状況ノ報告ヲ命ジ其ノ他清算ノ監督上必要ナル調査ヲ為スコトヲ得

第四百三十七条　清算ノ監督上必要アリト認ムルトキハ裁判所ハ第四百五十四条第一項第一号、第二号又ハ第六号ノ処分ヲ為スコトヲ得

第四百三十八条　会社ノ債務ハ其ノ債権額ノ割合ニ応ジテ之ヲ弁済スルコトヲ要ス

第四百二十三条第二項ノ規定ハ前項ノ場合ニ之ヲ準用ス

第四百三十九条　清算ノ実行上必要アリト認ムルトキハ清算人ハ債権者集会ヲ招集スルコトヲ得

申出ヲ為シタル債権者其ノ他会社ニ知レタル債権者ノ総債権ノ十分ノ一以上ニ当ル債権ヲ有スル者ハ会議ノ目的タル事項及招集ノ理由ヲ記載シタル書面ヲ清算人ニ提出シテ債権者集会ノ招集ヲ請求スルコトヲ得

第二百三十七条第二項ノ規定ハ前項ノ場合ニ之ヲ準用ス

破産ノ場合ニ於テ別除権ヲ行使スルコトヲ得ベキ債権者ガ其ノ行使ニ依リテ弁済ヲ受クルコトヲ得ベキ債権額ハ第二項ノ債権額ニ之ヲ算入セズ

第四百四十条　前条第四項ノ債権者ハ別除権ノ行使ニ依リテ弁済ヲ受クルコトヲ得ベキ債権額ニ付テハ債権者集会ニ於テ議決権ヲ行使スルコトヲ得ズ

債権者集会ノ招集ハ前項ノ債権者ニ之ヲ通知スルコトヲ要ス

債権者集会又ハ其ノ招集者ハ第一項ノ債権者ノ出席ヲ求メテ其ノ意見ヲ徴スルコトヲ得

第四百四十一条　債権者集会ニ於テ議決権ヲ行使セシムベキヤ否ヤ及如何ナル金額ニ付之ヲ行使セシムベキヤハ各債権ニ付清算人之ヲ定ム

前項ノ定ニ付異議アルトキハ裁判所之ヲ定ム

第四百四十二条　第二百三十二条第一項第二項、第二百三十九条第三項、第二百四十三条、第二百四十四条及破産法第百七十九条ノ規定ハ債権者集会ニ之ヲ準用ス

第二百三十二条第一項及第二項ノ規定ハ第四百四十条第二項ノ通知ニ之ヲ準用ス

第四百四十三条　清算人ハ会社ノ業務及財産ノ状況ノ調査書、財産目録並ニ貸借対照表ヲ債権者集会ニ提出シ且清算ノ実行ノ方針及見込ニ関シ意見ヲ述ブルコトヲ要ス
第四百四十四条　債権者集会ハ監査委員ヲ選任スルコトヲ得
監査委員ハ何時ニテモ債権者集会ノ決議ヲ以テ之ヲ解任スルコトヲ得
第二項ノ決議ハ裁判所ノ認可ヲ得ルコトヲ要ス
第二百五十五条、第三百九十条第一項及第四百三条第二項ノ規定ハ監査委員ニ之ヲ準用ス
第四百四十五条　清算人左ノ行為ヲ為スニハ監査委員ノ同意、若監査委員ナキトキハ債権者集会ノ決議アルコトヲ要ス但シ三千円以上ノ価額ヲ有スルモノニ関セザルトキハ此ノ限ニ在ラズ
一　会社財産ノ処分
二　借財
三　訴ノ提起
四　和解及仲裁契約
五　権利ノ放棄
債権者集会ノ決議ヲ要スル場合ニ於テ急迫ナル事情アルトキハ清算人ハ裁判所ノ許可ヲ得テ前項ノ行為ヲ為スコトヲ得
清算人前二項ノ規定ニ違反シタルトキト雖モ会社ハ善意ノ第三者ニ対シテ其ノ責ニ任ズ
第二百四十五条ノ規定ハ特別清算ノ場合ニハ之ヲ適用セズ
第四百四十六条　清算人ハ競売ニ依リテ財産ヲ換価スルコトヲ得此ノ場合ニ於テハ前条第一項ノ規定ヲ適用セズ
第四百四十七条　清算人ハ監査委員ノ意見ヲ聴キ債権者集会ニ対シテ協定ノ申出ヲ為スコトヲ得
第四百四十八条　協定ノ条件ハ各債権者ノ間ニ平等ナルコトヲ要ス但シ少額ノ債権ニ付別段ノ定ヲ為シ其ノ他債権者間ニ差等ヲ設クルモ衡平ヲ害セザル場合ハ此ノ限ニ在ラズ
一般ノ先取特権其ノ他一般ノ優先権ハ前項ノ条件ヲ定ムルニ付之ヲ斟酌スルコトヲ要ス
第四百四十九条　協定案ノ作成ニ当リ必要アリト認ムルトキハ清算人ハ第四百三十九条第四項ノ債権者ノ参加ヲ求ムルコトヲ得
第四百五十条　協定ヲ可決スルニハ議決権ヲ行使スルコトヲ得ベキ出席債権者ノ過半数ニシテ議決権ヲ行使スルコトヲ得ベキ債権者ノ総債権ノ四分ノ三以上ニ当ル債権ヲ有スルモノノ同意アルコトヲ要ス

前項ノ議決ハ裁判所ノ認可ヲ得ルコトヲ要ス
破産法第三百二十一条及第三百二十六条ノ規定ハ協定ニ之ヲ準用ス
第四百五十一条　協定ノ実行上必要アルトキハ協定ノ条件ヲ変更スルコトヲ得此ノ場合ニ於テハ前四条ノ規定ヲ準用ス
第四百五十二条　会社財産ノ状況ニ依リ必要アリト認ムルトキハ裁判所ハ清算人、監査役、監査委員、三月前ヨリ引続キ資本ノ十分ノ一以上ニ当ル株式ヲ有スル株主若ハ申出ヲ為シタル債権者其ノ他会社ニ知レタル債権者ノ総債権ノ十分ノ一以上ニ当ル債権ヲ有スル者ノ申立ニ因リ又ハ職権ヲ以テ会社ノ業務及財産ノ検査ヲ命ズルコトヲ得
第三百八十八条、第三百九十条及第四百三十九条第四項ノ規定ハ前項ノ場合ニ之ヲ準用ス
第四百五十三条　検査役ハ調査ノ結果殊ニ左ノ事項ヲ裁判所ニ報告スルコトヲ要ス
一　発起人、取締役、監査役又ハ清算人ニ第百八十六条、第百九十三条、第二百六十六条、第二百八十条、第三百五十六条又ハ第四百三十条第二項ノ規定ニ依リテ責ニ任ズベキ事実アルヤ否ヤ
二　会社財産ノ保全処分ヲ為ス必要アルヤ否ヤ
三　会社ノ損害賠償請求権ニ付発起人、取締役、監査役又ハ清算人ノ財産ニ対シ保全処分ヲ為ス必要アルヤ否ヤ
第四百五十四条　前条ノ報告ヲ受ケタル場合ニ於テ必要アリト認ムルトキハ裁判所ハ左ノ処分ヲ為スコトヲ得
一　会社財産ノ保全処分
二　株主ノ名義書換ノ禁止
三　発起人、取締役、監査役又ハ清算人ノ責任ノ免除ノ禁止
四　発起人、取締役、監査役又ハ清算人ノ責任ノ免除ノ取消但シ特別清算ノ開始ヨリ一年前ニ為シタル免除ニ付テハ不正ノ目的ニ出デタルモノニ限ル
五　発起人、取締役、監査役又ハ清算人ノ責任ニ基ク損害賠償請求権ノ査定
六　前号ノ損害賠償請求権ニ付発起人、取締役、監査役又ハ清算人ノ財産ニ対シテ為ス保全処分
第三百八十七条第二項ノ規定ハ前項第一号又ハ第六号ノ処分アリタル場合ニ之ヲ準用ス
第三百九十四条乃至第三百九十六条ノ規定ハ第一項第五号ノ査定アリタル場合ニ之ヲ準用ス
第四百五十五条　特別清算開始ノ命令アリタル場合ニ於テ協定ノ見込ナキトキハ裁判所ハ職権ヲ以テ破産法ニ従ヒ破産ノ宣告ヲ為スコトヲ要ス協定ノ実行ノ見込ナキトキ亦同ジ

第四百五十六条　第三百九十二条、第三百九十三条、第三百九十九条、第四百条及破産法第百四条、第二百三条、第二百四条ノ規定ハ特別清算ノ場合ニ之ヲ準用ス
破産法第百六十五条及第百六十六条ノ規定ハ清算人ニ之ヲ準用ス

第五章　株式合資会社

第四百五十七条　株式合資会社ハ無限責任社員ト株主トヲ以テ之ヲ組織ス
第四百五十八条　左ノ事項ニ付テハ合資会社ニ関スル規定ヲ準用ス
一　無限責任社員相互間ノ関係
二　無限責任社員ト会社、株主及第三者トノ関係
三　無限責任社員ノ退社
此ノ他株式合資会社ニハ本章ニ別段ノ定アル場合ヲ除クノ外株式会社ニ関スル規定ヲ準用ス
第四百五十九条　無限責任社員ハ発起人ト為リテ定款ヲ作リ之ニ左ノ事項ヲ記載シテ署名スルコトヲ要ス
一　第百六十六条第一項第一号、第二号及第四号乃至第六号ニ掲グル事項
二　株金ノ総額
三　無限責任社員ノ氏名及住所
四　無限責任社員ノ株金以外ノ出資ノ目的及其ノ価格又ハ評価ノ標準
第四百六十条　無限責任社員ハ株主ヲ募集スルコトヲ要ス
株式申込証ニハ左ノ事項ヲ記載スルコトヲ要ス
一　第百六十八条第一項、第百七十五条第二項第一号第四号乃至第七号及前条ニ掲グル事項
二　無限責任社員ガ株式ヲ引受ケタルトキハ其ノ各自ガ引受ケタル株式ノ種類及数
第四百六十一条　創立総会ニ於テハ監査役ヲ選任スルコトヲ要ス
無限責任社員ハ監査役ト為ルコトヲ得ズ
第四百六十二条　無限責任社員ハ創立総会ニ出席シテ其ノ意見ヲ述ブルコトヲ得但シ株式ヲ引受ケタルトキト雖モ議決権ヲ有セズ
前項ノ規定ハ株主総会ニ之ヲ準用ス

第四百六十三条　監査役ハ第百八十四条第一項及四百五十九条第四号ニ掲グル事項並ニ第百八十一条第二項ノ報告書ヲ調査シ之ヲ創立総会ニ報告スルコトヲ要ス

第四百六十四条　創立総会ガ定款ノ変更ヲ決議シタル場合ニ於テ其ノ決議ノ日ヨリ一週間内ニ無限責任社員ノ一致ナキトキハ設立ノ廃止ヲ決議シタルモノト看做ス

第四百六十五条　株式合資会社ノ設立ノ登記ニ在リテハ左ノ事項ヲ登記スルコトヲ要ス

一　第百六十六条第一項第一号第二号第四号第六号及第百八十九条第二項第二号乃至第八号ニ掲グル事項

二　株金ノ総額

三　無限責任社員ノ氏名及住所

四　監査役ノ氏名及住所

五　無限責任社員ノ株金以外ノ出資ノ目的、財産ヲ目的トスル出資ニ付テハ其ノ価格及履行ヲ為シタル部分

六　無限責任社員ニシテ会社ヲ代表セザルモノアルトキハ会社ヲ代表スベキモノノ氏名

七　数人ノ無限責任社員ガ共同シ又ハ無限責任社員ガ支配人ト共同シテ会社ヲ代表スベキコトヲ定メタルトキハ其ノ規定

第四百六十六条　会社ヲ代表スベキ無限責任社員ニハ株式会社ノ取締役ニ関スル規定ヲ準用ス但シ第二百五十四条乃至第二百五十九条、第二百六十四条及第二百六十九条乃至第二百七十二条ノ規定ハ此ノ限ニ在ラズ

第四百六十七条　株式会社ニ於テ第三百四十三条ニ定ムル決議ヲ要スル事項又ハ合資会社ニ於テ総社員ノ同意ヲ要スル事項ニ付テハ株主総会ノ決議ノ外無限責任社員ノ一致アルコトヲ要ス

第三百四十三条ノ規定ハ前項ノ決議ニ之ヲ準用ス

第四百六十八条　監査役ハ無限責任社員ヲシテ株主総会ノ決議ヲ執行セシムル責ニ任ズ

第四百六十九条　株式合資会社ハ合資会社ト同一ノ事由ニ因リテ解散ス営業全部ノ譲渡アリタルトキ亦同ジ

第百十二条ノ規定ハ株式合資会社ニハ之ヲ適用セズ

第四百七十条　無限責任社員ノ全員ガ退社シタル場合ニ於テハ株主ハ第三百四十三条ニ定ムル決議ニ依リ株式会社トシテ会社ヲ継続スルコトヲ得此ノ場合ニ於テハ株式会社ノ組織ニ必要ナル事項ヲ決議スルコトヲ要ス

第百十四条ノ規定ハ前項ノ場合ニ之ヲ準用ス

第四百七十一条　無限責任社員ガ株式ノ全部ヲ取得シタル場合ニ於テハ其ノ一致ヲ以テ合名会社トシテ会社ヲ継続スルコトヲ得株

式全部ノ消却アリタル場合亦同ジ
前条第二項ノ規定ハ前項ノ場合ニ之ヲ準用ス
第四百七十二条　会社ガ解散シタルトキハ合併、破産又ハ裁判所ノ命令ニ因リテ解散シタル場合ヲ除クノ外清算ハ業務執行社員ノ全員又ハ無限責任社員ノ選任シタル者及株主総会ニ於テ選任シタル者之ヲ為ス但定款ニ別段ノ定アルトキハ此ノ限ニ在ラズ
無限責任社員ガ清算人ヲ選任スルトキハ其ノ過半数ヲ以テ之ヲ決ス
株主総会ニ於テ選任スル清算人ハ業務執行社員ノ全員又ハ無限責任社員ノ選任スル者ト同数ナルコトヲ要ス
第四百七十三条　無限責任社員ハ何時ニテモ其ノ選任シタル清算人ヲ解任スルコトヲ得
前条第二項ノ規定ハ清算人ノ解任ニ之ヲ準用ス
第四百七十四条　第百四十四条ノ規定ハ株式合資会社ノ無限責任社員ニ之ヲ準用ス
第四百七十五条　清算人ハ第四百十九条、第四百二十条及第四百二十七条ニ定ムル計算ニ付株主総会ノ承認ノ外無限責任社員全員ノ承認ヲ得ルコトヲ要ス
第四百七十六条　株式合資会社ハ第四百六十七条ノ規定ニ従ヒ其ノ組織ヲ変更シテ之ヲ株式会社ト為スコトヲ得
第四百七十七条　前条ノ場合ニ於テハ株主総会ハ直ニ株式会社ノ組織ニ必要ナル事項ヲ決議スルコトヲ要ス此ノ総会ニ於テハ無限責任社員モ亦其ノ引受クベキ株式ノ数ニ応ジテ議決権ヲ行使スルコトヲ得
第百十四条及第百十五条ノ規定ハ前項ノ場合ニ之ヲ準用ス
第四百七十八条　第四章第七節及第九節第二款ノ規定ハ株式合資会社ニハ之ヲ適用セズ

第六章　外国会社

第四百七十九条　外国会社ガ日本ニ支店ヲ設ケタルトキハ日本ニ成立スル同種ノモノ又ハ最モ之ニ類似スルモノト同一ノ登記及公告ヲ為スコトヲ要ス
前項ノ外国会社ハ其ノ日本ニ於ケル代表者ヲ定メ且支店設置ノ登記ト同時ニ其ノ氏名及住所ヲ登記スルコトヲ要ス
第七十八条ノ規定ハ外国会社ノ代表者ニ之ヲ準用ス
第四百八十条　前条第一項及第二項ノ規定ニ依リ登記スベキ事項ガ外国ニ於テ生ジタルトキハ登記ノ期間ハ其ノ通知ノ到達シタル時ヨリ之ヲ起算ス

第四百八十一条　外国会社ガ始メテ日本ニ支店ヲ設ケタルトキハ其ノ支店ノ所在地ニ於テ登記ヲ為ス迄ハ第三者ハ其ノ会社ノ成立ヲ否認スルコトヲ得

第四百八十二条　日本ニ本店ヲ設ケ又ハ日本ニ於テ営業ヲ為スヲ以テ主タル目的トスル会社ハ外国ニ於テ設立スルモノト雖モ日本ニ於テ設立スル会社ト同一ノ規定ニ従フコトヲ要ス

第四百八十三条　第二百四条乃至第二百七条、第二百九条第一項、第二百二十六条、第二百二十七条第一項、第三百六条第一項、第三百七条、第三百八条及第三百七十条第三項ノ規定ハ日本ニ於テスル外国会社ノ株券又ハ債券ノ発行及其ノ株式ノ移転若ハ質入又ハ社債ノ移転ニ之ヲ準用ス此ノ場合ニ於テハ始メテ日本ニ設ケタル支店ヲ以テ本店ト看做ス

第四百八十四条　外国会社ガ日本ニ支店ヲ設ケタル場合ニ於テ正当ノ事由ナクシテ支店設置ノ登記ヲ為シタル後一年内ニ営業ヲ開始セズ若ハ一年以上営業ヲ休止シタルトキ又ハ支払ヲ停止シタルトキハ裁判所ハ利害関係人若ハ検事ノ請求ニ因リ又ハ職権ヲ以テ其ノ支店ノ閉鎖ヲ命ズルコトヲ得

外国会社ノ代表者其ノ他支店ニ於テ業務ヲ執行スル者ガ法令又ハ公ノ秩序若ハ善良ノ風俗ニ反スル行為ヲ為シタルトキ亦前項ニ同ジ

第五十八条第三項、第五十九条及第六十条ノ規定ハ前二項ノ場合ニ之ヲ準用ス

第四百八十五条　前条第一項又ハ第二項ノ場合ニ於テハ裁判所ハ利害関係人ノ申立ニ因リ又ハ職権ヲ以テ日本ニ在ル会社財産ノ全部ニ付清算ノ開始ヲ命ズルコトヲ得此ノ場合ニ於テハ清算人ハ裁判所之ヲ選任ス

第四百二十一条乃至第四百二十四条及第四百三十条乃至第四百五十六条ノ規定ハ其ノ性質ノ許サザルモノヲ除クノ外前項ノ清算ニ之ヲ準用ス

前二項ノ規定ハ外国会社ガ其ノ支店ヲ閉鎖シタル場合ニ之ヲ準用ス

第七章　罰　則

（本章ハ未発表ナリ）

＊法律時報第八巻第二号（昭和一一年）四五頁以下を底本とする。旧漢字を新漢字とした。

○資料8　満州帝国会社法*（康徳四年六月二四日勅令第一三二号）

朕組織法【第四十一条】ニ依リ参議府ノ諮詢ヲ経テ会社法ヲ裁可シ茲ニ之ヲ公布セシム

第一章　総　則

第一条　本法ニ於テ会社トハ営利ヲ目的トシテ設立シタル社団ヲ謂フ
第二条　会社ハ株式会社、合名会社及合資会社ノ三種トス
第三条　会社ハ之ヲ法人トス
会社ノ住所ハ其ノ本店ノ所在地ニ在ルモノトス
第四条　会社ハ本店ノ所在地ニ於テ設立ノ登記ヲ為スニ因リテ成立ス
第五条　会社ハ他ノ会社ノ無限責任社員ト為ルコトヲ得ズ
第六条　会社ハ合併ヲ為スコトヲ得
合併ヲ為ス会社ノ一方又ハ双方ガ株式会社ナルトキハ合併後存続スル会社又ハ合併ニ因リテ設立スル会社ハ株式会社ナルコトヲ要ス
解散後ノ会社ハ存立中ノ会社ヲ存続セシムル場合ニ限リ合併ヲ為スコトヲ得
第七条　合併ニ因リテ会社ヲ設立スル場合ニ於テハ定款ノ作成其ノ他設立ニ関スル行為ハ各会社ニ於テ選任シタル設立委員共同シテ之ヲ為スコトヲ要ス
第二百十条第一項乃至第三項及第三百九十条ノ規定ハ前項ノ選任ニ之ヲ準用ス
第八条　会社ガ正当ノ事由ナクシテ其ノ成立後一年以内ニ開業ヲ為サズ又ハ一年以上営業ヲ休止シタルトキハ法院ハ利害関係人若ハ検察官ノ請求ニ因リ又ハ職権ヲ以テ其ノ解散ヲ命ズルコトヲ得
取締役、監査役又ハ会社ノ業務ヲ執行スル社員ガ法令又ハ公ノ秩序若ハ善良ノ風俗ニ反スル行為ヲ為シタル場合ニ於テ会社ノ存立ヲ許スベカラザル事由アルトキ亦前項ニ同ジ
前二項ノ場合ニ於テハ法院ハ解散ノ命令前ト雖モ利害関係人若ハ検察官ノ請求ニ因リ又ハ職権ヲ以テ管理人ノ選任其ノ他会社財

産ノ保全ニ必要ナル処分ヲ為スコトヲ得

第九条　利害関係人ガ前条第一項又ハ第二項ノ請求ヲ為シタルトキハ会社ノ請求ニ因リ相当ノ担保ヲ供スルコトヲ要ス

第十条　利害関係人ノ為シタル第八条第一項又ハ第二項ノ請求ガ却下セラレタル場合ニ於テ其ノ者ニ悪意又ハ重大ナル過失アリタルトキハ会社ニ対シ連帯シテ損害賠償ノ責ニ任ズ

第十一条　本法ノ規定ニ依リ登記スベキ事項ニシテ官庁ノ許可ヲ要スルモノハ其ノ許可書ノ到達シタル時ヨリ登記ノ期間ヲ起算ス

第二章　株式会社

第一節　設立

第十二条　株式会社ノ設立ニハ七人以上ノ発起人アルコトヲ要ス

第十三条　発起人ハ定款ヲ作リ之ニ左ノ事項ヲ記載シテ署名スルコトヲ要ス

一　目的
二　商号
三　資本ノ総額
四　一株ノ金額
五　本店及支店ノ所在地
六　会社ガ公告ヲ為ス方法
七　発起人ノ氏名及住所

会社ノ公告ハ政府公報又ハ時事ニ関スル事項ヲ掲載スル日刊新聞紙ニ掲ゲテ之ヲ為スコトヲ要ス

第十四条　定款ハ公証人ノ認証ヲ受クルニ非ザレバ其ノ効力ヲ有セズ

第十五条　左ノ事項ハ之ヲ定款ニ記載スルニ非ザレバ其ノ効力ヲ有セズ

一　存立時期又ハ解散ノ事由
二　数種ノ株式ノ発行並ニ其ノ各種ノ株式ノ内容及数
三　株式ノ額面以上ノ発行

四　発起人ガ受クベキ特別ノ利益及之ヲ受クベキ者ノ氏名
五　現物出資ヲ為ス者ノ氏名、出資ノ目的タル財産、其ノ価格並ニ之ニ対シテ与フル株式ノ種類及数
六　会社ノ成立後ニ譲受クルコトヲ約シタル財産、其ノ価格及譲渡人ノ氏名
七　会社ノ負担ニ帰スベキ設立費用
八　発起人ガ受クベキ報酬ノ額
現物出資ハ発起人ニ限リ之ヲ為スコトヲ得
第十六条　各発起人ハ書面ニ依リテ株式ノ引受ヲ為スコトヲ要ス
第十七条　発起人ガ株式ノ総数ヲ引受ケタルトキハ遅滞ナク各株ニ付第一回ノ払込ヲ為シ且取締役及監査役ヲ選任スルコトヲ要ス
前項ノ選任ハ発起人ノ議決権ノ過半数ヲ以テ之ヲ決ス此ノ場合ニ於テハ第九十六条第一項ノ規定ヲ準用ス
第十八条　株式発行ノ価額ハ券面額ヲ下ルコトヲ得ズ
第一回払込ノ金額ハ株金ノ四分ノ一ヲ下ルコトヲ得ズ
額面以上ノ価額ヲ以テ株式ヲ発行シタルトキハ其ノ額面ヲ超ユル金額ハ第一回ノ払込ト同時ニ之ヲ払込ムコトヲ要ス
第十九条　現物出資者ハ第一回払込ノ期日ニ出資ノ目的タル財産ノ全部ヲ給付スルコトヲ要ス但シ登録、登記其ノ他権利ノ設定又ハ移転ニ関シ必要ナル行為ハ会社成立後ニ之ヲ為スコトヲ妨ゲズ
第二十条　取締役ハ其ノ選任後遅滞ナク第十五条第一項第四号乃至第八号ニ掲グル事項並ニ前三条ノ規定ニ依ル払込及現物出資ノ給付アリタルヤ否ヤヲ調査セシムル為検査役ノ選任ヲ法院ニ請求スルコトヲ要ス
法院ハ検査役ノ報告ヲ聴キ第十五条第一項第四号乃至第八号ニ掲グル事項ヲ不当ト認メタルトキハ之ニ変更ヲ加ヘテ各発起人ニ通告スルコトヲ得
前項ノ変更ニ服セザル発起人ハ其ノ株式ノ引受ヲ取消スコトヲ得此ノ場合ニ於テハ定款ヲ変更シテ設立ニ関スル手続ヲ続行スルコトヲ妨ゲズ
通告後二週間以内ニ株式ノ引受ヲ取消シタル者ナキトキハ定款ハ通告ニ従ヒ変更セラレタルモノト看做ス
第二十一条　発起人ガ株式ノ総数ヲ引受ケザルトキハ株主ヲ募集スルコトヲ要ス
第二十二条　株式ノ申込ヲ為サントスル者ハ株式申込証二通ニ其ノ引受クベキ株式ノ数及住所ヲ記載シ之ニ署名スルコトヲ要ス
株式申込証ハ発起人之ヲ作リ之ニ左ノ事項ヲ記載スルコトヲ要ス

一　定款ノ認証ノ年月日及其ノ認証ヲ為シタル公証人ノ氏名
二　第十三条第一項及第十五条第一項ニ掲グル事項
三　各発起人ガ引受ケタル株式ノ種類及数
四　第一回払込ノ金額
五　株式ノ譲渡ノ禁止若ハ制限、株券ノ裏書ノ禁止又ハ株主ノ議決権ノ制限ヲ定メタルトキハ其ノ規定
六　株金ノ払込ヲ取扱フベキ銀行及其ノ取扱ノ場所
七　一定ノ時期迄ニ創立総会ガ終結セザルトキハ株式ノ申込ヲ取消スコトヲ得ベキコト

数種ノ株式ヲ発行スル場合ニ於テハ株式申込人ハ株式申込証ニ其ノ引受クベキ株式ノ種類ヲ記載シ額面以上ノ価額ヲ以テ株式ヲ発行スル場合ニ於テハ其ノ引受価額ヲ記載スルコトヲ要ス

第二十三条　株式申込人ガ其ノ真意ニ非ザルコトヲ知リテ為シタル申込ハ発起人ニ於テ之ヲ知リ又ハ知ルコトヲ得ベカリシトキト雖モ其ノ効力ヲ妨ゲラルルコトナシ発起人ト通ジテ為シタル虚偽ノ申込亦同ジ

第二十四条　株式ノ申込ヲ為シタル者ハ発起人ノ割当テタル株式ノ数ニ応ジテ払込ヲ為ス義務ヲ負フ

第二十五条　株式総数ノ引受アリタルトキハ発起人ハ遅滞ナク各株ニ付第一回ノ払込ヲ為サシムルコトヲ要ス

前項ノ払込ハ株式申込証ニ記載シタル株金払込ノ取扱場所ニ於テ之ヲ為スコトヲ要ス

第二十六条　第十八条及第十九条ノ規定ハ発起人ガ株式ノ総数ヲ引受ケザル場合ニ之ヲ準用ス

第二十七条　株金ノ払込ヲ取扱フ銀行ヲ変更シ又ハ払込金ノ保管替ヲ為スニハ法院ノ許可ヲ得ルコトヲ要ス

第二十八条　株式引受人ガ第二十五条ノ規定ニ依ル払込ヲ為サザルトキハ発起人ハ期日ヲ定メ其ノ期日迄ニ払込ヲ為サザルトキハ其ノ権利ヲ失フベキ旨ヲ其ノ株式引受人ニ通知スルコトヲ得但シ其ノ通知ハ期日ノ二週間以前ニ之ヲ為スコトヲ要ス

株式引受人ガ前項ノ通知ニ定メタル期日迄ニ払込ヲ為サザルトキハ其ノ権利ヲ失フ此ノ場合ニ於テ発起人ハ其ノ者ガ引受ケタル株式ニ付更ニ株主ヲ募集スルコトヲ得

前二項ノ規定ハ株式引受人ニ対スル損害賠償ノ請求ヲ妨ゲズ

第二十九条　第二十五条及第二十六条ノ規定ニ依ル払込及現物出資ノ給付アリタルトキハ発起人ハ遅滞ナク創立総会ヲ招集スルコトヲ要ス

創立総会ニハ株式引受人ノ半数以上ニシテ資本ノ半額以上ヲ引受ケタル者出席シ其ノ議決権ノ過半数ヲ以テ一切ノ決議ヲ為ス

第八十七条第一項第二項、第八十八条第一項、第九十四条第三項、第九十五条、第九十六条第一項、第九十八条、第九十九条、第百二条乃至第百十条及第二百十二条ノ規定ハ創立総会ニ之ヲ準用ス

第三十条　定款ヲ以テ第十五条第一項第四号乃至第八号ニ掲グル事項ヲ定メタルトキハ発起人ハ之ニ関スル調査ヲ為サシムル為検査役ノ選任ヲ法院ニ請求スルコトヲ要ス

前項ノ検査役ノ報告書ハ之ヲ創立総会ニ提出スルコトヲ要ス

第三十一条　発起人ハ会社ノ創立ニ関スル事項ヲ創立総会ニ報告スルコトヲ要ス

第四十一条第一項ノ証明書ハ之ヲ創立総会ニ提出スルコトヲ要ス

第三十二条　創立総会ニ於テハ取締役及監査役ヲ選任スルコトヲ要ス

第三十三条　取締役及監査役ハ左ノ事項ヲ調査シ之ヲ創立総会ニ報告スルコトヲ要ス

一　株式総数ノ引受アリタルヤ否ヤ

二　第二十五条及第二十六条ノ規定ニ依ル払込及現物出資ノ給付アリタルヤ否ヤ

取締役及監査役ハ第三十条第二項ノ報告書ヲ調査シ創立総会ニ其ノ意見ヲ報告スルコトヲ要ス

取締役及監査役中発起人ヨリ選任セラレタル者アルトキハ創立総会ハ特ニ検査役ヲ選任シ前二項ノ調査及報告ヲ為サシムルコトヲ得

第三十四条　創立総会ニ於テ第十五条第一項第四号乃至第八号ニ掲グル事項ヲ不当ト認メタルトキハ之ヲ変更スルコトヲ得

第二十条第三項及第四項ノ規定ハ前項ノ場合ニ之ヲ準用ス

前二項ノ規定ハ発起人ニ対スル損害賠償ノ請求ヲ妨ゲズ

第三十五条　創立総会ニ於テハ定款ノ変更又ハ設立ノ廃止ノ決議ヲモ為スコトヲ得

前項ノ決議ハ招集ノ通知ニ其ノ旨ノ記載ナカリシトキト雖モ之ヲ為スコトヲ妨ゲズ

第三十六条　株式会社ノ設立ノ登記ハ発起人ガ株式ノ総数ヲ引受ケタルトキハ第二十条ノ手続終了ノ日、発起人ガ株式ノ総数ヲ引受ケザリシトキハ創立総会終結ノ日又ハ第三十四条第一項及第二項ノ手続終了ノ日ヨリ二週間以内ニ之ヲ為スコトヲ要ス

前項ノ登記ニ在リテハ左ノ事項ヲ登記スルコトヲ要ス

一　第十三条第一項第一号乃至第四号及第六号ニ掲グル事項

二　本店及支店

三　存立時期又ハ解散ノ事由ヲ定メタルトキハ其ノ時期又ハ事由
四　数種ノ株式ヲ発行シタルトキハ其ノ各種ノ株式ノ内容及数
五　各株ニ付払込ミタル株金額
六　株式ノ譲渡ノ禁止若ハ制限又ハ株券ノ裏書ノ禁止ヲ定メタルトキハ其ノ規定
七　開業前ニ利息ヲ配当スベキコトヲ定メタルトキハ其ノ規定
八　株主ニ配当スベキ利益ヲ以テ株式ヲ消却スベキコトヲ定メタルトキハ其ノ規定
九　取締役及監査役ノ氏名及住所
十　取締役ニシテ会社ヲ代表セザル者アルトキハ会社ヲ代表スベキ者ノ氏名
十一　数人ノ取締役ガ共同シ又ハ取締役ガ支配人ト共同シテ会社ヲ代表スベキコトヲ定メタルトキハ其ノ規定

第三十七条　会社ハ設立ノ登記ヲ為シタル後二週間以内ニ支店ノ所在地ニ於テ前条第二項ニ掲グル事項ヲ登記スルコトヲ要ス

第三十八条　会社ノ成立後支店ヲ設ケタルトキハ本店ノ所在地ニ於テハ二週間以内ニ支店ヲ設ケタルコトヲ登記シ其ノ支店ノ所在地ニ於テハ三週間以内ニ第三十六条第二項ニ掲グル事項ヲ登記シ他ノ支店ノ所在地ニ於テハ同期間内ニ其ノ支店ヲ設ケタルコトヲ登記スルコトヲ要ス

本店又ハ支店ノ所在地ヲ管轄スル登記処ノ管轄区域内ニ於テ新ニ支店ヲ設ケタルトキハ其ノ支店ヲ設ケタルコトヲ登記スルヲ以テ足ル

第三十九条　会社ガ其ノ本店ヲ移転シタルトキハ旧所在地ニ於テハ二週間以内ニ移転ノ登記ヲ為シ新所在地ニ於テハ三週間以内ニ第三十六条第二項ニ掲グル事項ヲ登記シ其ノ支店ヲ移転シタルトキハ旧所在地ニ於テハ三週間以内ニ移転ノ登記ヲ為シ新所在地ニ於テハ四週間以内ニ第三十六条第二項ニ掲グル事項ヲ登記スルコトヲ要ス

同一ノ登記処ノ管轄区域内ニ於テ本店又ハ支店ヲ移転シタルトキハ其ノ移転ノ登記ヲ為スヲ以テ足ル

第四十条　第三十六条第二項ニ掲グル事項中ニ変更ヲ生ジタルトキハ本店ノ所在地ニ於テハ二週間、支店ノ所在地ニ於テハ三週間以内ニ変更ノ登記ヲ為スコトヲ要ス

第四十一条　株金ノ払込ヲ取扱ヒタル銀行ハ発起人又ハ取締役ノ請求ニ因リ払込金ノ保管ニ関シ証明ヲ為スコトヲ要ス

前項ノ銀行ハ其ノ証明シタル払込金額ニ付払込ナカリシコト又ハ其ノ返還ニ関スル制限ヲ以テ会社ニ対抗スルコトヲ得ズ

第四十二条　株式ノ引受ニ因ル権利ノ譲渡ハ会社ニ対シ其ノ効力ヲ生ゼズ

発起人ハ前項ノ権利ヲ譲渡スルコトヲ得ズ

第四十三条　株式ヲ引受ケタル者ハ会社ノ成立後ハ株式申込証ノ要件ノ欠缺ヲ理由トシテ其ノ引受ノ無効ヲ主張シ又ハ錯誤、詐欺若ハ強迫ヲ理由トシテ其ノ引受ヲ取消スコトヲ得ズ創立総会ニ出席シテ其ノ権利ヲ行使シタルトキ亦同ジ

第四十四条　引受ナキ株式又ハ第一回ノ払込ノ未済ナル株式アルトキハ発起人ハ連帯シテ其ノ株式ノ引受又ハ払込ヲ為ス義務ヲ負フ株式ノ申込ガ取消サレタルトキ亦同ジ

前項ノ規定ハ発起人ニ対スル損害賠償ノ請求ヲ妨ゲズ

第四十五条　発起人ガ会社ノ設立ニ関シ其ノ任務ヲ怠リタルトキハ其ノ発起人ハ会社ニ対シ連帯シテ損害賠償ノ責ニ任ズ

発起人ニ悪意又ハ重大ナル過失アリタルトキハ其ノ発起人ハ第三者ニ対シテモ亦連帯シテ損害賠償ノ責ニ任ズ

第四十六条　会社ガ成立セザル場合ニ於テハ発起人ハ会社ノ設立ニ関シテ為シタル行為ニ付連帯シテ其ノ責ニ任ズ

前項ノ場合ニ於テ会社ノ設立ニ関シテ支出シタル費用ハ発起人ノ負担トス

第四十七条　取締役又ハ監査役ガ損害賠償ノ責ニ任ズベキ場合ニ於テ発起人モ亦其ノ責ニ任ズベキトキハ其ノ取締役、監査役及発起人ハ之ヲ連帯債務者トス

第四十八条　発起人、取締役又ハ監査役ガ会社ノ設立ニ関シ会社ニ対シテ損害賠償ノ責ニ任ズベキ場合ニ於テハ其ノ責任ハ会社成立ノ日ヨリ三年ヲ経過シタル後ニ於テ第二百十条ニ定ムル決議ニ依ルニ非ザレバ之ヲ免除スルコトヲ得ズ

第四十九条　株主総会ニ於テ発起人ニ対シテ訴ヲ提起スルコトヲ決議シタルトキハ会社ハ決議ノ日ヨリ一月以内ニ之ヲ提起スルコトヲ要ス

第百二十七条第二項及第百三十七条第一項但書ノ規定ハ前項ノ場合ニ之ヲ準用ス

第五十条　株主総会ニ於テ発起人ニ対シテ訴ヲ提起スルコトヲ否決シタル場合ニ於テ会日ノ三月以前ヨリ引続キ資本ノ十分ノ一以上ニ当ル株式ヲ有スル株主ガ訴ノ提起ヲ取締役ニ請求シタルトキハ会社ハ請求ノ日ヨリ一月以内ニ之ヲ提起スルコトヲ要ス

第百二十八条第二項乃至第五項及第百三十七条第二項ノ規定ハ前項ノ場合ニ之ヲ準用ス

第五十一条　発起人ニ非ズシテ株式申込証、目論見書、株式募集ノ広告其ノ他株式募集ニ関スル文書ニ自己ノ氏名及会社ノ設立ヲ賛助スル旨ノ記載ヲ為スコトヲ承諾シタル者ハ自己ヲ発起人ナリト誤認シテ株式ノ申込ヲ為シタル者ニ対シ発起人ト同一ノ責任ヲ負フ

第二節 株式

第五十二条　株式会社ノ資本ハ之ヲ株式ニ分ツコトヲ要ス
第五十三条　株主ノ責任ハ其ノ引受ケ又ハ譲受ケタル株式ノ金額、額面以上ノ価額ヲ以テ株式ヲ発行シタル場合ニ於テハ引受価額ヲ限度トス
第五十四条　仮設人ノ名義ヲ以テ株式ヲ引受ケ又ハ譲受ケタル者ハ株式引受人又ハ株主タル責任ヲ負フ他人ノ承諾ヲ得ズシテ其ノ名義ヲ以テ株式ヲ引受ケ又ハ譲受ケタル者亦同ジ
他人ト通ジテ其ノ名義ヲ以テ株式ヲ引受ケ又ハ譲受ケタル者ハ其ノ他人ト連帯シテ株金ノ払込ヲ為ス義務ヲ負フ
第五十五条　株式ノ金額ハ均一ナルコトヲ要ス
株式ノ金額ハ五十円ヲ下ルコトヲ得ズ但シ一時ニ株金ノ全額ヲ払込ムベキ場合ニ限リ之ヲ二十円迄ニ下スコトヲ得
第五十六条　株式ガ数人ノ共有ニ属スルトキハ共有者ハ株主ノ権利ヲ行使スベキ者一人ヲ定ムルコトヲ要ス
株主ノ権利ヲ行使スベキ者ナキトキハ共有者ニ対スル会社ノ通知又ハ催告ハ其ノ一人ニ対シテ之ヲ為スヲ以テ足ル
共有者ハ会社ニ対シ連帯シテ株金ノ払込ヲ為ス義務ヲ負フ
第五十七条　株式ハ之ヲ他人ニ譲渡スルコトヲ得但シ定款ヲ以テ其ノ譲渡ノ禁止又ハ制限ヲ定ムルコトヲ妨ゲス
株券ノ発行前ニ為シタル株式ノ譲渡ハ会社ニ対シ其ノ効力ヲ生ゼズ
第五十八条　記名株式ノ譲渡ハ株券ノ裏書ニ依リテ之ヲ為スコトヲ得但シ定款ニ別段ノ定アルトキハ此ノ限ニ在ラズ
民法第四百九十八条乃至第五百条ノ規定ハ株券ノ裏書ニ之ヲ準用ス
第五十九条　株券ノ裏書ニ依ル記名株式ノ移転ハ取得者ノ氏名及住所ヲ株主名簿ニ記載スルニ非ザレバ之ヲ以テ会社ニ対抗スルコトヲ得ズ
前項ノ場合ヲ除クノ外記名株式ノ移転ハ取得者ノ氏名及住所ヲ株主名簿ニ記載シ且其ノ氏名ヲ株券ニ記載スルニ非ザレバ之ヲ以テ会社其ノ他ノ第三者ニ対抗スルコトヲ得ズ
株金ノ滞納アル株式ニ付テハ会社ハ前二項ノ名義書換ヲ拒ムコトヲ得
第六十条　記名株式ヲ以テ質権ノ目的ト為スニハ株券ヲ交付スルコトヲ要ス
第六十一条　株式ノ消却、併合又ハ転換アリタルトキハ従前ノ株式ヲ目的トスル質権ハ消却、併合又ハ転換ニ因リテ株主ガ受クベ

キ金銭又ハ株式ノ上ニ存在ス

第六十八条第一項又ハ第六十九条第二項ノ規定ニ依ル株式ノ処分アリタルトキハ其ノ株式ヲ目的トスル質権ハ従前ノ株主ガ第六十八条第二項ノ規定ニ依リテ払戻ヲ受クベキ金銭ノ上ニ存在ス

第六十二条　記名株式ヲ以テ質権ノ目的ト為シタル場合ニ於テ会社ガ質権設定者ノ請求ニ因リ質権者ノ氏名及住所ヲ株主名簿ニ記載シ且其ノ氏名ヲ株券ニ記載シタルトキハ質権者ハ会社ヨリ利益若ハ利息ノ配当、残余財産ノ分配又ハ前条ノ金銭ノ支払ヲ受ケ他ノ債権者ニ先チテ自己ノ債権ノ弁済ニ充ツルコトヲ得

利益若ハ利息ノ配当、残余財産ノ分配又ハ前条ノ金銭ノ支払ガ質権者ノ債権ノ弁済期前ニ為サルベキトキハ質権者ハ会社ヲシテ其ノ金額ヲ供託セシムルコトヲ得此ノ場合ニ於テハ質権ハ其ノ供託金ノ上ニ存在ス

第一項ノ質権者ハ会社ニ対シ前条第一項ノ株主ノ受クベキ株券ノ引渡ヲ請求スルコトヲ得

第六十三条　無記名株式ノ譲渡及質入ハ無記名式ノ証券債権ニ関スル規定ニ従フ

第六十四条　会社ハ左ノ場合ヲ除クノ外自己ノ株式ヲ取得シ又ハ質権ノ目的トシテ之ヲ受クルコトヲ得ズ

一　株式ノ消却ノ為ニスルトキ

二　合併又ハ他ノ会社ノ営業全部ノ譲受ニ因ルトキ

三　会社ノ権利ノ実行ニ当リ其ノ目的ヲ達スル為必要ナルトキ

四　問屋タル会社ガ買入ノ委託ノ履行ノ為ニスルトキ

五　信託業ヲ目的トスル会社ガ信託ノ引受ニ因ルトキ

第六十五条　前条第一号ノ場合ニ於テハ会社ハ遅滞ナク株式失効ノ手続ヲ為シ第二号及第三号ノ場合ニ於テハ相当ノ時期ニ株式又ハ質権ノ処分ヲ為スコトヲ要ス

第六十六条　株式ハ資本減少ノ規定ニ従フニ非ザレバ之ヲ消却スルコトヲ得ズ但シ定款ノ規定ニ基キ株主ニ配当スベキ利益ヲ以テスル場合ハ此ノ限ニ在ラズ

第二百四十七条ノ規定ハ株式ヲ消却スル場合ニ之ヲ準用ス

第六十七条　株金ノ払込ハ其ノ期日ノ一月以前ニ之ヲ各株主ニ催告スルコトヲ要ス

株主ガ払込ヲ為サザルトキハ会社ハ更ニ期日ヲ定メ其ノ期日迄ニ払込ヲ為サザルトキハ会社ニ於テ株式ヲ処分スベキ旨ヲ其ノ株主及株主名簿ニ記載アル質権者ニ通知スルコトヲ得但シ其ノ通知ハ期日ノ二週間以前ニ之ヲ為スコトヲ要ス

前項ノ場合ニ於テハ会社ハ其ノ株主ノ氏名及住所、株券ノ番号並ニ通知事項ヲ公告スルコトヲ要ス

第六十八条　会社ガ前条第一項及第二項ニ定ムル手続ヲ践ミタルモ株主ガ払込ヲ為サザルトキハ会社ハ株式ヲ競売スルコトヲ要ス但シ法院ノ許可ヲ得テ他ノ方法ニ依リ之ヲ売却スルコトヲ妨ゲズ

会社ハ株式ノ処分ニ依リテ得タル金額ヨリ滞納金額及定款ヲ以テ定メタル違約金ノ額ヲ控除シタル金額ヲ従前ノ株主ニ払戻スコトヲ要ス

株式ノ処分ニ依リテ得タル金額ガ滞納金額ニ満タザル場合ニ於テハ会社ハ従前ノ株主ニ対シ不足額ノ弁済ヲ請求シ若従前ノ株主ガ二週間以内ニ之ヲ弁済セザルトキハ譲渡人ニ対シテ其ノ弁済ヲ請求スルコトヲ得

第六十九条　会社ハ前条第一項ノ処分ニ著手スル日ノ三週間以前ニ株式ノ譲渡人ニシテ第七十三条ノ規定ニ依リテ責任ヲ負フ者ニ対シ其ノ処分ヲ為スベキ旨ノ通知ヲ発スルコトヲ要ス

譲渡人ガ株式ノ処分ニ先チ滞納金額及定款ヲ以テ定メタル違約金ノ額以上ノ金額ヲ提供シテ株式ノ買受ヲ申出デタルトキハ会社ハ最初ニ申出ヲ為シタル譲渡人ニ対シ申出価額ヲ以テ株式ヲ譲渡スルコトヲ要ス

前条第二項ノ規定ハ前項ノ場合ニ之ヲ準用ス

第七十条　第六十八条第一項ノ規定ニ依リ株式ノ競売ヲ為シタルモ其ノ結果ヲ得ザルトキハ会社ハ資本減少ノ規定ニ従ヒテ其ノ株式ヲ消却スルコトヲ得此ノ場合ニ於テハ第六十八条第三項ノ規定ヲ準用ス

第七十一条　前三条ノ規定ハ会社ガ損害賠償及定款ヲ以テ定メタル違約金ノ請求ヲ為スコトヲ妨ゲズ

第七十二条　株主ガ第六十七条第二項ノ期日迄ニ株金ノ払込ヲ為サザルトキハ会社ハ其ノ株主及株主名簿ニ記載アル質権者ニ対シ二週間以内ニ株券ヲ会社ニ提出スベキ旨ヲ通知スルコトヲ要ス此ノ場合ニ於テ提出ナキ株券ハ其ノ効力ヲ失フ

前項ノ場合ニ於テハ会社ハ遅滞ナク失効シタル株券ノ番号並ニ其ノ株主ノ氏名及住所ヲ公告スルコトヲ要ス

第七十三条　第六十八条第三項ニ定ムル譲渡人ノ責任ハ株式ノ譲渡ヲ株主名簿ニ記載シタル後二年以内ノ日ヲ払込期日トシテ催告シタル株金ニ関スルモノニ限ル

発起人ガ会社ノ設立ニ際シテ引受ケタル株式ニ付会社ノ成立後五年以内ノ日ヲ払込期日トシテ催告シタル株金ニ関シテハ発起人ハ前項ノ規定ニ拘ラズ第六十八条第三項ニ定ムル譲渡人ノ責任ヲ負フ

第七十四条　株式ノ譲渡人ガ第六十八条第三項ノ不足額ヲ弁済シタルトキハ株券又ハ株主名簿ニ記載アル後者全員ニ対シ償還ノ請求ヲ為スコトヲ得

発起人ガ前条第二項ノ規定ニ依リテ不足額ヲ弁済シタルトキハ其ノ後者中前条第一項ノ規定ニ依リテ責任ヲ負フ者ニ対シテノミ前項ノ請求ヲ為スコトヲ得

償還ヲ為シタル譲渡人ハ更ニ自己ノ後者全員ニ対シ償還ノ請求ヲ為スコトヲ得

第七十五条　株金ノ払込期日後ニ株式ヲ譲渡シタル者ハ会社ニ対シ株主ト連帯シテ其ノ株金ノ払込ヲ為ス義務ヲ負フ

第七十六条　株主ハ株金ノ払込ニ付相殺ヲ以テ会社ニ対抗スルコトヲ得ズ第六十八条第三項ノ規定ニ依リ従前ノ株主及譲渡人ノ負フ不足額弁済ノ義務ニ付亦同ジ

第七十七条　会社ガ数種ノ株式ヲ発行スル場合ニ於テハ利益若ハ利息ノ配当又ハ残余財産ノ分配ニ付株式ノ種類ニ従ヒ格別ノ定ヲ為スコトヲ得

前項ノ場合ニ於テハ定款ニ定ナキトキト雖モ資本ノ増加若ハ減少又ハ合併ノ決議ニ於テ新株ノ引受、株式ノ併合若ハ消却又ハ合併ニ因ル株式ノ割当ニ関シ株式ノ種類ニ従ヒ格別ノ定ヲ為スコトヲ得

第七十八条　株主名簿ニハ左ノ事項ヲ記載スルコトヲ要ス

一　株主ノ氏名及住所

二　各株主ノ有スル株式ノ種類及数並ニ株券ノ番号

三　各株ニ付払込ミタル株金額及払込ノ年月日

四　各株式ノ取得ノ年月日

五　無記名式ノ株券ヲ発行シタルトキハ其ノ数、番号及発行ノ年月日

第七十九条　会社ノ株主ニ対スル通知又ハ催告ハ株主名簿ニ記載シタル株主ノ住所又ハ其ノ者ガ会社ニ通知シタル住所ニ宛ツルヲ以テ足ル

前項ノ通知又ハ催告ハ通常其ノ到達スベカリシ時ニ到達シタルモノト看做ス

前二項ノ規定ハ株式申込人、株式引受人、従前ノ株主、株式ノ譲渡人又ハ質権者ニ対スル通知又ハ催告ニ之ヲ準用ス

第八十条　株券ハ会社ノ成立後ニ非ザレバ之ヲ発行スルコトヲ得ズ

前項ノ規定ニ違反シテ発行シタル株券ハ無効トス但シ株券ヲ発行シタル者ニ対スル損害賠償ノ請求ヲ妨ゲズ

第八十一条　株券ニハ左ノ事項及番号ヲ記載シ取締役之ニ署名スルコトヲ要ス

一　会社ノ商号

二　会社成立ノ年月日
三　資本ノ総額
四　一株ノ金額
五　数種ノ株式アルトキハ其ノ株式ノ内容
六　株式ノ譲渡ノ禁止若ハ制限又ハ株券ノ裏書ノ禁止ヲ定メタルトキハ其ノ規定
一時ニ株金ノ全額ヲ払込マシメザル場合ニ於テハ払込アル毎ニ其ノ金額ヲ株券ニ記載スルコトヲ要ス
第八十二条　無記名式ノ株券ハ定款ニ定アル場合ニ限リ株金全額ノ払込アリタル株式ニ付之ヲ発行スルコトヲ得
株主ハ何時ニテモ其ノ無記名式ノ株券ヲ記名式ト為スコトヲ請求スルコトヲ得
第八十三条　無記名式ノ株券ヲ有スル者ハ株券ヲ会社ニ供託スルニ非ザレバ株主ノ権利ヲ行使スルコトヲ得ズ
第八十四条　民法第五百一条、第五百二条及第五百十二条ノ規定ハ株券ニ之ヲ準用ス
株主名簿ニ記載アル株主ノ為シタル裏書ガ真正ナラザル場合ニ於テ会社ニ就キ調査ヲ為サバ其ノ真偽ヲ判別スルコトヲ得ベカリシモノナルトキハ前項ノ規定ヲ適用セズ
第八十五条　株主ノ意思ニ依ラズシテ占有ヲ離レ又ハ滅失シタル株券ハ公示催告ノ手続ニ依リテ之ヲ無効ト為スコトヲ得
株主ハ除権判決ヲ得ルニ非ザレバ株券ノ再発行ヲ請求スルコトヲ得ズ

第三節　会社ノ機関

第一款　株主総会

第八十六条　総会ハ本法ニ別段ノ定アル場合ヲ除クノ外取締役之ヲ招集ス
第八十七条　総会ヲ招集スルニハ会日ヨリ三週間以前ニ各株主ニ対シテ其ノ通知ヲ発スルコトヲ要ス
前項ノ通知ニハ会議ノ目的タル事項ヲ記載スルコトヲ要ス
会社ガ無記名式ノ株券ヲ発行シタル場合ニ於テハ会日ヨリ四週間以前ニ総会ヲ開クベキ旨及会議ノ目的タル事項ヲ公告スルコトヲ要ス
前三項ノ規定ハ議決権ナキ株主ニ付テハ之ヲ適用セズ
第八十八条　総会ハ定款ニ別段ノ定アル場合ヲ除クノ外本店ノ所在地又ハ之ニ隣接スル地ニ之ヲ招集スルコトヲ要ス

総会ハ定款又ハ招集ノ通知若ハ公告ニ別段ノ定アル場合ヲ除クノ外会社ノ本店ニ於テ之ヲ開クコトヲ要ス
第八十九条　定時総会ハ毎年一回一定ノ時期ニ之ヲ招集スルコトヲ要ス
年二回以上利益ノ配当ヲ為ス会社ニ在リテハ毎決算期ニ総会ヲ招集スルコトヲ要ス
第九十条　臨時総会ハ必要アル場合ニ随時之ヲ招集ス
臨時総会ハ監査役モ亦之ヲ招集スルコトヲ得此ノ総会ニ於テハ会社ノ業務及財産ノ状況ヲ調査セシムル為特ニ検査役ヲ選任スルコトヲ得
第九十一条　取締役又ハ監査役ガ総会ヲ招集スルニハ各其ノ過半数ノ同意アルコトヲ要ス
第九十二条　資本ノ十分ノ一以上ニ当ル株主ハ会議ノ目的タル事項及招集ノ理由ヲ記載シタル書面ヲ取締役ニ提出シテ総会ノ招集ヲ請求スルコトヲ得
前項ノ請求アリタル後二週間以内ニ取締役ガ総会招集ノ手続ヲ為サザルトキハ請求ヲ為シタル株主ハ法院ノ許可ヲ得テ其ノ招集ヲ為スコトヲ得
前二項ノ規定ニ依リテ招集シタル総会ニ於テハ招集ノ費用ハ請求ヲ為シタル株主ノ負担トスル旨ヲ定ムルコトヲ得此ノ場合ニ於テハ請求ヲ為シタル株主ハ其ノ有スル株式ノ数ニ応ジテ費用ヲ負担ス
第九十三条　総会ハ取締役ノ提出シタル書類及監査役ノ報告書ヲ調査セシムル為特ニ検査役ヲ選任スルコトヲ得
第九十四条　総会ノ決議ハ本法又ハ定款ニ別段ノ定アル場合ヲ除クノ外出席シタル株主ノ議決権ノ過半数ヲ以テ之ヲ為ス
無記名式ノ株券ヲ有スル者ハ会日ヨリ一週間以前ニ株券ヲ会社ニ供託スルコトヲ要ス
株主ハ代理人ヲ以テ其ノ議決権ヲ行使スルコトヲ得但シ代理人ハ代理権ヲ証スル書面ヲ会社ニ差出ダスコトヲ要ス
前項ノ規定ハ定款ヲ以テ代理人ヲ株主ニ限ルコトヲ妨ゲズ
第九十五条　総会ノ決議ニ付特別ノ利害関係ヲ有スル者ハ自己又ハ他人ノ為ニ議決権ヲ行使スルコトヲ得ズ
前項ノ規定ニ依リテ行使スルコトヲ得ザル議決権ノ数ハ前条第一項ノ議決権ノ数ニ之ヲ算入セズ
第九十六条　各株主ハ一株ニ付一個ノ議決権ヲ有ス但シ定款ヲ以テ十一株以上ヲ有スル株主ノ議決権ヲ制限シ又ハ株式ノ譲受ヲ株主名簿ニ記載シタル後六月ヲ超エザル株主ニ議決権ナキモノトスルコトヲ得
会社ハ其ノ有スル自己ノ株式ニ付テハ議決権ヲ有セズ
第九十七条　会社ガ数種ノ株式ヲ発行スル場合ニ於テハ定款ヲ以テ其ノ或種類ノ株式ニ付株主ニ議決権ナキモノトスルコトヲ得此

ノ場合ニ於テハ定款ヲ以テ其ノ種類ノ株式ヲ有スル株主ニ第五十条第一項、第九十二条第一項第二項、第百条第二項、第百二十八条第一項、第百三十九条、第百五十六条第一項、第三百二十条第二項及第三百二十四条ノ権利ナキモノトスルコトヲ妨ゲズ
前項ノ株式ノ株金総額ハ資本ノ四分ノ一ヲ超ユルコトヲ得ズ
第九十八条　総会ニ於テハ延期又ハ続行ノ決議ヲ為スコトヲ得此ノ場合ニ於テハ第八十七条ノ規定ヲ適用セズ
第九十九条　総会ノ議事ニ付テハ議事録ヲ作ルコトヲ要ス
議事録ニハ議事ノ経過ノ要領及其ノ結果ヲ記載シ議長並ニ出席シタル取締役及監査役之ニ署名スルコトヲ要ス
第百条　会社ガ左ノ行為ヲ為スニハ第二百十条ニ定ムル決議ニ依ルコトヲ要ス
一　営業ノ全部又ハ一部ノ譲渡
二　営業全部ノ賃貸、其ノ経営ノ委任、他人ト営業上ノ損益全部ヲ共通ニスル契約其ノ他之ニ準ズル契約ノ締結、変更又ハ解約
三　他ノ会社ノ営業全部ノ譲受
四　第百二十六条又ハ第百三十九条ノ規定ニ依ル取締役又ハ監査役ノ責任ノ免除
第百二十八条又ハ第百三十九条ノ規定ハ前項第四号ノ決議アリタル場合ニ之ヲ準用ス
第百一条　前条第一項ノ規定ハ会社ガ其ノ成立後二年以内ニ其ノ成立前ヨリ存在スル財産ニシテ営業ノ為ニ継続シテ使用スベキモノヲ資本ノ二十分ノ一以上ニ当ル対価ヲ以テ取得スル契約ヲ為ス場合ニ之ヲ準用ス
第百二条　総会招集ノ手続又ハ其ノ決議ノ方法ガ法令若ハ定款ニ違反シ又ハ著シク不公正ナルトキハ株主、取締役又ハ監査役ハ訴ヲ以テ決議ノ取消ヲ請求スルコトヲ得決議ガ第二百十条ノ規定ニ違反シテ為サレタルトキ亦同ジ
第百三条　前条ノ訴ハ本店ノ所在地ノ地方法院ノ管轄ニ専属ス
第百四条　決議取消ノ訴ハ決議ノ日ヨリ一月以内ニ之ヲ提起スルコトヲ要ス
口頭弁論ハ前項ノ期間ヲ経過シタル後ニ非ザレバ之ヲ開始スルコトヲ得ズ
数個ノ訴ガ同時ニ繫属スルトキハ弁論及裁判ハ併合シテ之ヲ為スコトヲ要ス
訴ノ提起アリタルトキハ会社ハ遅滞ナク其ノ旨ヲ公告スルコトヲ要ス
第百五条　株主ガ決議取消ノ訴ヲ提起シタルトキハ会社ノ請求ニ因リ相当ノ担保ヲ供スルコトヲ要ス但シ其ノ株主ガ取締役又ハ監査役ナルトキハ此ノ限ニ在ラズ
第百六条　決議ヲ取消ス判決ハ第三者ニ対シテモ其ノ効力ヲ有ス

原告ガ敗訴シタル場合ニ於テ悪意又ハ重大ナル過失アリタルトキハ会社ニ対シ連帯シテ損害賠償ノ責ニ任ズ
第百七条　決議シタル事項ノ登記アリタル場合ニ於テ其ノ決議取消ノ判決ガ確定シタルトキハ本店及支店ノ所在地ニ於テ其ノ登記ヲ為スコトヲ要ス
第百八条　決議取消ノ訴ノ提起アリタル場合ニ於テ決議ノ内容、会社ノ現況其ノ他一切ノ事情ヲ斟酌シテ其ノ取消ヲ不適当ト認ムルトキハ法院ハ請求ヲ棄却スルコトヲ得
第百九条　第百三条、第百四条第三項第四項及第百五条乃至第百七条ノ規定ハ総会ノ決議ノ内容ガ法令又ハ定款ニ違反スルコトヲ理由トシテ決議ノ無効ノ確認ヲ請求スル訴ニ之ヲ準用ス
第百十条　株主ガ第九十五条第一項ノ規定ニ依リ議決権ヲ行使スルコトヲ得ザリシ場合ニ於テ決議ガ著シク不当ニシテ其ノ株主ガ議決権ヲ行使シタルトキハ之ヲ阻止スルコトヲ得ベカリシモノナルニ於テハ其ノ株主ハ訴ヲ以テ決議ノ取消又ハ変更ヲ請求スルコトヲ得
　第百三条乃至第百七条ノ規定ハ前項ノ訴ニ之ヲ準用ス

第二款　取締役

第百十一条　取締役ハ株主総会ニ於テ之ヲ選任ス
　会社ト取締役トノ間ノ関係ハ委任ニ関スル規定ニ従フ
第百十二条　取締役ハ三人以上タルコトヲ要ス
第百十三条　取締役ノ任期ハ三年ヲ超ユルコトヲ得ズ但シ定款ヲ以テ任期中ノ最終ノ決算期ニ関スル定時総会ノ終結ニ至ル迄其ノ任期ヲ伸長スルコトヲ妨ゲズ
第百十四条　取締役ハ何時ニテモ株主総会ノ決議ヲ以テ之ヲ解任スルコトヲ得但シ任期ノ定アル場合ニ於テ正当ノ事由ナクシテ其ノ任期ノ満了前ニ之ヲ解任シタルトキハ其ノ取締役ハ会社ニ対シ解任ニ因リテ生ジタル損害ノ賠償ヲ請求スルコトヲ得
第百十五条　法律又ハ定款ニ定メタル取締役ノ員数ヲ欠クニ至リタル場合ニ於テハ任期ノ満了又ハ辞任ニ因リテ退任シタル取締役ハ新ニ選任セラレタル取締役ノ就職スル迄仍取締役ノ権利義務ヲ有ス
　前項ノ場合ニ於テ必要アリト認ムルトキハ法院ハ監査役其ノ他利害関係人ノ請求ニ因リ一時取締役ノ職務ヲ行フベキ者ヲ選任スルコトヲ得此ノ場合ニ於テハ本店及支店ノ所在地ニ於テ其ノ登記ヲ為スコトヲ要ス
第百十六条　定款ヲ以テ取締役ノ有スベキ株式ノ数ヲ定メタル場合ニ於テ別段ノ定ナキトキハ取締役ハ其ノ員数ノ株券ヲ監査役ニ

供託スルコトヲ要ス
第百十七条　取締役ハ善良ナル管理者ノ注意ヲ以テ其ノ職務ヲ行フコトヲ要ス
第百十八条　会社ノ業務執行ハ定款ニ別段ノ定ナキトキハ取締役ノ過半数ヲ以テ之ヲ決ス支配人ノ選任及解任亦同ジ
第百十九条　取締役ハ各自会社ヲ代表ス
前項ノ規定ハ定款若ハ株主総会ノ決議ヲ以テ会社ヲ代表スベキ取締役ヲ定メ、数人ノ取締役ガ共同シ若ハ取締役ガ支配人ト共同シテ会社ヲ代表スベキコトヲ定メ又ハ定款ノ規定ニ基キ取締役ノ互選ヲ以テ会社ヲ代表スベキ取締役ヲ定ムルコトヲ妨ゲズ
数人ノ取締役ガ共同シ又ハ取締役ガ支配人ト共同シテ会社ヲ代表スベキコトヲ定メタル場合ニ於テ其ノ取締役又ハ支配人ノ一人ニ対シテ為シタル意思表示ハ会社ニ対シテ其ノ効力ヲ生ズ
第百二十条　会社ヲ代表スベキ取締役ハ会社ノ営業ニ関スル一切ノ裁判上又ハ裁判外ノ行為ヲ為ス権限ヲ有ス
前項ノ権限ニ加ヘタル制限ハ之ヲ以テ善意ノ第三者ニ対抗スルコトヲ得ズ
第百二十一条　会社ハ取締役ガ其ノ職務ヲ行フニ付他人ニ加ヘタル損害ヲ賠償スル責ニ任ズ但シ其ノ取締役ハ之ガ為ニ自己ノ損害賠償ノ責任ヲ免ルルコトナシ
第百二十二条　社長、副社長、専務取締役、常務取締役其ノ他会社ヲ代表スル権限ヲ有スルモノト認ムベキ名称ヲ附シタル取締役ノ為シタル行為ニ付テハ会社ハ其ノ者ガ代表権ヲ有セザル場合ト雖モ善意ノ第三者ニ対シテ其ノ責ニ任ズ
第百二十三条　取締役ハ定款及総会ノ議事録ヲ本店及支店ニ、株主名簿及社債原簿ヲ本店ニ備置クコトヲ要ス
株主及会社ノ債権者ハ営業時間内何時ニテモ前項ニ掲グル書類ノ閲覧ヲ求ムルコトヲ得
第百二十四条　取締役ハ株主総会ノ認許アルニ非ザレバ自己若ハ第三者ノ為ニ会社ノ営業ノ部類ニ属スル取引ヲ為シ又ハ同種ノ営業ヲ目的トスル他ノ会社ノ無限責任社員若ハ取締役ト為ルコトヲ得ズ
取締役ガ前項ノ規定ニ違反シテ取引ヲ為シタル場合ニ於テ其ノ取引ガ自己ノ為ニ為シタルモノナルトキハ会社ハ之ヲ以テ会社ノ為ニ為シタルモノト看做スコトヲ得第三者ノ為ニ為シタルモノナルトキハ会社ハ取締役ニ対シ其ノ取得シタル報酬ノ交付ヲ請求スルコトヲ得
会社ガ前項ノ権利ヲ行使スルニハ株主総会ノ決議アルコトヲ要ス
第二項ニ定ムル権利ハ監査役ノ一人ガ其ノ取引ヲ知リタル時ヨリ三月間之ヲ行使セザルトキハ消滅ス取引ノ時ヨリ一年ヲ経過シタルトキ亦同ジ

前三項ノ規定ハ会社ヨリ取締役ニ対スル損害賠償ノ請求ヲ妨ゲズ
第百二十五条　取締役ハ監査役ノ承認ヲ得タルトキニ限リ自己又ハ第三者ノ為ニ会社ト取引ヲ為スコトヲ得此ノ場合ニ於テハ其ノ取締役ガ其ノ取引ニ付会社ヲ代表スルコトヲ妨ゲズ
第百二十六条　取締役ガ其ノ任務ヲ怠リタルトキハ其ノ取締役ハ会社ニ対シ連帯シテ損害賠償ノ責ニ任ズ
取締役ガ法令又ハ定款ニ違反スル行為ヲ為シタルトキハ株主総会ノ決議ニ依リタル場合ト雖モ其ノ取締役ハ第三者ニ対シ連帯シテ損害賠償ノ責ニ任ズ
第百二十七条　株主総会ニ於テ取締役ニ対シテ訴ヲ提起スルコトヲ決議シタルトキハ会社ハ決議ノ日ヨリ一月以内ニ之ヲ提起スルコトヲ要ス
前項ノ訴ニ付テハ株主総会ノ決議ニ依ルニ非ザレバ取下、和解又ハ請求ノ抛棄ヲ為スコトヲ得ズ
第百二十八条　株主総会ニ於テ取締役ニ対シテ訴ヲ提起スルコトヲ否決シタル場合ニ於テ会日ノ三月以前ヨリ引続キ資本ノ十分ノ一以上ニ当ル株式ヲ有スル株主ガ訴ノ提起ヲ監査役ニ請求シタルトキハ会社ハ請求ノ日ヨリ一月以内ニ之ヲ提起スルコトヲ要ス
前項ノ請求ハ総会終結ノ日ヨリ三月以内ニ之ヲ為スコトヲ要ス
第一項ノ訴ニ付テハ訴提起ノ請求ヲ為シタル株主ノ議決権ノ過半数ノ同意アルニ非ザレバ取下、和解又ハ請求ノ抛棄ヲ為スコトヲ得ズ
第一項ノ請求ヲ為シタル株主ハ監査役ノ請求ニ因リ相当ノ担保ヲ供スルコトヲ要ス
会社ガ敗訴シタルトキハ請求ヲ為シタル株主ハ会社ニ生ジタル損害ヲ賠償スル責ニ任ズ
第百二十九条　取締役ガ受クベキ報酬ハ定款ニ其ノ額ヲ定メザリシトキハ株主総会ノ決議ヲ以テ之ヲ定ム
第百三十条　取締役ノ選任決議ノ取消又ハ無効確認ノ訴ノ提起アリタル場合ニ於テハ本案ノ管轄法院ハ当事者ノ申立ニ因リ仮処分ヲ以テ其ノ取締役ノ職務ノ執行ヲ停止シ又ハ之ヲ代行スル者ヲ選任スルコトヲ得本案ノ繫属前ト雖モ急迫ナル事情アルトキ亦同ジ
法院ハ当事者ノ申立ニ因リ前項ノ仮処分ヲ変更シ又ハ之ヲ取消スコトヲ得
前二項ノ処分アリタルトキハ本店及支店ノ所在地ニ於テ其ノ登記ヲ為スコトヲ要ス
第百三十一条　前条ノ職務代行者ハ仮処分命令ニ別段ノ定アル場合ヲ除クノ外会社ノ常務ニ属セザル行為ヲ為スコトヲ得ズ但シ特ニ本案ノ管轄法院ノ許可ヲ得タル場合ハ此ノ限ニ在ラズ

職務代行者前項ノ規定ニ違反シタルトキト雖モ会社ハ善意ノ第三者ニ対シテ其ノ責ニ任ズ

第百三十二条　急迫ナル事情アルトキハ第九十二条ノ規定ニ因リテ取締役ノ解任ヲ目的トスル総会ノ招集ヲ請求シタル者ハ其ノ取締役ノ職務ノ執行ノ停止又ハ職務代行者ノ選任ヲ法院ニ請求スルコトヲ得取締役ノ解任ヲ目的トスル総会ヲ招集シタル取締役又ハ監査役亦同ジ

第百三十条第二項第三項及前条ノ規定ハ前項ノ場合ニ之ヲ準用ス

第三款　監　査　役

第百三十三条　監査役ノ任期ハ二年ヲ超ユルコトヲ得ズ

第百三十四条　監査役ハ何時ニテモ取締役ニ対シテ営業ノ報告ヲ求メ又ハ会社ノ業務及財産ノ状況ヲ調査スルコトヲ得

第百三十五条　監査役ハ取締役ガ株主総会ニ提出セントスル書類ヲ調査シ株主総会ニ其ノ意見ヲ報告スルコトヲ要ス

第百三十六条　監査役ハ取締役又ハ支配人ヲ兼ヌルコトヲ得ズ但シ取締役中ニ欠員アルトキハ取締役及監査役ノ協議ヲ以テ監査役中ヨリ一時取締役ノ職務ヲ行フベキ者ヲ定ムルコトヲ得

前項但書ノ場合ニ於テハ其ノ定ヲ為シタル日ヨリ本店ノ所在地ニ於テハ二週間、支店ノ所在地ニ於テハ三週間以内ニ其ノ登記ヲ為スコトヲ要ス

第一項ノ規定ニ依リテ取締役ノ職務ヲ行フ監査役ハ第百四十二条第一項ノ規定ニ従ヒ株主総会ノ承認ヲ得ル迄ハ監査役ノ職務ヲ行フコトヲ得ズ

第百三十七条　会社ガ取締役ニ対シ又ハ取締役ガ会社ニ対シ訴ヲ提起スル場合ニ於テハ其ノ訴ニ付テハ監査役会社ヲ代表ス但シ株主総会ハ他人ヲシテ之ヲ代表セシムルコトヲ得

第百二十八条第一項ノ規定ニ依リ株主ガ取締役ニ対シテ訴ヲ提起スルコトヲ請求シタルトキハ特ニ代表者ヲ指定スルコトヲ得

第百三十八条　監査役ガ会社又ハ第三者ニ対シテ損害賠償ノ責ニ任ズベキ場合ニ於テ取締役モ亦其ノ責ニ任ズベキトキハ其ノ監査役及取締役ハ之ヲ連帯債務者トス

第百三十九条　第四十九条、第五十条、第百十一条、第百十三条但書、第百十四条、第百十五条、第百十七条、第百二十六条、第百二十九条、第百三十条及第百三十二条ノ規定ハ監査役ニ之ヲ準用ス

第四節　会社ノ計算

第百四十条　取締役ハ定時総会ノ会日ヨリ二週間以前ニ左ノ書類ヲ監査役ニ提出スルコトヲ要ス
一　財産目録
二　貸借対照表
三　営業報告書
四　損益計算書
五　準備金及利益又ハ利息ノ配当ニ関スル議案
第百四十一条　取締役ハ定時総会ノ会日ノ一週間以前ヨリ前条ニ掲グル書類及監査役ノ報告書ヲ本店ニ備置クコトヲ要ス
株主及会社ノ債権者ハ営業時間内何時ニテモ前項ニ掲グル書類ノ閲覧ヲ求メ又ハ会社ノ定メタル費用ヲ支払ヒテ其ノ謄本若ハ抄本ノ交付ヲ求ムルコトヲ得
第百四十二条　取締役ハ第百四十条ニ掲グル書類ヲ定時総会ニ提出シテ其ノ承認ヲ求ムルコトヲ要ス
取締役ハ前項ノ承認ヲ得タル後遅滞ナク貸借対照表ヲ公告スルコトヲ要ス
第百四十三条　定時総会ニ於テ前条第一項ノ承認ヲ為シタル後二年以内ニ別段ノ決議ナキトキハ会社ハ取締役又ハ監査役ニ対シテ其ノ責任ヲ解除シタルモノト看做ス但シ取締役又ハ監査役ニ不正ノ行為アリタルトキハ此ノ限ニ在ラズ
第百四十四条　財産目録ニ記載スル営業用ノ固定財産ニ付テハ其ノ取得価額又ハ製作価額ヲ超ユル価額、取引所ノ相場アル有価証券ニ付テハ其ノ決算期前一月ノ平均価格ヲ超ユル価額ヲ附スルコトヲ得ズ
第百四十五条　第十五条第一項第七号及第八号ノ規定ニ依リ支出シタル金額並ニ設立登記ノ為ニ支出シタル税額ハ之ヲ貸借対照表ノ資産ノ部ニ計上スルコトヲ得此ノ場合ニ於テハ会社成立ノ後、若開業前ニ利息ヲ配当スベキコトヲ定メタルトキハ其ノ配当ヲ止メタル後五年以内ニ毎決算期ニ於テ均等額以上ノ償却ヲ為スコトヲ要ス
第百四十六条　社債権者ニ償還スベキ金額ノ総額ガ社債ノ募集ニ依リテ得タル実額ヲ超ユルトキハ其ノ差額ハ之ヲ貸借対照表ノ資産ノ部ニ計上スルコトヲ得此ノ場合ニ於テハ社債償還ノ期限内ニ毎決算期ニ於テ均等額以上ノ償却ヲ為スコトヲ要ス
第百四十七条　資本総額ハ之ヲ貸借対照表ノ負債ノ部ニ計上スルコトヲ要ス
会社ガ数種ノ株式ヲ発行シタルトキハ各種類ノ株式ノ総金額ヲモ表示スルコトヲ要ス
第百四十八条　会社ガ自己ノ株式ヲ取得シ又ハ質権ノ目的トシテ之ヲ受ケタルトキハ其ノ株式ノ種類及金額ヲ営業報告書中ニ記載スルコトヲ要ス其ノ株式ヲ処分シタルトキ亦同ジ

第百四十九条　会社ハ其ノ資本ノ四分ノ一ニ達スル迄ハ毎決算期ノ利益ノ二十分ノ一以上ヲ準備金トシテ積立ツルコトヲ要ス額面以上ノ価額ヲ以テ株式ヲ発行シタルトキハ其ノ額面ヲ超ユル金額ヨリ発行ノ為ニ必要ナル費用ヲ控除シタル金額ハ前項ノ額ニ達スル迄之ヲ準備金ニ組入ルルコトヲ要ス

第百五十条　前条ノ準備金ハ資本ノ欠損ノ塡補ニ充ツル場合ヲ除クノ外之ヲ使用スルコトヲ得ズ

第百五十一条　会社ハ損失ヲ塡補シ且第百四十九条第一項ノ準備金ヲ控除シタル後ニ非ザレバ利益ノ配当ヲ為スコトヲ得ズ

前項ノ規定ニ違反シテ配当ヲ為シタルトキハ会社ノ債権者ハ之ヲ返還セシムルコトヲ得

第百五十二条　会社ノ目的タル事業ノ性質ニ依リ会社ノ成立後二年以上其ノ営業全部ノ開業ヲ為スコト能ハザルモノト認ムルトキハ会社ハ定款ヲ以テ其ノ開業前一定ノ期間内一定ノ利息ヲ株主ニ配当スベキコトヲ定ムルコトヲ得但シ其ノ利率ハ年五分ヲ超ユルコトヲ得ズ

前項ノ定款ノ規定ハ法院ノ認可ヲ得ルコトヲ要ス

第一項ノ規定ニ依リテ配当シタル金額ハ之ヲ貸借対照表ノ資産ノ部ニ計上スルコトヲ得此ノ場合ニ於テハ年六分ヲ超ユル利益ヲ配当スル毎ニ其ノ超過額ト同額以上ノ金額ヲ償却スルコトヲ要ス

第百五十三条　前条第一項ノ規定ニ依リテ利息ヲ配当スル会社ガ其ノ資本ヲ増加スル場合ニ於テハ新株ニ対シテモ亦利息ヲ配当スルコトヲ要ス但シ定款ニ別段ノ定アルトキハ此ノ限ニ在ラズ

前項ノ配当ヲ為ス場合ニ於テハ配当期間ヲ伸長スルコトヲ得

前条ノ規定ハ前二項ノ場合ニ之ヲ準用ス

第百五十四条　利益又ハ利息ノ配当ハ払込ミタル株金額ノ割合ニ応ジテ之ヲ為ス但シ第七十七条第一項ノ規定ノ適用ヲ妨ゲズ

営業年度中ニ払込アリタル株式ニ対スル利益又ハ利息ノ配当ハ其ノ払込期日以後ノ日数ニ応ジテ之ヲ為ス

第百五十五条　定款ヲ以テ利益又ハ利息ノ配当請求権ニ付消滅期間ヲ定メタルトキハ其ノ期間ハ三年ヲ下ルコトヲ得ズ若之ヨリ短キ期間ヲ定メタルトキハ其ノ期間ハ之ヲ三年ニ伸長ス

第百五十六条　会社ノ業務ノ執行ニ関シ不正ノ行為又ハ法令若ハ定款ニ違反スル重大ナル事実アルコトヲ疑フベキ事由アルトキハ三月以前ヨリ引続キ資本ノ十分ノ一以上ニ当ル株式ヲ有スル株主ハ会社ノ業務及財産ノ状況ヲ調査セシムル為法院ニ検査役ノ選任ヲ請求スルコトヲ得

検査役ハ其ノ調査ノ結果ヲ法院ニ報告スルコトヲ要ス

前項ノ場合ニ於テ必要アリト認ムルトキハ法院ハ監査役ヲシテ株主総会ヲ招集セシムルコトヲ得此ノ場合ニ於テハ第三十条第二項及第三十三条第二項ノ規定ヲ準用ス

第五節　社　債

第一款　総　則

第百五十七条　社債ハ第二百十条ニ定ムル決議ニ依ルニ非ザレバ之ヲ募集スルコトヲ得ズ

第百五十八条　社債ノ総額ハ払込ミタル株金額ヲ超ユルコトヲ得ズ

最終ノ貸借対照表ニ依リ会社ニ現存スル純財産額ガ払込ミタル株金額ニ満タザルトキハ社債ノ総額ハ其ノ財産額ヲ超ユルコトヲ得ズ

旧社債償還ノ為ニスル社債ノ募集ニ付テハ其ノ旧社債ノ額ハ前二項ノ社債ノ総額中ニ之ヲ算入セズ此ノ場合ニ於テハ払込ノ期日、若数回ニ分チテ払込ヲ為サシムルトキハ第一回払込ノ期日ヨリ六月以内ニ旧社債ヲ償還スルコトヲ要ス

第百五十九条　会社ハ前ニ募集シタル社債総額ノ払込ヲ為サシメタル後ニ非ザレバ更ニ社債ヲ募集スルコトヲ得ズ

第百六十条　各社債ノ金額ハ二十円ヲ下ルコトヲ得ズ

同一種類ノ社債ニ在リテハ各社債ノ金額ハ均一ナルカ又ハ最低額ヲ以テ整除シ得ベキモノナルコトヲ要ス

第百六十一条　社債権者ニ償還スベキ金額ガ券面額ヲ超ユベキコトヲ定メタルトキハ其ノ超過額ハ各社債ニ付同率ナルコトヲ要ス

第百六十二条　社債ノ募集ニ応ゼントスル者ハ社債申込証二通ニ其ノ引受クベキ社債ノ数及住所ヲ記載シ之ニ署名スルコトヲ要ス

社債申込証ハ取締役之ヲ作リ之ニ左ノ事項ヲ記載スルコトヲ要ス

一　会社ノ商号

二　社債ノ総額

三　各社債ノ金額

四　社債ノ利率

五　社債償還ノ方法及期限

六　利息支払ノ方法及期限

七　数回ニ分チテ社債ノ払込ヲ為サシムルトキハ各回ノ払込ノ金額及時期

八　社債発行ノ価額又ハ其ノ最低価額
九　債券ヲ記名式又ハ無記名式ニ限リタルトキハ其ノ旨
十　会社ノ資本及払込ミタル株金ノ総額
十一　最終ノ貸借対照表ニ依リ会社ニ現存スル純財産額
十二　旧社債ノ償還ノ為第百五十八条第一項及第二項ノ制限ヲ超エテ社債ヲ募集スルトキハ其ノ旨
十三　前ニ社債ヲ募集シタルトキハ其ノ償還ヲ了ヘザル総額
十四　社債募集ノ委託ヲ受ケタル会社アルトキハ其ノ商号
十五　社債ノ応募額ガ総額ニ達セザル場合ニ於テ前号ノ会社ガ其ノ残額ヲ引受クベキコトヲ約シタルトキハ其ノ旨
社債発行ノ最低価額ヲ定メタル場合ニ於テハ社債応募者ハ社債申込証ニ応募価額ヲ記載スルコトヲ要ス
第百六十三条　前条ノ規定ハ契約ニ依リ社債ノ総額ヲ引受クル場合ニハ之ヲ適用セズ社債募集ノ委託ヲ受ケタル会社ガ自ラ社債ノ一部ヲ引受クル場合ニ於テ其ノ一部ニ付亦同ジ
第百六十四条　社債ノ募集ガ完了シタルトキハ取締役ハ遅滞ナク各社債ニ付其ノ全額又ハ第一回ノ払込ヲ為サシムルコトヲ要ス
第百六十五条　社債募集ノ委託ヲ受ケタル会社ハ自己ノ名ヲ以テ会社ノ為ニ第百六十二条第二項及前条ニ定ムル行為ヲ為スコトヲ得
第百六十六条　会社ハ第百六十四条ノ払込アリタル日ヨリ本店ノ所在地ニ於テハ二週間、支店ノ所在地ニ於テハ三週間以内ニ社債ノ登記ヲ為スコトヲ要ス
前項ノ登記ニ在リテハ左ノ事項ヲ登記スルコトヲ要ス
一　第百六十二条第二項第二号乃至第六号及第十四号ニ掲グル事項
二　各社債ニ付払込ミタル金額
第四十条ノ規定ハ第一項ノ登記ニ之ヲ準用ス
外国ニ於テ社債ヲ募集シタル場合ニ於テ登記スベキ事項ガ外国ニ於テ生ジタルトキハ登記ノ期間ハ其ノ通知ノ到達シタル時ヨリ之ヲ起算ス
第百六十七条　第五十六条ノ規定ハ社債ガ数人ノ共有ニ属スル場合ニ之ヲ準用ス
第百六十八条　債券ハ社債全額ノ払込アリタル後ニ非ザレバ之ヲ発行スルコトヲ得ズ

債券ニハ第百六十二条第二項第一号乃至第六号、第九号及第十四号ニ掲グル事項並ニ番号ヲ記載シ取締役之ニ署名スルコトヲ要ス

第百六十九条　社債権者ハ何時ニテモ其ノ記名式ノ債券ヲ無記名式ト為シ又ハ其ノ無記名式ノ債券ヲ記名式ト為スコトヲ請求スルコトヲ得但シ債券ヲ記名式又ハ無記名式ニ限ル旨ノ定アルトキハ此ノ限ニ在ラズ

第百七十条　記名社債ノ移転ハ取得者ノ氏名及住所ヲ社債原簿ニ記載シ且其ノ氏名ヲ債券ニ記載スルニ非ザレバ之ヲ以テ会社其ノ他ノ第三者ニ対抗スルコトヲ得ズ

第百七十一条　記名社債ヲ以テ質権ノ目的ト為スニハ債券ヲ交付スルコトヲ要ス

前項ノ質権ノ設定ハ質権者ノ氏名及住所ヲ社債原簿ニ記載シ且其ノ氏名ヲ債券ニ記載スルニ非ザレバ之ヲ以テ会社其ノ他ノ第三者ニ対抗スルコトヲ得ズ

第百七十二条　社債募集ノ委託ヲ受ケタル会社ハ自己ノ名ヲ以テ社債権者ノ為ニ社債ノ償還ヲ受クルニ必要ナル一切ノ裁判上又ハ裁判外ノ行為ヲ為ス権限ヲ有ス

前項ノ会社ガ社債ノ償還ヲ受ケタルトキハ遅滞ナク之ヲ公告シ且知レタル社債権者ニハ格別ニ之ヲ通知スルコトヲ要ス

前項ノ場合ニ於テ社債募集ノ委託ヲ受ケタル会社ハ社債権者ニ対シ債券ト引換ニ償還額ノ支払ヲ為ス義務ヲ負フ

第百七十三条　社債募集ノ委託ヲ受ケタル会社二以上アルトキハ其ノ権限ニ属スル行為ハ共同シテ之ヲ為スコトヲ要ス

第百七十四条　社債募集ノ委託ヲ受ケタル会社二以上アルトキハ第百七十二条第三項ニ定ムル義務ハ之ヲ連帯トス

第百七十五条　社債募集ノ委託ヲ受ケタル会社ハ社債ヲ発行シタル会社及社債権者集会ノ同意ヲ得テ辞任スルコトヲ得已ムコトヲ得ザル事由アル場合ニ於テ法院ノ許可ヲ得タルトキ亦同ジ

第百七十六条　社債募集ノ委託ヲ受ケタル会社ガ其ノ事務ヲ処理スルニ不適任ナルトキ其ノ他正当ノ事由アルトキハ法院ハ社債ヲ発行シタル会社又ハ社債権者集会ノ請求ニ因リ之ヲ解任スルコトヲ得

第百七十七条　前二条ノ場合ニ於テ社債募集ノ委託ヲ受ケタル会社ナキニ至リタルトキハ社債ヲ発行シタル会社及社債権者集会ノ一致ヲ以テ其ノ事務ノ承継者ヲ定ムルコトヲ得

已ムコトヲ得ザル事由アルトキハ利害関係人ハ事務承継者ノ選任ヲ法院ニ請求スルコトヲ得

第百七十八条　無記名社債ヲ償還スル場合ニ於テ欠缺セル利札アルトキハ之ニ相当スル金額ヲ償還額ヨリ控除ス但シ既ニ支払期ノ到来シタル利札ニ付テハ此ノ限ニ在ラズ

前項ノ利札ノ所持人ハ何時ニテモ之ト引換ニ控除金額ノ支払ヲ請求スルコトヲ得

第百七十九条　社債ノ償還請求権ノ時効期間ハ十年トス

第百七十二条第三項ノ規定ニ依リ社債権者ノ有スル請求権亦前項ニ同ジ

利息及前条第二項ノ請求権ノ時効期間ハ五年トス

第百八十条　社債原簿ニハ左ノ事項ヲ記載スルコトヲ要ス

一　社債権者ノ氏名及住所

二　債券ノ番号

三　第百六十二条第二項第二号乃至第七号及第十四号ニ掲グル事項

四　各社債ニ付払込ミタル金額及払込ノ年月日

五　債券発行ノ年月日

六　各社債ノ取得ノ年月日

七　無記名式ノ債券ヲ発行シタルトキハ其ノ数、番号及発行ノ年月日

第百八十一条　会社ガ或社債権者ニ対シテ為シタル弁済、和解其ノ他ノ行為ガ著シク不公正ナルトキハ社債募集ノ委託ヲ受ケタル会社ハ訴ヲ以テ其ノ行為ノ取消ヲ請求スルコトヲ得但シ其ノ行為ニ因リテ利益ヲ受ケタル者又ハ転得者ガ其ノ行為又ハ転得ノ当時善意ナリシトキハ此ノ限ニ在ラズ

前項ノ訴ハ社債募集ノ委託ヲ受ケタル会社ガ取消ノ原因タル事実ヲ知リタル時ヨリ六月、行為ノ時ヨリ一年以内ニ之ヲ提起スルコトヲ要ス

第百八十二条　前条第一項ノ訴ハ社債ヲ発行シタル会社ノ本店ノ所在地ノ地方法院ノ管轄ニ専属ス

第百八十三条　第百八十一条ノ規定ニ依リテ為シタル取消ハ総社債権者ノ利益ノ為ニ其ノ効力ヲ生ズ

第百八十四条　第七十九条第一項及第二項ノ規定ハ社債応募者又ハ社債権者ニ対スル通知及催告ニ之ヲ準用ス

第百八十五条　本節ノ規定ニ依リ為スベキ公告ハ社債ヲ発行シタル会社ノ定款ニ定メタル公告方法ニ依リ之ヲ為スコトヲ要ス

第二節　社債権者集会

第百八十六条　社債権者集会ハ本法ニ規定アル場合ヲ除クノ外法院ノ許可ヲ得テ社債権者ノ利害ニ重大ナル関係ヲ有スル事項ニ付

決議ヲ為スコトヲ得
第百八十七条　社債権者集会ハ社債ヲ発行シタル会社又ハ社債募集ノ委託ヲ受ケタル会社之ヲ招集ス
社債総額ノ十分ノ一以上ニ当ル社債権者ハ会議ノ目的タル事項及招集ノ理由ヲ記載シタル書面ヲ前項ノ会社ニ提出シテ社債権者集会ノ招集ヲ請求スルコトヲ得
第九十二条第二項ノ規定ハ前項ノ場合ニ之ヲ準用ス
無記名式ノ債券ヲ有スル者ハ其ノ債券ヲ供託スルニ非ザレバ前二項ノ権利ヲ行使スルコトヲ得ズ
第百八十八条　各社債権者ハ社債ノ最低額毎ニ一個ノ議決権ヲ有ス
無記名式ノ債券ヲ有スル者ハ会日ヨリ一週間以前ニ債券ヲ供託スルニ非ザレバ其ノ議決権ヲ行使スルコトヲ得ズ
社債ヲ発行シタル会社ガ自己ノ無記名社債ヲ目的トスル質権ヲ有スル場合ニ於テ社債権者ノ請求アルトキハ社債権者ヲシテ議決権ヲ行使セシムル為会日ヨリ一週間以前ニ其ノ債券ヲ供託スルコトヲ要ス供託ニ因リテ生ジタル費用ハ社債権者ノ負担トス
第百八十九条　社債ヲ発行シタル会社又ハ社債募集ノ委託ヲ受ケタル会社ハ其ノ代表者ヲ社債権者集会ニ出席セシメ又ハ書面ヲ以テ意見ヲ述ブルコトヲ得
社債権者集会ノ招集ハ前項ノ会社ニ之ヲ通知スルコトヲ要ス
第八十七条第一項及第二項ノ規定ハ前項ノ通知ニ之ヲ準用ス
第百九十条　社債権者集会又ハ其ノ招集者ハ必要アリト認ムルトキハ社債ヲ発行シタル会社ニ対シ其ノ代表者ノ出席ヲ求ムルコトヲ得
第百九十一条　第二百十条第一項乃至第三項及第二百十一条第二項第三項ノ規定ハ社債権者集会ノ決議ニ之ヲ準用ス
第百七十五条乃至第百七十七条及前条ノ同意又ハ請求ハ前項ノ規定ニ拘ラズ出席シタル社債権者ノ議決権ノ過半数ヲ以テ之ヲ決スルコトヲ得
第百九十二条　社債権者集会ノ議事ニ付テハ議事録ヲ作ルコトヲ要ス
議事録ニハ議事ノ経過ノ要領及其ノ結果ヲ記載シ議長及出席シタル社債権者一人以上之ニ署名スルコトヲ要ス
議事録ハ社債ヲ発行シタル会社其ノ本店ニ之ヲ備置クコトヲ要ス
社債募集ノ委託ヲ受ケタル会社及社債権者ハ営業時間内何時ニテモ前項ノ議事録ノ閲覧ヲ求ムルコトヲ得
第百九十三条　社債権者集会ノ招集者ハ決議ノ日ヨリ一週間以内ニ決議ノ認可ヲ法院ニ請求スルコトヲ要ス

第百九十四条　法院ハ左ノ場合ニ於テハ社債権者集会ノ決議ヲ認可スルコトヲ得ズ
一　社債権者集会招集ノ手続又ハ其ノ決議ノ方法ガ法令ニ違反スルトキ
二　決議ガ不当ノ方法ニ依リテ成立スルニ至リタルトキ
三　決議ガ著シク不公正ナルトキ
四　決議ガ社債権者ノ一般ノ利益ニ反スルトキ
前項第一号及第二号ノ場合ニ於テハ法院ハ決議ノ内容其ノ他一切ノ事情ヲ斟酌シテ決議ヲ認可スルコトヲ妨ゲズ
第百九十五条　社債権者集会ノ決議ハ法院ノ認可ニ因リテ其ノ効力ヲ生ズ
社債権者集会ノ決議ハ総社債権者ニ対シ其ノ効力ヲ有ス
第百九十六条　社債権者集会ノ決議ニ対シ認可又ハ不認可ノ裁定アリタルトキハ社債ヲ発行シタル会社ハ遅滞ナク其ノ旨ヲ公告スルコトヲ要ス
第百九十七条　社債権者集会ハ社債総額ノ五百分ノ一以上ヲ有スル社債権者ノ中ヨリ一人又ハ数人ノ代表者ヲ選任シ其ノ決議スベキ事項ノ決定ヲ之ニ委任スルコトヲ得
代表者数人アルトキハ前項ノ決定ハ其ノ過半数ヲ以テ之ヲ為ス
第百九十八条　社債権者集会ノ決議ハ社債募集ノ委託ヲ受ケタル会社、若社債募集ノ委託ヲ受ケタル会社ナキトキハ前条ノ代表者之ヲ執行ス但シ社債権者集会ノ決議ヲ以テ別ニ執行者ヲ定メタルトキハ此ノ限ニ在ラズ
第百九十九条　第百七十三条ノ規定ハ代表者又ハ執行者数人アル場合ニ之ヲ準用ス
第二百条　第百七十二条、第百七十四条及第百七十九条第二項ノ規定ハ代表者又ハ執行者ガ社債ノ償還ニ関スル決議ヲ執行スル場合ニ之ヲ準用ス
第二百一条　社債権者集会ハ何時ニテモ代表者若ハ執行者ヲ解任シ又ハ委任シタル事項ヲ変更スルコトヲ得
第二百二条　会社ガ社債ノ利息ノ支払ヲ怠リタルトキ又ハ定期ニ社債ノ一部ヲ償還スベキ場合ニ於テ其ノ償還ヲ怠リタルトキハ社債権者集会ノ決議ニ依リ会社ニ対シ一定ノ期間内ニ其ノ弁済ヲ為スベキ旨及其ノ期間内ニ之ヲ為サザルトキハ社債ノ総額ニ付期限ノ利益ヲ失フベキ旨ヲ通知スルコトヲ得但シ其ノ期間ハ二月ヲ下ルコトヲ得ズ
前項ノ通知ハ書面ニ依リテ之ヲ為スコトヲ要ス
会社ガ第一項ノ期間内ニ弁済ヲ為サザルトキハ社債ノ総額ニ付期限ノ利益ヲ失フ

第二百三条　前条ノ規定ニ依リ会社ガ期限ノ利益ヲ失ヒタルトキハ前条第一項ノ決議ヲ執行スル者ハ遅滞ナク之ヲ公告シ且知レタル社債権者ニハ各別ニ之ヲ通知スルコトヲ要ス

第二百四条　社債募集ノ委託ヲ受ケタル会社、代表者又ハ執行者ニ対シテ与フベキ報酬及其ノ事務処理ノ為ニ要スル費用ハ社債ヲ発行シタル会社トノ契約ニ其ノ定アル場合ヲ除クノ外法院ノ許可ヲ得テ会社ヲシテ之ヲ負担セシムルコトヲ得

社債募集ノ委託ヲ受ケタル会社、代表者又ハ執行者ハ償還ヲ受ケタル金額ヨリ社債権者ニ先チテ前項ノ報酬及費用ノ弁済ヲ受クルコトヲ得

第二百五条　社債権者集会ニ関スル費用ハ社債ヲ発行シタル会社ノ負担トス

第九十二条第三項ノ規定ハ第百八十七条第二項又ハ第三項ノ規定ニ依リテ社債権者集会ヲ招集シタル場合ニ之ヲ準用ス

第百九十三条ノ請求ニ関スル費用ハ社債ヲ発行シタル会社ノ負担トス但シ法院ハ利害関係人ノ申立ニ因リ又ハ職権ヲ以テ其ノ全部又ハ一部ニ付別ニ負担者ヲ定ムルコトヲ得

第二百六条　数種ノ社債ヲ発行シタル場合ニ於テハ社債権者集会ハ其ノ各種類ノ社債ニ付之ヲ招集スルコトヲ要ス

第二百七条　第八十七条第一項乃至第三項、第九十四条第三項、第九十五条、第九十六条第二項及第九十八条ノ規定ハ社債権者集会ニ之ヲ準用ス

第二百八条　社債権者集会ノ決議アルトキハ代表者又ハ執行者モ亦第百八十一条第一項ノ訴ヲ提起スルコトヲ得但シ行為ノ時ヨリ一年以内ニ限ル

第六節　定款ノ変更

第二百九条　定款ノ変更ヲ為スニハ株主総会ノ決議アルコトヲ要ス

定款ノ変更ニ関スル議案ノ要領ハ第八十七条ニ定ムル通知及公告ニ之ヲ記載スルコトヲ要ス

第二百十条　前条第一項ノ決議ハ総株主ノ半数以上ニシテ資本ノ半額以上ニ当ル株主出席シ其ノ議決権ノ過半数ヲ以テ之ヲ為ス

前項ニ定ムル員数ノ株主ガ出席セザルトキハ出席シタル株主ノ議決権ノ過半数ヲ以テ仮決議ヲ為スコトヲ得此ノ場合ニ於テハ各株主ニ対シテ其ノ仮決議ノ趣旨ノ通知ヲ発シ且無記名式ノ株券ヲ発行シタルトキハ其ノ趣旨ヲ公告シ更ニ一月以内ニ第二回ノ株主総会ヲ招集スルコトヲ要ス

第二回ノ株主総会ニ於テハ出席シタル株主ノ議決権ノ過半数ヲ以テ仮決議ノ認否ヲ決ス

前二項ノ規定ハ会社ノ目的タル事業ヲ変更スル場合ニハ之ヲ適用セズ
第二百十一条　前条第一項ノ規定ノ適用ニ付テハ議決権ナキ株主ハ之ヲ総株主ノ員数ニ、其ノ有スル株式ノ金額ハ之ヲ資本ノ額ニ算入セズ
第九十四条第二項ノ規定ニ依リテ株券ヲ供託セザル者ハ之ヲ総株主ノ員数ニ算入セズ
第九十五条第二項ノ規定ハ前条第一項乃至第三項ノ議決権ニ之ヲ準用ス
第二百十二条　会社ガ数種ノ株式ヲ発行シタル場合ニ於テ定款ノ変更ガ或種類ノ株主ニ損害ヲ及ボスベキトキハ株主総会ノ決議ノ外其ノ種類ノ株主ノ総会ノ決議アルコトヲ要ス
或種類ノ株主ノ総会ノ決議ハ其ノ種類ノ株主ノ半数以上ニシテ株金総額ノ半額以上ニ当ル株主出席シ其ノ議決権ノ三分ノ二以上ノ多数ヲ以テ之ヲ為ス
株主総会ニ関スル規定ハ議決権ナキ種類ノ株式ニ関スルモノヲ除クノ外第一項ノ総会ニ之ヲ準用ス
第二百十三条　前条ノ規定ハ第七十七条第二項ノ決議ヲ為ス場合及会社ノ合併ニ因リテ或種類ノ株主ニ損害ヲ及ボスベキ場合ニ之ヲ準用ス
第二百十四条　第七十七条第二項及前二条ノ規定ハ同種類ノ株式中ニ払込額ヲ異ニスル二種以上ノモノアル場合ニ之ヲ準用ス
第二百十五条　左ノ事項ハ定款ニ其ノ旨ノ定ナキトキト雖モ資本増加ノ決議ニ於テ之ヲ定ムルコトヲ得
一　新株ノ額面以上ノ発行
二　現物出資ヲ為ス者ノ氏名、出資ノ目的タル財産、其ノ価格並ニ之ニ対シテ与フル株式ノ種類及数
三　資本ノ増加後ニ譲受クルコトヲ約シタル財産、其ノ価格及譲渡人ノ氏名
四　新株ノ引受権ヲ与フベキ者及其ノ権利ノ内容
第二百十六条　会社ガ特定ノ者ニ対シ将来其ノ資本ヲ増加スル場合ニ於テ新株ノ引受権ヲ与フベキコトヲ約スルニハ第二百十条ニ定ムル決議ニ依ルコトヲ要ス
第二百十七条　株式申込証ハ取締役之ヲ作リ之ニ左ノ事項ヲ記載スルコトヲ要ス
一　会社ノ商号
二　増加スベキ資本ノ額
三　資本増加ノ決議ノ年月日

四　第一回振込ノ金額
五　第二十二条第二項第五号第六号及第二百十五条第一号乃至第三号ニ掲グル事項
六　数種ノ株式アルトキ又ハ異種類ノ株式ヲ発行スルトキハ新ニ発行スル株式ノ内容及数
七　一定ノ時期迄ニ第二百十八条ノ総会ガ終結セザルトキハ株式ノ申込ヲ取消スコトヲ得ベキコト
第二百十八条　資本増加ノ場合ニ於テ各新株ニ付第二十五条及第二十六条ノ規定ニ依ル払込及現物出資ノ給付アリタルトキハ取締役ハ遅滞ナク株主総会ヲ招集シテ之ニ新株ノ募集ニ関スル事項ヲ報告スルコトヲ要ス
新株ノ引受人ハ前項ノ総会ニ於テ株主ト同一ノ権利ヲ有ス
第二百十九条　新株ノ引受人ハ株金払込期日ヨリ利益又ハ利息ノ配当ニ付株主ト同一ノ権利ヲ有ス
第二百二十条　会社ノ成立後二年以内ニ其ノ資本ヲ増加スル決議ヲ為シ又ハ資本ヲ倍額以上ニ増加スル場合ニ於テ第二百十五条第二号又ハ第三号ニ掲グル事項ヲ定メタルトキハ取締役ハ之ニ関スル調査ヲ為サシムル為検査役ノ選任ヲ法院ニ請求スルコトヲ要ス
第三十条第二項ノ規定ハ前項ノ場合ニ之ヲ準用ス
第二百二十一条　監査役ハ左ノ事項ヲ調査シ之ヲ第二百十八条ノ株主総会ニ報告スルコトヲ要ス
一　新株総数ノ引受アリタルヤ否ヤ
二　第二十五条及第二十六条ノ規定ニ依ル払込及現物出資ノ給付アリタルヤ否ヤ
監査役ハ前条第一項ノ検査役ノ報告書ヲ調査シ株主総会ニ其ノ意見ヲ報告スルコトヲ要ス
株主総会ハ第一項ノ調査及報告ヲ為サシムル為特ニ検査役ヲ選任スルコトヲ得
第二百二十二条　第二百二十条第一項ノ場合ニ於テハ第二百十八条ノ株主総会ノ決議ハ第二百十条ノ規定ニ依ルニ非ザレバ之ヲ為スコトヲ得ズ
第三十四条ノ規定ハ前項ノ場合ニ之ヲ準用ス
第二百二十三条　引受ナキ株式又ハ第一回ノ払込ノ未済ナル株式アルトキハ取締役ハ連帯シテ其ノ株式ヲ引受ケ又ハ払込ヲ為ス義務ヲ負フ株式ノ申込ガ取消サレタルトキ亦同ジ
前項ノ規定ハ取締役ニ対スル損害賠償ノ請求ヲ妨ゲズ
第二百二十四条　会社ハ第二百十八条ノ株主総会終結ノ日又ハ第二百二十二条第二項ノ手続終了ノ日ヨリ本店ノ所在地ニ於テハ二

週間、支店ノ所在地ニ於テハ三週間以内ニ資本増加ノ登記ヲ為スコトヲ要ス
前項ノ登記ニ在リテハ左ノ事項ヲ登記スルコトヲ要ス
一　増加シタル資本ノ額
二　資本増加ノ決議ノ年月日
三　各新株ニ付払込ミタル株金額
四　新種ノ株式アルトキ又ハ異種類ノ株式ヲ発行スルトキハ新ニ発行スル株式ノ内容及数
第四十条ノ規定ハ第一項ノ登記ニ之ヲ準用ス
第二百二十五条　資本ノ増加ハ本店ノ所在地ニ於テ前条第一項ノ登記ヲ為スニ因リテ其ノ効力ヲ生ズ
第二百二十六条　資本増加ノ場合ニ於テハ定款ヲ以テ株主ガ其ノ引受ケタル新株ヲ他ノ種類ノ株式ニ転換スルコトヲ請求シ得ベキ旨ヲ定ムルコトヲ得此ノ場合ニ於テハ転換ヲ請求シ得ベキ期間及転換ニ因リテ受クベキ株式ノ内容ヲ定ムルコトヲ要ス
第二百二十七条　前条ノ場合ニ於テハ株式申込証、株券及株主名簿ニ左ノ事項ヲ記載スルコトヲ要ス
一　株式ヲ他ノ種類ノ株式ニ転換スルコトヲ得ベキコト
二　転換ニ因リテ発行スベキ株式ノ内容
三　転換ノ請求ヲ為スコトヲ得ベキ期間
資本増加ノ登記ニ在リテハ前項ニ掲グル事項ヲ登記スルコトヲ要ス
第二百二十八条　転換ヲ請求スル者ハ請求書二通ニ株券ヲ添附シテ之ヲ会社ニ提出スルコトヲ要ス
前項ノ請求書ニハ転換セントスル株式ノ数及請求ノ年月日ヲ記載シ之ニ署名スルコトヲ要ス
第二百二十九条　転換ハ其ノ請求ヲ為シタル時ノ属スル営業年度ノ終ニ於テ其ノ効力ヲ生ズ
第二百三十条　転換ニ因リテ生ジタル各種類ノ株式ノ数ノ増減ハ毎営業年度ノ終ヨリ一月以内ニ本店ノ所在地ニ於テ之ヲ登記スルコトヲ要ス
第三十七条ノ規定ハ前項ノ登記ニ之ヲ準用ス
第二百三十一条　社債募集ノ場合ニ於テハ社債権者ガ社債ヲ株式ニ転換スルコトヲ請求シ得ベキ旨且転換ノ限度ニ於テ資本ヲ増加スベキ旨ヲ決議スルコトヲ得
前項ノ決議ニ於テハ転換ノ条件、転換ニ因リテ発行スベキ株式ノ内容及転換ヲ請求シ得ベキ期間ヲ定ムルコトヲ要ス

第二百三十二条　転換ニ因リテ発行スベキ株式ハ全額払込済ノモノトス
転換ニ因リテ発行スベキ株式ノ金額ハ転換スベキ社債ノ発行ニ因リテ得タル実額ヲ超ユルコトヲ得ズ
第百四十九条第二項ノ規定ハ社債ノ転換ノ場合ニ之ヲ準用ス
第二百三十三条　転換社債ニ付テハ社債申込証、債券及社債原簿ニ左ノ事項ヲ記載スルコトヲ要ス
一　社債ヲ株式ニ転換スルコトヲ得ベキコト
二　転換ノ条件
三　転換ニ因リテ発行スベキ株式ノ内容
四　転換ノ請求ヲ為スコトヲ得ベキ期間
社債ノ登記ニ在リテハ前項ニ掲グル事項ヲ登記スルコトヲ要ス
第二百三十四条　転換ヲ請求スル者ハ請求書二通ニ債券ヲ添附シテ之ヲ会社ニ提出スルコトヲ要ス
前項ノ請求書ニハ転換セントスル社債ヲ表示シ請求ノ年月日ヲ記載シテ之ニ署名スルコトヲ要ス
第二百三十五条　第六十一条第一項及第二百二十九条ノ規定ハ社債ノ転換ノ場合ニ之ヲ準用ス
第二百三十六条　転換ニ因リテ生ジタル資本ノ増加及社債ノ減少ハ毎営業年度ノ終ヨリ一月以内ニ本店ノ所在地ニ於テ之ヲ登記スルコトヲ要ス
第二百三十七条　第二十二条第一項第三項、第二十三条乃至第二十八条、第三十一条第二項、第四十一条、第四十二条第一項及第三十七条ノ規定ハ前項ノ登記ニ之ヲ準用ス
四十三条ノ規定ハ資本増加ノ場合ニ之ヲ準用ス
第四十二条第二項ノ規定ハ取締役及監査役ニ之ヲ準用ス
第二百三十八条　株券ハ資本増加ガ其ノ効力ヲ生ジタル後ニ非ザレバ之ヲ発行スルコトヲ得ズ
第八十条第二項ノ規定ハ前項ノ場合ニ之ヲ準用ス
資本増加ノ年月日ハ之ヲ新株券ニ記載スルコトヲ要ス
第二百三十九条　資本増加ノ無効ハ第二百二十四条又ハ第二百三十六条ノ規定ニ依リ本店ノ所在地ニ於テ登記ヲ為シタル日ヨリ六月以内ニ訴ヲ以テノミ之ヲ主張スルコトヲ得
前項ノ訴ハ株主、取締役又ハ監査役ニ限リ之ヲ提起スルコトヲ得

第二百四十条　第百三条、第百四条第二項乃至第四項、第百五条、第百六条、第二百九十三条及第二百九十九条ノ規定ハ前条ノ訴ニ之ヲ準用ス

第二百四十一条　資本ノ増加ヲ無効トスル判決ガ確定シタルトキハ資本ノ増加ニ因リテ発行シタル新株ハ将来ニ向テ其ノ効力ヲ失フ

前項ノ場合ニ於テハ会社ハ遅滞ナク其ノ旨及一定ノ期間内ニ株券ヲ会社ニ提出スベキ旨ヲ公告シ且株主及株主名簿ニ記載アル質権者ニハ各別ニ之ヲ通知スルコトヲ要ス但シ其ノ期間ハ三月ヲ下ルコトヲ得ズ

第二百四十二条　前条第一項ノ場合ニ於テハ会社ハ新株ノ株主ニ対シ其ノ払込ミタル株金ニ相当スル金額ノ支払ヲ為スコトヲ要ス

前項ノ金額ガ前条第一項ノ判決確定ノ時ニ於ケル会社財産ノ状況ニ照シ著シク不相当ナルトキハ法院ハ会社又ハ前項ノ株主ノ請求ニ因リ前項ノ金額ノ増減又ハ未払込株金額ノ払込ヲ命ズルコトヲ得

第六十一条第一項及第六十二条第一項第二項ノ規定ハ第一項ノ場合ニ之ヲ準用ス

第二百四十三条　会社ガ資本ノ増加後二年以内ニ其ノ増加前ヨリ存在スル財産ニシテ営業ノ為ニ継続シテ使用スベキモノヲ増加資本ノ二十分ノ一以上ニ当ル対価ヲ以テ取得スル契約ヲ為スニハ第二百十条ニ定ムル決議ニ依ルコトヲ要ス

第二百四十四条　資本減少ノ場合ニ於テハ其ノ決議ニ於テ減少ノ方法ヲ定ムルコトヲ要ス

第二百四十五条　資本減少ノ決議アリタルトキハ其ノ決議ノ日ヨリ二週間以内ニ財産目録及貸借対照表ヲ作ルコトヲ要ス

第二百四十六条　会社ハ前条ノ期間内ニ其ノ債権者ニ対シ資本減少ニ異議アラバ一定ノ期間内ニ之ヲ述ブベキ旨ヲ公告シ且知レタル債権者ニハ各別ニ之ヲ催告スルコトヲ要ス但シ其ノ期間ハ二月ヲ下ルコトヲ得ズ

社債権者ガ異議ヲ述ブルニハ社債権者集会ノ決議ニ依ルコトヲ要ス此ノ場合ニ於テハ法院ハ利害関係人ノ請求ニ因リ社債権者ノ為ニ異議ノ期間ヲ伸長スルコトヲ得

債権者ガ前二項ノ期間内ニ異議ヲ述ベザリシトキハ資本減少ヲ承認シタルモノト看做ス

債権者ガ異議ヲ述ベタルトキハ会社ハ弁済ヲ為シ又ハ相当ノ担保ヲ供スルコトヲ要ス

第二百四十七条　株式ノ併合ヲ為サントスルトキハ会社ハ其ノ旨及一定ノ期間内ニ株券ヲ会社ニ提出スベキ旨ヲ公告シ且株主及株主名簿ニ記載アル質権者ニハ各別ニ之ヲ通知スルコトヲ要ス但シ其ノ期間ハ三月ヲ下ルコトヲ得ズ

株式ノ併合ハ前項ノ期間満了ノ時、若前条ノ手続ガ未ダ終了セザルトキハ其ノ終了ノ時ニ於テ其ノ効力ヲ生ズ

第二百四十八条　株式ノ併合アリタル場合ニ於テ旧株券ヲ提出スルコト能ハザル者アルトキハ会社ハ其ノ者ノ請求ニ因リ利害関係

人ニ対シ異議アラバ一定ノ期間内ニ之ヲ述ブベキ旨ヲ公告シ其ノ期間経過後ニ於テ新株券ヲ交付スルコトヲ得但シ其ノ期間ハ三月ヲ下ルコトヲ得ズ

前項ノ公告ノ費用ハ請求者ノ負担トス

第二百四十九条　併合ニ適セザル数ノ株式アルトキハ其ノ併合ニ適セザル部分ニ付新ニ発行シタル株式ヲ競売シ且株数ニ応ジテ其ノ代金ヲ従前ノ株主ニ交付スルコトヲ要ス

第六十八条第一項但書及前条ノ規定ハ前項ノ場合ニ之ヲ準用ス

前二項ノ規定ハ無記名式ノ株券ニシテ第二百四十七条第一項ノ規定ニ依ル提出ナカリシモノニ之ヲ準用ス

第二百五十条　資本減少ノ無効ハ本店ノ所在地ニ於テ資本減少ノ登記ヲ為シタル日ヨリ六月以内ニ訴ヲ以テノミ之ヲ主張スルコトヲ得

前項ノ訴ハ株主、取締役、監査役、清算人、破産管財人又ハ資本ノ減少ヲ承認セザル債権者ニ限リ之ヲ提起スルコトヲ得

債権者ガ第一項ノ訴ヲ提起シタルトキハ会社ノ請求ニ因リ相当ノ担保ヲ供スルコトヲ要ス

第二百四十条ノ規定ハ第一項ノ訴ニ之ヲ準用ス

第七節　会社ノ整理

第二百五十一条　会社ノ現況其ノ他ノ事情ニ依リ支払不能又ハ債務超過ニ陥ルノ虞アリト認ムルトキハ法院ハ取締役、監査役、三月以前ヨリ引続キ資本ノ十分ノ一以上ニ当ル株式ヲ有スル株主又ハ払込株金額ノ十分ノ一以上ニ当ル債権者ノ申立ニ因リ会社ニ対シ整理ノ開始ヲ命ズルコトヲ得会社ニ支払不能又ハ債務超過ノ疑アリト認ムルトキ亦同ジ

会社ノ業務ヲ監督スル官庁ハ会社ニ前項ニ掲グル事由アリト認ムルトキハ法院ニ其ノ旨ヲ通告スルコトヲ得此ノ場合ニ於テハ法院ハ職権ヲ以テ整理ノ開始ヲ命ズルコトヲ得

整理開始ノ申立ガ権利ノ濫用其ノ他不当ノ目的ニ出ヅルモノト認ムルトキハ法院ハ其ノ申立ヲ却下スルコトヲ得

第二百五十二条　法院ガ整理ノ開始ヲ命ジタルトキハ直ニ会社ノ本店及支店ノ所在地ノ登記処ニ整理開始ノ登記ヲ嘱託スルコトヲ要ス

第二百五十三条　整理開始ノ申立又ハ通告アリタル場合ニ於テ必要アリト認ムルトキハ法院ハ破産手続ノ中止ヲ命ズルコトヲ得

整理開始ノ命令アリタルトキハ破産ノ申立又ハ会社財産ニ対スル強制執行、仮差押若ハ仮処分ヲ為スコトヲ得ズ破産手続並ニ既

ニ為シタル強制執行、仮差押及仮処分ハ之ヲ中止ス
整理開始ノ命令ガ確定シタルトキハ前二項ノ規定ニ依リテ中止シタル手続ハ整理ノ関係ニ於テハ其ノ効力ヲ失フ
第二百五十四条　整理開始ノ命令アリタル場合ニ於テ債権者ノ一般ノ利益ニ適応シ且競売申立人ニ不当ノ損害ヲ及ボスノ虞ナキモノト認ムルトキハ法院ハ相当ノ期間ヲ定メ拍売法ニ依ル競売手続ノ中止ヲ命ズルコトヲ得
第二百五十五条　整理開始ノ命令アリタルトキハ会社ノ債権者ノ債権ニ付テハ整理開始ノ取消ノ登記又ハ整理終結ノ登記ノ日ヨリ二月以内ハ時効完成セズ
第二百五十六条　左ノ場合ニ於テハ相殺ヲ為スコトヲ得ズ
一　会社ノ債権者ガ整理開始ノ命令アリタル後会社ニ対シテ債務ヲ負担シタルトキ
二　会社ノ債務者ガ整理開始ノ命令アリタル後其ノ命令前ニ生ジタル他人ノ債権ヲ取得シタルトキ
三　会社ノ債務者ガ整理開始ノ申立又ハ通告アリタルコトヲ知リテ整理開始ノ命令前ニ生ジタル会社ニ対スル債権ヲ取得シタルトキ但シ其ノ取得ガ法定ノ原因ニ基クトキ債務者ガ整理開始ノ申立若ハ通告アリタルコトヲ知リタル時ヨリ前ニ生ジタル原因ニ基クトキ又ハ整理開始ノ命令ノ時ヨリ一年以前ニ生ジタル原因ニ基クトキハ此ノ限ニ在ラズ
第二百五十七条　整理開始ノ命令アリタル場合ニ於テ必要アリト認ムルトキハ法院ハ左ノ処分ヲ為スコトヲ得
一　会社ノ業務ノ制限其ノ他会社財産ノ保全処分
二　株主ノ名義書換ノ禁止
三　会社ノ業務及財産ニ対スル検査ノ命令
四　整理ニ関スル立案及実行ノ命令
五　取締役又ハ監査役ノ解任
六　発起人、取締役又ハ監査役ノ責任ノ免除ノ禁止
七　発起人、取締役又ハ監査役ノ責任ノ免除ノ取消但シ整理ノ開始ヨリ一年以前ニ為シタル免除ニ付テハ不正ノ目的ニ出デタルモノニ限ル
八　発起人、取締役又ハ監査役ノ責任ニ基ク損害賠償請求権ノ査定
九　前号ノ損害賠償請求権ニ付発起人、取締役又ハ監査役ノ財産ニ対シテ為ス保全処分
十　会社ノ業務及財産ニ関スル監督ノ命令

十一　会社ノ業務及財産ニ関スル管理ノ命令
整理開始ノ申立又ハ通告アリタルトキハ法院ハ其ノ開始前ト雖モ第二百五十一条第一項ニ掲グル者ノ申立ニ因リ又ハ職権ヲ以テ前項第一号乃至第三号、第九号又ハ第十号ノ処分ヲ為スコトヲ得
第二百五十八条　法院ガ前条第一項第五号、第十号又ハ第十一号ノ処分ヲ為シタルトキハ直ニ会社ノ本店及支店ノ所在地ノ登記処ニ其ノ旨ノ登記ヲ嘱託スルコトヲ要ス前条第一項第一号ノ業務ノ制限ノ処分ヲ為シタルトキ亦同ジ
前条第一項第一号又ハ第九号ノ処分ニシテ登録又ハ登記ヲ為スベキ財産ニ関スルモノニ付テハ法院ハ直ニ其ノ旨ノ登録又ハ登記ヲ嘱託スルコトヲ要ス
第二百五十九条　第二百五十七条第一項第三号ノ検査ハ会社ノ業務及財産ノ状況其ノ他会社ノ整理ニ必要ナル事項ニ付法院ノ選任シタル検査役之ヲ為ス
検査役ハ会社ノ業績ガ不良ト為リタル事情及発起人取締役又ハ監査役ニ不正又ハ懈怠ナカリシヤ否ヤヲモ調査スルコトヲ要ス
第二百六十条　検査役ハ調査ノ結果殊ニ左ノ事項ヲ法院ニ報告スルコトヲ要ス
一　整理ノ見込アリヤ否ヤ
二　発起人、取締役又ハ監査役ニ第四十四条、第四十五条、第百二十六条、第百三十九条又ハ第二百二十三条ノ規定ニ依リテ責ニ任ズベキ事実アリヤ否ヤ
三　会社ノ業務及財産ニ付監督又ハ管理ヲ為ス必要アリヤ否ヤ
四　会社財産ノ保全処分ヲ為ス必要アリヤ否ヤ
五　会社ノ損害賠償請求権ニ付発起人、取締役又ハ監査役ノ財産ニ対シ保全処分ヲ為ス必要アリヤ否ヤ
第二百六十一条　検査役数人アルトキハ共同シテ其ノ職務ヲ行フ但シ法院ノ許可ヲ得テ職務ヲ分掌スルコトヲ得
第二百六十二条　検査役ハ発起人、取締役、監査役及支配人其ノ他ノ使用人ニ対シ会社ノ業務及財産ノ状況ニ付報告ヲ求メ会社ノ帳簿、書類、金銭其ノ他ノ物件ヲ検査スルコトヲ得
検査役ハ其ノ調査ヲ為スニ当リ法院ノ許可ヲ得テ執行官又ハ警察官吏ノ援助ヲ求ムルコトヲ得
第二百六十三条　第百十七条ノ規定ハ検査役ニ之ヲ準用ス
前項ノ規定ニ依ル注意ヲ怠リタル検査役ハ利害関係人ニ対シ連帯シテ損害賠償ノ責ニ任ズ
第二百六十四条　検査役ハ会社ヨリ費用ノ前払及報酬ヲ受クルコトヲ得其ノ額ハ法院之ヲ定ム

第二百六十五条　第二百五十七条第一項第四号ノ処分ヲ為シタル場合ニ於テ必要アリト認ムルトキハ法院ハ整理委員ヲ選任スルコトヲ得
整理委員ハ整理ニ関スル立案ノ任ニ当リ且取締役ガ其ノ実行ヲ為スニ付之ト協力ス
第二百六十一条、第二百六十二条第一項、第二百六十三条及前条ノ規定ハ整理委員ニ之ヲ準用ス
第二百六十六条　整理ノ実行上株金ノ払込ヲ為サシムル為必要アリト認ムルトキハ取締役ハ各株主ニ対シ其ノ有スル株式ノ数及未払込株金額ヲ通知シ異議アラバ一定ノ期間内ニ之ヲ述ブベキ旨ヲ催告スルコトヲ得但シ其ノ期間ハ一月ヲ下ルコトヲ得ズ
株主ガ前項ノ期間内ニ異議ヲ述ベザリシトキハ通知シタル事項ヲ承認シタルモノト看做ス
株主ガ異議ヲ述ベタルトキハ取締役ハ其ノ確定ヲ法院ニ請求スルコトヲ要ス
第二百六十七条　取締役ハ前条ノ承認又ハ確定アリタル事項ニ付株主表ヲ作ルコトヲ要ス
取締役株金ノ払込ヲ為サシメントスルトキハ其ノ払込金額ニ付法院ノ認可ヲ得ルコトヲ要ス
会社ハ株主ニ対シ前項ノ認可ノ記載アル株主表ノ抄本ニ基キテ強制執行ヲ為スコトヲ得
第二百六十八条　第二百五十七条第一項第八号ノ規定ニ依リテ為シタル査定ニ不服アル者ハ査定ノ告知ヲ受ケタル日ヨリ一月以内ニ異議ノ訴ヲ提起スルコトヲ得
第二百六十九条　前条第一項ノ期間内ニ訴ノ提起ナキトキハ査定ハ給付ヲ命ズル確定判決ト同一ノ効力ヲ有ス訴ガ却下セラレタルトキ亦同ジ
第百三条及第百四条第二項第三項ノ規定ハ第一項ノ訴ニ之ヲ準用ス
査定ヲ認可シ又ハ之ヲ変更シタル判決ハ強制執行ニ関シテハ給付ヲ命ズル判決ト同一ノ効力ヲ有ス
第二百七十条　査定ノ申立ハ時効ノ中断ニ関シテハ之ヲ裁判上ノ請求ト看做ス職権ニ依ル査定手続ノ開始亦同ジ
第二百七十一条　第二百五十七条第一項第十号ノ監督ハ法院ノ選任シタル監督員之ヲ為ス
取締役ガ法院ノ指定シタル行為ヲ為スニハ監督員ノ同意ヲ得ルコトヲ要ス
第二百六十五条第三項ノ規定ハ監督員ニ之ヲ準用ス
第二百七十二条　第二百五十七条第一項第十一号ノ管理ハ法院ノ選任シタル管理人之ヲ為ス
会社ノ代表、業務ノ執行並ニ財産ノ管理及処分ヲ為ス権利ハ管理人ニ専属ス第百二条、第二百三十九条、第二百五十条、第二百九十二条及第二百九十八条ノ規定ニ依ル取締役ノ権利亦同ジ

第二百六十一条乃至第二百六十四条ノ規定ハ管理人ニ之ヲ準用ス
第二百七十三条　管理人数人アルトキハ第三者ノ意思表示ハ其ノ一人ニ対シテ之ヲ為スヲ以テ足ル
第二百七十四条　管理人ハ臨時故障アル場合ニ於テ其ノ職務ヲ行ハシムル為自己ノ責任ヲ以テ予メ代理人ヲ選任スルコトヲ得
前項ノ代理人ノ選任ハ法院ノ認可ヲ得ルコトヲ要ス
第二百七十五条　整理ガ結了シ又ハ整理ノ必要ナキニ至リタルトキハ法院ハ第二百五十一条第一項ニ掲グル者、検査役、整理委員、監督員又ハ管理人ノ申立ニ因リ整理終結ノ裁定ヲ為スコトヲ得
第二百七十六条　第二百五十二条及第二百五十八条ノ規定ハ整理終結ノ裁定又ハ整理開始ノ命令ヲ取消ス裁定ガ確定シタル場合ニ之ヲ準用ス
第二百七十七条　整理開始ノ命令アリタル場合ニ於テ整理ノ見込ナキトキハ法院ハ職権ヲ以テ破産法ニ従ヒ破産ノ宣告ヲ為スコトヲ要ス

第八節　解散及設立ノ無効

第二百七十八条　会社ハ左ノ事由ニ因リテ解散ス
一　存立時期ノ満了其ノ他定款ニ定メタル事由ノ発生
二　株主総会ノ決議
三　会社ノ合併
四　営業全部ノ譲渡
五　会社ノ破産
六　解散ヲ命ズル裁判
第二百七十九条　解散ノ決議ハ第二百十条ノ規定ニ依ルニ非ザレバ之ヲ為スコトヲ得ズ
第二百八十条　会社ガ解散シタルトキハ破産ノ場合ヲ除クノ外取締役ハ遅滞ナク株主ニ対シテ其ノ旨ノ通知ヲ発シ且無記名式ノ株券ヲ発行シタル場合ニ於テハ之ヲ公告スルコトヲ要ス
第二百八十一条　会社ガ解散シタルトキハ合併及破産ノ場合ヲ除クノ外本店ノ所在地ニ於テハ二週間、支店ノ所在地ニ於テハ三週間以内ニ解散ノ登記ヲ為スコトヲ要ス

第二百八十二条　第二百七十八条第一号又ハ第二号ノ場合ニ於テハ第二百十条ニ定ムル決議ニ依リテ会社ヲ継続スルコトヲ得
会社ハ本店ノ所在地ニ於テ解散ノ登記ヲ為シタル後ト雖モ前項ノ決議ヲ為スコトヲ妨ゲズ此ノ場合ニ於テハ本店ノ所在地ニ於テハ二週間、支店ノ所在地ニ於テハ三週間以内ニ継続ノ登記ヲ為スコトヲ要ス
第二百八十三条　会社ガ合併ヲ為スニハ合併契約書ヲ作リ株主総会ノ承認ヲ得ルコトヲ要ス
合併契約書ノ要領ハ第八十七条ニ定ムル通知及公告ニ之ヲ記載スルコトヲ要ス
第一項ノ決議ハ第二百十条ノ規定ニ依ルニ非ザレバ之ヲ為スコトヲ得ズ
第二百八十四条　合併ヲ為ス会社ノ一方ガ合併後存続スル場合ニ於テハ合併契約書ニ左ノ事項ヲ記載スルコトヲ要ス
一　存続スル会社ノ増加スベキ資本ノ額
二　存続スル会社ノ発行スベキ新株ノ種類、数及払込金額並ニ合併ニ因リテ消滅スル会社ノ株主ニ対スル新株ノ割当ニ関スル事項
三　合併ニ因リテ消滅スル会社ノ株主ニ支払ヲ為スベキ金額ヲ定メタルトキハ其ノ規定
四　各会社ニ於テ前条第一項ノ決議ヲ為スベキ株主総会ノ期日
五　合併ヲ為スベキ時期ヲ定メタルトキハ其ノ規定
第二百八十五条　合併ニ因リテ会社ヲ設立スル場合ニ於テハ合併契約書ニ左ノ事項ヲ記載スルコトヲ要ス
一　合併ニ因リテ設立スル会社ノ目的、商号、資本ノ総額、一株ノ金額及本店ノ所在地
二　合併ニ因リテ設立スル会社ノ発行スベキ株式ノ種類、数及払込金額並ニ各会社ノ株主ニ対スル株式ノ割当ニ関スル事項
三　各会社ノ株主ニ支払ヲ為スベキ金額ヲ定メタルトキハ其ノ規定
四　前条第四号及第五号ニ掲グル事項
第二百八十六条　合併ヲ為ス会社ノ一方ガ合併後存続スル場合ニ於テハ其ノ取締役ハ第二百四十六条ノ手続ノ終了後、合併ニ因ル株式ノ併合アリタルトキハ其ノ効力ヲ生ジタル後、併合ニ適セザル株式アリタルトキハ合併後存続スル会社ニ於テ第二百四十九条ノ処分ヲ為シタル後遅滞ナク株主総会ヲ招集シテ之ニ合併ニ関スル事項ヲ報告スルコトヲ要ス
第二百十八条第二項ノ規定ハ前項ノ株主総会ニ之ヲ準用ス
第二百八十七条　合併ニ因リテ会社ヲ設立スル場合ニ於テハ設立委員ハ第二百四十六条ノ手続ノ終了後、合併ニ因ル株式ノ併合アリタルトキハ其ノ効力ヲ生ジタル後、併合ニ適セザル株式アリタルトキハ第二百四十九条ノ処分ヲ為シタル後遅滞ナク創立総会

ヲ招集スルコトヲ要ス
創立総会ニ於テハ定款変更ノ決議ヲモ為スコトヲ得但シ合併契約ノ趣旨ニ反スルコトヲ得ズ
第二十九条第二項第三項、第三十一条第一項、第三十二条及第三十五条第二項ノ規定ハ第一項ノ創立総会ニ之ヲ準用ス
第二百八十八条　会社ガ合併ヲ為シタルトキハ第二百八十六条ノ株主総会又ハ前条ノ創立総会ノ終結ノ日ヨリ本店ノ所在地ニ於テハ二週間、支店ノ所在地ニ於テハ三週間以内ニ合併後存続スル会社ニ付テハ変更ノ登記、合併ニ因リテ消滅スル会社ニ付テハ解散ノ登記、合併ニ因リテ設立シタル会社ニ付テハ第三十六条ニ定ムル登記ヲ為スコトヲ要ス
合併後存続スル会社又ハ合併ニ因リテ設立シタル会社ガ合併ニ因リテ社債ヲ承継シタルトキハ前項ノ登記ト同時ニ社債ノ登記ヲ為スコトヲ要ス
第二百八十九条　会社ノ合併ハ合併後存続スル会社又ハ合併ニ因リテ設立シタル会社ガ其ノ本店ノ所在地ニ於テ前条第一項ノ登記ヲ為スニ困リテ其ノ効力ヲ生ズ
第二百九十条　合併後存続スル会社又ハ合併ニ因リテ設立シタル会社ハ合併ニ因リテ消滅シタル会社ノ権利義務ヲ承継ス
第二百九十一条　第二百四十五条及第二百四十六条ノ規定ハ会社ノ合併ノ場合ニ之ヲ準用ス
第二百四十七条乃至第二百四十九条ノ規定ハ会社ノ合併ニ因ル株式併合ノ場合ニ之ヲ準用ス
第六十一条第一項及第六十二条第三項ノ規定ハ株式ヲ併合セザル場合ニ於テ合併ニ因リテ消滅スル会社ノ株式ヲ目的トスル質権ニ之ヲ準用ス
第二百九十二条　会社ノ合併ノ無効ハ合併ノ日ヨリ六月以内ニ訴ヲ以テノミ之ヲ主張スルコトヲ得
前項ノ訴ハ各会社ノ株主、取締役、監査役、清算人、破産管財人又ハ合併ヲ承認セザル債権者ニ限リ之ヲ提起スルコトヲ得
第二百九十三条　前条第一項ノ訴ノ提起アリタル場合ニ於テ合併ノ無効ノ原因タル瑕疵ガ補完セラレタルトキ又ハ会社ノ現況其ノ他一切ノ事情ヲ斟酌シテ合併ヲ無効トスルコトヲ不適当ト認ムルトキハ法院ハ請求ヲ棄却スルコトヲ得
第二百九十四条　合併ヲ無効トスル判決ガ確定シタルトキハ本店及支店ノ所在地ニ於テ合併後存続スル会社ニ付テハ変更ノ登記、合併ニ因リテ設立シタル会社ニ付テハ解散ノ登記、合併ニ因リテ消滅シタル会社ニ付テハ回復ノ登記ヲ為スコトヲ要ス
第二百九十五条　合併ヲ無効トスル判決ハ合併後存続スル会社又ハ合併ニ因リテ設立シタル会社、其ノ株主及第三者ノ間ニ生ジタル権利義務ニ影響ヲ及ボサズ
第二百九十六条　合併ヲ無効トスル判決ガ確定シタルトキハ合併ヲ為シタル会社ハ合併後存続スル会社又ハ合併ニ因リテ設立シタ

ル会社ガ合併後負担シタル債務ニ付連帯シテ弁済ノ責ニ任ズ
合併後存続スル会社又ハ合併ニ因リテ設立シタル会社ガ合併後取得シタル財産ハ合併ヲ為シタル会社ノ共有ニ属ス
前二項ノ場合ニ於テハ各会社ノ負担部分又ハ持分ハ其ノ協議ヲ以テ之ヲ定ム協議調ハザルトキハ法院ハ請求ニ因リ合併ノ時ニ於ケル各会社ノ財産ノ額其ノ他一切ノ事情ヲ斟酌シテ之ヲ定ム
第二百九十七条　第百三条、第百四条第二項乃至第四項、第百五条、第百六条及第二百五十条第三項ノ規定ハ第二百九十二条第一項ノ訴ニ之ヲ準用ス
第二百九十八条　会社ノ設立ノ無効ハ其ノ成立ノ日ヨリ二年以内ニ訴ヲ以テノミ之ヲ主張スルコトヲ得
前項ノ訴ハ株主、取締役又ハ監査役ニ限リ之ヲ提起スルコトヲ得
第百三条、第百四条第三項第四項、第百五条、第百六条、第二百九十三条及第二百九十五条ノ規定ハ第一項ノ訴ニ之ヲ準用ス
第二百九十九条　設立ヲ無効トスル判決ガ確定シタルトキハ本店及支店ノ所在地ニ於テ其ノ登記ヲ為スコトヲ要ス
第三百条　設立ヲ無効トスル判決ガ確定シタルトキハ解散ノ場合ニ準ジテ清算ヲ為スコトヲ要ス此ノ場合ニ於テハ法院ハ利害関係人ノ請求ニ因リ清算人ヲ選任ス

第九節　清　算

第一款　総　則

第三百一条　会社ガ解散シタルトキハ合併及破産ノ場合ヲ除クノ外清算ヲ為スコトヲ要ス
清算中ノ会社ハ清算ノ目的ノ範囲内ニ於テノミ権利ヲ有シ義務ヲ負フ
第三百二条　会社ガ第八条ノ裁判ニ因リテ解散シタル場合ヲ除クノ外取締役其ノ清算人ト為ル但シ定款ニ別段ノ定アルトキ又ハ株主総会ニ於テ他人ヲ選任シタルトキハ此ノ限ニ在ラズ
会社ガ第八条ノ裁判ニ因リテ解散シタルトキハ法院ハ利害関係人若ハ検察官ノ請求ニ因リ又ハ職権ヲ以テ清算人ヲ選任ス
第一項ノ規定ニ依リテ清算人タル者ナキトキハ法院ハ利害関係人ノ請求ニ因リ清算人ヲ選任ス
第三百三条　取締役ガ清算人ト為リタルトキハ解散ノ日ヨリ本店ノ所在地ニ於テハ二週間、支店ノ所在地ニ於テハ四週間以内ニ左ノ事項ヲ登記スルコトヲ要ス
一　清算人ノ氏名及住所

二　清算人ニシテ会社ヲ代表セザル者アルトキハ会社ヲ代表スベキ者ノ氏名
三　数人ノ清算人ガ共同シテ会社ヲ代表スベキ定アルトキハ其ノ規定
清算人ノ選任アリタルトキハ其ノ清算人ハ本店ノ所在地ニ於テハ二週間、支店ノ所在地ニ於テハ三週間以内ニ前項ニ掲グル事項ヲ登記スルコトヲ要ス
第四十条ノ規定ハ前二項ノ登記ニ之ヲ準用ス
第三百四条　清算人ハ其ノ就職ノ日ヨリ二週間以内ニ左ノ事項ヲ法院ニ届出ヅルコトヲ要ス
一　解散ノ事由及其ノ年月日
二　清算人氏名及住所
第三百五条　清算人ノ職務ノ如シ
一　現務ノ結了
二　債権ノ取立及債務ノ弁済
三　残余財産ノ分配
第三百六条　清算人数人アルトキハ清算ニ関スル行為ハ其ノ過半数ヲ以テ之ヲ決ス
第三百七条　取締役ガ清算人ト為リタル場合ニ於テハ従前ノ定ニ従ヒテ会社ヲ代表ス
法院ガ数人ノ清算人ヲ選任スル場合ニ於テハ会社ヲ代表スベキ者ヲ定メ又ハ数人ガ共同シテ会社ヲ代表スベキコトヲ定ムルコトヲ得
第三百八条　会社ヲ代表スベキ清算人ハ其ノ職務ニ関スル一切ノ裁判上又ハ裁判外ノ行為ヲ為ス権限ヲ有ス
第三百九条　清算人ハ就職ノ後遅滞ナク会社財産ノ現況ヲ調査シ財産目録及貸借対照表ヲ作リ之ヲ株主総会ニ提出シテ其ノ承認ヲ求ムルコトヲ要ス
清算人ハ前項ノ承認ヲ得タル後遅滞ナク財産目録及貸借対照表ヲ法院ニ提出スルコトヲ要ス
第三百十条　清算人ハ財産目録、貸借対照表及事務報告書ヲ作リ定時総会ノ会日ヨリ二週間以前ニ之ヲ監査役ニ提出スルコトヲ要ス
第三百十一条　清算人ハ其ノ就職ノ日ヨリ二月以内ニ少クトモ三回ノ公告ヲ以テ債権者ニ対シ一定ノ期間内ニ其ノ請求ヲ申出ヅベキ旨ヲ催告スルコトヲ要ス但シ其ノ期間ハ二月ヲ下ルコトヲ得ズ

前項ノ公告ニハ債権者ガ期間内ニ申出ヲ為サザルトキハ清算ヨリ除斥セラルベキ旨ヲ附記スルコトヲ要ス

第三百十二条　清算人ハ知レタル債権者ニハ各別ニ其ノ債権ノ申出ヲ催告スルコトヲ要ス

知レタル債権者ハ之ヲ清算ヨリ除斥スルコトヲ得ズ

第三百十三条　清算人ハ第三百十一条第一項ノ債権申出ノ期間内ハ債権者ニ対シテ弁済ヲ為スコトヲ得ズ但シ会社ハ之ガ為ニ遅延ニ因ル損害賠償ノ責任ヲ免ルルコトナシ

清算人ハ前項ノ規定ニ拘ラズ法院ノ許可ヲ得テ少額ノ債権及担保アル債権其ノ他之ヲ弁済スルモ他ノ債権者ヲ害スルノ虞ナキ債権ニ付弁済ヲ為スコトヲ得

第三百十四条　会社ハ弁済期ニ至ラザル債権ト雖モ之ヲ弁済スルコトヲ得

前項ノ場合ニ於テハ無利息債権ニ付テハ弁済期ニ至ル迄ノ法定利息ヲ加算シテ其ノ債権額ニ達スベキ金額ヲ弁済スルコトヲ要ス

前項ノ規定ハ利息附債権ニシテ其ノ利率ガ法定利率ニ達セザルモノニ付之ヲ準用ス

第一項ノ場合ニ於テハ条件附債権、存続期間ノ不確定ナル債権其ノ他価額ノ不確定ナル債権ニ付テハ法院ノ選任シタル鑑定人ノ評価ニ従ヒテ之ヲ弁済スルコトヲ要ス

第三百十五条　清算ヨリ除斥セラレタル債権者ハ未ダ分配セザル残余財産ニ対シテノミ弁済ヲ請求スルコトヲ得

一部ノ株主ニ対シ既ニ分配ヲ為シタル場合ニ於テハ他ノ株主ニ対シ之ト同一ノ割合ヲ以テ分配ヲ為スニ要スル財産ハ之ヲ前項ノ残余財産ヨリ控除ス

第三百十六条　清算人ハ株金ノ払込ニ関スル定款ノ規定又ハ株主総会ノ決議ニ拘ラズ何時ニテモ株主ヲシテ株金ノ払込ヲ為サシムルコトヲ得但シ会社ノ債務ヲ完済スル為ニ必要ナル金額ヲ超過スルコトヲ得ズ

第三百十七条　清算人ハ会社ノ債務ヲ弁済シタル後ニ非ザレバ会社財産ヲ株主ニ分配スルコトヲ得ズ但シ争アル債務ニ付其ノ弁済ニ必要ト認ムル財産ヲ留保シテ残余ノ財産ヲ分配スルコトヲ妨ゲズ

第三百十八条　残余財産ハ払込ミタル株金額ノ割合ニ応ジテ之ヲ株主ニ分配スルコトヲ要ス但シ第七十七条第一項ノ規定ノ適用ヲ妨ゲズ

第三百十九条　会社財産ガ其ノ債務ヲ完済スルニ不足ナルコト分明ナルニ至リタルトキハ清算人ハ直ニ破産ノ申立ヲ為シ且其ノ旨ヲ公告スルコトヲ要ス

清算人ハ破産管財人ニ其ノ事務ヲ引渡シタルトキハ其ノ任務ヲ終リタルモノトス

第三百二十条　清算人ハ法院ノ選任シタルモノヲ除クノ外何時ニテモ株主総会ノ決議ヲ以テ之ヲ解任スルコトヲ得
重要ナル事由アルトキハ法院ハ監査役又ハ三月以前ヨリ引続キ資本ノ十分ノ一以上ニ当ル株式ヲ有スル株主ノ請求ニ因リ清算人ヲ解任スルコトヲ得

第三百二十一条　清算事務ガ終リタルトキハ清算人ハ遅滞ナク決算報告書ヲ作リ之ヲ株主総会ニ提出シテ其ノ承認ヲ求ムルコトヲ要ス
前項ノ承認アリタルトキハ会社ハ清算人ニ対シテ其ノ責任ヲ解除シタルモノト看做ス但シ清算人ニ不正ノ行為アリタルトキハ此ノ限ニ在ラズ

第三百二十二条　清算人ハ前条ノ承認アリタル後本店ノ所在地ニ於テハ二週間、支店ノ所在地ニ於テハ三週間以内ニ清算結了ノ登記ヲ為スコトヲ要ス

第三百二十三条　会社ノ帳簿並ニ其ノ営業及清算ニ関スル重要書類ハ本店ノ所在地ニ於テ清算結了ノ登記ヲ為シタル後十年間之ヲ保存スルコトヲ要ス其ノ保存者ハ清算人其ノ他ノ利害関係人ノ請求ニ因リ法院之ヲ選任ス
会社清算当時ノ株主、債権者其ノ他ノ利害関係人ハ法院ノ許可ヲ得テ前項ノ書類ヲ閲覧スルコトヲ得

第三百二十四条　第八十六条、第九十一条乃至第九十三条、第九十九条第二項、第百条第一項第四号第二項、第百二条、第百五条、第百十一条第二項、第百十五条、第百十七条、第百十九条、第百二十条第二項、第百二十一条、第百二十三条、第百二十五条乃至第百三十二条、第百三十四条乃至第百三十九条及第百四十一条乃至第百四十三条ノ規定ハ清算人ニ之ヲ準用ス

第二款　特別清算

第三百二十五条　清算ノ遂行ニ著シキ支障ヲ来スベキ事情アリト認ムルトキハ法院ハ債権者、清算人、監査役若ハ株主ノ申立ニ因リ又ハ職権ヲ以テ会社ニ対シ特別清算ノ開始ヲ命ズルコトヲ得会社ニ債務超過ノ疑アリト認ムルトキ亦同ジ
会社ニ債務超過ノ疑アルトキハ清算人ハ前項ノ申立ヲ為スコトヲ要ス
第二百五十一条第二項及第三項ノ規定ハ第一項ノ場合ニ之ヲ準用ス

第三百二十六条　特別清算開始ノ申立又ハ通告アリタルトキハ法院ハ其ノ開始前ト雖モ前条第一項ニ掲グル者ノ申立ニ因リ又ハ職権ヲ以テ第三百五十二条第一項第一号、第二号又ハ第六号ノ処分ヲ為スコトヲ得

第三百二十七条　第二百五十二条乃至第二百五十五条ノ規定ハ特別清算ノ場合ニ之ヲ準用ス

第三百二十八条　特別清算ノ場合ニ於テハ清算人ハ会社、株主及債権者ニ対シ公平且誠実ニ清算事務ヲ処理スル義務ヲ負フ

第三百二十九条　重要ナル事由アルトキハ法院ハ清算人ヲ解任スルコトヲ得

清算人ガ欠ケタルトキ又ハ其ノ増員ノ必要アルトキハ法院之ヲ選任ス

第三百三十条　法院ハ何時ニテモ清算事務及財産ノ状況ノ報告ヲ命ジ其ノ他清算ノ監督上必要ナル調査ヲ為スコトヲ得

第三百三十一条　清算ノ監督上必要アリト認ムルトキハ法院ハ第三百五十二条第一項第一号、第二号又ハ第六号ノ処分ヲ為スコトヲ得

第三百三十二条　会社ノ債務ハ其ノ債権額ノ割合ニ応ジテ之ヲ弁済スルコトヲ要ス

第三百十三条第二項ノ規定ハ前項ノ場合ニ之ヲ準用ス

第三百三十三条　清算ノ実行上必要アリト認ムルトキハ清算人ハ債権者集会ヲ招集スルコトヲ得

申出ヲ為シタル債権者其ノ他会社ニ知レタル債権者ノ総債権ノ十分ノ一以上ニ当ル債権ヲ有スル者ハ会議ノ目的タル事項及招集ノ理由ヲ記載シタル書面ヲ清算人ニ提出シテ債権者集会ノ招集ヲ請求スルコトヲ得

第九十二条第二項ノ規定ハ前項ノ場合ニ之ヲ準用ス

債権者ガ会社財産ノ上ニ担保権ヲ有スル場合ニ於テ其ノ担保権ノ行使ニ依リテ弁済ヲ受クルコトヲ得ベキ金額ハ之ヲ第二項ノ債権額ニ算入セズ

第三百三十四条　前条第四項ノ債権者ハ担保権ノ行使ニ依リテ弁済ヲ受クルコトヲ得ベキ債権額ニ付テハ債権者集会ニ於テ議決権ヲ行使スルコトヲ得ズ

債権者集会ノ招集ハ前項ノ債権者ニ之ヲ通知スルコトヲ要ス

債権者集会又ハ其ノ招集者ハ第一項ノ債権者ノ出席ヲ求メテ其ノ意見ヲ徴スルコトヲ得

第三百三十五条　債権者集会ニ於テ議決権ヲ行使セシムベキヤ否ヤ及如何ナル金額ニ付之ヲ行使セシムベキヤハ各債権ニ付清算人之ヲ定ム

前項ノ定ニ付異議アルトキハ法院之ヲ定ム

第三百三十六条　債権者集会ノ決議ニハ議決権ヲ行使スルコトヲ得ベキ出席債権者ノ過半数ニシテ議決権ヲ行使スルコトヲ得ベキ債権者ノ総債権ノ半額ヲ超ユル債権ヲ有スル者ノ同意アルコトヲ要ス

第三百三十七条　第八十七条第一項第二項、第九十四条第三項、第九十五条第一項、第九十八条、第九十九条及第百八十八条第二項ノ規定ハ債権者集会ニ之ヲ準用ス

第八十七条第一項及第二項ノ規定ハ第三百三十四条第二項ノ通知ニ之ヲ準用ス
第三百三十八条　清算人ハ会社ノ業務及財産ノ状況ノ調査書、財産目録並ニ貸借対照表ヲ債権者集会ニ提出シ且清算ノ実行ノ方針及見込ニ関シ意見ヲ述ブルコトヲ要ス
第三百三十九条　債権者集会ハ監査委員ヲ選任スルコトヲ得
監査委員ハ何時ニテモ債権者集会ノ決議ヲ以テ之ヲ解任スルコトヲ得
前二項ノ決議ハ法院ノ認可ヲ得ルコトヲ要ス
第百十二条、第二百六十一条、第二百六十二条第一項、第二百六十三条、第二百六十四条、第二百七十三条及第二百七十四条ノ規定ハ監査委員ニ之ヲ準用ス
第三百四十条　清算人左ノ行為ヲ為スニハ監査委員ノ同意、若監査委員ナキトキハ債権者集会ノ決議アルコトヲ要ス但シ三千円以上ノ価額ヲ有スルモノニ関セザルトキハ此ノ限ニ在ラズ
一　会社財産ノ処分
二　借財
三　訴ノ提起
四　和解及仲裁契約
五　権利ノ抛棄
債権者集会ノ決議ヲ要スル場合ニ於テ急迫ナル事情アルトキハ清算人ハ法院ノ許可ヲ得テ前項ニ掲グル行為ヲ為スコトヲ得
清算人前二項ノ規定ニ違反シタルトキト雖モ会社ハ善意ノ第三者ニ対シテ其ノ責ニ任ズ
第百条ノ規定ハ特別清算ノ場合ニハ之ヲ適用セズ
第三百四十一条　清算人ハ競売ニ依リテ財産ヲ換価スルコトヲ得此ノ場合ニ於テハ前条第一項ノ規定ヲ適用セズ
第三百四十二条　清算人ハ拍売法ニ依リ担保ノ目的トナレル会社ノ財産ヲ換価スルコトヲ得担保権者ハ之ヲ拒ムコトヲ得ズ
前項ノ場合ニ於テ担保権者ノ受クベキ金額ガ未ダ確定セザルトキハ清算人ハ代金ヲ別ニ寄託スルコトヲ要ス此ノ場合ニ於テハ担保権ハ代金ノ上ニ存在ス
第三百四十三条　清算人ハ監査委員ノ意見ヲ聴キ債権者集会ニ対シテ協定ノ申出ヲ為スコトヲ得
第三百四十四条　協定ノ条件ハ各債権者ノ間ニ平等ナルコトヲ要ス但シ少額ノ債権ニ付別段ノ定ヲ為シ其ノ他債権者間ニ差等ヲ設

クルモ衡平ヲ害セザル場合ハ此ノ限ニ在ラズ

第三百四十五条　協定案ノ作成ニ当リ必要アリト認ムルトキハ清算人ハ第三百三十三条第四項ノ債権者ノ参加ヲ求ムルコトヲ得

第三百四十六条　協定ヲ可決スルニハ議決権ヲ行使スルコトヲ得ベキ出席債権者ノ過半数ニシテ議決権ヲ行使スルコトヲ得ベキ債権者ノ総債権ノ四分ノ三以上ニ当ル債権ヲ有スル者ノ同意アルコトヲ要ス

前項ノ決議ハ法院ノ認可ヲ得ルコトヲ要ス

第百九十四条ノ規定ハ前項ノ認可ニ之ヲ準用ス

第三百四十七条　前条ノ協定ハ認可ノ裁定ノ確定ニ因リテ其ノ効力ヲ生ズ

第三百四十八条　協定ハ債権者全員ノ為且其ノ全員ニ対シテ効力ヲ有ス

協定ハ債権者ガ会社ノ保証人其ノ他会社ト共ニ債務ヲ負担スル者ニ対シテ有スル権利及会社ノ為ニ供シタル担保ニ影響ヲ及ボサズ

第三百四十九条　協定ノ実行上必要アルトキハ協定ノ条件ヲ変更スルコトヲ得此ノ場合ニ於テハ前六条ノ規定ヲ準用ス

第三百五十条　会社財産ノ状況ニ依リ必要アリト認ムルトキハ法院ハ清算人、監査役、監査委員、三月以前ヨリ引続キ資本ノ十分ノ一以上ニ当ル株式ヲ有スル株主若ハ申出ヲ為シタル債権者其ノ他会社ニ知レタル債権者ノ総債権ノ十分ノ一以上ニ当ル債権ヲ有スル者ノ申立ニ因リ又ハ職権ヲ以テ会社ノ業務及財産ノ検査ヲ命ズルコトヲ得

第二百五十九条、第二百六十二条及第三百三十三条第四項ノ規定ハ前項ノ場合ニ之ヲ準用ス

第三百五十一条　検査役ハ検査ノ結果殊ニ左ノ事項ヲ法院ニ報告スルコトヲ要ス

一　発起人、取締役、監査役又ハ清算人ニ第四十四条、第四十五条、第百二十六条、第百三十九条、第二百二十三条又ハ第三百二十四条ノ規定ニ依リテ責ニ任ズベキ事実アリヤ否ヤ

二　会社財産ノ保全処分ヲ為ス必要アリヤ否ヤ

三　会社ノ損害賠償請求権ニ付発起人、取締役、監査役又ハ清算人ノ財産ニ対シ保全処分ヲ為ス必要アリヤ否ヤ

第三百五十二条　前条ノ報告ヲ受ケタル場合ニ於テ必要アリト認ムルトキハ法院ハ左ノ処分ヲ為スコトヲ得

一　会社財産ノ保全処分

二　株主ノ名義書換ノ禁止

三　発起人、取締役、監査役又ハ清算人ノ責任ノ免除ノ禁止

四　発起人、取締役、監査役又ハ清算人ノ責任ノ免除ノ取消但シ特別清算ノ開始ヨリ一年以前ニ為シタル免除ニ付テハ不正ノ目的ニ出デタルモノニ限ル
五　発起人、取締役、監査役又ハ清算人ノ責任ニ基ク損害賠償請求権ノ査定
六　前号ノ損害賠償請求権ニ付発起人、取締役、監査役又ハ清算人ノ財産ニ対シテ為ス保全処分
第二百五十八条第二項ノ規定ハ前項第一号又ハ第六号ノ処分アリタル場合ニ之ヲ準用ス
第二百六十八条乃至第二百七十条ノ規定ハ第一項第五号ノ査定アリタル場合ニ之ヲ準用ス
第三百五十三条　特別清算開始ノ命令アリタル場合ニ於テ協定ノ見込ナキトキハ法院ハ職権ヲ以テ破産法ニ従ヒ破産ノ宣告ヲ為スコトヲ要ス協定ノ実行ノ見込ナキトキ亦同ジ
第三百五十四条　特別清算ガ結了シ又ハ特別清算ノ必要ナキニ至リタルトキハ法院ハ第三百二十五条第一項ニ掲グル者、監査委員又ハ検査役ノ申立ニ因リ特別清算終結ノ裁定ヲ為スコトヲ得
第三百五十五条　第二百五十六条、第二百六十六条、第二百六十七条及第二百七十六条ノ規定ハ特別清算ノ場合ニ之ヲ準用ス
第二百六十四条及第二百七十四条ノ規定ハ清算人ニ之ヲ準用ス

第三章　合名会社

第一節　設立

第三百五十六条　合名会社ヲ設立スルニハ定款ヲ作ルコトヲ要ス
第三百五十七条　合名会社ノ定款ニハ左ノ事項ヲ記載シ各社員之ニ署名スルコトヲ要ス
一　目的
二　商号
三　社員ノ氏名及住所
四　本店及支店ノ所在地
五　社員ノ出資ノ目的及其ノ価格又ハ評価ノ標準
第三百五十八条　合名会社ノ設立ノ登記ニ在リテハ左ノ事項ヲ登記スルコトヲ要ス

一　前条第一号乃至第三号ニ掲グル事項
二　本店及支店
三　存立時期又ハ解散ノ事由ヲ定メタルトキハ其ノ時期又ハ事由
四　社員ノ出資ノ目的、財産ヲ目的トスル出資ニ付テハ其ノ価格及履行ヲ為シタル部分
五　社員ニシテ会社ヲ代表セザル者アルトキハ会社ヲ代表スベキ者ノ氏名
六　数人ノ会社ガ共同シ又ハ社員ガ支配人ト共同シテ会社ヲ代表スベキコトヲ定メタルトキハ其ノ規定

第三十七条乃至第四十条ノ規定ハ合名会社ニ之ヲ準用ス

第三百五十九条　会社ノ為スベキ公告ハ法院ガ為スベキ登記事項ノ公告ト同一ノ方法ヲ以テ之ヲ為スコトヲ要ス

第三百六十条　合名会社ノ社員ト為ルコトヲ許サレタル未成年者又ハ準禁治産者ハ社員タル資格ニ基ク行為ニ関シテハ之ヲ能力者ト看做ス

第二節　会社ノ内部ノ関係

第三百六十一条　会社ノ内部ノ関係ニ付テハ定款又ハ本法ニ別段ノ定ナキトキハ組合ニ関スル民法ノ規定ヲ準用ス

第三百六十二条　社員ガ債権ヲ以テ出資ノ目的ト為シタル場合ニ於テ債務者ガ弁済期ニ弁済ヲ為サザリシトキハ社員ハ其ノ弁済ノ責ニ任ズ此ノ場合ニ於テハ其ノ利息ヲ支払フ外尚損害ノ賠償ヲ為スコトヲ要ス

第三百六十三条　各社員ハ定款ニ別段ノ定ナキトキハ会社ノ業務ヲ執行スル権利ヲ有シ義務ヲ負フ

第三百六十四条　支配人ノ選任及解任ハ特ニ業務執行社員ヲ定メタルトキト雖モ社員ノ過半数ヲ以テ之ヲ決ス

第三百六十五条　定款ノ変更其ノ他会社ノ目的ノ範囲内ニ在ラザル行為ヲ為スニハ総社員ノ同意アルコトヲ要ス

第三百六十六条　社員ハ他ノ社員ノ承諾アルニ非ザレバ其ノ持分ノ全部又ハ一部ヲ他人ニ譲渡スルコトヲ得ズ

第三百六十七条　社員ハ他ノ社員ノ承諾アルニ非ザレバ自己若ハ第三者ノ為ニ会社ノ営業ノ部類ニ属スル取引ヲ為シ又ハ同種ノ営業ヲ目的トスル他ノ会社ノ無限責任社員若ハ取締役ト為ルコトヲ得ズ

社員ガ前項ノ規定ニ違反シテ取引ヲ為シタル場合ニ於テ其ノ取引ガ自己ノ為ニ為シタルモノナルトキハ会社ハ之ヲ以テ会社ノ為ニ為シタルモノト看做スコトヲ得第三者ノ為ニ為シタルモノナルトキハ会社ハ社員ニ対シ其ノ取得シタル報酬ノ交付ヲ請求スルコトヲ得

会社ガ社員ニ対シ前項ノ権利ヲ行使スルニハ他ノ社員ノ過半数ノ同意アルコトヲ要ス
第二項ニ定ムル権利ハ他ノ社員ノ一人ガ其ノ取引ヲ知リタル時ヨリ二週間之ヲ行使セザルトキハ消滅ス取引ノ時ヨリ一年ヲ経過シタルトキ亦同ジ
前三項ノ規定ハ会社ヨリ社員ニ対スル損害賠償ノ請求ヲ妨ゲズ
第三百六十八条　社員ハ他ノ社員ノ過半数ノ同意アリタルトキニ限リ自己又ハ第三者ノ為ニ会社ト取引ヲ為スコトヲ得此ノ場合ニ於テハ其ノ社員ガ其ノ取引ニ付会社ヲ代表スルコトヲ妨ゲズ

第三節　会社ノ外部ノ関係

第三百六十九条　業務ヲ執行スル社員ハ各自会社ヲ代表ス但シ定款又ハ総社員ノ同意ヲ以テ業務執行社員中特ニ会社ヲ代表スベキ者ヲ定ムルコトヲ妨ゲズ
第三百七十条　会社ハ定款又ハ総社員ノ同意ヲ以テ数人ノ社員ガ共同シ又ハ社員ガ支配人ト共同シテ会社ヲ代表スベキ旨ヲ定ムルコトヲ得
第百十九条第三項ノ規定ハ前項ノ場合ニ之ヲ準用ス
第三百七十一条　第百二十条ノ規定ハ会社ヲ代表スベキ社員ニ之ヲ準用ス
第三百七十二条　第百二十一条ノ規定ハ合名会社ニ之ヲ準用ス
第三百七十三条　会社ガ社員ニ対シ又ハ社員ガ会社ニ対シ訴ヲ提起スル場合ニ於テ其ノ訴ニ付会社ヲ代表スベキ社員ナキトキハ他ノ社員ノ過半数ノ同意ヲ以テ之ヲ定ムルコトヲ要ス
第三百七十四条　会社財産ヲ以テ会社ノ債務ヲ完済スルコト能ハザルトキハ各社員連帯シテ其ノ弁済ノ責ニ任ズ
会社財産ニ対スル強制執行ガ其ノ効ヲ奏セザルトキ亦前項ニ同ジ
前項ノ規定ハ社員ガ会社ニ弁済ノ資力アリ且執行ノ容易ナルコトヲ証明シタルトキハ之ヲ適用セズ
第三百七十五条　社員ハ会社ニ属スル抗弁ヲ以テ会社ノ債権者ニ対抗スルコトヲ得
会社ガ其ノ債権者ニ対シ相殺権、取消権又ハ解除権ヲ有スル場合ニ於テハ社員ハ其ノ者ニ対シ債務ノ履行ヲ拒ムコトヲ得
第三百七十六条　会社ノ成立後加入シタル社員ハ其ノ加入前ニ生ジタル会社ノ債務ニ付テモ亦責任ヲ負フ
第三百七十七条　社員ニ非ザル者ニ自己ヲ社員ナリト誤認セシムベキ行為アリタルトキハ其ノ者ハ誤認ニ基キテ会社ト取引ヲ為シ

タル者ニ対シ社員ト同一ノ責任ヲ負フ

第四節　社員ノ退社

第三百七十八条　定款ヲ以テ会社ノ存立時期ヲ定メザリシトキ又ハ或社員ノ終身間会社ノ存続スベキコトヲ定メタルトキハ各社員ハ営業年度ノ終ニ於テ退社ヲ為スコトヲ得但シ六月以前ニ其ノ予告ヲ為スコトヲ要ス

会社ノ存立時期ヲ定メタルト否ト問ハズ已ムコトヲ得ザル事由アルトキハ各社員ハ何時ニテモ退社ヲ為スコトヲ得

第三百七十九条　前条及第三百八十四条第一項ニ定ムル場合ノ外社員ハ左ノ事由ニ因リテ退社ス

一　定款ニ定メタル事由ノ発生
二　総社員ノ同意
三　死亡
四　破産
五　禁治産
六　除名

第三百八十条　社員ニ付左ノ事由アルトキハ会社ハ他ノ社員ノ過半数ノ同意ヲ以テ其ノ社員ノ除名又ハ業務執行権若ハ代表権ノ喪失ノ宣告ヲ法院ニ請求スルコトヲ得

一　出資ノ義務ヲ履行セザルコト
二　第三百六十七条第一項ノ規定ニ違反シタルコト
三　業務ヲ執行スルニ当リ不正ノ行為ヲ為シ又ハ権利ナクシテ業務ノ執行ニ干与シタルコト
四　会社ヲ代表スルニ当リ不正ノ行為ヲ為シ又ハ権利ナクシテ会社ヲ代表シタルコト
五　其ノ他重要ナル義務ヲ尽サザルコト

社員ガ業務ヲ執行シ又ハ会社ヲ代表スルニ著シク不適任ナルトキハ会社ハ前項ノ規定ニ従ヒ其ノ社員ノ業務執行権又ハ代表権ノ喪失ノ宣告ヲ請求スルコトヲ得

社員ノ除名又ハ業務執行権若ハ代表権ノ喪失ノ判決確定シタルトキハ本店及支店ノ所在地ニ於テ其ノ登記ヲ為スコトヲ要ス

第百三条ノ規定ハ第一項及第二項ノ訴ニ之ヲ準用ス

第三百八十一条　除名セラレタル社員ト会社トノ間ノ計算ハ除名ノ訴ヲ提起シタル時ニ於ケル会社財産ノ状況ニ従ヒテ之ヲ為シ且其ノ時ヨリ法定利息ヲ附スルコトヲ要ス

第三百八十二条　退社員ハ労務又ハ信用ヲ以テ出資ノ目的ト為シタルトキト雖モ其ノ持分ノ払戻ヲ受クルコトヲ得但シ定款ニ別段ノ定アルトキハ此ノ限ニ在ラズ

第三百八十三条　社員ノ持分ノ差押ハ社員ガ将来利益ノ配当及持分ノ払戻ヲ請求スル権利ニ対シテモ亦其ノ効力ヲ有ス

第三百八十四条　社員ノ持分ヲ差押ヘタル債権者ハ営業年度ノ終ニ於テ其ノ社員ヲ退社セシムルコトヲ得但シ会社及其ノ社員ニ対シ六月以前ニ其ノ予告ヲ為スコトヲ要ス

前項但書ノ予告ハ社員ガ弁済ヲ為シ又ハ相当ノ担保ヲ供シタルトキハ其ノ効力ヲ失フ

第三百八十五条　会社ノ商号中ニ退社員ノ氏又ハ氏名ヲ用ヒタルトキハ退社員ハ其ノ氏又ハ氏名ノ使用ヲ止ムベキコトヲ請求スルコトヲ得

第三百八十六条　退社員ハ本店ノ所在地ニ於テ退社ノ登記ヲ為ス前ニ生ジタル会社ノ債務ニ付責任ヲ負フ

前項ノ責任ハ前項ノ登記後二年以内ニ請求又ハ請求ノ予告ヲ為サザル会社ノ債権者ニ対シテハ登記後二年ヲ経過シタルトキ消滅ス

前二項ノ規定ハ持分ヲ譲渡シタル社員ニ之ヲ準用ス

第五節　解散並ニ設立ノ無効及取消

第三百八十七条　会社ハ左ノ事由ニ因リテ解散ス

一　第二百七十八条第一号、第三号、第五号及第六号ニ掲グル事由

二　総社員ノ同意

三　社員ガ一人ト為リタルコト

第三百八十八条　第二百八十一条ノ規定ハ合名会社ニ之ヲ準用ス

第三百八十九条　会社ガ存立時期ノ満了其ノ他定款ニ定メタル事由ノ発生又ハ総社員ノ同意ニ因リテ解散シタル場合ニ於テハ社員ノ全部又ハ一部ノ同意ヲ以テ会社ヲ継続スルコトヲ得但シ同意ヲ為サザリシ社員ハ退社シタルモノト看做ス

第三百八十七条第三号ノ場合ニ於テハ新ニ社員ヲ加入セシメテ会社ヲ継続スルコトヲ得

第二百八十二条第二項ノ規定ハ前二項ノ場合ニ之ヲ準用ス

第三百九十条　会社ガ合併ヲ為スニハ総社員ノ同意アルコトヲ要ス

第三百九十一条　合併ヲ為ス会社ノ一方ガ株式会社ナルトキ又ハ合併ニ因リテ設立スル会社ガ株式会社ナルトキハ合名会社ニ於テハ総社員ノ同意ヲ得テ合併契約書ヲ作ルコトヲ要ス

第二百八十四条及第二百八十五条ノ規定ハ前項ノ合併契約書ニ之ヲ準用ス

第三百九十二条　会社ガ合併ヲ為シタルトキハ本店ノ所在地ニ於テハ二週間、支店ノ所在地ニ於テハ三週間以内ニ合併後存続スル会社ニ付テハ変更ノ登記、合併ニ因リテ消滅スル会社ニ付テハ解散ノ登記、合併ニ因リテ設立シタル会社ニ付テハ第三百五十八条第一項ニ定ムル登記ヲ為スコトヲ要ス

第三百九十三条　合併ノ無効ノ訴ハ各会社ノ社員、清算人、破産管財人又ハ合併ヲ承認セザル債権者ニ限リ之ヲ提起スルコトヲ得

第三百九十四条　第二百八十九条、第二百九十条、第二百九十一条第一項、第二百九十二条第一項、第二百九十三条乃至第二百九十六条ノ規定ハ合名会社ニ之ヲ準用ス

第三百九十五条　已ムコトヲ得ザル事由アルトキハ各社員ハ会社ノ解散ヲ法院ニ請求スルコトヲ得

第百三条、第百四条第二項乃至第四項、第百六条及第二百五十条第三項ノ規定ハ合併無効ノ訴ニ之ヲ準用ス

第百三条及第百六条第二項ノ規定ハ前項ノ場合ニ之ヲ準用ス

第三百九十六条　合名会社ハ総社員ノ同意ヲ以テ或社員ヲ有限責任社員ト為シ又ハ新ニ有限責任社員ヲ加入セシメテ之ヲ合資会社ト為スコトヲ得

前項ノ規定ハ第三百八十九条第二項ノ規定ニ依リ会社ヲ継続スル場合ニ之ヲ準用ス

第三百九十七条　合名会社ガ前条ノ規定ニ依リ其ノ組織ヲ変更シタルトキハ本店ノ所在地ニ於テハ二週間、支店ノ所在地ニ於テハ三週間以内ニ合名会社ニ付テハ解散ノ登記、合資会社ニ付テハ第四百二十六条第一項ニ定ムル登記ヲ為スコトヲ要ス

第三百九十八条　第三百九十六条第一項ノ場合ニ於テ従前ノ社員ニシテ有限責任社員ト為リタル者ハ本店ノ所在地ニ於テ前条ノ登記ヲ為ス前ニ生ジタル会社ノ債務ニ付テハ無限責任社員ノ責任ヲ免ルルコトナシ

第三百八十六条第二項ノ規定ハ前項ノ場合ニ之ヲ準用ス

第三百九十九条　会社設立ノ無効ノ訴ハ社員ニ限リ之ヲ提起スルコトヲ得

第百三条、第百四条第三項第四項、第百六条、第二百九十三条、第二百九十五条、第二百九十八条第一項、第二百九十九条及第

三百条ノ規定ハ第一項ノ訴ニ之ヲ準用ス

第四百条　設立ヲ無効トスル判決ガ確定シタル場合ニ於テ其ノ無効ノ原因ガ或社員ノミニ付存スルトキハ第三百条ノ規定ニ拘ラズ他ノ社員ノ一致ヲ以テ会社ヲ継続スルコトヲ得此ノ場合ニ於テハ無効ノ原因ノ存スル社員ハ退社ヲ為シタルモノト看做ス

第三百八十九条第二項及第三項ノ規定ハ前項ノ場合ニ之ヲ準用ス

第四百一条　会社ノ設立ノ取消ハ訴ヲ以テノミ之ヲ請求スルコトヲ得

第四百二条　社員ガ其ノ債権者ヲ害スルコトヲ知リテ会社ヲ設立シタルトキハ債権者ハ其ノ社員及会社ニ対スル訴ヲ以テ会社ノ設立ノ取消ヲ請求スルコトヲ得

第四百三条　前二条ノ訴ハ会社成立ノ日ヨリ二年以内ニ之ヲ提起スルコトヲ要ス

第百三条、第百四条第三項第四項、第百六条、第二百九十五条、第二百九十九条、第三百条及第四百条ノ規定ハ前二条ノ場合ニ之ヲ準用ス

第六節　清　算

第四百四条　第三百一条ノ規定ハ合名会社ニ之ヲ準用ス

第四百五条　解散ノ場合ニ於ケル会社財産ノ処分方法ハ定款又ハ総社員ノ同意ヲ以テ之ヲ定ムルコトヲ得此ノ場合ニ於テハ解散ノ日ヨリ二週間以内ニ財産目録及貸借対照表ヲ作ルコトヲ要ス

前項ノ規定ハ会社ガ解散ヲ命ズル裁判又ハ社員ガ一人ト為リタルコトニ因リ解散シタル場合ニハ之ヲ適用セズ

第二百四十六条第一項、第三項及第四項ノ規定ハ第一項ノ場合ニ之ヲ準用ス

第一項ノ場合ニ於テ社員ノ持分ヲ差押ヘタル者アルトキハ其ノ者ノ同意ヲ得ルコトヲ要ス

第四百六条　会社ガ前条第三項ノ規定ニ違反シテ其ノ財産ヲ処分シタルトキハ会社ノ債権者ハ訴ヲ以テ其ノ処分ノ取消ヲ請求スルコトヲ得但シ其ノ処分ガ会社ノ債権者ヲ害セザルモノナルトキ又ハ其ノ処分ニ因リテ利益ヲ受ケタル者若ハ転得者ガ其ノ処分若ハ転得ノ当時善意ナリシトキハ此ノ限ニ在ラズ

前項ノ訴ハ債権者ガ取消ノ原因タル事実ヲ知リタル時ヨリ一年、処分ノ時ヨリ十年以内ニ之ヲ提起スルコトヲ要ス

第四百七条　第百三条ノ規定ハ前条第一項ノ訴ニ之ヲ準用ス

第四百八条　第四百六条ノ規定ニ依リテ為シタル取消ハ総債権者ノ利益ノ為ニ其ノ効力ヲ生ズ

第四百九条　会社ガ第四百五条第四項ノ規定ニ違反シテ其ノ財産ヲ処分シタルトキハ社員ノ持分ヲ差押ヘタル者ハ会社ニ対シ其ノ持分ニ相当スル金額ノ支払ヲ請求スルコトヲ得此ノ場合ニ於テハ前三条ノ規定ヲ準用ス

第四百十条　第四百五条第一項ノ規定ニ依リテ会社財産ノ処分方法ヲ定メザリシトキハ第四百十一条乃至第四百十九条ノ規定ニ従ヒテ清算ヲ為スコトヲ要ス

第四百十一条　業務執行社員ハ清算人ト為ル但シ社員ノ過半数ヲ以テ別ニ清算人ヲ選任シタルトキハ此ノ限ニ在ラズ

第四百十二条　会社ガ解散ヲ命ズル裁判又ハ社員ガ一人ト為リタルコトニ因リテ解散シタルトキハ法院ハ利害関係人若ハ検察官ノ請求ニ因リ又ハ職権ヲ以テ清算人ヲ選任ス

第四百十三条　清算人ハ弁済期ニ拘ラズ社員ヲシテ出資ヲ為サシムルコトヲ得

第三百十六条但書ノ規定ハ前項ノ場合ニ之ヲ準用ス

第四百十四条　清算人ガ会社ノ営業ノ全部又ハ一部ヲ譲渡スルニハ社員ノ過半数ノ同意アルコトヲ要ス

第四百十五条　清算人ハ就職ノ後遅滞ナク会社財産ノ現況ヲ調査シ財産目録及貸借対照表ヲ作リ之ヲ社員ニ交付スルコトヲ要ス

清算人ハ社員ノ請求ニ因リ毎月清算ノ状況ヲ報告スルコトヲ要ス

第四百十六条　社員ガ選任シタル清算人ハ何時ニテモ之ヲ解任スルコトヲ得此ノ解任ハ社員ノ過半数ヲ以テ之ヲ決ス

重要ナル事由アルトキハ法院ハ利害関係人ノ請求ニ因リ清算人ヲ解任スルコトヲ得

第四百十七条　清算人ノ任務ガ終了シタルトキハ清算人ハ遅滞ナク計算ヲ為シテ各社員ノ承認ヲ求ムルコトヲ要ス

前項ノ計算ニ対シ社員ガ一月以内ニ異議ヲ述ベザリシトキハ之ヲ承認シタルモノト看做ス但シ清算人ニ不正ノ行為アリタルトキハ此ノ限ニ在ラズ

第四百十八条　清算ガ結了シタルトキハ清算人ハ前条ノ承認アリタル後本店ノ所在地ニ於テハ二週間、支店ノ所在地ニ於テハ三週間以内ニ清算結了ノ登記ヲ為スコトヲ要ス

第四百十九条　第三百三条、第三百五条乃至第三百八条、第三百十四条、第三百十七条及第三百十九条ノ規定ハ合名会社ニ之ヲ準用ス

第百十一条第二項、第百十七条、第百二十条第二項、第百二十一条、第百二十六条、第三百六十八条、第三百六十九条及第三百七十条ノ規定ハ清算人ニ之ヲ準用ス

第四百二十条　会社ノ帳簿並ニ其ノ営業及清算ニ関スル重要書類ハ第四百五条ノ場合ニ在リテハ本店ノ所在地ニ於テ解散ノ登記ヲ

為シタル後、其ノ他ノ場合ニ在リテハ清算結了ノ登記ヲ為シタル後十年間之ヲ保存スルコトヲ要ス其ノ保存者ハ社員ノ過半数ヲ以テ之ヲ定ム
第三百二十三条第二項ノ規定ハ前項ノ書類ニ之ヲ準用ス
第四百二十一条　社員ガ死亡シタル場合ニ於テ其ノ相続人数人アルトキハ清算ニ関シテ社員ノ権利ヲ行使スベキ者一人ヲ定ムルコトヲ要ス
第四百二十二条　第三百七十四条ニ定ムル社員ノ責任ハ本店ノ所在地ニ於テ解散ノ登記ヲ為シタル後五年以内ニ請求又ハ請求ノ予告ヲ為サザル会社ノ債権者ニ対シテハ登記後五年ヲ経過シタルトキ消滅ス
前項ノ期間経過ノ後ト雖モ分配セザル残余財産仍存スルトキハ会社ノ債権者ハ之ニ対シテ弁済ノ請求ヲ為スコトヲ得

第四章　合資会社

第四百二十三条　合資会社ハ有限責任社員ト無限責任社員トヲ以テ之ヲ組織ス
第四百二十四条　合資会社ニハ本章ニ別段ノ定アル場合ヲ除クノ外合名会社ニ関スル規定ヲ準用ス
第四百二十五条　合資会社ノ定款ニハ第三百五十七条ニ掲グル事項ノ外各社員ノ責任ノ有限又ハ無限ナルコトヲ記載スルコトヲ要ス
第四百二十六条　合資会社ノ設立ノ登記ニ在リテハ第三百五十八条第一項ニ掲グル事項ノ外各社員ノ責任ノ有限又ハ無限ナルコトヲ登記スルコトヲ要ス
有限責任社員ニ付テハ登記シタル事項ノ公告ニハ其ノ員数及出資ノ総額ノミヲ掲グ変更ノ登記アリタルトキ亦同ジ
第四百二十七条　有限責任社員ハ金銭其ノ他ノ財産ノミヲ以テ其ノ出資ノ目的ト為スコトヲ得
第四百二十八条　各無限責任社員ハ定款ニ別段ノ定ナキトキハ会社ノ業務ヲ執行スル権利ヲ有シ義務ヲ負フ
無限責任社員数人アルトキハ会社ノ業務執行ハ其ノ過半数ヲ以テ之ヲ決ス
第四百二十九条　支配人ノ選任及解任ハ特ニ業務執行社員ヲ定メタルトキト雖モ無限責任社員ノ過半数ヲ以テ之ヲ決ス
第四百三十条　有限責任社員ハ営業年度ノ終ニ於テ営業時間内ニ限リ会社ノ財産目録及貸借対照表ノ閲覧ヲ求メ且会社ノ業務及財産ノ状況ヲ検査スルコトヲ得
重要ナル事由アルトキハ有限責任社員ハ何時ニテモ法院ノ許可ヲ得テ会社ノ業務及財産ノ状況ヲ検査スルコトヲ得

第四百三十一条　有限責任社員ハ無限責任社員全員ノ承諾アルトキハ其ノ持分ノ全部又ハ一部ヲ他人ニ譲渡スルコトヲ得持分ノ譲渡ニ伴ヒ定款ノ変更ヲ生ズルトキト雖モ亦同ジ

第四百三十二条　有限責任社員ガ自己若ハ第三者ノ為ニ会社ノ営業ノ部類ニ属スル取引ヲ為シ又ハ同種ノ営業ヲ目的トスル他ノ会社ノ無限責任社員若ハ取締役ト為ルニハ他ノ社員ノ承諾アルコトヲ要セズ

第四百三十三条　有限責任社員ハ会社ノ業務ヲ執行シ又ハ会社ヲ代表スルコトヲ得ズ

第四百三十四条　有限責任社員ハ其ノ出資ノ価額ヲ限度トシテ会社ノ債務ヲ弁済スル責ニ任ズ但シ既ニ会社ニ対シ履行ヲ為シタル出資ノ価額ニ付テハ此ノ限ニ在ラズ

前項但書ノ適用ニ付テハ会社ニ利益ナキニ拘ラズ配当ヲ受ケタル金額ハ之ヲ控除シテ其ノ出資ノ価額ヲ定ム

第四百三十五条　有限責任社員ハ出資ノ減少後ト雖モ本店ノ所在地ニ於テ其ノ登記ヲ為ス前ニ生ジタル会社ノ債務ニ付テハ従前ノ責任ヲ免ルルコトナシ

第三百八十六条第二項ノ規定ハ前項ノ場合ニ之ヲ準用ス

第四百三十六条　有限責任社員ニ自己ヲ無限責任社員ナリト誤認セシムベキ行為アリタルトキハ其ノ社員ハ誤認ニ基キテ会社ト取引ヲ為シタル者ニ対シ無限責任社員ト同一ノ責任ヲ負フ

前項ノ規定ハ有限責任社員ニ其ノ責任ノ限度ヲ誤認セシムベキ行為アリタル場合ニ之ヲ準用ス

第四百三十七条　第三百七十六条ノ規定ハ有限責任社員ガ無限責任社員ト為リタル場合、第三百八十六条ノ規定ハ無限責任社員ガ有限責任社員ト為リタル場合ニ之ヲ準用ス

第四百三十八条　有限責任社員ガ死亡シタルトキハ其ノ相続人之ニ代リテ社員ト為ル

第五十六条ノ規定ハ死亡シタル有限責任社員ノ相続人数人アル場合ニ之ヲ準用ス

有限責任社員ハ禁治産ノ宣告ヲ受クルモ之ニ因リテ退社セズ

第四百三十九条　合資会社ハ無限責任社員又ハ有限責任社員ノ全員ガ退社シタルトキハ解散ス但シ残存スル社員ノ一致ヲ以テ新ニ無限責任社員又ハ有限責任社員ヲ加入セシメテ会社ヲ継続スルコトヲ妨ゲズ

有限責任社員ノ全員ガ退社シタル場合ニ於テハ無限責任社員ノ一致ヲ以テ合名会社トシテ会社ヲ継続スルコトヲ得

前項ノ場合ニ於テハ本店ノ所在地ニ於テハ二週間、支店ノ所在地ニ於テハ三週間以内ニ合資会社ニ付テハ解散ノ登記、合名会社ニ付テハ第三百五十八条第一項ニ定ムル登記ヲ為スコトヲ要ス

第四百四十条　合資会社ハ総社員ノ同意ヲ以テ其ノ組織ヲ変更シテ之ヲ合名会社ト為スコトヲ得此ノ場合ニ於テハ前条第三項ノ規定ヲ準用ス

第四百四十一条　業務執行社員ハ清算人ト為ル但シ無限責任社員ノ過半数ヲ以テ別ニ清算人ヲ選任シタルトキハ此ノ限ニ在ラズ

第四百四十二条　前条但書ノ規定ニ依リテ選任シタル清算人ノ解任ハ無限責任社員ノ過半数ヲ以テ之ヲ決ス

第五章　罰　則

（略）

付　則

本法施行ノ期日ハ勅令ヲ以テ之ヲ定ム（康徳四年勅令第三二五号ヲ以テ同年十二月一日ヨリ施行）

＊満州司法協会編・新制定満州帝国六法（昭和一七年）を底本とする。旧漢字を新漢字とした。

第四章　昭和一三年有限会社法制定

一　前史──欧州の状況の素描

周知のように、今日のわが国の有限会社法は、その源流を欧州の有限責任会社（独語の Gesellschaft mit beschränkter Haftung、仏語の société à responsabilité limitée）に遡ることができる。さらに、欧州諸国の有限責任会社は、結局は、一八九二年（明治二五年）のドイツ有限責任会社法（Gesetz betreffend die Gesellschaften mit beschränkter Haftung）を範とするものである。すなわち、有限責任会社は、ドイツの立法者によって、中小企業に適した株式会社類似の簡易な企業形態を求めて、机上において創作されたものである。

右のドイツの有限責任会社は、見事な成功を収めた。その発展の様子を、立法当初の会社数の伸長によって示すならば、**表I**のようになる。(1) 一九二五年における同国の株式会社数が、一三、〇一〇社であったことを勘案すれば、有限責任会社という企業形態が、同国においていかに普及、成功したかを示しているといえよう。なお、**表I**における一九二三年以降の会社数の伸びの停滞については、この当時の同国の経済情勢の影響であり、会社の平均寿命が短く破産することも多かったためではないかと分析されている。(2)

表I　ドイツ有限責任会社の発展

年　　次	有限責任会社数
1898年	1,893社
1909	18,987
1915	27,012
1920	33,823
1922	59,224
1923	71,406
1924	70,631
1925	64,398

ドイツにおける有限責任会社制度の成功および同国法の体系的な内容の紹介がわが

表Ⅱ　欧州における有限責任会社法の移植
—明治・大正期—

立法年次	国名（立法例）
明治34年（1901年）	ポルトガル（1901年4月11日法）
39年（1906年）	オーストリア（1906年3月6日法、1924年7月4日法により一部改正）
大正6年（1917年）	デンマーク（1917年9月29日法の株式会社法中に認める）
8年（1919年）	ポーランド（1919年2月8日命令）
9年（1920年）	チェコ・スロバキア（1920年4月15日法）
11年（1922年）	ソ連邦（1922年民法318条ないし321条）
13年（1924年）	ブルガリア（1924年5月8日法）
14年（1925年）	フランス（1925年3月7日法）
15年（1926年）	リヒテンシュタイン（1926年1月20日民法）

国において本格的になされたのは、調べた限りでは、大正期になってからのことである(3)。そこでは、有限責任会社制度の根本的な成因は、ドイツに特有のものではなく、ドイツ以外の諸国にも普遍な世界的・社会的事情にあったと分析されている(4)。その事情とは、およそ以下のようなものであると説かれている。すなわち、従来の株式会社における有限責任制度は、株式会社が法による厳格な干渉を受けるために、社員の単純財産的協同（社員の企業への消極的参加）やその結果として社員相互間の結束の弛緩あるいは組織の硬直といったジレンマを招来する。その解決策として、有限責任体制を維持しつつも、法の厳格な干渉を受けず、したがって社員が財産的協同にとどまらず能力的に協同し（社員の企業への積極的参加）、相互の結束の緊密弾力化を図ることができる企業形態に対する痛切な希望が必然的に生じるのである(5)。これに加えて、産業革命以降の資本主義経済の飛躍的な発展によって、企業の内容、目的、種類が多岐多様となり、在来の会社形式をもっては、もはや経済的分化の社会情勢に順応できなくなったという事情も挙げられている(6)。そして、かかる需要に答えてドイツにおいていちはやく有限責任会社が発明されたことについては、わが国では「経済社会の変革にともなう新機運・新実勢のむしろなお未だ潜在せるの時において、他国民に先立ち少なくもその一端が当時すでに産業精神上に異常なる飛躍を遂げたる慧敏なる独経済社会および根本的（grundlich）にして講究して倦むを知らざる独国民の立法的眼底に映じて然るものたるはこれを認めて可なり(7)」との表現で評価されている。

ドイツにならって、欧州諸国は、有限責任会社制度の導入を相次いで図ることになった。表Ⅱは、わが国の明治、大正期における欧州諸国の立法状況を示したものである。(8) わが国において類似の会社制度の導入が唱えられはじめた昭和初期においては、これらの諸国以外に、イタリア、スペイン、スイス、ベルギー、ハンガリー、オランダが有限責任会社制度の採用に向けて草案を公表、作成または作成の検討をしていた。

なお、イギリスにおいては、類似の企業形態として、私会社（private company）が発達したが、この企業形態は、一九〇七年（明治四〇年）の会社法（Companies Act）三七条において、初めて成文法の中で認知された。

（1）表Ⅰは、升本重夫「株式会社法の改正と有限責任会社制度」法曹公論三三巻三号（昭和五年）一八頁の記述をもとに作成した。

（2）同前一九頁参照。

（3）ドイツ法の体系的紹介の嚆矢として、杉山直治郎「原稿有限責任会社法(1)—(4)」法学協会雑誌三五巻一二号（大正六年）二六頁以下、三六巻一号（大正七年）七一頁以下、三六巻二号九一頁以下、三六巻三号六八頁以下、を挙げることができる。

（4）同前・三五巻一二号三一頁参照。

（5）同前参照。

（6）同前三一—三二頁参照。

（7）同前三八頁。

（8）表Ⅱは、佐々穆「世界に於ける有限責任会社法概説(1)」産業七巻八号（昭和五年）三頁の記述等を参考に作成した。

二　わが国の前史および昭和初期の議論状況

有限責任社員のみからなる比較的簡易な会社制度という構想が、昭和以前のわが国にまったく存在しなかったわけではない。

商法史の研究者の指摘によれば、かかる会社制度の構想は、古く明治一七年（一八八四年）に遡ることができる。すなわち、わが商法の起草を命じられたドイツ人、ヘルマン・レースラー（Hermann Rösler）が明治一七年一月に脱稿した

「商法草案」において、第六巻「商社」の第二章に設けられた「差金会社」と称される会社構想である。[9]

差金会社は、社員相互の約定によって一部の社員を任意に無限責任社員となしうるものの、合資会社のように無限責任社員の存在を絶対的要件とするものではなく、言わば有限責任社員のみによって合資会社を成立せしめうるとするものであった。[10] 業務担当社員のその任期中に生じた会社債務についての責任は、定款または社員総会の決議によった場合であって、かつそのことを登記公告した場合に限って無限責任であった。[11]

右のレースラー草案の系譜を引いた明治二三年旧商法一三六条は「社員ノ一人又ハ数人ニ対シテ契約上別段ノ定ナキトキハ社員ノ責任カ金銭又ハ有価物ヲ以テスル出資ノミニ限ルモノヲ合資会社ト為ス」と定め、合資会社が有限責任社員のみからなることを原則とし、契約に別段の定めがあるときに限って一部の社員の責任を無限責任となしうるものとしていた。[12] また一四六条は「会社契約ニ於テ又ハ第百四十二条ニ定メタル会社ノ決議ニ依リテ業務担当ノ任アル社員又ハ取締役ノ総員、数人若クハ一人カ其業務執行中ニ生シタル会社ノ義務ニ付キ無限ノ責任ヲ負フ可キ旨ヲ予メ定ムルコトヲ得」と定め、業務担当社員等はその業務執行中に生じた会社債務についても、特約のない限り、連帯して無限責任を負わない旨を規定していた。しかし、一四六条は、明治二六年（一八九三年）に施行される際に貴族院によって修正され、「業務担当社員ハ其業務執行中ニ生シタル会社ノ業務ニ付キ連帯無限ノ責任ヲ負フ」こととされ、結局、合資会社は事実上無限責任社員なしに存在しえないこととなってしまった。[13]

明治三二年商法は、さらに右の政策を推し進め、明文をもって無限責任社員の存在を合資会社の成立および存続の絶対的要件としてしまったのであった[14]（一〇四条、一一八条）。

以上のように、差金会社は、結局は平凡な合資会社に還元される結果となったが、商法史家は、場合によっては「世界最初の有限会社法たるの栄誉はわが日本の上に輝いていたであろう」[15]と述べ、右の一連の「改悪」を惜しんでいる。

いずれにせよ、明治期のこの構想は頓挫することとなり、その後の有限会社法制定史へ連なるものとはなりえなかった。

＊

大正期から昭和期におけるわが国の小規模株式会社の実態を示したものが**表Ⅲ**である。全株式会社数に占める資本金五万円未満の株式会社数の割合は、表に示した期間を通じて常に二割を超え、大正末期から昭和初期にかけては、着実にその割合を増加させていることがわかる。第三章においてすでに小括したように(16)、大正期および昭和初期においては、一方で資本金規模の漸次拡大による大会社の発達があり、また一方で個人経営からの法人転換による小会社の着実な増加がみられるという、会社規模の分極化が進行していた。

表Ⅲ　小規模株式会社の実態の推移

年　次	株式会社数	資本金5万円未満の株式会社数（全株式会社数に占める割合）
大正1	5,827社	3,120社　(53.54%)
2	6,562	3,588　(54.68　)
3	7,053	3,933　(55.76　)
4	7,200	2,808　(39.00　)
5	7,500	2,903　(38.71　)
6	8,474	3,046　(35.95　)
7	10,636	3,345　(31.45　)
8	13,174	3,523　(26.74　)
9	16,228	3,595　(22.15　)
10	17,802	3,914　(21.99　)
11	16,788	3,735　(22.25　)
12	17,509	3,953　(22.58　)
13	17,747	4,056　(22.85　)
14	17,556	3,970　(22.61　)
15	17,696	4,030　(22.77　)
昭和2	17,981	4,137　(23.01　)
3	18,230	4,340　(23.81　)
4	18,950	4,654　(24.56　)
5	19,341	4,900　(25.33　)

各年度の東洋経済新報経済年鑑を元に作成

このような状況のもとで、昭和四年（一九二九年）末に、東京商工会議所の商事関係法規改正準備委員会が決定、公表した研究事項の（1）は、「会社の種類に付き株式合資会社を廃止するの可否及び小規模の株式会社（有限責任会社又は之に類似するもの）を設定するのを可否を研究すること」と述べ、会社規模の分極化現象に対応する必要性を提言している。同時に、東京商工会議所は、独仏等の有限責任会社法の翻訳作業を進め、これらを実費で販売する等の啓蒙活動も行ったようである。

東京商工会議所の会社法改正論議の推進役であった松本烝治の講演によれば、遅くとも昭和四年の段階においては、有限責任会社制度のわが国への導入形態に関して、これを英国流に株式会社の一変態または例外として商法典中に規定するのがよいのか、あるいは、商法典とは別に特別法を認めるのがよいのかということは、いまだに研究途上の段階であったとされている。[17]

東京商工会議所の提言と同じ時期に、学界においてもまた、有限責任会社制度の採用に関する提言がみられるが、およそ以下のようなものである。すなわち、会社法改正の困難は大会社と中小会社との併存という現実にある。法改正によって大会社における弊害を除去しようとすれば、中小会社を殺すことになり、中小会社における弊害を除去しようとすれば、ために大会社の存立を危うくすることが多い。このように両者が相牽制して株式会社の厳正な運用を妨げているのであるから、両者に適用される会社法自体を分離すべきである。それには、有限責任会社制度の採用が最上である。[18] そして、もはや「有限責任会社制度の採否を問題とすべきではなく、採用を前提としなければならない」[19]と説かれている。

また、第三章において言及したように、昭和五年の東京弁護士会の商法改正の諮問答申書も有限責任会社制度の採用を提言しているし、[20] 同年には、田中耕太郎の有限責任会社導入論もみうけられる。[21]

（9） 佐藤義雄「我が国近代立法史初期を飾る差金会社＝有限会社について」同志社論叢六五号（昭和一四年）七八頁。
（10） 同前八二頁。
（11） 同前八九頁。
（12） 同前九〇―九一頁。
（13） 同前九二頁。
（14） 同前。
（15） 同前七九頁。
（16） 本書三一七頁参照。
（17） 松本烝治「各国有限責任会社制度概説(2)」商工月報六巻一号（昭和五年）一一七頁参照。
（18） 升本・注（1）前掲六―七頁参照。
（19） 同前七頁。
（20） 本書三二五頁参照。なお同章〈資料4〉。
（21） 本書三二八頁参照。

三　法制審議会商法改正要綱第二十三

昭和六年（一九三一年）七月二〇日、法制審議会の商法改正議案主査委員会は、改正要綱案を可決議了した。ここで決定された改正要綱決議第二十三は、次のように述べている。すなわち、「外国法上の有限責任会社又は英国法上の私会社に該当する特別の会社を認め之に付き特別法を以て規定を設くること」。

政府の改正要綱説明書（一〇頁）は、その理由を以下のように説明している。「株式会社は通例大資本且多数の株主を有し従て之に対する法規も勢い複雑ならざるを得ざるが故に株式会社に対する法規を以て右私会社又は有限責任会社に臨むは適当のことに非ず、然るに之を外国の現状に徴するに、私会社又は有限責任会社は経済の実際に適応するものとして甚歓迎せられ、瑞西、伊太利の如きも新に之を認めんとするものの如く、我国に於ても、現に私会社又は有限責任会社の実質を備うるも、之に関する法規なきを以て、仮に株式会社の形式に依りて設立せられたるもの少からず、仍て之に関する法規を制定すること可なりと思料す」。

改正要綱の起案の中心となった松本烝治は、右の決議第二十三について次のように述べている。

株式会社に関する法律規定は、多数の会社債権者および株主を保護するために厳重にならなければならないと同時に、その規定は大部分が強行規定として定款または株主総会の決議等をもって変更を許されないものでなければならない。しかし、このような政策は、小規模会社や同族会社にとっては必ずしも適当ではない。それは、「あたかも鉄骨コンクリート造りの大建築に適合する建築規則をもって、木造長屋建てを律することがはなはだ不便であるのと同様」のものである。[22]

さらに、改正要綱の起案に当たっては、初めは株式会社の章中に特別株式会社の一節を設けて有限責任会社の特則を定めようと試みたものの、大陸法の有限責任会社法を参考としつつ、その実質をある程度まで英法式の形態によって採用しようとしたため、立案がはなはだしく困難となって、この試みは取止めになった旨が述べられている。[23] かりに英法の私会社程度の特則にとどめるものとすれば、株式会社の章中にこのような形態の会社を規定することは容易であるが、中途半端なものよりも、徹底した特別会社をつくった方がよいとの観点から、特別法をもってこの種の特別な会社に関する規定を設けることとしたようである。(24)

(22) 松本烝治「商法改正要綱解説(1)」法学協会雑誌四九巻九号(昭和六年)一二七頁参照。なお、同「商法改正の話(1)」東京工場懇話会会報六〇号(昭和六年)一七頁参照。

(23) 同前・解説(1)一一八頁。

(24) 同前参照。

四　改正要綱公表後の議論状況

改正要綱が公表されて後の、有限責任会社制度の導入に関する学界の議論状況をまとめておこう。

(1) 昭和六年

当然のことであるが、有限責任会社制度導入に関するわが国の議論は、この時期の欧州における有限責任会社制度の事情紹介を出発点としている。とりわけ、改正要綱公表後においては、ちょうど一九二八年(昭和三年)に、スイスが債務法改正案(同年二月二一日)のなかで有限責任会社制度の導入を企画したことから、スイスの法務事情の紹介がなされている。(25)それによれば、スイス国内において、隣邦ドイツから進出した有限責任会社の支店がスイス合名会社に対して優越的地位を獲得しつつあったという事情が、同国における有限責任会社制度導入の大きな要因となったことが指摘されている。(26)さらに、この制度の濫用という弊害への懸念から、同国において導入慎重論が存在したことも指摘されている。(27)

当時のドイツにおける有限責任会社法の改正論議の紹介もなされているが、(28)そのなかでの「有限責任会社」という名称に関する以下の指摘が注目されよう。すなわち、「正確に観察するならば、会社は有限に責任を負うものに非ず、社員が有限に責任を負担するものなるが故に、有限責任会社なる言葉を付加することは、言葉の上よりするも正確でないとの異議があり得(29)」る。ただし、この記述は、ドイツ国内の議論を反映したものか否か、必ずしも明らかではない。この特別な会社の名称をめぐっては、後に述べるように、わが国においても少なからぬ論争を生じる事になる。

(2)　昭和七年

この時期には、有限責任会社制度導入論よりも歩を進めて、導入を当然の前提とした啓蒙的論稿がみうけられる[30]。実際問題として百利あって一害なしというような制度はとうてい望みえないものであるから、すべての利害を比較考察のうえでその可否を判定するほかないが、有限責任会社制度がその歴史の短さにもかかわらず各国に順次採用され、しかもその数が激増しているという事実は、現時の社会状態の下においてこの制度がきわめて適切であることを示すものでなくて何であろう[31]。あるいは、有限責任会社は、今や欧州文明諸国の立法的共通法たるの域に躍進し、遠からず将来において世界の立法的共通法たる日の到来することは、疑いを容れないところである[32]。以上のような指摘がなされている。

この会社における「有限責任」の意義が次のように説明されている。株式会社の株主の責任は、その引き受けまたは譲り受けた株式の金額を限度として会社に出資の責任を負うにとどまるものであって、他の株主に未払込みの者が存在してもこれに対して彼は全然責任を負わない。これに反して、有限責任会社の社員の責任は、窮極においては他のすべての社員の基本出資額についても及ぶ。有限責任会社の社員は、その責任が会社の基本総額にとどまるという意味において有限なのである[33]。すなわち、各国立法によれば、基本出資の払込みに対しては、すべての社員が共同責任を負わされているという点が重要である[34]。もちろん、有限責任という語は、会社の責任が有限であることを意味するものではなく、社員の責任が有限であることを示すものであり、会社自体の責任は無限である、との啓蒙的指摘も付け加えられている[35]。

以上の指摘のほかに、この会社における設立手続きの簡易性[36]、社員権を表章する有価証券の不発行[37]および持分の譲渡制限[38]、最低資本金額[39]、監査役設置の非強制[40]、貸借対照表公示の不要例[41]といった側面に関して、各国法制が紹介されている。

(3)　昭和八年

この年に公表された代表的な論稿は、有限責任会社の社員の責任を分析した寺尾元彦の論稿である[42]。なお、この論稿には、有限責任会社に関する明治・大正期におけるわが国の主要文献がほぼ網羅されている[43]。

右の論稿は、欧州各国の有限責任会社法の検証を通じて、この会社の社員の責任の態様を、法定責任と定款責任（任意責任）とに分けて分析したものである。その定義は次のようなものである。法定責任とは、社員が法律上強制的に負担すべき義務であり、基本出資義務と塡補義務を指す[44]。定款責任とは、法律の許容する範囲で定款の規定に基づいて負担すべき義務であり、追加出資義務と付随給付義務を指す[45]。

基本出資義務は、会社の基礎資本を形成するために、一定の標準額の出資をなすべき義務である[46]。金銭出資と現物出資がある。寺尾元彦は、わが国におけるこの義務の立法化にあたっては、金銭出資につき、基本出資の払込みを、フランス法にならって、全額払込制度を原則とするのがのぞましい旨を示唆している[47]。不況時における分割払込みの困難さおよび社員責任の単純化を勘案した提言である。しかし、寺尾は一方で、同年に開催された講演会の席では、事業の進捗にともなって資金を増大するためには分割払込みを認めるのが適当であると、反対の主張を展開している[48]。

塡補義務は、ある社員が基本出資の払込みを怠った場合に、払込みの催告、失権、持分競売等の手続きを尽くしてなお不足額が存在するとき、他の社員がその不足額を補充する義務である[49]。この義務を、わが国の立法上採用すべきか否かに関し、寺尾元彦は次のように述べている。すなわち、有限責任会社制度を採用しても、社員相互の責任があまり重すぎると、いまだ十分に団体企業の訓練を積んでいないわが国民としては、その責任の重さを嫌って合資会社組織に逃避する傾向を招くのではなかろうか[50]。このような慎重論を主張する一方で、会社を設立しようとする仲間の員数が少数なのであるから、軽率な設立に対する警戒をなさしめ、社員の人選も慎重になさしめるならば、この義務を通じて、共同経営や連帯の観念を生じさせる利益があるとも述べ、塡補義務に対する積極的評価をも示している[51]。

定款義務のうち、追加出資義務とは、基礎資本の補充のためにする別途の追加資本の出資義務のことである[52]。言わば、可動資本として、不動の基礎資本を取り巻く弾力性を与えられた資本であるとして、寺尾元彦は、営業資金の調達や損失塡補のために役立つのではないかと、強い関心を示している[53]。また、付随給付義務とは、以上の義務以外の会社に対する給付義務のことであるが、寺尾は、この義務は、別段に有限責任会社に独自の制度ではないと位置づけている[54]。

(4)　昭和九年

この年に公表された論稿としては、ドイツ有限責任会社法制の発達を概観し、あわせてわが国への同会社の導入を説いた佐伯俊三の論稿[55]がある。

佐伯俊三の主観によれば、当時のわが国における有限責任会社導入論は必ずしも高潮であったとは言い難かったようである。すなわち、経済界における要望の少なさは、まことに「寂漠の感を深うする」ものであり、学者間においても、この制度の提唱者は限られた少数の者にとどまると説かれている[56]。この頃になると、外国の有限責任会社がわが国に支店を開設するという形で少なからず進出してきていたようであり[57]、この論稿は、かかる実情に鑑み、「わが国が自ら甘んじて経済上、法律上の進歩に遅れようとするのは愚かである[58]」との観点から公表されたものと評価しうる。

佐伯俊三は、ドイツを中心に欧州各国のこの会社法制を整理することを通じて、この会社制度が中小企業者に多くの利便を与え、なかんずく以下の分野の企業にとって有益であると説いている。すなわち、被相続人死亡後においてその遺族が同一事業を継続する同族会社に適している[59]。支払不能となった債務者が営む荒廃した事業を救済する方法として、債権者がこの形態の会社を設立して、事業の継続や財産の換価を図るのに有益である[60]。利益が営業的に確保されるに至らない発明その他の研究事業における試験会社の設立にも好適である[61]。異分子の侵入と攪乱を排除する必要の高い新聞事業会社にも好ましい[62]。国家または公共団体が会社の持分を所有することによって会社決議を合法的に左右しうる利便から、半官半民の混合経済企業にも適する[63]。

この会社の弊害としては、もし社員数や資本額を無制限にすれば、その大規模なものは株式会社の不純な転向を助長し、その小規模なものは泡沫会社を誘発することになるであろうから、経済の健全な発達に背馳することになるという旨が指摘されている[64]。したがって、これを防止するために、社員数および資本額につき、最高限度および最低限度の双方を画する必要があると述べている[65]。

次いで、この年に公表された論稿としては、中小企業に適した有限責任会社の特徴を簡明に整理するとともに、わが国の立法化にあたっての提言をも試みた佐々穆の論稿がある(66)。

この論稿のなかで、わが国の立法化にあたって、注意検討を要すべきであると指摘された点を挙げておこう。まず、この形態の会社にあらゆる事業目的を無制限に許容し、会社債権者の利害に直接重大な関係を有する事業をも認めることは、この会社が小規模な有限責任社員のみから成るものであることに鑑みて好ましいことではないので、この会社の特異性のひとつとして、目的たる事業に対する一定の制限を考慮すべきであるとしている(67)。社員数の制限につき、いわゆる一人会社を認めると同時に、社員数の最高限度をも定めるべきであるとしている(68)。資本額の定めにつき、最低限度額を法定すべきことは当然であるが、最高限度額の法定には相当の研究を要するとしている(69)。定款規定をもって定めうる任意義務のひとつである社員の追加出資義務の導入については、母国たるドイツにおいて、実際の利用がきわめて稀であり、この事実が参考になる旨が指摘されている(70)。会社の機関につき、監査役の認否は、定款の自治に一任すべきであるとしている(71)。社員総会において、書面決議を導入するのが適当であるとしている(72)。

(5) 昭和一〇年

この年には、商法改正に関する有力な論稿が少ない。有限責任会社法の採用に関するものについても同様である。当時のドイツ有限責任会社法を全訳し、その法構造を解説するとともに、当時のフランス有限責任会社法を全訳して紹介した論稿の存在を指摘しうるにとどまる(73)。

(6) 昭和一一年

後の有限会社法を除く本体の商法典のほうは、昭和一〇年末に立案作業を終え、同年一二月二六日開会の第六八回帝国議会に提案されることになったが、昭和一一年一月二一日の衆議院の解散によって、成立に至らなかった。これによって、有限会社法を除く商法改正法律案のみが、昭和一一年初めに公表された。

後の有限会社法の起草作業の進捗状況はどうだったのであろう。松本烝治によれば、昭和一一年の初めにおいては、有限会社法案はまだ起草されていなかったようである。松本烝治は、商法改正案のほうは議会の通過後おそらく二年後でなければ施行されないであろうから、商法改正案に一年遅れてこの特別法を議会に提出すれば、おそらく商法との同時施行が可能であるとの見通しを持っていたようである(74)。

この年の有力な論稿として、佐々穆の立法私案がある(75)。設立から解散および組織変更に至るまで、具体的に三三項目を挙げて立法私案を提示したものである。主たる提案を概観しておこう。

会社の体裁および設立に関する提案。社員数の最大限度を五〇人とするよう提案する(76)。ベルギー、トルコ、スペイン法等を参考にしたようである。最低資本金額を一万円とするよう説いている(77)。なお、社員は少数であっても多額な資本で経営しうるように、資本金額の最高限度を設ける必要がないとしている(78)。

社員の持分およびその譲渡に関する提案。持分に対する基本出資の金額は、最少限を二〇〇円とし、これを超える金額にあっては、一〇〇円をもって整除しうる金額である限り、各社員について差異があることを認め、同時に、いわゆる持分単一の原則を求めるよう提案している(79)。持分の譲渡を相当に困難にすべく、スイス法案にならって、総社員の四分の三以上にして資本の四分の三以上にあたる社員の同意がなければ、これを譲渡できないものとするのが適当であるとしている(80)。なお、譲渡が認められなかったときは、譲渡を欲する者に会社に対する持分買取請求権を与え、その買取価額は、必要に応じて裁判所が関与して決定されるよう提案している(81)。持分に対する基本出資につき、全額払込制の採用を求めている(82)。

社員の責任に関する提案。社員の塡補義務につき、違法配当および追加出資の違法払戻しの返還不履行があったときならびに塡補義務自体の不履行があったときにこの義務を認めるよう主張する(83)。追加出資義務につき、一定限度において定款責任として認めることが便利であると述べている(84)。また、現物の反復的給付に限って、従給付義務（付随給付義務）を認めるよう説いている(85)。

会社機関に関する提案。業務執行役の任期は、定款に別段の定めがない限り、終身を原則とすべきであると説く(86)。監査役を任意機関とすること(87)、社員総会決議に書面決議を認めること(88)、社員総会の招集権を基本出資の一〇分の一以上にあたる少数社員にあたえること[89]、を提案している。社員総会における議決権は、基本出資の法定最少額たる二〇〇円ごとに一個とすべきであると述べている[90]。

会社の計算に関する提案。貸借対照表の作成につき、株式会社に準じた規定を設けるが、その公告は強制しないものとし、同時に、社員および会社債権者に対して、それを閲覧に供する途を開くよう提案する[91]。社員は、その善意悪意を問わず、違法配当を会社に返還する義務を負うものとする[92]。社員に追加出資義務を認めることとの関連で、法定準備金の制度を認める必要はない[93]。建設利息を必要とするような事業を目的とする会社は、株式会社形態によるべきである[94]。以上のような提言がなされている。

定款の変更に関する提案。事業の変更や社員の負担する義務の増加をともなう定款の変更は、総社員の同意を要するものとし、その他の定款変更は、総社員の半数以上にして資本の四分の三以上にあたる持分を有する社員が出席して、その過半数の決議によるべきであるとしている[95]。

解散および組織変更に関する提案。社員が一人となることは解散事由とはならず[96]、社員の死亡、禁治産または破産等を解散事由とすべきか否かを定款の自治に委ねるべきであるとしている[96]。

この年のその他の論稿としては、一九三五年（昭和一〇年）七月九日に成立したベルギー有限責任会社法の紹介稿がある[97]。

(7) 昭和一二年

昭和一三年会社法改正作業に先駆的、牽引的な役割を果たした東京商工会議所は、有限責任会社制度の採用論議にも、積極的な役割を果たそうとした。すなわち、同会議所が設置した商事関係法規改正準備委員会の主査委員会は、この年に（遅くとも五月以前）、仮決議案として、三〇項よりなる有限責任会社法案要綱を公表している。この要綱は、この会社の構成、設立の方法、社員の責任および義務、持分の譲渡、機関、資本の増加および減少、解散、組織変更等の各重要項目につき、その骨子となるべきもっとも緊急な項目を定めたものである[98]。

右の要綱の主たる提案は以下のようなものである。社員の出資を口数に分かち、その一口を一〇〇円以上とし（要綱第十三）、社員数の最大限を一〇〇人としたことにより（要綱第四）、資本の最小限を一万円とした（要綱第五）。設立に際しては、社員の全額払込主義を採用しようとしている（要綱第九）。出資の全部または一部の払込みがなかったとき、総社員は会社債権者に対する直接責任として、連帯して補償責任を負うものとしている（要綱第十一）。現物出資または財産引受の目的価格の過大評価があったときも、会社債権者に対する総社員の連帯責任を認めている（要綱第十二）。社員以外の者への持分の譲渡は、社員の半数以上にして総議決権（一口一議決権）の四分の三以上の同意を要するものとし、同意が得られなかった場合には、持分を譲り渡そうとする者に、他の社員に対する持分買取請求権を付与しようとする（要綱第十四）。持分の相続が生じたときに、社員として不適当な者が参加する事態を招くことを防止すべく、総社員の決議によって、相当の代価をもってその持分を他の社員に譲渡させることができる旨の定款規定を許容する（要綱第十五）。一定限度のいわゆる追加出資義務を定款責任とすることを認める（要綱第十六）。社員総会における書面決議を認め（要綱第十七）、総会決議を特別決議事項と通常決議事項とに分かつ（要綱第十八）。定款または社員総会の決議をもって、一人または数人の業務の執行および会社の代表をする取締役を選任するが（要綱第十九、第二十）、その任期については法定しない（要綱第二十二）。貸借対照表の公告は強制しない（要綱第二十三）。違法配当があったとき、総社員は、会社債権者に対して連帯して配当金返還義務を負う（要綱第二十四）。一人会社を認める（要綱第二十七）。合名会社または合資会社の有限責任会社への組織変更を認める（要綱第三十）。

(25)　佐々穆「瑞西債務法改正案に於ける有限責任会社に就て」国民経済雑誌五一巻一号（昭和六年）六一頁以下。なお、スイス草案の純然たる紹介については、無記名記事「瑞西に於ける有限責任会社(1)―(2)」商工月報六巻一二号（昭和五年）一〇六頁以下、七巻一号（昭和六年）一二三頁以下。
(26)　佐々・同前六二―六三頁参照。
(27)　同前六二、六四頁参照。
(28)　藤江忠二郎「独逸の現行有限責任会社法の改正に就いて」法曹会雑誌九巻一〇号（昭和六年）七九頁以下。

(29) 同前八二頁。
(30) 島本英夫「有限責任会社に就きて」商業と経済（長崎高商）一三巻一号（昭和七年）一頁以下、上原健男「有限責任会社制度の法律的考察(1)—(2)」法律学研究（日大日本法政学会）二九巻四号（昭和七年）四九頁以下、二九巻六号二一頁以下。
(31) 島本・同前五四頁参照。
(32) 上原・注（30）前掲二九巻六号二一頁。
(33) 島本・注（30）前掲七頁。
(34) 同前一〇—一一頁。
(35) 同前六頁。
(36) 同前九頁参照。
(37) 一二—一三頁参照。
(38) 上原・注（30）前掲二九巻六号一八—一九頁参照。
(39) 島本・注（30）前掲一二—一三頁参照。
(40) 同前一三頁参照。
(41) 同前一四頁参照。
(42) 寺尾元彦「有限責任会社社員責任論」早稲田法学一三号（昭和八年）一頁以下。
(43) 同前八—九頁参照。
(44) 同前二六頁。
(45) 同前。
(46) 同前二六—二七頁。
(47) 同前三〇—三一頁。
(48) 寺尾元彦「有限責任会社社員の責任に就て」早稲田法学会誌一号（昭和八年）三五七頁。
(49) 寺尾・注（42）前掲四九頁。
(50) 同前五二頁。
(51) 同前五三頁。
(52) 同前三六頁。

(53)　同前四六頁。なお、寺尾・注（48）前掲三五八頁参照。
(54)　同前六六頁。
(55)　佐伯俊三「有限責任会社法制の発達(1)―(3)」法曹会雑誌一二巻六号（昭和九年）一六頁以下、一二巻七号一八頁以下、一二巻八号四三頁以下。
(56)　同前・一二巻六号一七頁。
(57)　同前一九頁参照。
(58)　同前一八頁。
(59)　同前・一二巻八号四五頁。
(60)　同前四六頁。
(61)　同前。
(62)　同前。
(63)　同前四七頁。
(64)　同前五二―五三頁。
(65)　同前五三頁。
(66)　佐々穆「有限責任会社に就きて」法学新報四四巻六号（昭和九年）三〇頁以下。
(67)　同前四〇頁参照。
(68)　同前四一頁参照。
(69)　同前参照。
(70)　同前四四頁参照。
(71)　同前四六頁参照。
(72)　同前参照。
(73)　千野國丸「有限責任会社制度に就きて(1)―(6)」銀行論叢二五巻三号（昭和一〇年）五三頁以下、二五巻四号二一頁以下、二五巻五号六五頁以下、二五巻六号四〇頁以下、二六巻一号（昭和一一年）四六頁以下、二六巻二号七四頁以下。
(74)　松本烝治「商法の改正に就て」法の友二号（昭和一一年）九頁参照。
(75)　佐々穆「有限責任会社法私案(1)―(2)」法学新報四六巻七号（昭和一一年）一頁以下、四六巻九号三一頁以下。

(76) 同前・四六巻七号七頁。
(77) 同前。
(78) 同前八頁。
(79) 同前一〇頁。
(80) 同前一二頁。
(81) 同前。
(82) 同前一三頁。
(83) 同前一五頁。
(84) 同前一五―一六頁。
(85) 同前一六頁。
(86) 同前一七頁。
(87) 同前一八頁。
(88) 同前。
(89) 同前一八―一九頁。
(90) 同前一九頁。
(91) 同前・四六巻九号三一―三二頁。
(92) 同前三三―三四頁。
(93) 同前三四頁。
(94) 同前。
(95) 同前三五頁。
(96) 同前。
(97) 長岡富三「ベルギー有限責任会社法」民商法雑誌四巻二号（昭和一一年）二一〇頁以下。
(98) 佐々穆「有限責任会社法案要綱解説」法学新報四七巻六号（昭和一二年）一頁。

五　有限会社法案の国会提出と公表

昭和一三年（一九三八年）一月、政府は、第七三回帝国議会に、第七〇回帝国議会において審議未了に終わった商法中改正法律案とともに、有限会社法案を提出し、同法案を公示した（昭和一三年二月一日付官報号外参照）。有限会社法案は、全一〇章八九か条から成るものであった。しかし、商法ことに株式会社法（同時提出の改正法律案）からの準用規定は、有限会社法案の条文数の倍近い一六〇か条にのぼっている。

この法案の大綱は、およそ以下のようなものである。

①有限会社は、商法上の会社とその軌を一にするものである（一条ないし四条）。②社員の責任は、その出資の金額を限度とすることをもって原則とする（一七条）。すなわち、ドイツ法にあるような、定款による任意義務を認めることなく、法定義務のほかはこれを認めないという主義を採った。③社員の数は原則として二人以上五〇人以下たることとする（八条）。④資本の総額は一万円以上たることとする（九条）。⑤出資の一口の金額は一〇〇円を下ることができないものとする（一〇条）。⑥持分の譲渡には社員総会の特別決議を要するものとし、かつ、持分の有価証券化は許されないものとする（一九条、二一条）。⑦設立または増資にあたり、社員の公募をなしえないものとする（五二条二項）。⑧設立の際に出資金額の払込みおよび現物出資の目的たる財産の全部の給付を必要であるとする（一二条）。⑨現物出資および財産引受の目的たる財産の実価に不足があるときは、設立当時の社員が連帯して塡補責任を負うべきこととする（一四条）。⑩払込みまたは現物出資の給付の未済については、会社成立当時の取締役、監査役および社員が連帯して塡補責任を負うべきこととする（一五条）。⑪監査役は任意機関たることとする（三三条）。⑫増資の場合についても、前掲の⑨⑩と同様の塡補責任を認めることとする（五四条、五五条）。⑬社員総会における議決権は原則として出資一口につき一個とすることとする（三九条）。⑭総会決議には通常決議と特別決議の二種類があるものとする（四一条、四八条）。⑮総会招集の手続きおよび決議の方法をいちじるしく簡易なものとする（三六条、三八条、四二条）。⑯少数社員の訴訟提起請求権、総

会招集請求権および検査役選任請求権を認めることとする（三七条、四一条、四五条）。⑰有限会社相互間および有限会社と株式会社との間において合併をなしえるものとする（五九条、六〇条）。⑱有限会社と株式会社との相互間において組織変更を認めることとする（六四条、六七条）。⑲貸借対照表の公告を必要としないものとする。⑳社債の発行が認められないものとする。

右の有限会社法案の公表直後、いちはやく、これに解説、批評を加えたのは、大隅健一郎と伊澤孝平であった[99]。さらに、佐々穆も法案の解説をしている[100]。なお、司法省民事局による法案の説明が、法曹会雑誌に収録されている[101]。

大隅健一郎は、「有限会社」という名称に関して、この名称は法案独自のものであり、立案者の苦心のほどは推察できるが、この名称をもってしても会社の実体を表現しえるわけではなく、むしろ世界的名称であり、わが国でも熟している「有限責任会社」の名称が勝っていると評している[102]。

大隅健一郎は、法案全体を総括して以下のように評している。すなわち、本法案が規定する会社は、その実質において、株式会社とまったく別個の形態の会社というよりも、むしろ簡易株式会社と言うにふさわしい内容を有している。本法案が認める有限会社は、人的会社的要素と物的会社的要素との配合の具合いにおいて、とくに後者の要素を多分に具備しており、その点むしろ英国の私会社に近いものがある。そうとすれば、もしこれを株式会社の一変種として商法中に採り入れたならば、はるかに少数の規定をもってより簡明に規定しえたのではなかろうか[103]。

伊澤孝平の本法案全体に対する評価は、およそ以下のようなものである。すなわち、この法案が認める有限会社は、物的会社性が顕著であって、株式会社の一変種と言っても過言ではない。たとえば、ドイツ有限責任会社法にあっては、定款の自治に委ねる範囲がきわめて広範であり、企業の目的や性質等に応じて人的性質を濃厚にすることもできれば、株式会社に近似せしめることもできるという構造になっている。対して、わが有限会社法案は、この点においてはきわめて窮屈である。しかし、会社機構の単純簡易という点および会社債権者の保護という点に至っては、わが有限会社法案がはるかに優れている[104]。

(99) 大隅健一郎「有限会社法案に就て」法律時報一〇巻三号（昭和一三年）二二頁以下、伊澤孝平「有限会社法案概説(1)──(2)」法学七巻三号（昭和一三年）八〇頁以下、七巻四号九八頁以下。
(100) 佐々穆「有限会社法案を読む」法学新報四八巻三号（昭和一三年）一頁以下。
(101) 司法省民事局「有限会社法案説明」法曹会雑誌一六巻三号（昭和一三年）六三頁以下。
(102) 大隅・注(99)前掲二二頁。
(103) 同前二三頁。
(104) 伊澤・注(99)前掲七巻四号一〇八頁。

六　有限会社法の成立と施行

第七三回帝国議会に有限会社法案を提出した政府の、この法案にかけた姿勢は、きわめて積極的なものであった。たとえば、大森洪太司法民事局長は、昭和一三年（一九三八年）二月二一日に、ラジオ放送を通じて、有限会社法案の理由説明を行っている[105]。また同局長は、新聞報道等にも積極的に協力し、有限会社を商法典中に規定しなかった点等につき、新聞紙上で次のように述べている「(有限会社）を商法の法典中に規定すると、商法の会社が五種類分なり勢い規定の錯綜する結果を来すのみならず、有限会社は我国に於て全く新しい制度であるから、その運用の実績に徴して或は将来に於てこれを改めて行く必要も生じて来るだろう[106]」から、改正の便宜も勘案しなければならない。

有限会社法案を付議された第七三回帝国議会において、貴族院は、昭和一三年二月一四日にこれを可決して衆議院に送付した。衆議院も、同年三月二二日にこれを可決した。かくして有限会社法は、同年四月四日付けをもって、昭和一三年法律第七四号として公布された。その施行は、商法中改正法と同様、昭和一五年（一九四〇年）一月一日であった。

(105) 山口与八郎「有限会社の研究(1)」法律新聞四二四三号（昭和一三年）三頁参照。
(106) 読売新聞昭和一二年四月一七日記事。

七　有限会社法成立後の議論状況

(1)　昭和一三年①

この年に公表された論稿のなかには、有限会社法の内容に関する総論的、各論的解説稿[107]のほかに、わが国における有限会社制度の将来の利用動向を予測したものが見うけられる。この予測が、楽観論と慎重論とに分かれている点が興味深い。企業形態はその国の経済情勢と密接な関係を有するものであるから、有限会社制度がわが国においても当然に隆盛をきわめるものと早断することは許されまいとしつつ[108]、楽観論派は、当時の統計においてわが国に比較的小規模な会社が多数に上ること[109]、外国における実績を無視できないこと[110]、等を根拠に、将来におけるこの制度の利用率の大なるべきことはこれを断定して謬はあるまいとか[111]、いずれ株式会社と有限会社との併立の時代が到来するであろうと述べている[112]。

楽観論に与するもののなかに、当時の同族会社の実態をふまえて、有限会社の将来性を説くものがある[113]。すなわち、当時の所得税法二一条二項に定義された同族会社[114]は、大蔵省主税局公表の昭和一一年（一九三六年）一二月末現在の統計によれば、総株式会社数二五、七八五社中、一〇、五七五社に上り、株式会社全体の四一・〇一パーセントを占めている[115]。同族会社のような、社員間の相互信頼に基礎を置く株式会社は、単に有限責任制度の恩恵に浴し、税金関係の考慮に基づくものにすぎないのが現実なのであるから、有限会社はかかる会社の要求に答えうるものであると説かれている[116]。なお、すべての会社種類における当時の同族会社の状況は、**表Ⅳ**に示すとおりである。これらの統計を根拠に、有限会社に対する社会的要求は高いものであろうと予測し、株式会社だけでなく、合名会社、合資会社、株式合資会社から有限会社へ組織を変更するものが決して少なくないであろうと結論づけている[117]。

表Ⅳ　同族会社統計

（昭和11年12月末現在）

会社種類別	会社総数	同族会社数（百分率）
合名会社	18,807	17,390(92.47)
合資会社	51,613	46,766(90.61)
株式会社	25,785	10,575(41.01)
株式合資会社	41	19(46.34)

以上に対し、慎重論派は次のように主張している。見逃すことができないのは、世間に「会社にするならば株式会社」という見方があることであり、株式会社にしておけば、世の中の見得も良く、信用もまた厚いという漠然とした考え方から、会社を株式会社にしているものが多いということである。したがって、案外なお株式会社たる現状のままで進む向きが多いかもしれない(118)。また、新しい制度というものは、多少の年月を経て、人々がこれに馴れるということが必要であり、便利な制度であるからといって、急にこの形態の会社が増えることも期待できない(119)。

右に加え、わが国において意外に合資会社の利用が多いのは、最少限ひとりだけ無限責任社員を置けば、残りの社員が有限責任社員でいられるという利点があるからであると分析し、このような会社のなかからこそ、合資会社から有限会社に転換するものが出ることが予想されるのに、新法においては、かかる場合に組織変更という便法が認められていないという点が、とくに強調されて指摘されている(120)。

将来予測以外の、有限会社法自体に関連した各論的指摘としては、次のような意見がある。すなわち、有限会社の資本の総額は一万円以上たることを要すると規定されている。この点は、会社濫設の防止や社会公益を害する危険の回避という観点から肯定しうる。しかし、株式会社については、その最少社員数七人が額面五〇円の株式を一株あて引き受ける場面を想定すれば三五〇円の資本金で、かりに一時に全額を払い込む場合に株式の金額が二〇円であるときは（昭和一三年商法二〇二条二項）一四〇円の資本金をもって法律的には会社の設立が可能である。そうとすれば、有限会社法との均衡上、株式会社法においても最低資本金額を定めるべきではなかったであろうか(121)。

この年の有限会社に関する比較法的研究としては、スイス法の紹介稿(122)およびドイツ有限責任会社法の改正要綱の紹介稿(123)がある。いずれも、わが国の議論に直接の関連があるものではない。

(2)　昭和一三年②

有限会社法につき、この当時もっとも詳細に総論的、各論的検討がなされた論稿として、法学志林上に連載された大隅健一郎、大橋光雄、千野國丸および三宅一夫による評説がある(124)。

有限会社法に対する総括的概評は、この法律については最初からの期待が大きすぎたためか、いささか期待はずれの感なしとしない、ときわめて辛口の感想が付されている。[125]

まず、「有限会社法」の名称が鵺（ぬえ）的名称であり、公名称として採用するのは賛成できないとし、「有限責任会社」の名称は完全無欠ではないにしても、「有限会社」の名称には優っているとする。[126]

本法の条文は、過多、繁雑にして不洗練であると断じる。すなわち、本法は、もし準用規定がなければ二百数十条を超えるわけであるが、それだけの数の規定が必要ならばともかく、物的会社と人的会社の中間形態の会社を規定しようという目的の達成のために、これほど多くの条文が必要なのか、と述べている。[127] さらに、準用法規の立法方針に統一性がなく繁雑きわまると指摘している。[128] そして、本法はきわめて物的会社に偏傾した立法であるが、「小型株式会社」の創作を目指すならば、もっと別の方法があったのではないか、はたして、本法のような単行法が適当であったのかと総括している。[129]

各論的批評に関しても、きわめて詳細な検討がなされているが、ここでは、会社成立当時の社員、取締役等の塡補責任の免除制限に関する問題、取締役の解任に関する問題、定款変更のための社員総会手続きに関する問題への指摘を取り上げておこう。

有限会社法一六条は、現物出資および財産引受に関する会社成立当時の社員の塡補責任（一四条）ならびに出資履行未済に対する会社成立当時の取締役、監査役および社員の塡補責任（一五条）にかかる義務免除の制限規定である。同条は、右の責任を五か年以内は免除しえないとして、この責任を厳格にして、会社資本を確保しようとする主旨である。しかし、この規定は、会社債権者のための保護規定としては、空文化するおそれがある。同条において、社員の責任を何人が免除するのか必ずしも明らかではないが、とくに規定がないのであるから、社員総会の決議によっても、取締役の業務執行行為によっても免責されうると解される。そうとすれば、社員総会も取締役も結局は有力な社員の左右するところとなるから、これらの社員は、五年を経過すれば、いずれにせよ自己の免責を得てしまう結果となる。また、取締役、監査役の責任の免除は、四〇条一項四号に基づく社員総会の特別決議によることになるが、この場合にも無制限に免責を有効と解せば、会社債権者を害する結果となる。およそ以上のような指摘がなされている。(130)この指摘は、増資の場合の塡補義務免除の制限に関する五六条(131)や組織変更の場合の純資産額塡補義務免除の制限に関する六五条二項(132)にも妥当する。

有限会社法三二条は、有限会社の取締役に必要な規定を株式会社の取締役に関する諸規定から準用しているが、取締役の解任（商法二五七条）の規定をも準用している。しかし、有限会社の取締役は、定款をもって定められるのを通常とし、株式会社のように選任によるのはむしろ例外たるべきことは、同法一一条が予想するところである。これを予想するなら、定款に定めた取締役の解任に関しては、株式会社におけると異なる考慮がなされるべきである。にもかかわらず、選任によるのを常態とする株式会社の取締役の規定をそのまま有限会社の取締役に準用するのは均衡を欠く。定款に定められた取締役の解任は、同時に定款変更の手続きによらなければならないのは当然であるが、それにしても、特別多数による特別決議さえあれば、いつでも解任しうるとするのは妥当ではない。社員が取締役たる場合と社員でない者が取締役たる場合とを同一に扱うことも妥当でないし、任期の定めがない場合に無賠償解任を許すことも妥当ではない。(133)

社員総会招集手続きに関する有限会社法三六条は、商法二三二条二項のような、いわゆる議事日程の通知に関する規定を設けていない。その当否は、はなはだ疑問である。たとえば、定時総会の期日を定めておいて招集通知を省略するようなことが許されているならばともかく、毎回必ず招集通知を要することとしながら、議事日程だけ通知しなくてよいとすることは、とうてい是認しえない。(134)有限会社においては、総会招集の通知さえあれば、随時の総会において何時にても有限会社法四七条の定款変更の議案を提出できることになるわけであるから、社員は、まったく不意打ちの形でその審議を強いられることになる。このように、定款の変更のような重要事項に関して、何らの準備も考慮も与えられないまま、突如議案の審議決定を求めることは、いかにも不当である。(135)

(3)　昭和一四年

この年には、経済学者の論稿に注目すべきものが目立つ。

経済史学的見地から、有限責任会社制度の生成過程を研究した論稿(136)がある。法律学者は、有限責任会社を、立法者による意識的な法律創造の産物と見ているが、経済学者は、かかる見解に必ずしも賛同しない。右のような見方は、法律上は正当であるかもしれないが、経済上では、有限責任会社法によって別段新しい企業形態が出現したわけではないと捉えている。[137] 言わば、ドイツにおいて一八九二年に有限責任会社法が制定せられたことによって忽然として一個の新企業形態が出現したわけではなく、それ以前からすでに他の法律形態の利用によって事実上存在していたものに新しい外被が作られたまでのことである。[138] この論稿は、このような観点から、ドイツにおける有限責任会社制度の生成課程を、たとえば合資会社の無限責任社員に藁人形を使用したり、鉱山法上の鉱山会社の他の産業部門への採用といった経済事象を通じて分析している。商法史上の成果という観点からも、評価しえるものであろう。

右のほかに、経済学者の論稿として、経営学会における研究報告を基礎として、ドイツの統計資料の分析等も加えて、わが国の有限会社の将来の経営上の問題点を指摘したものがある。[139] ここでは、組織変更に関する指摘と自己持分の所有に関する指摘とを取り上げておこう。

株式会社から有限会社への組織変更に関して次のような指摘がなされている。わが国においては、今後、中小規模の株式会社から有限会社への組織変更が広汎に行われることが予想される。その際、資本充実の主旨から、有限会社法は、変更後の有限会社の新資本額が株式会社に現存する純財産額を超過する額たるを許さない（六四条一項）とともに、もし組織変更の決議当時の純財産額が資本総額に不足するときは、決議当時の取締役、監査役および株主に会社に対してその不足額を支払う義務を課している（六五条）。ところが、組織変更に際して作成される貸借対照表は、年次対照表とは異なり、現行の営業を続行することを前提として個々の財産の有する価値が評価され記載されるいわゆる財産貸借対照表である。そうとすれば、設立の際におけると異なり、これらの財産価値がいずれも市場価格とは相当の乖離を生じることが当然であろうから、評価の厳正を期することはいっそう困難になるのではなかろうか。加えて、有限会社は貸借対照表の公示を必要としないことを本則とするものであり、社員が近親者をもって構成されることが多いのであるから、冷静な批評の作用する余地も少ないであろう。したがって、多数の株式会社にして実用価値を喪失したものが過剰評価によって有限会社に乗り換える傾向が生じはしまいか。もし、この傾向が生じるとすれば、その最たる原因は、貸借対照表に公示性がない点に求められるであろう。[140]

有限会社における自己持分の所有に関しては、以下のような指摘がなされている。有限会社法は、株式会社における自己株式取得禁止規定を準用している（二四条一項、商法二一〇条）。しかし、有限会社における持分の譲渡性が制限されているのであるから、株式会社規定の準用をもってしては律しえない点が多々存することになるのではなかろうか。有限会社の社員の第三者に対する持分の譲渡には厳重な制限規定があり、実際において持分の譲渡は、きわめて困難である。有限会社の社員は、持分を譲渡することによってのみ会社との関係を断ちえるのであるから、このような事態を考慮すれば、会社が自己持分を所有しうる範囲を、商法二一〇条に掲げる三つの場合に限るのは、狭きに失するのではなかろうか。したがって、有限会社の自己持分の獲得には、若干の余裕が与えられるべきである。[141]

また、この年には、有限会社法に関する質疑応答集が足かけ二年にわたって法学志林に収録されている。[142] 実務面における詳細な解説となっている。さらに、若干の解説稿[143]およびドイツ有限責任会社法の改正問題の紹介稿[144]がある。

(4)　昭和一五年・昭和一六年

昭和一五年には、法務局による有限会社法の解説稿[145]が公表されている他、総論的解説稿[146]がある。

昭和一六年には、有限会社の社員の持分の意義を純粋な財産的権利であると捉える立場から、これを検討する論稿[147]がある。有限会社の比較法的研究を試みて未完に終わった論稿[148]およびドイツの改正論議の報告論稿[149]がある。

いずれも、とくに付言を要するものではないと思われる。

昭和一三年会社法に関する株式会社をめぐる議論については、第三章において、昭和一六年末をもって戦前の議論の終着点とした。有限会社をめぐる議論についても、これに合わせようと思う。

(107)　主たる解説稿として、堀内信之助「有限会社法に付て」鉄道軌道経営資料二一巻一一号（昭和一三年）一頁以下、根本松男「有限会社の資本の充実」日本法学四巻七号（昭和一三年）三九頁以下。

(108) 島本英夫「有限会社法」内外研究一一巻三・四号（昭和一三年）八九頁。
(109) 同前八八―八九頁。
(110) 永田菊四郎「有限会社法の概要(2)」日本法学四巻八号（昭和一三年）一〇一―一〇二頁参照。
(111) 島本・注（108）前掲九〇頁。
(112) 永田・注（110）前掲一〇三頁。
(113) 藻利重隆「有限会社について」名古屋高商商業経済論叢一六巻二号（昭和一三年）五一頁以下。
(114) 当時の所得税法二一条二項は、同族会社を次のように定義していた。「本法ニ於テ同族会社ト称スルハ株主又ハ社員ノ一人及之ト親族、使用人等特殊ノ関係アル者ノ株式金額又ハ出資金額ノ合計カ其ノ法人ノ株式金額又ハ出資金額ノ二分ノ一以上ニ相当スル法人ヲ謂フ」。
(115) 藻利・注（113）前掲五五頁。
(116) 同前五五―五六頁、六七頁参照。
(117) 同前六九頁。
(118) 山崎定雄「有限会社概説」鉄道規道経営資料二一巻四号（昭和一三年）一九四―一九五頁。
(119) 同前一九五頁。
(120) 同前一九四頁。
(121) 島本・注（108）前掲八四頁参照。
(122) 八木弘「瑞西に於ける有限責任会社法の制定」国民経済雑誌六四巻四号（昭和一三年）一〇一頁以下。
(123) 八木弘「独逸有限会社法改正要綱」国民経済雑誌六五巻三号（昭和一三年）一一三頁以下。
(124) 大隅健一郎＝大橋光雄＝千野國丸＝三宅一夫「有限会社法評説(1)―(5)」法学志林四〇巻四号（昭和一三年）六三頁以下、四〇巻五号一六頁以下、四〇巻六号二一頁以下、四〇巻七号一六頁以下、四〇巻八号一八頁以下。
(125) 同前・四〇巻四号六五頁。
(126) 同前六六頁。
(127) 同前六六―六七頁。
(128) 同前六七頁。
(129) 同前六八頁。

(130) 同前八一―八二頁参照。
(131) 同前・四〇巻六号五五頁。
(132) 同前・四〇巻八号二三頁。
(133) 同前・四〇巻五号三七―三九頁。
(134) 同前・四〇巻六号二四頁。
(135) 同前四二―四三頁。
(136) 増地庸治郎「有限責任会社制度の生成」経済学論集（東大経済学会）九巻九号（昭和一四年）三六頁以下。
(137) 同前三七頁。
(138) 同前三八頁。
(139) 小高泰雄「有限会社経営上の若干の問題」三田学会雑誌三三巻一二号（昭和一四年）三九頁。
(140) 同前五〇―五二頁参照。
(141) 同前五三―五五頁参照。
(142) 横田正俊＝佐々木良一「有限会社法に関する質疑応答(1)―(13)」法学志林四一巻八号（昭和一四年）九二頁以下、四一巻九号九三頁以下、四一巻一〇号一〇四頁以下、四一巻一一号一一三頁以下、四一巻一二号一〇八頁以下、四二巻一号（昭和一五年）一二〇頁以下、四二巻三号一〇四頁以下、四二巻四号一〇六頁以下、四二巻五号一〇六頁以下、四二巻七号一一〇頁以下、四二巻九号一〇二頁以下、四二巻一〇号一一二頁以下、四二巻一二号八七頁以下。
(143) 高瀬三郎「有限会社法概説」銀行論叢三三巻六号（昭和一四年）三二頁以下、同「有限会社法に就て」中央銀行会通信録四三八号（昭和一四年）二頁以下。
(144) 大橋光雄「独逸有限責任会社委員会第一回報告書」法学論叢書四〇巻四号（昭和一四年）一四四頁以下。
(145) 法務局「有限会社法解説」台法月報三四巻九号（昭和一五年）四九頁以下。
(146) 堀部靖雄「有限会社の特色(1)―(2)」長崎高商研究会彙集二八巻二号（昭和一五年）一頁以下、二八巻三号一九頁以下。
(147) 水口吉蔵「有限会社員の持分（上）（下）」明大法律論叢二〇巻一号（昭和一六年）一〇頁以下、二〇巻二号一頁以下。
(148) 佐々穆＝市川秀雄「最近における有限会社法の比較的研究(1)―(2)」法学新報五一巻二号（昭和一六年）二二頁以下、五一巻六号五八頁以下。
(149) 大橋光雄「独逸有限責任会社委員会第二回報告書」法学論叢四五巻三号（昭和一六年）一一七頁以下。

八　大戦終結前における有限会社の普及状況

表Ⅴは、昭和一五年（一九四〇年）から昭和二〇年（一九四五年）に至るわが国における会社組織別法人数を示したものである。表Ⅵは、昭和一五年から昭和一七年（一九四二年）に至る会社新規設立数および合併解散数を表わしたものである。

明らかに合名会社、合資会社の数が減少するとともに、有限会社数は着実な伸びが見うけられる。とくに、昭和一七年度は、新規設立の会社のうち、実に五七・七パーセントが有限会社形態によるものであった。また、合資会社の合併解散数が大きいのも特徴として指摘しうるであろう。あるいは、解散した合資会社が新たに有限会社として設立された例が少なからず存在するためであろうか。

ところでこの時期、ドイツにおけるナチス政権確立後、同国の有限責任会社の発展に停滞がみられるとの指摘がある[150]。有限責任会社は、一面で、法による厳格な規整を緩和するという長所をもって誕生したわけであるから、国防国家体制への移行によって、企業活動それ自体に対する国家によるさまざまな干渉が生じる時代には、有限責任会社という企業形態が有する長所は相当に減殺されることになろう。当時の一部のドイツの学者は、有限責任会社制度の発展の停滞を、ドイツ国民が有限責任会社が来たるべき立法によって冷遇されるであろうとの印象を抱いたことによって生じた変化であると考えたようである[151]。

右のような事情を勘案するならば、国家総動員体制下にあるにもかかわらず、この時期におけるわが国の有限会社の発展を示す数字には、かなり肯定的な評価が与えられてもいいのではなかろうか。

有限会社法の施行が平時の経済社会情勢のうちに行われていれば、有限会社の現状は、今日とは相当に変わったものになっていたかもしれない。

(150)　小高・注(139)前掲四六頁。

表Ｖ　会社組織別法人数（昭和15年～昭和20年）

年次	総数	合名会社	合資会社	株式会社	株式合資会社	有限会社	相互会社	休業中の会社	新設の会社	解散又は合併の会社
昭和15年	91,028	15,663	37,592	35,936	28	1,805	4	10,692	10,298	7,992
16	97,203	15,035	35,404	39,284	25	7,451	4	10,935	14,745	7,988
17	101,939	13,579	32,043	40,949	23	15,342	3	11,359	14,506	9,220
18	102,819	12,267	28,242	42,998	23	19,286	3	10,394	……	……
19	102,316	10,359	25,338	47,093	17	19,507	2	7,004	……	……
20	95,773	9,358	21,606	46,042	43	18,722	2	……	7,654	7,408

総務庁統計局　日本長期統計総覧４巻（昭和63年）162頁をもとに作成

表Ⅵ　会社設立・合併解散状況（昭和15年～昭和17年）

年次	新規設立							合併解散						
	会社数						資本総額（千円）	会社数						資本総額（千円）
	合名	合資	株式	株式合資	有限	合計		合名	合資	株式	株式合資	有限	合計	
昭和15年	1,213	2,695	4,580	2	1,803	10,298	1,320,223	1,569	4,990	1,401	2	3	7,992	363,223
16	1,135	2,804	5,112	1	5,690	14,745	2,809,522	1,546	4,293	1,930	6	213	7,988	1,374,077
17	449	1,189	4,497	1	8,370	14,506	4,942,532	1,774	3,635	2,949	2	859	9,220	3,389,308

各年度の東洋経済新報年鑑をもとに作成

(151) 同前参照。

○資料1　東京商工会議所商事関係法規改正準備委員会における主査委員会仮決議案「有限責任会社法案要綱」*（昭和一二年）

第一　立法の体裁は特別法を以てすること
第二　名称は有限責任会社とすること
第三　目的は営利に限定すること
第四　社員数の最大限は百人とすること
第五　資本の最小限は一万円とすること
第六　法人とすること
第七　商人と看做すこと
第八　会社の設立には二人以上の社員を要するものとすること
第九　会社の設立に付ては社員全員が定款を作成し、持分に対する全額の出資を完了し、取締役を選任し、其の取締役が設立登記を為すに因りて会社が成立するものとすること
第十　定款の作成には公証人の認証を要するものとすること
第十一　出資の全部又は一部の払込なきことを発見したる場合に付き会社債権者に対する総社員及び取締役の連帯責任を認むること
第十二　現物出資又は財産引受の目的の価格が定款に定めたる価格に達せざりし場合に付き会社債権者に対する総社員の連帯責任を認むること
第十三　出資は之を口数に分ち一口を百円以上とし、議決権は一口に付き一個とすること
第十四　社員以外の者に対する持分の譲渡は社員の半数以上にして総議決権の四分の三以上の同意を要し、其の同意を得ること能わざるときは他の社員をして相当代価を以て其の持分を買取らしむることを得るものとすること
第十五　社員に相続事由を生じたるときは社員総会の決議に依り相当代価を以て其の持分を他の社員に譲渡さしむることを得る旨を定款を以て定め得るものとすること

第十六　一定額の追加出資を為す義務は定款を以て之を定むることを得べきものとし其の強制履行の方法に付き法律に規定を設くること
第十七　社員総会の決議は定款に別段の定ある場合を除く外別に書面表決の方法に依ることを得るものとすること
第十八　総会の決議は（イ）定款の変更（ロ）会社の解散（ハ）会社の合併等に付ては社員の半数以上にして総議決権の四分の三以上の同意を必要とし、其の他の通常事項に付ては総議決権の過半数の同意を以て足るものとすること
第十九　業務の執行及び会社の代表は一人又は数人の取締役之に当るものとすること
第二十　取締役の選任は定款又は社員総会の決議を以て之を為すものとすること
第二十一　取締役の資格及び任期は特に法律を以て之を定めざること
第二十二　監査役は任意機関とすること
第二十三　貸借対照表の作成に関しては株式会社に準じて規定を設くるも其の公告は之を強制せざるものとすること
第二十四　違法配当の場合に於ける配当金返還義務を定め之に付き会社債権者に対する総社員の連帯責任を認むること
第二十五　資本増加の場合に於ける出資の払込、現物出資及び財産引受等に付き設立の場合に準じて規定を設くること
第二十六　資本減少の場合には異議ある債権者には弁済を為し、又は担保を供するものとすること
第二十七　社員が一人と為りたることは之を解散事由と為さざること
第二十八　株式会社の特別清算に関する商法改正法案中の規定に準じて規定を設くること
第二十九　株式会社又は株式合資会社と本会社との間の組織変更及び合併を認むること
第三十　合名会社又は合資会社は其の組織を変更して本会社と為ることを得るものとすること

＊佐々穆「有限責任会社法案要綱解説」法学新報四七巻六号（昭和一二年）一頁以下を底本とする。カタカナをひらがなとし、旧漢字を新漢字とした。

○資料2　有限会社法*（昭和十四年四月五日法律第七十四号）

有限会社法目次

有限会社法

第一章　総　則

第一条　本法ニ於テ有限会社トハ商行為其ノ他ノ営利行為ヲ為スヲ業トスル目的ヲ以テ本法ニ依リ設立シタル社団ヲ謂フ
有限会社ハ之ヲ法人トス
第二条　有限会社ハ商行為ヲ為スヲ業トセザルモ之ヲ商人ト看做ス
第三条　有限会社ノ商号中ニハ有限会社ナル文字ヲ用フルコトヲ要ス
有限会社ニ非ザル者ハ商号中ニ有限会社タルコトヲ示スベキ文字ヲ用フルコトヲ得ズ有限会社ノ営業ヲ譲受ケタルトキト雖モ亦同ジ

第四条　商法第五十四条第二項、第五十五条及第五十七条乃至第六十一条ノ規定ハ有限会社ニ之ヲ準用ス

第二章　設　立

第五条　有限会社ヲ設立スルニハ定款ヲ作ルコトヲ要ス
　商法第百六十七条ノ規定ハ有限会社ニ之ヲ準用ス

第六条　定款ニハ左ノ事項ヲ記載シ各社員之ニ署名スルコトヲ要ス
一　目的
二　商号
三　資本ノ総額
四　出資一口ノ金額
五　社員ノ氏名及住所
六　各社員ノ出資ノ口数
七　本店及支店ノ所在地

第七条　左ノ事項ハ之ヲ定款ニ記載スルニ非ザレバ其ノ効力ヲ有セズ
一　存立時期又ハ解散ノ事由
二　現物出資ヲ為ス者ノ氏名、出資ノ目的タル財産、其ノ価格及之ニ対シテ与フル出資口数
三　会社ノ成立後ニ譲受クルコトヲ約シタル財産、其ノ価格及譲渡人ノ氏名
四　会社ノ負担ニ帰スベキ設立費用

第八条　社員ノ総数ハ五十人ヲ超ユルコトヲ得ズ但シ特別ノ事情アル場合ニ於テ裁判所ノ認可ヲ得タルトキハ此ノ限ニ在ラズ
　前項ノ規定ハ遺産相続又ハ遺贈ニ因リ社員ノ数ニ変更ヲ生ズル場合ニハ之ヲ適用セズ

第九条　資本ノ総額ハ一万円ヲ下ルコトヲ得ズ

第十条　出資一口ノ金額ハ均一トシ百円ヲ下ルコトヲ得ズ

第十一条　定款ヲ以テ取締役ヲ定メザルトキハ会社成立前社員総会ヲ開キ之ヲ選任スルコトヲ要ス
　前項ノ社員総会ハ各社員之ヲ招集スルコトヲ得

第十二条　取締役ハ社員ヲシテ出資全額ノ払込又ハ現物出資ノ目的タル財産全部ノ給付ヲ為サシムルコトヲ要ス
商法第百七十二条但書ノ規定ハ前項ノ場合ニ之ヲ準用ス
第十三条　有限会社ノ設立ノ登記ハ前条ノ払込又ハ給付アリタル日ヨリ二週間内ニ之ヲ為スコトヲ要ス
前項ノ登記ニ在リテハ左ノ事項ヲ登記スルコトヲ要ス
一　第六条第一号乃至第四号ニ掲グル事項
二　本店及支店
三　存立時期又ハ解散ノ事由ヲ定メタルトキハ其ノ時期又ハ理由
四　取締役ノ氏名及住所
五　取締役ニシテ会社ヲ代表セザル者アルトキハ会社ヲ代表スベキ者ノ氏名
六　数人ノ取締役ガ共同シ又ハ取締役ガ支配人ト共同シテ会社ヲ代表スベキコトヲ定メタルトキハ其ノ規定
七　監査役アルトキハ其ノ氏名及住所
商法第九条乃至第十五条、第六十四条第二項及第六十五条乃至第六十七条ノ規定ハ有限会社ニ之ヲ準用ス
第十四条　第七条第二号及第三号ノ財産ノ会社成立当時ニ於ケル実価ガ定款ニ定メタル価格ニ著シク不足スルトキハ会社成立当時ノ社員ハ会社ニ対シ連帯シテ其ノ不足額ヲ支払フ義務ヲ負フ
第十五条　第十二条第一項ノ規定ニ依ル払込又ハ給付ノ未済ナル出資アルトキハ会社成立当時ノ取締役、監査役及社員ハ連帯シテ払込ヲ為シ又ハ給付未済財産ノ価額ノ支払ヲ為ス義務ヲ負フ
第十六条　前二条ニ定ムル義務ハ会社成立ノ日ヨリ五年ヲ経過シタル後ニ非ザレバ之ヲ免除スルコトヲ得ズ

第三章　社員ノ権利義務

第十七条　社員ノ責任ハ本法ニ別段ノ規定アル場合ヲ除クノ外其ノ出資ノ金額ヲ限度トス
第十八条　各社員ハ其ノ出資ノ口数ニ応ジテ持分ヲ有ス
第十九条　社員ハ第四十八条ニ定ムル社員総会ノ決議アルトキニ限リ其ノ持分ノ全部又ハ一部ヲ他人ニ譲渡スコトヲ得但シ定款ヲ以テ譲渡ノ制限ヲ加重スルコトヲ妨ゲズ
譲渡ニ因リ社員ノ総数ガ第八条第一項ノ規定ニ依ル制限ヲ超ユル場合ニ於テハ遺贈ノ場合ヲ除クノ外其ノ譲渡ヲ無効トス

社員相互間ノ持分ノ譲渡ニ付テハ第一項ノ規定ニ拘ラズ定款ヲ以テ別段ノ定ヲ為スコトヲ得
第二十条　持分ノ移転ハ取得者ノ氏名及住所並ニ移転スル出資口数ヲ社員名簿ニ記載スルニ非ザレバ之ヲ以テ会社其ノ他ノ第三者ニ対抗スルコトヲ得ズ
第二十一条　有限会社ハ持分ニ付指図式又ハ無記名式ノ証券ヲ発行スルコトヲ得ズ
第二十二条　商法第二百三条ノ規定ハ持分ガ数人ノ共有ニ属スル場合ニ之ヲ準用ス
第二十三条　持分ハ之ヲ以テ質権ノ目的ト為スコトヲ得
第十九条第一項及第二十条ノ規定ハ持分ノ質入ニ之ヲ準用ス
第二十四条　商法第二百八条第一項、第二百九条第一項第二項、第二百十条、第二百十一条及二百十二条第一項ノ規定ハ社員ノ持分ニ之ヲ準用ス
商法第二百二十四条第一項及第二項ノ規定ハ社員ニ対スル通知又ハ催告ニ之ヲ準用ス

第四章　会社ノ管理

第二十五条　有限会社ニハ一人又ハ数人ノ取締役ヲ置クコトヲ要ス
第二十六条　取締役数人アル場合ニ於テ定款ニ別段ノ定ナキトキハ会社ノ業務執行ハ取締役ノ過半数ヲ以テ之ヲ決ス支配人ノ選任及解任亦同ジ
第二十七条　取締役ハ会社ヲ代表ス
第二十八条　取締役ハ定款及社員総会ノ議事録ヲ本店及支店ニ、社員名簿ヲ本店ニ備置クコトヲ要ス
社員名簿ニハ社員ノ氏名及住所並ニ其ノ出資口数ヲ記載スルコトヲ要ス
社員及会社ノ債権者ハ営業時間内何時ニテモ第一項ニ掲グル書類ノ閲覧ヲ求ムルコトヲ得
第二十九条　取締役ハ社員総会ノ認許アルニ非ザレバ自己若ハ第三者ノ為ニ会社ノ営業ノ部類ニ属スル取引ヲ為シ又ハ同種ノ営業ヲ目的トスル他ノ会社ノ無限責任社員若ハ取締役ト為ルコトヲ得ズ
取締役ガ前項ノ規定ニ違反シテ自己ノ為ニ取引ヲ為シタルトキハ社員総会ハ之ヲ以テ会社ノ為ニ為シタルモノト看做スコトヲ得
前項ニ定ムル権利ハ監査役アルトキハ監査役ノ一人、監査役ナキトキハ他ノ取締役ノ一人ガ其ノ取引ヲ知リタル時ヨリ二月間

之ヲ行使セザルトキハ消滅ス取引ノ時ヨリ一年ヲ経過シタルトキ亦同ジ
第三十条　取締役ハ監査役アルトキハ其ノ承認、監査役ナキトキハ社員総会ノ認許ヲ得タルトキニ限リ自己又ハ第三者ノ為ニ会社ト取引ヲ為スコトヲ得此ノ場合ニ於テハ民法第百八条ノ規定ヲ適用セズ
第三十一条　社員総会ニ於テ取締役ニ対シテ訴ヲ提起スルコトヲ否決シタル場合ニ於テ資本ノ十分ノ一以上ニ当ル出資口数ヲ有スル社員ガ訴ノ提起ヲ会社ニ請求シタルトキハ会社ハ請求ノ日ヨリ一月内ニ之ヲ提起スルコトヲ要ス
前項ノ規定ハ定款ヲ以テ別段ノ定ヲ為スコトヲ妨ゲズ
第三十二条　商法第二百五十四条、第二百五十八条、第二百六十一条、第二百六十二条、第二百六十六条、第二百六十七条、第二百六十八条第二項乃至第五項及第二百六十九条乃至第二百七十二条ノ規定ハ取締役ニ之ヲ準用ス
第三十三条　有限会社ハ定款ニ依リ一人又ハ数人ノ監査役ヲ置クコトヲ得
第十一条ノ規定ハ定款ニ於テ監査役ヲ置クコトヲ定メタル場合ニ之ヲ準用ス
第三十四条　第三十一条並ニ商法第二百五十四条、第二百五十七条、第二百五十八条、第二百六十六条、第二百六十七条、第二百六十八条第二項乃至第五項、第二百六十九条、第二百七十条、第二百七十二条及第二百七十四条乃至第二百七十八条ノ規定ハ監査役ニ之ヲ準用ス
第三十五条　社員総会ハ本法ニ別段ノ定アル場合ヲ除クノ外取締役之ヲ招集ス
第三十六条　総会ヲ招集スルニハ会日ヨリ一週間前ニ各社員ニ対シテ其ノ通知ヲ発スルコトヲ要ス但シ此ノ期間ハ定款ヲ以テ之ヲ短縮スルコトヲ妨ゲズ
第三十七条　資本ノ十分ノ一以上ニ当ル出資口数ヲ有スル社員ハ会議ノ目的タル事項及招集ノ理由ヲ記載シタル書面ヲ取締役ニ提出シテ総会ノ招集ヲ請求スルコトヲ得
第三十一条第二項及商法第二百三十七条第二項第三項ノ規定ハ前項ノ場合ニ之ヲ準用ス
第三十八条　総会ハ総社員ノ同意アルトキハ招集ノ手続ヲ経ズシテ之ヲ開クコトヲ得
第三十九条　各社員ハ出資一口ニ付一個ノ議決権ヲ有ス但シ定款ヲ以テ議決権ノ数ニ付別段ノ定ヲ為スコトヲ妨ゲズ
第四十条　有限会社ガ左ノ行為ヲ為スニハ第四十八条ニ定ムル決議ニ依ルコトヲ要ス
一　営業ノ全部又ハ一部ノ譲渡
二　営業全部ノ賃貸、其ノ経営ノ委任、他人ト営業上ノ損益全部ヲ共通ニスル契約其ノ他之ニ準ズル契約ノ締結、変更又ハ解

約

三　他ノ会社ノ営業全部ノ譲受

四　取締役又ハ監査役ノ任務懈怠ニ因ル責任ノ免除

第三十一条ノ規定ハ前項第四号ノ決議アリタル場合ニ之ヲ準用ス

第一項ノ規定ハ有限会社ガ其ノ成立後二年内ニ其ノ成立前ヨリ存在スル財産ニシテ営業ノ為ニ継続シテ使用スベキモノヲ資本ノ二十分ノ一以上ニ当ル対価ヲ以テ取得スル契約ヲ為ス場合ニ之ヲ準用ス

第四十一条　商法第二百三十四条乃至第二百三十六条、第二百三十八条、第二百三十九条第一項第三項第四項、第二百四十条、第二百四十一条第二項、第二百四十三条、第二百四十四条及第二百四十七条乃至第二百五十三条ノ規定ハ社員総会ニ之ヲ準用ス

第四十二条　総会ノ決議ヲ為スベキ場合ニ於テ総社員ノ同意アルトキハ書面ニ依ル決議ヲ為スコトヲ得

決議ノ目的タル事項ニ付総社員ガ書面ヲ以テ同意ヲ表シタルトキハ書面ニ依ル決議アリタルモノト看做ス

書面ニ依ル決議ハ総会ノ決議ト同一ノ効力ヲ有ス

総会ニ関スル規定ハ書面ニ依ル決議ニ之ヲ準用ス

第四十三条　取締役ハ毎決算期ニ左ノ書類ヲ作ルコトヲ要ス

一　財産目録

二　貸借対照表

三　営業報告書

四　損益計算書

五　準備金及利益ノ配当ニ関スル議案

監査役アルトキハ取締役ハ定時総会ノ会日ヨリ二週間前ニ前項ノ書類ヲ監査役ニ提出スルコトヲ要ス

第四十四条　利益ノ配当ハ定款ニ別段ノ定アル場合ヲ除クノ外出資ノ口数ニ応ジテ之ヲ為ス

第四十五条　有限会社ノ業務ノ執行ニ関シ不正ノ行為又ハ法令若ハ定款ニ違反スル重大ナル事実アルコトヲ疑フベキ事由アルトキハ資本ノ十分ノ一以上ニ当ル出資口数ヲ有スル社員ハ会社ノ業務及財産ノ状況ヲ調査セシムル為裁判所ニ検査役ノ選任ヲ請求スルコトヲ得

検査役ハ其ノ調査ノ結果ヲ裁判所ニ報告スルコトヲ要ス
前項ノ場合ニ於テ必要アリト認ムルトキハ裁判所ハ監査役アルトキハ監査役、監査役ナキトキハ取締役ヲシテ社員総会ヲ招集セシムルコトヲ得此ノ場合ニ於テハ商法第百八十一条第二項及第百八十四条第二項ノ規定ヲ準用ス
第四十六条　商法第二百八十二条、第二百八十三条第一項、第二百八十四条乃至第二百八十六条、第二百八十八条第一項、第二百八十九条及第二百九十条ノ規定ハ有限会社ノ計算ニ之ヲ準用ス
商法第二百九十五条ノ規定ハ有限会社ト使用人トノ間ノ雇傭関係ニ基キ生ジタル債権ニ之ヲ準用ス

第五章　定款ノ変更

第四十七条　定款ノ変更ヲ為スニハ社員総会ノ決議アルコトヲ要ス
第四十八条　前条ノ決議ハ総社員ノ半数以上ニシテ総社員ノ議決権ノ四分ノ三以上ヲ有スル者ノ同意ヲ以テ之ヲ為ス
前項ノ規定ノ適用ニ付テハ議決権ヲ行使スルコトヲ得ザル社員ハ之ヲ総社員ノ数ニ、其ノ行使スルコトヲ得ザル議決権ハ之ヲ議決権ノ数ニ算入セズ
第四十九条　左ノ事項ハ定款ニ別段ノ定ナキトキト雖モ資本増加ノ決議ニ於テ之ヲ定ムルコトヲ得
一　現物出資ヲ為ス者ノ氏名、出資ノ目的タル財産、其ノ価格及之ニ対シテ与フル出資口数
二　資本ノ増加後ニ譲受クルコトヲ約シタル財産、其ノ価格及譲渡人ノ氏名
三　増加スル資本ニ付出資ノ引受ヲ為ス権利ヲ与フベキ者及其ノ権利ノ内容
第五十条　有限会社ガ特定ノ者ニ対シ将来其ノ資本ヲ増加スル場合ニ於テ出資ノ引受ヲ為ス権利ヲ与フベキコトヲ約スルニハ第四十八条ニ定ムル決議ニ依ルコトヲ要ス
第五十一条　社員ハ増加スル資本ニ付其ノ持分ニ応ジテ出資ノ引受ヲ為ス権利ヲ有ス但シ前二条ノ決議ニ依リ別段ノ定ヲ為シタルトキハ此ノ限ニ在ラズ
第五十二条　資本増加ノ場合ニ於テ出資ノ引受ヲ為サントスル者ハ引受ヲ証スル書面ニ其ノ引受クベキ出資ノ口数及住所ヲ記載シ之ニ署名スルコトヲ要ス
有限会社ハ広告其ノ他ノ方法ニ依リ引受人ヲ公募スルコトヲ得ズ
第五十三条　有限会社ハ出資全額ノ払込又ハ現場出資ノ目的タル財産ノ給付アリタル日ヨリ本店ノ所在地ニ於テハ二週間、支店

ノ所在地ニ於テハ三週間内ニ資本増加ノ登記ヲ為スコトヲ要ス
前項ノ登記ニ在リテハ左ノ事項ヲ登記スルコトヲ要ス
一　増加シタル資本ノ額
二　資本増加ノ決議ノ年月日
第五十四条　第四十九条第一号及第二号ノ財産ノ資本増加当時ニ於ケル実価ガ資本増加ノ決議ニ依リ定メタル価格ニ著シク不足スルトキハ其ノ決議ニ同意シタル社員ハ会社ニ対シ連帯シテ其ノ不足額ヲ支払フ義務ヲ負フ
第五十五条　引受ナキ出資又ハ出資全額ノ払込若ハ現物出資ノ目的タル財産ノ給付ノ未済ナル出資アルトキハ取締役及監査役ハ連帯シテ其ノ引受ヲ為シ又ハ払込若ハ給付未済財産ノ価額ノ支払ヲ為ス義務ヲ負フ
第五十六条　第十六条ノ規定ハ前二条ノ場合ニ之ヲ準用ス
第五十七条　第十二条及第四十条第三項並ニ商法第二百条第二項、第三百五十二条、第三百五十八条第一項、第三百七十一条、第三百七十二条、第三百七十三条第一項及第三百七十四条ノ規定ハ資本増加ノ場合ニ之ヲ準用ス
第五十八条　商法第三百七十六条第二項、第三百七十九条第一項第二項及第三百八十条ノ規定ハ資本減少ノ場合ニ之ヲ準用ス

第六章　合併及組織変更

第五十九条　有限会社ハ他ノ有限会社ト合併ヲ為スコトヲ得但シ合併後存続スル会社又ハ合併ニ因リテ設立スル会社ハ有限会社ナルコトヲ要ス
会社ガ前項ノ規定ニ依リ合併ヲ為スニハ第四十八条ニ定ムル決議アルコトヲ要ス
合併ニ因リテ会社ヲ設立スル場合ニ於テハ定款ノ作成其ノ他設立ニ関スル行為ハ各会社ニ於テ選任シタル設立委員共同シテ之ヲ為スコトヲ要ス
第四十八条ノ規定ハ前項ノ選任ニ之ヲ準用ス
第六十条　有限会社ハ株式会社ト合併ヲ為スコトヲ得此ノ場合ニ於テハ合併ヲ為ス株式会社又ハ合併ニ因リテ設立スル株式会社ニ関シテハ商法ノ規定ニ従フコトヲ要ス
前項ノ場合ニ於テ合併後存続スル会社又ハ合併ニ因リテ設立スル会社ガ株式会社ナルトキハ合併ハ裁判所ノ認可ヲ受クルニ非

ザレバ其ノ効力ヲ有セズ
合併ヲ為ス会社ノ一方ガ社債ノ償還ヲ完了セザル株式会社ナルトキハ合併後存続スル会社又ハ合併ニ因リテ設立スル会社ハ有限会社タルコトヲ得ズ
前条第二項乃至第四項ノ規定ハ第一項ノ規定ニ依ル合併ノ場合ニ之ヲ準用ス
第六十一条　前条第一項ノ場合ニ於テ合併後存続スル会社又ハ合併ニ因リテ設立スル会社ガ有限会社ナルトキハ商法第二百八条第一項ノ規定ハ従前ノ株式ヲ目的トスル質権ニ之ヲ準用ス
前項ノ場合ニ於テハ質権ノ目的タル持分ニ付出資口数並ニ質権者ノ氏名及住所ヲ社員名簿ニ記載スルニ非ザレバ其ノ質権ヲ以テ会社其ノ他ノ第三者ニ対抗スルコトヲ得ズ
第六十二条　有限会社ガ合併ヲ為シタルトキハ第六十三条ニ於テ準用スル商法第四百十二条又ハ第四百十三条ノ規定ニ依ル社員総会ノ終結ノ日ヨリ本店ノ所在地ニ於テハ二週間、支店ノ所在地ニ於テハ三週間内ニ合併後存続スル有限会社ニ付テハ変更ノ登記、合併ニ因リテ消滅スル有限会社ニ付テハ解散ノ登記、合併ニ因リテ設立シタル有限会社ニ付テハ第十三条第二項ニ定ムル登記ヲ為スコトヲ要ス
第六十三条　商法第九十八条第二項、第九十九条、第百条、第百二条乃至第百十一条、第三百七十九条第一項第二項、第四百八条乃至第四百十条、第四百十二条、第四百十三条及第四百十五条ノ規定ハ有限会社ニ之ヲ準用ス
第六十四条　株式会社ハ総株主ノ一致ニ依ル総会ノ決議ヲ以テ其ノ組織ヲ変更シテ之ヲ有限会社ト為スコトヲ得但シ社債ノ償還ヲ完了セザル場合ニ於テハ此ノ限ニ在ラズ
前項ノ組織変更ノ場合ニ於テハ会社ニ現存スル純財産額ヨリ多キ金額ヲ以テ資本ノ総額ト為スコトヲ得ズ
第一項ノ決議ニ於テハ定款其ノ他組織ノ変更ニ必要ナル事項ヲ定ムルコトヲ要ス
第六十一条ノ規定ハ第一項ノ組織変更ノ場合ニ之ヲ準用ス
第六十五条　前条ノ組織変更ノ場合ニ於テ会社ニ現存スル純財産額ガ資本ノ総額ニ不足スルトキハ前条第一項ノ決議当時ノ取締役、監査役及株主ハ会社ニ対シ連帯シテ其ノ不足額ヲ支払フ義務ヲ負フ
第十六条ノ規定ハ前項ノ場合ニ之ヲ準用ス
第六十六条　株式会社ガ第六十四条ノ規定ニ依リ其ノ組織ヲ変更シタルトキハ本店ノ所在地ニ於テハ二週間、支店ノ所在地ニ於テハ三週間内ニ株式会社ニ付テハ解散ノ登記、有限会社ニ付テハ第十三条第二項ニ定ムル登記ヲ為スコトヲ要ス

第六十七条　有限会社ハ総社員ノ一致ニ依ル総会ノ決議ヲ以テ其ノ組織ヲ変更シテ之ヲ株式会社ト為スコトヲ得
前項ノ場合ニ於テハ会社ニ現存スル純財産額ヨリ多キ金額ヲ以テ払込ミタル株金額ト為スコトヲ得ズ
第一項ノ組織変更ハ裁判所ノ認可ヲ受クルニ非ザレバ其ノ効力ヲ有セズ
第六十一条第一項、第六十四条第三項、第六十五条及前条並ニ商法第二百九条第三項ノ規定ハ第一項ノ組織変更ノ場合ニ之ヲ準用ス
第六十八条　商法第九十九条及第百条ノ規定ハ第六十四条及前条ノ組織変更ノ場合ニ之ヲ準用ス

第七章　解　散

第六十九条　有限会社ハ左ノ事由ニ因リテ解散ス
一　存立時期ノ満了其ノ他定款ニ定メタル事由ノ発生
二　社員総会ノ決議
三　会社ノ合併
四　営業全部ノ譲渡
五　社員ガ一人ト為リタルコト
六　会社ノ破産
七　解散ヲ命ズル裁判
前項第二号ノ決議ハ第四十八条ノ規定ニ依ルニ非ザレバ之ヲ為スコトヲ得ズ
第七十条　前条第一項第一号又ハ第二号ノ場合ニ於テハ第四十八条ニ定ムル決議ニ依リテ会社ヲ継続スルコトヲ得
前条第一項第五号ノ場合ニ於テハ新ニ社員ヲ加入セシメテ会社ヲ継続スルコトヲ得
第七十一条　有限会社ハ本店ノ所在地ニ於テ解散ノ登記ヲ為シタル後ト雖モ前条ノ規定ニ従ヒテ会社ヲ継続スルコトヲ妨ゲズ此ノ場合ニ於テハ本店ノ所在地ニ於テハ二週間、支店ノ所在地ニ於テハ三週間内ニ継続ノ登記ヲ為スコトヲ要ス
第七十二条　有限会社ガ解散シタルトキハ合併及破産ノ場合ヲ除クノ外取締役其ノ清算人ト為ル但シ定款ニ別段ノ定アルトキ又ハ社員総会ニ於テ他人ヲ選任シタルトキハ此ノ限ニ在ラズ
前項ノ規定ニ依リテ清算人タル者ナキトキハ裁判所ハ利害関係人ノ請求ニ依リ清算人ヲ選任ス

第七十三条　残余財産ハ定款ニ別段ノ定アル場合ヲ除クノ外出資ノ口数ニ応ジテ之ヲ社員ニ分配スルコトヲ要ス

第七十四条　清算人ハ裁判所ノ選任シタルモノヲ除クノ外何時ニテモ社員総会ノ決議ニ依リ之ヲ解任スルコトヲ得

重要ナル事由アルトキハ裁判所ハ監査役又ハ社員ノ請求ニ依リ清算人ヲ解任スルコトヲ得

第七十五条　商法第九十六条、第百十六条、第百二十二条乃至第百二十五条、第百二十八条、第百二十九条第二項第三項、第百三十一条、第百三十四条、第百四十条乃至第百四十二条、第四百十八条乃至第四百二十四条及第四百二十七条乃至第四百二十九条ノ規定ハ有限会社ニ之ヲ準用ス

第二十八条、第三十条、第三十一条、第三十五条及第四十条第一項第四号第二項並ニ商法第二百三十六条乃至第二百三十八条、第二百四十四条第二項、第二百四十七条、第二百四十九条、第二百五十四条第二項、第二百五十八条、第二百六十一条、第二百六十六条、第二百六十七条、第二百六十八条第二項乃至第五項、第二百六十九条乃至第二百七十二条、第二百七十四条乃至第二百七十八条、第二百八十二条、第二百八十三条第一項及第二百八十四条ノ規定ハ清算人ニ之ヲ準用ス

第八章　外国会社

第七十六条　商法第四百七十九条乃至第四百八十二条、第四百八十四条及第四百八十五条ノ規定ハ有限会社ト同種ノ又ハ之ニ類似スル外国会社ニ之ヲ準用ス

第九章　罰則

第七十七条　取締役、監査役又ハ第三十二条若ハ第三十四条ニ於テ準用スル商法第二百五十八条第二項、第二百七十条第一項若ハ第二百七十二条第一項ノ職務代行者若ハ支配人其ノ他営業ニ関スル或種類若ハ特定ノ事項ノ委任ヲ受ケタル使用人自己若ハ第三者ヲ利シ又ハ会社ヲ害センコトヲ図リテ其ノ任務ニ背キ会社ニ財産上ノ損害ヲ加ヘタルトキハ五年以下ノ懲役又ハ五千円以下ノ罰金ニ処ス

第五十九条第三項若ハ第六十条第四項ノ設立委員、第六十条第一項ノ規定ニ依リ従フベキ商法第五十六条第三項ノ設立委員、清算人又ハ第七十五条第二項ニ於テ準用スル商法第二百五十八条第二項、第二百七十条第一項若ハ第二百七十二条第一項ノ職務代行者前項ニ掲グル行為ヲ為シタルトキ亦前項ニ同ジ

前二項ノ未遂罪ハ之ヲ罰ス

第七十八条　前条第一項ニ掲グル者ハ左ノ場合ニ於テハ三年以下ノ懲役又ハ三千円以下ノ罰金ニ処ス

一　会社ノ設立又ハ資本増加ノ場合ニ於テ出資総口数ノ引受、出資ノ払込若ハ現物出資ノ給付ニ付又ハ第七条第二号乃至第四号若ハ第四十九条第一号第二号ニ掲グル事項ニ付裁判所ニ対シ不実ノ申述ヲ為シ又ハ事実ヲ隠蔽シタルトキ

二　何人ノ名義ヲ以テスルヲ問ハズ会社ノ計算ニ於テ不正ニ其ノ持分ヲ取得シ又ハ質権ノ目的トシテ之ヲ受ケタルトキ

三　法令又ハ定款ノ規定ニ違反シテ利益ノ配当ヲ為シタルトキ

四　会社ノ営業ノ範囲外ニ於テ投機取引ノ為ニ会社財産ヲ処分シタルトキ

有限会社ノ取締役、監査役若ハ第三十二条若ハ第三十四条ニ於テ準用スル商法第二百五十八条第二項、第二百七十条第一項若ハ第二百七十二条第一項ノ職務代行者又ハ株式会社ノ取締役、監査役若ハ商法第二百五十八条第二項、第二百七十条第一項、第二百七十二条第一項若ハ第二百八十条ノ職務代行者ガ第六十四条又ハ第六十七条ノ組織変更ノ場合ニ於テ第六十四条第二項又ハ第六十七条第二項ノ純財産額ニ付裁判所又ハ総会ニ対シ不実ノ申述ヲ為シ又ハ事実ヲ隠蔽シタルトキ亦前項ニ同ジ

第七十九条　第七十七条第一項ニ掲グル者出資ノ払込ヲ仮装スル為預合ヲ為シタルトキハ三年以下ノ懲役又ハ三千円以下ノ罰金ニ処ス預合ニ応ジタル者亦同ジ

第八十条　前三条ノ罪ヲ犯シタル者ニハ情状ニ因リ懲役及罰金ヲ併科スルコトヲ得

第八十一条　第七十七条第一項若ハ第二項ニ掲グル者又ハ検査役其ノ職務ニ関シ不正ノ請託ヲ受ケ財産上ノ利益ヲ収受シ、要求シ又ハ約束シタルトキハ三年以下ノ懲役又ハ三千円以下ノ罰金ニ処ス

前項ノ利益ヲ供与シ又ハ其ノ申込若ハ約束ヲ為シタル者亦前項ニ同ジ

第八十二条　左ニ掲グル事項ニ関シ不正ノ請託ヲ受ケ財産上ノ利益ヲ収受シ、要求シ又ハ約束シタル者ハ一年以下ノ懲役又ハ千円以下ノ罰金ニ処ス

一　社員総会ニ於ケル発言若ハ議決権ノ行使、第四十二条第一項ノ規定ニ依ル議決権ノ行使又ハ同条第二項ノ規定ニ依ル同意ノ表示

二　本法ニ定ムル訴ノ提起又ハ資本ノ十分ノ一以上ニ当ル出資口数ヲ有スル社員ノ権利ノ行使

前項ノ利益ヲ供与シ又ハ其ノ申込若ハ約束ヲ為シタル者亦前項ニ同ジ

第八十三条　第八十一条第一項又ハ前条第一項ノ場合ニ於テ犯人ノ収受シタル利益ハ之ヲ没収ス其ノ全部又ハ一部ヲ没収スルコト能ハザルトキハ其ノ価額ヲ追徴ス

第八十四条　第八十一条第二項又ハ第八十二条第二項ノ罪ヲ犯シタル者自首シタルトキハ其ノ刑ヲ減軽又ハ免除スルコトヲ得

第八十五条　第七十七条第一項若ハ第二項ニ掲グル者、外国会社ノ代表者、検査役又ハ支配人ハ左ノ場合ニ於テハ五千円以下ノ過料ニ処ス但シ其ノ行為ニ付刑ヲ科スベキトキハ此ノ限ニ在ラズ

一　本法ニ定ムル登記ヲ為スコトヲ怠リタルトキ

二　本法ニ定ムル公告若ハ通知ヲ為スコトヲ怠リ又ハ不正ノ公告若ハ通知ヲ為シタルトキ

三　本法ニ違反シ正当ノ事由ナクシテ書類ノ閲覧又ハ其ノ謄本若ハ抄本ノ交付ヲ拒ミタルトキ

四　本法ニ定ムル調査ヲ妨ゲタルトキ

五　官庁又ハ社員総会ニ対シ不実ノ申述ヲ為シ又ハ事実ヲ隠蔽シタルトキ

六　第二十一条ノ規定ニ違反シテ持分ニ付指図式又ハ無記名式ノ証券ヲ発行シタルトキ

七　第二十四条第一項ニ於テ準用スル商法第二百十一条ノ規定ニ違反シテ持分失効ノ手続又ハ持分若ハ質権ノ処分ヲ為スコトヲ怠リタルトキ

八　第二十四条第一項ニ於テ準用スル商法第二百十二条第一項ノ規定ニ違反シテ出資ノ消却ヲ為シタルトキ

九　定款ニ定ムル取締役又ハ監査役ノ員数ヲ欠クニ至リタル場合ニ於テ其ノ選任手続ヲ為スコトヲ怠リタルトキ

十　定款、社員名簿、議事録、財産目録、貸借対照表、営業報告書、事務報告書、損益計算書、準備金及利益ノ配当ニ関スル議案、決算報告書又ハ商法第三十二条第一項ノ帳簿ニ記載スベキ事項ヲ記載セズ又ハ不実ノ記載ヲ為シタルトキ

十一　定款、社員名簿、議事録、財産目録、貸借対照表、営業報告書、事務報告書、損益計算書、準備金及利益ノ配当ニ関スル議案又ハ監査役ノ報告書ヲ備置カザルトキ

十二　第四十一条ニ於テ準用スル商法第二百三十四条ノ規定又ハ第四十五条第三項ノ規定ニ依ル裁判所ノ命令ニ違反シテ社員総会ヲ招集セザルトキ

十三　第四十六条第一項ニ於テ準用スル商法第二百八十八条第一項又ハ第二百八十九条ノ規定ニ違反シテ準備金ヲ積立テズ又ハ之ヲ使用シタルトキ

十四　第五十二条第二項ノ規定ニ違反シテ出資ノ引受人ヲ公募シタルトキ

十五　第五十八条、第六十三条又ハ第六十八条ニ於テ準用スル商法第九十九条又ハ第百条ノ規定ニ違反シテ資本ノ減少、合併又ハ組織変更ヲ為シタルトキ

十六　第七十五条第一項ニ於テ準用スル商法第百二十四条第三項ノ規定ニ違反シテ破産宣告ノ請求ヲ為スコトヲ怠リタルトキ
十七　第七十五条第一項ニ於テ準用スル商法第百三十一条ノ規定ニ違反シテ会社財産ヲ分配シタルトキ
十八　裁判所ノ選任シタル管理人又ハ清算人ニ事務ノ引渡ヲ為サザルトキ
十九　清算ノ結了ヲ遅延セシムル目的ヲ以テ第七十五条第一項ニ於テ準用スル商法第四百二十一条第一項ノ期間ヲ不当ニ定メタルトキ
二十　第七十五条第一項ニ於テ準用スル商法第四百二十三条ノ規定ニ違反シテ債務ノ弁済ヲ為シタルトキ
二十一　第七十六条ニ於テ準用スル商法第四百八十四条第一項又ハ第二項ノ規定ニ依ル裁判所ノ命令ニ違反シタルトキ
株式会社ノ取締役、商法第二百五十八条第二項、第二百七十条第一項若ハ第二百七十二条第一項ノ職務代行者、清算人又ハ同法第四百三十条第二項ニ於テ準用スル同法第二百五十八条第二項、第二百七十条第一項若ハ第二百七十二条第一項ノ職務代行者ガ第六十条第一項ノ規定ニ依リ従フベキ又ハ第六十八条ニ於テ準用スル商法第九十九条又ハ第百条ノ規定ニ違反シテ合併又ハ組織変更ヲ為シタルトキ亦前項ニ同ジ
第八十六条　第三条第二項ノ規定ニ違反シタル者ハ千円以下ノ過料ニ処ス

第十章　雑　則

第八十七条　本法ニ依リ署名スベキ場合ニ於テハ記名捺印ヲ以テ署名ニ代フルコトヲ得
第八十八条　第五十八条、第六十三条若ハ第六十八条ニ於テ準用シ若ハ第六十条第一項ノ規定ニ依リ従フベキ商法第百条第一項ノ規定又ハ第七十五条第一項ニ於テ準用スル商法第四百二十一条第一項ノ規定ニ依リ為スベキ公告ハ裁判所ガ為スベキ登記事項ノ公告ト同一ノ方法ヲ以テ之ヲ為スコトヲ要ス
第八十九条　有限会社ハ商法ヲ除クノ外他ノ法律ノ適用ニ付テハ之ヲ商法ノ会社ト看做ス

附　則

本法施行ノ期日ハ勅令ヲ以テ之ヲ定ム

＊法律時報一〇巻八号（昭和一三年）五七頁以下を底本とする。旧漢字を新漢字とした。

補章　光緒二九年（一九〇三年）大清公司律の制定
――会社法継受の日清比較――

一　緒言

幕末において、鎖国日本の開明派が欧米列強の脅威を実感する端緒となったのは、阿片戦争（一八四〇年―四二年）における清国の敗北という情報であった。会社制度をはじめとする欧米の諸制度に、現実に広くわが国が接触するのは、もちろんペリー来寇（嘉永六年、一八五三年）に始まる混乱と、これに続く開国を経てのことであるが、わが国の近代化の幕開けを語るうえで、有史以来、常に隣国しかも超大国として君臨し続けた中華帝国の敗北という衝撃を無視することはできないであろう。明治期のわが国は、試行錯誤を繰り返しつつも、欧米諸制度の導入、なかんずく資本主義経済の担い手たる会社制度の導入に努め、それは見事な成功を収めた。これに対し、現に阿片戦争で一敗地にまみれた当の清国は、必ずしも円滑に会社制度を移植することに成功しえなかったのである。清国における会社立法は、光緒二九年（一九〇三年、明治三六年）の公司律の裁可がその最初のものである。わが国の会社立法過程に比して、はるかに立ち遅れており、その内容もわが立法に劣るものであった。会社制度、会社法の移植に、なぜわが国が成功したのかを考察するうえで、清国の「失敗」は、興味深い比較対象であろう。

今般、中華民国（台湾）より、近代中国史料叢刊三編第二七輯（沈雲龍主編）「大清新編法典」（文海出版社有限公司印行・一九八五年復刊）の「欽定大清商律」の一部を入手し得たので、これを底本に、その内容を吟味することとした。

なお、欽定大清商律に関しては、すでに裁可の翌年の明治三七年（一九〇四年）に、松本烝治が法学協会雑誌においてその内容を紹介している[1]。この論稿も適宜参考にしたいと考えるが、本補章の主目的は清国会社法の内容の検討とともに、わが国の会社制度の成功の原因を探る作業の一環とすることにある。

（1）　松本烝治「欽定大清商律ヲ評ス（1）―（6）」法学協会雑誌二二巻一〇号（明治三七年）一四一九頁以下、同一一号一五六一頁以下、二三巻一号（明治三八年）五五頁以下、同四号五一二頁以下、同五号六七七頁以下、同七号九六一頁以下。

二　公司律立法への道程――一六世紀から戊戌政変まで

1　合股制度について

欧州における会社制度発達史を語るにあたっては、周知のように、誰もがローマ時代の組合組織たるソキエタス（societas）から説き起こすであろう。中国においても、欧州のソキエタスに相当する組織の発達をみなかったわけではない。これが、合股と称される企業形態である。

合股は、遅くとも一六世紀頃からその存在を知られている[2]。合股における出資者は股東と称される。股東は、資本や労力を出し合って企業体を組織する。その経営は、掌櫃的と称される者の手に委ねられる。掌櫃的が、実質上企業体を主宰する経営者に概当するのか、股東たちに雇われた支配人的な使用人に概当するのか、大陸・台湾双方の漢族留学生に奔走してもらったが、必ずしも明らかにできなかった。ただ、股東は、掌櫃的に対して、経営に口を出すことを封じられていたようであるから[3]、掌櫃的が経営の実権を握っていたであろうことはほぼ確実である（第二次大戦前の漢和辞典には、掌櫃的に支配人の訳語をあてたものがあるが、おそらく商法上の支配人の意ではないと思われる）。

企業活動によって得た利益は、まず一部を出資者に優先配分し（官利）、積立金を差し引いた残りを出資者・経営者・使用人に比例して配分した（紅利）。官利は借入金利息の支払に、紅利は利益配当にあたる[4]。

合股は、対人信用をその基礎とし、出資者は連帯して無限責任を負っていた。このことから、合股の構成員は、同族・同郷の出身者に限られることが多く、企業規模や資本集中をきわめて限られたものにしたと言われている[5]。

2　一六世紀から一九世紀の概観

中国がルネサンス以降の西洋文化に接するようになったのは、一六世紀のことである。いわゆる宣教師たちの渡来が始まったのである。宣教師たちは、ほどなくしてわが国にも渡来し始める。西洋文化との最初の接触は、当時の中国も日本もさほど異なるものではない。宣教師たちは、時の権力者に西洋の珍奇・重宝な文物を示してその歓心を買い、布教の便宜を得ようとしたのである。わが国においてその窓口役を果たしたのが、織田信長や豊臣秀吉であり、またその他のいわゆるキリシタン大名である。これが中国においては、皇帝や宮中の大官たちであった。当時の宣教師たちには、西洋の知識によって一般の日本人や中国人を啓蒙しようという意識はなかったのである。

中国と日本との、西洋文化との接触事情が異なるようになったのは、周知のように、徳川幕府による鎖国政策のためである。中国も、わが国と同様に、キリスト教の禁令を厳にするとともに、清国は海禁政策を採ったが、わが国のように、朝野あげて国を閉ざすという極端な政策を徹底して採用することはなかった。鎖国日本にとって不幸だったのは、プロテスタント宣教師たちの東アジアへの積極的な進出が、国を閉ざした後になってめざましくなったことである。

プロテスタント宣教師たちは、カソリック宣教師たちと異なり、一般大衆を標的に啓蒙活動を積極的に展開した。一九世紀初頭には、南洋華僑を対象に、マラッカを本拠として、英華学堂（Anglo-Chinese College）を設立したり、雑誌を創刊したりして、中国人の間にキリスト教的および科学的知識を普及させることに努めた。(6)

一八三〇年代に入ると、広州貿易は阿片を主としてきわめて活況を呈し、多くの西洋商人が澳門《マカオ》、広州に来るようになった。彼らと共に多くのプロテスタント宣教師が禁令を犯して澳門、広州にもぐりこみ、彼らは英米の巨商の援助を得て中国人に対する文化事業を起こし、中国人の啓蒙に努めた。これらの文化事業は、宗教的色彩が薄く、西洋の芸文や科学を中国社会に伝えることにむしろ主たる目的があったようである。(7)しかし、中国人には彼らの呼びかけも言わば馬の耳に念仏であり、彼らに学んだ者たちも、英語を多少修得すれば、彼らのもとを去って、商館の事務員か通訳となってしまい、決してそこから新しい知識人は生まれてこなかった。(8)むしろ鎖国という困難な環境の中で、西洋の知識の吸収に熱心だったのは、蘭学者を中心とする日本の知識層の方であったとも評価できよう。したがって、開国当初の日本は、欧米の文物の導入に関して、決して中国に決定的に水をあけられていたわけではなかった。

3　洋務運動の芽ばえ

近代中国史の研究者は、清末に始まる中国近代化の道程を、洋務運動から変法運動へ、変法運動から革命運動へと捉えているとみるのが一般的であろうと思われる。中国における会社制度の移植の端緒は、右の洋務運動の一環として捉えることができるように思われる。

中国人にとっては、良きにつけ悪しきにつけ、いわゆる中華思想がその血肉に浸透しているという事実を、否定し難いであろう。中華思想は、すでに周王朝期にその萌芽がみられ、秦・漢統一王朝期に思想としての確立をみたとされているようである。しかし、中華は、古くは「中夏」の字を当てられたという事実から推察されるように、禹を始祖とする伝説の夏王朝にまで起源を遡ることも可能である。中華思想は、それほどに古くから中国人の体質の一部をなしていたと言っても過言ではなかろう。

阿片戦争の敗北という衝撃ですら、中華思想の屋台骨を揺がせることはできなかった。確かに南京条約（一八四二年）は、清国にとって屈辱的な条約であったであろうが、この条約の締結自体も、皇帝にとっては、これまでの中国史においてもしばしばみられた、夷狄の懐柔政策としか映らなかったようである。(9)

清国が否応なしに欧米列強という対等諸国の存在を認識せざるをえなくなったのは、いわゆるアロー戦争（一八五六年―六〇年）における敗北であった。一八六一年には、欧米列強との外交事務を専弁する役所として総理衙門《がもん》が設けられ、欧米諸国の公使が北京に駐紮《さつ》することとなった。(10) いわば外務省として総理衙門が設置されたわけで、国家として列強と外交関係を持ったという意味では、わが国の開国と同意義を有する事件であったとも言えよう。いずれにせよ、アロー戦争後になって、清国の一部の識者に、積極的に西洋の文物を摂取しようという機運が芽ばえたのである。中国近代史研究者は、アロー戦争後から日清戦争に至るまでの西洋近代文化摂取運動のことを、一般に、洋務運動と称しているようである。

4　輪船招商局——官督商弁企業の嚆矢

アロー戦争後、欧米の文物に注目したのは、李鴻章らをはじめとする清国の将領たちであった。彼らは、実際に西洋の軍隊と干戈を交えることによって、さらに太平天国の乱（一八五一年—六四年）の鎮圧に際し、欧米列強の助力を得ることによって、西洋の軍備や船舶の性能を目の当たりにしたのである。彼らは、清国が列強に伍するためには、何よりも軍備の近代化を図る必要があると考えた。そして、自前の軍事産業や航運業を起こすことを企図したのである。そのためには、資本の集中が必要であった。ここに李鴻章らは、企業を起こす必要にせまられたのであった。

李鴻章の名は、わが国においては、日清戦争の戦後処理をめぐる下関会議において、清国全権として伊藤博文と堂々わたり合った人物として知られている。伊藤博文は、首相として、また法典調査会初代総裁として、明治三二年会社法制定に多大な貢献のあった人物であり、伊藤なくして明治三二年会社法はありえなかったと言っても過言ではないほど、わが国の会社立法史において正当に評価されるべき人物である(11)。一方、李鴻章も、中国の会社立法史のなかでは、中国初の本格的な会社組織企業の設立者と位置づけることのできる人物であり、彼もまた中国の会社立法史において、正当な評価を与えられるべきである。奇しくも、日中両国の会社立法史にその名を刻されるべき二人が、およそ会社法とは無縁の下関会議でわたり合ったわけである。まさに歴史の妙であろう。

李鴻章は、洋務運動推進派の第一人者官僚としても知られる。彼の政治家としての活動は、一八六二年に江蘇巡撫として上海に赴任したときに始まると言われるが、この頃に上海の商人らとつながりを持ったようである。一八七〇年、天津において暴徒がフランス人およびロシア人を殺害した事件を契機に、李は直隷総督に任ぜられ、以来一八九五年までその職に留まる。この時期に、彼は欧米の文化に深く交わる重要な機会を得たようである。明治三〇年代後半に編まれたわが国の「支那人名辞書」に、以下のような記述がみられる。「而して天津は実に諸外国使臣北京に至るの途上にあり。故に鴻章絶えず外人と接して多く研究経営する所あり。されば清国に於る世界的智識を有するの政治家は独り鴻章の他に之を求むるを得ず」[12]。

李鴻章は、上海地域の富に財源を求め、一八七二年、同地に輪船招商局という中国最初の汽船会社を設立した。輪船招商局は、「官督商弁」という清国独特の形態によった企業体である。官督商弁は、言わば半官半民の資本主義的企業体であると表現することができる。官督商弁制度の基本原則は、その文字が表わすように、「官が維持を為し、商が承弁を為す」という形で運営された[13]。

官督商弁制度は、おそらく当時の開明派であった清国の洋務派官僚集団の苦心の産物だったのであろう。一方で富国強兵を実現しなければならないのに、他方で清国の財政状況は必ずしも良好ではなかった。したがって、国営企業すなわち官弁を設立するには自ずと限界があった。近代企業を起こして資本集中を実現するためには、今日的表現をすれば、言わば「民需活用方式」を導入したのである。李鴻章の経済的地盤である上海商人たちの間にも、欧米企業に対する知識が徐々に浸透していたことであろう。洋務派官僚たちは、民間資本やこれら上海商人らの知識を活用する途を思い立ったのではなかろうか。

発足当時の官督商弁は、民間に実質上株主として出資を求め、民間の大口出資者で近代企業についての知識をもつ有力商人が「総弁（社長）」として経営の実権を握ることを認めていた。洋務派は、官督商弁の維持・存続を保証しその経営が軌道にのるよう、かなり実効のある援助をも行った[14]。

輪船招商局を設立した李鴻章の、官督商弁企業に対する考え方は以下のようなものである。彼は、一八八〇年には、官督商弁は権を官に帰せしめ、利を商に帰せしむるものであると述べ、それは官が商を保護する「西国の通例」に倣ったものので、富を民に蔵させることを理想とした中国の伝統とも合致すると主張している[15]。官による監督は、民間人の名義を使って外国勢力が中国企業に混入するのを防止したり、創業時などに融資した国家資金の返済がとどこおりなく行われるようにするために加えられるが、企業の経営それ自体には、商情を重んじて官は決して介入せず、民間人に民間の慣行に従ってそれを行わせるというのが、李鴻章の方針であった[16]。したがって、彼の方針がその後も変わりなく忠実に実現されたならば、官督商弁は、限りなく民間企業に近いものに発展を遂げたはずである。

輪船招商局は、一八七三年一月一七日に開業した。当時は業績も振わなかったが、広東出身の富商、唐延枢・徐潤がそれぞれ総弁・会弁（副社長）としてその経営を担当した一八七三年七月以降は、本格的な業務展開が開始され、わずか数年のうちに急成長を遂げ、外国汽船会社にとっても侮り難い有力航運企業へと成長して行った[17]。

当時の上海商人あるいは上海知識人らが、会社企業というものを、相当程度理解していたと思われる傍証が、当時上海で刊行されていた日刊華字新聞の「申報」紙の論説上に散見される。一例として、輪船招商局の財務内容の開示に言及した一八七四年九月一八日付の論説の一部を掲げておこう。

「招商局は中国最初の欧米式の会社（公司）である。もしその経営が成功すれば、中国で欧米式の企業を開設する者があいつぐようになり、中国の富国強兵の道が大きくひらけてくる。招商局の経営の実情が良いか悪いかは中国の大局に大きく関係するので、かねて多くの人々がその内実をくわしく知りたい、と願ってきた。会社というものは、本来事業の経理状況を広く内外に公開して既存の株主の信頼をつなぎとめ、さらにあらたな出資者をも獲得しようとするものである。招商局もこのような事情をよく理解して、過日第一年度（同治一二年七月―同治一三年六月・一八七三年―七四年）の決算書を公開・刊行した……[18]」。

5　官督商弁の挫折

李鴻章は、先に述べた方針を、一八七二年以降一〇年間、ほぼ忠実に守り通した。このことが官督商弁に対する民間人の信用を高め、近代企業に対する投資への法的・制度的保障の欠落していた状況下においても、七〇年代末から八〇年代初に、官督商弁への民間からの投資が比較的順調に行われるようになった有力な要因となった[19]。軍事以外の企業でも、輪船招商局に次いで、開平鉱務局、津沽鉄路公司、上海機器織布局など、官督商弁企業が相次いで開業した[20]。

ところが、一八八〇年代中葉以降になると、官督商弁は、民間の資本を誘導する機能を果たせなくなるのである。西洋型の近代企業をおそらく正確に理解していたであろう李鴻章ですら、輪船招商局の経営について当初の方針を維持しえなくなって行くのである。これにはさまざまな要因があろうが、輪船招商局に限って考察するならば、企業体そのものは民営を指向しつつ、その誕生自体が言わば国策に則っていた点に遠因があるのではなかろうか。輪船招商局は航運業を営む企業であったが、設立の企図は元来戦時における軍需物資の運送の円滑化にあった。輪船招商局のみならず、官督商弁のほとんどの企業は、軍事産業を中心に展開したわけであり、当然のことながら、政府（中央政府・地方政府の双方）との結びつきを絶つことはできない。輪船招商局は、一貫して船団を拡大する方向に進み、中国最大の汽船会社となる。国策を推進する企業として生まれ、官の保護を受けつつ、独占企業に成長した会社が、いっそう政府との結びつきを強め、官営企業の色彩を強めることは当然の帰結であろう。

官督商弁の失敗の一般的な要因は、官の側・民の側双方に存在したように思われる。

官の側における要因は以下のようなものであろう。特権・利権に官僚が結びつけば、そこに腐敗が生じる。官督商弁への官による出資は、もっぱら地方の総督・巡撫が自己の官轄地内で得た租税収入の一部をもってなされていた。しかも当時は、地方財政が総督・巡撫の自由になっていたから、官督商弁は次第に大官の私企業とも言っていい状況になって行った。(21) このようになった企業では、民はただ出資するだけで、経営にまで参画することは許されなかった。(22) 民がこのような企業への出資を忌避するようになるのは当然である。

より重要なのは、民の側における要因である。すなわち、当時の中国商人がまだ近代企業の経営を担いうる力量に欠けていたという点である。民間出身の経営陣のあり方に問題があったようである。官督商弁が形式上は欧米式の株式会社組織を導入していたにもかかわらず、その経営の内実が中国の伝統的な合股に近く、経営者自身も前近代的な中国商人に特有の投機性・流通面重視の志向などの諸要素を濃厚に身につけていたことにあった。すなわち、一八八三年以前の官督商弁にあっては、企業の経営が基本的には合股の方式に準拠して行われていたのである。(23)

企業の総弁は、合股の掌櫃的のような存在であった。総弁は、経営の全権を一手に握り、企業の株主は、合股の股東が掌櫃的に対するように、企業の経営内容に口出しすることは封じられていた。企業の資金や企業の役員等も総弁の個人的な人脈を通じて集められ、利益分配の方式にも、企業の利益の有無に関係なく株主に対し定率の資本利子（官利）を支払う合股の方式が採り入れられていた(24)。さらに、本業以外の投機による収益で、株主に配当（紅利）を支払おうとする総弁すら存在した(25)。このような企業が、広く出資者を獲得することはとうてい無理である。

右のような状況にあった官督商弁に決定的な打撃を与えたのが、一八八三年に上海に生じた金融恐慌である。この恐慌に、前近代性を多分に内包していた官督商弁は耐えることができなかった。株価の暴落とさらなる投資者の離反を招くことになったのである。

ところで、以上のような清末における官督商弁の挫折を、わが国の幕末期における兵庫商社等の挫折と対比させることは、興味深いものであるように思われる。周知のように、幕臣小栗忠順《ただまさ》らは、幕府を支える手段のひとつとして、「コンペニー」制度の導入、しかも官主導による導入に奔走した。小栗ら当時の幕府官僚たちは、万延元年（一八六〇年）の遣米使節の一員として、欧米の会社制度に肌で触れ、その概念をある程度理解していたのである。小栗らの企図した兵庫商社も、官が主導しつつ大阪商人らの才覚をも利用して運営するという民需活用方式が基本に存在したものと思われる。徳川幕府の瓦解によって、わが国においては官僚主導型の企業育成は明治政府に受けつがれることになるが、わが国の会社制度の導入期に幸運だったのは、倒幕側においても、官の規整を免れた近代型企業の萌芽が存在したことであり（亀山社中などはその代表格であろう）、彼らに経営を担いうる力量が備わっていたことである。ところが、中国においては、開明派たる洋務派官僚といえども、私企業の起こることを好まず、種々の制約を加えようとしたとの指摘がなされている(26)。

6　戊戌《ぼじゅつ》変法と戊戌政変

洋務運動にもかかわらず、ついに清朝が昔日の威容を恢復することはなかった。その後も清仏戦争（一八八四年―八五年）に敗北した。そして、一八九四年（明治二七年）、韓半島における東学党の乱を導火線に戦端が開かれた日清戦争に敗北し（一八九五年、明治二八年）、清朝の威光は地に落ちてしまったのであった。

両戦争の敗北は、洋務運動批判を招くことになった。一方、戦勝国日本に対する中国知識人の関心が高まり、一八九六年（明治二九年）には、官費留学生が初めて日本に送られたのである。

一八九八年六月、時の皇帝光緒帝は、康有為・梁啓超・譚嗣同らを登用し、立憲君主制の樹立を目標に新政を断行した。いわゆる戊戌変法である。康有為らは、清国改革のためには、物質面のみならず、政治制度をはじめとする欧米の諸制度をも学ぶべきであると主張し、清朝の政治改革を唱えた。これが年少気鋭の光緒帝の心を捉えたのである。一八九八年六月一一日（光緒二四年四月二三日）、この改革は開始された。

しかし、急速な改革は、守旧派の反発を招く。西太后一派の反対派は、武力を背景に同年九月二一日（八月六日）にクーデターを断行した。これが有名な戊戌政変であり、戊戌変法は、清朝政権内では、わずか一〇〇日ほどで終わりを遂げたのである。西太后らの保守政策は、やがて義和団事変（一八九九年―一九〇一年）を呼びおこすことになる。

確かに変法運動は、わずか一〇〇日ほどで終了したが、光緒年代においては、もはや西洋富強の源泉は、そのすぐれた諸制度にあるとの見方が徐々に一般化していたものと思われる。したがって、資本主義経済の担い手たる会社制度、これを規整する会社法の導入に向けて、清国の歯車がようやく回転し始めることになったのは、必然的なことであった。

（2）北村敬直「合股」平凡社大百科事典第五巻（昭和五九年）三六七頁。
（3）鈴木智夫・洋務運動の研究（平成四年）三二一頁参照。
（4）北村・注（2）前掲三六七頁。
（5）同前参照。
（6）市古宙三・近代中国の政治と社会〔増補版〕（昭和五二年）一八〇頁。
（7）同前一八〇―一八一頁参照。
（8）同前一八一頁。

（9）同前一七七頁。
（10）同前一七八頁。
（11）本書四九―五〇頁参照。
（12）難波常雄他編・支那人名辞書〔再版〕（明治四三年）一四〇二頁。
（13）鈴木・注（3）前掲三〇頁参照。
（14）同前三一頁。
（15）同前参照。
（16）同前。
（17）同前四五頁。
（18）同前六二頁。
（19）同前三一頁。
（20）市古・注（6）前掲一九二頁参照。
（21）同前一九二―一九三頁。
（22）同前一九二頁。
（23）鈴木・注（3）前掲三二頁。
（24）同前三二―三三頁。
（25）同前三三頁。
（26）市古・注（6）前掲一九二頁参照。

三　大清公司律の制定とその概要

1　起草の上諭と起草者の横顔

光緒帝が商律を起草するよう命じたのは光緒二九年（一九〇三年）三月二五日の上諭によってである。大清商律の裁可が同年一二月五日であるから、清国における商法典の編纂はきわめて短期間になされたことになる。

起草を命じられたのは、載振、袁世凱、伍廷芳である。

袁世凱は、北洋軍閥の首領で、わが国においては、後の中華民国初代大統領として知られる。この時期は、練兵処会弁大臣に就任して北洋常備軍の整備拡充にとりくんでいた時期と重なっている。このため、商法典の編纂作業の任を中途で辞しているのである。次いで、載振という人物については、調べた限りでは、詳しい事情を発掘することができなかった。ただ、清末において、皇帝に近い位置で載氏を名乗っている点に鑑みれば、彼が愛新覚羅の血統に連なる人物であったであろうことはほぼ確実である。したがって、載振は皇族代表として商法典編纂にかかわったのであろうと推察される。以上によれば、実質的に大清商律の起草にあたったのは、伍廷芳であったと思われる。

伍廷芳は、一八四二年にシンガポールで誕生している。そのためか、英国籍を有していた。香港政庁立の中央書院（後のクイーンズ・カレッジ）に学び、一八六〇年に卒業した。一八七四年に英国へ留学、一八七六年に英国において弁護士資格を取得している。帰国後は、香港に居住、中国人として初めて香港立法評議会の民間議員に登用され、一八八二年までその職にあった。一八八二年に李鴻章の幕僚に加わり、以後は大陸にあって李の洋務運動を補佐した。一八九七年から一九〇二年まで駐米公使を務めた。以上の経歴から推察されるように、伍は英米法に精通した中国名流の人物である。伍が商法典の編纂に携わったのは、米国から帰国してまもなくのことであった。

2　公司律の概要

欽定大清商律は、第一編商人通例および第二編公司律からなる。第一編は、第一条から第九条に至るわずか九か条から成る。第二編は、条文番号が再び第一条から始まり第一三一条に至る一三一条か条から成っている。本補章において概観するのは、第二編公司律である。

第二編公司律は、計一一節から成る。すなわち、第一節公司分類及創弁呈報法（会社の分類および設立の届出）、第二節股分（株式）、第三節股東権利各事宜（株主の権利の各事項）、第四節董事（取締役）、第五節査賬人（監査役）、第六節董事会議（取締役会）、第七節衆股東会議（株主総会）、第八節賬目（帳簿）、第九節更改公司章程（会社定款の変更）、第十節停閉（解算）、第十一節罰例（罰則）である。各節の表題からうかがえるように、その規定のほとんどが資本を股分に分割した会社を前提としたものとなっている点に特色がある。とりわけ、股分有限公司に関する規定が中心である。

右のような節の配列について、松本烝治は、英法の影響を次のように示唆している。わが国の会社法に存在しない取締役会の節に関しては、「董事会議ニ関スル公司律ノ規定ハ恐クハ英国会社法ニ付属セル様式中ノ会社規則ノ規定其他英米ノ会社ノ会社規則ノ規定ニ倣《なら》ヒタルモノナルベシ(27)」。また、わが国の会社法に存在して公司律に存在しない社債の節に関しては、「英法ニ於テモ千九百年ノ改正法中ニ〔社債に〕関スル一二三ノ規定ヲ散見スルアルノミ、故ニ大清商律ガ之ニ関スル規定ヲ欠ケルハ咎《とが》ムルニ足ラザルナリ(28)」。加えて松本は、公司律の筋立てについて「大清商律ノ立法者ハ恐クハ我商法ヲ参酌シタルモノナルベシ(29)」と述べ、日本法の影響についても言及している。

(1)　公司の定義およびその種類

公司律一条は「凡湊集資本共営貿易者名為公司共分四種」と規定している。凡《およ》そ資本を湊集《そうしゅう》して共に貿易を営む者は名を公司と為し共に四種に分かつ、と読むべきであろうか。「貿易」の文言は、中国では商業取引の意に用いられており、本来は、商業取引を営む者と解すのであろう。商行為概念と一致するのかは必ずしも明らかではない。さらに、公司が法人であるか否かを明定した規定が、本条以外においても見当たらない。公司律の最大の欠点であると評価できよう。

公司律一条は、公司の種類として一号から四号に至る四種の公司を列挙している（ただし同条における号の番号はすべて一となっている）。すなわち、合資公司、合資有限公司、股分公司、股分有限公司である。

合資公司に関する定義は、次の二か条からうかがうことができる。すなわち四条は「合資公司係二人或二人以上集資営業公取一名号者」と規定し、五条は「合資公司所弁各事応公挙出資者一人或二人経理以専責成」と規定している。二人以上の出資者を集めて営業し、出資者の選挙によって一人ないし二人の業務執行責任者を置くもののようである。合資公司にあっては、出資者は無限責任を負うものと解される（公司律三一条等参照）。あえて言えば、合名会社に匹敵する組織であろう。合資公司の内部の関係、外部の関係、構成員の退社、解散、清算については、規定が無い。

合資有限公司に関しては、六条に以下のように規定されている。すなわち、「合資有限公司係二人或二人以上集資営業声明以所集資本為限者」。集むる所の資本を以て限りと為すを声明する者ということは、社員有限責任の会社であることを意味するのであろう。九条は以下のように規定している。「合資有限公司如有虧蝕倒閉欠賬等情査無隠匿銀両詭騙諸弊祇可将其合資銀両之儘数並該公司産業変售償還不得另向合資人追補」。虧蝕《きしょく》とは資本にくい込む損失を指す。倒閉とは破産の意味であり、欠賬は債務超過である。これらの場合に銀両の隠匿や詭騙の弊がないときは、その公司の財産のみで償還をなすことになる。另《べつ》に合資人（出資者）の追補に向うを得ず、ということであるから、まさに構成員は有限責任社員である。七条に設立に関する規定があり、八条には、対外的に「有限公司」の文言を使用せよとする規定があるが、この種類の公司については、それ以上の規定は存在しない。

股分公司の定義規定は第一〇条に存する。すなわち、「股分公司係七人或七人以上創弁集資営業者」。股分公司の構成員は無限責任を負う（公司律三一条等参照）。立法者伍廷芳がこのような公司を認めた理由は定かではない。ただ、彼の脳裏に英国の joint stock company に関する知識があったことは容易に推察しうる。周知のように、英国においては、準則主義に従って構成員に有限責任が付与される会社の設立は、一八五五年の Limited Liability Act をもって嚆矢とし、一八五六年の Joint Stock Company Act の制定によって、一八五五年法は事実上この中に吸収されて法典化されている。この法典においては、会社債権者および公衆に対して、社員の責任が有限責任であることを示すために、商号中に必ず“Limited”の語を使用することとしていた。伍廷芳が、joint stock company の右の沿革をふまえて公司律を立法したのであれば、公司律三一条の規定も首肯しうるし、股分公司という形態の会社は、社員が会社債務に対して無限責任を負う形態の joint stock company 的なものを念頭に置いていたのかもしれないとの推測は可能であろう。三一条は、公司が商部において登記するときに、有限の文言を付さなかったときは、社員が無限責任を負う旨を定めた規定である。

股分有限公司は、第一三条に以下のように定義されている。「股分有限公司係七人或七人以上創弁集資営業声明資本若干以此為限者」。資本若干を以って限りと為すを声明する者ということであるから、まさに“Limited”と声明することを謂うのであろう。有限責任社員のみからなる株式会社である。公司律の規定のほとんどが、この股分有限公司に関する規定によって占められている。股分公司がどの程度まで股分有限公司に関する規定の規整を受けるのか、法典全体からみて、必ずしも明らかではない。

以下、股分有限公司を中心に公司律の規定を概観しておこう。

(2)　股分有限公司の設立

股分有限公司を設立しようとする創弁人（発起人）らは、まず創弁合同（原始定款）を作成する必要がある（公司律一四条）。合同の絶対的記載事項は、股分公司の創弁合同に関する一一条の規定が準用されている。それによれば、公司名号（商号）、公司所做貿易（営業の目的）、公司資本若干（資本の額）、公司総共股分若干毎股銀数若干（株式総数と一株の金額）、創弁人毎人所認股数（発起人が引き受ける株数）、公司総号設立地方如有分号一併列入（本店および支店の所在地）、公司設立後布告股東或衆人之法或登報或通信均須声明（設立後の会社が株主や衆人に公告をなす方法）、創弁人姓名住址（発起人の氏名と住所）である。ほぼわが国明治三二年商法一二〇条の絶対的記載事項に対応するものと評価できよう。

必ずしも明らかではないが、公司律は、創弁人が創弁合同に定められた数の株式の引受をなすことにより、会社を成立せしめるようである。そして、成立の後に会社が株式の募集を行うという方法を採るようである。一六条によれば、股分公司は、有限無限を問わず、株式を募集するにあたり、まず知単（目論見書）を発行するとともに公衆にその旨を登報布告しなければならない。同条には、知単に記載すべき事項が列挙されている。注目すべきは、同条七号である。すなわち「創辦人有無別得或他人応許之利益」。発起人またはその他の者が受くべき特別利益に関する項目である。次いで同条八号、すなわち「創辦人為所設公司先与他人訂立有関銀銭之合同之類」。創辦人が公司を設立するため、これに先立って他人と金銭に関する合同（契約）等を締結すること、とある。

附股人（株式申込をする者）は、公司の入股単（株式申込証）に書式どおりに記入をなし簽押《せんおう》（署名捺印）して、収単之所

（公司が指定した受付所）に送付し、指定の期日に従って股銀（株金）の払込をしなければならない（公司律三四条）。そして、附股人は、その割り当てられた株数に応じて責任を負うことになる（公司律三三条）。もし附股人が期限内に股銀を払い込まなかったときは、創弁人は当該附股人に対して半月内に払込をなすよう通知し、払込なき場合には、他の者にその割当分を引き継がせてもよいとしている（公司律四〇条）。

株式募集の終了後、公司は初次衆股東会議（第一回株主総会・公司律六二条、七九条参照）を招集し、そこで査察人（検査役）を公挙（選挙）して、引受株式総数や公司の各事が妥当であるか査察させる（公司律一八条）。股東が、創弁人が知単に声明した事項を処理したかを確認し、その他弊害がないと確認したときは、公司は、一五日以内に商部に註冊（登記）を申請することになる（公司律二〇条）。そして、創弁人が知単に声明した事項を処理したこと、弊害がないことを認められないときは、創立を認めず解散することができる（公司律一九条）。

なお、登記に関しては、とくにすべての種類の公司につき第二一条が以下のように規定している。「凡設立公司赴商部註冊者務須将創弁公司之合同規条章程等一概呈報商部存案」。すなわち、凡そ公司を設立せんと商部に赴き註冊する者は須く将に創弁する公司の合同規条章程等を一概商部に呈報して存案すべし。会社の定款規則規約等のすべてを商部に届け出て、保存しなければならないということである。登記は、会社の成立要件ではないものと思われる。

登記事項は、第二一条に列挙されている。すなわち、公司名号（会社の商号）、公司作何貿易（会社の営業の目的）、公司総共股分若干（発行株式総数）、毎股銀数若干（一株の金額）、公司設立後布告股東或衆人之法或登報通信均須声明（会社設立後、株主や公衆に公告等をなす方法）、公司総号設立地方如有分号一併列入（本店および支店の所在地）、公司設立之年月日（会社設立の年月日）、公司営業期限之年月日如無期限亦須声明（存立の時期を定めたときはその時期）、毎股已交銀若干（各株につき払い込まれた株金額）、創弁人及査察人姓名住址（発起人および検査役の氏名住所）。

創弁人の責任に関しては、創弁人は非分の利益を隠匿し以って股東を欺くことを得ないとし、もしそのような事情が判明したなら、所得の原数（原金額）を追徴するとともに、一二六条の罰則規定に応じて処罰されることになっている（公司律一七条）。

(3)　股　分

公司律第二四条は、股分銀数（株式の金額）が均一であることを要する旨規定し、同第二五条は、株式の金額が五円を下ることを得ない旨を規定している。同二六条は「毎一股不得析為数分」と規定し、株式が不可分であることを明定している。

数人合購一股者（株式を共有する者）は、一人の名をもって処理し、得べき権利はすなわち出名人より合購した各人に分配し、払込義務は各人が分任するものとしているようである（公司律二七条）。おそらく、共有者は連帯して株金払込義務を負うのではないものと思われる。処理の方法は不明確である。

株式の譲渡に関しては、公司律三八条に規定がある。すなわち、公司章程（会社規則）に違背しない限り、股票（株券）を転売することができるが、買受人は、公司の本店に赴いて注冊（登録）することによってはじめて作准（確定）するに至る（なお、他の条文では「註冊」の字が使用されているが、本条は「注冊」と記されている）。公司章程によって株式譲渡を制限できるとの主旨であろうか。また、公司における注冊が、株式譲渡の成立要件なのか対抗要件なのかは、「作准」という文言の解釈如何にかかるものであろうが、「作准」は、効力ありと認めるとの意味であろうから、成立要件ではないかと解されよう。

株式の質入に関する規定は、公司律中に存在しない。しかし、公司律三九条が、股票の自己抵押（自己株の担保受入）の禁止に言及しているので、株式の質入自体は認められるのであろう。

公司律三九条は、公司が股票を自己買回することおよび自己抵押することができない旨を規定している。これに関する例外規定は存在しない。

股票（株券）の記載事項は、公司律二八条に列挙されている。すなわち、公司各号（会社の商号）、公司註冊之年月日（会社登記の年月日）、公司総共股分若干（発行株式総数）、毎股銀数若干（一株の金額）、股銀分期繳納者応将毎期所交数目詳細載明（株金を分割して払込ませるときは、払込毎にその金額を株券に記載すべきこと）、附股人姓名住址（株式申込人の住所氏名）である。以上によれば、公司律は、記名株式のみを認めているものと思われる。無記名株式を発行できる旨を明定した条文は存在していない。

股票の発行時期については二八条が規定している。すなわち、公司は、二二条所定の声明を処理し終えて後はじめて股票を発行することができる。これに反して発行された股票は無効であるが、これによって損害を受けた者は、公司を相手に訴訟を提起して損害賠償を請求することができる。

(4) 股東の権利

股東の利益配当請求権に関する規定であろうと思われるのは、一一一条である。すなわち、公司は結賬（決算）の時において贏余《えいよ》（剰余）を有する場合にはじめて股息を分派する（利益を配当する）ことができる旨規定されている。建設利息の配当に関する定め、残余財産分配請求権に関する定めは、見当たらない。

公司律五八条は、帳簿閲覧権について規定していると思われる。すなわち、股東は「股本の多少を論ずること無く、遇《たまたま》事情有れば其の公司に赴きて賬目を査核（調査）するを准《ゆる》される」とある。賬目を査核しようとする股東は、三日前に公司の総弁（社長）または総司理人（総支配人）に対し、書面で予め準備をするよう告知しなければならない（公司律五九条）。

さらに公司律は、股東に業務調査権をも与えているようである。しかもこれを単独株主権としているようである。六〇条によれば、股東は、三日前に総弁または総司理人に書面で通知することにより、公司の往来書札（取引書類）や各項事件について査閲することができる。もっとも公司において、明らかに関係（影響）があるかおそらく窒礙《ちつがい》（支障）があると思われるときには、総弁または総司理人は董事局に請うてこれを禁じることができ、また広く知らせることが不都合な秘密書類の閲覧を禁じることができる、としている。六一条によれば、股東が調査を名目に虚実をうかがい私に他項の利益を図り公司の大局を損礙するときは、董事局はその査閲を禁じることができる、としている。

公司律一〇〇条は、一株一議決権主義を規定している。すなわち「会議時有一股者得一議決之権」。これを原則としてつ、同条はさらに公司は章程をもってあらかじめ一人一〇股以上の議決権の数を酌定することができる旨を規定している。

公司律は、議決権の代理行使に関する定めを設けている。股東が代理人を総会に出席させようとするときは、三日前に総弁または総司理人の査核を受けるために憑証（証拠となる書面）を送付しなければならない（公司律一〇六条）。そうして出席した代理人は、必ずしも股東である必要はないが、もし股東でない場合、この者は議決権の代理行使のみが可能であるが、会議で弁駁《べんばく》することはできない。つまり意見を述べることはできない（公司律一〇五条）。

公司律は、特別利害関係人の議決権行使に関する定めを設けている。一〇四条によれば、衆股東会議の議事が股東一人の私事に牽渉するときであっても「該股東は仍《なほ》会議に到場す可《べ》く須く廻避す毋《なか》れ」とある。特別利害関係人は、議決権行使の制限を受けないものと解すべきであろう。

株主の総会決議取消権に相当すると思われる規定は、第五三条である。すなわち、衆股東会議における議決之事が商律または公司章程に違背すると思われるときは、董事または股東は、商部に稟控（訴えを申し出ること）して、核弁（調査のうえ処理すること）することを許されている。ただし、一月以内に呈告することを要し、その際、股東は、証拠として股票を呈示しなければならない。

少数株主権として、公司律五〇条は、股本の一〇分の一を有する股東（一人でも数人が集まってもよい）に、董事局に衆股東会議の特別会議を挙行するよう請求する権利を与えている。このとき、必ず会議の事項および理由を申し添えなければならない。もしが董事局が一五日内にこれに応じなければ、股東は商部に稟由（理由を申し立てる）して、自ら衆股東会議を招集することができる。

清算時において、股本の一〇分の一を有する股東は、もし清理人（清算人）の事務処理を不善なりと判断したときは、商部に申し立てて処理を引き継ぐ者の派遣を請求することができる（公司律一二三条）。

(5)　股東の義務

公司律二九条は、合資有限公司に関する九条と同様に、股分有限公司の股東の有限責任に関する規定である。仮に読み下しておけば、「股分有限公司、如《も》し虧蝕、倒閉、欠賬等有りても、情査して隠匿、銀両の詭騙、諸弊なくば、祇《ただ》将に其の股分銀両の繳足《きょうそく》（未払込金額の追徴の意であろう）並びに該公司の産業を変售《へんしゅう》（売却して換価する、の意か）して償還すべく、另《べつ》に股東の追補に向かうを得ず」ということであろうか。

株金の払込義務に関連して、公司律三六条は、以下のように規定している。附股人は、公司に欠く所の款を以って抵して股銀を作ること能わず。「款」は「金銭」の意であり、「抵する」とは「相殺する」の意であろうから、同条は、株式申込人が会社に対する債権と払込義務を相殺することによって株金の払込をなすことができない旨を規定したものと解される。

株金の払込手続および払込なき場合の失権手続に関し、公司律四一条は、「公司は各股東をして十五日間の通知により股銀の続繳《ぞくきょう》（追加払込）に応ぜしめ、期を逾《こ》えて繳せざれば再び十五日を限りて展べ、仍お繳せざれば則ち其の股東の権利を失う」と規定する。四二条は、四一条の再延期期限内に股東が払込をしないときは、公司はその股数を他人に買い受けさせることができるものとし、なお不足額があれば、原股東に追繳できるものとしている。

株式譲受人の責任については、公司律五六条に規定されている。購買股票者（株式譲受人）は、ひとたび公司の註冊（登録）を経れば股東になることができ、その権利は創弁時の附股者と異ならない。また、これに応じて有する責任も一律に承継する。これに応じて股銀を払込む責任も加わる。およそ以上のような趣旨が規定されている。しかし、わが国の明治三二年商法一五三条に相当する株式譲渡人の責任を規定するような条文は、まったく見当たらない。

出資義務をともなわず、創弁人等に報酬として与えられる紅股という株式に関し、四三条は、公司が紅股を給することを欲するときは、あらかじめ創弁時に声明しておくことを要し、これを隠匿してはならない旨を規定している。

(6) 衆股東会議

公司律は、定時総会に相当する用語として、尋常会議という語を用いている。公司律四六条は、公司の董事局は毎年衆股東会議を応集し、少なくとも年に一度は尋常会議を挙行すべき旨を規定している。次いで、臨時総会に相当する用語としては、特別会議の語が用いられている。公司律四九条は、緊要の事件があるときには、董事局が随時に衆股東会議を招集して特別会議を挙行する旨を規定している。先に述べたように、特別会議の招集権は、股本の一〇分の一以上を有する股東にも与えられている（公司律五〇条）。

会議の招集にあたっては、少なくとも一五日前に知単（目論見書）および告白（広告）に載明したところに従って、議事の項目を通知し、かつ登報布告（新聞紙に掲載して告げること）しなければならない（公司律四五条）。

総会の決議方法は、公司律一〇一条が規定している。すなわち「凡そ会議各事項の決議の可否は衆の所言の定めと為すに従い、如し彼此《ひし》議決の権相等しければ則ち主席（議長）另《べつ》に一議決の権を加うべし」。つまり、出席股本の過半数によって可決することになり、可否同数のときは議長の決裁によることになるのであろう。なお、定足数に関する定めは、見当たらない。

二度の総会の決議を必要とする場合につき、一〇三条に定めがある。必ずしも明らかではないが、仮に読み下せば「公司重大の事件〔股本の増加及び他の公司と併合の類の如し〕有れば股東を招集し特別会議を挙行す。若し議決行うを准《ゆる》せば一月内を限りて復《ま》た会議一次を行い以って其の事議を実《みた》し畢《つい》に施行す」。つまり、重大な事項については臨時総会で可決後、一月内に再び総会を開いて再決議の後にこれを施行すべしという意であると思われる。

特別決議に該当する決議要件に関する規定が、第九節更改公司章程の中に一一五条として存在する。仮に読み下せば、「衆股東会議の議決は必ずや須く股東在場の者は全数の半ば有るべく、其の得る所の股分は必ずや須く股分全数の半ば有るべし。若し如上に限る所能わず而して在場の股東以って事在（事の成否、の意か）を為す可く行う者は、已《すで》に多数を居《お》けば暫時の決議を以って可とす。公司事は将に決議の事、登報並びに衆股東に通知すべく、一月内を限りて重ねて会議を集し、衆の決定に従うべし」。つまり、会社の定款や規則を変更するためには、総株主の半数以上でかつ総株式の半数以上に当たる株主が出席して決議しなければならないとし、定足を満たさない場合は出席株主の議決権の過半数で仮決議を行い、一月以内に再び総会を招集して決定すべきものとしているようである。なお、本条の重要な位置づけに鑑み、慎重を期して神戸学院大学人文学部の中山文教授（中国語）に和訳をお願いした。以下にそのまま掲げる。「株主総会の議決には出席者数が株主全体の半数を占め、彼らの所有する株数が全体の半数を占めなければならない。もし上記の条件に合致せずとも、出席株主のうち可決すべきだと考える者が多数を占めるときは暫定決議を行うことができる。会社の役員は決議された事項を新聞に掲載し、併せて株主たちに一ケ月以内に再び総会を招集して多数の決定に従う旨を通知しなければならない」。公司律一一五条は、同一二〇条一号によって公司の停閉（解散）決議に準用されている。暫時決議がなされた後の再総会において、定足数等の要件が課されているのか否か、必ずしも明らかではない。公司律一一五条は、わが国の明治三二年商法二〇九条にきわめて類似している。わが商法二〇九条は、定款変更の決議要件を定めたものであり、同条一項が特別決議の要件、二項が定足数を欠く場合の仮決議の方法と第二回の株主総会の招集を定め、三項は「第二回ノ株主総会ニ於テハ出席シタル株主ノ議決権ノ過半数ヲ以テ仮決議ノ認否ヲ決ス」と定めていた。公司律一一五条が、わが商法を参考にしたのであれば、再総会における定足数の要件は必要ないものと思われる。そうであるとすれば、公司律において、一〇三条、一一五条という特殊な決議を並置する意義はどの辺りにあったのであろうか、疑問が残る。

(7)　董事および董事会議

董事は、衆股東会議において、股東中から選任されるが（公司律六二条）、被選任資格として股分一〇股以上を有することが条件である（公司律六五条）。董事の員数は、公司律六三条に定めがある。すなわち、「公司の董事は少くとも三人に至り多くとも十三人を過ぎるを得ずに至る。惟《ただ》必ずや須く単数（奇数）を成して挙ぐるを合例と為す」。三人以上一三人以下で奇数であるべきことを要求している。欠員が生じたときは、衆股東の尋常会議で補充されるまで、董事局は「妥慎之股東（相当の株主）」に暫く代理させることができるとされている（公司律七一条）。

任期の定めは公司律六八条にある。「董事任事の期は一年を以って限りと為し満つれば即ち退く。最初の一年は掣籤《せいせん》（くじ引き）に応じて三分の二留まり以後は按挙輪替す」。つまり、会社成立後は、一年毎に三分の一づつ順次に交替するというわけである。したがって、実質的に董事の任期は三年ということになり、本条の記述には単純な誤りがあるということになろう。なお、董事は再任を妨げられない（公司律六九条）。

董事が業務執行につき妥当でなく、あるいは股東の信頼を集めることができないときは、衆股東会議において解任を決議することができる（公司律七二条）。また、法定の退任事項が公司律七三条に規定されている。すなわち、倒賬（支払停止）、被控監禁（告訴され収監されること）、患瘋癲《ふうてん》疾（精神に障害を来たすこと）、董事局会議時並未商明他董事接連三月不到（三月間取締役会に欠席し他の取締役と相談しないこと、の意か）である。

董事の報酬については、創弁合同に定めのないときは衆股東会議において決定する（公司律六六条）。

次いで、董事の義務に関する規定を見ておこう。

まず公司律七五条は「公司の股本及び専《もっぱ》ら創弁合同内に所載の事と做《な》すに係る各項銀両は他用の作に移すを得ず」と規定し、資本および定款によって目的を定められた資金を他の目的に流用してはならない旨を規定している。

董事の競業避止義務に関しては、公司律七四条に定めがある。すなわち、「董事は未だ衆股東会議の允許《いんきょ》を経ざれば該公司と相同の貿易を与《とも》に做《な》すを得ず」。

次いで、董事局の職務および権限に関する規定を見ておこう。

公司律七七条は以下のように規定している。「公司総弁或いは総司理人、司理人等は均しく董事司より選派さる。如《も》し任に勝《た》えず及び弊に舞う者有れば亦董事局より開除さる。其の薪水（俸給）酬労（報酬）等の項は均しく董事局より酌定さる」。董事局は、会社の社長や商業使用人の指揮監督権限を有するということであろう。ただし、公司律には、公司の対外代表に関する規定がみうけられない。

公司律七六条は以下のように規定している。「公司の虧蝕が股本の半ばに至れば応《まさ》に即ち衆股東会議を招集し弁法（処理方法）を籌定《ちゅうじゃう》（相談）すべし」。わが国明治三二年商法一七四条一項は「会社カ其資本ノ半額ヲ失ヒタルトキハ取締役ハ遅滞ナク株主総会ヲ招集シテ之ヲ報告スルコトヲ要ス」と定めていた。ほぼこれと同旨の規定と思われる。一方で公司律は、その一二〇条二号において「股本虧蝕及半」を公司の法定停閉事由に掲げている。この条号と七六条との関係は不明確である。

董事局は、毎年、総弁あるいは総司理人等を督卒して公司賬目の詳細を結算し、少なくとも年一回、年報を作製しなくてはならない（公司律一〇七条）。そして、この年報は、総会の一五日前に衆股東に送付せられ、また本支店に備え置かれて股東の就閲（閲覧）に供せられることになっている（公司律一一〇条）。

董事局会議は三人以上の定足数で開催でき（公司律八五条）、各人一個の議決権を有する（公司律八九条）。過半数で決し（公司律九〇条）、可否同数のときは、議長に一議決権が加えられる（公司律九一条）。特別利害関係人の議決権行使につき、公司律八八条が次のように規定している。すなわち、「董事局会議の時所議の事董事一人の私事と牽渉ある者は該董事は応に自ら行うを廻避すべし」。つまり、特別利害関係人は議決権の行使ができないものと解される。董事局の会議は尋常会議として任意に回数や時期を定めうるが、二人が欲すれば特別会議を開催できる（公司律九六条）。公司律九七条は、以下のように規定している。すなわち「董事局会議の議決の事は該公司の総弁及び各司事人等必ずや須く遵行すべし」。この会議が、公司の業務執行に関する意思決定機関であることが明定されているのであろう。

⑻　査賬人

査賬人は衆股東会議において選任され、その員数は少なくとも二名必要とされている（公司律七九条）。董事が査賬人を兼任できない旨の規定が存在するが（公司律八一条）、査賬人資格を股東に限るという旨の規定は存在しないので、査賬人は股東でなくともよいと解しうるものと思われる。査賬人の任期は一年であるが、再任を妨げられない（公司律八〇条）。

査賬人に欠員が生じたとき、董事局は、衆股東の尋常会議で補充されるまで、暫行代理を置くことができる旨の規定が存在するが（公司律八三条）、董事に規定するような、解任および法定終任に関する規定は存在しない。

査賬人の権限に関しては、公司律八四条が以下のように定めている。すなわち、「査賬人は随時を以って公司に到り賬目及び一切の簿冊を査閲す可し。董事及び総弁人等は阻止能わず、如し詢問有れば応に即ち答覆すべし」。

査賬人の職務に関しては、公司律一〇八条が以下のように定めている。すなわち、「董事は結賬時に応《まさ》に先《ま》ず査賬人の一切の賬冊の詳細な査核を由《へ》るべし。如し不合無くば査賬人応《まさ》に年に於ける結冊（決算書）上に核対（照合）し訛字無き様を書して明《めい》し並に簽押して拠を作すべし」。つまり、査賬人は決算前にすべての帳簿を調査し、誤りがないと認めたときには決算書類に署名すべきことが定められているのである。

(9)　賬　目

すでに述べたように、董事局の作製にかかる年報を（公司律一〇七条）、査賬人の監査に付したうえで（公司律一〇八条）、尋常会議に提出してその承認を得るというのが（公司律四八条）、おおむねの決算手続きである。

公司年報に記載すべき事項は、公司律一〇九条に列挙されている。すなわち、公司出入総賬（いわゆる会計帳簿の意か）、公司本年貿易情形節略（営業報告書であろう）、公司本年贏虧《えいき》之数（損益計算書であろう）、董事局擬派利息並撥作公積之数（董事局の擬《はか》る派利息並びに撥作（一部積立）公積の数、であるから準備金及び利益の配当に関する議案であろう）、公司股本及所存産業貨物以至人欠欠人之数（公司股本及び存する所の産業貨物以って人欠（債務）欠人（債権）の数に至る、であるから財産目録の意であると思われる）である。財産評価に関する特別の規定は見当たらない。

法定準備金に関する定めが公司律一一二条に存在する。すなわち、「公司結賬し贏余は至少須く二十分の一を撥して公積を作《つく》為べし。至積、公司股本の四分の一の数に至りて停止し、与否は乃《すなわ》ち便を聴《ゆる》す可し」。資本の四分の一に達するまでは利益の二〇分の一を公積（準備金）として積み立て、四分の一を超えれば任意とする、との意であろう。

すでに股東の権利の概観のときに言及したように、いわゆるタコ配当を禁ずる規定が設けられている（公司律一一一条）。

(10)　更改公司章程

公司律一一三条は次のように規定する。すなわち、「公司の有する権は詳細規条章程を訂立するを以って可とし、以って律載の不足を補う。惟、明定の条例有る所と違背するを得ず」。法律に反しない限り、公司は自ら定款規則を定めて法律を補い、もって公司の行為の範囲を定めることができるという意であろう。

公司律一一四条は次のように規定する。すなわち、「董事局将に公司創弁合同或いは公司章程の更改を欲せば必ずや須く衆股東会議の議決に由《よ》るべし」。定款または会社規則の変更は株主総会の専決事項である。特別決議の要件が課せられていることは、すでに衆股東会議の概観のときに言及したとおりである（公司律一一五条）。

資本増加の要件に関する定めが公司律一一七条に存在する。すなわち、「公司が股本の増加を欲せば必ずや須く衆股東の原定の毎股銀数の繳足の後に方《はじ》めて挙弁を能《よく》すべし」。つまり、株金全額の払込みの後でなければ資本を増加することができないとしている。わが明治三二年商法二一〇条と同旨である。

新株の引受等の手続については、おそらく設立に関してのべた公司律三三条以下の規定にそのまま依拠するのであろう。資本増加の後は、衆股東会議を招集し、必要に応じて査核人を一、二名公挙して払込みの是非を調査すべきものとしている（公司律一一九条）。なお、資本増加は、その決議後一五日以内に商部に呈報すべきものとされている（公司律一一六条）。

券面額以上の価額で株式を発行することを認める規定が置かれている。公司律一一八条である。すなわち、「公司増加股本の其の新股票の価を漲するに因りて得る所の利は応に公司に帰すべし」。額面超過額が会社に帰属することを明らかにしている。

資本の減少に関して、公司律は何らの規定を設けていない。

⑾　停　閉

公司律一二〇条は、公司の解散事由を列挙している。すなわち、経衆股東照第一百十五条会議例議決停閉（特別決議による株主総会の解散決議）、股本虧蝕及半（半額に及ぶ資本の欠損）、公司期満（存立時期の満了）、股東不及七人（株主が七人未満となること）、与他公司併合（他の会社との合併）である。ただし、付言すれば、公司律は合併に関する具体的規定を欠く。

公司が停閉する時は、その董事が清理人（清算人）となるが、それができなければ、衆股東会議で清理人を選任する。衆股東会議が清理人の選解任権を有する（公司律一二一条）。衆股東会議が清理人を選ぶことができなければ、商部に呈請して清理人を派遣してもらうことができる（公司律一二二条）。股本全数の一〇分の一以上を有する股東が清理人の処理を不服とするときも、商部に清理人を派遣してもらうことができる（公司律一二三条）。

清算が終了すれば、衆股東会議を招集し、その允准を得てはじめて終了するとされている（公司律一二四条）。しかし、具体的な清算手続についての規定は存在しない。

停閉の後、賬簿および重要な通信につき一〇年の保存義務が課せられている（公司律一二五条）。義務の主体は必ずしも明らかではない。

罰例に関する規定は省略する。

3　公司律改正作業と清朝滅亡

清国政府も、光緒二九年公司律が不備であるとの認識を有していたようである。光緒三三年（一九〇七年）に修訂法律大臣沈家本の奏請によって修訂法律館が特設され、その執務章程一四か条が定められ、外国から法律専門家を招いて民法、商法、刑法および民刑事訴訟法の調査起草にあたることになった[30]。このとき、商人通例および公司律に対しても根本的に改正を加えることになったようである。商法の起草について清国が招いたのは、わが国の志田鉀太郎であった。一九〇八年（明治四一年）のことである[31]。したがって、商法に関しては日本法にもとづく改訂作業が進められたものと推察される。必ずしも明らかではないが、修訂法律大臣編訂商律と称される草案は完成を見たようである[32]（一九一〇年か）[33]。一九一三年公布、一九一四年施行という計画も定められていたようである[34]。しかし、一九一一年の辛亥革命によって、清朝は滅亡してしまったのである。

中華民国の成立後、民国元年（一九一二年）三月一〇日の臨時大総統令をもって、従前の法律で民国の国体と抵触しないものは一律にこれを援用すべき旨が定められたので、光緒二九年公司律は、しばらくその命脈を保つことになった[35]。翌々民国三年（一九一四年）に中華民国農工商部は、清朝資政院の審議未完の商律草案を若干修正し、公司条例として民国三年一月一三日教令第五二号を以って公布した[36]。中華民国における本格的な会社法は、民国一八年（一九二九年）一二月二六日公布のそれを待たなければならない。それまでの間、公司律および公司条例が中国における会社規整の役割を担ったのである。

(27) 松本・注(1)前掲二三巻一一号一五六五頁。
(28) 同前。
(29) 同前一五六六頁。
(30) 村上貞吉・中華民国会社法(昭和六年)二頁。
(31) 加藤雅信＝太田勝造監修・現代中国法入門(平成九年)二〇五頁。
(32) 村上・注(30)前掲二―三頁。
(33) 加藤他・注(31)前掲二〇五頁。
(34) 村上・注(30)前掲三頁。
(35) 同前。
(36) 加藤他・注(31)前掲二〇六頁。

四 日中法人概念の発達に関する仮説――結語に代えて

光緒二九年大清公司律に関して、その五分の三は日本法に倣ったもので、残りの部分は英法に倣ったものであるとの評価がある。[37] しかし、右の意見には賛成できない。公司律に対する日本法の影響を過大に評価しすぎていると思われるからである。確かに随所に明治三二年商法の影響は見られるが、五分の三というのは、大袈裟ではなかろうか。むしろ、概観した限りでは日本法よりも英法の影響の方が濃いような印象を受ける。

ところで、清国においてようやく会社を規整する一般法規が制定された明治三〇年代後半において、わが国では、すでに法人実在説や法人擬制説等のいわゆる法人論が常態的に論じられていた。[38] 一方で清国法は、会社が法人であるか否かすら不明瞭な立法を行っている。欧米型の会社法を移植し、これを文化として風土に定着させるためには、法人概念の理解というものが、ある程度は重要な要素であったと思われる。日清の法人概念の発達の差異はどのようにして生じたのであろうか。

中国における法人概念の発達に関しては、すでに昭和六年（一九三一年）に村上貞吉が以下のような興味深い指摘を行っている。すなわち、法人概念は人類社会の発達にともなう自然的産出であって、その社会生活上実際の必要によって生じたものであることは異論を見ないであろうが、中国のように社会の構成が古くかつ膨大な国柄にあっては、その法制の沿革上、法人概念が発達したかどうかは疑問がある。なぜならば、「国家統制ノ基本ヲ道徳ニ置キ、個人行動ノ範疇ヲ礼教ニ求ムルヲ以テ理想的ノ統治方針トシ、殊ニ歴代中央集権的君主専制政治ヲ行ヒ来タルガ故ニ、法人ノ観念ガ最モ早ク其萌芽ヲ発生スベキ都市又ハ地方行政区画ニ付テハ何等其形蹟ノ見ルベキモノナキガ如ク、而シテ慈善団体又ハ商社等ノ如キモノノ法人格観念ニ到リテハ歴代法制ノ体系上最モ些末ノ部分ニ属スルモノト認レラレ、主トシテ民生ノ実際ニ伴フベキ慣習ニ従テ之ヲ規矩セバ足レリトシタリ(39)」。

要するに、中国における法人概念の発達を拒んだものは、礼教国家体制、すなわち儒教であると指摘しているわけである。確かに、五倫五常、修己治人、天人合一といった儒教の基本教義は、身分血縁的関係の中にあるべき人倫秩序を求め、家族組織から政治体制、統治体系までもを、右の人倫秩序によって貫き通そうとするものである。このような思想風土の中では、公法人という概念ですら育ち難いとする村上の指摘は、首肯しうるものがあると思われる。

これに対して、わが国においては、儒教は教養ではありえても、また幕藩体制を支える観念的な教養でありえたかもしれないが、文明として社会に浸透することはなかった。わが国は決して儒教国家ではなかったのである。

それでは幕末のわが国において、会社制度の継受を円滑ならしめる法人概念の萌芽はあったのか。これに関しては、司馬遼太郎の次のような指摘が興味深い。言わば「長州藩法人論」とも表現すべき指摘である。

「法によって人格をもつのが「法人」ですね。私個人は「法人」ではなく、ただの「自然人」です。さきほど伊藤俊輔（後の博文）が肥後に行った話をしましたが、彼は挨拶するときに、「毛利大膳大夫家来伊藤俊輔」とは言わずに、「長州藩士伊藤俊輔」だったと思います。本来は「家来」というほうが正式なんですよ。赤穂浪士の討ち入りを思ってください。

「浅野内匠頭家来大石内蔵助」でしょう。……だいたい藩という言葉が定着するのは、滑稽なことに明治以後です。維新が始まり、「廃藩置県」までの間にやかましく使われてようやく定着した。幕末のころはまだ、「藩」はモダンな、トレンディーな言葉でした。あまり幕末の人は使わなかった。しかし長州では使っていました。「藩」という法人のもと、筋目の桂小五郎も、そうでない伊藤俊輔も、奇兵隊も「長州藩士」になります。長州藩士ということに興奮する。奇兵隊の隊員が越後長岡で戦死したとしても、「公」のために死んだのであり、「自然人」の毛利大膳大夫のために死んだわけではない(40)」。

つまり、行政単位としての藩が、法人概念の芽生えに重要な役割を果たしたとの指摘である。しかし、藩の役割は、それだけにとどまらない。たとえば、司馬に例示された長州藩は、江戸時代初期には三〇数万石に過ぎなかったが、幕末時には実力は優に一〇〇万石を超えていた。藩がひとつの経済単位として殖産興業に精力を傾注した結果である。藩における経済官僚たちは、言わば藩という法人の社員ないし機関として、殖産興業の実務を担ったと言えるであろう。何も長州藩だけでなく、肥前佐賀藩、伊予宇和島藩等も列挙することができる。

さらに、幕末の長州人は、外部の公文書に「長州士民中」という用語を使用している。「士民中」の「中」は、「社中」の「中」の字と同義語であり、漠然とではあるが、法人概念の萌芽を見ることができよう。今日、書簡で使用される団体に対する尊称である「御中」は、わが国独特の表現であるが、わが国では「中」はすなわち、団体または法人を指す意で用いられたのであろう。

ちなみに、明治期における法律取調委員会委員長山田顕義法相、法典調査会初代総裁伊藤博文首相をはじめ、会社法制定に携わった者に長州藩出身者が多いのも事実である。

次に、東洋における法人概念の発達には、宗教施設が一定の役割を果たしたものと思われる。村上は、中国の事情を以下のように分析している。すなわち、「支那ニ於テ法人概念ノ最モ著シク発達シタルモノハ公益法人中ニ在テハ恐ラクハ寺廟ナルベク、寺廟ハ其信徒殊ニ勅建ニ係ハルモノハ朝廷ヨリ善捨寄贈セラレタル動産及ビ不動産ヲ有シ、其所有者ハ寺廟其モノニシテ住持ハ其理事者タルニ過ギザルナリ。コレ即チ財団法人ノ一種ト看做スニ充分ナルモノトイフベキナリ」[41]。しかし、中国において、仏教は大衆の行為規範性を有するまでには発展せず、寺廟は、中国においては、一部の特殊社会にとどまる存在であった。

一方、日本における宗教事情はどうであったか。たとえば浄土真宗は蓮如による復興を得て、室町時代以降は、大衆の行為規範の基準となる地位を獲得した。日本の仏教はきわめて社会性を有し、宗教上の目的のもとに集まった人々が結んだ社会集団である講を生んだ。浄土真宗の報恩講、日蓮宗の題目講や身延講など、そのまま教団組織化した仏教講を数多く挙げることができる。これらは、マチとかムラを超えた集団、すなわち地縁血縁を超越した存在として発展した。講という形態が日本人の法人意識に与えた影響は再評価されてもいいように思われる。宗教的講は、やがて地域の共同生活を反映した相互扶助組織である契約講やモヤイ講といった形式を生み出したのであろうし、また金品の融通をはかる経済的講たる頼母子講や無人講といった形式を生み出したのであろう。日本人は、大衆の階層ですら、身分血縁関係に縛られない結社に慣れていたのではあるまいか。それゆえ、見知らぬ者同士が資本を拠出しあって社団を構成するという会社制度を、あまり違和感なく継受することに成功えしたのではなかろうか。

(37)　加藤他・注（31）前掲二〇五頁。
(38)　たとえば、志田鉀太郎「法人ハ擬制ニ基ツクモノニ非サルヲ論ス―」法学新報一六巻四号（明治三九年）三〇頁以下、同一一号四〇頁以下。法人実在説の立場からの擬制説批判である。
(39)　村上・注（30）前掲七頁。
(40)　講演録・司馬遼太郎が語る日本第一集（平成八年）一三〇頁。
(41)　村上・注（30）前掲七―八頁。

索　引

あ 行

か 行

さ 行

な　行

は　行

■著者紹介

浅 木 愼 一（あさぎ・しんいち）

昭和28年，愛媛県西条市出身

名古屋大学法学部・同大学院法学研究科博士前期課程を了えて

小樽商科大学商学部助教授，神戸学院大学法学部教授

現在，明治学院大学法学部教授

〈主要著書〉

『商法総則・商行為法入門』（中央経済社・平成12年）

『企業取引法入門』（中央経済社・平成13年，共編著）

『現代企業法入門〔第3版〕』（中央経済社・平成15年，共編著）

『ショートカット民法〔第2版〕』（法律文化社・平成13年，共著）

日本会社法成立史　　学術選書

2003年（平成15年）2月20日　第1版第1刷発行　3087-0101

著者　浅　木　愼　一

発行者　今　井　　貴

発行所　信山社出版株式会社

〒113-0033　東京都文京区本郷6-2-9-102

電　話　03（3818）1019

FAX　03（3818）0344

販　売　信山社販売株式会社

製　作　株式会社信山社

印刷・製本／松澤印刷・大三製本

ISBN4-7972-3087-8　C3332

3087-0101-012-040-015

NDC分類 325.201